토마스 아퀴나스 신학대전 30
새 법과 은총

이 재 룡 옮김

제2부 제1편
제106문 - 제114문

신학대전 30
새 법과 은총

2022년 2월 11일 교회인가
2021년 12월 20일 1판 1쇄 발행
2022년 2월 25일 1판 2쇄 발행

간행위원 | 손희송 주교　정의채 몬시뇰　이재룡 신부(위원장)
　　　　　안소근 수녀　윤주현 신부　이상섭 교수　정현석 교수
지은이 | 토마스 아퀴나스
옮긴이 | 이재룡
펴낸이 | 이재룡
펴낸곳 | 한국성토마스연구소

25244 강원도 횡성군 우천면 경강로산전7길 28-53
등록 | 제2018-000003호 2018년 6월 19일
전화 | 033) 344-1238
ⓒ 한국성토마스연구소

보급 | 기쁜소식
전화 | 02) 762-1194　팩스 | 741-7673

값 40,000원

ISBN 979-11-978446-0-7 94160

ISBN 979-11-969208-0-7(세트) 94160

Summa Theologiae, vol.30
by St. Thomas Aquinas

Korean translation copyright ⓒ 2021 by St. Thomas Institute in Korea
All rights reserved
Published by St. Thomas Institute in Korea

> 이 책은 저작권법에 따라 보호를 받는 저작물이므로 무단전제와 복제를
> 금지하며, 이 책의 내용 전부 또는 일부를 이용하려면 반드시 저작권자와
> 한국성토마스연구소의 서면 동의를 받아야 합니다.

토마스 아퀴나스 신학대전 30

새 법과 은총

S. Thomae Aquinatis
SUMMA THEOLOGIAE

이 재 룡 옮김

제2부 제1편
제106문 - 제114문

한국성토마스연구소

차 례

성 요한 바오로 2세 교황의 격려와 축복의 말씀 / ix
교황 레오 13세의 회칙 발췌문 / xiv
성 요한 바오로 2세 교황의 회칙 발췌문 / xvii
『신학대전』 완간을 꿈꾸며 / xxii
『신학대전』 간행계획 / xxv
일러두기 / xxvii
일반 약어표 / xxxi
성 토마스 작품 약어표 / xxxiii
'새 법과 은총' 입문 / xxxviii

제106문 복음의 새 법에 대하여 / 3
제1절 새 법은 성문법인가? / 5
제2절 새 법은 의화하는가? / 13
제3절 새 법은 세상 시초부터 전해졌어야 하는가? / 19
제4절 새 법은 세상 종말까지 지속하는가? / 27

제107문 새 법과 옛 법의 비교에 대하여 / 43
제1절 새 법은 옛 법과 다른가? / 43
제2절 새 법은 옛 법을 성취하는가? / 55
제3절 새 법은 옛 법 안에 포함되어 있는가? / 69
제4절 새 법이 옛 법보다 더 무거운가? / 75

제108문 새 법의 내용에 대하여 / 85
제1절 새 법은 외적 행위들을 명하거나 금해야 하는가? / 85
제2절 새 법은 외적 행위들을 충분하게 질서 지었는가? / 97
제3절 새 법은 인간을 내적 행위들과 관련하여 충분하게 질서 지었는가? / 107
제4절 새 법이 특정 권고들을 덧붙인 것은 적절하였는가? / 123

제109문 은총의 필요성에 대하여 / 135
제1절 인간은 은총 없이 어떤 참된 것을 인식할 수 있는가? / 139
제2절 인간은 은총 없이 어떤 선을 원하거나 행할 수 있는가? / 151
제3절 인간은 은총 없이 자연적 능력들만으로 다른 모든 것보다 하느님을 더 사랑할 수 있는가? / 161
제4절 인간은 은총 없이 자신의 자연적 능력만으로 법의 계명을 지킬 수 있는가? / 171
제5절 인간은 은총 없이 영원한 생명을 얻을 공로를 가질 수 있는가? / 179
제6절 인간은 은총의 외적 도움 없이 스스로 은총을 준비할 수 있는가? / 187
제7절 인간은 은총의 도움 없이 죄로부터 다시 일어설 수 있는가? / 199
제8절 인간은 은총 없이 죄를 피할 수 있는가? / 207
제9절 이미 은총을 입은 자가 다른 은총의 도움 없이 스스로의 힘만으로 선행을 행하고 죄를 피할 수 있는가? / 219
제10절 은총을 입은 사람은 항구하기 위해 은총의 도움을 필요로 하는가? / 227

제110문 은총의 본질에 대하여 / 237
제1절 은총은 영혼 안에 어떤 것을 설정하는가? / 237
제2절 은총은 영혼의 한 성질인가? / 247
제3절 은총은 덕과 다른가? / 257
제4절 은총의 주체는 영혼의 본질인가, 아니면 어떤 다른 능력인가? / 267

제111문 은총의 구분에 대하여 / 277
  제1절 은총이 '무상 은총'과 '하느님을 기쁘시게 만드는 은총'으로 구분되는 것은 적절한가? / 279
  제2절 은총이 작용 은총과 협력 은총으로 구분되는 것은 적절한가? / 287
  제3절 은총이 선행 은총과 후행 은총으로 구분되는 것은 적절한가? / 297
  제4절 무상 은총에 대한 사도의 구분은 적절한가? / 305
  제5절 무상 은총은 하느님을 기쁘시게 만드는 은총보다 더 고상한가? / 315

제112문 은총의 원인에 대하여 / 323
  제1절 오직 하느님만이 은총의 원인인가? / 323
  제2절 은총을 위해 수용자 측의 어떤 준비 또는 태세가 요구되는가? / 331
  제3절 스스로 은총을 위해 준비하거나 자신이 할 수 있는 일을 하는 이에게 은총이 필연적으로 주어지는가? / 339
  제4절 은총의 크기는 모든 이 안에서 똑같은가? / 347
  제5절 사람은 자신이 은총을 가지고 있다는 것을 알 수 있는가? / 353

제113문 은총의 효과인 불경한 자의 의화에 대하여 / 367
  제1절 불경한 자의 의화란 죄의 용서에서 성립되는가? / 369
  제2절 불경한 자의 의화인 죄과의 용서를 위해서는 은총의 주입이 요구되는가? / 379
  제3절 불경한 자의 의화를 위해서는 자유재량의 움직임이 요구되는가? / 387
  제4절 불경한 자의 의화를 위해서는 신앙의 움직임이 요구되는가? / 395
  제5절 불경한 자의 의화를 위해서는 죄에 대한 자유재량의 움직임이 요구되는가? / 405
  제6절 불경한 자의 의화를 위해 요구되는 것들 가운데 죄의 용서도 포함되는가? / 411
  제7절 불경한 자의 의화는 순간적으로 발생하는가, 아니면 연속적으로 발생하는가? / 417

제8절 은총의 주입은 불경한 자들의 의화에 요구되는 것들 사이의 자연적 질서에서 첫째인가? / 431

제9절 불경한 자의 의화는 하느님의 위업들 가운데 가장 위대한 것인가? / 439

제10절 불경한 자의 의화는 기적적인 업적인가? / 445

제114문 공로에 대하여 / 455

제1절 인간은 하느님으로부터 어떤 것을 받을 공로가 있는가? / 457

제2절 사람은 은총 없이도 영원한 생명의 공로를 가질 수 있는가? / 467

제3절 은총의 상태에 있는 사람은 영원한 생명을 당당히 누릴 공로를 가질 수 있는가? / 475

제4절 은총은 다른 어떤 덕보다도 참사랑을 통해서 우선적으로 공로의 원리인가? / 481

제5절 인간은 스스로를 위해 최초의 은총을 얻을 공로를 가지고 있는가? / 489

제6절 인간은 다른 사람을 위해 최초의 은총을 얻을 공로를 가질 수 있는가? / 497

제7절 인간은 자기 자신에게 타락 이후에 복원되는 공로를 얻을 수 있는가? / 505

제8절 인간은 은총이나 참사랑을 성장시키는 공로를 얻을 수 있는가? / 511

제9절 인간은 항구함의 공로를 얻을 수 있는가? / 517

제10절 현세적 선은 공로에 포함되는가? / 523

주제 색인 / 534

인명 색인 / 557

고전작품 색인 / 559

성경 색인 / 561

FROM THE VATICAN

April 26, 1994

Dear Father Tjeng,*

His Holiness Pope John Paul II was indeed pleased to learn that a Korean translation of the *Summa Theologiae* of Saint Thomas of Aquinas is being published. He warmly encourages you and your collaborators in this enterprise, which will lead not only to a better knowledge of the teachings and method of the one whom Pope Leo XIII called "inter Scholasticos Doctores, omnium princeps et magister"(Leo XIII, *Aeterni Patris,* No. 22), but also to a most fruitful encounter between Christian philosophy and theology and the intellectual traditions of Korea.

Only recently, His Holiness referred to the unique place of Saint Thomas in the history of thought by stating that "the philosophical and theological synthesis which he elaborated is a solid, lasting possession for the Church and humanity"(*Great Prayer,* 16 March 1994, No. 6). That synthesis flows from the principle that there is a profound and inescapable harmony between the truths of reason and those of faith.(cf. *Address to*

---

* The Reverend Paul Tjeng Eui-Chai

성 요한 바오로 2세 교황의 격려와 축복의 말씀

친애하는 정의채 바오로 신부님,

교황 요한 바오로 2세 성하께서는 성 토마스 아퀴나스의 『신학대전』이 한국어로 번역·출판되고 있다는 소식을 들으시고 매우 기뻐하십니다. 이 작업에 참여하는 이들을 따뜻한 마음으로 격려하십니다. 이 작업은 교황 레오 13세 성하께서 "스콜라 학자들의 수장(首長)이며 스승"(레오 13세, 『영원하신 아버지』 22항)이라고 부르신 성 토마스의 가르침과 방법에 대해 보다 깊은 이해를 하게 할 뿐만 아니라 그리스도교의 철학과 신학이 한국의 전통 사상과 만나 매우 풍요로운 결실을 맺게 할 것입니다.

교황 성하께서는 최근에도 "성 토마스가 집대성한 철학적·신학적 종합은 교회와 온 인류의 건실하고 항구한 자산입니다."(『위대한 기도』 1994년 3월 16일, 6항)라고 하시어, 사상사(思想史)에 있어 성 토마스가 차지하는 독보적인 위치를 확인하셨습니다. 성 토마스가 이룩한 종합은 이성의 진리와 신앙의 진리 사이에는 근본적이고 불가피한 조화가 존재한다는 원리로부터 비롯됩니다.(제8차 국제 토마스 회의에서의 말씀: 1980년 9월 13일, 2항 참조)

Eighth International Thomistic Congress : 13 September 1980, No. 2)

The heart of Saint Thomas' reflection is man's relationship to God, his Creator and Lord. He sees man as proceeding from creative divine wisdom and returning to the Father on the basis of an elevation of the human intellect and will, through the grace of Christ's redemptive love. Indeed, he defines man as "the horizon of creation in which heaven and earth join, like a link between time and eternity, like a synthesis of creation."(Ibid., No. 5)

For Saint Thomas, true philosophy should faithfully mirror the order of things themselves, otherwise it ends by being reduced to an arbitrary subjective opinion. "This realistic and historical method, fundamentally optimistic and open, makes St. Thomas not only the 'Doctor Communis Ecclesiae', as Paul VI calls him in his beautiful Letter *Lumen Ecclesiae,* but the 'Doctor Humanitatis', because he is always ready and disposed to receive the human values of all cultures."(Ibid., No. 4) Is this approach itself not a solid point of contact with the great philosophical systems of the East and a sure promise of a very fruitful dialogue between the intellectual traditions of East and West? Such a dialogue in turn is the obligatory path of the progress of human culture, as well as a requisite for a deeper inculturation of Christianity among the peoples of the vast continent of Asia.

His Holiness values the present translation as an important contribution to these lofty goals. He invokes an abundance

성 토마스 사상의 핵심은 인간이 자신의 창조자이며 주님이신 하느님과 인간이 맺고 있는 관계입니다. 성 토마스는 인간을 하느님의 창조적 지혜에서 출발하여, 인간 자신의 지성과 의지를 고양(高揚)시키는 그리스도의 구원적 사랑의 은총에 힘입어 아버지께로 다시 돌아가는 존재로 봅니다. 바로 그렇기 때문에 성 토마스는 "인간을 하늘과 땅이 만나는 창조의 지평, 시간과 영원의 연결 고리, 또는 창조의 종합"으로 정의합니다.(같은 곳, 5항)

사실 성 토마스가 보기에 참다운 철학이란 실재 자체의 질서를 성실하게 반영하여야 합니다. 만일 그렇지 못하다면 철학이란 한낱 인위적인 주관적 견해로 전락하고 말 것입니다. "근본적으로 낙관적이고 개방적이며, 실재주의적이고 역사적인 이 방법은, 바오로 6세 성하께서 『교회의 빛』이라는 아름다운 서한에서 그를 지칭한 것처럼, 성 토마스를 '교회의 보편적 스승'일 뿐만 아니라 '인류의 스승'이 되게 해 줍니다. 그것은 성 토마스가 언제나 모든 문화 속에 포함되어 있는 인간적 가치들을 받아들일 준비가 되어 있기 때문입니다."(같은 곳, 4항) 이러한 그의 입장이야말로 동양의 위대한 철학 체계들과의 만남을 가능케 하는 건실한 기반이자, 동(東)과 서(西)의 지성적 전통 사이의 창조적 교류를 약속하는 것이 아니고 무엇이겠습니까? 그리고 이와 같은 교류는 인류 문화가 발전해 가야 할 도정(道程)임과 동시에 아시아라는 방대한 대륙에 사는 민족들에게 그리스도교가 더 깊이 토착화되기 위한 필수조건인 것입니다.

교황 성하께서는 현재 진행되고 있는 번역 작업을 그런 숭고한 목적을 달성하는 데 기여하는 중요한 작업으로 평가하고 계십니다. 교

of divine blessings upon the authors, publishers and readers of this masterpiece of Christian philosophy and theology.

With good wishes, I am

Sincerely yours in Christ,

Card. Angelo Sodano

Cardinal Angelo Sodano
Secretary of State

황 성하께서는 그리스도교 철학과 신학에 관한 이 위대한 걸작을 번역하는 이와 출판하는 이와 읽는 이 모두에게 주님의 풍성한 축복이 내리기를 기도드리십니다.

1994년 4월 26일

그리스도 안에서 만사형통하시기를 빌며,
바티칸국 국무성 장관
추기경 안젤로 소다노

교황 레오 13세의 회칙 발췌문

『영원하신 아버지』(Aeterni Patris, 1879)

[1879년 8월 4일에 반포된 이 회칙의 원제목은 『가톨릭 학교들에서 성 토마스 데 아퀴노의 정신에 따라 교육되어야 하는 그리스도교 철학에 관하여』(De philosophia christiana ad mentem sancti Thomae Aquinatis Doctoris Angelici in scholis catholicis instauranda)이다.]

30. 그러므로 더할 나위 없이 타당한 이유를 가지고 상당수의 철학자들이 철학을 쇄신하기 위해서는 토마스 데 아퀴노의 놀라운 가르침을 그 순수한 광채 속에서 회복시켜야 한다고 믿고 헌신적으로 투신하였습니다.

그리고 저에게, 이 '천사적 박사'라는 수원(水源)으로부터 영구히 풍부하게 흘러넘치는 가장 순수한 지혜의 강물을 온 세계 젊은이들에게 넉넉하게 마시게 하는 일보다 더 소중하고 바람직한 일은 없다는 점을 모든 이에게 확실하게 일러두는 바입니다.

32. 그리고 신앙에서 멀어져서 가톨릭교회의 가르침을 미워하는 사람들 가운데 상당수는 오직 이성만을 유일한 스승이며 안내자로 삼는다고 선언하고 있습니다. 가톨릭 신앙으로써 그들을 치유하고 은총으로 돌아오게 하려면, 하느님의 초자연적 도우심 다음으로는 교부들과 스콜라 학자들의 건전한 가르침보다 더 적절한 것은 없습

니다. 이들은 신앙의 튼튼한 토대, 그 신적인 기원, 그 확실한 진리, 그 증명 논거, 인류에게 가능해진 은혜, 그리고 이성과의 완전한 조화 등을 증명하였고, 또 너무도 명료하고 강력했기 때문에, 주저하는 자들과 허풍떠는 자들까지도 회심시키기에 충분했습니다.

   타락한 이론들의 해악 때문에 우리가 모두 목격하고 있듯이 매우 심각한 위험에 노출되어 있는 가정과 시민사회조차도, 만일 대학과 학교들에서 교회의 가르침에 가장 일치되는 건전한 교육이 시행되기만 했더라면 분명 훨씬 더 평온하고 확실한 기반 위에 서 있을 수 있었을 것입니다. 우리는 바로 이런 가장 건전한 가르침을 토마스 데 아퀴노의 작품들 속에서 발견합니다. 왜냐하면 오늘날 방종으로 변형되고 있는 자유의 진정한 본성, 법칙과 그 힘, 자명한 원리들의 영역, 더 높은 권위에 대한 마땅한 복종, 인간 상호 간의 사랑 등에 대한 토마스의 가르침들은 사회질서의 평온과 대중의 안녕에 위험하기 짝이 없는 새로운 법의 원리들을 전복시킬 수 있는 대단히 강력하고 꺾일 수 없는 힘을 지니고 있기 때문입니다.

   36. 특별히 신중한 분별력을 가지고 그대들[전 세계 주교들]이 뽑은 스승들[신학교와 가톨릭 대학교 교수들]은 자기 제자들의 정신이 성 토마스 데 아퀴노의 가르침으로 관통될 수 있도록 깊은 노력을 기울여야 하며, 그의 가르침이 다른 모든 이론에 견주어 얼마나 튼튼하고 월등한지를 분명히 해야 합니다. 그대들이 설립한 (또는 설립할) 학부들은 그의 가르침을 해설하고 옹호하며 흔한 오류들을 논박하는 데 활용할 수 있어야 합니다.

   그리고 그대들은 정통 가르침 대신에 이런저런 허풍떠는 이론들에 말려들거나, 진정한 가르침 대신에 타락한 이론들에 현혹되지 않도록 성 토마스의 지혜가 그 원천으로부터, 또는 적어도 뛰어난 지성들의 확실하고 한결같은 판단에 따르면 그 원천에서 흘러나와 아직도 맑고 투명하게 흐르는 저 강물들로부터 탐구될 수 있도록 조처해야 합니다. 그리고 같은 원천에서 나왔다고들 말하기는 하지만 실제로는 이질적이고 해로운 저 시냇물에서 젊은이들의 정신을 멀리 떼어 놓도록 최선의 노력을 기울여야 합니다.

성 요한 바오로 2세 교황의 회칙 발췌문

『신앙과 이성』(*Fides et Ratio*, 1998)

43. 이 오랜 발전 과정에서 성 토마스 데 아퀴노(St. Thomas de Aquino)는 특별한 자리를 차지하고 있습니다. 그것은 그가 가르친 내용 때문만이 아니라 당대의 아랍 사상과 유다교 사상과 나눈 대화 때문입니다. 그리스도교 사상가들이 고대 철학, 특히 아리스토텔레스의 보화들을 재발견하고 있던 시대에, 성 토마스는 신앙과 이성 사이의 조화에 영예로운 자리를 배정한 위대한 공로를 가지고 있습니다. 이성의 빛과 신앙의 빛은 둘 다 하느님에게서 오는 것이고, 따라서 양자 사이에는 어떠한 모순도 있을 수 없다고 그는 논증하고 있습니다.

더욱 근본적으로, 토마스는 철학의 일차적 관심사인 자연(natura)이 하느님의 계시를 이해하는 데 적극적으로 기여할 수 있다는 것을 인정합니다. 따라서 신앙은 이성을 두려워할 필요가 없고, 오히려 이성을 추구하고 그것에 대해서 신뢰를 가지고 있습니다. 은총이 자연에 의존하고 자연을 완성시키듯이, 신앙은 이성에 의존하고 이성을 완성합니다. 신앙을 통해서 조명받을 때, 이성은 죄의 불복종 때문에 오는 연약성과 한계로부터 해방되어, 삼위일체 하느님에 대한 지식으로 고양되는 데 요구되는 힘을 얻게 됩니다. 비록 신앙의 초자연적인 성격을 강조하기는 했지만, 이 '천사적 박사'(Doctor Angelicus)

는 신앙이 지니고 있는 합리적 성격의 중요성을 간과하지 않았습니다. 참으로 그는 이 이해 가능성의 깊이를 천착해 들어가 그 의미를 밝혀낼 수 있었습니다. 신앙은 어떤 의미에서 일종의 '사고 훈련'(exercitium cogitationis)입니다. 그리고 인간 이성은, 어쨌든 자유롭게 심사숙고해서 내리는 선택으로 얻어지는 신앙의 내용들에 동의한다고 해서, 무효화되는 것도 아니고 그 품위가 손상되는 것도 아닙니다.

바로 그렇기 때문에 교회는 한결같이 성 토마스를 사고의 스승이며 올바른 신학자의 전형으로 추천해 온 것입니다. 이 점에 관해서 저는 선임자인 하느님의 종 교황 바오로 6세께서 천사적 박사의 서거 700주년 [1974년]의 기회에 하신 말씀을 상기하고 싶습니다. "의심할 바 없이, 토마스는 진리에의 용기, 새로운 문제들을 직면할 때의 정신의 자유, 그리고 그리스도교가 세속 철학이나 편견으로 감염되는 것을 허용하지 않는 사람들의 지적 정직성 등을 최고도로 소유하고 있었습니다. 따라서 그는 그리스도교 사상사 속에서 언제나 새로운 철학과 보편적 문화에 이르는 길의 선구자로 남아 있습니다. 그가 찬란한 예언자적 통찰력으로 신앙과 이성 사이의 새로운 만남에서 제시한 요점과 해결의 씨앗은 세계의 세속성(saecularitas)과 복음의 근본성 사이의 화해였고, 따라서 세상과 그 가치들을 부정하려는 자연스럽지 못한 경향을 피하면서도 동시에 초자연적 질서의 숭고하고 준엄한 요구들로써 신앙을 지킬 수 있었습니다."

44. 성 토마스의 또 하나의 위대한 통찰은, 지식이 지혜로 성장해 가게 되는 과정에서 성령의 역할을 깊이 깨닫고 있었다는 사실입니

다. 그의 『신학대전』(*Summa Theologiae*)의 앞머리에서 아퀴나스는, 성령의 선물로서 천상의 것들에 대한 지식으로의 통로를 열어 주는 지혜의 우위성을 날카롭게 보여 주고 있습니다. 그의 신학은 우리가 신적인 것들에 대한 신앙과 지식에 밀접하게 연관되어 있는 지혜의 특성을 이해할 수 있게 해 줍니다. 이 지혜는 천성적으로(per connaturalitatem) 알려지게 됩니다. 그것은 신앙을 전제로 하고 있고, 결국 신앙 자체의 진리에 입각한 올바른 판단을 형성해 줍니다. "성령의 선물들 가운데 하나인 지혜는 지성적 덕 가운데서 발견되는 지혜와는 구별됩니다. 이 두 번째 지혜는 연구를 통해서 얻어지지만, 첫 번째 지혜는 야고보 사도가 말하고 있는 것처럼 '높은 데서 옵니다.' 이것은 또한 신앙과도 구별되는데, 그것은 신앙이 신적인 진리를 있는 그대로 받아들이기 때문입니다. 그러나 지혜의 선물은 신적인 진리에 따라서 판단할 수 있게 해 줍니다."

그렇지만 이 지혜에 어울리는 우위성은 천사적 박사가 철학적 지혜와 신학적 지혜라는 지혜의 다른 두 개의 보충적 형태들이 있다는 것을 간과하게 만들지 않습니다. '철학적 지혜'는 자연적인 제약을 가지고 있는 지성의 실재 탐구 역량에 기초를 두고 있고, 신학적 지혜는 계시에 기초를 두고 신앙의 내용들을 탐구하여 하느님의 신비에 접근해 갑니다.

"진리는 누가 발설하든지 간에 모두 성령으로부터 오는 것"(omne verum a quocumque dicatur a Spiritu Sancto est)임을 깊이 확신하고 있던 성 토마스는 그의 진리 사랑에 공평무사했습니다. 그는 어디에서든지 진리를 추구하였고, 진리의 보편성을 입증하는 데 전력을 다했습니다. 교회의 교도권은 그에게서 진리를 향한 열정을 인정하였습니다. 그리고 정확히 그것이 일관되게 보편적이고 객관적이며 초월적인 진리의 지평 속에 머무르기 때문에, 그의 사상은 '인간 지성이 결코 생각해 낼 수 없었을 높은 경지'에 도달했습니다. 그는 정당하게도 '진리의 사도'(apostolus veritatis)라고 불릴 수 있을 것입니다. 확고하게 진리만을 추구하는 토마스의 실재주의(realismus)는 진리의 객관성을 인정하고 '현상'의 철학뿐만 아니라 '존재'의 철학(philosophia essendi)까지도 제시할 수 있습니다.

57. 그러나 교도권은 철학 이론들의 오류들과 일탈들을 지적하기만 하는 것은 아닙니다. 이에 못지않은 관심을 가지고 교회 교도권은 철학적 탐구의 진정한 쇄신의 기본 원리들을 강조하고 특정 방향을 지시하기도 합니다. 이 점에서 교황 레오 13세께서는 회칙 『영원하신 아버지』(Aeterni Patris)에서 교회 생활을 위해 역사적으로 매우 중요한 일보를 내디디셨습니다. 왜냐하면 그 회칙은 오늘날까지도 온전히 철학만을 위해 작성된 유일한 권위 있는 교황 문헌으로 남아 있기 때문입니다. 이 위대한 교황께서는 신앙과 이성 사이의 관계에 관한 제1차 바티칸공의회의 가르침을 발전시키는 가운데, 철학적 사고가 신앙과 신학에 얼마나 깊이 공헌하는지를 보여 주셨습니다. 한 세기 이상이 지났지만 그 회칙이 담고 있는 실천적이고 교육적인 통찰들은 그 중요성을 조금도 잃어버리지 않았습니다. 특히 성 토마스의 철학이 지니고 있는 그 어느 것에도 비할 수 없는 가치에 관한 강조는 더욱 그렇습니다. '천사적 박사'의 사상에 대한 쇄신된 강조야말로 교황 레오 13세께는 신앙의 요구들에 부합되는 철학의 활용을 활성화시키는 최선의 길로 비쳐졌습니다. "성 토마스는 이성과 신앙을

날카롭게 구분하였습니다. 그러나 이 양자를 조화시켜 각각 자신의 권리와 품위를 고스란히 간직하게 할 수 있었습니다."

78. 이 성찰들의 빛 속에서, 교도권이 왜 반복적으로 성 토마스 사상의 공로들을 격찬하고 그를 신학 연구의 인도자이며 전형(典型)으로 삼았는지가 명백히 드러납니다. 이것은 순수하게 철학적인 문제들에 대해서 어떤 입장을 취하기 위해서도 아니고, 또 특정 이론들에 대한 호감을 표시하기 위한 것도 아니었습니다. 교도권의 의도는 언제나, 성 토마스가 어떤 의미에서 진리를 추구하는 모든 사람을 위한 진정한 전형인지를 보여 주자는 것이었습니다. 실상 그의 성찰 속에서 이성의 요구들과 신앙의 힘이, 일찍이 인간 사고가 이룩한 가장 고상한 종합을 발견합니다. 왜냐하면 그는 이성에게 고유한 모험을 평가 절하함이 없이, 계시를 통해서 도입된 근본적인 새로움을 옹호할 수 있었기 때문입니다.

『신학대전』 완간을 꿈꾸며

그리스도교 2000년 역사에서는 물론 인류 문화사에서도 경이로운 불후의 걸작으로 인정받고 있는 방대한 『신학대전』을 대역판으로 간행하는 이 대사업은 정의채(鄭義采) 몬시뇰의 혜안과 용단에서 비롯되었다. 몬시뇰께서는 그리스도교 전래 200주년(1784-1984년)을 기념한 다음해인 1985년에 첫 권을 발간한 이래 꾸준히, 어려운 여건 가운데서도 고군분투하며 전체 3부 60권(보충부까지 포함하면 72권) 가운데 10권을 직접 번역하였고, 2006년 즈음부터는 소장 학자들에게도 번역 지침을 주어 과제를 분담하고 또 탈고 단계에서는 직접 감수를 통해 지도 편달함으로써 5권을 더 출간하였다. 여기에는 강윤희 신부, 김율 교수, 김정국 신부, 김춘오 신부, 윤종국 신부, 이상섭 교수, 이진남 교수, 채이병 박사 등이 참여했고, 막바지에는 이재룡 신부도 가담했다. 그렇게 해서, 제1부를 모두 마치고, 인간의 윤리 문제(제2부 전체)의 궁극 목표인 '행복'에 관해 논하는 첫 다섯 문제(제16권)까지 출간해 내었다.

이제까지 도서 출판을 통한 복음 전파를 카리스마로 삼고 있는 '바오로딸수도회'가 어려운 출판 여건 속에서도 큰 희생을 기꺼이 감내하며 몬시뇰의 피땀 어린 노력을 묵묵히 뒷받침해 왔다. 몬시뇰과 수도회에 깊은 존경과 감사의 뜻을 전하고 싶다.

그런 가운데 서울대교구 교구장이신 염수정(廉洙政) 추기경은 2016

년 8월, 15년 뒤에 맞게 될 천주교 조선교구 설정 200주년(1831-2031년)까지는 『신학대전』을 완간해야겠다는 큰 계획을 세우고 이미 번역진에 합류하고 있던 이재룡 신부를 그 전담 책임자로 임명하였다. 계획대로 추진된다면, 그리스도교가 이 땅에 들어온 지 근 반세기 만에 교구가 설정됨으로써 제대로 체제를 갖춘 당당한 지역 교회가 되었듯이, 『신학대전』도 근 반세기 만에 완간될 것이다.

전담 책임을 맡은 이재룡 신부는 우선 '한국성토마스연구소'(St. Thomas Institute in Korea)를 설립하고, 바오로딸출판사와 긴밀히 상의하며 이제까지 몬시뇰께서 추진해 온 출간 사업을 계승하여, 완간된 부분과 진행 중인 작업들을 총점검하고 향후 사업 일정을 확정하여 2017년 12월 《천주교조선교구설정 200주년기념 신학대전간행사업》(2019-2031년)이라는 제목으로 교구장님께 보고드렸다. 간행위원단 구성은 손희송 주교, 정의채 몬시뇰, 이재룡 신부(위원장), 안소근 수녀, 윤주현 신부, 이상섭 교수, 정현석 박사로 단순화하였다. 2019년부터 13년간 매년 분책 4-5권씩을 번역해 낸다는, 다소 무리한 계획이었지만, 최근 완간된 일어 역본(2007년)과 대만에서 발간된 한역본(2009년)도 자극제가 되어 200주년을 넘지 않도록 서두르기로 하였다.

2019년 말, 감사하게도 총 12개년(2020-2031년)에 걸친 《천주교조선교구설정 200주년기념 신학대전간행사업》이 문화체육관광부의 '국고지원사업'으로 선정되었다. 사업의 중심 내용은 당연히 『신학대전』의 나머지 부분인 분책 50권('보충부' 포함)의 간행이지만, 여기에 보조 장치 3권(『입문』,『총색인』,『요약』)과 선결 필수 사업으로 판단되는 3권의 사전(『성 토마스 개념사전』,『교부학사전』,『라틴어사전』) 간행을 추가하였다.

이제부터 시작이지만, 여기까지 오는 데에도 우여곡절을 거쳐야 했는데, 매일 묵주기도 5단을 바치며 성모님과 토마스 아퀴나스 성인님께 도움을 청했고, 고비 때마다 기묘한 방식으로 도와주시는 주님 섭리의 손길을 느꼈다. 그리고 많은 분들의 도움을 받았다. 존경하는 교구장님과 정진석(鄭鎭奭) 추기경님을 비롯한 교구 주교님들과 다른 주교님들, 동창 신부님들과 선후배 신부님들, 그리고 사업을 하시는 몇몇 지인들의 적극적인 격려와 지원 외에도, 일선 사목 현장에서 동고동락했던 잠실, 오류동, 혜화동 성당의 교우들과 교리신학원의 제자들도 꾸준히 정기적으로 도움을 주고 있다. 그리고 세 차례에 걸친 국고 지원 신청 과정에서 적극적인 행정적 지도와 격려를 아끼지 않은 문화체육관광부의 장우일 종무관과 실무진, 만만찮은 대응자금 문제 때문에 어려움을 겪고 있을 때 길을 열어 주고 적극적인 지지를 보내 준 김영국 신부님과 이경상 신부님을 비롯한 학교법인 가톨릭학원 신부님들의 도움이 컸다. 마지막으로, 지난해에 무리한 계획과 국고 지원 신청 과정 때문에 출판 일정이 겹치고 뒤엉켜 절망적인 국면에 처했을 때 흔쾌히 도움의 손길을 내밀고 끝까지 동행하기로 한 '기쁜소식'의 전갑수 사장님께 감사의 뜻을 전하고 싶다.

이렇게 많은 분들의 기대와 성원을 받으며 전능하신 하느님의 보호와 우리나라의 주보(主保)이신 성모 마리아의 도우심과 '인류의 스승'(Doctor Humanitatis)인 토마스 성인의 전구에 힘입어 벅찬 희망을 안고 대여정의 첫걸음을 내딛는다.

2020년 성모성월에
한국성토마스연구소에서
간행위원장 이재룡 신부

『신학대전』 간행계획
(2031년 완간)

[제1부]

01 (ST I, 1–12) 하느님의 존재, 정의채 옮김, 1985. 3판 2014.
02 (ST I, 13–19) 하느님의 생명, 정의채 옮김, 1993. 2판 2014.
03 (ST I, 20–30) 하느님의 작용과 위격, 정의채 옮김, 1994. 2판 2000.
04 (ST I, 31–38) 위격들의 구별, 정의채 옮김, 1997.
05 (ST I, 39–43) 위격들의 관계, 정의채 옮김, 1998.
06 (ST I, 44–49) 창조, 정의채 옮김, 1999.
07 (ST I, 50–57) 천사, 윤종국 옮김, 2010.
08 (ST I, 58–64) 천사의 활동, 강윤희 옮김, 2020.
09 (ST I, 65–74) 우주 창조, 김춘오 옮김, 2010.
10 (ST I, 75–78) 인간, 정의채 옮김, 2003.
11 (ST I, 79–83) 인간 영혼의 능력, 정의채 옮김, 2003.
12 (ST I, 84–89) 인간의 지성, 정의채 옮김, 2013.
13 (ST I, 90–102) 하느님의 모상으로 창조된 인간, 김율 옮김, 2008.
14 (ST I, 103–114) 하느님의 통치, 이상섭 옮김, 2009.
15 (ST I, 115–119) 우주의 질서, 김정국 옮김, 2010.

[제2부 제1편]

16 (ST I–II, 1–5) 행복, 정의채 옮김, 2000.
17 (ST I–II, 6–17) 인간적 행위, 이상섭 옮김, 2019.
18 (ST I–II, 18–21) 도덕성의 원리, 이재룡 옮김, 2019.
19 (ST I–II, 22–30) 정념, 김정국 옮김, 2020.
20 (ST I–II, 31–39) 쾌락, 이재룡 옮김, 2020.
21 (ST I–II, 40–48) 두려움과 분노, 채이병 옮김, 2020.
22 (ST I–II, 49–54) 습성, 이재룡 옮김, 2020.
23 (ST I–II, 55–67) 덕, 이재룡 옮김, 2020.
24 (ST I–II, 68–70) 성령의 선물, 채이병 옮김, 2020.
25 (ST I–II, 71–80) 죄, 안소근 옮김, 2020.
26 (ST I–II, 81–85) 원죄, 정현석 옮김, 2021.
27 (ST I–II, 86–89) 죄의 결과, 윤주현 옮김, 2021.
28 (ST I–II, 90–97) 법, 이진남 옮김, 2020.
29 (ST I–II, 98–105) 옛 법, 이경상 옮김, 2021.
30 (ST I–II, 106–114) 새 법과 은총, 이재룡 옮김, 2021.

[제2부 제2편]

31 (ST II–II, 1–7) 신앙
32 (ST II–II, 8–16) 신앙의 결과
33 (ST II–II, 17–22) 희망
34 (ST II–II, 23–33) 참사랑
35 (ST II–II, 34–44) 참사랑과 결부되는 것
36 (ST II–II, 45–56) 현명

37 (ST II-II, 57-62) 정의
38 (ST II-II, 63-79) 불의
39 (ST II-II, 80-91) 종교와 경신
40 (ST II-II, 92-100) 종교와 결부되는 것
41 (ST II-II, 101-122) 사회적 덕
42 (ST II-II, 123-140) 용기
43 (ST II-II, 141-154) 절제
44 (ST II-II, 155-170) 절제의 부분
45 (ST II-II, 171-178) 예언과 은사
46 (ST II-II, 179-182) 활동과 관상
47 (ST II-II, 183-189) 사목과 수도생활

[제3부]
48 (ST III, 1-6) 육화하신 말씀
49 (ST III, 7-15) 그리스도의 은총
50 (ST III, 16-26) 하느님과 인간 사이의 중재자
51 (ST III, 27-30) 동정녀 마리아
52 (ST III, 31-37) 그리스도의 유년기
53 (ST III, 38-45) 그리스도의 생활
54 (ST III, 46-52) 그리스도의 수난
55 (ST III, 53-59) 예수 부활
56 (ST III, 60-65) 성사

57 (ST III, 66-72) 세례와 견진
58 (ST III, 73-78) 성체성사
59 (ST III, 79-83) 영성체
60 (ST III, 84-90) 고해성사(*절필)

[보충부]
61 (ST Sup, 1-11) 통회
62 (ST Sup, 12-20) 보속과 열쇠
63 (ST Sup, 21-28) 냉담과 대사
64 (ST Sup, 29-33) 병자성사
65 (ST Sup, 34-40) 성품성사
66 (ST Sup, 41-49) 혼인성사
67 (ST Sup, 50-62) 혼인장애
68 (ST Sup, 63-68) 재혼
69 (ST Sup, 69-74) 죽음과 심판
70 (ST Sup, 75-86) 육신의 부활
71 (ST Sup, 87-96) 최후 심판과 성인들
72 (ST Sup, 97-99) 단죄받은 자들
73 (***)　　　　　　[신학대전 요약]
74 (***)　　　　　　[신학대전 입문]
75 (***)　　　　　　[총색인]

일러두기

1. 『신학대전』의 대구조(macro-structura)

1.1. 성 토마스는 불후의 걸작인 이 방대한 작품을 신플라톤주의의 '발원-귀환'이라는 웅장한 구도를 활용하여 구성하고 있다. 그래서 제1부는 만물이 하느님으로부터 나오는 발원(發源, exitus) 과정이고, 제2부는 만물이 하느님께로 되돌아가는 귀환(歸還, reditus) 여정이며, 제3부는 그 귀환의 길 또는 수단이 되어 주신 구세주의 위업(偉業)을 다루고 있다. 보충부는 일찍 찾아온 그의 죽음 때문에 미완으로 남게 된 (제3부의) 공백을 그의 제자, 혹은 제자 그룹이 그의 초창기 작품으로부터 관련 내용을 정리하여 옮겨다 채워 넣은 보완 부분이다.

1.2. 'I'(Prima Pars)은 제1부, 'I-II'(Prima Pars Secundae Partis)는 제2부 제1편, 'II-II'(Secunda Pars Secundae Partis)는 제2부 제2편, 'III'(Tertia Pars)은 제3부, 그리고 'Sup.'(Supplementum)은 보충부의 약식 기호들이다.

1.3. 지금 우리의 기획처럼, 방대한 『신학대전』의 내용을 나누어 출간하는 경우에, 분책(分冊)의 기초가 되는 단위로, 여러 개의 문(quaestio)들이 한데 모여 이루는 공동의 주제인 'tract.'(tractatus)를 '논고'(論考)라고 부른다.

1.4. 'q.'(quaestio)라고 표기되는 단위를 '문'(問)이라고 부른다.

1.5. '문'에서 제기된 문제를 해결하기 위해서는 필요한 만큼의 분절 작업(articulatio)이 요구되는데, 이렇게 세분된, 실질적인 논의의 기본 단위를 이루는 'a.'(articulus)를 '절'(節)이라고 부른다.

2. 절(節)의 세부 구조(micro-structura)

각각의 절에서 본격적으로 논의되는 세부 내용은 규칙적인 형식으로 구성되어 있고, 크게 두 부분으로 대별된다. 먼저, 권위 있는 가르침들이 찬-반(贊反)으로 제시되고, 다음에 저자 자신의 해결책이 제시된다.

2.1. 첫 번째 부분에서는 먼저, 중세 스콜라 학자들의 기본적인 학문 방법인 '권위'(auctoritas), 곧 성경과 교부들, 그리고 때로는 고대 철학자들을 비롯한 사상가들로부터 해당 주제에 대한 가르침들 가운데 (곧 제시될 필자의 입장에 반대되는) '부정적인' 가르침들이 엄선하여 제시된다. 곧 '반론들'(objectiones)로서, 보통 세 개 정도가 제시되는데, '반론 1'(obj.1), '반론 2'(obj.2)라 부른다.

2.2. 다음으로는 (역시 권위들 가운데에서) 그에 대해 반대되는, 곧 저자의 입장을 지지하는 긍정적인 가르침이 (보통은 하나) 제시된다. 곧 '재반론'(sed contra)이다.

2.3. 저자 자신의 독창적 해결책이 제시되는 두 번째 부분도 또다시 두 부분으로 구별되는데, 먼저 '답변'(Respondeo) 부분에서는 그 주제에 대한 저자 자신의 해결책이 제시되며, 가끔은 '본론'(corpus)이

라고 불리기도 한다.

2.4. 그런 다음에 '해답'(solutio) 부분에서는 '답변'에서 확인한 결론들을, 앞머리에 제시되었던 반론들 하나하나에 대해 적용한다. 원문에서 라틴어로 'ad1' 'ad2' 등으로 표시되는 것을 우리는 '제1답' '제2답' 등으로 부른다.

3. 본문과 각주에서의 유의 사항

3.1. 번역 대본은 비판본인 레오판(ed. Leonina)을 주로 따르고 있는 마리에티판이다: S. Thomas Aquinatis, *Summa Theologiae*, cum textu ex recensione Leonina, Taurini-Romae, Marietti, 1952.

3.2. (괄호) 속의 내용은 라틴 원문에 있지만, 길고 복잡한 문장 구조가 조금이나마 시각적으로 간명해지도록 역자가 임의로 괄호로 묶은 것이다.

3.3. [꺾쇠괄호] 안의 단어나 구절은 해당 라틴어 원문에는 없으나, 문맥상 요구된다고 판단되는 내용을 삽입한 것이다.

3.4. 성경은 기본적으로 한국천주교주교회의에서 발행한 『성경』을 따르지만, 내용에서 차이가 있는 경우에는 역자가 라틴 원문에 충실하게 번역하고, 각주에 『성경』 구절을 제시하였다.

3.5. 다양한 종류의 각주에 대해 아라비아 숫자로 일련번호를 매겼다. 단, 마리에티판의 권말에 추가주(adnotationes)로 실려 있는 내용을 번역한 경우에는 일련번호에 이어 '(* 추가주)'라는 별도의 표시를 했다.

4. 약어표에 관하여

4.1. 일반적인 약어들을 '일반 약어표'로 제시하였다.

4.2. 성 토마스의 작품들에 대해서는 약어표를 따로 제시하였다.

4.3. 성경 약어에 대해서는 가톨릭교회에서 통용되는 일반 관례를 따른다.

4.4. 성 아우구스티누스를 비롯한 교부들의 작품들에 대해서는 한국교부학연구회가 펴낸 『교부 문헌 용례집』(수원가톨릭대학교출판부, 2014)을 따른다.

4.5. 아리스토텔레스를 비롯한 고대 사상가들의 작품들에 대한 약어는 한국서양고전철학회 등에서의 일반적인 관례를 준용한다.

일반 약어표

a.	절(articulus). 예) '제1절', '제7절' 등.
aa.	여러 절들(articuli). 예) aa.1-3은 '제1절에서 제3절까지'를 가리킴.
ad1, ad3	제1답, 제3답: 절(articulus)을 시작하면서 제기되었던 반론들(objectiones)에 대해, 일일이 '해답'(solutio) 부분에서 해결책으로 제시하는 답변들.
c.	장(capitulum).
c.	본론(corpus) 곧 '답변'(Respondeo)을 가리킴.
Can.	카논(Canon: 공의회의 장엄 결정문).
Cf.	참조(conferire).
d.	구분(divisio). 특히 『명제집』과 『명제집 주해』에서 기본 틀로 제시될 때, '제1구분', '제2구분'으로 표기. 예)『명제집 주해』제1권 제2구분 제1문 제3절. (많이들 'divisio'와 혼용하고 있는 'distinctio'는 '구별'.)
DH	『덴칭거-휘너만』혹은 『규정-선언 편람』(Denzinger-Hunermann이 1991년부터 편찬).
DS	『덴칭거-쉰메처』혹은 『규정-선언 편람』(Denzinger-Schoenmetzer가 1963년부터 편찬).
Ibid.	같은 작품 또는 같은 곳(Ibidem).
ID.	같은 저자(Idem).
lect.	강(lectio). 예) '제1강', '제2강' 등. (단, 서술문에서 지칭 시에는 '강독'.)
lib.	권(liber). 예) '제1권', '제2권' 등.
ll.	행(行, lineae).
loc. cit.	인용된 곳(loco citato).

n.	번(numerum) 또는 그대로 'n'. 예) '2번' 또는 'n.2'.
obj.	반론(objectio). 예) '반론1', '반론2' 등.
op. cit.	이미 인용된 작품(opere citato).
parall.	병행 문헌(paralleli).
PG	미뉴, 『그리스 교부 전집』(Migne, *Patrologia Graeca*).
PL	미뉴, 『라틴 교부 전집』(Migne, *Patrologia Latina*).
Proem.	머리말(Proemium).
Prol.	머리글(Prologus).
q.	문(quaestio). 예) '제1문', '제89문' 등. (단, 간혹 서술 문장 중 특정 '문'을 가리킬 때에는 '문제'라고 지칭할 수도 있다.) 예문) "창조에 관해 논하는 이 '문제'는…."
qc.	소문제(quaestiuncula). (주로 『명제집 주해』에 나타남.)
qq.	여러 문들(quaestiones). 예) qq.57-59는 '제57문에서 제59문까지'를 가리킴.
Resp.	답변(Respondeo) [=본론].
s.c./sc	재반론(Sed contra) 또는 '그러나 반대로'. (보통은 재반론이 하나이지만, 드물게 번호와 함께 두세 개가 제시되기도 한다. 이때에는 '재반론1', '재반론3' 등으로 표기한다.)
sol.	해답(solutio). (단, 기본 틀 가운데에서 반론1에 대한 해답[ad1], 반론2에 대한 해답[ad2] 등은 '제1답', '제2답' 등이라고 지칭.)
tract.	논고(tractatus: 여러 문들이 함께 모여 이루는 논의 주제).

성 토마스 작품 약어표

In Sent., **I, d.3, q.1, a.3, qc.1, ad1** 『명제집 주해』 제1권 제3구분 제1문 제3절 제1소문제 제1답
ScG, **I, II** 『대이교도대전』 제1권, 제2권
ST(* 생략) 『신학대전』
  I, q.1, a.1, ad2 『신학대전』 제1부 제1문 제1절 제2답
  I-II 『신학대전』 제2부 제1편
  II-II 『신학대전』 제2부 제2편
  III 『신학대전』 제3부
  Sup. 『신학대전』 보충부
Catena Aurea 『황금 사슬』 또는 『4복음서 연속주해』
Compendium Theol. 『신학 요강』
Contra doct. retrah. 『소년의 수도회 입회를 비난하는 전염병과도 같은 가르침 논박』
Contra err. Graec. 『그리스인들의 오류 논박』
Contra impugn. 『전례와 수도회를 거스르는 자들 논박』
De aetern. mundi 『세상 영원성』
De anima 『영혼에 관한 토론문제』 또는 『영혼론』
De articulis fidei 『신앙 요목』
De beatitudine 『참행복』 또는 『진복』
De caritate 『참사랑』 또는 『참사랑에 관한 토론문제』
De correct. Frat. 『형제적 충언』 또는 『형제적 충언에 관한 토론문제』
De demonstratione 『증명론』
De diff. verbi Domini 『하느님의 말씀과 인간의 말의 차이』
De dilex. Dei et prox. 『하느님 사랑과 이웃 사랑』

De dimens. indeterm.	『무한의 크기』
De divinis moribus	『하느님의 습성』
De duo. praecep. char.	『사랑의 이중계명』
De empt. et vend.	『신용거래』 또는 『매매론』
De ente et ess.	『존재자와 본질』 또는 『유(有)와 본질(本質)에 대하여』
De eruditione principis	『군주 교육』
De expos. missae	『미사 해설』
De fallaciis	『오류론』
De fato	『운명론』
De forma absol.	『사죄경 형식』
De humanitate Christi	『그리스도의 인성』
De instantibus	『순간론』
De intellectu et intell.	『지성과 가지상』
De inventione medii	『수단의 발명』
De iudiciis astr.	『점술가의 판단』
De magistro	『교사론』 또는 『교사에 관한 토론문제』
De malo	『악론』 또는 『악에 관한 토론문제』
De mixtione element.	『요소들의 혼합』
De motu cordis	『심장 운동』
De natura accidentis	『우유의 본성』
De natura generis	『유(類)의 본성』
De natura loci	『장소의 본성』
De natura luminis	『빛의 본성』
De natura materiae	『질료의 본성』
De natura syllog.	『삼단논법의 본성』
De natura verbi intell.	『지성의 말의 본성』
De occult. oper. naturae	『자연의 신비로운 작용』
De officio sacerdotis	『사제의 직무』

De perf. vitae spir.	『영성생활의 완성』
De potentia	『권능론』 또는 『권능에 관한 토론문제』
De potentiis animae	『영혼의 능력들』
De principiis naturae	『자연의 원리들』
De principio individ.	『개체화의 원리』
De propos. mod.	『양태명제론』
De purit. consc. et modo conf.	『양심의 순수함과 고백 양식』
De quat. oppositis	『네 대당(對當)』
De quo est et quod est	『'그것에 의해 있는 것(존재)'과 '있는 것(본질)'』
De rationibus fidei	『신앙의 근거들』
De regimine Iudae.	『유다인 통치』
De regimine princ.	『군주통치론』
De secreto	『비밀』
De sensu resp. singul. et intellectu resp. univ.	『감각과 개체, 지성과 보편자』
De sensu respectu singul.	『개별자 감각』
De sortibus	『제비뽑기』
De spe	『희망론』 또는 『희망에 관한 토론문제』
De spir. creat.	『영적 피조물』 또는 『영적 피조물에 관한 토론문제』
De sub. sep.	『분리된 실체』
De tempore	『시간론』
De unione Verbi Incarn.	『육화하신 말씀의 결합』 또는 『육화하신 말씀의 결합에 관한 토론문제』
De unit. vel plurit. formarum	『형상의 단일성 여부』
De unitate Intell.	『지성단일성』
De usuris in communi	『고리대금』
De veritate	『진리론』 또는 『진리에 관한 토론문제』
De virt. card.	『사추덕』 또는 『사추덕에 관한 토론문제』
De virtutibus	『덕론』 또는 『덕에 관한 토론문제』
Ep. ad comitissam	『플랑드르 백작부인 회신』

Ep. ad duciss. Brabant.	『브라방의 백작부인 서신』
Ep. exhort. de modo stud.	『학업 방식에 관한 권고 서한』
Hymn.: Adoro Te	『찬미가: 엎드려 흠숭하나이다』
In Anal. post., I, II	『분석론 후서 주해』 제1권, 제2권
In Cant. Canticor.	『아가 주해』
In De anima, I, II	『영혼론 주해』 제1권, 제2권
In De cael., I, II	『천지론 주해』 제1권, 제2권
In De causis	『원인론 주해』
In De div. nom.	『신명론 주해』
In De gen. et corrupt.	『생성소멸론 주해』
In De hebd.	『주간론 주해』
In De mem. et remin.	『기억과 회상 주해』
In De meteora	『기상학 주해』
In De sensu et sensato	『감각과 감각대상 주해』
In De Trin.	『삼위일체론 주해』
In decem praecept.	『십계명 해설』
In Decretal.	『교령 해설』
In Ep. ad Col.	『콜로새서 주해』
In Ep. ad Ephes.	『에페소서 주해』
In Ep. ad Hebr.	『히브리서 주해』
In Ep. ad Philem.	『필레몬서 주해』
In Ep. ad Philipp.	『필리피서 주해』
In Ep. ad Rom.	『로마서 주해』
In Ep. I ad Cor.	『코린토 1서 주해』
In Ep. II ad Cor.	『코린토 2서 주해』
In Ep. I ad Thess.	『테살로니카 1서 주해』
In Ep. Pauli	『바오로 서간 주해』
In Ethic., I, II	『니코마코스 윤리학 주해』 제1권, 제2권
In Hieremiam	『예레미야서 주해』

In Ioan.	『요한복음서 주해』
In Iob	『욥기 주해』
In Isaiam	『이사야서 주해』
In Matth.	『마태오복음서 주해』
In Metaph., I, II	『형이상학 주해』 제1권, 제2권
In orat. dominicam	『주님의 기도 해설』
In Periherm., I, II	『명제론 주해』 제1권, 제2권
In Phys., I, II	『자연학 주해』 제1권, 제2권
In Pol., I, II	『정치학 주해』 제1권, 제2권
In Psalm.	『시편 주해』
In salut. angelicam	『성모송 해설』
In Symbolorum	『사도신경 해설』
In Threnos	『애가 주해』
Officium de fest. Corp. Dom.	『성체축일 성무일도』
Orationes	『기도문』
Primus tract. de univers.	『보편자 제1론』
Principium	『취임 강연』
Quaestiones Disp.	『토론문제집』
Quodlibet., I, II	『자유토론문제집』 제1 자유토론, 제2 자유토론
Resp. ad 108	『108문항 회신』
Resp. ad 30	『30문항 회신』
Resp. ad 36	『36문항 회신』
Resp. ad 42(43)	『42(43)문항 회신』
Resp. ad 6	『6문항 회신』
Resp. ad Abba. Casin.	『몬테카시노 아빠스 회신』
Secundus tract. de univers.	『보편자 제2론』
Sermones	『설교집』
Summa totius logicae	『총논리학 대전』
Tabula Ethicorum	『윤리학 도표』

'새 법과 은총' 입문

우리가 이번에 『신학대전』 제30권으로 발간하는 분책은 비교적 짧은 세 문으로 구성된 '새 법'(lex nova) 논고와, 여섯 문으로 구성된 '은총'(gratia) 논고가 합쳐진 것이다. 성 토마스가 법, 특히 은총의 새 법의 본성을 분석하는 방식은 놀랄 만큼 정교하고 날카롭다. 이 점은 은총에 관한 이어지는 논의에서도 그대로 이어진다.[1] 우리는 『신학대전』 전체 안에서 이 두 논고의 위치와 역할을 각각 개관한 다음에 두 논고의 핵심 내용을 요약할 것이다.

I. 새 법의 『신학대전』 내 자리매김

성 토마스의 윤리적 가르침 안에는 거의 하늘에 맞닿을 듯이 치솟은 세 가지 절정이 있다. 1) 하느님 직관에서 절정에 이르는, 인간의

---

1. 제임스 와이스헤이플, OP, 『토마스 아퀴나스 수사: 생애, 작품, 사상』, 이재룡 옮김, 성바오로, 2쇄, 2012, 400-401쪽: "불행히도 현대의 많은 주석가들은 토마스의 '자연법'(lex naturalis) 이론을 따로 [떼어내어 그것만 강조함으로써] 결국은 왜곡시켜 버리고 말았다. 이것은 은총론의 경우에도 마찬가지다. 토마스가 그 문제를 다루는 방식은 아우구스티누스의 『영과 문자』와 『자연과 은총』에 의존하고 있다는 사실을 많은 학자들은 놓쳐버리고 있다. 법 일반론과 자연법에 관한 논의는 자연법의 토대에 관한 성 토마스의 완전한 이론을 충만히 다 담고 있지 못하다. 제2부 제1편 속에서 다뤄지고 있는 논의들은 '하느님과 백성 사이에 맺는 옛 법과 새 법'이라는 그의 더 큰 관심에 견주어 볼 때, 단지 예비적 물음에 불과하기 때문이다."

행복 추구 여정, 2) 하느님을 우리에게 현존시키는 대신덕들의 길, 3) 하느님의 지혜로부터 흘러나와 인간에게 선사되는 모든 법제화의 토대인 복음적 법. 이 가운데 가장 소홀히 취급되어 온 것이 마지막에 지적한 복음적 법에 관한 논고이다. 하지만 이 논고는 성 토마스의 도덕적 가르침이 지니고 있는 근본적으로 그리스도교적인 성격을 가장 명료하게 드러내는 논고이다.[2]

우선 지적할 것은 '새 법'에 관한 짧은 논고가 '법 일반론'(제28권)과 '옛 법'(제29권)으로 이어지던 '법'에 관한 성 토마스의 논의를 마무리하는 마지막 논고이기도 하고, 동시에 옛 법의 시대를 마감하고 새 시대를 시작하는 첫 논고이기도 하다는 점이다.

성 토마스에게 법[3]은 영원법(lex aeterna)과 같은 그 최고의 의미에서는 하느님의 섭리의 한 측면과 동일시되기도 한다. 이성적 피조물들은 이 영원법을 '이성적'이라는 그들의 본성 속에 반영하고 있고(자연법), 창조적으로 그것을 구체적인 역사 현장에 적용한다.(실정법) 하느님은 신법(神法, lex divina)에 따라 인간을 영원한 삶이라는 초자연적 목적으로 인도하시는데, 신법은 인류의 두 '상태'에 따라 구별된다. 즉 어린이와 같은 불완전한 상태에는 옛 법이 상응하고, 어른의 완전한 상태에는 새로운 법이 상응한다.[4]

---

2. Cf. Servais Pinckaers, OP, *The Sources of Christian Ethics*, Washington, Catholic University of America Press, 1995, pp.172-174.
3. 성 토마스는 법(法, lex)을 "덕 훈련을 통해 도덕적 자유를 성숙으로 안내하는 데 필요한 하나의 후견(後見, tutor)"으로 이해하고 있다.(Pinckaers, *The Sources of the Christian Ethics*, p.185)
4. I-II, q.91, aa.1-5. Cf. Cornelius Ernst, OP, "Introduction", in ID.(ed.), *St. Thomas Aquinatis Summa Theologiae, vol.30(1a2ae, 106-114): The Gospel of Grace*, New York, McGraw-Hill, 1972, pp.xxiii-xxiv; and "Appendix 1: Grace and Saving History", pp.232-235.

성 토마스는 법에 관한 논고에서 먼저 영원법, 자연법, 실정법을 다루고,[5] 이어 신법 다루는데, 옛 법[6]과 새 법의 순서로 논한다. 아퀴나스에 따르면 네 가지 이유로 인간에게 신법이 필요하다. 1) 자연법 자체가 인간을 그 최종 목적인 하느님과의 결합으로 인도하기에 불충분하기에, 은총이 필요하다. 2) 인간적 행위의 선과 악에 대한 궁극적 판단 기준이 요구된다. 4) 인간적 행위를 향상시키는 덕의 완성을 위해 필요하다. 4) 실정법의 규제와 그것을 넘는 것까지 포함된 모든 죄를 단죄해야 한다.[7] 옛 법과 새 법은 인간을 하느님께로 인도하는 신법의 연속적 단계들이다. 새 법은 자연법의 표현들인 옛 법의 윤리적 계명들을 변경시키는 것이 아니라, 완성한다. 옛 법과 새 법은 공동체 내의 삶의 길인 덕(德, virtus)을 떠받치고 촉진한다.

은총과 새 법은 아퀴나스에게는 함께 간다. 왜냐하면 그의 사상에서 새 법은 사람들이 신적 본성에 참여함을 포함하고 있기 때문이다. 그런데 하느님의 본성에 참여하는 것이 인간의 자연적 역량에 개방되어 있는 것이 아니기 때문에, 그것은 오직 하느님의 도우심에 의해서만 가능할 수 있다.[8]

성 토마스는 새 법 논고를 비교적 간략하게 기술한다.[9] 하지만 이

---

5. 성 토마스, 『신학대전 제28권(I-II, 90-97): 법』, 이진남 옮김, 바오로딸, 2020.
6. 옛 법에서는 옛 법 자체의 본질에 대한 규정(q.98)과 옛 법 규정들의 구분(q.99)을 논한 다음에, 도덕 규정(q.100), 예식 규정(qq.101-103), 사법 규정(qq.104-105)을 차례로 다룬다. 『신학대전 제29권(I-II, 98-105): 옛 법』, 이경상 옮김, 한국성토마스연구소, 2021.
7. 파멜라 홀, 「옛 법과 새 법(I-II, qq.98-108)」, 스테폰 포프(편), 『아퀴나스의 윤리학』, 이재룡-김도형-안소근-윤주현 옮김, 한국성토마스연구소, 2021, 265쪽.
8. Cf. Brian Davies, OP, *The Thought of Thomas Aquinas*, Oxford, Clarendon, 1992, p.262.
9. 성 토마스는 옛 법 논고에 총 8개 문(問) 48절을 할당하고 있는 데 반해, 새 법 논고에는 3개 문 12절밖에 할당하고 있지 않다.

새 법에 관한 논고는 새 법의 핵심을 이루는 은총에 관한 논고(I-II, qq.109-114)로 이어지고, 은총의 삶 안에서 펼쳐지는 덕들을 대가답게 고찰하고 있는 제2부 제2편의 전체 논의로 확장된다. 다시 말해, 새 법에 대한 설명은 그가 명시적으로 이 주제를 다루는 이 세 문에 걸친 논고가 아니라, 오히려『신학대전』제2부의 나머지 부분들에 광범위하게 들어 있다고 보아야 한다. 본 짧은 논고에서 논의의 초점은 새 법과 옛 법 사이의 차이에 집중되어 있다. 삶의 길로서 새 법이 차지하고 있는 의미와 역할은 제2부 나머지 부분의 긴 줄거리를 구성하게 될 것이다.[10]

새 법과 옛 법 사이의 근본적 차이점은, 옛 법의 외적이고 억압적인 성격과 새 법의 내적이고 자유로운 특성에 있다. 새 법은 사랑과 자유의 법이고, 옛 법은 두려움과 예속의 법이다. 하지만 두 법의 공통점은 인간을 하느님께로 인도하는 하느님 섭리의 서로 연결된 수단으로서, 옛 법이 새 법의 교육자 역할을 하며, 많은 측면에서 새 법의 예표와 준비가 되고, 새 법은 그것의 실현이자 완성이라는 데 있다.[11]

그리스도는 세 가지로 옛 법을 성취한다. 1) 외적 행위뿐만 아니라 내적 행위까지 지적하심으로써 옛 법의 의미를 더욱 완전하게 표현한다. 2) 하느님의 법을 좀더 안전하게 준수하는 길을 제시한다. 3) 옛 법에, 산상 설교에서 펼치는 "완덕의 권고들"을 덧붙인다. 새 법은 자유의 법으로서 복음적 권고들을 받아들일 때 인간을 현세적 선들

---

10. 홀, 「옛 법과 새 법」, 277쪽.
11. I-II, q.107, a.1, ad2-3. 바티스타 몬딘, 「새 법」, 『성 토마스 개념사전』, 이재룡-안소근-윤주현 옮김, 한국성토마스연구소, 2021, 296쪽 참조.

에서 멀어지게 만들고 영적인 선에 대한 결합을 강화할 수 있다.[12]

성 토마스가 새 법을 논하는 첫머리에서 제시하는 정의는 다음과 같다: "철학자의 『니코마코스 윤리학』 제9권에 따르면, '어떤 사물의 본질(essentia)은 그것 안에서 가장 우세한 것(potissimum)에 의해서 규정되는 것으로 보인다.' 그런데 신약의 법에서 가장 우세하고 그 힘 전체가 거기서 성립하는 것은 바로 그리스도께 대한 신앙을 통해서 주어지는 성령의 은총이다. 그러므로 새 법은 1차적으로 그리스도를 믿는 신앙인들에게 주어지는 성령의 은총 자체이다."[13]

새 법은 "은총의 선물을 통해 본성에 부가되며 무엇을 해야 할지를 지적하고, 그것을 완성하도록 돕는다."[14] 새 법은 단적으로 의화시

---

12. I-II, q.107, a.2. Cf. Anton Klooster, *Thomas Aquinas on the Beatitudes*, Leuven, Peeters, 2018, esp. pp.124-202; Pinckaers, *The Sources of the Christian Ethics*, 1995, pp.172-190.

13. "unaquaeque res illud videtur esse in ea est potissimum, ut Philosophus dicit, in IX *Ethic*. Id autem quod est potissimum in lege novi testamenti, et in quo tota virtus eius consistit, est gratia Spiritus Sancti, quae datur per fidem Christi. Et ideo principaliter lex nova est ipsa gratia Spiritus Sancti, quae datur Christi fidelibus."(I-II, q.106, a.1) 핑케어스는 이 정의에 대해 찬탄하며 이렇게 평가한다: "복음적 법에 대한 정의 전체가 놀랄 만하다. 그것은 일단 독창적이고, 심지어 대담하기까지 하지만, 대단히 풍요로운 성경과 교부 전통으로 되돌아감이다."(Pinckaers, OP, *The Sources of Christian Ethics*, p.174) 그리고 이에 대한 상세한 주석을 가한 다음에 이렇게 결론짓는다: "분명히 그 정의의 순간부터, 비단 윤리학뿐만 아니라 신학 전체가 복음적 법에 관한 논고로 수렴되고 있다."(Ibid., p.178) 따라서 "복음적 법은 그 모든 지체들을 관통하고 (구체적 활동들을 규제하고 그것들을 약속된 행복으로 향하도록 질서짓는) 모든 덕들 안에서 활동하는, 성 토마스의 도덕적 가르침의 머리 또는 영혼"이다.(Ibid., p.180) "그러므로 우리는 다양한 종류의 법들에 의해 지도되는 모든 도덕적 가르침이 복음적 법으로 정향되어 있다는 것을 다시 한 번 알게 된다. 성 토마스가 이 주제에 할당하고 있는 문들은 참으로 그 그리스도교적 차원을 보장하는 『신학대전』 제2부의 절정이다."(Ibid., p.182)

14. I-II, q.106, a.1.

키는 성령의 은총이다. 새 법은 하느님이 의화된 이들 안에 머무시는 것이다. 옛 법은 새 법을 위한 길을 준비했지만, 새 법은 세상 종말시까지 그 활력을 잃지 않을 것이다. 옛 법과는 다른 새 법의 특징인 완성은 목적의 성취이고, 따라서 활력을 불어넣는 참사랑(caritas)의 표현이다. 이 참사랑이 신앙인의 영혼 자체를 변화시킨다.[15]

그런데 13세기라는 역사적 맥락에 관한 연구는 복음적 법에 관한 논고가 대체로 그 당대의 산물이라는 것을 보여준다. 그것은 프란치스코회원들과 도미니코회원들의 강력한 복음주의에 대한 신학적 표현이었다. 알렉산더 할레스의 『신학대전』은 복음적 법에 관한, 성 토마스의 것보다 훨씬 더 긴, 세밀한 연구를 포함하고 있다. 그러나 성 토마스는 알렉산더의 작품의 장점을 활용하면서도, 이 방대한 분량의 소재들을 세 개의 문 속에 응축시킴으로써. 그리고 특히 복음적 법에 관한 새로운 정의를 작업해내고 그것을 도덕적 가르침의 진정한 초석으로 삼음으로써 자신만의 독창적 작품에 이르게 되었다. 성 토마스의 연구는 사도 바오로의 로마서를, 아우구스티누스의 『영과 글자』 및 산상 설교에 관한 주해와 함께 다시 읽은 재독서의 결실이다. 그의 작품은 이 법의 영적 차원을 더욱 명료하게 부각시켰다.[16]

---

15. 참사랑(caritas)에 관해서는: 에버하르트 쇼켄호프, 「대신덕: 참사랑(II-II, qq.23-46)」, 스테폰 포프(편), 『아퀴나스의 윤리학』, 333*-352*쪽; 바티스타 몬딘, 「참사랑」, 『성 토마스 개념사전』, 716*-719*쪽 참조. Cf. Josef Pieper, *Faith Hope Love*, San Francisco, Ignatius, 1997, pp.139-281; Romanus Cessario, OP, *The Virtues, Or the Examined Life*, London, Continuum, 2002, pp.61-95; Paul Wadell, "Friendship with God: Embodying Charity as a Way of Life", in Harm Goris et al.(eds), *Faith, Hope, and Love: Thomas Aquinas on Living by the Theological Virtues*, Leuven, Peeters, 2015, pp.199-214.
16. Pinckaers, *The Sources of Christian Ethics*, p.173. Cf. ID., "Beatitude and the Beatitudes in Aquinas's Summa Theologiae(1998)", in John Berkman & Craig

『신학대전』에서 3개 문(I-II, 106-108)으로 정리된 '새 법' 논고는 토마스의 도덕성의 특별히 그리스도교적인 특성을 가장 명료한 방식으로 표현하고 있는 "한 작은 걸작"[17]이다. 최근에 복음적 법에 관한 논고가 어떻게 마침내 신학사의 그늘로부터 솟아올라, 다시 가톨릭과 개신교 양측의 윤리학자들의 주의를 끌게 되었는지를 보는 것은 대단히 흥미롭다.

Titus(eds.), *The Pinckaers Reader: Renewing Thomistic Moral Theology*, Washington, Catholic University of America Press, 2005, pp.115-129; W. C. Mattison III, "Beatitude and the Beatitudes in the Summa Theologiae of St. Thomas Aquinas", *Josephinum Journal of Theology* 17(2010), 233-249; Anton Klooster, *Thomas Aquinas on the Beatitudes. Reading Matthew, Disputing Grace and Virtues, Preaching Happiness*, Leuven, Peeters, 2018, esp., pp.124-202.

그러나 이와는 달리 새로울 것이 거의 없다는 것을 강조하는 학자들도 있다: Cf. Joseph Wawrykow, "Grace", in Rik Van Nieuwenhove & Joseph Wawrykow(eds.), *The Theology of Thomas Aquinas*, Notre Dame(IN), University of Notre Dame Press, 2005, p.192: "제2부 제1편 제106문에서 제108문까지가 중요하고, 그 이전에 오는 것과 이후에 오는 것(은총) 사이의 연결고리를 제공한다는 데에는 의문의 여지가 없다. 그럼에도 불구하고 저 문(問)들은 은총 자체의 개진에 덧붙이는 것이 거의 없고, 성령의 내적 자극으로서의 새로운 법의 내면성이라는 그 주요 통찰은 아퀴나스에 의해서 그의 세부적인 은총에 관한 가르침 과정에서 제시된 것이다. 그러므로 우리는 [새 법에 관한 논고를 건너뛰어] 제2부 제1편 제109편에서 안전하게 시작할 수 있다." Tito Centi, OP, "Introduzione", in S. Tommaso d'Aquino, Somma Teologica, Bologna, ESD, vol.13, 1984, p.8: "'새 법' 논고에서 진정한 독창성을 찾는다는 것은 헛일이다. 성 토마스는 사도 바오로, 아우구스티누스, 그리고 알고 있던 다른 교부들이 이미 낸 길을 따를 뿐이다. 두드러지는 것은(…) 그 정식들의 간결성과 정확성이다" 또한 몬딘, 「새 법」, 『성 토마스 개념사전』, 295쪽: "많은 학자들이 지적한 바와 같이, 이 짧은 논의에는 독창성이 적다. 여기에 제시된 주장들 가운데 어떤 것도 중세에 일반적으로 받아들여지던 학설과 차이가 없다."

17. Pinckaers, *The Sources of Christian Ethics*, p.174.

II. 새 법의 내용 요약

2.1. 복음적 법 또는 새 법(제106문): 새 법(lex nova)은 1차적으로 주입된 덕(virtus infusus)이고, 2차적으로만 기록된 법이다. 왜냐하면 그것은 1차적으로, 각자의 마음 속에 새겨져 있는 성령의 은총 자체이기 때문이다. 하지만 그것은 생생한 말이나 글로 터득되어야 하는, 신앙과 관습에 관한 측면들도 포함하고 있다.(제1절) 새 법은 성령에 의한 은총의 주입을 가리키는 한에서 의화(義化, iustificatio)를 전해준다. 하지만 인간적 행위들을 통한 신앙 및 계명 교육을 가리키는 한에서도 그런 것은 아니다. 왜냐하면 "문자는 사람을 죽이고 성령은 사람을 살리기" 때문이다.(2코린 3,6) 심지어 복음서의 독서조차도, 구원하는 신앙이라는 내적 은총이 없다면, 사람을 죽일 수 있다.(제2절) 새 법이 천지 창조 때부터 주어지는 것은 적절하지 않았다. 왜냐하면 성령의 은총은 그리스도의 구속사업(救贖事業) 이후에 넘치도록 주어져야 하기 때문이다. 그리고 그 어떤 것도 시초에 완성에 도달하지 못하기 때문이다. 인간은 자신의 나약함에 대해 충분히 자각하고 있어야 하지만, 은총을 지니고 있는 이라면 누구나, 설령 연대기적으로는 새 계약 이전 사람이라고 하더라도, 새 계약에 속한다.(제3절) 새 법은 그리스도와 성부 및 성령의 작품으로서, 이미 완전하고, 따라서 다른 완성을 기다릴 필요가 없으며, 세상 끝날까지 지속될 것이다. 왜냐하면 그 어떤 세상의 상태도, 비록 사람, 시대, 그리고 장소에 따라 성령의 은총이 소유되는 완전성에 차이가 날 수는 있겠지만, 새 법의 세상보다 더 완전한 상태에 있을 수는 없기 때문이다.(제4절)

2.2. 새 법과 옛 법의 대조(제107문): 사랑의 새 법은 두려움의 옛 법과 다르다. 왜냐하면 옛 법이 어린이들을 훈육하는 스승과 같았다면, 새 법은 완성의 법이기 때문이다. 그리고 그것들이 비록 동일한 목적을 지니고는 있지만, 새 법은 그 목적에 보다 직접적으로 질서지워져 있다.(제1절) 새 법은 옛 법을 완성한다. 왜냐하면 옛 법이 약속한 것을 채우고, 예언된 인물들을 구현하며, 구원과 그리스도를 전해주기 때문이다. 그리스도는 옛 법의 근거를 밝히고 권고들을 덧붙임으로써 계율을 완성하였다.(제2절) 새 법은, 마치 나무가 씨앗 속에 포함되어 있듯이, 옛 법 속에 포함되어 있다. 실상 완전한 것은 불완전한 것 속에 잠재적으로 포함된다.(제3절) 새 법은 옛 법보다 더 가혹하지 않다. 비록 다만 외적인 행위들만이 아니라, 정신의 내적 동기들에도 미치기 때문에 새 법의 계명들이 더 엄중한 것은 사실이지만, 그 행위를 어렵지 않게, 기꺼이, 그리고 즐겁게 수행할 수 있도록 덕에 따라 실행하기 때문이다.(제4절)

2.3. 새 법의 내용(제108문): 새 법은 외적 행위들도 명하거나 금해야 한다. 왜냐하면 육화(肉化)하신 말씀을 통해 우리에게 전해지기 때문이다. 그렇기 때문에 감각적인 성사적 행위들이 우리 안에 은총을 산출하는 데 합류하게 된다. 그리고 우리가 수행하는 외적 행위들은 (공개적인 신앙 고백처럼) 명령을 통해서든, 아니면 (자유의 법이기에, 명하는 것도 아니고 금하는 것도 아니기 때문에) 자유롭게든, 은총의 충동 아래 이루어진다. 새 법은 너무 많은 것들에 대해 행하거나 피하도록 의무지우지 않고, 은총의 재량의 내적 충동이라는 자유로운 자발성으로 계명들을 준수할 수 있게 해준다.(제1절) 새 법은 오로지

성사들의 활용과 (덕에 고유한) 도덕적 계명들에 관련된 외적인 행위들만을 규정한다. 왜냐하면 그것은 은총의 질서에만 해당되기 때문이다. 따라서 그것은 은총을 획득하고 배양하고 상실하지 않는 일에 관심을 집중한다.(제2절) 새 법은 인간의 내적 행위들(actus interior)을 마태오복음서 5장부터 7장에 걸친 산상설교의 가르침에 합치되도록 명한다. 왜냐하면 그것은 정신의 내적 동기들을 질서지우는 그리스도교적 생활 설계이기 때문이다. 먼저, 자기 자신과 관련해서는 행위들에 따라, 그리고 지향에 따라 질서를 바로 세우고, 이웃에 대해서는 그에 대한 우리의 판단에 따라 질서를 정립하지만, 거룩한 것들을 자격이 없는 자들에게 던지는 것은 허용하지 않는다. 마지막으로, 실천에 옮기는 방식과 관련해서는 '좁은 문'(angusta porta)으로 들어갈 것을 권한다.(제3절) 그리스도의 새 법은 모세법의 예규적, 재판적 규율들의 뒤범벅으로부터 사람들을 해방시켰고, 계명들을 넘어 마땅히 권고도 제안한다. 왜냐하면 자유의 법이기에 개개인의 재량에 속하는 것들에 대해 권고하기 때문이다. 이것은 목적 달성에 도움이 되는 수단에 관한 것이다. 그것은 가능한 한도 내에서 가난[淸貧, paupertas]으로 외적 풍요로움이라는 지상의 선에 대해, 항구한 정결(貞潔, castitas)을 통해 육체적 쾌락에 대해, 그리고 순명(順命, obedientia)을 통해 명예에 대해 총체적으로 포기하는 데에서 이루어진다.(제4절)

III. 『신학대전』에서의 은총론의 위치

『신학대전』 전체는 "은총이 자연을 완성한다"(gratia perficit

naturam)[18]는 아퀴나스 신학의 근본 공리를 펼치고 있다. 아퀴나스의 윤리학은 은총(恩寵, gratia)을 입은 인격이 무엇을 할 수 있고 또 행해야 하는지를 개진한다. 『신학대전』은 성삼위(聖三位, Trinitas)의 파견들에 기초해서 그리스도의 구원 경륜을 내다보는 은총의 심리학이다. 아퀴나스의 사상은 철저하게 새로운 방식으로, 정확히 덕과 은총 사이의 관계를 숙고하는 은총의 신학이라고 할 수 있다. 그는 은총의 빛(lumen gratiae), 인격의 존재에 대한 새로운 조명, 지성의 빛과 영광의 빛에 모두 연관되는 빛에 대해 말하고 있다.[19] 법(法, lex)에 관한 논고가 창조에 관한 논의로부터 따로 분리되어 은총의 새 법으로 인도하는 것으로 자리잡게 되었을 때, 은총이 그 중심을 차지한다. 덕(德, virtus)의 윤리는 아직도 창조를 통해 부여받은 그 자연적 토대를 간직하고 있지만, 은총을 통해서 심화된 법 윤리의 변형이 된다.[20]

덕들은 아퀴나스 윤리학에 기본 구조를 제공한다. 은총의 습성(習

---

18. I, q.1, a.8, ad2.
19. 은총으로부터 흘러나오는 그리스도교적 삶을 위한 주입된 덕들은 우리가 심리학적으로 획득하는 습성들과의 일정한 연속성을 유지한다. 은총을 묘사하기 위해 아퀴나스는 공기를 관통하는 빛이라는 은유를 사용하였다. I-II, q.110, a.3; q.113, a.7. Cf. I-II, q.110, a.1, sc; a.2, sc; q.111, a.3, ad2; q.112, a.5, ad3. 토마스 오미어러, 『신학자 토마스 아퀴나스』, 이재룡 옮김, 가톨릭출판사, 2002, 247쪽 참조. 은총의 조명이 아퀴나스 신학 전체의 열쇠 개념이 된다는 점에 관해서는 최근의 연구 결과들이 잘 보여주고 있다: Cf. Matthew Cuddeback, *Light and Form in St. Thomas Aquinas's Metaphysics of the Knower*, Ph.D. Dissert., Washington, Catholic University of America, 1998; ID., "Thomas Aquinas on Divine Illumination and the Authority of the First Truth", *Nova et Vetera*(Eng.) 7(2009), 579-602; Michael M. Waddlell, "Aquinas on the Light of Glory", *Topicos. Revista de Filosofia* 41(July 2011), 105-132; David Whidden III, *Christ the Light: The Theology of Light and Illumination in Thomas Aquinas*, Minneapolis, Fortress, 2014.
20. 토마스 오미어러, OP, 『신학자 토마스 아퀴나스』, 245쪽 이하 참조.

性, habitus)들인 덕들은 은총으로 활성화되는 '행위의 원리들'의 하위 구조이다. 우리의 궁극적 행복은 우리가 지금 당장 소유할 수 있는 어떤 것에 놓여 있는 것이 아니라, 하느님 자신께 놓여 있다. 그래서 우리는 신학적 덕들을 필요로 하는 것이다.

사람은 그가 행복을 추구하는 데 필요한 수단인 저 행위들을 향한 덕에 의해서 완성된다.(…) 그런데 우리의 행복은 이중적이다.(…) 하나는 인간 본성에 비례적이고, 우리는 우리 자신의 역량들을 통해서 그것에 도달할 수 있다. 다른 것은 우리의 본성을 능가하는 행복으로서, 우리는 오로지 하느님의 능력에 의해서만, 또는 일종의 신성에의 참여에 의해서만 그것을 얻을 수 있다.(…) 그런 행복은 인간 본성의 범위를 넘어가기 때문에,(…) 이 초자연적 행복에 도달할 수 있기 위해서는 우리는 어떤 부가적 활동 자원들을 하느님으로부터 부여받아야 한다.[21]

신약성경은 '카리스(charis)'에 관하여 말하는데, 그것은 라틴어로는 '그라시아'(gratia)라고 번역된다. 그러나 정확히 그것에 상응하는 개념이 구약성경에는 결핍되어 있다. 헬레니즘 세계에서 그것은 '호의'(favor)라는 의미를 가지고 있고, 신약성경에서 그것은 자주, 특별히

---

21. I-II, q.62, a.1. 여기서 지시하고 있는 성경은 베드로 2서 1장 4절이다: "욕망으로 이 세상에서 빚어진 멸망에서 벗어나 하느님의 본성에 참여하게 하셨다." (ut per haec efficiamini divinae consortes naturae, fugientes eius, quae in mundo est, concupiscientiae corruptionem) 이 구절에서 인간의 목적이 하느님의 모습과 같이 되는 것이라는 아퀴나스의 근본 입장은 그 가장 명료한 성서적 언명을 발견된다.

그리스도의 업적과 복음에서 '하느님의 자유로운 (자기)증여'를 가리키는 데 사용된다. 넓게 말해서 이것이 바로 아퀴나스가 은총을 개념하는 방식이다. '은총'으로써 그는 '우리를 그분과의 결합으로 인도하는 우리 안에 있는 그분의 활동'을 의미한다.[22]

구약과 신약 성경의 계시 말씀에 뿌리를 두고 있는 은총은 도나투스파와 펠라기우스파의 오류를 논박하는 아우구스티누스의 작업 덕분에 처음으로 크게 심화되었다.[23] 아우구스티누스는 은총의 무상성(無償性)을 크게 강조한다. 은총을 받기 위한 어떠한 요구 조건도 없고 준비할 수도 없으며, 따라서 그 어떤 공로도 있을 수 없다. 그에 따르면, 은총은 '잘 행하도록 본성에 부가된 도움'(adiutorium bene agendi adiunctum naturae)이다.[24]

중세 초기의 스콜라 신학자들은 은총에 관한 교부들의 교리와 용

---

22. Cf. Brian Davies, OP, *The Thought of Thomas Aquinas*, Oxford, Clarendon Press, 1992, p.262. "어떤 존재자도 그 종적 본성의 한계를 넘어 활동할 수 없다. 왜냐하면 원인은 언제나 그 결과보다 더 고등한 능력을 가지고 있어야 하기 때문이다. 그런데 은총의 선물은 다른 모든 본성을 능가하는 신적 본성에의 참여(participatio divina naturae)이다."(I-II, q.112, a.1)
23. 펠라기우스와 펠라기우스주의에 관한 보다 충분한 설명을 보기 위해서는: 호세 사예스, 『은총론』, 윤주현 옮김, 수원가톨릭대학교출판부, 2010, 61-79쪽; 피터 브라운, 『아우구스티누스』, 정기문 옮김, 새물결, 2012, 483-518쪽 참조. Cf. Eugene TeSelle, "Pelagius, Pelagianism", in A. D. Fitzgerald, OSA(ed.), *Agustine through the Ages: An Encyclopedia*, Grand Rapid(MI), Eerdmans, 1999, pp.633*-640*.
24. 아우구스티누스의 은총론 일반에 관해서는: 앨리스터 맥그래스, 『하나님의 칭의론: 기독교 교리 칭의론의 역사』, 한성진 옮김, 기독교문서선교회, 2008, 64-85쪽 참조. Cf. J. Patout Burns, *The Development of Augustinian Doctrine of Operative Grace*, Paris, Etudes Augustinienne, 1980; David F. Wright, "Justification in Augustine", in Bruce L. McCormack(ed.), *Justification in Perspective: Historical Developments and Contemporary Challenges*, Grand Rapids(MI), Baker Academic, 2006, pp.55-72.

어들을 대체로 물려받았다. 그들은 은총과 관련된 gratia, gratis, gtatuita와 같은 용어들이 우리의 공로가 될 수 없는 하느님의 선물을 가리킨다는 데 대체로 동의했다. 은총과 하느님의 다른 선물들과의 관계는 무엇인가? 이미 주어져(data) 있는 natura와 새로운 선물(donum)로 주어지는 gratia 사이의 뚜렷한 구별이 필요하다. 9세기의 스코투스 에리우게나는 자연적 질서와 초자연적 질서를 뚜렷이 구별하였고, 이후의 신학자들은 datum은 순수하게 자연적인 데 반해, donum은 순수하게 영적이라고 보았다. 특히 필립 총장(Philipus Chancellarius)은 이성의 자연적 질서보다 고상한 영역으로 신앙의 초자연적 질서를 대비시켰다. 따라서 은총의 효과는 이중적이다. 은총은 의지에 작용하여, 도덕적 선에 효력을 미친다. 또한 인간의 공로적 행위에 효력을 미치고, 인간을 순수하게 자연적인 영역에서 초자연적 영역으로 고양시킨다. 12세기에 신학자들은 은총을 공로(meritum)의 관점에서 규정하려고 노력하였다. 공로는 어떤 행위가 은총 덕분에 도덕적으로 선한 자연 영역에서 초자연적인 영역으로 넘어간 결과로 받아들여졌다.[25] 페트루스 롬바르두스[26]는 은총의 무상 수여자(gratia gratis dans)와 수혜자(gratia gratis data)를 구별하였고, 13세기가 시작될 무렵에는 하느님을 기쁘시게 만드는 은총(gratia gratum faciens)과 무상은총(gratis data)의 구별이 대체적으로 확립되었다. 전자는 습성적 은총(gratia habitualis)으로서 존재적 개념인 의화(義化) 또는 성화(聖化) 은총이고, 후자는 하느님의 직접적 또는 간

---

25. 버나드 로너간, 『은총과 자유』, 김율 옮김, 가톨릭출판사, 2005, 31-40쪽 참조.
26. 은총에 관한 롬바르두스의 기본 입장에 대한 보다 상세한 해설을 보기 위해서는: 로너간, 『은총과 자유』, 24-31쪽 참조.

접적 도움(auxilium)으로 후대에는 현실적 은총(gratia actualis)이라고 불리게 된다.[27]

은총에 관한 현대의 논의들은 한결같이 일련의 긴 신학적 논쟁으로 시작되고 마무리된다. 그것은 하느님의 기동(起動, motio), 예정(豫定, praedestinatio), 원죄(原罪, peccatum originale) 등과 같은 근본 문제들과 연관되기 때문에 대단히 복잡하다.

이에 비한다면『신학대전』의 상대적으로 짧은 논고는 매우 간결하다.[28] 은총에 관한 논고는 6개 문 54개 절의 본질적인 문제들로 한정되어 있다: 먼저 은총의 필요성(q.109), 은총의 본성(q.110), 은총의 구분(q.111)를 확립한 다음에, 은총의 원인(q.112)을 추적하고, 세 번째로 은총의 두 결과인 의화(q.113)와 공로(q.114)를 검토한다. 이 모든 것이 특수한 세부 사항에 이르기까지 완벽한 균형과 체계성을 갖추고 있다.[29]

성 토마스는 본질적으로 체계화에 주력했다. 은총론은 작품 전체 안에서 매우 분명한 핵심적 위치를 차지하고 있다. 곧 제2부 제1편의

---

27. 맥그래스,『하나님의 칭의론』, 182-187쪽; 로너간,『은총과 자유』, 46-53쪽 참조.
28. 하지만 섭리(攝理, providentia)와 관련해서는 이미 제1부의 '신론' 논고(qq.14-23)에서, 그리고 하느님의 기동(起動)에 관해서는 '우주 통치' 논고(q.103-104)에서, 그리고 하느님의 '내주'(內住, inhabitatio)에 관해서는 '삼위일체론'(q.43)과 '인간론'(q.93) 논고에서 논하였다. 그리고 '원죄'에 관해서는 제2부 제1편(q.81-83)에서 집중적으로 검토되었고, 은총에서 솟아나는 '덕'(德, virtus)들에 관해서는 이미 '덕 일반론'(I-II, qq.55-67)과 '성령의 선물'(qq.68-70)에서 일반적으로 다루었고, 또 앞으로도 제2부 제2편 전반에 걸쳐서 광범위하게 논하게 될 것이며, 그리스도 및 성사와의 연관성도 제3부에서 충분하게 논의될 것이다.
29. Cf. Joseph Wawrykow, "Grace", in R. Van Nieuwenhove & J. Wawrykow(eds.), *The Theology of Thomas Aquinas*, Notre Dame(IN), University of Notre Dame Press, 2005, p.193; Tito Centi, OP, "Introduzione", in ID.(ed.), S. Tommaso d'Aquino, *La Somma Teologica*, vol.XIII: *La Legge evangelica & La grazia*, Bologna, ESD, 1987, p.82.

마지막 논고로서, 『신학대전』의 근본 구도인 발원-귀환 도식에서 귀환 과정의 한 가운데에 위치하고 있으면서, 제2부 제2편과의 연결고리 또는 교량 역할을 하고 있다.[30]

제2부 제1편 전체가 전혀 실천적 성격을 띠고 있지 않다. 그 본성은 사변적이다.[31] 여기에는 인간적 행위의 외적 원리인 습성 및 덕들과, 내적 원리인 법과 은총도 포함된다. 아리스토텔레스의 형이상학에서 하느님이 결국 세계에 대한 부동의 원동자로 나타나는 것과 마찬가지로, 행위의 형이상학에서도 하느님은 결국 의지를 움직이시는 분으로 나타난다. 곧 그분이 은총으로 나타나는 것이다.[32]

---

30. 『신학대전』의 기본 구조에 관해서는: M.-D. 슈뉘, OP, 「부록: 신학대전 연구 입문」, in G. 달 사쏘(편), 『신학대전 요약』, 이재룡-이동익-조규만 옮김, 가톨릭대학교출판부, 1995, 591-616쪽; 레오나드 보일, OP, 「성 토마스 '신학대전'의 배경-다시 보기」, 스테픈 포프(편), 『아퀴나스의 윤리학』, 1*-22*쪽 참조. Cf. Brian Johnstone, "The Debate on the Structure of the Summa Theologiae of St. Thomas Aquinas: From Chenu(1939) to Metz(1998)", Paul van Geest et als.(eds.), *Aquinas as Authority*, Leuven, Peeters, 2002, pp.187-200; Inos Biffi, "Il piano della Summa Theologiae e la Teologia come scienza e come storia", in ID., *Sulle vie dell'Angelico: Teologia, storia, contemplazione*, Milano, Jaca, 2009, pp.269-358; Mark Jordan, "Structure", in Philip McCosker & Denys Turner(eds.), *Cambridge Companion to the Summa Theologiae*, Cambridge, Cambridge University Press, 2016, pp.34-47.
31. "제2부 제1편 제18문부터 제22문까지의 도덕적 행위를 논하는 자리에서 토마스는 도덕적 존재자를(…) 자연 사물들에 반대되는 고유 대상으로 설정한다.(I-II, q.21, a.2, ad2) 이런 의미에서 제2부 제1편 전체는 인간적 행위라고도 알려져 있는 도덕적 존재를 대상으로 삼고 있는 하나의 '보편적인' 곧 사변적인 도덕적 가르침이다."(T. 코부쉬, 「은총(I-II, qq.109-114)」, 스테픈 포프(편), 『아퀴나스의 윤리학』, 284쪽)
32. 성 토마스가 자신의 은총 신학에 아리스토텔레스의 철학을 채택한 것에 대한 균형 잡힌 설명을 보기 위해서는: Cf. Simon F. Gaine, OP, "Aristotle's Philosophy in Aquinas's Theology of Grace in the Summa Theology", in Gilles Emery, OP and Matthew Levering(eds.), *Aristotle in Aquinas's Theology*, Oxford, Oxford University Press, 2015, pp.94-120.

제2부 제1편의 인간적 행위에 관한 긴 논술에서 토마스가 신학적 형식 안에 새로운 문학형식을 창안하였다는 사실을 부정할 수 없을 것이다. 여기서 인간 활동의 외적 원리를 추구하는 형이상학자에게 하느님은 자기 자신을 내어주는 자유 또는 은총이자, 자유 행위를 가능하게 만들어 주는 조건으로 제시된다. 따라서 토마스의 은총에 관한 가르침은 행위의 형이상학에 속하는 철학적 신학이다. 은총에 관한 논고는 자유로운 행위자의 조건을 논하는 제2부 제1편의 결론이라 할 수 있다. 이리하여 은총은 인간의 자유와 내밀한 관계를 맺고 있다.

토마스는 제2부 제1편의 '은총론' 부분과 다른 부분들을 그의 파리 체류기 마지막 해인 1270년 경에 집필하였을 공산이 크다.[33] 그는 동일한 문제를 초창기 강사시절의 『명제집 주해』와 그 이후의 『진리론』에서도 산발적으로 다룬 바 있다.[34] 이탈리아 체류기(1259-68) 동안에는 비교적 교수로서의 과제로부터 자유로웠기 때문에 이전에는 2차적 자료들을 통해서만 알고 있던 원천들을 직접 탐구하는 일에 매진했을 공산이 크다. 그때 그의 동시대인들은 전혀 알지 못했던[35]

---

33. 와이스헤이플, 『토마스 아퀴나스 수사』, 540쪽. Cf. Jean-Pierre Torrell, OP, *Saint Thomas Aquinas*, vol.1: *The Person and His Work*, Washington, Catholic University of America Press, 1996, p.333.
34. 『명제집 주해』와 『진리론』에서의 토마스의 입장을 보다 자세히 보기 위해서는: 로너간, 『은총과 자유』, 53-72쪽 참조.
35. Centi, "Introduzione", p.88: "실상 스콜라학의 황금기에 발전된 은총에 관한 가장 높은 수준의 사변들이 교도권의 저 대단히 중요한 문헌[제2차 오랑주 공의회(529)]을 완전히 모르는 채 전개되었다는 사실은 논란의 여지가 없는 것 같다." 오랑주 공의회의 결정 내용들의 중요성을 좀더 상세히 살펴보기 위해서는: 호세 사예스, 『은총론』, 윤주현 옮김, 수원가톨릭대학교출판부, 2010, 213-219쪽 참조.

제2차 오랑주 공의회(529)의 결정사항들을 알게 되었을 것이다. 그리고 역시 이 시기에 『대이교도대전』의 첫 세 권을 집필하였고, 사도 바오로의 서간에 대한 광범위한 주해서도 편찬하였다. 만일 카예타누스나 현대의 부이야르 등 여러 학자들이 추정하듯이 성 토마스가 은총의 준비와 관련된 자신의 견해를 바꾸었다면, 그 전환점은 바로 이 시기의 작업들에서 찾아야 할 것이다.[36]

따라서 성 토마스에게는 은총에 관한 신학적 종합이 사도 바오로의 서간에서 개진된 가르침에 대한 유기적 재구조화 외에 다른 것일 수 없다. 여기서 그는 직접적으로 계시의 원천에 도달하면서 자신의 사상을 심화시킬 수 있었다. 『신학대전』의 '은총론'은 그 길이가 짧음에도 불구하고, 사도 바오로의 서간을 (주요 구절의 반복은 제외하더라도) 무려 60회 이상이나 인용하고 있다. 그리고 이것들이 그 진정한 의미에 비해 근사치의 방식으로 활용되는 것도 아니다: 저자는 그 본원적 가치를 정확하게 알고 있음을 드러내고 있다.[37]

그래서 그는 "하느님은 당신 호의에 따라 여러분 안에서 활동하시어, 의지를 일으키시고 그것을 실천하게도 하시는 분이십니다."[38]라

---

36. Cf. Centi, "Introduzione", pp.82-83. 그리고 많은 연구자들에 따르면, 성 토마스의 은총 이해는 청년기 작품인 『명제집 주해』부터 원숙기의 작품 『신학대전』에 이르기까지 입장 변화를 겪었다.(로너간, 『은총과 자유』, 46-73쪽; 맥그래스, 『하나님의 칭의론』, 187-194쪽 참조) 그러나 이런 입장 변화설에 반대하며, 토마스의 다양한 전거(典據)들에 대한 좀더 면밀한 조사와 집필 당시의 시대적 상황 등을 함께 고려하여 신중한 자세를 유지해야 한다는 웨스트버그의 논거를 보기 위해서는: 다니엘 웨스트버그, 「아퀴나스는 의지에 관해 생각을 바꾸었을까?」(이재룡 옮김), 『사목연구』 19집(2007/ 겨울), 327-348쪽 참조.
37. Cf. Centi, "Introduzione", p.89.
38. "Deus est enim, qui operatur in vobis et velle et perficere pro bona voluntate."(*Phil.* 2,13)

는 사도 바오로의 필리피서 2장 13절의 구절을 주해하며, 이렇게 말하고 있다. "이렇게 말함으로써 사도는 네 가지 거짓된 견해들을 배제한다. 첫째는 인간이 하느님의 도움 없이 자유재량에 의해서 구원될 수 있다고 생각하는 사람들의 견해이다.(…)[39] 둘째는 인간이 운명에 의해서 또는 하느님의 섭리에 의해서 필연적으로 지배된다고 말하면서 자유재량을 완전히 부정한다.(…)[40] 펠라기우스주의자들에게 속하는 셋째는, 첫째처럼, 재량이 나에게 의존하지만, 그 업적의 영광은 하느님께 속한다고 말한다.(…)[41] 넷째는 [일단] 하느님이 우리 안에서 온갖 선을 수행한다는 것을 인정하며, 그 이유가 우리의 공로 때문이라고 말한다. 하지만 이것은 [즉시 이어지는] (우리의 의지가 아니라) '그분의 선한 의지 때문에'(pro bona voluntate)라는 구절에

---

[39] 우리는 첫 번째 유형의 입장을 펠라기우스 이단(fl.409-415)에서 발견한다. 그는 언급된 원리에 일관되게 예정과 원죄의 실재를 부정하였다. 그리고 세례가 구원에 불가결하지 않다고 간주하였다. 그리고 은총을, 죄에 대한 보충약으로, 특히 영혼의 한 장식쯤으로 생각하였다. 이 이단은 아우구스티누스에 의해서 촉진되고 주도된 416년의 카르타고와 밀레비의 두 지역 공의회에서 단죄되었다.

[40] 아퀴나스가 죽은 지 두 세기가 지나서 서구에서는 루터(Martin Luther)와 칼뱅(Jean Calvin) 및 그들의 추종자들을 통해서 신학적 숙명주의(神學的 宿命主義)가 전개되었다. 『신학대전』의 저자는 이 오류를 예견하고 있었고, 특별히 그의 제자들이 토론과 저술들을 통해서, 그리고 트리엔트 공의회(1545-1564)에서 그 문제와 정면으로 대결하였다. 그들은 은총을, 하느님에 의해서 변덕스럽게 당신의 선민들에게 그들 구원의 필수불가결의 원인으로서 제공된 인간의 심리적 역동성에 이질적인 선물로서 개념하는 데에서 성립되는 그 오류의 위험한 흔적은 바이우스(Baius)의 오류(1509년과 1579년에 단죄됨)와 얀센(Jansen)의 오류(1665년과 1690년에 단죄됨)로 이어진다.

[41] 본질적으로 반(半)펠라기우스주의는 자유와 인간의 책임을 희석시키는 것으로 보이던 아우구스티누스의 대담한 정식들에 따라 하느님이 우리 안에서 '원욕함'(velle)과 '행함'(agere)을 작업하신다는 단호한 주장을 견지하였다. 이 새로운 이단의 가장 집요한 지지자들은 갈리아 지방에 거점을 두고 있었는데, 529년 오랑주 공의회에서 결정적으로 단죄되었다.

의해서 배제된다. 즉 우리의 공로 때문이 아닌 것이다.[42] 왜냐하면 하느님의 은총 이전에는 우리 안에 그 어떤 선의 공로도 없기 때문이다."[43]

배제해야 하는 오류들에 대한 이 명료한 전망과 더불어, 아퀴나스는 아리스토텔레스의 형이상학과 논리학 등 신학이 활용할 수 있던 모든 수단을 활용하여 완벽한 종합을 이루어낼 수 있었다.[44] 이것은 왜 이어지는 논쟁들 속에서 가톨릭 신학자들이 그의 권위에 그토록 호소하는지를 말해준다.

---

42. 네 번째이자 마지막 입장으로 아퀴나스는 "하느님이 우리 안에서 온갖 선을 행하지만, 우리의 공로 때문에 그렇게 한다"고 주장하는 자들의 견해를 지적한다. 만일 그런 표현으로 '당당한'(de condigno) 공로를 의도하고 있다면, 반(半)펠라기우스주의자들의 오류에 해당되고, 반면에 만일 어떤 특정 '적합한'(de congruo) 공로를 의도하고 있다면, 몰리나주의, 즉 루도비코 몰리나(Ludovico Molina, SJ, 1536-1600)의 견해에 해당된다. 몰리나와 그의 이론을 보다 면밀히 살펴보기 위해서는: Cf. Kirk R. MacGregor, *Luis de Molina: The Life and Theology of the Founder of Middle Knowledge*, GGrand Rapids(MI), Zondervan, 2015.

43. "Deinde cum dicit 'Deus enim(…)', confirmat fiduciam et excludit quatuor falsas existimationes. Unam hominum credentium quod homo per liberum arbitrium possit salvari absque divino auxilio.(…) Alii omnino negant liberum arbitrium, dicentes quod homo necessitatur a fato, vel a providentia divina.(…) Tertia pelagianorum, sicut et primi, dicentium electiones esse in nobis, sed prosecutiones operum in Deo, quia velle est a nobis sed perficere a Deo.(…) Quarta quod Deus facit omne bonum in nobis, et hoc per merita nostra. Hoc excludit, cum dicit 'pro bona voluntate', scilicet sua, non pro meritis nostris, quia ante gratiam Dei nihil boni meriti est in nobis."(*In Ep. ad Phil.*, c.2, lect.3, n.77: S. Tommaso d'Aquino, *Commento al Corpus Paulinum, vol.4: Lettera agli Efesini; Lettera ai Filippesi; Lettera ai Colossesi*, tr. Battista Mondin, Bologna, Edizioni Studio Domenicano, 2007, p.472)

44. 일반적으로 아퀴나스의 천재성은 아우구스티누스의 가르침을 아리스토텔레스적 심리학과 형이상학을 통해서 확대, 발전시킨 것이지만, 이 신학은 단시간 내에 이룩한 작품도 아니고 어떤 미숙한 젊은이의 작품도 아니며, 오랜 탐구와 명상 그리고 통찰의 결과였다.(오미어러, 『신학자 토마스 아퀴나스』, 182쪽 참조)

성 토마스는 인간의 최종 목적인 참행복이 하느님과의 합일에 있다는 것과, 아담의 원죄가 인류에게 치명적인 붕괴를 가져왔음에도 불구하고 이 조건은 변경시키지 않았다는 것을 인정한다. 타락 이후의 인간 조건은 참행복에 이르기 위해서는 손상된 상처를 치유하는 은총(gratia sanans)을 받아야 하고, 본래의 인간 조건을 넘는 초자연적 상태로 고양시키는 은총(gratia elevans)을 입어야 한다. 치유 은총이 바로 의화 은총(gratia iustificationis), 또는 성 토마스의 용어로 '하느님을 기쁘시게 만드는 은총'(gratia gratum faciens), 또는 후대인들이 부르듯이 성화 은총(gratia sanctificans)이다.[45] 아우구스티누스보다 훨씬 더 낙관적인 인간관을 지니고 있던 성 토마스는 인간이 타락한 상태에서도 일상생활 영역에서 일하기, 친구 사귀기, 사회봉사 등 특수한 선들을 실천할 수 있지만, 유혹에 내몰리고 항구하지 못하기에 불완전하고, 나약하다. 따라서 본성을 치유한 다음에라도 영원한 생명에 합당한 행업들을 이행하기 위해서는 본성의 역량을 능가하는 초자연적 역량을 발휘할 수 있도록 고양 은총이 필요하다. 그것이 바로 무상 은총(gratia gratis data) 또는 인간 주체를 움직이시는 하느님의 도움(auxilium Dei movens) 또는 조력 은총으로, 구체적인 상황에서 하느님이 일시적으로 베푸시는 현실적 은총(gratia actualis)이다. 이것은 불경자를 의화로 인도하는 선행 은총(gratia praeveniens) 또는 어려움에 처한 이웃을 돕도록 자극하는 내적 작용이다.[46]

토마스 이후의 논쟁의 역사에서 그의 가르침이 꾸준히 기준 역할

---

45. 보다 자세한 설명을 보기 위해서는: 로너간, 『은총과 자유』, 88-102쪽.
46. 권혁주, 「은총」, 6873*-6874*쪽; 그레사케, 『은총: 선사된 자유』, 73-95쪽; 맥그래스, 『하나님의 칭의론』, 190-194쪽 참조. Cf. Wawrykow, "Grace", pp.193-194.

을 했다는 사실은 천사적 박사가 현대 신학자들이 조력(助力) 은총이라고 부르는 '현실적 은총'(gratia actualis)에 대한 최초의 위대한 이론가라는 것을 확인시켜 준다.[47] 그것을 '무상 은총'(無償, gratia gratis data)으로 모호하게 뭉뚱그려져 있던 데에서부터 결정적으로 갈라냈기 때문이다.

그 문제는 다음과 같다. 그 효과를 얻게 되는 은총, 즉 의화(義化)를 가져오거나 공로(功勞)가 되는 행위를 낳는 은총은 하느님이 인간에게 제공하는 유일한 현실적 은총인가, 아니면 그것을 수용하는 주체의 어떤 상응의 부족 때문에 효력을 발휘하지 못하는 채로 남아 있는 현실적 은총들이 있는가?

그에게는 항상 은총의 결핍이 분명 인간의 악한 의지에서 기인하는 것이기 때문이다. 왜냐하면 하느님은 "그 자신에 관한 한 모든 이에게 은총을 나눠주기로 늘 준비되어 있기"[48] 때문이다. 그리고 그는 펠라기우스주의를 그 모든 측면에서 논박하고 있는 것과 마찬가지로, 숙명주의도 그 모든 조짐마저 강력하게 배격하고 있다.

잘 알려져 있다시피, 천사적 박사는 실재에 대한 낙관주의적 전망을 가지고 있다. 왜냐하면 인간에게는 구원에 도달하기 위해 하느님의 도움이 관대함으로 제공되었기 때문이다. "현세의 상태가 지속되는 동안 인간 안에는 선을 향해 움직이기에 적합함이 남아 있다. 그 표지는 범죄 이후에도 사람 안에 아직 남아 있는 선에 대한 갈망과

---

47. Cf. Centi, "Introduzione", p.92. 현실적 은총(gratia actualis)에 대한 성 토마스의 가르침을 보다 면밀히 살펴보기 위해서는: 로너간, 『은총과 자유』, 115-159쪽 참조. Cf. Mother M. C. Wheeler, "Actual Grace According to St. Thomas". *The Thomist* 16(1953), 334-360.
48. "quantum est in se, paratus est omnibus gratiam dare."(*ScG*, III, 159)

악에 대한 혐오이다. 그리고 이렇게 은총의 도움으로 인간은 언제나 죄의 용서를 얻을 수 있다."[49]

하느님은 당신의 은총을 통해서 죄인을, 그 사람 자신을 배제한 채 의화할 수 없다. 즉 그 사람은 그의 주체적 자유의 움직임 없이 의화될 수 없다. 이 의지의 움직임은 하느님의 의로움에 대한 동의에서 성립된다.[50]

하느님의 움직임은 정확히 자유재량의 자기 운동에 선행하며 그것을 처음으로 가능하게 만들어 주는 저 운동이다.[51]

IV. 은총론 요약

4.1. 은총의 필요성(제109문): 분명 하느님이 우리에게 이성을 선사하고 보존하며 그것을 현실태로 움직이지 않았더라면, 우리는 아무것도 인식할 수 없었을 것이다. 하느님이 우리에게 특별히 허락하신 이성(理性, ratio)이라는 '자연적 빛'(lumen naturale)은 감각 기관들의 도움을 받아 스스로 자연적 질서의 진리를 인식할 능력을 갖

---

49. "Quandiu status huius vitae durat, remanet in homine aptitudo ut moveatur ad bonum; eius signa sunt desiderium de bono, et dolor de malo, quae adhuc remanet in homine post peccatum(…) Et sic auxilio gratiae homo potest semper consequi remissionem peccatorum."(*ScG*, III, 156)
50. Cf. I-II, q.111, a.2, ad2.
51. 코부쉬, 「은총(I-II, qq.109-114)」, 296쪽 참조. 하느님의 선운동(先運動, praemotio)에 관한 토마스의 가르침을 보기 위해서는: 로너간, 『은총과 자유』, 102-112쪽; 김율, 「최초의 의지운동에 대한 은총론적 해석: 성 토마스 아퀴나스의 '신학대전' 제2부 제1편을 중심으로」, 『해석학 연구』 16(2005/가을), 249-279쪽; 「합리적 자발성의 신적 근원: 토마스 아퀴나스의 '의지의 신적 시동(始動)' 개념에 대한 심리학적 반성」, 『철학』 90(2007/봄), 49-74쪽 참조.

추고 있다. 그런데 지성(知性, intellectus)이 작동하는 데에는 조명(照明)이라는 하느님의 도우심이 필요하다. 왜냐하면 모든 것의 움직임은 하느님으로부터 오기 때문이다. 그런데 지성의 자연적 역량을 넘는 진리 인식을 위해서는 특별한 빛의 조명이 요구된다. 예컨대 인간은 현세에서는 '신앙의 빛'(lumen fidei), 그리고 내세에는 '영광의 빛'(lumen gloriae)이 없이는 아무것도 인식할 수 없다.(제1절) 인간은 원죄(原罪) 이전에는 그 본성에 적합한 선을 얻기에 충분한 능력을 지니고 있었다. 하지만 초자연적 선에 대해서는 은총(恩寵, gratia)의 도움이 없이는 그것을 원할 수도 없고 수행할 수도 없다. 그러나 범죄 이후의 타락한 본성을 지니고 있는 상태에서는 초자연적 선만이 아니라 자연적 선에 대해서도 그러하다. 왜냐하면 환자가 자기 본성에 적합한 선을 다 수행할 수 없는 것처럼, 인간도 무엇보다 먼저 치유되어야 하기 때문이다. 그러므로 인간은 온전한 본성의 상태에서도 초자연적 선을 원하고 수행할 특별한 무상(無償)의 은총을 필요로 한다. 그리고 두 상태 모두에서 언제나 신적인 기동(起動, motio)이 요구된다.(제2절) 인간은 부패하기 이전의 온전한 본성 상태에서는, 부분이 전체를 사랑하듯이, 하느님을 모든 것보다 더 사랑할 수 있었다. 그의 본성에 자연스러운 것이었기 때문이다. 다만 그에게는 '기동'(起動), 곧 움직이게 만드는 은총만 필요했다. 그러나 부패한 본성의 상태에 있는 인간이 하느님을 모든 것보다 더 사랑할 수 있기 위해서는 무엇보다 먼저 '치유하는 은총'(gratia sanans)의 도움이 요구된다.(제3절) 인간은 자연법(lex naturalis)의 계명들을 채울 수 있다. 그런데 이것은, 온전한 본성의 상태에서는 은총의 도움이 없이도 가능했지만, 타락한 본성의 상태에서는 오직 치유하는 은총의 도움에 힘입어서만 가능하다. 하지만 참사랑에 따른 방식을 고려한다면, 두 경우에 모두 은총이 필요하다.(제4절) 인간은 은총이 없이는 영원한 생명(vita aeterna)을 누릴 공로를 가질 수 없다. 왜냐하면 영원한 생명은 그의 본성적 능력을 능가하기 때문이다.(제5절) 선을 행하고, 더 나아가 지복직관(至福直觀)에 이를 수 있게 해주는 것이 바로 성화 은총(聖化恩寵, gratia sanctificans)이다. 그런데 인간은 은총 자체의 도움이 없이는 은총에 준비되어 있을 수 없다. 왜냐하면 인간의 능동적 역량을 능가하는 습성적 은총(gratia habitualis), 곧 상존 은총(常存恩寵)에 대한 준비 자체가 그것들보다 고등한, 현실적 질서에서 무상(無償)으로 주어지는 하느님의 도우심을 필요로하기 때문이다.(제6절) 죄에 떨어졌던 인간이 죄로부터 다시 일어나기 위해서는 습성적(상존) 은총과 현실적(협력) 은총(gratia actualis)을 둘 다 필요로 한다. 왜냐하면 죄는 세 가지 손상, 곧 [1]상흔(傷痕, macula) 또는 흠결, 곧 은총의 상실과, [2]본성의 타락, 그리고 [3]처벌을 포함하고 있기 때문이다. 오직 하느님만이 그에게 은총의 아름다움을 새로 부여하고, 그 본성을 당신께로 향하도록 다시 질서지우며, 처벌을 사면함으로써, 그것들을 복구시키실 수 있다.(제7절) 오전한 본성의 상태에서 인간은 보호해주시는 하느님의 섭리 덕분에 사죄(死罪)와 경죄(輕罪)들을 피할 수 있었다. 하지만 타락한 본성의 상태에서 인간은 은총이 없이는 죄를 짓지 않을 수 없다. 왜냐하면 본성의 치유가 필요한데, 치유는 습성적(상존) 은총에 의해서 이루어지기 때문이다. 이렇게 해서 사죄(死罪, peccatum mortale)를 면할 수 있지만, 모든 가벼운 죄들까지 다 면할 수 있는 것은 아니다. 왜냐하면 모든 죄를 다 전체적으로 제압할 수는 없기 때문이다. 그리고 타락한 본성의 상태에서도 은총으로 치유되기 이전에는 비록 필연적으로 즉각 죄에 떨어지는 것은 아니더라도, 오래도록 사죄(死罪)에 떨어지지 않은 채 남아 있는 것이 불가능하다. 왜냐하면 죄악의 무게가 자꾸 그를 잡아 끌어내리기 때문이다.(제8절) 죄를 억누르는 것은 부정적인 부분이다. 적극적인 부분은 선을 행하고 악을 예방하는 일이다. 그런데 인간은 은총 안에 있더라도 탐욕과 무지가 남아 있기 때문에, 은총의 도움이 없이는 선을 수행할 수도 없고, 악을 피할 수도 없다. 왜냐하면 치유하고 고양시키는 습성적(상존) 은총은 아직도 하느님 측으로부터 현실적으로 움직이도록 해주는 운동을 필요로 하고 있고, 또 인간을 총체적으로 치유하는 것도 아니기 때문이다.(제9절) 은총 안에 있는 인간이 온갖 유혹을 물리치고 은총에 항구하기 위해서는 특별한 질서의 현실적 은총이 필요하다. 왜냐하면 슬픔에 저항하는 끈기(constantia)의 습성만으로 충분하지 못하고, 삶이 끝날 때까지 선에 계속 머물 수 있도록 해줄 항구함(perseverantia)이라는 은총이 필요하기 때문이다. 이 항구함은 탄원하여 얻어야 하는 하느님의 지속적 도우심을 함축하고 있다.(제10절)

4.2. 하느님 은총의 본질(제110문): 은총이란 하느님이 인간 안에 산출하시는 초자연적 선물(donum supernaturale)이다. 왜냐하면 하느님은 당신이 사랑하시는 것 또는 은총 안에서 소유하시는 것을 그렇게 만드시기 때문이다. 하느님을 기쁘시게 만드는 은총(gratia gratum faciens) 또는 성화 은총(聖化恩寵, gratia sanctificans)이라 불리는 이 선과 이 사랑의 특수한 양태는 인간을 새로운 상태로 변화시켜 영원한 선(bonum aeternum)이신 하느님 자신 안에 참여시킨다.(제1절) 은총은

영혼의 한 성질(qualitas)이다. 실상 하느님은 은총을 초자연적 형상(forma supernaturalis)으로 주입하시고, 그것을 통해서 인간이 유연하고 기꺼이 영원한 선에 도달하도록 움직이실 수 있다. 비록 하느님의 선성의 참여와 흘러넘침이 영혼의 본성보다 우월하기는 하지만, 그럼에도 불구하고 존재 방식에 따라서는 영혼의 한 우유(偶有, accidens)이다. 그리고 하나의 우유로서 창조될 수는 없지만, 그것을 통해서 인간이 새로운 존재 방식에 따라 재창조된다고 말할 수 있다.(제2절) 은총은 주입된 덕이 아니다. 왜냐하면 주입된 덕들은 전제된 본성, 곧 참여된 신적인 본성이자 '은총'이라고 불리는 것으로부터 나와, 그 은총의 빛에 따라 행동하도록 태세를 갖추기 때문이다.(제3절) 은총은 영혼의 본질 안에 자리잡고 있다. 왜냐하면 근본적으로 덕들에 앞서고, 또 덕들이 내속(內屬)하는 기관(機關, facultas)들 또는 능력(能力, potentia)들에 앞서기 때문이다. 은총은 능력들의 원리인 영혼의 본성에 속한다. 인간은 그 특유의 모상과 출생 또는 재창조에 따라 영혼의 본성을 통해 신적인 본성에 참여한다.(제4절)

4.3. 은총의 구분(제111문): 성화 은총과 무상 은총의 구분: '하느님을 기쁘시게 만드는 은총' 또는 성화 은총(聖化恩寵, gratia gratum faciens o sanctificans)은 인간을 직접적으로 하느님과 결합시키고 그를 형상적으로 거룩하게 만드는 은총이다. 이에 반해, 무상 은총(無償恩寵, gratia gratis data)은 우리 인격의 기능과 공로들을 넘는 선물로서, 그것을 소유한 자를 성화시키는 것이 아니라, 다른 사람의 성화(聖化)에 협력자기 되도록 만들어 준다.(제1절) 작용 은총(作用恩寵, gratia operans)과 협력 은총(協力恩寵, gratia cooperans)의 구분: 작용 은총은

하나의 습성으로서 영혼을 치유하고 의화시킨다. 또는 현실태인 한에서 의지의 내적 행위를 잘 원욕하도록 움직인다. 이에 반해, 협력 은총은 습성으로서 자유재량(自由裁量, liberum arbitrium)과 더불어 공로(功勞, meritum)의 원리이다. 또는 현실태로, 의지로부터 명령을 받은 행위들을 움직인다. 이미 선을 향해 움직였다고 하더라도, 그 의도한 기능들을 하느님이 움직여주시지 않으면, 그 기능들에 명령해서 선을 이룰 수 없기 때문이다.(제2절) 선행 은총(先行恩寵, gratia praeveniens)과 후행 은총(後行恩寵, gratia subsequens)의 구분: 은총의 결과들은 은총의 인과성에 뒤따르는 다섯 가지다: 1) 치유하고, 2) 작용하고(선을 행하도록 부추기고), 3) 협력하고(선을 효과적으로 수행하도록 만들고), 4) 선에 항구하도록 만들며, 5) 영광에 이르도록 만든다. 은총은 이어지는 결과보다는 선행하고, 선행하는 결과에 비해서는 후속한다. 예컨대 영혼이 올바로 작용할 수 있기 위해서는, 먼저 영혼이 치유되어 있어야 한다.(제3절) 무상(無償) 은총 또는 은사(恩賜)(1코린 12,8 이하)는 이웃의 구원을 위해서 우리를 하느님의 공동 협력자가 되게 해준다. 이 사명을 잘 수행하기 위해서는 하느님에 대해 좀더 내밀하게 깊이 알 뿐만 아니라 그것을 입증하고 효과적으로 제시할 줄도 알아야 한다. 따라서 무상 은총들은 사도 바오로에 의해서 다음과 같이 열거되고 있다: 하느님 인식을 위한 지혜, 지식, 신앙의 덕들과, 이 인식을 입증하기 위한 치유의 은총과 예언의 은총, 그리고 그 인식을 설득력 있게 구사하시기 위한 언어의 은사와 해석 또는 연설의 은사 등.(제4절) 우리를 직접 최종 목적으로 향하도록 해주는 하느님을 기쁘시게 만드는 은총이 무상 은총보다 훨씬 더 고등하다. 왜냐하면 성화 은총은 우리를 직접적으로 최종 목적(finis ultimus)과 결합시키는 데 반해, 무상 은총은 그 수단과 관련되기 때문이다.(제5절)

4.4. 은총의 원인(제112문): 은총은 그 수용자(受容者)로 하여금 신적 본성에 참여하도록 만든다. 은총의 원인(原因, causa)은 홀로 하느님뿐이다. 왜냐하면 오직 불[火]만이 불태울 수 있는 것과 마찬가지로, 오직 하느님만이 인간을 신화(神化, deificatio)시키실 수 있기 때문이다.(제1절) 습성적 은총은 그것을 받을 만한 준비가 되어 있는 수용자에게만 부여될 수 있기 때문에, 인간 측에서의 맞갖은 준비가 필요하다. 그런데 은총을 받아들이기 위한 인간의 모든 준비는 은총의 업적이다. 왜냐하면 하느님은 형상을 향한 태세뿐만 아니라 질료에 대해서까지도 원인이신 무한한 능력을 갖춘 작위자(作爲者, agens)이시기 때문이다. 따라서 은총의 행위에 대해 준비하는 자유재량 행위도 하느님에 의해서 움직여지는 것이다.(제2절) 하느님은 당신의 은총 행위를 착수할 뿐만 아니라, 계속하시기도 한다. 인간의 자유 의지가 거기에 반대되는 것은 아니다. 스스로의 능력껏 활동하는 하느님은 당신의 은총을 선사하기를 거절하지 않으신다. 하지만 그에게 필연적으로 은총이 허용되는 것은 아니다. 왜냐하면 은총은 인간적 덕의 모든 준비를 능가하는 하느님의 선물이기 때문이다. 따라서 은총에 순응하는 자유재량이 공로가 있다고 자만해서는 안 된다. 그러나 만일 준비하는 신적 기동(起動)을 고려한다면, 여기에는 강제의 필요가 아니라 (그 결과에 대한) 오류 불가능성의 필요가 있다고 말해야 한다.(제3절) 은총은 사람에 따라 더 많이 받을 수도 있고, 적게 받을 수도 있다. 그런데 이것은 분명 대상(對象, obiectum)과 관련

해서가 아니다. 왜냐하면 그 대상은 하느님이시기 때문이다. 오히려 그것은 주체(主體, subiectum)와 관련된 것이다. 누군가가 다른 사람보다 더 큰 은총의 강도를 가질 수 있는 한에서 그러하다. 실상 하느님은 당신의 선물들을 다양한 등급으로 나눠주신다. 이 은총의 다양성은 교회의 아름다움을 위해 하느님이 안배하신 것이다.(제4절) 인간은 사적인 계시를 통해서든, 아니면 추측을 통해서나 어떤 표지들을 통해서든, 자신의 은총의 상태를 어느 정도 알 수 있다. 그는 하느님 안에서 자신의 기쁨을 발견한다. 왜냐하면 어떤 달콤한 경험이 있기 때문이다. 또한 속세(俗世)의 것들을 경멸하고, 그 어떤 사죄(死罪)에 대한 의식도 가지고 있지 않다. 하지만 이렇게 아는 것이 어떤 확실한 지식에 기초를 둔 것은 아니다. 우리는 은총의 원인이 아니고, 또 그 원인이신 하느님을 제대로 알지도 못한다. 하느님은 초월적이시기 때문이다.(제5절)

4.5. 은총의 효과인 죄인의 의화(제113문): 불경(不敬)한 자(impius)의 의화(義化, iustificatio)란 극에서 극으로의 움직임, 즉 죄의 용서와 의로움(iustitia)의 회복을 의미한다. 왜냐하면 의로움이란 은유적인 의미에서 자기 자신을 향한 개개인의 내적인 질서이기 때문이다. 만일 이 질서가 죄로 파괴되었다면, 그 재구성은 죄의 용서(remissio peccatorum)에서 성립되는데, 이것을 의화라고 부른다.(제1절) 죄(peccatum)란 하느님을 모욕하는 것이다. 그런데 하느님이 당신의 사랑에서 성립되는 평화를 회복시켜 주시지 않는 한, 이 모욕은 제거되지 않는다. 이 죄의 제거를 위해서는 은총의 주입(infusio gratiae)이 요구된다. 왜냐하면 죄가 은총을 제거하고 불경한 자들로 만드는

것이라면, 은총은 죄를 제거하고 그들을 다시 의롭고 영원한 생명에 합당하게 만드는 것이기 때문이다.(제2절) 하느님은 인간이 은총을 받기에 합당하도록 이끄면서 의화를 선사하신다. 그런데 의화는 자유재량(自由裁量, liberum arbitrium)의 실행을 함축한다. 왜냐하면 하느님은 인간을 자유재량을 지니고 있는 인간 본성의 조건들에 따라 의로움으로 움직이시기 때문이다. 하느님은 자유재량을 행사하는 자 안에 은총을 주입하실 뿐만 아니라, 또한 은총을 받아들이도록 자유재량을 움직이기도 하신다.(제3절) 의화될 수 있기 위해서는 정신을 하느님께로 다시 돌이키는 것이 필요한데, 이 회개(悔改, conversio)는 신앙(信仰, fides)의 행위를 통해서 이루어지고, 참사랑(caritas)의 행위가 뒤따르게 된다. 그러므로 의화를 위해서는 씬앙이 필요하다.(제4절) 의화는 죄에 대해 단호히 반대하는 자유재량의 움직임을 요구한다. 왜냐하면 하느님께 가까이 나아가기 위해서는 죄를 멀리해야 하기 때문이다. 죄와 하느님은 의화의 움직임의 양극단이기 때문이다.(제5절) 의화는 은총, 신앙, 죄에 대한 혐오, 탓의 용서를 요구한다. 왜냐하면 모든 움직임은 1) 기동자(起動者)의 운동 곧 은총의 주입과, 2) 움직여진 주체의 운동, 곧 신앙으로 하느님께 가까이 나아가고 죄를 단호히 끊어버리는 자유재량, 그리고 3) 탓의 제거와 함께 움직임의 끝, 곧 의화의 완성 등을 포함하고 있기 때문이다.(제6절) 의화는 순식간에 일어난다. 다시 말해, 하느님이 자유재량을 미리 설정하고 은총을 주입하는 행위는 순간적이다. 왜냐하면 그분의 작용 역량은 무한하고 영원하기 때문이다. 자유재량의 행위들은 그 본성상 순간적이다. 왜냐하면 인간 영혼은 본질적으로 시간을 능가하는데, 감각상(感覺像, phantasma)들과의 인식적 연관 때문에 우유적으로(per accidens) 또는 간접적으로 시간 속에 있는 것이기 때문이다.(제7절) 의화의 네 가지 요소들이 모두 동시에 있지만, 은총의 주입이 본성상의 우위를 차지하고 있다. 왜냐하면 그 원인적(인과적) 우위가 은총을 주입하는 동력인(動力因, causa movens)의 충동이기 때문이다.(제8절) 의화는 하느님이 수행하시는 가장 위대한 업적이다. 비록 작업 방식의 관점에서는 무로부터의 창조가 죄인의 의화보다 더 위대하지만, 그 종착점인 효과의 관점에서는 죄인의 의화가 피조물의 창조보다 더 위대하기 때문이다. 창조(創造, creatio)는 가변적 피조물들에서 종결되는 데 반해, 의화는 하느님께 참여한다는 영원한 선에까지 이르기 때문이다. 그리고 비록 영광(榮光, gloria)이 은총의 주입을 능가한다고는 하지만, 불경(不敬)한 자의 의화는 영광의 선물보다 더 우월하다. 왜냐하면 죄인의 부당함에 주어지는 은총은 의인의 공로에 주어지는 영광의 선물을 능가하기 때문이다.(제9절) 죄인의 의화는 오직 하느님만이 이루실 수 있다. 이런 의미에서 의화는 기적(奇蹟, miraculum)이라고 할 수 있다. 하지만 자연적 능력의 측면에서 보자면, 의화는 기적적인 업적이 아니다. 왜냐하면 영혼은 자연 사물들과는 달리 하느님의 모상(模像, imago)으로 창조되었기에, 그 본성상 은총을 수용할 역량을 갖추고 있기 때문이다. 따라서 의화는 비상(非常)한 기적이라기보다는 통상적인 사건으로 받아들여져야 한다.(제10절)

4.6. 공로(제114문): 공로(功勞, meritum)란, 정당한 보상이라는 의미에서 대등(對等)한 자들 사이에 있을 수 있다. 그런데 하느님과 인간은 대등한 관계(aequalitas)를 맺고 있는 것이 아니다. 오히려 인간

의 공로는 하느님의 단순한 예비적 질서화를 통해서 이루어진다. 그러므로 하느님이 인간으로 하여금 하느님의 도움을 받아 보상을 받을 수 있는 행위를 추구하도록 미리 안배하셨다는 의미에서, 공로는 오로지 하느님께 속한다고 보아야 한다. 따라서 이를 통해 하느님은 우리에게 엄격한 의미에서 채무자가 되는 것이 아니라, 당신 자신에게 채무자가 되는 것이다.(제1절) 인간은, 만일 은총의 도움이 없었더라면, 원죄 이전 상태에서조차도 영원한 생명(vita aeterna)을 누릴 공로를 갖추지 못했을 것이다. 공로의 대상인 영원한 생명은 인간의 자연적 능력을 넘어서는 것이기 때문이다. 그러므로 영원한 생명을 획득하기 위해서는 외부로부터의 움직임, 곧 위로부터의 충동이 있어야 한다. 범죄 이전의 처지가 그러했다면, 범죄 이후의 처지에서는 더 말할 것도 없다.(제2절) 인간은 선행(善行)과 자유재량만으로는 의로움을 얻을 공로가 없다. 기껏 영원한 생명을 위한 적합함(convenientia)을 얻을 수 있을 뿐이다. 하지만 인간을 하느님과 대등한 위치로 끌어올려 주는 하느님을 기쁘시게 만드는 은총(gratia gratum faciens)의 효과를 통해서 은총 상태에 있는 이는 엄밀한 의미의 의로움 때문에 영원한 생명을 누릴 공로가 있다. 왜냐하면 성령의 작용 아래에서 수행되는 행위는 우리로 하여금 신적 본성 자체에 참여할 수 있게 해줄 공로를 지닐 수 있기 때문이다.(제3절) 은총은 1차적으로 참사랑(caritas)을 통해서 공로의 원리이다. 왜냐하면 하느님 향유(享有, fruitio)라는 목적을 향한 영혼의 움직임은 참사랑의 행위이고, 공로적 행위의 의도성의 농도는 의지에서 나오는 참사랑의 사랑에 달려 있기 때문이다.(제4절) 아무도 인간으로 하여금 의화(義化)를 향해 움직이게 해주는 최초의 은총(gratia prima)을 얻을 공로를 가지고 있지 않다. 왜냐하면 그것을 필요로 하는 자는 죄의 상태에 있을 것이고, 따라서 그것을 받을 공로가 없기 때문이다. 은총은 공로의 원리인데, 공로의 원리에 대해서 어떤 것이 공로를 가지고 있을 수는 없기 때문이다. 그런데 그가 만일 의로웠고, 따라서 은총을 받을 공로가 있었더라면, 그 최초의 은총은 필요하지도 않았을 것이다.(제5절) 혹자는 다른 이를 위해 최초의 은총의 공로를 가지고 있을 수 있지만, 그것은 엄격한 의미의 의로움 때문이라기보다는 적합함(convenientia) 때문에 그러하다. 왜냐하면 각자는 하느님에 의해서 은총을 통해 자신의 구원을 향해 움직여지게 되는데, 여기서 그리스도는 예외이기 때문이다. 예수 그리스도는 교회의 머리로서 남들을 위해 의로움, 곧 그 최초의 은총을 얻을 공로가 있다. 반면에 의인들은 하느님과의 우정(友情, amicitia)의 관계 덕분에, 어떤 다른 사람을 위해서 (그가 차단하지만 않는다면) 은총의 공로를 얻을 수 있다.(제6절) 아무도 장차 어떤 죄를 지은 다음의 회개(悔改, conversio)의 공로를 앞당겨 보증받을 수 없다. 왜냐하면 그 죄가 그에게서 의로움의 공로를 앗아가고 적합함의 공로에도 장애가 될 것이기 때문이다.(제7절) 그러나 은총이 증가하게 되면, 그에 따라 의화의 공로를 입을 수 있다. 왜냐하면 영원한 생명의 결정적 소유를 향한 여정의 점진적 발전 전체가 은총의 영향 아래 있기 때문이다.(제8절) 인간은 끝까지 항구함(perseverantia)이라는 공로를 얻을 수는 없다. 왜냐하면 그것은 오로지 모든 공로의 원리인 신적 기동(起動)에만 달려 있고, 따라서 아무도 자신의 은총 지위의 효과로서 그 공로를 확보할 수는 없기 때문이다. 하느님은 은총을 주실 때, 주시고 싶은 자에게 그것을 무상(無償)으로 제공하신다.(제9절) 공로의 종점은 영원한 생명(vita aeterna)이다. 그런데 현세적 선들은, 자연적 열망의 성취로서는 엄격한 의미의 공로가 되지 못하고, 다만 그것들이 영원한 생명에 이르게 해주는 덕스러운 행위들에 도움이 되는 한에서, 상대적인 의미에서 공로의 대상이 된다.(제10절)

참고문헌

1. 성 토마스의 '새 법' 관련 참고문헌

몬딘, 바티스타, 「새 법」, 『성 토마스 개념사전』, 이재룡-안소근-윤주현 옮김, 한국성토마스연구소, 2021, 295*-297*쪽.

와이스헤이플, 제임스, OP, 『토마스 아퀴나스 수사: 생애, 작품, 사상』, 이재룡 옮김, 성바오로, 2쇄, 2012.

콩가르, 이브, OP, 『나는 성령을 믿나이다 2』, 백운철-안영주 옮김, 가톨릭출판사, 2015.

토마스 아퀴나스, 『신학대전 제28권(I-II, 90-97): 법』, 이진남 옮김, 바오로딸, 2020.

토마스 아퀴나스, 『신학대전 제29권(I-II, 98-105): 옛 법』, 이경상 옮김, 한국성토마스연구소, 2021.

홀, 파멜라, 「옛 법과 새 법(I-II, qq.98-108)」, 스테픈 포프(편), 『아퀴나스의 윤리학』, 이재룡-김도형-안소근-윤주현 옮김, 한국성토마스연구소, 2021, 265*-281*쪽.

Centi, Tito, OP, "Introduzione", in ID.(ed.), S. Tommaso d'Aquino, *La Somma Teologica, vol.xiii. La Legge evangelica & La grazia*, Bologna, ESD, 1987, pp.81-99.

Chenu, M.-D., OP, "The Renewal of Moral Theology: The New Law", *The Thomist* 34(1970), 1-12.

Gradl, S., *Deus Beatitudo Hominis: Eine evangelische Annehaerung an die Glueckslehre des Thomas von Aquin*, Leuven, Peeters, 2004.

Klooster, Anton Ten, *Thomas Aquinas on the Beatitudes: Reading Matthew, Disputing Grace and Virtue, Preaching Happiness*, Leuven, Peeters, 2018.

Mattison III, W. C, "Beatitude and Beatitudes in the Summa Theologiae of St. Thomas Aquinas", *Josephinum Journal of Theology* 17(2020), 233-249.

Meinert, John, *The Love of God Poured Out: Grace and the Gifts of the Holy Spirit in St. Thomas Aquinas*, Steubenville(OH), Emmau Academic, 2018.

Panella, E., "La Lex nova tra storia ed ermeneutica: Le occasioni dell'esegesi di Tommaso d'Aquino", *Memorie Domenicane* 6(1975), 11-106.

Pinckaers, Servais, OP, *The Sources of Christian Ethics*, 3a ed., Washington, Catholic University of America Press, 1995.

Pinckaers, Servais, OP, *Morality: The Catholic View*, South Bend(IN), St. Augustine's Press, 2001(ch.7 "The Holy Spirit and the New Law", pp.82-95).

Shields, D., "On Ultimate Ends: Aquinas's Thesis that Loving God is Better than Knowing Him", *The Thomist* 78(2014), 581-607.

Stroud, J., *Thomas Aquinas' Exposition of the Gifts of the Holy Spirit: Developments in His Thought and Rival Interpretations*, Dissert., Catholic University of America, 2012.

2. 성 토마스의 '은총론' 관련 참고문헌

권혁주, 「은총」, 『한국가톨릭대사전』, 한국교회사연구소, 2002, 제9권, 6871*-6879*쪽.

그레사케, 기스벨트, 『은총: 선사된 자유』, 심상태 옮김, 성바오로출판사, 1979.

김율, 「최초의 의지운동에 대한 은총론적 해석: 성 토마스 아퀴나스의 『신학대전』 제2부 1편을 중심으로」, 『해석학연구』 16(2005/가을), 249-279쪽.

김희중, 「의화론, II. 교의사에서의 의화론」, 『한국가톨릭대사전』 제9권, 6921*-6926*쪽.

드 뤼박, 앙리, SJ, 「자연과 은총」(최영철 옮김), 『신학전망』 10(1970/가을), 44-56쪽.

로너간, 버나드., SJ, 『은총과 자유』, 김율 옮김, 가톨릭출판사, 2005.

몬딘, 바티스타, 「공로」, 「은총」, 「의화」, 『성 토마스 개념사전』, 이재룡-안소근-윤주현 옮김, 한국성토마스연구소, 2021, 92*-94*; 531*-535*; 542*-545*쪽.

박준양, 『은총론, 그 고귀한 선물에 관하여』, 생활성서사, 2008.

사예스, 호세, 『은총론』, 윤주현 옮김, 수원가톨릭대학교출판부, 2011.

손은실, 「'오직 믿음' vs '사랑으로 형성된 믿음': 양립할 수 없는 두 원리인가? 마르틴 루터에서 토마스 아퀴나스로 거슬러 올라가기」, 『교회사 연구, 이제는 한국과 아시아로』, 도서출판 케노시스, 2020, 201-236쪽.

심상태, 「루터교 세계연맹과 가톨릭교회의 의화 교리에 관한 합동선언문 해설」, 『사목』 254(2000), 43-55쪽.

오미어러, 토마스, OP, 『신학자 토마스 아퀴나스』, 이재룡 옮김, 가톨릭출판사, 2002.

와이스헤이플, 제임스, OP, 『토마스 아퀴나스 수사: 생애, 작품, 사상』, 이재룡 옮김, 성바오로출판사, 2쇄, 2012

조규만, 「가톨릭 교회의 성화론」, 『가톨릭 신학과 사상』 48(2004/여름), 97-122쪽.

조동원, 「토마스 아퀴나스의 순종적 가능태 개념」, 『가톨릭철학』 37(2021), 169-198쪽.

조동원, 「하느님 은총에 대한 인간 본성의 개방성: 토마스 아퀴나스의 순종적 가능태 개념을 중심으로」, 『중세철학』 27(2021), 55-94쪽.

코부쉬, 테오, 「은총(I-II, qq.109-114)」, 스테폰 포프(편), 『아퀴나스의 윤리학』, 이재룡-김도형-안소근-윤주현 옮김, 한국성토마스연구소, 2021, 282*-297*쪽.

Aherne, C. M., "Grace, Controversies on", *in New Catholic Encyclopedia*, 2a ed., Detroit, Gale, 2003, vol.VI, pp.401-405.

Armitage, J. Mark, "A Certain Rectitude of Order: Jesus and Justification according to Aquinas", *The Thomist* 72(2008), 45-66.

Bouillard, H., SJ, *Conversion et grace chez saint Thomas d'Aquin*, Paris, Aubier, 1944.

Bowlin, John R., "Elevating and Healing: Reflections on Summa Theologiae I-II, q.109, a.2", *Journal of Moral Theology* vol.3/1(2014), 39-53.

Centi, Tito, OP, "Introduzione", in ID.(ed.), S. Tommaso d'Aquino, *La Somma Teologica, vol.xiii. La Legge evangelica & La grazia*, Bologna, ESD, 1987, p282*-297*쪽.

Feingold, Lawrence, "God's Movement of the Soul through Operative and Cooperative Grace", in Steven A. Long, et al.(eds.), *Thomism & Predestination*, Ave Maria(FL), Sapientia Press, 2016, pp.166-191.

Gaine, Simon F., OP, "Aristotle's Philosophy in Aquinas's Theology of Grace in the Summa Theologiae", in Gilles Emery, OP & Matthew Livering(eds.), *Aristotle in Aquinas's Theology*, Oxford, Oxford University Press, 2015, pp.94-120.

Haas, John M., "The Relationship of Nature and Grace in Saint Thomas", in Ronald McArthur et als.(eds.), *The Ever-Illuminating Wisdom of St. Thomas Aquinas*, San Francisco, Ignatius, 1999, pp.59-84.

Irwin, Terence, *The Development of Ethics: A Historical and Critical Study, vol.1: From Socrates to the Reformation*, Oxford, Oxford University Press, 2007(ch.24: "Aquinas: Sin and Grace", pp.628-652)

Kerr, Fergus, OP, *After Aquinas: Versions of Thomism*, Malden(MA), Blackwell, 2002, pp.134-149("Quarrels about the Grace")

Long, Steven A., *Natura Pura: On the Recovery of Nature in the Doctrine of Grace*, New York, Fordham, 2010.

McCosker, Philip, "Grace" in ID. & Denys Turner(eds.), *Cambridge Companion to Summa Theologiae*, Cambridge, Cambridge University Prees, 2016, pp.206-221.

McGrath, Alister, *Iustitia Dei: A History of the Christian Doctrine of Justification*, Cambridge, Cambridge University Press, 1986.

O'Meara, Thomas F., OP, "Grace as Theological Structure in the Summa Theologiae of Thomas Aquinas", *Recherches de theologie ancienne et medievale* 55(1988), 130-153.

Pesch, Otto H., OP, *Theologie der Rechtfertigung bei Luther und Thomas von Aquin: Versuch einer systematische-theologischen Dialogs*, Mainz, 1967.

Root, Michael, "Aquinas, Merit, and Reformation Theology after the 'Joint Declaration on the Doctrine of Justification'", *Modern Theology* 20(2004), pp.5-22.

Son, Eunsil, *Misericorde n'est pas defaut de justice. Savoir humain, revelation evangelique et justice divine chez Thomas d'Aquin*, Paris, Cerf, 2018.

Spezzano, Daria, "'Those He Predestined He Also Called'(Rom. 8:30): Aquinas on the Liberating Grace of Conversion", *Journal of Moral Theology* vol.10/1(2021), 67-83.

Spezzano, Daria, "Aquinas on Nature, Grace, and the Moral Life", in Matthew Levering & Marcus Plested(eds.), *The Oxford Handbook of the Reception of Aquinas*, Oxford, Oxford University Press, 2021, pp.658-672.

Spezzano, Daria, *The Glory of God's Grace: Deification According to St. Thomas Aquinas*, Ave Maria(FL), Sapientia Press, 2015, pp.105-151.

Spiazzi, Raimondo, OP, *Natura e grazia. Fondamenti dell'antropologia cristiana secondo san Tommaso d'Aquino*, Bologa, ESD, 1991.

Swafford, Andrew D., *Nature and Grace: A New Approach to Thomistic Ressourcement*, Eugene(Or), Pickwick Publications, 2014.

Torre, Michael D.(ed.), *Do Not Resist the Spirit's Call: Francisco Marin-Sola on Sufficient Grace*, Washington, Catholic University of America Press, 2013.

Wawrykow, Joseph, "Grace", in R. Van Nieuwenhove & J. Wawrykow(eds.), *The Theology of Thomas Aquinas*, Notre Dame(IN), University of Notre Dame Press, 2005, pp.192-221.

Wawrykow, Joseph, *God's Grace & Human Action: 'Merit' in the Theology of Thomas Aquinas*, Notre Dame(IN), University of Notre Dame Press, 1995.

Wheeler, Mother M. C., "Actual Grace According to St. Thomas". *The Thomist* 16(1953), 334-360.

White, Thomas Joseph, OP, "Imperfect Happiness and the Final End of Man: Thomas Aquinas and the Paradigm of Nature-Grace Orthodoxy", *The Thomist* 78(2014), 247-290.

토마스 아퀴나스 신학대전 30
새 법과 은총

제2부 제1편
제106문 - 제114문

QUAESTIO CVI
DE LEGE EVANGELICA,
QUAE DICITUR LEX NOVA, SECUNDUM SE[1]
in quatuor articulos divisa

Consequenter considerandum est de lege Evangelii, quod dicitur lex nova.[2] Et primo, de ipsa secundum se; secundo, de ipsa per comparationem ad legem veterem;[3] tertio, de his quae in lege nova continentur.[4]

Circa primum quaeruntur quatuor.

Primo: qualis sit, utrum scilicet scripta vel indita.

Secundo: de virtute eius, utrum iustificet.

Tertio: de principio eius, utrum debuerit dari a principio mundi.

Quarto: de termino eius utrum scilicet sit duratura usque ad finem, an debeat ei alia lex succedere.

---

1. 이 문(問)의 제목은 이 작품의 가장 오래된 편집자들이 저자의 대단히 짧은 '머리말'로부터 질료적으로 추출한 것인데, 이번 경우에는 정확했다.
2. Cf. q.93, Introd.
3. q.107.
4. q.108.

제106문
복음의 새 법에 대하여[1]
(전4절)

이어서 새 법이라고 불리는 복음의 법에 대하여 고찰해야 한다.[2] 그리고 첫째, 새 법 그 자체에 대하여, 둘째, 새 법과 옛 법의 비교에 대하여,[3] 셋째, 새 법에 포함되는 것들에 대하여[4] 고찰해야 한다.

첫째에 대해서는 다음 네 가지 질문이 제기된다.

1. 그 성질, 곧 기록된 것인가, 아니면 주입된 것인가?
2. 그 힘에 대해, 곧 의화시키는 것인가?
3. 그 시작에 대해, 곧 세상의 시원부터 주어졌어야 하는 것인가?
4. 그 종점에 대해, 곧 끝까지 지속되는가, 아니면 다른 법이 계승되어야 하는가?[5]

---

5. 이 표현의 독특성에 주목할 필요가 있다. 통상적으로 저자는 문(問)들을 구분하는 것으로 그치고 구분의 세부 요소들에 대해서는 독자가 스스로 탐색하도록 남겨 두지만, 여기서는 저자 자신이 문제를 구분하는 네 용어에 대해 직접 설명하고 있다: 새 법의 성질, 효과, 시작, 그리고 지속. 그 가운데 첫째 요소는 즉시로 명료해진다. 그것은 말이나 글로 된 정식화처럼 어떤 우유적 성질을 가리키는 것이 아니라, 내적이고 주입된 것이 되기 위해서 본질적으로 은총 및 (대신덕이든, 주입된 도덕적 덕이든) 초자연적 덕들과 동일시되는 새 법의 본질적 구조를 가리키고 있다.

q.106, a.1

Articulus 1
Utrum lex nova sit lex scripta

Ad primum sic proceditur. Videtur quod lex nova sit lex scripta.

1. Lex enim nova est ipsum Evangelium. Sed Evangelium est descriptum, Ioan. 20, [31], *Haec autem scripta sunt ut credatis.* Ergo lex nova est lex scripta.[1]

2. Praeterea, lex indita est lex naturae; secundum illud *Rom.* 2, [14sq.]: *Naturaliter ea quae legis sunt faciunt, qui habent opus legis scriptum in cordibus suis.*[2] Si igitur lex Evangelii esset lex indita, non differret a lege naturae.[3]

3. Praeterea, lex Evangelii propria est eorum qui sunt in statu novi testamenti. Sed lex indita communis est et eis qui sunt in novo testamento, et eis qui sunt in veteri testamento, dicitur enim *Sap.* 7, [27], quod *divina sapientia per nationes in animas sanctas se transfert, amicos Dei et prophetas constituit.* Ergo lex nova non est lex indita.

---

1. 그리스도의 가르침은 단지 복음서들에 포함되어 있는 것들[뿐]이라고 보는 개신교도들은 종종 이렇게 생각한다. 따라서 예수 그리스도의 그리스도교는 교회의 그리스도교와 나란히 대립된다.
2. Vulgata: "qui ostendunt opus legis scriptum in cordibus suis."
3. 혹은 "자연법"(lex naturalis). Cf. q.91, a.2; q.94. 이에 관해서는 예컨대 소포클레스의 『안티고네』(*Antigone*)나 키케로의 『밀로 변론』(*pro Milone*)에서처럼 이방인들도

제1절 새 법은 성문법인가?

Parall.: a.2; q.107, a.1, ad2; q.108, a.1; *In Ep. II ad Cor*., c.3, lect.2; *In Ep. ad Heb*., c.8, lect.2.

[반론] 첫째에 대해서는 다음과 같이 진행된다. 새 법은 성문법(成文法)인 것으로 보인다.

1. 새 법은 복음 그 자체이다. 그런데 요한복음서 20장 [31절]에 따르면, 복음은 기록되었다. "이것들을 기록한 목적은… 여러분이 믿도록… 하려는 것"이라고 묘사된다. 그러므로 새 법은 성문법이다.[1]

2. '주입(注入)된' 법이 곧 자연법이다. 로마서 2장 [14절 이하]에 따르면, "그들이 본성적으로 율법에 포함된 것들을 행하게 되면, 율법에서 요구하는 행위가 그들의 마음속에 쓰여 있는 것이다."[2] 그러므로 만일 복음의 법이 주입된 법이었더라면 자연의 법[3]과 다르지 않았을 것이다.

3. 복음의 법은 신약(新約), 곧 새로운 계약의 상태에 있는 이들의 법이다. 그러나 주입된 법은 신약 안에 있는 이들에게나 구약 안에 있는 이들에게나 공통적으로 있다. 지혜서 7장 [27절]에서는 이렇게 말한다. "하느님의 지혜는 대대로 거룩한 영혼들 안으로 들어가 그들을 하느님의 벗과 예언자로 만든다." 그러므로 새 법은 주입된 법이 아니다.

좀 기묘한 방식으로(miro modo) 말하곤 하였다. 여기서 『밀로 변론』이란, 집정관 자리를 놓고 경합을 벌이던 정적 푸블리우스 클로디우스 풀케르(Publius Clodius Pulcher)를 아피아 가도(via Appia)에서 살해했다는 혐의를 받고 있던, 친구 티투스 안니우스 밀로(Titus Annius Milo)를 대신해서 키케로(Marcus Tulius Cicero)가 기원전 52년에 행한 유명한 법정 변론을 가리킨다.

q.106, a.1

SED CONTRA est quod lex nova est lex novi testamenti. Sed lex novi testamenti est indita in corde. Apostolus enim, *ad Heb.* 8, [v. 8, 10], dicit, inducens auctoritatem quae habetur Ierem. 31, [31, 33]: *Ecce dies venient, dicit Dominus, et consummabo super domum Israel et super domum Iuda testamentum novum*, et exponens quid sit hoc testamentum, dicit, *quia hoc est testamentum quod disponam domui Israel, dando leges meas in mentem eorum, et in corde eorum superscribam eas.* Ergo lex nova est lex indita.[4]

RESPONDEO dicendum quod *unaquaeque res illud videtur esse quod in ea est potissimum*, ut Philosophus dicit, in IX *Ethic.*[5] Id autem quod est potissimum in lege novi testamenti, et in quo tota virtus eius consistit, est gratia Spiritus Sancti, quae datur per fidem Christi. Et ideo principaliter lex nova est ipsa gratia Spiritus Sancti, quae datur Christi fidelibus. Et hoc manifeste apparet per Apostolum, qui, *ad Rom.* 3, [27], dicit: *Ubi est ergo gloriatio tua? Exclusa est. Per quam legem? Factorum? Non, sed per legem fidei*, ipsam enim fidei gratiam legem appellat. Et expressius *ad Rom.* 8, [2] dicitur: *Lex Spiritus vitae in Christo Iesu liberavit me a lege peccati et mortis.* Unde et Augustinus dicit, in

---

4. 이처럼 사도 야고보는 [각자 안에] 심어진 또는 새겨진 말씀[복음]을 공손히 받아들이라고 권고한다.(1,21) 그런데 만일 신앙인들이 복음을 받아들여야 한다면, 복음 자체는 의심의 여지 없이 '타고난'(natum) 것이거나 본성과 더불어 주어지는 것이 아니라고 말해야 한다. '주입된다'는 것은 타고난 것이 아니라, 바깥으로부터 제시되고(설교), 안에서 수용이 일어나고 뿌리를 내리며 정신에 싹을 내는 어떤 것이다.

[재반론] 그러나 반대로, 새 법은 신약의 법이다. 그런데 신약의 법은 마음속에 새겨져 있다. 왜냐하면 사도는 히브리서 8장 [8절]에서 예레미야서 31장 [31절과 34절]의 권위를 활용하여 "주님께서 말씀하신다. 보라, 그날이 온다. 그때 나는 이스라엘 집안과 유다 집안과 새 계약을 맺으리라." 전하고, 이 약속이 무엇을 의미하는지를 이렇게 설명하기 때문이다. [10절]: "내가 이스라엘 집안과 맺을 계약은 이러하다. 나는 그들의 정신 속에 내 법을 넣어 주고, 그들의 마음속에 그 법을 새겨 주리라." 그러므로 새 법은 주입된 법이다.[4]

[답변] 철학자가 『니코마코스 윤리학』 제9권[5]에서 말하는 것처럼, "모든 것은 그 안에서 가장 우세한 것처럼 보이게 된다." 신약의 법에서 가장 우세하고 그 힘 전체가 거기서 성립하는 것은 바로 그리스도에 대한 신앙을 통해서 주어지는 성령의 은총이다. 그러므로 새 법은 주로 그리스도를 믿는 신앙인들에게 주어지는 성령의 은총 자체이다. 그리고 이것은 사도가 로마서 3장 [27절]에서 하는 말을 통해서 명백히 나타난다. "그러니 자랑할 것이 어디 있습니까? 전혀 없습니다. 무슨 법으로 그리되었습니까? 행위의 법입니까? 아닙니다. 믿음의 법입니다." 믿음의 은총 자체가 '법'이라고 불리고 있다. 로마서 8장 [2절]에서는 더 분명하게 이렇게 말한다. "그리스도 예수님 안에서 생명을 주시는 성령의 법이 죄와 죽음의 법에서 해방시켜 주

답변에서도 더 잘 드러나겠지만, 복음적 법의 내밀한 본성과 관련된 가르침은 명백히 사도 바오로에 뿌리를 두고 있다. 히브리서는 쉽게 확인할 수 있듯이 로마서와 완전히 일치한다. 그리고 아우구스티누스는 다만 사도 바오로의 단언의 중요성을 강조할 뿐이다. 이런 중요성이 『신학대전』 저자의 눈길에서 벗어날리 없다.
5. *Ethic. Nic.*, IX, c.8, 1169a2-4; S. Thomas, lect.9, n.1872.

q.106, a.1

libro *de Spiritu et Littera*,[6] quod *sicut lex factorum scripta fuit in tabulis lapideis, ita lex fidei scripta est in cordibus fidelium*. Et alibi dicit in eodem libro:[7] *Quae sunt leges Dei ab ipso Deo scriptae in cordibus, nisi ipsa praesentia Spiritus Sancti?*[8]

Habet tamen lex nova quaedam sicut dispositiva ad gratiam Spiritus Sancti, et ad usum huius gratiae pertinentia, quae sunt quasi secundaria in lege nova, de quibus oportuit instrui fideles Christi et verbis et scriptis,[9] tam circa credenda quam circa agenda. Et ideo dicendum est quod principaliter nova lex est lex indita, secundario autem est lex scripta.[10]

AD PRIMUM ergo dicendum quod in Scriptura Evangelii non continentur nisi ea quae pertinent ad gratiam Spiritus Sancti vel sicut dispositiva, vel sicut ordinativa ad usum huius gratiae. Sicut dispositiva quidem quantum ad intellectum per fidem, per quam datur Spiritus Sancti gratia, continentur in Evangelio ea quae pertinent ad manifestandam divinitatem vel humanitatem Christi. Secundum affectum vero, continentur in Evangelio ea

---

6. *De Spiritu et Littera*, c.24, n.41: PL 44, 225. Cf. cc.17 et 26: PL 44, 218, 227.
7. Ibid., c.21: PL 44, 222.
8. [성령은] 은총을 통해 인간 안에 거처하신다.(q.114, a.3, ad3) "그런데 인간은 성령께 전유(專有)되는 은총의 명료성을 통해 영원하신 아드님의 광채와 유사하게 된다. 바로 그렇기 때문에 양자 입양은 삼위(三位) 모두에게 공통적임에도 불구하고 성부께는 입양자로, 성자께는 [입양의] 모델로, 그리고 성령께는 그 모델의 모상을 우리 안에 새기는 각인자로 각기 전유된다."(III, q.23, a.2, ad3)
여기서 반복적으로 인용되고 있는 『영과 문자』는 아우구스티누스가 펠라기우스 논쟁의 첫 단계 기간(411-418)에 집필한 작품들에 속하며, 413년에 죽은 호민관

었기 때문입니다." 따라서 아우구스티누스는 『영과 문자』[6]에서 이렇게 말한다. "행위의 법이 돌판에 새겨졌던 것처럼, 믿음의 법은 신앙인들의 마음속에 새겨져 있다." 또 같은 책의 다른 곳[7]에서는 이렇게 말한다. "하느님께서 손수 마음속에 새겨 주신 하느님의 법은, 성령 자체의 현존이 아니라면 달리 무엇이겠는가?"[8]

그렇지만 새 법은 어떤 면에서 우리를 성령의 은총을 위해 준비시켜 주는 내용들과, 새 법에서는 거의 2차적이라 할 수 있는 그 실행에 관한 내용들을 포함하고 있다. 그런데 이것들에 대해서 그리스도의 신앙인들은 말로든 글로든,[9] 신앙에 관한 것들이든 행위에 관한 것들이든 교육되어야 한다. 그러므로 새 법은 1차적으로 주입된 법이고, 2차적으로는 성문법이다.[10]

[해답] 1. 복음의 기록된 텍스트는 온통 성령의 은총에 관련된 것이어서, 우리를 성령의 은총을 [받을 수 있도록] 준비시켜 주거나 그 은총의 실행에 속하는 내용들만을 담고 있다. 이리하여 우리의 지성과 관련해서는 우리는 성령의 은총을 전해 주는 신앙으로 준비된다. 여기에는 그리스도의 신성과 인성을 드러내는 것과 관련된 복음서의 모든 것이 포함된다. 그리고 우리의 감정(affectus)과 관련해서 복음서

마르켈리누스를 향하고 있다. 『영과 문자』는 확실히 '은총과 법'을 다루고 있고, 따라서 이 소품 속에서는 "문자는 죽이지만 영은 살린다"(2코린 3,6)는 사도 바오로의 표현에서 실마리를 취한다.

9. 즉 계시를 전달하는 신적 도구들인 '성전'과 '성경'을 가리킨다.

10. 아퀴나스의 "보고록"(reportationes) 가운데 들어 있는 코린토 2서 3장 6절에 대한 주해에서는 여기서 기억되고 있는 '은총'과 '신앙'과 같은 요소들 외에도, 사도 바오로의 표현대로 "성령에 의해서 우리 마음속에 주입된" 참사랑에 대한 명시적인 연결을 지적하고 있다. 여기서 참사랑은 "법의 충만"과 "새 계약"을 함께 묶은 것이다.(Cf. lect.2)

quae pertinent ad contemptum mundi, per quem homo fit capax gratiae Spiritus Sancti: *mundus* enim, idest amatores mundi, *non potest capere Spiritum Sanctum*, ut habetur Ioan. 14, [17]. Usus vero spiritualis gratiae est in operibus virtutum,[11] ad quae multipliciter Scriptura novi testamenti homines exhortatur.

AD SECUNDUM dicendum quod dupliciter est aliquid inditum homini. Uno modo, pertinens ad naturam humanam, et sic lex naturalis est lex indita homini. Alio modo est aliquid inditum homini quasi naturae superadditum per gratiae donum.[12] Et hoc modo lex nova est indita homini, non solum indicans quid sit faciendum, sed etiam adiuvans ad implendum.[13]

AD TERTIUM dicendum quod nullus unquam habuit gratiam Spiritus Sancti nisi per fidem Christi explicitam vel implicitam.[14] Per fidem autem Christi pertinet homo ad novum testamentum. Unde quibuscumque fuit lex gratiae indita, secundum hoc ad novum testamentum pertinebant.

---

11. Cf. q.108, a.2.
12. '본성에 부가됨'에 대해서는: Cf. I, q.8, a.3, ad4; et infra, q.109, a.1. 이렇게 함으로써 인간의 모든 완전성을, 인간 자신의 생명에 내재하는 것으로부터 연역할 수 있다고 가르치는 내재주의(內在主義, immanentism)를 벗어난다. 또한 '거의 부가된다'고 지적함으로써 (행위가 능력 안에 각인될 수 없는 것처럼) 그 자체 안에 각인될 수 없도록 은총의 선물이 외부로부터 본성에 부가되는 것이라고 보는 외부주의(extrinsecism)도 벗어난다.

는 요한복음서 14장 [17절]에서 알 수 있듯이 (그로써 인간이 성령의 은총을 수용할 역량을 갖추게 되는) 세상 경멸에 속하는 가르침을 담고 있다. "세상을 사랑하는 자들은 성령을 받을 수 없다." 다른 한편 은총의 영적 사용은 새 계약의 성경들이 여러 방식으로 사람들에게 권하고 있는 덕행들[11] 안에서 효력을 발휘한다.

2. 어떤 것이 사람 안에 주입되는 데에는 두 가지 [방식]이 있다. 한 가지 방식으로는 인간의 본성에 속하는데, 자연법은 이렇게 인간에게 주입된 법이다. 다른 방식으로는 어떤 것이 인간에게 은총의 선물을 통해 거의 본성에 부가되는[12] 것처럼 주입된다. 새 법은 바로 이 [후자의] 방식으로 인간에게 주입된다. 그것은 인간이 무엇을 해야 할지를 가리킬 뿐만 아니라, 그가 실제로 그것을 채울 수 있도록 도와준다.[13]

3. 명시적으로든 함축적으로든 그리스도에 대한 신앙을 통하지 않고서는 아무도 성령의 은총을 받지 못했다.[14] 그런데 그리스도에 대한 신앙으로 사람은 새 계약에 속하게 된다. 그러므로 은총의 법이 주입된 것이라면 누구나 바로 그 사실에 의해서 새 계약에 속하는 것이다.

---

13. 카르타고 공의회(418년), n.3: "누구든지, 우리 주 예수 그리스도를 통하여 인간이 의화될 수 있게 해 주는 하느님의 은총이 오로지 이미 범한 죄를 용서하는 데에만 유효하고, [장차] 죄를 범하지 않도록 하는 데에는 도움이 되지 못한다고 말하는 사람은 파문될 것이다."(DS 103[=DH 225])
14. Cf. III, q.6, a.3, ad3.

Articulus 2
Utrum lex nova iustificet[1]

Ad secundum sic proceditur. Videtur quod lex nova non iustificet.

1. Nullus enim iustificatur nisi legi Dei obediat; secundum illud *ad Heb.* 5, [9]: *Factus est*, scilicet Christus, *omnibus obtemperantibus sibi causa salutis aeternae.* Sed Evangelium non semper hoc operatur quod homines ei obediant, dicitur enim *Rom.* 10, [16]: *Non omnes obediunt Evangelio.* Ergo lex nova non iustificat.

2. Praeterea, Apostolus probat, ad Rom., quod lex vetus non iustificabat, quia ea adveniente praevaricatio crevit, habetur enim *ad Rom.* 4, [15]: *Lex iram operatur, ubi enim non est lex, nec praevaricatio.* Sed multo magis lex nova praevaricationem addidit, maiori enim poena est dignus qui post legem novam datam adhuc peccat; secundum illud *Heb.* 10, [28sq.]: *Irritam quis faciens legem Moysi, sine ulla miseratione, duobus vel tribus testibus, moritur. Quanto magis putatis deteriora mereri supplicia, qui filium Dei conculcaverit, et cetera?* Ergo lex nova non iustificat, sicut nec vetus.

3. Praeterea, iustificare est proprius effectus Dei; secundum

---

1. 라틴어 텍스트 편집자들이 병행구를 지적하고 있지 않지만, 옛 법과 연관된 유사한 문들을 참조하는 것이 참으로 유익할 것이다. 연구자들의 편의를 위해 다음과

제2절 새 법은 의화하는가?[1]

[반론] 둘째에 대해서는 다음과 같이 진행된다. 새 법은 의화시키지 못하는 것으로 보인다.

1. 하느님의 법을 준수하지 않고서는 아무도 의화되지 못하기 때문이다. 히브리서 5장 [9절]에 따르면, "그분[곧 그리스도]은 당신께 순종하는 모든 이에게 영원한 구원의 원인이 되셨습니다." 그런데 복음이 언제나 사람들을 (그것에) 복종하도록 만드는 것은 아니다. 로마서 10장 [16절]에서는 "모든 사람이 복음에 순종한 것은 아닙니다."라고 말하고 있다. 그러므로 새 법은 의화시키지 못한다.

2. 사도는 로마서 4장 [15절]에서 옛 법이 왔을 때 범법도 증가하였기 때문에 그것은 의화시키지 못한다고 단언한다. "율법은 진노를 자아내기 때문입니다. 율법이 없는 곳에는 범법도 없습니다." 그런데 새 법은 훨씬 더 많이 범법을 추가한다. 왜냐하면 새로운 법이 주어진 이후에도 죄를 짓는 자에게는 더 큰 처벌이 어울릴 것이기 때문이다. 그래서 히브리서 10장 [28절 이하]에서는 이렇게 말한다. "모세의 율법을 무시한 자는 둘이나 세 증인의 말에 따라 가차 없이 처형됩니다. 그렇다면 하느님의 아드님을 짓밟고, 자기를 거룩하게 해 준 계약의 피를 더러운 것으로 여기고, 은총의 성령을 모독한 자는 얼마나 더 나쁜 벌을 받아야 하겠습니까?" 그러므로 옛 법과 마찬가지로 새 법도 의화시키지 못한다.

3. 의화하는 것은 하느님의 고유한 결과이다. 로마서 8장 [33절]에

같은 병행 문헌들이 어렵지 않게 활용될 수 있을 것이다: Cf. supra q.98, a.1; q.100, a.12; q.103, a.2; *In Sent.*, III, d.40, q.1, a.3; *In Ep. II ad Cor.*, c.3, lect.2.

q.106, a.2

illud *ad Rom.* 8, [33]: *Deus qui iustificat.* Sed lex vetus fuit a Deo, sicut et lex nova. Ergo lex nova non magis iustificat quam lex vetus.

SED CONTRA est quod Apostolus dicit, *ad Rom.* 1, [16]: *Non erubesco Evangelium, virtus enim Dei est in salutem omni credenti.* Non autem est salus nisi iustificatis. Ergo lex Evangelii iustificat.

RESPONDEO dicendum quod, sicut dictum est,[2] ad legem Evangelii duo pertinent. Unum quidem principaliter, scilicet ipsa gratia Spiritus Sancti interius data. Et quantum ad hoc, nova lex iustificat. Unde Augustinus dicit, in libro *de Spiritu et Littera:*[3] *Ibi,* scilicet in veteri testamento, *lex extrinsecus posita est, qua iniusti terrerentur, hic, scilicet in novo testamento, intrinsecus data est, qua iustificarentur.*—Aliud pertinet ad legem Evangelii secundario, scilicet documenta fidei, et praecepta ordinantia affectum humanum et humanos actus. Et quantum ad hoc, lex nova non iustificat. Unde Apostolus dicit, II *ad Cor.* 3, [6]: *Littera occidit, spiritus autem vivificat.* Et Augustinus exponit, in libro *de Spiritu et Littera,*[4] quod per litteram intelligitur quaelibet Scriptura extra homines existens, etiam moralium praeceptorum qualia continentur in

---

2. a.1.
3. *De Spiritu et Littera,* c.17: PL 44, 218.

서는 "하느님께서는 의롭게 하시는 분이십니다."라고 말한다. 그런데 옛 법은, 새 법과 마찬가지로, 하느님께로부터 왔다. 그러므로 새 법이라고 해서 옛 법보다 더 [선택된 이들을] 의화시키는 것이 아니다.

[재반론] 그러나 반대로 사도는 로마서 1장 [16절]에서 이렇게 말한다. "나는 복음을 부끄러워하지 않습니다. 왜냐하면 하느님의 능력은 모든 믿는 이들의 구원에서 드러나기 때문입니다. 복음은 믿는 모든 이를 구원하는 하느님의 능력이기 때문입니다." 그런데 오직 의화된 이들만이 구원을 얻는다. 그러므로 복음의 법은 [선택된 이들을] 의화시킨다.

[답변] 앞에서도[2] 말한 것처럼, 복음의 법은 두 가지를 포함하고 있다. 하나[첫째]는 주로, 곧 내적으로 주어지는 성령의 은총 자체가 포함되는데, 이것에 관한 한, 새 법은 의화시킨다. 그러므로 아우구스티누스는 『영과 문자』[3]에서 이렇게 말한다. "거기에서[곧 구약에서] 외적인 법은 실정법이다. 왜냐하면 불의한 자들이 위협을 느끼도록. 그런데 여기에서[곧 신약에서]는 그것에 의해서 의화될 내적인 법이 주어진다." 다른 것[둘째]은 복음의 법에 2차적으로 속한다. 곧 신앙의 문헌들과 (인간적 감정 및 인간적 행위를 명하는) 계명들이다. 그러므로 사도는 코린토 2서 3장 [6절]에서 말한다. "문자는 사람을 죽이지만, [성]령은 사람을 살립니다." 아우구스티누스는 『영과 문자』[4]에서 이것을 해석하면서, 글자란, 복음서에서 발견되는 것과 같은 도덕적 계명들과 연관될 때조차도, 사람 바깥에 쓰여 있는 어떤

---

4. Ibid., cc.14 et 17: PL 44, 215, 21.

Evangelio. Unde etiam littera Evangelii occideret, nisi adesset interius gratia fidei sanans.[5]

AD PRIMUM ergo dicendum quod illa obiectio procedit de lege nova non quantum ad id quod est principale in ipsa, sed quantum ad id quod est secundarium in ipsa, scilicet quantum ad documenta et praecepta exterius homini proposita vel verbo vel scripto.

AD SECUNDUM dicendum quod gratia novi testamenti, etsi adiuvet hominem ad non peccandum, non tamen ita confirmat in bono ut homo peccare non possit:[6] hoc enim pertinet ad statum gloriae.[7] Et ideo si quis post acceptam gratiam novi testamenti peccaverit, maiori poena est dignus, tanquam maioribus beneficiis ingratus, et auxilio sibi dato non utens. Nec tamen propter hoc dicitur quod lex nova *iram operatur*, quia quantum est de se, sufficiens auxilium dat ad non peccandum.

AD TERTIUM dicendum quod legem novam et veterem unus Deus dedit, sed aliter et aliter. Nam legem veterem dedit scriptam in tabulis lapideis, legem autem novam dedit scriptam *in tabulis cordis carnalibus*, ut Apostolus dicit, II *ad Cor.* 3, [3]. Proinde sicut Augustinus dicit, in libro *de Spiritu et Littera*,[8]

---

5. 우리 안에서 은총의 최초의 결과는 "영혼이 치유되는 것이다."(q.111, a.3) 아우구스티누스는 복음서를 언급하지 않지만, 옛 법 및 도덕적 계명들과 관련된 사도 바오로의 유보의 확장을 단언하는 데 있어서 강조한다. 하지만 토마스의 귀결은 선뜻 받아들이기 어렵다.

텍스트를 의미한다고 말한다. 이리하여 복음서에서조차도, 신앙의 치유하는 은총이 그 안에 현존하지 않는 한, 문자는 죽인다.[5]

[해답] 1. 반론은 여기서 새 법 안에 1차적으로 있는 것에 기초를 두는 것이 아니라 그 안에 있는 2차적인 것에 기초를 두고 있다. [이는] 말하자면 말로든 글로든 바깥으로부터 인간에게 제시된 문헌들(documenta)과 계명들이다.

2. 새 계약의 은총은, 비록 그것이 죄를 짓지 않도록 도와준다 하더라도, 그를, 그가 죄를 지을 수 없는 방식으로 선으로 확정짓지 않는다.[6] 이것은 영광의 지위에 속한다.[7] 그러므로 만일 어떤 이가 새 계약의 은총을 받은 이후에 죄를 저질렀다면, 그는 더 큰 은혜를 입고도 감사할 줄 모르고 또 자신에게 주어진 도움도 사용할 줄 모르는 자의 경우처럼, 좀 더 무거운 처벌을 받아 마땅하다. 그런데 이것은 새 법이 '진노를 몰고 온다'고 말하는 것을 허용하지 않는다. 그 자체로 놓고 볼 때, 새 법은 죄를 피하기에 충분한 도움을 제공하고 있다.

3. 동일한 한 분 하느님이 옛 법과 새 법을 둘 다 주셨다. 그러나 동일한 방식으로는 아니다. 왜냐하면 옛 법은 돌판에 기록된 형태로 주었지만, 새 법은, 사도가 코린토 2서 3장 [3절]에서 말하는 것처럼, 살로 된 마음이라는 판에 기록된 것으로 주어졌기 때문이다. 따라서, 아우구스티누스가 『영과 문자』[8]에서 말하는 것처럼, 사도는 "인간에게 외적으로 쓰인 '글자'를 죽음에의 봉사이자 단죄의 봉사

---

6. Cf. I, q.62, a.3, ad2.
7. Cf. I, q.94, a.1.
8. *De Spiritu et Littera*, c.18: PL 44, 219.

q.106, a.3

litteram istam extra hominem scriptam, et ministrationem mortis et ministrationem damnationis Apostolus appellat. Hanc autem, scilicet novi testamenti legem, ministrationem spiritus et ministrationem iustitiae dicit, quia per donum spiritus operamur iustitiam, et a praevaricationis damnatione liberamur.[9]

Articulus 3
Utrum lex nova debuerit dari a principio mundi[1]

Ad tertium sic proceditur. Videtur quod lex nova debuerit dari a principio mundi.

1. *Non enim est personarum acceptio apud Deum*, ut dicitur *ad Rom.* 2, [11]. Sed *omnes homines peccaverunt, et egent gloria Dei*, ut dicitur *ad Rom.* 3, [23]. Ergo a principio mundi lex Evangelii dari debuit, ut omnibus per eam subveniretur.

2. Praeterea, sicut in diversis locis sunt diversi homines, ita etiam in diversis temporibus. Sed Deus, *qui vult omnes homines salvos fieri*, ut dicitur I ad Tim. 2, [4], mandavit Evangelium praedicari in omnibus locis; ut patet Matth. ult., [19], et Marc. ult., [15]. Ergo omnibus temporibus debuit adesse lex Evangelii,

---

9. 다시 한 번 더 이 주제에 관한 가장 완전하고 가장 권위 있는 논고로 남아 있는 『영과 문자』가 인용되고 있다. 이와 관련해서 아우구스티누스는 심지어 장황하기까지 했다고 말할 수 있을 것이다. 성 토마스는 단지, 아우구스티누스가 36개 장에 걸쳐서 개진한 것들을 단 네 개의 절로 요약했을 뿐이다.

라고 부른다. 그런데 이것, 곧 새 계약의 법에 대해서는 '영(靈)'의 봉사, 정의의 봉사라고 부른다. 왜냐하면 영의 선물에 의해서 우리는 정의를 작업해 내고 범죄에 마땅한 단죄로부터 자유로워지게 되기 때문이다."[9]

제3절 새 법은 세상 시초부터 전해졌어야 하는가?[1]

Parall.: Supra, q.91, a.5, ad1.

[반론] 셋째에 대해서는 다음과 같이 진행된다. '새 법'은 세상 시작 때부터 주어졌어야 하는 것으로 보인다.

1. 로마서 2장 [11절]에서 말하는 것처럼, "하느님께서는 사람을 차별[편애]하지 않으신다." 그러나 나중에 로마서 3장 [23절]에서 말하기를 "모든 사람이 죄를 지어 하느님의 영광을 잃었습니다." 그러므로 모든 사람들을 구할 수 있도록 세상 시작 때부터 복음의 법이 주어졌어야 한다.

2. 다양한 사람들이 다양한 장소에서 살고 있는 것과 마찬가지로, 다양한 시대에도 또한 마찬가지다. 그런데 티모테오 1서 2장 [4절]에서 말하는 것처럼, "모든 사람이 다 구원되기를 바라시는" 하느님께서는 마태오복음서 마지막 [28]장 [19절]과 마르코복음서 마지막 [16]장 [15절]에서 확인할 수 있는 것처럼, 복음이 어디에서나 선포

---

1. 여기 앞에 라틴어 텍스트에 의해서 인용된 유일한 병행구에 그 대단한 유사성 때문에 다음 전거를 추가할 수 있을 것이다: III, q.1, a.5.

ita quod a principio mundi daretur.

3. Praeterea, magis est necessaria homini salus spiritualis, quae est aeterna, quam salus corporalis, quae est temporalis. Sed Deus ab initio mundi providit homini ea quae sunt necessaria ad salutem corporalem, tradens eius potestati omnia quae erant propter hominem creata, ut patet *Gen.* 1, [26, 28sq.]. Ergo etiam lex nova, quae maxime est necessaria ad salutem spiritualem, debuit hominibus a principio mundi dari.

SED CONTRA est quod Apostolus dicit, I *ad Cor.* 15, [46]: *Non prius quod spirituale est, sed quod animale.*[2] Sed lex nova est maxime spiritualis. Ergo lex nova non debuit dari a principio mundi.

RESPONDEO dicendum quod triplex ratio potest assignari quare lex nova non debuit dari a principio mundi. Quarum prima est quia lex nova, sicut dictum est,[3] principaliter est gratia Spiritus Sancti; quae abundanter dari non debuit antequam impedimentum peccati ab humano genere tolleretur, consummata redemptione per Christum; unde dicitur Ioan. 7, [39]: *Nondum erat spiritus datus, quia Iesus nondum erat*

---

2. (*추가주) "실상 자연 속에서 우리는 하나의 동일한 사물 안에서 먼저 오는 것은 불완전하고, 그 뒤에 완전한 것이 온다는 것을 확인하게 된다. 그리고 영성은 동물성에 대해 마치 완전한 것이 불완전한 관계와 가지는 것과 비슷한 관계를 맺고 있기 때문에, 인간 본성 안에서 완전한 것인 영적인 것이 먼저 와서는 안 되고,

되어야 한다고 명하셨다. 그러므로 복음의 법은 세상 시작 때부터 주어짐으로써 모든 시대에 주어졌어야 한다.

3. 인간에게는 육체적 건강보다 영원한 영적 건강(구원)이 더 필요하다. 그런데 세상 시작 때부터 하느님은 인간에게, 창세기 1장 [26절]에서 명백한 것처럼, 인간을 위하여 창조된 모든 것을 그의 권위에 복종시킴으로써, 그의 육체적 건강을 위해 필요한 것을 제공하였다. 그러므로 영적인 건강을 위해 대단히 필요한 새 법도 세상 시작 때부터 주어졌어야 한다.

[재반론] 그러나 반대로, 사도가 코린토 1서 15장 [46절]에서 말하는 것처럼, "먼저 있었던 것은 영적인 것이 아니라, 물질적인 것이었다."[2] 그런데 새 법은 최대로 영적이다. 그러므로 새 법은 세상 시작 때부터 주어져서는 안 되었다.

[답변] 새 법이 세상 시작 때부터 주어져서는 안 되는 세 가지 이유가 제시될 수 있다. 첫째, 위에서[3] 말한 것처럼, 새 법은 무엇보다 먼저 성령의 은총이다. 이 은총은 일단 구속(救贖)이 그리스도 안에서 실현되어 인류로부터 죄의 장애가 제거되기 전에 풍부하게 주어져서는 안 되었다. 그래서 우리는 요한복음서 7장 [39절]에서 "예수님께서 영광스럽게 되지 않으셨기 때문에, 성령께서 아직 와 계시지 않았던 것이다."라는 말씀을 듣는다. 이것은 분명 사도가 로마서 8장 [2절 이하]에서 지적하는 이유이다. "생명의 영의 법"에 관해 말한 다

질서가 구제되기 위해서는 먼저 불완전한 것인 동물성이 오고 그 뒤에 완전한 것인 영적인 것이 와야 한다."(*In I Ep. ad Cor*, c.15, 46, lect.7)

3. a.1.

glorificatus. Et hanc rationem manifeste assignat Apostolus *ad Rom*. 8, [2sqq.], ubi, postquam praemiserat de *lege Spiritus vitae*, subiungit, *Deus, Filium suum mittens in similitudinem carnis peccati, de peccato damnavit peccatum in carne, ut iustificatio legis impleretur in nobis*.

Secunda ratio potest assignari ex perfectione legis novae. Non enim aliquid ad perfectum adducitur statim a principio, sed quodam temporali successionis ordine, sicut aliquis prius fit puer, et postmodum vir.[4] Et hanc rationem assignat Apostolus *ad Gal*. 3, [24sq.]: *Lex paedagogus noster fuit in Christo, ut ex fide iustificemur. At ubi venit fides, iam non sumus sub paedagogo*.

Tertia ratio sumitur ex hoc quod lex nova est lex gratiae, et ideo primo oportuit quod homo relinqueretur sibi in statu veteris legis, ut, in peccatum cadendo, suam infirmitatem cognoscens, recognosceret se gratia indigere.[5] Et hanc rationem assignat Apostolus *ad Rom*. 5, [20], dicens: *Lex subintravit ut abundaret delictum, ubi autem abundavit delictum, superabundavit et*[6] *gratia*.[7]

---

4. Cf. III, q.1, a.5.
5. Cf. Ibid.
6. 대중 라틴어본에는 'et'을 누락하고 있다.
7. 이 경우에 이방인들의 사도의 권위에 호소하지 않을 수 없다. 그는 아우구스티누스의 표현에 따르면 "하느님의 은총을 찬양하는(…) 작은 자, 사도들 가운데 가장 작은 자라고 선언되기 위해서" 바오로(Paulus)라 불리기를 원했다. "그는 인사할

음에 그는 계속해서 "친 아드님을 죄 많은 육(肉)의 모습을 지닌 속죄 제물로 보내시어 그 육 안에서 죄를 처단하셨습니다. 이는 우리 안에서 율법이 요구하는 바[의화]가 채워지게 하려는"것이었다고 말한다.

둘째 이유는 새 법의 완성에서 지적될 수 있다. 왜냐하면 그 어떤 것도 그 바로 처음부터 완성에 이르는 것이 아니라, 시간적 연속의 순서에 따라 이르게 되기 때문이다. 이것은 사람은 처음에는 어린이였다가 나중에 어른으로 자라나는 것과 같다.[4] 바오로는 갈라티아서 3장 [24-25절]에서 다음과 같은 이유를 댄다. "율법은 우리가 믿음으로 의롭게 되도록, 그리스도께서 오실 때까지 우리의 감시자 노릇을 하였습니다. 그러나 믿음이 온 뒤로 우리는 더 이상 감시자 아래 있지 않습니다."

셋째 이유는 새 법이 은총의 법이라는 점이다. 그래서 인간이 죄에 떨어짐으로써 그리고 자기 자신의 나약함을 의식하고서 자신에게 은총의 필요를 인정하기 위해서는, 먼저 옛 법의 상태에 놓여 있어야 했다.[5] 사도는 갈라티아서 3장 [24절 이하]에서 그 이유를 이렇게 제시하고 있다. "율법이 들어와 범죄가 많아지게 하였습니다. 그러나 죄가 많아진 그곳에 은총도[6] 충만히 내렸습니다."[7]

적마다 이렇게 표현한다: '하느님 아버지와 주 예수 그리스도로부터 은총과 평화가 여러분에게 내리시기를 빕니다.' 그리고 로마인들에게 편지를 쓰면서 거의 어떤 다른 문제도 다루지 않고, 또 독자의 주의를 피곤하게 할 정도로 그토록 열성을 다해, 그리고 다양한 논거들을 제시한다. 하지만 그것은 유익하고 건강한 고단함이다. 그래서 내적 인간의 지체들을 약화시키려는 것이 아니라, 훈련시키려는 것이다."(*De Spiritu et Litt.*, c.7)

q.106, a.3

AD PRIMUM ergo dicendum quod humanum genus propter peccatum primi parentis meruit privari auxilio gratiae. Et ideo *quibuscumque non datur, hoc est ex iustitia, quibuscumque autem datur, hoc est ex gratia*, ut Augustinus dicit, in libro de Perfect. Iustit.[8] Unde non est acceptio personarum apud Deum[9] ex hoc quod non omnibus a principio mundi legem gratiae proposuit, quae erat debito ordine proponenda, ut dictum est.[10]

AD SECUNDUM dicendum quod diversitas locorum non variat diversum statum humani generis, qui variatur per temporis successionem. Et ideo omnibus locis proponitur lex nova, non autem omnibus temporibus, licet omni tempore fuerint aliqui ad novum testamentum pertinentes,[11] ut supra[12] dictum est.

AD TERTIUM dicendum quod ea quae pertinent ad salutem corporalem, deserviunt homini quantum ad naturam, quae non tollitur per peccatum. Sed ea quae pertinent ad spiritualem salutem, ordinantur ad gratiam, quae amittitur per peccatum. Et ideo non est similis ratio de utrisque.

---

8. 인용된 작품 『인간 의로움의 완성』에서 인용구가 글자 그대로 발견되지 않는다. 그것은 그 장을 규정할 수 없었기 때문이다. 오히려 그것들은 다음 두 작품에 거의 정확하게 반복적으로 담겨 있다. Cf. Epist. 207, al. 107, ad Vitalem, c.5: PL 33, 984; *De Pecc. Merit. et Remiss.*, II, c.19: PL 44, 170.
9. Cf. q.97, a.4, ad2; q.98, a.4, ad2.
10. 본론.

[해답] 1. 인류는 첫 조상의 죄 때문에 은총의 도움을 상실하는 것이 마땅했다. 그래서 아우구스티누스는 『인간 의로움의 완성』[8]에서 이렇게 말한다. "누군가가 [은총의 도움을] 받지 않을 적마다 이것은 정의의 문제이다. 그리고 누군가가 그것을 받을 적마다, 이것은 은총의 문제이다." 그렇다면 [하느님이] 세상 처음부터 모든 이 앞에 은총의 법을 설정하지 않은 것은 차별이 아니다.[9] 이 법은, 방금 전에[10] 말한 것처럼, 마땅한 질서에 의해 사람들 앞에 설정되어야 했다.

2. 인류의 상태를 다양하게 만드는 것은 장소의 차이가 아니라 시간상의 연속이다. 그래서 새 법은 모든 장소에서 사람들 앞에 제시되지만, 모든 시대에 그러한 것은 아니다.[11] 그렇지만 위에서[12] 말한 것처럼, 어느 시대에나 새 계약에 속한 사람들이 있어 왔다.

3. 육체적 건강의 수단은 죄에 의해서 제거되지 않는 인간의 본성에 도움을 준다. 그러나 영적 건강의 수단은 은총으로 향하고 있는데, 이것은 죄에 의해 상실된다. 그래서 두 경우는 같은 것이 아니다.

---

11. 고대인들은 사도들과 더불어 복음 메시지가 효과적으로 세상 끝까지 전해졌다고 생각하였다. 그래서 아메리카 대륙이 발견된 뒤에 카예타누스(+1554)는 자신의 주해에 대한 가설적 '신참' 독자에게 다음과 같은 권고를 하였다: "그리스도에 대해서 아무것도 알지 못하는 새 민족들이 존재한다는 말을 듣더라도 놀라지 마시라. 세상이 끝나기 전에 복음이 전 세계에 효과적으로 전해지는 것으로 충분하다. 실상 상식적인 견해에 따르면, 사도들의 시대에 이미 복음이 온 세상에 두루 전해졌다. (…) 내가 잘못 들은 것이 아니라면, 남반부의 1/4에 이미 사람들이 거주한다고 한다. 왜냐하면 남극(南極)은 그들에 의해 세워졌기 때문이다."(Cajetanus in h. a.)

12. a.1, ad3.

Articulus 4
Utrum lex nova sit duratura usque ad finem mundi

Ad quartum sic proceditur. Videtur quod lex nova non sit duratura usque ad finem mundi.

1. Quia ut Apostolus dicit, I *ad Cor.* 13, [10], *cum venerit quod perfectum est, evacuabitur quod ex parte est.* Sed lex nova ex parte est, dicit enim Apostolus ibidem, [9]: *Ex parte cognoscimus, et ex parte prophetamus.* Ergo lex nova evacuanda est, alio perfectiori statu succedente.[1]

2. Praeterea, Dominus, Ioan. 16, [13], promisit discipulis suis in adventu Spiritus Sancti Paracleti cognitionem *omnis veritatis.* Sed nondum Ecclesia omnem veritatem cognoscit, in statu novi testamenti. Ergo expectandus est alius status, in quo per Spiritum Sanctum omnis veritas manifestetur.[2]

3. Praeterea, sicut pater est alius a filio et filius a patre, ita Spiritus Sanctus a patre et filio. Sed fuit quidam status conveniens personae patris, scilicet status veteris legis, in quo homines generationi intendebant. Similiter etiam est alius status conveniens personae filii, scilicet status novae legis, in quo clerici, intendentes sapientiae, quae appropriatur filio, principantur. Ergo erit status tertius Spiritus Sancti, in quo spirituales viri

---

1. Cf. Errores 31: "일부 파리대학교 신학 교수들의 『영원한 복음 입문』(*Introductio in Evangelium aeternum*)과 그 영원한 복음 자체로부터 발췌된 오류 31번": H. Denfle et A. Chatelain, *Chartularium Universitatis Parisiensis*, n.243, t.I, Parisiis, p.272. Cf. H.

제4절 새 법은 세상 종말까지 지속하는가?

[반론] 넷째에 대해서는 다음과 같이 진행된다. 새 법은 세상 끝 날까지 지속되는 것이 아닌 것으로 보인다.

1. 사도가 코린토 1서 13장 [10절]에서 말하는 것처럼 "온전한 것이 오면, 부분적인 것은 없어진다." 그런데 새 법은 "부분적"인 것이다. 왜냐하면 사도는 같은 곳 [9절]에서 "우리는 부분적으로 알고, 부분적으로 예언합니다."라고 말하기 때문이다. 그러므로 새 법은 또 다른 완전한 상태가 오면 없어져야 한다.[1]

2. 주님은 요한복음서 16장 [13절]에서 제자들에게 협조자이신 성령께서 오시면 '모든 진리'를 알게 될 것이라고 약속하셨다. 그런데 교회는 새 계약의 상태에 있으면서도 모든 진리를 다 알지 못한다. 그러므로 우리는 성령을 통해 모든 진리가 계시될 어떤 다른 상태를 기다려야 한다.[2]

3. 성부가 성자와 다르고 성자가 성부와 다른 것과 마찬가지로, 성령도 성부 및 성자와 다르다. 그런데 성부의 위격에 적합한 상태가 있었는데, 그것이 바로 사람들이 자녀 출산에 관심을 기울이던 옛 법의 상태이다. 마찬가지로 성자의 위격에 적합한 또 다른 상태가 있었는데, 여기에서는 (성자의 전유[專有]인) 지혜에 관심을 기울이는 성직자들이 첫자리를 차지한다. 그러므로 성령의 세 번째 상태가 오게 될 것인데, 거기에서는 영적인 사람들이 첫자리를 차지할 것

Denifle, "Das Evangelium aeternum und die Commission zu Anagni(1255)", *Archiv für Litteratur-und Kirchengeschichte des Mittelalters* 1(1885), p.101.

2. Cf. *Chartularium Univ. Paris.*, n.243, t.I, p.274; Denifle, "Das Evangelium aeternum", p.127.

q.106, a.4

principabuntur.³

4. Praeterea, Dominus dicit, Matth. 24, [14]: *Praedicabitur hoc Evangelium regni in universo orbe, et tunc veniet consummatio.* Sed Evangelium Christi iamdiu est praedicatum in universo orbe; nec tamen adhuc venit consummatio. Ergo Evangelium Christi non est Evangelium regni, sed futurum est aliud Evangelium Spiritus Sancti, quasi alia lex.⁴

SED CONTRA est quod Dominus dicit, Matth. 24, [34]: *Dico vobis quia non praeteribit generatio haec donec omnia fiant,* quod Chrysostomus⁵ exponit *de generatione fidelium Christi.* Ergo status fidelium Christi manebit usque ad consummationem saeculi.⁶

RESPONDEO dicendum quod status mundi variari potest dupliciter. Uno modo, secundum diversitatem legis. Et sic

---

3. Cf. *Chartularium Univ. Paris.*, n.243, t.I, .274; Denifle, "Das Evangelium aeternum", p.104. 여기서 세 번째 논거는 요아킴 데 피오레 아빠스(+1202)의 가르침을 거의 글자 그대로 제언하고 있다: 성직자도 성사도 없고 다만 교황만 있는, 순수 성령의 시대가 될 세계 제3기는 영원한 복음의 정신에 따라 사는 영성적 교황이 다스릴 것이다. Cf. J. C. Huck, *Joachim von Floris und die joachitische Litterattur,* Freiburg i. Br., 1938, p.236; L. Tondelli, *Il libro delle figure dell'abate Gioachino da Fiore,* I: *Introduzione e commento,* Torino, 1940, pp.88-94(Il Misterium Ecclesiae), 153-162(Il 'terzo stato' del modo).
4. 이 논거들에서는 다시금 요아킴 데 피오레[+1202]와 연결되는 특정 중세 설교의 메아리가 느껴진다. 성 토마스는, 검토도 하지 않고 기준도 없이 지나친 열광주의자들이 악용한, 이 거룩한 시토회 수사의 묵시록적 사변들을 알고 있음을 드러낸다.(cf. *In Sent.*, IV, d.43, q.1, a.3, qc.2, ad3) Cf. E. Benz, "Thomas von Aquin

제106문 제4절

이다.³

4. 마태오복음서 24장 [14절]에서 주님은 이렇게 말씀하신다. "이 하늘나라의 복음이 온 세상에 선포되어, 모든 민족들이 그것을 듣게 될 터인데, 그때에야 끝(종말)이 올 것이다." 그런데 그리스도의 복음이 이제까지 오래도록 온 땅에 설교되어 왔지만, 끝은 아직 오지 않았다. 그러므로 그리스도의 복음은 하늘나라의 복음이 아니고, 성령의 또 다른 복음이 다른 법으로서 와야 한다.⁴

[재반론] 그러나 반대로 주님은 마태오복음서 24장 [34절]에서 이렇게 말씀하신다. "내가 진실로 너희에게 말한다. 이 세대가 다 지나기 전에 이 모든 일들이 일어날 것이다." 크리소스토무스⁵는 이것이 "그리스도를 믿는 이들의 세대에 관해" 말하고 있는 것이라고 해설한다. 그러므로 그리스도를 믿는 이들의 상태가 세상 끝날 때까지 지속될 것이다.⁶

[답변] 세상의 상태는 두 가지 방식으로 변할 수 있다. 첫째, 법의

---

und Joachim de Fiore", in *Zeitschrift für Kirchengeschichte*, 1934, pp.52-116. 안토니노는 아퀴나스의 가르침을 요약하면서 명시적으로 (자기 자신이 요아킴 데 피오레의 것으로 돌리기를 거부하는) 『영원한 복음』을 인용하고 있다: S. Antonino, *Summa Theo.*, P.I, tit. 15, 2. Cf. Denifle – Chatelain, *Chartularium Univ. Paris.*, n.243, t.I, p.272; Denifle, "Das Evangelium aeternum", p.111.

5. Homil.77, al. 78, n.1; PG 58, 702.
6. (*추가주) "혹자는 이것을 예루살렘의 파괴에 대한 예언이라고 믿을지 모른다. (…) 그러나 모든 것을 예루살렘의 파괴에 대한 예언이라고 언급하는 것은 지나치다. 그러므로 모든 신앙인들은 한 세대라고(…) 달리 말해야 한다. 따라서 이렇게 말하고자 한다: 이 세대는 멸망하지 않을 것이다. 다시 말해 교회의 신앙이 일정 시기까지만 지속될 것이라고 말하던 자들을 거슬러, 그것은 세상 끝 날까지 그치지 않을 것이다."(*In Matth.*, 24, n.3)

huic statui novae legis nullus alius status succedet. Successit enim status novae legis statui veteris legis tanquam perfectior imperfectiori. Nullus autem status praesentis vitae potest esse perfectior quam status novae legis. Nihil enim potest esse propinquius fini ultimo quam quod immediate in finem ultimum introducit. Hoc autem facit nova lex, unde Apostolus dicit, *ad Heb.* 10, [19sqq.]: *Habentes itaque, fratres, fiduciam in introitu sanctorum in sanguine Christi, quam initiavit nobis viam novam, accedamus ad eum.*[7] Unde non potest esse aliquis perfectior status praesentis vitae quam status novae legis, quia tanto est unumquodque perfectius, quanto ultimo fini propinquius.

Alio modo status hominum variari potest secundum quod homines diversimode se habent ad eandem legem, vel perfectius vel minus perfecte. Et sic status veteris legis frequenter fuit mutatus, cum quandoque leges optime custodirentur, quandoque omnino praetermitterentur. Sic etiam status novae legis diversificatur, secundum diversa loca et tempora et personas, inquantum gratia Spiritus Sancti perfectius vel minus perfecte ab aliquibus habetur. Non est tamen expectandum quod sit aliquis status futurus in quo perfectius gratia Spiritus Sancti habeatur quam hactenus habita fuerit, maxime ab Apostolis, qui *primitias*

---

7. C.5: PL 3, 501.
8. Interl. Lombardi: PL 191, 1444D.

다양성의 방식으로, 이런 의미에서는 그 어떤 더 이상의 상태도 이 현재의 새 법의 상태에 뒤따르지 않을 것이다. 왜냐하면 새 법의 상태는, 어떤 좀 더 완전한 상태가 덜 완전한 상태를 뒤따르는 것처럼, 옛 법의 상태를 계승했기 때문이다. 그런데 우리의 현재의 삶의 어떤 상태도 새 법의 상태보다 더 완전할 수 없다. 왜냐하면 우리를 직접적으로 최종 목적으로 인도하는 것보다 더 최종 목적에 가까울 수는 없기 때문이다. 그런데 이것이야말로 새 법이 행하고 있는 바로 그것이다. 그래서 사도는 히브리서 10장 [19절 이하]에서 이렇게 말한다. "그러므로 형제 여러분, 우리는 예수님의 피 덕분에 성소에 들어간다는 확신을 가지고 있습니다. 그분께서는 새로운 길을 우리에게 열어 주셨습니다. 그러니 그분께 나아갑시다."[7] 그래서 현세에서는 새 법의 상태보다 더 완전한 상태는 있을 수 없다. 왜냐하면 어떤 것이 최종 목적에 더 가까우면 가까울수록 그것은 그만큼 더 완전하기 때문이다.

사람들의 상태는 또한 동일한 법에 대한 관계에서 더 완전한지 덜 완전한지에 따라 달라질 수 있다. 이런 의미에서 옛 법의 상태는 자주 바뀌었다. 때로는 그 법이 아주 잘 지켜졌지만, 다른 때에는 전적으로 무시되었다. 그러므로 새 법의 상태 역시 성령이 한 사람 안에 더 완전하게 또는 덜 완전하게 머무는 데에 따라 여러 장소와 시간과 사람들에게서 서로 달라진다. 그런데 이것이 우리가 (성령의 은총이 이제까지보다 더 완전하게 수용될) 어떤 미래의 상태를 추구해야 한다는 것을 의미하는 것은 아니다. 무엇보다도 "성령의 첫 선물들"을 받은, 다시 말해, 이 텍스트에 대한 표준 주석[8]이 해명하듯이, "시간상으로 남들보다 먼저, 그리고 또한 더욱 풍부하게" 받은 사도들보

q.106, a.4

Spiritus acceperunt, idest *et tempore prius et ceteris abundantius*, ut Glossa[8] dicit *Rom.* 8, [23].[9]

AD PRIMUM ergo dicendum quod, sicut Dionysius dicit, in *Eccl. Hier.*,[10] triplex est hominum status, primus quidem veteris legis; secundus novae legis; tertius status succedit non in hac vita, sed in patria.[11] Sed sicut primus status est figuralis et imperfectus respectu status evangelici, ita hic status est figuralis et imperfectus respectu status patriae; quo veniente, iste status evacuatur, sicut ibi dicitur [12]: *Videmus nunc per speculum in aenigmate, tunc autem facie ad faciem.*

AD SECUNDUM dicendum quod, sicut Augustinus dicit in libro *Contra Faustum*,[12] Montanus et Priscilla[13] posuerunt quod promissio Domini de spiritu sancto dando non fuit completa in Apostolis, sed in eis. Et similiter Manichaei posuerunt quod

---

9. 이 절은 역사 문제에 관한 성 토마스의 입장을 명료하게 보여 준다. 인류의 무규정적이고 진보적인 (기술적이기만 한 것이 아닌) 도덕적 발전을 지지하는 이들은 그에게서 확신에 찬 대립자를 본다. 교의적 발전에 대해서와 마찬가지로, 그는 오로지 그리스도에 이르기까지만 실체적 발전을 인정한다. 그리스도교 첫 세대가 은총과 완전성의 충만함을 지니고 있었기 때문에, 이어지는 시대들은 그 시대를 이상(理想)으로 바라보아야 한다.
10. C.5: PG 3, 501.
11. Cf. q.103, a.3.
12. L.19, c.31: PL 42, 368; *De haeres.*, haer.26, 46: PL 42, 30, 38; *De utilitate credendi*, c.3, n.7: PL 42, 70.
13. 몬타누스(Montanus)는 본래 이교도였으나 그리스도교로 개종한 인물로 155년경 소아시아 프리기아(Phrigia) 지방에 출현하여, 요한복음 14장 26절과 16장 7

다 더 완전하게 성령을 받을 수 있는 것은 아니다.⁹

[해답] 1. 디오니시우스¹⁰가 『교회 위계』에서 말하는 것처럼, 인간의 상태에는 세 가지가 있다. 첫째는 옛 법의 상태이고, 둘째는 새 법의 상태이며, 셋째는 현세에서 발생하는 것이 아니라, 우리의 천상 본향(本鄕)¹¹에서 발생한다. 첫째 상태는 복음의 상태에 견주어서 상징적이고 불완전한 것이고, 그래서 이 상태는 천상 상태에 견주어서 상징적이고 불완전하다. 저 상태가 발생할 때 현재의 상태는 코린토 1서의 동일한 구절[12절]이 말하는 것처럼("우리가 지금은 거울에 비친 모습처럼 어렴풋이 보지만, 그때에는 얼굴과 얼굴을 마주 볼 것입니다."), 지나갈 것이다.

2. 아우구스티누스의 『마니교도 파우스투스 반박』¹²에 따르면, 몬타누스와 프리스킬라¹³는 성령을 주겠다는 주님의 약속이 사도들 안

절에서 약속된 '파라클레토스'(보호자 성령)가 자신 안에 육화하였다고 주장하였다. 그는 초대교회의 순수성을 회복하기 위해 뽑힌 영적인 사람인 '일루미나티'(Illuminati)로 자처하며, 모임과 기도를 통해 초대교회에 충만했던 은사와 특은을 새로이 받을 수 있다고 선전하였다. 그는 교회의 어떤 교계제도도 부인하고 자신의 권위가 성경의 권위보다 우위에 있다고 내세우며, 자신들이 죽으면 곧 종말이 올 터인데, 곳곳에서 벌어지고 있는 전쟁과 재난들이 그 예표라고 주장하였다. 종말을 잘 준비하고 재림하실 주님을 맞기 위해 엄격한 극기와 윤리 생활을 해야 한다며, 특히 결혼을 금지하고, 단식과 자선과 순교를 강조하였다. 그를 따르기 위해 남편들을 버리고 재림을 기다리던 프리스킬라(Priscilla)와 막시밀라(Maximilla)와 같은 다른 환시가들을 대동하고 요란스럽게 은사의 시대를 부흥시킨다고 자처하였다. 177년 교회 회의를 통해 파문당했으나, 이 종파의 엄격주의는 그 후에도 계속되어 206년경에는 다른 누구보다도 카르타고의 유명한 호교론자인 테르툴리아누스(Tertullianus)를 매료시킬 정도로 성행하다가 5-6세기에 소멸되었다. 좀 더 상세한 정보를 위해서는: 이형우, 「몬타누스주의」, 『한국가톨릭대사전』 제4권, 2732*-2733*쪽; 드롭너, H. R., 『교부학』, 하성수 옮김, 분도출판사, 2001, 195-196쪽 참조.

q.106, a.4

fuit completa in Manichaeo,[14] quem dicebant esse Spiritum Paracletum. Et ideo utrique non recipiebant *Actus Apostolorum*, in quibus manifeste ostenditur quod illa promissio fuit in Apostolis completa, sicut Dominus iterato eis promisit, Act. 1, [5], *Baptizamini in Spiritu Sancto non post multos hos dies*; quod impletum legitur *Act*. 2. Sed istae vanitates excluduntur per hoc quod dicitur Ioan. 7, [39]: *Nondum erat spiritus datus, quia Iesus nondum erat glorificatus*, ex quo datur intelligi quod statim glorificato Christo in resurrectione et ascensione, fuit Spiritus Sanctus datus. Et per hoc etiam excluditur quorumcumque vanitas qui dicerent esse expectandum aliud tempus Spiritus

---

14. 마니(Mani)는 215년경 페르시아 남부에서 태어났다. 부모는 유다계 그리스도교의 분파인 "세례파"에 속했다. 12세와 24세 때 들은 계시 체험을 통해 새로운 종교의 창시자가 되었다. 그것은 그리스도교의 분파인 영지주의와 불교, 그리고 조로아스터교의 교리를 혼합한 종교였다. 그는 자신이 아담, 조로아스터, 석가모니, 예수에 이어 마지막으로 사자로 파견되었다고 자처하였다. 조로아스터교 신도들의 고발로 60세에 참수 처형되었다.
그의 교리는 존재론적 이원론을 주축으로 삼고 있다. 태초에, 창조되지 않고 영원한 두 개의 대립적 원리, 곧 빛의 선신(善神)과 어둠의 악신(惡神)인 물질이 있었다. 서로 분리되어 빛의 선신은 북쪽, 어둠의 악신은 남쪽을 지배하고 있었다. 이 두 세계의 균형은 어둠이 빛의 세계에 침입함으로써 깨지고, 이때부터 역사의 중기(medius)가 시작되는데 현세는 바로 이 중기에 속한다. 빛의 아버지는 '생명의 모친'을 통해 '최초의 인간'을 유출해 내어 어둠의 세력에 대적하고자 하였다. 이 최초의 인간은 빛, 바람, 물, 불, 공기로 무장하고 지옥의 심연으로 내려갔지만, 악의 세력이 그를 멸망시키고, 그의 영혼을 삼켜 버렸다. 이리하여 빛의 요소들은 어둠과 혼합되어 물질 안에 갇히게 되었다. 빛의 아버지인 선신이 최초의 인간을 구원하기 위해 생명의 모친을 통해 '생명의 영'(데미우르고스)을 창조했다. 첫 인간은 응답을 통해 가까스로 구원되기는 하였으나, 그가 함께 데리고 갔던 빛의 요소들은 함께 빠져나오지 못했다.
인간은 현재의 육신과 물질 세상에 감금되어 있지만, 본래의 자아는 빛의 세계에서가 아니라 그들 안에서 실현되었다고 주장하였다. 마니교도들[14]도 그것이 그들이 '보호자'(Paraclitus)라고 부르는 마니 안에서 성취되었다고 주장하였다. 이 때문에 그들 두 편은 다 주님의 약속이 사도들 안에서 성취되었다는 것을 명백히 보여 주는 사도행전을 받아들이지 않았다. 거기에서 주님이 사도행전 1장 [5절]에서 사도들에게 "너희는 며칠 뒤 성령으로 세례를 받을 것이다."라는 약속을 반복하셨다는 것을 배우고, 우리는 이 약속이 사도행전 2장에서 성취된다는 것을 읽게 된다. 그런데 이 텅 빈 관념들은 요한복음서 7장 [39절]에 의해서 배격된다. "예수님께서 영광스럽게 되지 않으셨기 때문에, 성령께서 아직 와 계시지 않았던 것이다." 이로부터 우리는 그리스도가 부활과 승천의 영광을 입자마자 성령이 주어진다는 것을 배우게 된다. 그리고 우리가 어떤 새로운 성령의 시대를 기다려야 한다

에 속해 있었다. 인간의 영혼은 빛의 신의 본질을 나누어 가지고 있기 때문에, 그 신은 자신의 일부인 인간 영혼을 어둠과 죽음으로부터 해방시켜 구원한다. 여기서 구원하는 요소는 '영'(Nous)이고, 구원받는 요소는 인간의 영혼(Psyche)이다. 여기서 영혼을 '누스'와 연결시켜 주는 것이 바로 '영지'(靈知, Gnosis)이다. 이 영지를 통해 타락의 이유와 미래 운명을 확실히 깨달을 수 있다.
인간과 세상 안에 있는 빛의 요소들을 해방하기 위한 노력과 저항이 계속되는 가운데 우주의 비밀과 구원의 신비를 일깨워 줄 세 예언자, 곧 조로아스터, 석가모니, 예수가 왔고, 이제 마지막으로 마니(Mani)가 와서 우주의 기원과 그 종말에 대한 진리를 설파하였다.
이런 장황한 가설의 철학적 약점인 이원론(二元論, dualism) 외에도, 그리스도교 교리와 상충되는 직접적으로 가장 중요한 귀결은 두 가지인데, 그 가운데 하나는 인간이 그 가장 고유한 원리인 영혼에 있어서 죄를 짓지 않는다는 주장이고(죄를 짓는 것은 그 안에 있는 악의 원리인 물질이다.), 다른 하나는 하느님의 아드님의 참되고 고유한 육화(肉化, Incarnatio)의 불가능성, 곧 육화가 단지 외양적 현상일 뿐이라는 주장으로서, 그리스도 가현설(假現說, Docetism)로 직결된다. 보다 상세한 설명을 보기 위해서는: 이형우, 「마니교」, 『한국가톨릭대사전』 제4권, 2332*-2335*쪽 참조.

q.106, a.4

Sancti.[15]

Docuit autem Spiritus Sanctus Apostolos omnem veritatem de his quae pertinent ad necessitatem salutis, scilicet de credendis et agendis. Non tamen docuit eos de omnibus futuris eventibus, hoc enim ad eos non pertinebat, secundum illud *Act.* 1, [7]: *Non est vestrum nosse tempora vel momenta, quae pater posuit in sua potestate.*

AD TERTIUM dicendum quod lex vetus non solum fuit patris, sed etiam filii, quia Christus in veteri lege figurabatur. Unde Dominus dicit, Ioan. 5, [46]: *Si crederetis Moysi, crederetis forsitan et mihi, de me enim ille scripsit.* Similiter etiam lex nova non solum est Christi, sed etiam Spiritus Sancti; secundum illud

---

15. 토마스가 이 견해를 단죄하는 준엄함에 주목해야 한다. 이것은 그 견해가 노골적으로 탁월한 계시자인 예수 그리스도의 반대되는 단언과 모순된다는 사실로 설명된다. 유비적인 준엄성으로 그는 "대단히 정교하게 하느님이 제1질료라고 주장한"(I, q.3, a.8) 다비드 드 디낭의 오류에 관해 표현하였다. 왜냐하면 하느님의 개념 자체를 타락시켰기 때문이다. 어쩌면 그가 그런 준엄함에 어떤 무게를 주어, 우연한 동기로 요아킴 데 피오레 아빠스의 관념들을 강하게 때린 것이었는지도 모른다. 실상 13세기 중반에 벌어진, 탁발 수도자(托鉢修道者)들을 거슬러 벌인 재속(在俗) 성직자들의 힘겨운 투쟁을 기억해야 한다. 탁발 수도회들은 한 요아킴주의적 작품, 곧 프란치스코 회원인 제라르두스 데 산 돈니노(Gerardus de san Donnino, OFM)의 『영원한 복음 입문』(*Introductorius in Evangelium aeternum*) 때문에 곤욕을 치르고 있었다. 저명한 탁발 수도자들은 그들의 온갖 책임을 유사한 사색들로부터 갈라놓고 있었다. 따라서 아퀴나스 자신이 그런 동기 때문에도 준엄하게 압박을 가했던 것일지 모른다.
요아킴 데 피오레(Joachim de de Fiore)는 교회 개혁을 꿈꾸었던 12세기의 성서주석가, 신학자, 신비가이다. 그는 1130년경 코센차에서 법률 공증인의 아들로 태어나 25세경 동방 성지순례를 할 기회가 있었는데, 순례 도중에 수도 생활에 매료되어 그 길로 바로 시토회에 입회하였고, 아빠스까지 된다. 그러나 60세경에

제106문 제4절

고 말하는 자들의 헛됨을 노정시키기에는 이것으로 충분하다.[15]

그런데 성령은 사도들에게 구원을 위해 필요한 모든 진리, 다시 말해, 믿고 행해야 할 모든 것을 가르쳤다. 그러나 그들에게 미래의 일들을 가르친 것은 아니다. 이것은 그들이 사도행전 1장 [7절]에서 듣게 되는 말씀처럼, "그 때와 시기는 아버지께서 당신의 권한으로 정하셨으니, 너희가 알 바 아니다."

3. 옛 법은 오로지 성부께만 속한 것이 아니라 성자께도 속한다. 왜냐하면 그리스도는 옛 법에서 상징적으로 표현되었기 때문이다. 그래서 주님은 요한복음서 5장 [46절]에서 이렇게 말한다. "너희가 모세를 믿었더라면, 나를 믿었을 것이다. 그가 나에 관하여 기록하였기 때문이다." 마찬가지로 새 법도 오로지 그리스도께만 속하는 것이 아니라, 로마서 8장 [7절]에 따르면, 성령께도 속한다. "그리스도

자기 수도회와의 갈등으로 피오레(Fiore)에 은수 공동체를 설립하고 운영하다가 1202년경에 사망하였다. 그의 사상의 가장 근본적인 특성은 삼위일체(三位一體)에 따라 역사를 세 시기로 구분하는 것이다. 제1 시대(구약)에는 성부의 개입과 특별한 현현이 이루어지고, 두려움의 법칙이 지배하는 '종의 복종'의 시대이자, '결혼한 군중'의 시대이다. 제2 시대(신약)에는 성자의 개입과 특별한 현현이 실현되고, '자녀적 복종'이 그 특징으로, '성직자들'의 시대이다. 제3 시대(마지막 시대)에는 성령의 개입과 특별한 현현이 실현되고, '자유의 시대'로서 사랑과 평화가 그 특성이며, '수도자들'의 시대이다. 제3 시대는 새로운 책과 더불어 시작되는 것이 아니라, 구약과 신약에 대한 '영적 이해'를 통해 시작된다. 그는 이 성령의 시대가 교회 내에서조차도 특히 위계제도와 관련된 깊은 변혁을 일으킬 무서운 재앙과 커다란 전복들의 연쇄가 있은 연후에 1260년에 시작된다고 가르쳤다. 프란치스쿠스(St.Franciscus)와 도미니쿠스(St.Dominicus)라는 위대한 두 수도 영성가보다 1세기 앞서, 교회의 문화적이고 영성적인 쇄신을 갈망했던 그는 1258년 보나벤투라를 위원장으로 하는 심사위원회의 심사 끝에 파문과 종신형의 선고를 받고 투옥되어, 1276년 시칠리아에서 옥사하였다. 죽음의 침상에서는 제자들에게 교황에게 순종할 것을 힘주어 강조했다고 전해진다. 교황 알렉산데르 4세는 1263년 요아킴의 중심 사상들을 모두 이단으로 단죄하였다. 교회의

q.106, a.4

Rom. 8, [2]: *Lex Spiritus vitae in Christo Iesu*, et cetera.[16] Unde non est expectanda alia lex, quae sit Spiritus Sancti.

AD QUARTUM dicendum quod, cum Christus statim in principio evangelicae praedicationis dixerit, *Appropinquavit regnum caelorum* [Matth. 4, 17], stultissimum est dicere quod Evangelium Christi non sit Evangelium regni.[17] Sed praedicatio Evangelii Christi potest intelligi dupliciter. Uno modo, quantum ad divulgationem notitiae Christi, et sic praedicatum fuit Evangelium in universo orbe etiam tempore Apostolorum, ut Chrysostomus dicit.[18] Et secundum hoc, quod additur, *Et tunc erit consummatio*, intelligitur de destructione Ierusalem, de qua tunc ad litteram loquebatur.—Alio modo potest intelligi

---

단죄에도 불구하고 요아킴 사상은 유럽 그리스도교 세계 전반으로 퍼져 나가, 많은 이단 사상과 앞으로 태동할 종교개혁가들에게 영감을 불어넣었다. 보다 상세한 정보를 위해서는: 몬딘, 바티스타, 『신학사 2: 스콜라학 시대』, 이재룡 옮김, 가톨릭출판사, 2017, 337-345쪽 참조. Cf. F. Rotolo, "S.Bonaventura e fra Gerardo da B.: Riflessi del gioachinismo in Sicillia", in *O Theologos. Cultara cristiana di Sicilia* II(1975), pp.263-297.

16. (*추가주) "이 법은, 그 첫째 의미에 따라, 성령이라고 말해질 수 있다. 이런 식으로 그 의미는 '성령의 법' 곧 성령에게 속하는 법이다. 실상 법은 그것을 통해서 사람들이 선으로 이끌리도록 하려는 목적에서 제정된다. (…) 그리고 인정법은 다만 사람들이 무엇을 해야 하는지를 알려 주는 것만으로 그것을 행한다. 반면에 정신 안에 머무시는 성령은 이루어질 것에 관해 지성을 조명함으로써 해야 할 것을 가르치는 것으로 그치지 않고, 감정(affectus)이 올바르게 행하도록 기울이기도 한다. (…) 다른 의미에 따르면, '성령의 법'은 성령의 고유한 결과인 사랑을 통해 행하는 신앙이라고 말할 수도 있다. 그리고 이것은 행위에 관련된 것을 내면적으로 가르치고,(…) 마음을 이루어져야 하는 것을 향하도록 기울인다. (…) 그리고 이 영의 법은 새로운 법이라 불리는데, 이것은 성령 자체이거나 혹은 성령으로부터 우리의 마음속에 산출된다."(*In Ep. Ad Rom.*, c.8, lect.1, [nn.602-603])

예수 안에서 생명의 영의 법" 등.[16] 그래서 우리는 성령께 고유한 어떤 더 이상의 법을 기대해서는 안 된다.

4. 그리스도는 자신의 복음 설교를 "하늘나라가 가까이 왔다."[마태 4,17]고 선포하는 것으로 시작하였기 때문에, 그리스도의 복음이 왕국의 복음이 아니라고 말하는 것은 어리석다.[17] 그런데 그리스도의 복음에 관한 설교는 두 가지 의미로 이해될 수 있다. 첫째, 그리스도의 새 소식들의 공개적 선포와 관련해서. 그리고 이런 의미에서 복음은, 크리소스토무스가 말하는[18] 것처럼, 심지어 사도들의 시대에조차도 온 땅을 두루 다니며 설교하였다. 그다음으로 명제의 둘째 부분인 "그때에야 끝이 올 것이다."는 자구적인 의미에서 지칭하는 것이었던 예루살렘의 파괴를 가리킨다.―둘째 의미로, 온 땅을 두루 다

---

17. 성 토마스가 이 견해를 단죄하고 있는 신랄함(엄격함)에 주목해야 한다. 이것은 이 견해가 탁월한 계시자인 예수 그리스도의, 정반대되는 가르침에 노골적으로 반대하고 있다는 사실로 설명된다. 유사한 신랄함(엄격함)을 가지고 그는 다비드 드 디낭(David de Dinant)의 오류를 표현한 바 있다: "그는 대단히 교묘하게 하느님이 제1질료라고 주장하였다."(I, q.3, a.8) 왜냐하면 이 주장은 하느님 개념 자체를 전복시키고 있기 때문이다. 하지만 요아킴 데 피오레(Joachim de Fiore) 아빠스의 사상들을 모질게 타격한 지나친 엄격성에 대해, 우연한 동기로 부담감을 느꼈던 것으로 보인다. 실상 우리는 13세기 중반에 재속(在俗) 성직자들이 탁발 수도자들(托鉢修道者, mendicantes)을 거슬러 벌인 가혹한 논쟁을 기억해야 한다. 탁발 수도자들은 요아킴주의자였던 프란치스코회 수사 제라르도 데 산 돈니노(Gerardo de S. Donnino)의 작품 『영원한 복음 입문』(Introductorius in Evangelium aeternum) 때문에 큰 어려움에 봉착했다. 저명한 탁발수도자들은 자신들이 그런 작품들과 무관함을 입증하는 데 부심하였다. 따라서 성 토마스도 이런 이유 때문에도 괜한 일에 말려들지 않을까 조심했을 수 있다. 성 토마스가 파리대학교에 취임하던 당시의 대학 분위기와 심각성, 그리고 공방의 경과를 좀 더 자세히 보기 위해서는: 와이스헤이플, 제임스, 『토마스 아퀴나스 수사: 생애, 작품, 사상』, 이재룡 옮김, 성바오로출판사, 2쇄, 2012, 139-150쪽 참조.
18. Homil. 75, al.76 in Matth., n.2: PL 58, 688-689.

praedicatio Evangelii in universo orbe cum pleno effectu, ita scilicet quod in qualibet gente fundetur Ecclesia. Et ita, sicut dicit Augustinus, in epistola *ad Hesych.*,[19] nondum est praedicatum Evangelium in universo orbe, sed, hoc facto, veniet consummatio mundi.

니며 전하는 복음 설교는, 교회가 세상 모든 민족들 안에 건설될 때의 그 충만한 실현을 가리키는 것으로 이해될 수 있다. 이런 의미에서 아우구스티누스가 『헤시키우스에게 보낸 서간』[19]에서 말하는 것처럼, 복음은 아직 세상 방방곡곡에 선포되지 못했다. 하지만 일단 선포되면 세상 종말이 올 것이다.

---

19. Epist. 199, al. 80, c.12: PL 33, 923.

QUAESTIO CVII
DE COMPARATIONE LEGIS NOVAE AD VETEREM
in quatuor articulos divisa

Deinde considerandum est de comparatione legis novae ad legem veterem.[1]

Et circa hoc quaeruntur quatuor.

Primo: utrum lex nova sit alia lex a lege veteri.

Secundo: utrum lex nova impleat veterem.

Tertio: utrum lex nova contineatur in veteri.

Quarto: quae sit gravior, utrum lex nova vel vetus.

Articulus 1
Utrum lex nova sit alia a lege veteri[1]

---

1. Cf. q.106, Introd. 이 대조는 이미 제106문에서부터 시작되었다. 하지만 그때에는 새 법의 특성을 규정하려는 노력에서 파생된 간접적인 대조였다면, 여기서는 직접적이고 명시적이다. 하지만 이 문(問)이 쟁점 전부를 다 다루지 못하기 때문에, 저자 자신이 여기서 전제되고 암시된 동기들에 대한 보완을 위해 명시적으로 제91문 제5절을 참조할 것을 권고하고 있다.

제107문
새 법과 옛 법의 비교에 대하여
(전4절)

이제 우리는 새 법과 옛 법 사이의 비교에 대해서 고찰해야 한다.[1] 이 주제를 위해서는 네 가지 질문이 제기된다.

1. 새 법과 옛 법은 서로 다른가?
2. 새 법은 옛 법을 완성하는가?
3. 새 법은 옛 법 속에 포함되는가?
4. 새 법과 옛 법 가운데 어느 것이 더 중대한가?

제1절 새 법은 옛 법과 다른가?[1]

Parall.: Supra, q.91, a.5; q.98, a.1; II-II, q.1, a.7; In Ep. ad Gal., c.1, lect.2; c.3, lect.8; In Ep. ad Heb., c.7, lect.3.

---

1. 이 절은 성 토마스의 방법의 놀라운 사례들 가운데 하나이다. 먼저 성서적이고 교부학적인 전통은 영속적인 그리스도교적 관심사에 속하는 문제에 대해 비판적으로 탐색한다. 그리고 한 가지 논거가 광범위한 철학적 일반성과 연관지어 도출되는데, 논쟁 중에 있는 요점들은 한 특수한 사례로 간주된다. 여기서 철학적 용어들이 아리스토텔레스의 것이라는 사실은, 적어도 이 경우에는, 일반적 논증력에 대한 어떤 제한을 함축하는 것으로 간주되어서는 안 된다.

q.107, a.1

Ad primum sic proceditur. Videtur quod lex nova non sit alia a lege veteri.

1. Utraque enim lex datur fidem Dei habentibus, quia *sine fide impossibile est placere Deo*, ut dicitur *Heb.* 11, [6]. Sed eadem fides est antiquorum et modernorum, ut dicitur in Glossa Matth. 21, [9].[2] Ergo etiam est eadem lex.

2. Praeterea, Augustinus dicit, in libro *Contra Adamantum Manich. discip.*,[3] quod *brevis differentia legis et Evangelii est timor et amor*. Sed secundum haec duo nova lex et vetus diversificari non possunt, quia etiam in veteri lege proponuntur praecepta caritatis; *Lev.* 19, [18]: *Diliges proximum*[4] *tuum*; et *Deut.* 6, [5]: *Diliges Dominum Deum tuum.*—Similiter etiam diversificari non possunt per aliam differentiam quam Augustinus assignat, *Contra Faustum*,[5] quod *vetus testamentum habuit promissa temporalia, novum testamentum habet promissa spiritualia et aeterna*. Quia etiam in novo testamento promittuntur aliqua promissa temporalia; secundum illud Marc. 10, [30]: *Accipiet centies tantum in tempore hoc, domos et fratres*, et cetera.[6] Et in veteri testamento sperabantur promissa spiritualia et aeterna; secundum illud *ad Heb.* 11, [16]: *Nunc autem meliorem patriam appetunt, idest caelestem*, quod dicitur de antiquis patribus. Ergo videtur quod nova lex non sit alia a veteri.

---

2. Glossam Lombardi super II Cor. 4, 13: PL 192, 33D. Cf. Augustinus, *Enarr. in Psalm.*, ps.50, 14: PL 36, 596; *Serm. ad Pop.*, serm.19, n.3: PL 38, 134.
3. c.17: PL 42, 159.
4. Vulgata: "amicum."

[반론] 첫째에 대해서는 다음과 같이 진행된다. 새 법은 옛 법과 서로 다른 것이 아니라고 생각된다.

1. 그 두 법은 하느님을 믿는 이들에게 주어진다. 왜냐하면 히브리서 11장 [6절]에 따르면, "신앙이 없이는 하느님을 기쁘시게 만드는 것이 불가능하기" 때문이다. 그런데 고대인들의 신앙과 현대인들의 신앙은, 마태오복음서 21장 [9절]에 대한 표준 주해[2]에 따르면, 동일하다. 그러므로 그 법도 또한 동일하다.

2. 아우구스티누스는 『마니 제자 아디만투스 반박』[3]에서 말한다. "율법과 복음 사이의 차이는 한마디로 작다. 그것은 두려움과 사랑 사이의 차이이다." 그런데 새 법과 옛 법은 이 이원성에 기초해서 구별될 수 없다. 왜냐하면 레위기 19장 [18절]에 따르면, 참사랑의 계명은 옛 법 안에서조차도 제시되기 때문이다. "네 이웃[4]을 사랑해야 한다." 그리고 신명기 6장 [5절]: "네 하느님을 사랑해야 한다." 다시 말하지만, 그 두 법은 아우구스티누스가 『마니교도 파우스투스 반박』[5]에서 제시하는 또 다른 대조에 의해서 구별되어서는 안 된다. "옛 계약은 현세의 약속을 포함하고 있고, 새 계약은 영적이고 영원한 약속을 포함하고 있다." 왜냐하면 현세의 약속은 심지어 새 계약 안에서조차 약속되고 있기 때문이다. 마르코복음서 10장 [30절]에 따르면, "현세에서 박해도 받겠지만, 집과 형제나 자매(…)도 백배나 받을 것이다."[6] 그리고 옛 계약 안에서도 영적이고 영원한 약속을 바라고 있어서, 히브리서 11장 [16절]에서는 성조들에 대해 "그러나 실상 그들은 더 나은 곳, 바로 하늘 본향(本鄕)을 갈망하고 있었습니다."라고 말한다. 그러므로 새 법은 옛 법과 다르지 않은 것으로 보인다.

---

5. IV, c.2: PL 42, 217-218.

6. Vulgata: "...qui non accipiat centies tantum nunc in tempore hoc, domos et fratres etc."

3. Praeterea, Apostolus videtur distinguere utramque legem, *ad Rom.* 3, [27], veterem legem appellans *legem factorum*, legem vero novam appellans *legem fidei*. Sed lex vetus fuit etiam fidei; secundum illud *Heb.* 11, [39]: *Omnes testimonio fidei probati sunt*, quod dicit de Patribus veteris testamenti. Similiter etiam lex nova est lex factorum, dicitur enim Matth. 5, [44]: B*enefacite his qui oderunt vos*; et Luc. 22, [19]: *Hoc facite in meam commemorationem*. Ergo lex nova non est alia a lege veteri.

SED CONTRA est quod Apostolus dicit, *ad Heb.* 7, [12]: *Translato sacerdotio, necesse est ut legis translatio fiat*. Sed aliud est sacerdotium novi et veteris testamenti, ut ibidem[7] Apostolus probat. Ergo est etiam alia lex.

RESPONDEO dicendum quod, sicut supra[8] dictum est, omnis lex ordinat conversationem humanam in ordine ad aliquem finem. Ea autem quae ordinantur ad finem, secundum rationem finis dupliciter diversificari possunt. Uno modo, quia ordinantur ad diversos fines, et haec est diversitas speciei, maxime si sit finis proximus. Alio modo, secundum propinquitatem ad finem vel distantiam ab ipso. Sicut patet quod motus differunt specie secundum quod ordinantur ad diversos terminos:[9] secundum vero quod una pars motus est propinquior termino quam

---

7. 7장 전체.

3. 사도는 로마서 3장 [27절]에서 옛 법을 "행위의 법"(lex factorum)이라 부르고 새 법을 "신앙의 법"(lex fidei)이라 부르면서 두 법을 구별한다. 그런데 옛 법 역시 신앙의 법이었다. 히브리서 11장 [39절]에서 옛 계약의 조상들에 대해 이야기하면서 말하는 것처럼, "이들은 모두 믿음으로 인정을 받았다." 또한 새 법도 행위의 법이다. 마태오복음서 5장 [44절]에서는 "너희는 원수를 사랑하여라."고 말하고, 루카복음서 22장 [19절]에서는 "너희는 나를 기억하여 이를 행하여라."라고 말하기 때문이다. 그러므로 새 법은 옛 법과 다르지 않다.

[재반론] 그러나 반대로, 사도는 히브리서 7장 [12절]에서 이렇게 말한다. "사제직이 변하면 율법에도 반드시 변화가 생기기 마련입니다." 그런데 사도가 같은 곳[7]에서 입증하듯이, 새 법의 사제직은 옛 법의 사제직과 다르다. 그러므로 법들 역시 다르다.

[답변] 이미[8] 말한 것처럼, 모든 법은 인간적 행위를 어떤 규정된 목적을 바라보며 질서 짓는다. 그런데 어떤 목적으로 질서 지어진 것은 목적성의 질서 안에서 두 가지 방식으로 서로 다를 수 있다. 첫째, 서로 다른 목적으로 질서 지어짐에서. 특히 그 목적이 가장 가까운 것이라면, 이것은 하나의 종차이다. 둘째, 그 목적이 가까운지, 아니면 먼지에 따라. 그래서 변화 과정들은 분명 상이한 목적들[9]로 질서 지어짐에서 종적으로 차이가 난다. 하지만 그 구별의 기초가 그 과정의 한 단계가 다른 것보다 목적에 더 가까운지 여부일 때, 그 차이

---

8. q.90, a.2; q.91, a.4.
9. Cf. q.18, a.2, c et ad3; q.72, a.3, ad2; q.113, a.6, ad1; II-II, q.61, a.1, ad4; q.118, a.6, ad2; III, q.35, a.1, ad2.

alia, attenditur differentia in motu secundum perfectum et imperfectum.

Sic ergo duae leges distingui possunt dupliciter. Uno modo, quasi omnino diversae, utpote ordinatae ad diversos fines, sicut lex civitatis quae esset ordinata ad hoc quod populus dominaretur, esset specie differens ab illa lege quae esset ad hoc ordinata quod optimates civitatis dominarentur.—Alio modo duae leges distingui possunt secundum quod una propinquius ordinat ad finem, alia vero remotius. Puta in una et eadem civitate dicitur alia lex quae imponitur viris perfectis, qui statim possunt exequi ea quae pertinent ad bonum commune; et alia lex de disciplina puerorum, qui sunt instruendi qualiter postmodum opera virorum exequantur.

Dicendum est ergo quod secundum primum modum, lex nova non est alia a lege veteri, quia utriusque est unus finis, scilicet ut homines subdantur Deo; est autem unus Deus et novi et veteris testamenti, secundum illud *Rom.* 3, [30]: *Unus Deus est*[10] *qui iustificat circumcisionem ex fide, et praeputium per fidem.*—Alio modo, lex nova est alia a veteri. Quia lex vetus est quasi paedagogus puerorum, ut Apostolus dicit, *ad Gal.* 3, [24]: lex autem nova est lex perfectionis, quia est lex caritatis, de qua Apostolus dicit, *ad Colos.* 3, [14], quod est *vinculum perfectionis.*

---

10. Vulgata: "est Deus."

는 충만하게 완성에 이른 것과 아직 불완전한 것 사이의 차이이다.

그렇다면 두 개의 법은 두 가지 방식으로 구별될 수 있다. 첫째, 전적으로 다른 것으로서. 왜냐하면 다른 목적들로 질서 지어져 있기 때문이다. 예컨대, 백성에 의한 통치로 질서 지어져 있는 어떤 공동체의 법은 그 공동체 내의 어떤 확정된 엘리트들에 의한 통치로 질서 지어져 있는 법과는 종적으로 다르다.—대안적으로, 두 개의 법은 하나가 좀 더 가까운 목적을 담지하고, 다른 것은 좀 더 먼 목적을 담지하는 데 따라 구별될 수 있다. 예컨대, 하나의 동일한 공동체 안에서, 공동선에 요구되는 것을 직접적으로 수행할 수 있는 성인(成人)들에게 부과되는 법은 나중에 어떻게 성인의 활동들을 수행할지를 배워야 하는 젊은이들 교육을 위한 법과는 다르다고 말할 수 있다.

그러므로 우리는 첫째 의미에서 새 법은 옛 법과는 다르지 않다고 결론짓는다. 왜냐하면 둘 다 인간이 하느님께 예속되어야 한다는 동일한 목적을 가지고 있기 때문이다. 그런데 로마서 3장 [30절]이 말해 주는 것처럼, 새 계약과 옛 계약의 유일한 하느님만 존재한다. "정녕 하느님은 한 분[10]이십니다. 그분은 할례 받은 이들도 믿음으로 의롭게 하시고, 할례 받지 않은 이들도 믿음을 통하여 의롭게 해 주실 것입니다." 둘째 의미로, 새 법은 옛 법과 다르다. 왜냐하면 사도가 갈라티아서 3장 [24절]에서 말하는 것처럼, 옛 법은 어린이들의 후견인이지만, 새 법은 사도가 콜로새서 3장 [14절]에서 "완전성의 유대"라고 부르는 참사랑의 법(lex caritatis)이기에, 완성의 법이기 때문이다.

q.107, a.1

AD PRIMUM ergo dicendum quod unitas fidei utriusque testamenti attestatur unitati finis, dictum est enim supra[11] quod obiectum theologicarum virtutum, inter quas est fides, est finis ultimus. Sed tamen fides habuit alium statum in veteri et in nova lege, nam quod illi credebant futurum, nos credimus factum.[12]

AD SECUNDUM dicendum quod omnes differentiae quae assignantur inter novam legem et veterem, accipiuntur secundum perfectum et imperfectum. Praecepta enim legis cuiuslibet dantur de actibus virtutum.[13] Ad operanda autem virtutum opera aliter inclinantur imperfecti, qui nondum habent virtutis habitum;[14] et aliter illi qui sunt per habitum virtutis perfecti. Illi enim qui nondum habent habitum virtutis, inclinantur ad agendum virtutis opera ex aliqua causa extrinseca, puta ex comminatione poenarum, vel ex promissione aliquarum extrinsecarum remunerationum, puta honoris vel divitiarum vel alicuius huiusmodi. Et ideo lex vetus, quae dabatur imperfectis, idest nondum consecutis gratiam spiritualem, dicebatur *lex timoris*, inquantum inducebat ad observantiam praeceptorum per comminationem quarundam poenarum. Et dicitur habere

---

11. q.62, a.2.
12. '옛 법의 성사들이 은총의 원인인가?'를 논하는 제3부 제62문 제6절과 비교하라. 성 토마스가 동시대인들과 함께 수용하는 두 계약에 있어서 신앙의 단일성은 신앙의 대상의 역사적인 시간 내 실현에 의해서 내적으로 차이가 난다. 또한 세례의 효과에 대해 논하는 제3부 제66문 제2절도 참조하라.

[해답] 1. 두 계약 안에서 목적의 단일성을 입증하는 것은 신앙의 통일성이다. 왜냐하면 위에서[11] 말한 것처럼, 신앙을 포함한 대신덕들의 대상은 최종 목적이기 때문이다. 그렇지만 신앙의 지위는 옛 법에서와 새 법에서 서로 다르다. 왜냐하면 그들은 장차 일어날 것이라고 믿었던 것을, 우리는 이미 일어났다고 믿기 때문이다.[12]

2. 새 법과 옛 법 사이에 제시된 모든 차이들은 완전한 것과 불완전한 것 사이의 차이에 달려 있다. 왜냐하면 어떤 법의 계명들은 덕의 행위들에 대한 것이기 때문이다.[13] 그런데 아직 안정된 덕[14]의 습성을 지니고 있지 못한 불완전한 사람은, 덕의 습성에서 완전한 이들과는 다른 방식으로 덕들의 실행으로 이끌린다. 왜냐하면 아직 안정된 덕의 습성을 지니고 있지 않은 사람들은 어떤 외부적 동기, 예컨대 처벌의 위협이나 영예나 부와 같은 외적 보상의 약속에 의해서 덕의 실행으로 이끌리기 때문이다. 그러므로 불완전한 이들, 곧 아직 영적 은총을 받지 못한 사람들에게 주어졌던 옛 법은 사람들을 다양한 처벌의 위협으로 계명을 준수하도록 유도하는 한에서 "두려움의 법"(lex timoris)이라고 불렸다. 그리고 그것은 다양한 현세적 약속들을 포함하고 있다고 말해진다.—다른 한편, 도덕적 덕을 가지고 있던 이들은 어떤 외적인 처벌이나 보상 때문이 아니라 덕에 대한 사

---

13. Cf. q.92, a.1.
14. 성 토마스는 여기서 어떤 종류의 활동에 대한 안정된 태세인 '습성'(habitus)에 대한 자신의 분석을 활용한다. 이 습성들은 단지 '조건화된 성찰들'이기만 한 것이 아니라, (예술품 산출과 관련된) 기교 또는 기예나 (행위자의 지성적 또는 도적적 성장과 연관된) 덕이기도 하고, 또는 신앙, 희망, 참사랑에서 행위자를 직접적으로 하느님과 연결시키는 대신덕들일 수도 있다. 그것들은 존재론적으로 행위자의 '성질들'이다. 참조: 『신학대전 제22권(I-II, 49-54): 습성』, 이재룡 옮김, 한국성토마스연구소, 2020.

temporalia quaedam promissa.—Illi autem qui habent virtutem, inclinantur ad virtutis opera agenda propter amorem virtutis, non propter aliquam poenam aut remunerationem extrinsecam. Et ideo lex nova, cuius principalitas consistit in ipsa spirituali gratia indita cordibus,[15] dicitur *lex amoris*. Et dicitur habere promissa spiritualia et aeterna, quae sunt obiecta virtutis, praecipue caritatis. Et ita per se in ea inclinantur, non quasi in extranea, sed quasi in propria.—Et propter hoc etiam lex vetus dicitur *cohibere manum, non animum*:[16] quia qui timore poenae ab aliquo peccato abstinet, non simpliciter eius voluntas a peccato recedit, sicut recedit voluntas eius qui amore iustitiae abstinet a peccato. Et propter hoc lex nova, quae est lex amoris, dicitur *animum cohibere*.[17]

Fuerunt tamen aliqui in statu veteris testamenti habentes caritatem et gratiam Spiritus Sancti, qui principaliter expectabant promissiones spirituales et aeternas. Et secundum hoc pertinebant ad legem novam.—Similiter etiam in novo testamento sunt aliqui carnales nondum pertingentes ad perfectionem novae legis, quos oportuit etiam in novo testamento induci ad virtutis opera per timorem poenarum, et per aliqua temporalia promissa.[18]

---

15. Cf. q.106, a.1.
16. Cf. Magister, *Sent.*, III, dist. 40.
17. ibid.
18. '새 계약에 속함'에 대한 성 토마스의 논의는 '교회의 구성원'에 관한 현대의 논

랑을 통해서 덕스러운 활동들을 실행하도록 이끌렸다. 그래서 새 법은 1차적으로 사람들의 마음속에 심어진 영적인 은총[15] 자체에서 성립되고, "사랑의 법"(lex amoris)이라고 불린다. 그리고 그것은 덕, 특히 참사랑의 대상들인 영적이고 영원한 약속들을 포함하고 있다고 말해진다. 그래서 사람들은 본능적으로 (그것들에 외부적인 어떤 것들로서가 아니라, 그것들에 바로 고유한 것들로서) 그것들로 이끌린다.—그래서 옛 법은 "정신이 아니라, 손을"[16] 제지하는 것이라고 말해진다. 처벌의 두려움을 통해서 죄를 멀리하는 사람은, 그의 의지가 의로움에 대한 사랑으로 죄를 멀리하는 사람의 의지처럼 단적으로 죄를 멀리하는 것이 아니다. 그리고 이런 이유로 사랑의 법인 새 법은 "정신을 억제한다"고 말해진다.[17]

그렇지만 옛 계약의 상태에서도 참사랑과 성령의 은총을 가진 이들이 있었다. 이들은 영적이고 영원한 약속을 바라보고 있었다. 그리고 이 점에서 그들은 새 법에 속한다. 또한 새 계약 안에도 아직도 새 법의 완성에 참여하지 않는, 일부 영적이지 못한 사람들이 있다.—그리고 이들은 새 계약 안에서조차도 벌에 대한 두려움과 일시적 선익들[재화]의 약속에 의해서 덕의 업적들을 수행하는 데에로 유도되어야 한다.[18]

의에 상응하는 것으로 볼 수 있다. 동시대인들의 태도와 다르지 않은 성 토마스의 접근법은 '영적'(spiritualis)인 데 반해, 최근의 접근법은 오히려 (적어도 제2차 바티칸공의회 이전까지는) '제도적'(institutionalis)이다. 가장 만족스러운 접근법은 어쩌면 '성사적'(sacramentalis)일지 모른다. 이 주제에 관한 역사적 배경을 보기 위해서는: 이브 콩가르, 『나는 성령을 믿나이다 1』, 백운철 옮김, 가톨릭출판사, 2004, 121-297쪽 참조. Cf. Y. Congar, "Ecclesia ab Abel", in *Abhandlung über Theologie und Kirche: Festschrift für Karl Adam*, 1952; Matthew Lwevering, *Christ's Fulfillment of Torah and Temple. Salvation according to Thomas Aquinas*, Notre Dame(IN), University of Notre Dame Press, 2002.

Lex autem vetus etsi praecepta caritatis daret, non tamen per eam dabatur Spiritus Sanctus, per quem *diffunditur caritas in cordibus nostris,* ut dicitur Rom. 5, [5].[19]

AD TERTIUM dicendum quod, sicut supra[20] dictum est, lex nova dicitur *lex fidei,* inquantum eius principalitas consistit in ipsa gratia quae interius datur credentibus, unde dicitur *gratia fidei.* Habet autem secundario aliqua facta et moralia et sacramentalia, sed in his non consistit principalitas legis novae, sicut principalitas veteris legis in eis consistebat. Illi autem qui in veteri testamento Deo fuerunt accepti per fidem, secundum hoc ad novum testamentum pertinebant, non enim iustificabantur nisi per fidem Christi, qui est auctor novi testamenti. Unde et de Moyse dicit Apostolus, *ad Heb.* 11, [26], quod *maiores divitias aestimabat thesauro Aegyptiorum, improperium Christi.*

Articulus 2
Utrum lex nova legem veterem impleat[1]

---

19. 이 멋진 해결책은, 결코 반대로 이해되어서는 안 되는 한 가지 대립을 지나치게 강조하지 않기 위해서 본질적인 요점들로 한정지었던 답변에서의 가르침을 보완하고 있다.
20. q.106, aa.1-2.
21. Vulgata: "aestimans."

1. 신약이 구약을 완성한다는 주제는 그리스도교의 근본 입장이다. 다만 신약은 구약에 비해 접근법이 다를 뿐이다. 저자는 두 계약에서 하느님의 목적의 단일성을

그러나 비록 옛 법이 참사랑의 계명들을 포함하고 있다고 하더라도, 그럼에도 불구하고 로마서 5장 [5절]에서 말하는 것처럼, 그를 통해 "참사랑이 우리의 마음속에 부어지게 되는" 성령은 그것을 통해 주어지지 않았다.[19]

3. 위에서[20] 말한 것처럼, 새 법은 그 주된 요소가 믿는 이들에게 내면적으로 주어지는 은총 자체 안에서 성립되는 한에서 "신앙의 법"(lex fidei)이라고 불린다. 그래서 그것은 "신앙의 은총"(gratia fidei)이라고 불린다. 그것은 참으로 2차적으로 도덕적이고 성사적인 특정 작품들을 포함하고 있다. 그러나 새 법은 옛 법처럼 1차적으로 이 후자의 요소들로 이루어진 것이 아니다. 그런데 그들의 신앙 때문에 하느님에 의해서 받아들여진 옛 계약 안에 있는 이들은 이 점과 관련해서 새 계약에 속한다. 왜냐하면 그들은 오로지 (새 계약의 창시자인) 그리스도께 대한 신앙에 의해서만 의화되기 때문이다. 그래서 사도는 히브리서 11장 [26절]에서 모세에 대해서도 "그가 이집트의 보물들보다 더 큰 부(富)로 간주하는[21] 그리스도를 위해 겪은 모욕을 숙고하였다."고 말한다.

제2절 새 법은 옛 법을 성취하는가?[1]

Parall.: *In Sent.*, IV, d.1, q.2, a.5, qc.2, ad1&3; *In Ep. ad Rom.*, c.3, lect.4; c.9, lect.5; *In Ep. ad Ephes.*, c.2, lect.5.

보여 줄 수 있는 통합적 전망을 제시하려고 시도한다. 복음적 법과 모세법 사이의 관계를 정확히 규정하고 있는 이 제2절은 의심의 여지 없이 문(問) 전체의 중심 절이다. 저자는 조금도 망설이지 않고 복음 텍스트들과 사도 바오로의 가르침이 완전히 일치한다는 것을 명료하게 부각시키고 있다.

q.107, a.2

Ad secundum sic proceditur. Videtur quod lex nova legem veterem non impleat.

1. Impletio enim contrariatur evacuationi. Sed lex nova evacuat, vel excludit observantias legis veteris, dicit enim Apostolus, *ad Gal.* 5, [2]: *Si circumcidimini, Christus nihil vobis proderit.* Ergo lex nova non est impletiva veteris legis.

2. Praeterea, contrarium non est impletivum sui contrarii. Sed Dominus in lege nova proposuit quaedam praecepta contraria praeceptis veteris legis. Dicitur enim Matth. 5, [v. 27, 31sqq.]: *Audistis quia dictum est antiquis, quicumque dimiserit uxorem suam, det ei libellum repudii. Ego autem dico vobis: Quicumque[2] dimiserit uxorem suam, facit eam moechari.* Et idem consequenter patet in prohibitione iuramenti, et etiam in prohibitione talionis, et in odio inimicorum. Similiter etiam videtur Dominus exclusisse praecepta veteris legis de discretione ciborum, Matth. 15, [11]: *Non quod intrat in os, coinquinat hominem.* Ergo lex nova non est impletiva veteris.

3. Praeterea, quicumque contra legem agit, non implet legem. Sed Christus in aliquibus contra legem fecit. Tetigit enim leprosum, ut dicitur Matth. 8, [3]: quod erat contra legem. Similiter etiam videtur sabbatum pluries violasse, unde de eo dicebant Iudaei, Ioan. 9, [16]: *Non est hic homo a Deo, qui sabbatum non custodit.* Ergo Christus non implevit legem. Et ita

---

2. Vulgata: "Quia omnis qui."

[반론] 둘째에 대해서는 다음과 같이 진행된다. 새 법은 옛 법을 완성하는 것으로 보이지 않는다.

1. 완성이란 비우는 것의 반대이다. 그런데 새 법은 옛 법의 준수를 비우거나 또는 철폐한다. 왜냐하면 사도는 갈라티아서 5장 [2절]에서 이렇게 말하기 때문이다. "만일 여러분이 할례를 받는다면, 그리스도는 여러분에게 아무 소용이 없을 것입니다." 그러므로 새 법은 옛 법의 완성이 아니다.

2. 반대되는 것은 그것에 반대되는 대립자의 완성이 아니다. 그런데 새 법에서는 주님이 옛 법의 계명들에 반대되는 특정 계명들을 제시한다. 예컨대 마태오복음서 5장 [27절과 31절 이하]에서는 이렇게 말한다. "'자기 아내를 버리는 자는 그 여자에게 이혼장을 써 주어라.' 하신 말씀이 있다. 그러나 나는 너희에게 말한다. 아내를 버리는 자는 누구나[2] 그 여자가 간음하게 만드는 것이다." 우리는 동일한 것을 나중에 맹세의 금지와, 복수의 금지 및 원수를 미워하는 것의 금지에서도 본다. 또한 주님은 마태오복음서 15장 [11절]에서 음식의 종류를 구별하라는 옛 법의 처방을 철폐한 것으로 보인다. "입으로 들어가는 것은 사람을 더럽히지 않는다." 그러므로 새 법은 옛 법의 완성이 아니다.

3. 어떤 법을 거슬러 행동하는 자는 그 법을 완성하는 것이 아니다. 그런데 그리스도는 어떤 경우에 율법에 어긋나는 일을 하였다. 왜냐하면 그는 나병 환자들을 만졌는데, 이것은 율법에 어긋나는 행동이었기 때문이다. 또한 그는 안식일을 자주 어긴 것으로 보인다. 그래서 요한복음서 9장 [16절]에 따르면, 유다인들은 그에 대해 "그는 안식일을 지키지 않으므로, 하느님에게서 온 사람이 아니오."라고

q.107, a.2

lex nova data a Christo, non est veteris impletiva.

4. Praeterea, in veteri lege continebantur praecepta moralia, caeremonialia et iudicialia, ut supra³ dictum est. Sed Dominus, Matth. 5, ubi quantum ad aliqua legem implevit, nullam mentionem videtur facere de iudicialibus et caeremonialibus. Ergo videtur quod lex nova non sit totaliter veteris impletiva.

Sed contra est quod Dominus dicit, Matth. 5, [17]: *Non veni solvere legem, sed adimplere.* Et postea, [18] subdit: *Iota unum, aut unus apex, non praeteribit a lege, donec omnia fiant.*⁴

Respondeo dicendum quod, sicut dictum est,⁵ lex nova comparatur ad veterem sicut perfectum ad imperfectum. Omne autem perfectum adimplet id quod imperfecto deest. Et secundum hoc lex nova adimplet veterem legem, inquantum supplet illud quod veteri legi deerat.

In veteri autem lege duo possunt considerari, scilicet finis; et praecepta contenta in lege. Finis vero cuiuslibet legis est ut homines efficiantur iusti et virtuosi, ut supra⁶ dictum est.

---

3. q.99, a.4.
4. 그리스도의 이 절대적인 단언들은 하나의 단순한 변증적 방편이 아니라, 이 절의 통합적 부분으로 이해되어야 한다. 하지만 그것들은 설명을 필요로 한다. 그리고

말했다. 그러므로 그리스도는 율법을 완성하지 않았다. 그래서 그리스도에 의해서 주어진 새 법은 옛 법의 완성이 아니다.

4. 위에서도[3] 말한 것처럼, 옛 법은 도덕법, 예식법, 성문법 등의 계명들을 포함하고 있었다. 그런데 주님은 마태오복음서 5장에서 특정한 측면에서 법을 채울 때, 예식이나 성문법에 관련된 언급을 하지 않는 것으로 보인다. 그러므로 새 법은 모든 면에서 옛 법의 완성이 아닌 것으로 보인다.

[재반론] 그러나 반대로, 주님은 마태오복음서 5장 [17절]에서 이렇게 말씀하신다. "내가 율법이나 예언서들을 폐지하러 온 줄로 생각하지 마라. 폐지하러 온 것이 아니라, 오히려 완성하러 왔다." 그리고 계속해서 "모든 것이 이루어질 때까지 율법에서 한 자 한 획도 없어지지 않을 것이다."[18절]라고 말씀하신다.[4]

[답변] 방금 전[5]에 말한 것처럼, 새 법과 옛 법과의 관계는 완전한 것과 불완전한 것 사이의 관계와 같다. 그런데 모든 완전한 것은 불완전한 것 안에 결핍되어 있는 것을 채운다. 그리고 이런 식으로 새 법은 옛 법에 결여되어 있던 것을 보충함으로써 옛 법을 채운다.

옛 법에서는 두 가지 요소, 곧 그것의 목적과 그 법이 포함하고 있는 계명들이 고찰될 필요가 있다. 그런데 어떤 법의 목적은, 위에서[6]

이어지는 대답은 그런 기능을 충만히 발휘한다. 여기서 말하는 완성은 모세법에 포함된 계명들의 질료적 수행이 아니라, 그것들이 한 등급 높은 도덕적 종합으로, 완전히 새로운 삶의 형식으로 흡수되고 성취되는 것이다.
5. a.1.
6. q.92, a.1.

Unde et finis veteris legis erat iustificatio hominum.[7] Quam quidem lex efficere non poterat, sed figurabat quibusdam caeremonialibus factis, et promittebat verbis. Et quantum ad hoc, lex nova implet veterem legem iustificando virtute passionis Christi.[8] Et hoc est quod Apostolus dicit, *ad Rom.* 8, [3sq.]: *Quod impossibile erat legi, Deus, filium suum mittens in similitudinem carnis peccati, damnavit peccatum in carne, ut iustificatio legis impleretur in nobis.*—Et quantum ad hoc, lex nova exhibet quod lex vetus promittebat; secundum illud II *ad Cor.* 1, [20]: *Quotquot promissiones Dei sunt, in illo est,* idest in Christo.—Et iterum quantum ad hoc etiam complet quod vetus lex figurabat. Unde *ad Colos.* 2, [17] dicitur de caeremonialibus quod erant *umbra futurorum, corpus autem Christi,* idest, veritas pertinet ad Christum. Unde lex nova dicitur *lex veritatis,* lex autem vetus *umbrae* vel *figurae.*

Praecepta vero veteris legis adimplevit Christus et opere, et doctrina. Opere quidem, quia circumcidi voluit, et alia legalia observare, quae erant illo tempore observanda; secundum illud *Gal.* 4, [4]: *Factum sub lege.*—Sua autem doctrina adimplevit praecepta legis tripliciter. Primo quidem, verum intellectum legis exprimendo. Sicut patet in homicidio et adulterio, in

---

7. '의화'(義化, justificatio)란 성 토마스에게 단적으로 '의롭게 만드는'(justum facere) 것이다. Cf. infra, q.113, a.1.
8. Cf. q.106, a.2.

말한 것처럼, 사람이 정의로워지고 덕스러워지는 것이다. 그래서 옛 법의 목적도 사람들의 의화이다.[7] 이것을 법은 초래할 수 없다. 하지만 그것은 이 목적의 특성들을 예식 활동들 속에서 예표할 수 있고, 그것을 말로 약속할 수 있다. 이 점에서 새 법은 그리스도의 수난 덕분에 사람들을 의화시킴으로써 옛 법을 성취할 수 있다.[8] 이것이 바로 사도가 로마서 8장 [3절 이하]에서 다음과 같이 말할 때 의도하던 것이다. "율법이 이룰 수 없었던 것을 하느님께서 이루셨습니다. 곧 당신의 친아드님을 죄 많은 육의 모습을 지닌 속죄 제물로 보내시어, 그 육 안에서 죄를 처단하고 우리 안에서 율법의 의화를 이루셨습니다."—그리고 코린토 2서 1장 [20절]에 따르면 이 점에서도 새 법은 옛 법이 약속했던 것을 드러낸다. "하느님의 그 많은 약속이 그분[곧, 그리스도] 안에 있습니다." 그리고 이 점에서 다시 그것은 옛 법이 상징했던 것을 충만히 성취한다. 그래서 콜로새서 2장 [17절]에서는 그것들을 예식적 실천들에 대해서 "앞으로 올 것들의 그림자일 뿐이고 실체는 그리스도"라고 말한다. 곧 진리(veritas)가 그리스도께 속한다는 것이다. 그래서 새 법은 진리의 법(lex veritatis)이라고 불리지만, 옛 법은 '그림자'(umbra) 또는 '영상'(figura)의 법이라고 불리는 것이다.

옛 법의 계명들과 관련해서 그리스도는, 그것들을 자신의 활동과 가르침에 의해서 성취하였다. 활동들과 관련해서는 갈라티아서 4장 [4절]에서 "율법 아래 태어나"라고 말하는 것처럼 당시 준수해야만 하였던 할례와 다른 율법 계명들을 준수하기로 선택하였다.—그의 가르침과 관련해서는 세 가지 방식으로 율법의 계명들을 성취하였다. 첫째, 그 참된 의미를 선포함으로써. 그래서 예컨대 살인과 간통

quorum prohibitione Scribae et Pharisaei non intelligebant nisi exteriorem actum prohibitum, unde Dominus legem adimplevit, ostendendo etiam interiores actus peccatorum cadere sub prohibitione.[9]—Secundo, adimplevit Dominus praecepta legis, ordinando quomodo tutius observaretur quod lex vetus statuerat. Sicut lex vetus statuerat ut homo non peiuraret, et hoc tutius observatur si omnino a iuramento abstineat,[10] nisi in casu necessitatis.—Tertio, adimplevit Dominus praecepta legis, superaddendo quaedam perfectionis consilia:[11] ut patet Matth. 19, [21], ubi Dominus dicenti se observasse praecepta veteris legis, dicit:[12] *Unum tibi deest. Si vis perfectus esse, vade et vende omnia quae habes*, et cetera.

AD PRIMUM ergo dicendum quod lex nova non evacuat observantiam veteris legis nisi quantum ad caeremonialia, ut supra[13] habitum est. Haec autem erant in figuram futuri. Unde ex hoc ipso quod caeremonialia praecepta sunt impleta, perfectis his quae figurabantur, non sunt ulterius observanda, quia si observarentur, adhuc significaretur aliquid ut futurum et non impletum. Sicut etiam promissio futuri doni locum iam non habet, promissione iam impleta per doni exhibitionem et per hunc modum, caeremoniae legis tolluntur cum implentur.

---

9. 마태 5,20 이하.
10. 마태 5,33 이하.
11. q.108, a.4.

에서 율법 학자들과 바리사이들이 다만 외적 행위로만 이해하던 금지를 주님은 죄들의 내적인 행위들도 금령에 든다는 것을 보여 줌으로써 율법을 성취하였다.[9]―둘째, 주님은 옛 법이 금지했던 것이 어떻게 좀 더 확실하게 준수되는지를 보여 줌으로써 그 계명들을 성취하였다. 예컨대 옛 법은 사람이 거짓으로 맹세해서는 안 된다고 규정하고 있다. 그런데 이것은 필요한 경우를 제외하고는 맹세 자체를 금지함으로써[10] 좀 더 확실하게 준수된다.―셋째, 주님은 어떤 더 이상의 완전성을 권고함으로써 그 계명을 성취하신다.[11] 이것은 옛 법의 계명들을 준수했다고 주장하는 사람에게 말씀하시는 마태오복음서 19장 [21절]에서 잘 확인할 수 있을 것이다. "너에게 부족한 것이 하나 있다. 네가 완전한 사람이 되려거든, 가서 너의 재산을 가난한 이들에게 주어라."[12]

[해답] 1. 새 법은 위에서[13] 말한 것처럼, 예식 실천에 관한 것이 아니라면, 옛 법의 준수를 철폐하지 않는다. 이 실천들은 다가올 것들에 대한 상징으로 의미된다. 그래서 예식 실천들은, 그것들에 의해서 상징되던 것이 성취됨으로써 완성되고 더 이상 준수될 필요가 없다. 왜냐하면 만일 그것들이 아직도 준수된다면, 그것들은 아직도 미래에 어떤 의미를 가질 것이고 따라서 성취되지 않은 것이 되기 때문이다. 마찬가지로 어떤 미래 선물에 대한 약속은, 일단 그 약속이 선물의 부여에 의해서 채워지게 되면 더 이상 남아 있을 자리가 없을 것이다. 이런 식으로 율법의 예식들은 그것들이 채워질 때 폐지된다.

---

12. 마르 10,21; 루카 18,22 참조.
13. q.103, aa.3-4.

q.107, a.2

AD SECUNDUM dicendum quod, sicut Augustinus dicit, *Contra Faustum*,[14] *praecepta illa Domini non sunt contraria praeceptis veteris legis. Quod enim Dominus praecepit de uxore non dimittenda, non est contrarium ei quod lex praecepit. Neque enim ait lex, qui voluerit, dimittat uxorem; cui esset contrarium non dimittere. Sed utique nolebat dimitti uxorem a viro, qui hanc interposuit moram, ut in dissidium animus praeceps libelli conscriptione refractus absisteret. Unde*[15] *Dominus, ad hoc confirmandum ut non facile uxor dimittatur, solam causam fornicationis excepit.*[16] —Et idem etiam dicendum est in prohibitione iuramenti, sicut dictum est.[17] —Et idem etiam patet in prohibitione talionis. Taxavit enim modum vindictae lex, ut non procederetur ad immoderatam vindictam, a qua Dominus perfectius removit eum quem monuit omnino a

---

14. XIX, c.26: PL 42, 364-365.
15. Cf. *De serm. Dom. in monte*, I, c.14: PL 34, 1248.
16. Cf. q.108, a.3, ad2; Sup., q.59, a.6, sc; q.62, a.1, sc. 마지막 인용구도 아우구스티누스의 작품에서 따온 것이다. 그는 두 인용구를 통해 이혼에 대한 가톨릭의 전통적 사상을 명료하게 개진하고 있다. 시사하고 있는 복음 구절은 흔히 이렇게 번역되었다: "그러나 나는 너희에게 말한다. 누구든지 간음을 한 경우를 제외하고, 자기 아내를 내보내는 사람은 그녀를 간음하게 만드는 것이며, 이혼한 여인과 결혼하는 자는 간통을 저지르는 것이다."(마태 5,32) 어쩌면 현대 주석가들이 이 아프리카의 박사가 마지막에 인용한 마태오복음서의 이 유명한 구절에서 어떤 예외를 보는 것이 아니라, 하나의 명료화를 봄으로써("어쨌든 내연관계를 다루는 것이 아니므로") 그것을 더 잘 해석한 것인지 모른다. Cf. J. Bonsirven, *Le Divorce dans le N. T.*, Paris, 1948; Benoit, P., in *Revue Bibl.*, 1951, pp.118-296; F. Spadafora, *Temi di Esegesi*, Rovigo, 1953, pp.345-352. "결혼의 불가 해소성(不可解消性)은 예외를 두지 않고,(마르 10,11; 루카 16,18; 1코린 7,10-11) 여기에 도입된 외양적 예외는 더욱 힘찬 단언으로 해소된다. 많은 이들이 32절에서 '간통'(=

2. 아우구스티누스가 『마니교도 파우스투스 반박』[14]에서 말하는 것처럼, 주님의 저 계명들은 옛 법의 계명들에 반대되지 않는다. "왜냐하면 주님이 아내를 내보내서는 안 된다고 말할 때 주님이 명하신 것은 율법이 명한 것에 반대되지 않기 때문이다. 실상 율법은 '누구든 원하는 자는 아내를 내보내라.'라고 말한 것이 아니다. 그것은 그것의 반대가 아내를 내보내지 말라는 것이 될 것이다. 율법은 확실히 남편이 자기 아내를 버리기를 바라지 않는다. 왜냐하면 그것은 시간을 두어, 갑자기 불화에 이른 정신이 이혼장을 씀으로써 점검되고, 그래서 그 목적을 단념하도록 하기 때문이다. 그래서[15] 아내가 쉽사리 내보내져서는 안 된다는 규칙을 확인하기 위해서 주님은 간음한 경우만을 예외로 두고 있는 것이다."[16] — 위에서[17] 말한 것처럼, 맹세의 금지에 대해서도 똑같은 말을 해야 한다. 그리고 동태복수의 금지에서도 동일하다는 것이 명백하다. 왜냐하면 율법은 복수의 크기를 규제해서 무절제한 복수가 전개되지 않도록 하기 때문이다. 주님께서는 아예 복수를 하지 말라고 권고하심으로써 이것을 좀 더 완

그리스어 moicheia)으로 번역하는 그리스어 '포르네이아'(porneia)는 히브리어 '제누트'(Zenut)에 상응하는데, 이것은 법에 어긋나기 때문이거나(레위 18,7-18) 자연법의 다른 장애들 때문에(…) 무효한 혼인을 가리킨다. 예수는 여인을 내보내는 것이 간통을 저지르는 것이 아니고 간통으로 내모는 것도 아닌 유일한 경우가 진정한 결혼 유대를 맺고 있지 않은 경우라고 단언함으로써, 유효한 유대를 결코 해소할 수 없다고 말하게 된다. 팔레스티나의 히브리 세계에 특별한 관심을 기울이는 마태오는 유일하게 예수의 말씀 속에서 유다인들의 세계에서 완전하게 이해될 수 있는 예외에 대한 언급을 우리에게 남겨 주었다. 그러나 특히 그 '제누트'와의 연관되는 그 의미가 교회 및 로마 세계에서도 마찬가지로 이해될 수 있는 것은 아니었다. 한편 마르코와 루카는 차라리 그것을 누락시키는 것을 선호하고 있다."(Garafalo, S., *La Sacra Bibbia*, III, *Il Nuovo Test.*, Torino, 1960, pp.25-26).

17. 본론.

vindicta abstinere.—Circa odium vero inimicorum, removit falsum Pharisaeorum intellectum, nos monens ut persona odio non haberetur, sed culpa.—Circa discretionem vero ciborum, quae caeremonialis erat, Dominus non mandavit ut tunc non observaretur, sed ostendit quod nulli cibi secundum suam naturam erant immundi, sed solum secundum figuram, ut supra[18] dictum est.

AD TERTIUM dicendum quod tactus leprosi erat prohibitus in lege, quia ex hoc incurrebat homo quandam irregularitatis immunditiam, sicut et ex tactu mortui, ut supra[19] dictum est. Sed Dominus, qui erat mundator leprosi, immunditiam incurrere non poterat.—Per ea autem quae fecit in sabbato, sabbatum non solvit secundum rei veritatem, sicut ipse magister in Evangelio ostendit, tum quia operabatur miracula virtute divina, quae semper operatur in rebus;[20] tum quia salutis humanae opera faciebat, cum Pharisaei etiam saluti animalium in die sabbati providerent;[21] tum quia etiam ratione necessitatis discipulos excusavit in sabbato spicas colligentes.[22] Sed videbatur solvere secundum superstitiosum intellectum Pharisaeorum, qui credebant etiam a salubribus operibus esse in die sabbati abstinendum, quod erat contra intentionem legis.

AD QUARTUM dicendum quod caeremonialia praecepta legis non commemorantur Matth. 5, quia eorum observantia totaliter

---

18. q.102, a.6, ad1.

전하게 금지하는 데로 나아간다.—원수를 미워하는 것에 대해서는 그는 우리에게 사람을 미워하는 것이 아니라 죄를 미워하라고 권고함으로써 바리사이들의 거짓된 해석을 기각하였다.—예식적 실천의 한 가지인 상이한 종류의 음식 식별에 관해서는 주님은 당시에 준수되지 말아야 한다고 요구하지 않았지만, 어떤 음식도 그 본성상 불결하지 않고, 위에서[18] 말한 것처럼, 다만 모습(figura)에 따라서만 불결하다는 것을 보여 주었다.

3. 나병 환자를 접촉하는 것이 율법에서 금지된 이유는, 위에서[19] 말한 것처럼, 죽은 이를 접촉함으로써 그랬듯이, 그것에 의해서 비정상적인 불결에 감염되기 때문이다. 그러나 나환자의 치유자였던 주님은 불결에 감염될 수 없었다.—안식일에 그렇게 함으로써 그는, 스승 자신이 복음서에서 보여 준 것처럼, 안식일을 실제로 깨뜨린 것이 아니다. 그는 세상에서 언제나 작용하고 있는[20] 신적 능력에 의해서 기적을 일으켰기 때문이고, 바리사이들은 안식일에도 동물을 돌보지만 그분은 인간 구원을 위한 일을 하신 것이기 때문이다.[21] 그는 또한 자신의 제자들이, 안식일에 필요에 입각해서 밀 이삭을 채취하는 것을 허락하였다.[22] 그러나 우리는 안식일에는 축복의 일조차도 금해야 한다고 믿는 바리사이들의 미신적 해석에 따르면, 안식일 계명을 위반한 것으로 여겨졌다. 이것은 율법의 의도에 반대되는 것이었다.

4. 예식적 계명들은 마태오복음서 5장에서는 상기되지 않는다. 왜냐하면 이미[23] 말한 것처럼, 일단 그것들이 성취되고 나면 그것들의 준수가 완전히 배제되기 때문이다.—그렇지만 사법적 계명들 가운데

---

19. q.102, a.5, ad4.
20. 요한 5,17.
21. 마태 12,11 이하.

excluditur per impletionem, ut dictum est.²³—De iudicialibus vero praeceptis commemoravit praeceptum talionis, ut quod de hoc diceretur, de omnibus aliis esset intelligendum. In quo quidem praecepto docuit legis intentionem non esse ad hoc quod poena talionis quaereretur propter livorem vindictae, quem ipse excludit, monens quod homo debet esse paratus etiam maiores iniurias sufferre, sed solum propter amorem iustitiae. Quod adhuc in nova lege remanet.²⁴

<h3 style="text-align:center">Articulus 3
Utrum lex nova in lege veteri contineatur¹</h3>

Ad tertium sic proceditur. Videtur quod lex nova in lege veteri non contineatur.

1. Lex enim nova praecipue in fide consistit, unde dicitur *lex fidei*, ut patet *Rom.* 3, [27]. Sed multa credenda traduntur in nova lege quae in veteri non continentur. Ergo lex nova non continetur in veteri.

---

22. 마태 12,3 이하.
23. ad1.
24. Cf. q.108, a.3, ad2.

1. 이 절의 가르침은 그 간결함 때문에도 하나의 해답으로 제시될 수도 있었다. 그러나 저자는 모세법 안에 새 법이 잠재적으로 포함되어 있었느냐는 문제를 조명하기를 원했다. 그것은 무엇보다도 두 법 사이의 차이를 과장해서 결국 양립 불가능하다는 데까지 밀고 나가려는 경향이 있는 저 가르침들의 거짓됨을 간접적으로 입증하는 방식으로 제공하는, 매우 시사적인 주제이다.

서는 동태복수 계명이 상기되는데, 이는 이 경우에 말한 것이 다른 모든 계명들에 적용되게 하려는 것이다. 그는 이 계명에서 율법의 의도는 동태복수적(同態復讐的) 처벌이 영적인 복수의 정신에서 추구되어야 한다는 것이 아니라,(이것은 금지될 뿐만 아니라, 오히려 더 큰 상해까지도 겪을 용의를 갖추어야 한다고 권고되고 있다.) 오직 정의의 사랑만이 추구되어야 한다는 것이다. 그리고 이것은 새 법에서도 계속해서 [선한 것으로] 유지된다.[24]

제3절 새 법은 옛 법 안에 포함되어 있는가?[1]

[반론] 셋째에 대해서는 다음과 같이 진행된다. 새 법은 옛 법 속에 포함되지 않은 것으로 보인다.

1. 로마서 3장 [27절]에서 명백하듯이, 새 법은 1차적으로 신앙으로 구성되고, 그래서 그것은 "믿음의 법"이라고 불린다. 그러나 새 법에는 옛 법에 포함되지 않은 우리의 신앙을 위해서는 많은 것들이 제시된다. 그러므로 새 법은 옛 법에 포함되어 있지 않다.

'포함'의 여러 의미가 중세인들의 정신을 끌었던 것으로 보인다. '본론'에서 구별되고 있는 두 가지 의미(그 가운데 첫째 것은 아리스토텔레스의 '장소'에 대한 정의로부터 온다: cf. *Physica*, IV, 4, 211a1)에 덧붙여서 성 토마스는 또한 성사들이 은총을 '포함'하는지도 고찰하면서(III, q.62, a.3) 영혼에 대해 '포함되기보다는 포함한다'(magis continens quam contenta)라고 묘사하고 있다. 이런 일상적인 여러 내용들도 아리스토텔레스로부터 원용하고 있다: *De anima*, I, 5, 411b7. Cf. I, q.8, a.1, ad2; q.52, a.1; *ScG*, II, 46. 성 토마스의 성경 해석과 관련된 최근의 논의를 보기 위해서는: Cf. Piotr Roszak & Joergen Vijgen(eds.), *Reading Sacred Scripture with Thomas Aquinas. Hermeneutical Tools, Theological Questions and New Perspectives*, Turnhout, Brepols, 2015.

q.107, a.3

2. Praeterea, quaedam Glossa[2] dicit, Matth. 5, super illud [19], *Qui solverit unum de mandatis istis minimis,* quod mandata legis sunt minora, in Evangelio vero sunt mandata maiora. Maius autem non potest contineri in minori. Ergo lex nova non continetur in veteri.

3. Praeterea, quod continetur in altero, simul habetur habito illo. Si igitur lex nova contineretur in veteri, sequeretur quod, habita veteri lege, habeatur et nova. Superfluum igitur fuit, habita veteri lege, iterum dari novam. Non ergo nova lex continetur in veteri.

SED CONTRA est quod, sicut dicitur Ezech. 1, [16], *rota erat in rota,*[3] idest *Novum Testamentum in Veteri,* ut Gregorius exponit.[4]

RESPONDEO dicendum quod aliquid continetur in alio dupliciter. Uno modo, in actu, sicut locatum in loco. Alio modo, virtute, sicut effectus in causa, vel complementum in incompleto, sicut genus continet species potestate, et sicut tota arbor continetur in semine. Et per hunc modum nova lex continetur in veteri, dictum est[5] enim quod nova lex comparatur ad veterem

---

2. Cf. Augustinus, *De serm. Dom. in monte*, I, c.1: PL 34, 1231.
3. Vulgata: "quasi sit rota in medio rotae."
4. Homil. VI in Ezechiel: PL 76, 834.
5. a.1.

2. "이 계명들 가운데에서 가장 작은 것 하나라도 어기는 사람은" 이라는 마태오복음서 5장 [19절]에 대한 표준 주석²은 더 작은 계명들은 율법의 계명들이고 더 큰 계명들은 복음에 담긴 계명들이라고 말한다. 그런데 더 큰 것은 더 작은 것 안에 포함될 수 없다. 그러므로 새 법은 옛 법 안에 포함되어 있지 않다.

3. 어떤 다른 것 안에 포함되어 있는 것은 그것을 포함하고 있는 것과 동시에 있다. 그렇다면 만일 새 법이 옛 법 안에 포함되었더라면, 일단 옛 법이 소유되면 새 법도 그와 더불어 소유된다는 결론이 나올 것이다. 그러므로 일단 사람에게 옛 것이 주어졌기 때문에, 어떤 새 법이 다시 주어진다는 것은, 잉여적일 수밖에 없다. 그러므로 새 법은 옛 법 안에 포함되어 있지 않다.

[재반론] 그러나 반대로, 에제키엘서 1장 [16절]에서는 "바퀴 안에 또 바퀴가 들어 있었다."³고 말하는데, 그레고리우스는 이것이 "옛 계약 안에 들어 있는 새 계약"을 가리킨다고 설명한다.⁴

[답변] 어떤 것이 어떤 다른 것 안에 포함되는 데에는 두 가지 방식이 있다. 첫째는 어떤 것이 어떤 장소에 자리 잡고 있는 것처럼, '현실적으로' 그러하다. 둘째는 어떤 결과가 원인 안에 있거나 완성이 어떤 불완전한 것 안에 있는 것처럼, '가능적으로' 그러하다. 예컨대, 유는 그 종들을 가능적으로 포함하고, 씨앗 안에는 나무 전체가 가능적으로 포함되어 있다. 새 법이 옛 법 안에 포함되는 것은 후자의 방식으로이다. 왜냐하면 위에서⁵ 말한 것처럼, 우리는 새 법과 옛 법의 관계가 어떤 완전한 것과 불완전한 것 사이의 관계와 같다고 말

q.107, a.3

sicut perfectum ad imperfectum. Unde Chrysostomus[6] exponens illud quod habetur Marc. 4, [28], *Ultro terra fructificat primum herbam, deinde spicam, deinde plenum frumentum in spica*, sic dicit: *Primo herbam fructificat in lege naturae; postmodum spicas in lege Moysi; postea plenum frumentum, in Evangelio*. Sic igitur est lex nova in veteri sicut fructus in spica.

AD PRIMUM ergo dicendum quod omnia quae credenda traduntur in novo testamento explicite et aperte, traduntur credenda in veteri testamento, sed implicite sub figura. Et secundum hoc etiam quantum ad credenda lex nova continetur in veteri.

AD SECUNDUM dicendum quod praecepta novae legis dicuntur esse maiora quam praecepta veteris legis, quantum ad explicitam manifestationem. Sed quantum ad ipsam substantiam praeceptorum novi testamenti, omnia continentur in veteri testamento. Unde Augustinus dicit, *Contra Faustum*,[7] quod *pene omnia quae monuit vel praecepit Dominus, ubi adiungebat, 《Ego autem dico vobis》, inveniuntur etiam in illis veteribus libris. Sed quia non intelligebant homicidium nisi peremptionem corporis*

---

6. 해당 구절을 찾을 수 없다. 성 토마스는 『황금 사슬』(*Catena aurea*)에서 마르코복음서의 저 구절에 대해 이렇게 해설하고 있다: "크리소스토무스는(…) 먼저 풀이 자연의 법 안에서 결실을 내는데, 조금씩 결실을 내기 위해 성장하고, 이어서 모세법에 따라 한 묶음씩 모아 주님의 제단에 봉헌할 가시들을 생산하고, 그런 다음 복음 안에서 풍성한 결실들을 낸다. 혹은 우리가 순명을 통해 무성한 잎을 내

했기 때문이다. 크리소스토무스[6]는 "땅이 저절로 열매를 맺게 하는데, 처음에는 줄기가, 다음에는 이삭이 나오고, 그다음에는 이삭에 낟알이 영근다."는 마르코복음서 4장 [28절]을 해석하면서 이렇게 말하고 있다. "먼저 그것은 줄기 곧 자연법을 내고, 그 다음으로는 모세법 안에서 이삭을 내며, 마지막으로는 복음에서 충만한 열매를 낸다." 그렇다면 새 법이 옛 법 안에 있는 것은 바로 이런 방식, 곧 열매가 이삭 안에 있는 방식으로이다.

[해답] 1. 새 계약 안에서 우리의 신앙을 위해 명시적으로 그리고 공개적으로 제시된 모든 것은 옛 계약 안에서 우리의 신앙을 위해서도 제시되는데, 다만 함축적이고 상징적으로 제시될 뿐이다. 그리고 이런 의미에서 새 법은 (신앙을 위해 제시된 것과 관련해서라도) 옛 법 안에 포함되어 있다.

2. 새 법의 계명들은 선포되는 명시성(明視性)의 관점에서 옛 법의 계명들보다 더 크다고 말해진다. 그런데 새 계약의 계명들의 실체의 관점에서는 그것들이 말하는 모든 것이 옛 계약 안에 포함되어 있다. 그래서 아우구스티누스는 『마니교도 파우스투스 반박』[7]에서 이렇게 말한다. "주님께서 '그러나 나는 너희에게 말한다.'라고 덧붙이시며 가르치시거나 명하신 거의 모든 것이 또한 옛 책들 안에서도 발견된다. 하지만 그것들은 살인이 인간 육체를 죽이는 것이라고만 이해했기 때문에, 주님은 이웃을 해치려는 모든 불의한 충동이 살인

야 할 뿐만 아니라 현명하기도 하고, 거의 갈대들로 이삭을 세워 바람에 흔들리는 것쯤은 신경도 쓰지 않게 한다."(Ed. Marietti, p.504a)
7. XIX, cc.23 et 28: PL 42, 361, 366.

humani, aperuit Dominus omnem iniquum motum ad nocendum fratri, in homicidii genere deputari. Et quantum ad huiusmodi manifestationes, praecepta novae legis dicuntur maiora praeceptis veteris legis. Nihil tamen prohibet maius in minori virtute contineri, sicut arbor continetur in semine.

AD TERTIUM dicendum quod illud quod implicite datum est, oportet explicari. Et ideo post veterem legem latam, oportuit etiam novam legem dari.

Articulus 4
Utrum lex nova sit gravior quam vetus

Ad quartum sic proceditur. Videtur quod lex nova sit gravior quam lex vetus.

1. Matth. enim 5, super illud [19], *Qui solverit unum de mandatis his[1] minimis,* dicit Chrysostomus:[2] *Mandata Moysi in actu facilia sunt: Non occides, Non adulterabis. Mandata autem Christi, idest, non irascaris, non concupiscas, in actu difficilia sunt.* Ergo lex nova est gravior quam vetus.

2. Praeterea, facilius est terrena prosperitate uti quam tribulationes perpeti. Sed in veteri testamento observationem

---

1. Vulgata: "istis."

이라는 제목 아래에서 설명되어야 한다는 것을 명료하게 만드신다." 그리고 이런 종류의 명시적 선포와 관련해서는 새 법의 계명들이 옛 법의 계명들보다 더 크다고 말해진다. 그런데 나무가 씨앗 안에 포함되는 것처럼, 더 큰 존재자가 더 작은 존재자 안에 잠재적으로 포함되는 것을 막는 것은 아무것도 없다.

3. 함축적으로 주어진 것은 명시적으로 만들어질 필요가 있다. 그리고 그래서 옛 법의 선포 이후에 아직도 새 법의 필요가 남아 있다.

제4절 새 법이 옛 법보다 더 무거운가?

Parall.: *In Sent.*, III, d.40, q.1, a.4, qc.3; *Quodl.*, IV, q.8, a.2; *In Matth.*, c.11.

[반론] 넷째에 대해서는 다음과 같이 진행된다. 새 법은 옛 법보다 더 무거운 것으로 보인다.

1. "이[1] 계명들 가운데에서 가장 작은 것 하나라도 어기는 자는"이라는 마태오복음서 5장 [19절]에 관해 주해하면서 크리소스토무스[2]는 다음과 같이 말한다. "살인하지 마라, 간통하지 마라는 등의 모세의 명령들은 이행하기가 쉽다. 하지만 화내지 마라, 음욕을 마음속에 품지 마라는 등의 그리스도의 계명들은 이행하기 어렵다." 그러므로 새 법이 옛 법보다 더 부담스럽다.

2. 시련을 겪는 것보다는 지상의 번영을 사용하는 것이 더 쉽다.

---

2. *Opus imperf. in Matth.*, hom. 10(inter supposit Chrysost.): PG 56, 688.

veteris legis consequebatur prosperitas temporalis, ut patet *Deut.* 28, [1-14]. Observatores autem novae legis consequitur multiplex adversitas, prout dicitur II *ad Cor.* 6, [4sqq.]: *Exhibeamus nosmetipsos sicut Dei ministros in multa patientia, in tribulationibus, in necessitatibus, in angustiis,* et cetera. Ergo lex nova est gravior quam lex vetus.

3. Praeterea, quod se habet ex additione ad alterum, videtur esse difficilius. Sed lex nova se habet ex additione ad veterem. Nam lex vetus prohibuit periurium, lex nova etiam iuramentum, lex vetus prohibuit discidium uxoris sine libello repudii, lex autem nova omnino discidium prohibuit, ut patet Matth. 5, [31sqq.], secundum expositionem Augustini.[3] Ergo lex nova est gravior quam vetus.

SED CONTRA est quod dicitur Matth. 11, [28]: *Venite ad me omnes qui laboratis et onerati estis.* Quod exponens Hilarius dicit:[4] *Legis difficultatibus laborantes, et peccatis saeculi oneratos, ad se advocat.* Et postmodum de iugo Evangelii subdit [30]: *Iugum enim meum suave est, et onus meum leve.*[5] Ergo lex nova est levior quam vetus.

---

3. *De serm. Dom. in monte*, I, cc.14 et 17: PL 34, 1248, 1255; *Contra Faustum*, XIX, cc.23, 26: PL 42, 361, 364-365.
4. *In Matth.*, c.11: PL 9, 984A. 힐라리우스(Hilarius de Poitier, c.315-367)는 1851년 교황 비오 9세에 의해 '교회 박사'(Doctor Ecclesiae)로 선포된다. 『마태오복음서 주해』와 『시편 주해』 외에도 그는 아리우스파 이단자들을 논박하는 중요한 『삼위일

그런데 신명기 28장 [1절 이하]에서 명백한 것처럼, 옛 계약에서 옛 법을 준수하는 것의 귀결은 지상의 번영이었다. 그러나 코린토 2서 6장 [4절]에서 말하는 것처럼, 온갖 종류의 역경은 새 법의 추종자들의 운명 위에 떨어진다. "오히려 우리는 모든 면에서 우리 자신을 하느님의 일꾼으로 내세웁니다. 곧 많이 견디어 내고, 환난과 재난과 역경을 겪습니다." 그러므로 새 법이 옛 법보다 더 부담스럽다.

3. 어떤 다른 것에 부가적으로 관계되는 것이 좀 더 어려운 것으로 보인다. 그런데 새 법은 옛 법에 부가적으로 관계된다. 왜냐하면 옛 법은 위증을 금지하는 데 반해, 새 법은 맹세까지도 금하고, 또 옛 법은 이혼 증서가 없이는 아내와의 이혼을 금하는 데 반해 새 법은, 마태오복음서 5장 [31절 이하]를 통해 알게 되듯이, 아우구스티누스의 해석을 따르면,[3] 이혼 자체를 금하기 때문이다. 그러므로 새 법이 옛 법보다 더 무겁다.

[재반론] 그러나 반대로 마태오복음서 11장 [28절]에서는 "고생하며 무거운 짐을 진 너희는 모두 나에게 오너라." 하고 말한다. 힐라리우스[4]는 이것을 다음과 같이 설명한다. "그분은 율법의 어려움들 아래에서 수고하고 세상의 죄들에 의해서 짓눌리는 이들을 당신에게로 부르신다." 그리고 나중에[30절] 계속해서 복음의 멍에에 대해 말한다. "내 멍에는 편하고, 내 짐은 가볍다."[5] 그러므로 새 법이 옛 법보다 더 가볍다.

체론』(De Trinitate)도 집필하였다. 바티스타 몬딘, 『신학사 1』, 조규만 외 옮김, 가톨릭출판사, 2012, 586-600쪽 참조.
5. S. Thomas, In Matth., expos. vers. cit., ed. Marietti, p.163 a b.

RESPONDEO dicendum quod circa opera virtutis, de quibus praecepta legis dantur, duplex difficultas attendi potest. Una quidem ex parte exteriorum operum, quae ex seipsis quandam difficultatem habent et gravitatem. Et quantum ad hoc, lex vetus est multo gravior quam nova, quia ad plures actus exteriores obligabat lex vetus in multiplicibus caeremoniis, quam lex nova, quae praeter praecepta legis naturae, paucissima superaddidit in doctrina Christi et Apostolorum; licet aliqua sint postmodum superaddita ex institutione sanctorum patrum. In quibus etiam Augustinus dicit esse moderationem attendendam, ne conversatio fidelium onerosa reddatur. Dicit enim, *Ad Inquisitiones Ianuarii*,[6] de quibusdam, quod *ipsam religionem nostram, quam in manifestissimis et paucissimis celebrationum sacramentis Dei misericordia voluit esse liberam, servilibus premunt oneribus, adeo ut tolerabilior sit conditio Iudaeorum, qui legalibus sacramentis, non humanis praesumptionibus subiiciuntur.*[7]

---

6. Epist. 55, al. 119, c.19: PL 33, 221.
7. Ep. IV, 19: PL 33, 221. 여기서 성 토마스가 동조하고 있는 아우구스티누스의 마음 따뜻해지는 이 진술은 제2차 바티칸공의회와 연관된 사상들의 운동에 신선한 영감을 불어넣은 것으로 보인다.
성 토마스는 인용된 편지 전반에 걸쳐서, 특정 교회법 학자들이 고안해 낸 실정법의 지나친 규제에 대해 매우 활기찬 방식으로 반응한다. 교회의 어떤 시대에는 어떤 사법적 정신 자세가 개인의 온갖 자율성을 축소하면서 모든 것을 예견하고 규정한다는 순진한 구실을 내세우며 우세를 점한 듯이 보였다. 아우구스티누스는 "하느님의 자녀들의 거룩한 자유"를 위협하는 그런 구상에 동참하지 않는다고 명시적으로 선언한다. 여기서 복음적 법과 교회의 실정법 사이의 관계 문제가 발생한다. 둔스 스코투스(Duns Scotus)는 사태를 좀 더 질료적으로 보아 다음과

[답변] 두 종류의 어려움이, 그것을 향해 법의 계명이 부과되는 덕의 실천과 관련해서 발생할 수 있다. 하나는 그 자체로 특정 어려움과 무게를 지니게 되는 외부적 일들의 어려움이다. 이 점과 관련해서 옛 법은 새 법보다 훨씬 더 부담스럽다. 왜냐하면 옛 법은 (자연법의 계명들 외에 그리스도와 사도들의 가르침 안에 있는 매우 적은 사항들을 덧붙이는) 새 법보다 훨씬 더 많은 외적 일들을 다양한 예식 실천들의 형식으로 부과하기 때문이다. 그러나 새 법에는 후대의 몇몇 추가들이 거룩한 교부들의 가르침에 근거해서 만들어진다. 이것들 안에서조차도 아우구스티누스는 신앙인들의 삶의 길을 무겁게 만들지 않기 위해서는 절도(節度, moderatio)를 실천해야 한다고 말하고 있다. 왜냐하면 '야누아리우스의 심문에 관한' 한 서간[6]에서 그는 어떤 이들에 대해서 이렇게 말하기 때문이다. "그들은 노예적 짐들로 (하느님이 당신의 자비로, 최소한의 명백하고 단순한 성사적 실천들을 통해 자유롭기를 원하신) 우리의 것인 저 종교를 억누른다. 너무도 그러해서 유다인들의 조건이 좀 더 견딜 만한 것처럼 보일지 모른다. 왜냐하면 그것들은 사람들의 자만의 결과들이 아니라 율법의 성사적 실천들에 예속되어 있기 때문이다."[7]

같이 성찰하였다: "그리스도께로 질서 지어져 있는 사법적 계명들의 관점에서 고찰한다면, 복음적 법이 모세법보다 더 가볍다. 왜냐하면 그리스도는 그런 종류의 계명은 전혀 제정하지 않았기 때문이다. 그러나 만일 신앙인들의 지도자들의 관점에서 고찰한다면, 사정은 전혀 다르다. 왜냐하면 그때 사제들과 재판관들은 현재 그리스도교 군주들이 가지고 있는 것과 같은, 법을 (제정)할 권한이 전혀 없기 때문이다. 따라서 이 점에서 그리스도교 법의 무게는, 그리스도 자신에 의해서 제정되었기 때문에, 숫자는 그리 많지 않지만, 그리스도교 백성을 통치할 권한을 가진 이들에 의해 나중에 부가된 것들에 비해 더 무겁다."(*In Sent.*, III, d.40, n.6) Cf. C. Frassen, *Scotus Academicus*, Roma, 1901, t.6, pp.194-195.

q.107, a.4

Alia autem difficultas est circa opera virtutum in interioribus actibus, puta quod aliquis opus virtutis exerceat prompte et delectabiliter. Et circa hoc difficile est virtus, hoc enim non habenti virtutem est valde difficile; sed per virtutem redditur facile.[8] Et quantum ad hoc, praecepta novae legis sunt graviora praeceptis veteris legis, quia in nova lege prohibentur interiores motus animi, qui expresse in veteri lege non prohibebantur in omnibus, etsi in aliquibus prohiberentur; in quibus tamen prohibendis poena non apponebatur. Hoc autem est difficillimum non habenti virtutem, sicut etiam Philosophus dicit, in V *Ethic.*,[9] quod operari ea quae iustus operatur, facile est; sed operari ea eo modo quo iustus operatur, scilicet delectabiliter et prompte, est difficile non habenti iustitiam.[10] Et sic etiam dicitur I Ioan. 5, [3], quod *mandata eius gravia non sunt*: quod exponens Augustinus dicit[11] quod *non sunt gravia amanti, sed non amanti sunt gravia.*[12]

AD PRIMUM ergo dicendum quod auctoritas illa expresse loquitur de difficultate novae legis quantum ad expressam

---

8. 『니코마코스 윤리학』 제1권[c.9, 1099a12; S. Thomas, lect.13, n.155]에서 말하는 것처럼, 유덕한 사람은 덕에 속하는 것들[수단]을 기꺼이 이행한다. Cf. *In Sent.*, III, d.40, a.4, qc.3, ad2.
9. c.13, 1137a5-9; S. Thomas, lect.15, n.1074.
10. "그 작용들의 완성을 위해서는 그것들 안에 자연적 능력들 외에도, (그것들을 통해 거의 본성에 부합하는 방식으로) 쉽고 즐겁게 선을 완전한 방식으로 완수하는 완전성들 또는 습성들이 있어야 한다."(*ScG*, III, c.150, n.3231)

덕 실천에 있어서의 다른 난점은 내적 행위들에 있다. 예컨대 사람은 즉각적으로 그리고 기쁘게 덕스러운 활동을 이행해야 한다. 그리고 덕은 바로 이런 종류의 난점과 관계된다. 왜냐하면 그것은 비록 덕에 의해서 용이해지기는[8] 하지만 덕을 결(缺)하고 있는 누군가에게는 극도로 어려운 문제일 수 있기 때문이다. 그리고 이와 관련해서 새 법의 계명들이 옛 법의 계명들보다 더 부담스럽다. 왜냐하면 새 법 안에서 어떤 내적인 정신적 행위들이 금지되는데, 이것은 옛 법에서는 비록 어떤 경우에는 금지에 따르는 처벌 없이 금지되기는 했지만 그 어떤 경우도 명시적으로 금지되지 않던 것들이기 때문이다. 그런데 철학자가 『니코마코스 윤리학』 제5권[9]에서 말하는 것처럼, 의로운 사람이 행하는 것을 행하는 것은 쉽지만, 의로운 사람이 행하는 것과 같은 방식으로, 곧 기쁘게 그리고 즉각적으로 행하는 것은, 정의의 덕을 갖추지 못한 사람에게는 어렵다.[10] 요한 1서 5장 [3절]에서도 같은 점을 지적하며 "그분의 계명은 힘겹지 않습니다."라고 말하고 있다. 이에 대해 아우구스티누스[11]는 이렇게 해설한다. "그것들은 사랑하는 사람에게는 힘겹지 않지만, 사랑하지 않는 자들에게는 힘겹다."[12]

[해답] 1. 인용된 권위는 명시적으로 정신의 내적 움직임의 억제와

---

11. *De natura et gratia*, c.69: PL 44, 289; *De perf. iust. hom.*, c.10: PL 44, 302. Cf. *De verbis Domini*, l. infra cit.: PL 38, 444.
12. 성 토마스가 아리스토텔레스의 설명을 아우구스티누스의 그리스도교적 사랑 경험과 어떻게 연결시키고 있는지를 보는 것은 신학적으로 매혹적이다. Cf. John M. Rist, "Augustine, Aristotelianism, and Aquinas: Three Varieties of Philosophical Adaptation", in Michael Dauphinais et al.(eds.), *Aquinas the Augustinian*, Washington, Catholic University of America Press, 2007, pp.79-99; Gilles Emery & Matthew Levering(eds.), *Aristotle in Aquinas's Theology*, Oxford, Oxford University Press, 2015.

cohibitionem interiorum motuum.

AD SECUNDUM dicendum quod adversitates quas patiuntur observatores novae legis, non sunt ab ipsa lege impositae. Sed tamen propter amorem, in quo ipsa lex consistit, faciliter tollerantur, quia sicut Augustinus dicit, in libro de *Verbis Domini*,[13] *omnia saeva et immania facilia et prope nulla efficit amor.*

AD TERTIUM dicendum quod illae additiones ad praecepta veteris legis, ad hoc ordinantur ut facilius impleatur quod vetus lex mandabat, sicut Augustinus[14] dicit. Et ideo per hoc non ostenditur quod lex nova sit gravior, sed magis quod sit facilior.

관련된 새 법의 어려움에 관계된다.

2. 새 법을 따르는 이들이 겪는 역경은 법 자체에 의해서 부과되는 것이 아니다. 그렇지만 그것들은 그 법 자체가 성립되는 사랑 때문에 쉽사리 견디어진다. 아우구스티누스가 『주님의 말씀』[13]에서 말하는 것처럼 "사랑은, 힘들고 거친 모든 것을 쉽고 거의 아무것도 아닌 것이 되게 한다."

3. 옛 법의 계명들에 부가된 것들은 아우구스티누스[14]가 말하는 것처럼, 옛 법에 의해 명령된 것을 좀 더 용이하게 만드는 것이다. 그래서 이것이 보여 주는 것은 새 법이 더 힘겹다는 것이 아니라, 그것이 더 용이하다는 것이다.

---

13. Serm. 70, al.9, c.3: PL 38, 444.
14. *De serm. Dom. in monte*, I, cc.17 et 21: PL 34, 1256, 1265; *Contra Faustum*, XIX, cc.23 et 26: PL 42, 362, 365.

QUAESTIO CVIII
DE HIS QUAE CONTINENTUR IN LEGE NOVA
in quatuor articulos divisa

Deinde considerandum est de his quae continentur in lege nova.[1]

Et circa hoc quaeruntur quatuor.

Primo: utrum lex nova debeat aliqua opera exteriora praecipere vel prohibere.

Secundo: utrum sufficienter se habeat in exterioribus actibus praecipiendis vel prohibendis.

Tertio: utrum convenienter instituat homines quantum ad actus interiores.

Quarto: utrum convenienter superaddat consilia praeceptis.

Articulus 1
Utrum lex nova aliquos exteriores actus debeat praecipere vel prohibere

---

1. Cf. q.106, Introd.

제108문
새 법의 내용에 대하여
(전4절)

이제는 새 법에 포함되어 있는 것들에 대해 고찰해야 한다.[1] 여기서는 네 가지 [주제]가 탐구된다.
1. 새 법은 외적 행위들을 명하거나 금해야 하는가?
2. 외적 행위들을 명하거나 금하는 데에서, 이것으로 충분한가?
3. 그것이 사람들에게 내적 행위들과 관련해서 적절한 지침을 주고 있는가?
4. 그것은 계명들에 권고들을 적절히 덧붙이고 있는가?

제1절 새 법은 외적 행위들을 명하거나 금해야 하는가?

Parall.: *Quodl*., IV, q.8, a.2; *In Ep. ad Rom*., c.3, lect.4.

Ad primum sic proceditur. Videtur quod lex nova nullos exteriores actus debeat praecipere vel prohibere.

1. Lex enim nova est Evangelium regni; secundum illud Matth. 24, [14]: *Praedicabitur hoc Evangelium regni in universo orbe.* Sed regnum Dei non consistit in exterioribus actibus, sed solum in interioribus; secundum illud Luc. 17, [21]: *regnum Dei intra vos est*; et *Rom.* 14, [17]: *Non est regnum Dei esca et potus, sed iustitia et pax et gaudium in Spiritu Sancto.* Ergo lex nova non debet praecipere vel prohibere aliquos exteriores actus.

2. Praeterea, lex nova est *lex Spiritus*, ut dicitur *Rom.* 8, [21]. Sed *ubi Spiritus Domini, ibi libertas*, ut dicitur II *ad Cor.* 3, [17]. Non est autem libertas ubi homo obligatur ad aliqua exteriora opera facienda vel vitanda. Ergo lex nova non continet aliqua praecepta vel prohibitiones exteriorum actuum.

3. Praeterea, omnes exteriores actus pertinere intelliguntur ad manum, sicut interiores actus pertinent ad animum. Sed haec ponitur differentia inter novam legem et veterem, quod *vetus lex cohibet manum, sed lex nova cohibet animum.*[1] Ergo in lege nova non debent poni prohibitiones et praecepta exteriorum actuum, sed solum interiorum.

SED CONTRA est quod per legem novam efficiuntur homines *filii lucis*: unde dicitur Ioan. 12, [36]: *Credite in lucem, ut*

---

1. Cf. Magister, *Sent.*, III, dist.40.

[반론] 첫째에 대해서는 다음과 같이 진행된다. 새 법은 어떤 외적 행위들을 명하거나 금해서는 안 되는 것으로 보인다.

1. 새 법은 [하늘]나라의 복음이다. 그런데 마태오복음서 24장 [14절]에 따르면, "이 [하늘]나라의 복음이 온 세상에 선포될 것이다." 그러나 하느님의 나라는 외적 행위들에서 성립되는 것이 아니라 오로지 내적 행위들에서 성립된다. 루카복음서 17장 [21절]에 따르면, "하느님 나라는 너희 가운데 있다." 그리고 로마서 14장 [17절]에 따르면, "하느님의 나라는 먹고 마시는 일이 아니라, 성령 안에서 누리는 의로움과 평화와 기쁨"이다. 그러므로 새 법은 외적 행위들을 명하거나 금해서는 안 된다.

2. 새 법은 로마서 8장 [21절]에서 말하는 것처럼, "성령의 법"이다. 그러나 코린토 2서 3장 [17절]에서 말하는 것처럼, "주님의 영이 계신 곳에는 자유가 있다." 그런데 사람이 외적 행위들을 수행하거나 억제하도록 의무 지워지게 되면 자유가 없다. 그러므로 새 법은 외적 활동들에 관해 계명이나 금지령을 포함하고 있지 않다.

3. 내적 행위들이 정신에 속하는 것처럼, 모든 외적 행위들은 손에 속하는 것으로 생각된다. 그런데 새 법과 옛 법 사이의 차이는 "옛 법은 손을 억제하지만 새 법은 정신을 억제한다."는 데 있다.[1] 그러므로 새 법은 외적인 행위들에 대한 금지나 명령을 포함해서는 안 되고, 내적인 행위들에 대한 것만을 포함해야 한다.

[재반론] 그러나 반대로, 사람들은 새 법에 의해서 "빛의 자녀들"(filii lucis)이 된다. 따라서 요한복음서 12장 [36절]에서는 이렇게 말한다. "빛을 믿어, 그 빛의 자녀가 되어라." 그런데 빛의 자녀들에

filii lucis sitis. Sed filios lucis decet opera lucis facere, et opera tenebrarum abiicere; secundum illud *Ephes.* 5, [8]: *Eratis aliquando tenebrae, nunc autem lux in Domino. Ut filii lucis ambulate*. Ergo lex nova quaedam exteriora opera debuit prohibere, et quaedam praecipere.[2]

RESPONDEO dicendum quod, sicut dictum est,[3] principalitas legis novae est gratia Spiritus Sancti, quae manifestatur in fide per dilectionem operante.[4] Hanc autem gratiam consequuntur homines per Dei filium hominem factum, cuius humanitatem primo replevit gratia, et exinde est ad nos derivata.[5] Unde dicitur Ioan. 1, [14]: *Verbum caro factum est*; et postea subditur, *plenum gratiae et veritatis*; et infra, [16]: *De plenitudine eius nos omnes accepimus, et gratiam pro gratia*. Unde subditur [17] quod *gratia et veritas per Iesum Christum facta est*. Et ideo convenit ut per aliqua exteriora sensibilia gratia a verbo incarnato profluens in nos deducatur; et ex hac interiori gratia, per quam caro spiritui subditur, exteriora quaedam opera sensibilia producantur.

Sic igitur exteriora opera dupliciter ad gratiam pertinere possunt. Uno modo, sicut inducentia aliqualiter ad gratiam. Et talia sunt opera sacramentorum quae in lege nova sunt instituta, sicut Baptismus, Eucharistia, et alia huiusmodi.

---

2. 반론들에서 저자는 트리엔트공의회[1545-1563]에서 장엄하게 단죄받은 루터(Luther)와 칼뱅(Calvin)의 견해들과 논거들을 정확하게 표현하고 있다. Cf. DS 804[=DH 1536-1539], DS 830[=DH 1570], DS 831[=DH 1571].

게는 빛의 행위들을 행하고 어둠의 일들은 배격하는 것이 어울린다. 에페소서 5장 [8절]에 따르면, "여러분은 한때 어둠이었지만, 지금은 주님 안에 있는 빛입니다. 빛의 자녀답게 살아가십시오." 그러므로 새 법은 어떤 외적 행위들은 금하고 다른 행위들은 명해야 한다.[2]

[답변] 위에서[3] 말한 것처럼, 새 법에서 1차적인 것은 사랑을 통해 작용하는 신앙에서 드러나는 성령의 은총이다.[4] 그런데 사람들은 이 은총을 사람이 되어 오신 하느님의 아드님을 통해 획득한다. 은총은 먼저 그분의 인성(人性)을 채우고, 그로부터 우리에게 전해진다.[5] 그래서 요한복음서 1장에서는 이렇게 말하고 있다. "말씀이 사람이 되셨다."[14절] 그리고 계속해서 "은총과 진리가 충만"하다고 말하며,[16절] 나중에 계속해서 "그분의 충만함에서 우리 모두 은총에 은총을 받았다."고 말한다.[17절] 이리하여 육화(肉化)하신 말씀으로부터 흘러넘치는 은총이 지각 가능한 외적인 실재들에 의해서 우리에게 전달되는 것이 어울린다. 그리고 또한 어떤 지각 가능한 외적 행위들이 (이로써 살[육체]이 영에 예속되는) 이 내적 은총으로부터 발생해야 한다.

그렇다면 외적 행위들이 은총의 문제가 되는 데에는 두 가지 방식이 있다는 결론이 나온다. 첫째, 우리를 이런저런 방식으로 은총으로 인도함으로써. 그런데 이런 것은 새 법 안에서 제정된 세례, 성체 등과 같은 성사적 활동들이다.

---

3. q.106, aa.1-2.
4. 갈라 5,6 참조.
5. Cf. III, q.7, a.1; q.8, a.1.

q.108, a.1

Alia vero sunt opera exteriora quae ex instinctu[6] gratiae producuntur. Et in his est quaedam differentia attendenda. Quaedam enim habent necessariam convenientiam vel contrarietatem ad interiorem gratiam, quae in fide per dilectionem operante consistit. Et huiusmodi exteriora opera sunt praecepta vel prohibita in lege nova, sicut praecepta est confessio fidei, et prohibita negatio; dicitur enim Matth. 10, [32sq.]: *Qui confitebitur me coram hominibus, confitebor et ego eum coram patre meo. Qui autem negaverit me coram hominibus, negabo et ego eum coram Patre meo.*—Alia vero sunt opera quae non habent necessariam contrarietatem vel convenientiam ad fidem per dilectionem operantem. Et talia opera non sunt in nova lege praecepta vel prohibita ex ipsa prima legis institutione; sed relicta sunt a legislatore, scilicet Christo, unicuique, secundum quod aliquis curam gerere debet. Et sic unicuique liberum est circa talia determinare quid sibi expediat facere vel vitare; et cuicumque praesidenti, circa talia ordinare suis subditis quid sit in talibus faciendum vel vitandum. Unde etiam quantum ad hoc dicitur lex Evangelii *lex libertatis*,[7] nam lex vetus multa determinabat, et pauca relinquebat hominum libertati determinanda.[8]

---

6. 여기서 '내적 충동'이라고 번역된 용어는 'instinctus'로서, 비록 어디에서도 상세히 설명되지 않지만, 성 토마스의 주요 용어 가운데 하나이다. 이것은 그의 사상 안에서 (결코 생물학적 의미만이 아닌) 인간 활동의 개념 이전의 의미를 지니고 있는 것으로 보인다. Cf. M. Seckler, *Instinkt und Glaubenswille*, 1961; (그리고 이 책

제108문 제1절

그러나 둘째로, 은총의 내적 충동[6]에 의해서 발생하는 외적인 행위들이 있다. 우리는 이 행위들 사이의 특정 차이에 주목해야 한다. 어떤 것들은 필연적으로 사랑을 통해 작용하는 신앙에서 성립되는 내적 은총과 일치하거나 그것에 반대된다. 그리고 이런 종류의 외적 행위들은 새 법에서 명령되거나 금지된다. 예컨대, 신앙고백은 명령되고, 그 부정은 금지된다. 마태오복음서 10장 [32절 이하]에서는 이렇게 말하기 때문이다. "그러므로 누구든지 사람들 앞에서 나를 안다고 증언하면, 나도 하늘에 계신 내 아버지 앞에서 그를 안다고 증언할 것이다. 그러나 누구든지 사람들 앞에서 나를 모른다고 하면, 나도 하늘에 계신 내 아버지 앞에서 그를 모른다고 할 것이다." — 그러나 사랑을 통해 작용하는 신앙에 필연적으로 일치되거나 반대되는 것이 아닌 다른 행위들이 있다. 이런 종류의 행위들은 새 법에서 1차적인 형식으로 명해지거나 금지되지 않는다. 그러나 그것들은 법 제정자이신 그리스도에 의해서, 개개인에게, 다른 이들을 위한 그의 책무에 따르는 것으로 남겨진다. 그리고 그래서 각 개인은 이런 종류의 행위들과 관련해서 그가 무엇을 하고 무엇을 피해야 최선인지를 결정하는 데 자유롭다. 그리고 권한을 가진 각 사람은 자신의 수하들이 무엇을 행해야 하고 무엇을 피해야 할지를 지정하는 데에서 자유롭다. 그래서 이와 관련해서조차도 복음의 법은 '자유의 법'이라고 불린다.[7] 왜냐하면 옛 법은 많은 것을 지시하고 인간 자유가 결정할 것은 조금밖에 남겨 두지 않기 때문이다.[8]

에 대한 확대된 서평인) E. Schillebeeckx, Op, "Concept of Truth and Theological Renewal", *Theological Soundings*, I/2, 1968, pp.30-75.
7. Cf. ad2.
8. 프란체스코 데 비토리아(+1546)는 성 토마스의 텍스트에 대해 다음과 같이 주

q.108, a.1

AD PRIMUM ergo dicendum quod regnum Dei in interioribus actibus principaliter consistit, sed ex consequenti etiam ad regnum Dei pertinent omnia illa sine quibus interiores actus esse non possunt. Sicut si regnum Dei est interior iustitia et pax et gaudium spirituale, necesse est quod omnes exteriores actus qui repugnant iustitiae aut paci aut gaudio spirituali, repugnent regno Dei, et ideo sunt in Evangelio regni prohibendi. Illa vero quae indifferenter se habent respectu horum, puta comedere hos vel illos cibos, in his non est regnum Dei, unde Apostolus praemittit: *Non est regnum Dei esca et potus.*[9]

AD SECUNDUM dicendum quod, secundum Philosophum, in I *Metaphys.*,[10] *liber est qui sui causa est.* Ille ergo libere aliquid agit qui ex seipso agit. Quod autem homo agit ex habitu suae naturae convenienti, ex seipso agit, quia habitus inclinat in

---

해한다: "이 절로부터 구원을 위해 불가결한 것들이 아닌 것들은 신법(神法)이 아니라는 점이 부각된다. 여기서 흔히, 그리스도의 법이 자유의 법이므로, 자연법의 계명들, 신앙에 관한 계명들, 성사 관련 계명들 이외에 다른 것을 포함하지 않는다는 것이 참된지 여부에 대해 공방을 벌인다. 나는 이 명제를 주장하는 것을 보았는데, 그것을 논박하는 것이 쉽지 않다. 그것에 반대해서 단 하나의 반론이 제시된다: 자연법인 것으로는 보이지 않는 형제적 충고에서 따라야 하는 단계들. 그러므로 복음적 법에는 자연법의 계명들, 신앙 및 성사 관련 계명들에는 이질적인 계명이 있다고 마무리하곤 하였다. 그러나 저 계명 속에는 많은 것들이 포함되어 있고, 형제적 충고의 과정 전체가, 파문을 제외한다면, 자연법에 속한다."(Francesco de Vittoria, *Commentarios a la Secunda Secundae de S. T.*, t.6, Salamanca, 1952, p.493)

9. "여기서 하느님 나라는 하느님이 우리 안에서 다스리시고, 그것을 통해 우리가 그분의 나라에 도달하게 되는 것이라고 말해진다. (…) 그리고 우리는 지성과 내적인 정서를 통해 하느님께 도달하고 복종한다. (…) 그리고 이로부터 하느님 나

제108문 제1절

[해답] 1. 하느님의 나라는 1차적으로 내적 행위들에서 성립된다. 그러나 2차적으로는 이 내적 행위들을 위해 요구되는 모든 것도 또한 하느님의 나라에 연관되게 된다. 예컨대 만일 하느님의 나라가 내적인 정의와 평화와 영적 기쁨이라면, 정의나 평화나 영적 기쁨에 반대되는 모든 외적 행위들은 하느님의 나라에 반대된다는 결론이 필연적으로 따른다. 따라서 그것들은 그 나라의 복음에서 금지되어야 하는 것이다. 그런데 만일 이 내적 실재들과 관련해서 이런 음식을 먹거나 저런 음식을 먹는 것과 같이 전혀 무관한 어떤 것을 고찰하고 있다면, 하느님의 나라는 거기에 있지 않다. 그래서 사도는 "하느님 나라는 먹고 마시는 일이 아닙니다."(로마 14,17)라고 말하는 것이다.[9]

2. 철학자가 『형이상학』 제1권[10]에서 말하는 것처럼, "자유로운 사람이란 스스로 자기 자신의 원인인 사람이다." 그래서 어떤 것을 자유롭게 행하는 사람은 스스로 행동하는 사람이다. 그런데 사람이 자기 자신의 본성과 일치되는 습성에 의해서 행동하는 것은 스스로 행동하는 것이다. 왜냐하면 습성은 본성의 방식으로 기울기 때문이다. 그런데 만일 습성이 본성에 반대된다면, 그 사람은 자기 자신인

라는 1차적으로 인간의 외적인 모습이 아니라, 내면성에 따라 고찰된다는 결론이 나온다. (…) 한편 육체에 속하는 외적인 것들은 그것들을 통해 내적 정서가 질서 지어지는 한에서, 하느님 나라를 본질적으로 구성하는 것에 따라, 하느님 나라의 일부를 이룬다."(S. Thomas, In Ep. ad Rom., c.14, lect.2, n.1127)

10. c.2, 82b26-28; S. Thomas, lect.3, nn.58-59. 아리스토텔레스 안에서 이 언급은 과학적 지식의 다양한 종류에 관한 논의 과정에서 거의 하나의 여담처럼 기각된다. 그리고 그 텍스트 안에서 그것은 '자신을 위해 존재하는 사람이 자유인'이라는 의미를 지니고 있다. 성 토마스는 그 구절에 존재론적 의미를 부여하고, 본성을 완성하는 은총에 의해서 인간의 자율성이 어떻게 보존되고 참으로 확장되는지를 보여 준다.

modum naturae. Si vero habitus esset naturae repugnans, homo non ageret secundum quod est ipse, sed secundum aliquam corruptionem sibi supervenientem. Quia igitur gratia Spiritus Sancti est sicut interior habitus nobis infusus inclinans nos ad recte operandum, facit nos libere operari ea quae conveniunt gratiae, et vitare ea quae gratiae repugnant.[11]

Sic igitur lex nova dicitur lex libertatis dupliciter. Uno modo, quia non arctat nos ad facienda vel vitanda aliqua, nisi quae de se sunt vel necessaria vel repugnantia saluti, quae cadunt sub praecepto vel prohibitione legis. Secundo, quia huiusmodi etiam praecepta vel prohibitiones facit nos libere implere, inquantum ex interiori instinctu gratiae ea implemus. Et propter haec duo lex nova dicitur *lex perfectae libertatis*, Iac. 1, [25].[12]

AD TERTIUM dicendum quod lex nova, cohibendo animum ab inordinatis motibus, oportet quod etiam cohibeat manum ab inordinatis actibus, qui sunt effectus interiorum motuum.

---

11. "그런데 이것을 성령께서 이루신다. 성령께서는 어떤 선한 태세를 통해 정신을 내적으로 완성하신다. 곧 사랑을 통해 마치 신법(神法)이 정신을 질서 짓는 것처럼 그것이 사랑을 통해 악으로부터 지켜지도록 내적으로 정신을 완성하신다. 그래서 이 사람이 자유롭다는 것은 신법에 예속되지 않았기 때문이 아니라, 어떤 선한 태세에 의해서 신법이 명하는 선을 이행하는 데에로 기울기 때문이다."(S. Thomas, *In Ep. II ad Cor*, c.3, lect.3, n.112)
12. "이 텍스트에서 우리는 무엇보다 먼저 새 법과, (성령으로부터 받았지만 그 본성상 우리 존재의 의미를 향해 기우는) 한 습성의 동일시를 본다. 새 법은 그리스도인의 인격과 실재적으로 한 몸을 이루고, 그는 자발적으로 하느님에 따라 행동한다. 행위의 구체적인 차원에서 이것은 무엇보다도, 계명에 속한 것이 아닌

것에 따라서 행동하는 것이 아니라, 자신에게 덮친 어떤 타락에 따라 행동한 것이리라. 따라서 성령의 은총은 우리에게 주입된, 우리를 올바르게 행동하도록 기울이는 일종의 내적 습성이기 때문에, 그것은 우리로 하여금 은총과 일치되는 것을 자유롭게 따르고 그것에 반대되는 것을 피하도록 만든다.[11]

그렇다면 새 법은 두 가지 의미에서 자유의 법이라고 불린다. 첫째, 그것은 우리로 하여금 그 자체로 (법의 계명이나 금령에 드는) 구원에 필요하거나 반대되는 것을 빼고는 그 어떤 것도 우리가 행하거나 피하도록 강요하지 않기 때문이다. 둘째, 그런 계명이나 금령조차도, 우리가 그것들을 은총의 내적 충동에 의해서 성취하는 한, 그것을 자유로이 성취하도록 만들기 때문이다. 야고보서 1장 [25절]에 따르면, 이 두 가지 이유 때문에 새 법은 "완전한 자유의 법"이라고 불린다.[12]

3. 정신의 무질서한 움직임들을 억제함으로써 새 법은 또한 내적 움직임들의 결과들인 손의 무질서한 행위들도 억제해야 한다.

모든 것을 통해 하나의 커다란 자유로 번역된다. 성 토마스의 텍스트는 그것을 두 가지 보완적 방식으로 이해하도록 초대하고 있다. 한편, 새 법은 모세법에 특징적인 다양한 실천을 알지 못한다. 각자는 많은 면에서, [성]령의 내면적 영감에 의해서 조명된 이성에 따라 규제되는 데 있어 자유롭다. 다른 한편, 새 법은, 곧 보겠지만, 탁월하게 권고들(consilii)의 자리다. 이 제108문의 마지막 절은 그 절정으로서, 저자의 심층적 확신은, 권고된 길의 수용이 성령의 필연적이지 않은 움직임 아래에서 결단을 내리는 인간 자유의 최종 결실이라는 것이다."(Gui Lafont, *Structures et methode dans la Somme Theologique de Saint Thomas d'Aquin*, Bruges, 1961, p.245)

Articulus 2
Utrum lex nova sufficienter exteriores actus ordinaverit[1]

Ad secundum sic proceditur. Videtur quod lex nova insufficienter exteriores actus ordinaverit.

1. Ad legem enim novam praecipue pertinere videtur fides per dilectionem operans; secundum illud *ad Gal.* 5, [6]: *In Christo Iesu neque circumcisio aliquid valet neque praeputium, sed fides quae per dilectionem*[2] *operatur.* Sed lex nova explicavit quaedam credenda quae non erant in veteri lege explicita, sicut de fide Trinitatis. Ergo etiam debuit superaddere aliqua exteriora opera moralia, quae non erant in veteri lege determinata.

2. Praeterea, in veteri lege non solum instituta sunt sacramenta, sed etiam aliqua sacra, ut supra[3] dictum est. Sed in nova lege, etsi sint instituta aliqua sacramenta, nulla tamen sacra instituta a Domino videntur, puta quae pertineant vel ad sanctificationem alicuius templi aut vasorum, vel etiam ad aliquam solemnitatem celebrandam. Ergo lex nova insufficienter exteriora ordinavit.

3. Praeterea, in veteri lege, sicut erant quaedam observantiae

---

1. 이 절은 '완전한 자유의 법'에 관한 개진을, 어떤 사람들은 놀랄 수도 있는 방식으로 계속한다. 이것은 마치 성 토마스가 '그리스도교 윤리학은 질료적으로 자연적 윤리학과 다른가?'라는 현대적 문제에 결정적인 '아니요!'라고 대답하는 것과 같다. 그리스도교 윤리학에 본질적으로 새로운 것은 참사랑(성령의 영향 아래 있는 사랑의 자발적 창조성)에 의해서 활성화된 인간 자유에 허용된 자발성이다. 그렇지만 그가 (공동선 문제에 있어서 참사랑의 요구들을 종별화할 필요가 있는 곳에서) 권한을 가지고 있는 이들의 자발성에 특별한 역할을 돌리고 있다는

제2절 새 법은 외적 행위들을 충분하게 질서 지었는가?[1]

[반론] 둘째에 대해서는 다음과 같이 진행된다. 새 법은 외적 행위들을 충분히 규제한 것으로 보이지 않는다.

1. 사랑을 통해 작용하는 신앙이 새 법에 두드러지게 속하는 것으로 보이기 때문이다. 갈라티아서 5장 [6절]에 따르면, "그리스도 예수님 안에서는 할례를 받았느냐 받지 않았느냐는 중요하지 않습니다. 사랑[2]을 통해 작용하는 신앙만이 중요할 따름입니다." 그런데 새 법은 삼위일체에 대한 신앙과 같이 옛 법에서는 명시적이지 않던 신앙의 특정 문제들을 명시적인 형식으로 드러냈다. 그러므로 그것은 또한 옛 법에서는 부과되지 않던 어떤 더 이상의 외적인 도덕적 행위들도 제공해야 한다.

2. 옛 법에서는 비단 성사들뿐만 아니라, 위에서[3] 말한 것처럼, 거룩한 특정 예식들도 설정되었다. 그런데 새 법에서는, 비록 성사들은 설정되었지만, 성전이나 집기들의 축성(祝聖)이나 축제 예식들의 거행과 같은 그 어떤 거룩한 예식도 주님에 의해서 설정되지 않은 것으로 보인다. 그러므로 새 법은 외적인 것들을 충분하게 규제한 것이 아니다.

3. 옛 법에서는 하느님의 봉직자들이 준수해야 할 특정 실천들이

점에 주목해야 한다. 서로 다른 사회적, 정치적, 그리고 교회적 조건 아래에서 이 자발성은 그 자체로 활기찬 논의에 의해 도달되고 권한으로 재가되는 공동 동의에 의해서 형성될 것이다. 어쨌든 그는 단순히 개인주의적인 자유를 가르치는 것이 아니다.

2. Vulgata: "caritatem."
3. q.101. a.4; q.102, a.4.

pertinentes ad Dei ministros, ita etiam erant quaedam observantiae pertinentes ad populum; ut supra[4] dictum est, cum de caeremonialibus veteris legis ageretur. Sed in nova lege videntur aliquae observantiae esse datae ministris Dei, ut patet Matth. 10, [9]: *Nolite possidere aurum neque argentum, neque pecuniam in zonis vestris*, et cetera quae ibi sequuntur, et quae dicuntur Luc. 9 et 10. Ergo etiam debuerunt aliquae observantiae institui in nova lege ad populum fidelem pertinentes.

4. Praeterea, in veteri lege, praeter moralia et caeremonialia, fuerunt quaedam iudicialia praecepta. Sed in lege nova non traduntur aliqua iudicialia praecepta. Ergo lex nova insufficienter exteriora opera ordinavit.

SED CONTRA est quod Dominus dicit, Matth. 7, [24]: *Omnis qui audit verba mea haec et facit ea, assimilabitur viro sapienti qui aedificavit domum suam supra petram*. Sed sapiens aedificator nihil omittit eorum quae sunt necessaria ad aedificium. Ergo in verbis Christi sufficienter sunt omnia posita quae pertinent ad salutem humanam.

RESPONDEO dicendum quod, sicut dictum est,[5] lex nova in exterioribus illa solum praecipere debuit vel prohibere, per quae in gratiam introducimur, vel quae pertinent ad rectum

---

4. q.101, a.4; q.102, a.6.

있었던 것과 마찬가지로, 위에서[4] 말한 것처럼, 또한 백성들이 준수해야 할 (옛 법의 예식적 계명들을 논할 때에 언급한 것과 같은) 특정 실천들도 있다. 그런데 마태오복음서 10장 [9절]에서 알 수 있듯이, 새 법에서는 특정 실천들이 하느님의 봉직자들이 준수해야 하는 것으로 부과되는 것으로 보인다. "전대에 금도 은도 구리 돈도 지니지 마라." 또한 루카복음서 9장과 10장의 가르침도 있다. 그러므로 새 법에서는 신앙인들이 준수해야 할 어떤 실천들이 부과되었어야 하는 것이 틀림없다.

4. 옛 법에는 도덕적이고 예식적인 계명들뿐만 아니라, 사법적 계명들도 있었다. 그런데 새 법에서는 어떠한 사법적 계명도 제공되지 않는다. 그러므로 새 법은 외적 행위들을 충분하게 규제한 것이 아니다.

[재반론] 그러나 반대로, 마태오복음서 7장 [24절]에서 주님은 이렇게 말한다. "그러므로 나의 이 말을 듣고 실행하는 이는 모두 자기 집을 반석 위에 지은 슬기로운 사람과 같을 것이다." 그런데 현명한 건축가는 건물에 필요한 것을 하나도 놓치지 않는다. 그러므로 그리스도의 말씀들 안에서 우리는 인간의 구원에 속하는 모든 것이 충분히 정해져 있음을 발견한다.

[답변] 위에서[5] 말한 것처럼, 새 법은 외적인 것들 안에서 오로지 우리가 은총으로 이끌리게 된 수단이 되는 것들이나 혹은 필연적으로 은총의 올바른 사용과 관계되는 것들만을 명하거나 금지할 뿐이

---

5. a.1.

gratiae usum ex necessitate. Et quia gratiam ex nobis consequi non possumus, sed per Christum solum, ideo sacramenta, per quae gratiam consequimur, ipse Dominus instituit per seipsum:[6]scilicet baptismum,[7] eucharistiam,[8] ordinem ministrorum novae legis, instituendo Apostolos et septuaginta duos discipulos, et poenitentiam,[9] et matrimonium indivisibile. Confirmationem etiam promisit per Spiritus Sancti missionem. Ex eius etiam institutione Apostoli leguntur oleo infirmos ungendo sanasse, ut habetur Marc. 6, [13].[10] Quae sunt novae legis sacramenta.

Rectus autem gratiae usus est per opera caritatis. Quae quidem secundum quod sunt de necessitate virtutis, pertinent ad praecepta moralia, quae etiam in veteri lege tradebantur. Unde quantum ad hoc, lex nova super veterem addere non debuit circa exteriora agenda.—Determinatio autem praedictorum operum in ordine ad cultum Dei, pertinet ad praecepta caeremonialia legis; in ordine vero ad proximum, ad iudicialia; ut supra[11] dictum est. Et ideo, quia istae determinationes non sunt secundum se de necessitate interioris gratiae, in qua lex consistit; idcirco non cadunt sub praecepto novae legis, sed relinquuntur humano arbitrio; quaedam quidem quantum ad subditos, quae scilicet pertinent singillatim ad unumquemque; quaedam vero ad praelatos temporales vel spirituales, quae scilicet pertinent ad utilitatem communem.

다. 그리고 우리는 은총을 우리 스스로 얻지 못하고 오직 그리스도를 통해서만 얻을 수 있기 때문에, 주님 자신이 당신 자신의 행위로 (그로써 우리가 은총을 얻게 되는) 성사들을 제정하셨다.[6] 세례(洗禮),[7] 성체(聖體),[8] (사도들과 72제자를 임명함으로써) 새 법의 봉직자들의 성품(聖品), 속죄(贖罪),[9] 불가 해소적 혼배(婚配)가 그것들이다. 그는 성령을 파견함으로써 견진(堅振)도 약속하였다. 그리고 마르코복음서 6장 [13절]에서 볼 수 있는 것처럼,[10] 사도들이 병자(病者)들에게 기름을 바름으로써 치유한 것 역시 그가 제정한 것이었다. 이것들이 새 법의 성사(聖事)들이다.

그런데 은총은 참사랑의 행업들을 통해서 올바르게 사용된다. 이 행위들은 덕스러운 행위의 필수 부분인 한에서 옛 법에서도 제공되었던 도덕적 계명들에 속한다. 그래서 이 점에서 새 법은 외부적 행위들 문제에 있어서 옛 법에 어떤 것을 덧붙여야 하는 것은 없었다. ― 그런데 위에서도[11] 말한 것처럼, 위에서 말한 행업들의 태도를 하느님 경배에 입각해서 규정하는 것은 율법의 예식적 계명들에 속하고, 우리 이웃에 대한 그들의 태도는 사법적 계명들에 속한다. 그래서 이 규정들이 스스로 율법이 그 안에서 성립되는 내적 은총의 필수 부분을 형성하는 것이 아니기 때문에, 그들은 새 법의 계명에 속하는 것이 아니라, 인간의 재량에 맡겨져 있다. 개인에게 관련된 문제들은 종속자들에게 속하고, 공동의 유익에 관련된 것들은 현세적

---

6. Cf. III, q.64, a.2.
7. Cf. III, q.66, a.2.
8. Cf. III, q.73, a.5.
9. Cf. III, q.84, a.7.
10. Cf. Sup, q.29, a.3.
11. q.99, a.4.

Sic igitur lex nova nulla alia exteriora opera determinare debuit praecipiendo vel prohibendo, nisi sacramenta, et moralia praecepta quae de se pertinent ad rationem virtutis, puta non esse occidendum, non esse furandum, et alia huiusmodi.

AD PRIMUM ergo dicendum quod ea quae sunt fidei, sunt supra rationem humanam:[12] unde in ea non possumus pervenire nisi per gratiam.[13] Et ideo, abundantiori gratia superveniente, oportuit plura credenda explicari.[14] Sed ad opera virtutum dirigimur per rationem naturalem, quae est regula quaedam operationis humanae, ut supra[15] dictum est. Et ideo in his non oportuit aliqua praecepta dari ultra moralia legis praecepta, quae sunt de dictamine rationis.

AD SECUNDUM dicendum quod in sacramentis novae legis datur gratia,[16] quae non est nisi a Christo, et ideo oportuit quod ab ipso institutionem haberent. Sed in sacris non datur aliqua gratia, puta in consecratione templi vel altaris vel aliorum huiusmodi, aut etiam in ipsa celebritate solemnitatum. Et ideo talia, quia secundum seipsa non pertinent ad necessitatem interioris gratiae, Dominus fidelibus instituenda reliquit pro suo arbitrio.

AD TERTIUM dicendum quod illa praecepta Dominus dedit Apostolis non tanquam caeremoniales observantias, sed

---

12. Cf. q.72, a.4; III, q.39, a.5; q.43, a.1.
13. Cf. II-II, q.6, a.1.

또는 영적인 권위를 지닌 이들에게 속한다.

이리하여 새 법은 성사들이나 (살인이나 절도와 같은 것들의 금지와 같이 그 자체 형상적으로 덕스러운 활동 안에 함축되어 있는) 저 도덕적 계명들과는 별도로 계명이나 금지의 방식으로 그 어떤 외부적 행위도 명할 필요가 없었다.

[해답] 1. 신앙의 문제들은 인간적 이성을 초월하고,[12] 그래서 우리는 오직 은총에 의해서만 그것들에 이를 수 있을 뿐이다.[13] 그래서 더 풍부한 은총이 주어졌을 때에는 믿을 것들이 더 많이 드러나게 되는 것이 적절했다.[14] 그런데 우리의 덕스러운 활동들 안에서 우리는, 위에서[15] 말한 것처럼, 인간의 작용에 대한 일종의 척도인 자연적 이성에 의해서 지도된다. 그래서 이 영역에서는 이성에 의해서 명령되는 도덕적 법의 계명들 이외에 계명이 제공될 필요가 없었다.

2. 새 법의 성사들에서는 은총이 주어지는데,[16] 이것은 오직 그리스도로부터만 온다. 그래서 그것들이 그리스도에 의해서 제정될 필요가 있었다. 그런데 거룩한 예절들, 예컨대, 성전이나 제단과 같은 것의 축성이나, 또는 심지어 장엄한 예식 행위들의 거행에서조차도 은총이 주어지지 않는다. 그래서 주님은 스스로 (필연적으로 내면적 은총에 속하지 않는) 이런 종류의 문제들을 결정하는 일을 신앙인들에게 남겨 두었다.

3. 주님은 저 계명들을 사도들에게 예식적 준수로 준 것이 아니라, 도덕적 생활 규칙으로 주셨다. 그것들은 두 가지 방식으로 이해될

---

14. Cf. II-II, q.1, a.7; q.2, a.7.
15. q.19, 3; q.63, a.2.
16. Cf. q.112, a.1, ad2.

q.108, a.2

tanquam moralia instituta. Et possunt intelligi dupliciter. Uno modo, secundum Augustinum, in libro *de Consensu Evangelist.*,[17] ut non sint praecepta, sed concessiones. Concessit enim eis ut possent pergere ad praedicationis officium sine pera et baculo et aliis huiusmodi, tanquam habentes potestatem necessaria vitae accipiendi ab illis quibus praedicabant, unde subdit: *Dignus enim est operarius cibo suo.* Non autem peccat, sed supererogat, qui sua portat, ex quibus vivat in praedicationis officio, non accipiens sumptum ab his quibus Evangelium praedicat, sicut Paulus fecit.[18]

Alio modo possunt intelligi, secundum aliorum Sanctorum[19] expositionem, ut sint quaedam statuta temporalia Apostolis data pro illo tempore quo mittebantur ad praedicandum in Iudaea ante Christi passionem. Indigebant enim discipuli, quasi adhuc parvuli sub Christi cura existentes, accipere aliqua specialia instituta a Christo, sicut et quilibet subditi a suis praelatis, et praecipue quia erant paulatim exercitandi ut temporalium sollicitudinem abdicarent, per quod reddebantur idonei ad hoc quod Evangelium per universum orbem praedicarent. Nec est mirum si, adhuc durante statu veteris legis, et nondum perfectam libertatem spiritus consecutis, quosdam determinatos modos vivendi instituit. Quae quidem statuta, imminente passione, removit, tanquam discipulis iam per ea sufficienter exercitatis.

---

17. c.30: PL 34, 1114.

수 있다. 한 가지 의미로, 아우구스티누스의 『복음사가들의 일치』[17]에 따르면, 그것들은 계명들이 아니라 허가로 이해될 수 있다. 왜냐하면 주님은 그들에게 전대나 지팡이와 같은 것들을 지니지 않은 채, 그들이 설교하는 대상들로부터 생필품을 받을 권한을 받아서 설교하러 나가도록 허용하셨기 때문이다. 그렇기 때문에 그는 이렇게 덧붙인다. "일꾼이 자기 먹을 것을 받는 것은 당연하다."[마태 10,10; 루카 10,7] 어떤 사람이 설교에 가담하면서 자신이 설교하는 이들로부터 부양을 받지 않은 채 자신의 생계 수단을 지니고 다니는 것은 죄가 아니라, 의무 이상의 선행이 되는 행위이다. 바로 이것이 사도 바오로가 행한 것이다.[18]

계명들은 둘째 의미로, [곧] 그리스도의 수난 전에 유다 지방으로 설교하도록 보내졌던 사도들에게 주어졌던 일시적 명령처럼, 다른 성인들의 해석에 따라[19] 이해될 수도 있다. 아직 그리스도의 보호 아래 있는 아이들처럼 제자들은 특별한 생활 규칙들을 그리스도로부터 받을 필요가 있었다. 이는 마치 상급자로부터 권한을 받아야 하는 이들과 같았다. 특히 그들은 점차 현세적인 것들에 대한 염려를 포기하는 훈련을 받아야 했고, 그래서 온 세상에 두루 복음을 선포하는 데 적합해져야 했기 때문이다. 그리스도가 아직 완전한 영의 자유에 이르지 못하고 있고 옛 법이 아직 강요되고 있는 이들을 위해 고정된 생활 형식을 설정해야 했던 것은 놀랍지 않다. 그의 수난 직전에 그는 마치 제자들이 이제는 그것들을 통해 충분히 훈련된 것처

---

18. 1코린 9,4 이하.
19. Ut Chrysostomus, Hom.2 in Rom. 16, 3: PG 51, 199; Beda, *In Luc.*, VI, super 22, 35: PL 92, 601. Cf. S. Thomas, *Catena aurea, In Matth.*, 10, 9: *In Luc.*, 22,35: 여기서 우리는 다른 성인들의 권위 있는 말을 듣게 된다.

Unde Luc. 22, [35sq.] dixit: *Quando misi vos sine sacculo et pera et calceamentis, numquid aliquid defuit vobis? At illi dixerunt, nihil. Dixit ergo eis, sed nunc qui habet sacculum, tollat; similiter et peram.* Iam enim imminebat tempus perfectae libertatis, ut totaliter suo dimitterentur arbitrio in his quae secundum se non pertinent ad necessitatem virtutis.

AD QUARTUM dicendum quod iudicialia etiam, secundum se considerata, non sunt de necessitate virtutis quantum ad talem determinationem sed solum quantum ad communem rationem iustitiae. Et ideo iudicialia praecepta reliquit Dominus disponenda his qui curam aliorum erant habituri vel spiritualem vel temporalem. Sed circa iudicialia praecepta veteris legis quaedam explanavit, propter malum intellectum Pharisaeorum, ut infra[20] dicetur.

Articulus 3
Utrum lex nova hominem circa interiores actus sufficienter ordinaverit[1]

Ad tertium sic proceditur. Videtur quod circa interiores actus[2] lex nova insufficienter hominem ordinaverit.

---
20. infra a.3, ad2.

1. 이 절은, 재반론에 인용된 아우구스티누스의 작품 『주님의 산상설교』(*De Sermone*

럼, 이 명령들을 거둔다. 이리하여 루카복음서 22장 [35절 이하]에서 그는 이렇게 말한다. "'내가 너희를 돈주머니도 여행 보따리도 신발도 없이 보냈을 때, 너희에게 부족한 것이 있었느냐?' 그들이 '아무것도 없었습니다.' 하고 대답하자, 예수께서 그들에게 이르셨다. '그러나 이제는 돈주머니가 있는 사람은 그것을 챙기고, 여행 보따리도 그렇게 하여라.'" 지금은 완전한 자유의 시간이 임박해 있었고, 그 안에서 그들은 그 자체로는 반드시 덕에 속하는 것은 아닌 문제들에 대해 온전히 자기 자신의 결단을 내려야 했던 것이다.

4. 사법적 계명들도, 그 자체로만 보면, 어떤 특정 규정과 관련해서 반드시 덕에 속하는 것이 아니라, 다만 일반적인 정의의 요구들과 관련해서만 덕에 속한다. 그래서 주님은 사법적 계명들을 다른 이들에 대한 영적이거나 현세적인 돌봄을 행해야 하는 이들의 준비에 맡겼다. 그러나 바리사이들의 악의적 해석들 때문에, 그는 아래에서[20] 말할 것처럼 옛 법의 사법적 계명들에 대한 어떤 설명들을 하였다.

제3절 새 법은 인간을 내적 행위들과 관련하여 충분하게 질서 지었는가?[1]

[반론] 셋째에 대해서는 다음과 같이 진행된다. 새 법은 내적 행위들[2]과 관련해서 충분하게 질서 짓지 못한 것으로 보인다.

Domini in Monte)에서 영감을 얻는, 복음적 텍스트에 관한 스콜라학의 전형적인 명상이다. 그 소재와 구조의 유사성 때문에 이 절을 제2부 제2편 제122문과 대조해 볼 것을 권하고 싶다.
2. 성 토마스가 '내면성'에 관한 다소 복잡한 관념을 가지고 있다는 점에 주목해야

q.108, a.3

1. Sunt enim decem praecepta Decalogi ordinantia hominem ad Deum et proximum. Sed Dominus solum circa tria illorum aliquid adimplevit, scilicet circa prohibitionem homicidii, et circa prohibitionem adulterii, et circa prohibitionem periurii. Ergo videtur quod insufficienter hominem ordinaverit, adimpletionem aliorum praeceptorum praetermittens.

2. Praeterea, Dominus nihil ordinavit in Evangelio de iudicialibus praeceptis nisi circa repudium uxoris, et circa poenam talionis, et circa persecutionem inimicorum. Sed multa sunt alia iudicialia praecepta veteris legis, ut supra³ dictum est. Ergo quantum ad hoc, insufficienter vitam hominum ordinavit.

3. Praeterea, in veteri lege, praeter praecepta moralia et iudicialia, erant quaedam caeremonialia. Circa quae Dominus nihil ordinavit. Ergo videtur insufficienter ordinasse.

4. Praeterea, ad interiorem bonam mentis dispositionem pertinet ut nullum bonum opus homo faciat propter quemcumque temporalem finem. Sed multa sunt alia temporalia bona quam favor humanus, multa etiam alia sunt bona opera quam ieiunium, eleemosyna et oratio. Ergo inconveniens fuit quod Dominus docuit solum circa haec tria opera gloriam favoris humani vitari, et nihil aliud terrenorum bonorum.

한다. 그는 의지의 내면성뿐만 아니라 지성의 내면성도 인정한다. 현존하는 한 작가는 몇 년 전에 이렇게 말한 적이 있다: "인식의 경우에 내면성은 한 세계의 원천인 '나' 안에 포함된 것으로서의, 사물들의 '형상'들의 초월성이다. 반면에, 의지의 경우에(…) 내면성은 행위 또는 목적성의 원천인 '나'의 단일성 안에 포함

1. 인간이 하느님 및 이웃과 맺는 관계를 질서 짓는 십계명의 열 가지 계명들이 있다. 그런데 주님은 그 가운데 오직 세 가지를 완성하기 위한 조치를 취했을 뿐이다. 살인의 금지, 간통의 금지, 그리고 거짓 증언의 금지. 그러므로 그는 인간을 충분하게 가르치지 못한 것으로 보인다. 왜냐하면 다른 계명들을 완성하는 일을 하지 않기 때문이다.

2. 주님은 복음서에서 아내와의 이혼, 보복 처벌, 원수들에 대한 박해에 관련된 것을 제외한다면, 사법적 계명들에 대해 아무런 질서도 주지 않고 있다. 그런데 위에서[3] 말한 것처럼, 옛 법에는 다른 많은 사법적 계명들이 있다. 그러므로 이 점에서 그는 인간의 삶을 충분히 질서 짓지 않았다.

3. 옛 법에는 도덕적이고 사법적인 계명들만이 아니라 예식에 관한 특별한 계명들도 있다. 그런데 주님은 이것들을 규제하기 위해 아무런 조치도 취하지 않았다. 그러므로 그분의 가르침은 충분하지 못한 것으로 보인다.

4. 정신이 내적으로 좋은 상태에 있기 위해서는 어떤 현세적인 목적 때문에 선한 일을 하지 않는 것이 필요하다. 그런데 사람들의 호의 외에도 다른 현세적 선들이 많이 있다. 그리고 단식과 자선과 기도 외에도 다른 많은 선한 일들이 있다. 그러므로 주님이 사람들로부터 칭찬을 받는 영광은 다른 현세적 선들에 대한 언급이 없이 이 세 가지와 연관되어서만 피해야 한다고 가르친 것은 적절하지 않은 것으로 보인다.

된 것으로서의 '행위들'의 형상들의 초월성이다", in *Dominican Studies* VII(1954), pp.59-72.
3. q.104, a.4; q.105.

q.108, a.3

5. Praeterea, naturaliter homini inditum est ut sollicitetur circa ea quae sunt sibi necessaria ad vivendum, in qua etiam sollicitudine alia animalia cum homine conveniunt, unde dicitur Prov. 6, [6, 8]: *Vade ad formicam, o piger, et considera vias eius. Parat in aestate cibum sibi, et congregat in messe quod comedat.* Sed omne praeceptum quod datur contra inclinationem naturae, est iniquum, utpote contra legem naturalem existens. Ergo inconvenienter videtur Dominus prohibuisse sollicitudinem victus et vestitus.

6. Praeterea, nullus actus virtutis est prohibendus. Sed iudicium est actus iustitiae; secundum illud Psalmi 93, [15]: *Quousque iustitia convertatur in iudicium.* Ergo inconvenienter videtur Dominus iudicium prohibuisse. Et ita videtur lex nova insufficienter hominem ordinasse circa interiores actus.

SED CONTRA est quod Augustinus dicit, in libro *de Serm. Dom. in Monte*:[4] *Considerandum est quia, cum dixit, «qui audit verba mea haec», satis significat sermonem istum Domini omnibus praeceptis quibus Christiana vita formatur, esse perfectum.*

RESPONDEO dicendum quod, sicut ex inducta auctoritate

---

4. I, c.1, n.1: PL 34, 1231. "아우구스티누스가 주교가 되기 이전 시기[391-396]의 설교의 결실인 두 권으로 된 『주님의 산상설교』는 마태오복음서 5장에서 7장까지를 주해하는데, 아우구스티누스는 이 장들에 예수의 다른 담화들을 연결시키고 있다: 이것은 그리스도의 도유(塗油)와 깊이, 그리고 '윤리신학' 전체에 대

5. 자신의 삶에 필요한 것에 대해 관심을 기울여야 하는 것은 본성에 의해서 인간에게 새겨져 있는 일인데, 이것은 다른 동물들과도 공유하는 사실이다. 그래서 잠언 6장 [6-8절]에서는 "너 게으름뱅이야, 개미에게 가서 그 사는 모습을 보고 지혜로워져라. 개미는 우두머리도 없고 감독도 지도자도 없이 여름에 양식을 장만하고 수확 철에 먹이를 모아들인다."라고 말한다. 그런데 본성의 경향에 어긋나게 주어지는 모든 계명은 불의하다. 자연법에 어긋나기 때문이다. 그러므로 주님이, 먹을 것과 입을 것에 대해 걱정하지 말라고 금한 것은 적절한 처사가 아니다.

6. 어떠한 유덕한 행위도 금지되어서는 안 된다. 그런데 시편 94[93]편 [15절]에서 "정의가 판단으로 바뀌기까지"라고 말하는 것처럼, 판단은 정의의 덕의 한 행위이다. 그러므로 주님이 판단을 금한 것은 적절한 것이 아닌 것으로 보인다. 그래서 새 법은 내적 행위들을 충분하게 규제하지 못하는 것으로 보인다.

[재반론] 그러나 반대로, 아우구스티누스는 『주님의 산상설교』[4]에서 이렇게 말한다. "그러나 우리는 그분이 '나의 이 말을 알아듣고 실행하는 사람은'이라고 말할 때,[마태 7,24] 이 담화가 그리스도교적 생활을 구성하는 모든 계명의 관점에서 완전하다는 점을 분명히 하고 있다는 것을 명심해야 한다."

[답변] 방금 인용한 아우구스티누스의 권위 있는 텍스트에서 분명

한 충만하면서도 놀라운 종합이다."(F. Cayre, *Patrologia e storia della teologia*, vol.I, Roma, 1948, p.637)

Augustini apparet, sermo quem Dominus in monte proposuit,[5] totam informationem Christianae vitae continet. In quo perfecte interiores motus hominis ordinantur. Nam post declaratum beatitudinis finem; et commendata Apostolica dignitate, per quos erat doctrina evangelica promulganda; ordinat interiores hominis motus, primo quidem quantum ad seipsum; et deinde quantum ad proximum.

Quantum autem ad seipsum, dupliciter; secundum duos interiores hominis motus circa agenda, qui sunt voluntas de agendis, et intentio de fine.[6] Unde primo ordinat hominis voluntatem secundum diversa legis praecepta, ut scilicet abstineat aliquis non solum ab exterioribus operibus quae sunt secundum se mala, sed etiam ab interioribus,[7] et ab occasionibus malorum.[8]—Deinde ordinat intentionem hominis, docens quod in bonis quae agimus, neque quaeramus humanam gloriam,[9] neque mundanas divitias, quod est thesaurizare in terra.[10]

Consequenter autem ordinat interiorem hominis motum quoad proximum, ut scilicet eum non temerarie aut iniuste iudicemus, aut praesumptuose;[11] neque tamen sic simus apud

---

5. 마태 5-7장. 현대 주석가들은 좀 더 유보적이다. 프랏은 이렇게 말한다. "산상 담화는 때로는 그리스도교 교리의 '대헌장'(magna charta)이라고 정의되기도 했지만, 어떤 정부(政府)에 적용될 수 있는 법체계가 아니고, 종교 지도부에 적용될 수 있는 법체계도 아니다. 그렇다고 그리스도교 신앙의 축약본(breviario)도 아니다. 왜냐하면 거기에는 구속(救贖), 성사(聖事), 교회, 최종 목적 등에 관한 신학이 결핍되어 있기 때문이다. 또 그렇다고 하나의 도덕적 논고라고 부르고 싶지도 않다. 왜냐하면 법과 의무의 제한이 거기에 간결하게 정의되어 있지 않고, 계명들

히 드러나듯이, 주님의 산상설교는 그리스도인이 자신의 삶을 이끌어 가는 데 필요한 것을 모두 포함하고 있다.[5] 그 안에서는 인간의 내적 움직임이 완벽하게 규제된다. 왜냐하면 참행복을 목적으로 선언한 다음에, 그리고 복음의 가르침을 선포하는 사도들의 품위를 추천한 다음에, 그는 먼저 자기 자신과 관련해서, 그리고 다음으로 자기 이웃과 관련해서 인간의 내적 움직임을 규제하였기 때문이다.

자기 자신과 관련된 규제는 두 가지다. 이것은 활동과 관련된 인간의 두 가지 내적 움직임에 상응한다. 1) 무엇을 행해야 할지에 관한 의지, 2) 목적과 관련된 지향.[6] 이리하여 먼저 그는 인간의 의지를 법의 다양한 계명들에 따라, 그 자체로 악한 외적 행위들뿐만 아니라 이런 종류의 내적 행위들[7]과 악한 행위들의 기회들[8]까지도 멀리하도록 규제한다.—그런 다음에는 우리의 선한 행위들에서 사람들의 평판[9]이나 세속적 부를 추구하여 땅에 보화를 쌓아서는 안 된다[10]고 가르침으로써, 인간의 지향을 규제한다.

그런 다음에는, 그를 거칠거나 부당하거나 건방지게 판단하지 않도록 함으로써,[11] 이웃과 관련된 인간의 내적 움직임들을 규제한다. 하지만 우리는 이웃에게, 만일 그가 그럴 만한 자격이 없다면, 거룩

이 권고들과 구별되지 않는 것으로 드러나기 때문이다. 그렇다면 결국 무엇인가? 그것은 하느님 나라의 모든 지망자들과 영을 닮고 싶어 하는 모든 이들에게 제시되는 이상적인 완덕(完德)의 규칙이다." F. Prat, *Gesu Cristo*, vol.I, Firenze, 1945, p.278.

6. Cf. qq.8 et 12.
7. 마태 5,22-23.
8. 마태 5,29 이하.
9. 6,1-18.
10. 19절 이하.
11. 7,1-5.

proximum remissi, ut eis sacra committamus, si sint indigni.[12]

Ultimo autem docet modum adimplendi evangelicam doctrinam, scilicet implorando divinum auxilium;[13] et conatum apponendo ad ingrediendum per angustam portam perfectae virtutis;[14] et cautelam adhibendo ne a seductoribus corrumpamur.[15] Et quod observatio mandatorum eius est necessaria ad virtutem,[16] non autem sufficit sola confessio fidei,[17] vel miraculorum operatio,[18] vel solus auditus.[19]

AD PRIMUM ergo dicendum quod Dominus circa illa legis praecepta adimpletionem apposuit, in quibus Scribae et Pharisaei non rectum intellectum habebant. Et hoc contingebat praecipue circa tria praecepta Decalogi. Nam circa prohibitionem adulterii et homicidii, aestimabant solum exteriorem actum prohiberi, non autem interiorem appetitum. Quod magis credebant circa homicidium et adulterium quam circa furtum vel falsum testimonium, quia motus irae in homicidium tendens, et concupiscentiae motus tendens in adulterium, videntur aliqualiter nobis a natura inesse; non autem appetitus furandi, vel falsum testimonium dicendi.—Circa periurium vero habebant falsum intellectum, credentes periurium quidem esse peccatum; iuramentum autem per se esse appetendum et frequentandum,

---

12. 6절.
13. 7-12절.
14. 13-14절.

한 것들을 관리하도록 맡겨서는 안 된다.[12]

마지막으로, 그는 복음의 가르침을 어떻게 채워야 할지를 가르쳤다. 곧 하느님의 도우심을 간청함으로써,[13] 완덕(完德)이라는 좁은 문으로 들어가려고 노력함으로써,[14] 그리고 교활한 기만자들에 의해서 악습에 떨어지지 않으려고 조심함으로써.[15] 그리고 그는 그의 명령을 준수하는 것은 덕을 위해 필요하다고 가르친다.[16] 신앙을 고백하거나[17] 기적을 일으키거나[18] 그저 듣기만 하는[19] 것으로는 넉넉하지 못한 것이다.

[해답] 1. 주님은 율법 학자들과 바리사이들이 올바르게 이해하고 있지 않은 저 율법 계명들에 대한 보완책을 제공하였다. 이것은 특히 십계명의 세 가지 계명들과 관련해서 그러하다. 왜냐하면 간통과 살인의 금지와 관련해서 그들은 내적 갈망이 아니라 오직 외적 활동만이 금지된다고 가정하였기 때문이다. 그들은 이것을 살인과 간통에 대해서는 도둑질이나 거짓 증언에 대해서보다 더 엄격하게 주장하였다. 왜냐하면 살인으로 인도하는 분노의 움직임과 간통으로 인도하는 욕망의 움직임은 어떤 면에서는 본성상 우리 안에 있는 것으로 보이는 데 반해, 맹세나 거짓 증언을 하려는 욕구의 경우는 그렇지 않기 때문이다.— 한편, 그들은 거짓 증언을 오해하여, 그것이 참으로 하나의 죄라고 견지하면서도 그 자체로 맹세는 욕구되고 규칙적으로 활용되어야 한다고 주장한다. 왜냐하면 그것들은 하느님 숭

---

15. 15-20절.
16. 21절.
17. 같은 절.
18. 22-23절.
19. 24-27절.

quia videtur ad Dei reverentiam pertinere. Et ideo Dominus ostendit iuramentum non esse appetendum tanquam bonum; sed melius esse absque iuramento loqui, nisi necessitas cogat.

AD SECUNDUM dicendum quod circa iudicialia praecepta dupliciter Scribae et Pharisaei errabant. Primo quidem, quia quaedam quae in lege Moysi erant tradita tanquam permissiones, aestimabant esse per se iusta, scilicet repudium uxoris, et usuras accipere ab extraneis. Et ideo Dominus prohibuit uxoris repudium, Matth. 5, [32]; et usurarum acceptionem, Luc. 6, [35], dicens: *Date mutuum*[20] *nihil inde sperantes.*

Alio modo errabant credentes quaedam quae lex vetus instituerat facienda propter iustitiam, esse exequenda ex appetitu vindictae; vel ex cupiditate temporalium rerum; vel ex odio inimicorum. Et hoc in tribus praeceptis. Appetitum enim vindictae credebant esse licitum, propter praeceptum datum de poena talionis. Quod quidem fuit datum ut iustitia servaretur, non ut homo vindictam quaereret. Et ideo Dominus, ad hoc removendum, docet animum hominis sic debere esse praeparatum ut, si necesse sit, etiam paratus sit plura sustinere.— Motum autem cupiditatis aestimabant esse licitum, propter praecepta iudicialia in quibus mandabatur restitutio rei ablatae fieri etiam cum aliqua additione, ut supra[21] dictum est. Et hoc quidem lex mandavit propter iustitiam observandam, non ut daret cupiditati locum. Et ideo Dominus docet ut ex cupiditate

배(reverentia)의 일부로 보였기 때문이다. 그래서 주님은 맹세를 하나의 선으로 욕구해서는 안 되고, 반드시 필요한 경우가 아니라면 맹세 없이 말하는 것이 더 낫다는 것을 보여 주었다.

2. 율법 학자들과 바리사이들은 사법적 계명들에 대해 두 가지 잘못에 떨어진다. 첫째, 그들은 모세법에 허용되는 것으로 전해져 내려온 것들, 예컨대 아내를 내보내는 것과 외국인들에게 이자를 받는 것을 그 자체로 의로운 것으로 간주하였기 때문이다. 그래서 주님은 마태오복음서 5장 [32절]에서 아내를 내보내는 것을 금하였고, 또 루카복음서 6장 [35절]에서는 "아무것도 바라지 말고 꾸어 주어라."[20]라고 말함으로써 이자 받는 것을 금하였다.

둘째, 그들은 옛 법이 정의 때문에 부과한 것들 가운데 일부가, 현세적 선에 대한 탐욕에서든 원수에 대한 증오에서든, 복수에 대한 욕구에서 실천되어야 한다고 주장하는 데에서 잘못에 떨어졌다. 이것은 세 가지 계명에서 그러했다. 왜냐하면 그들은 복수에 대한 갈망이 동태복수법(同態復讐法)에 관한 계명 때문에 적법하다고 믿었기 때문이다. 그런데 이 계명은 인간이 복수를 해야 하기 때문이 아니라 정의가 보존되도록 하기 위해서 그렇게 만들어졌다. 그래서 복수를 배제하기 위해서 주님은 인간의 정신이 필요하다면 심지어 많이 견디도록 준비되어야 한다고 가르친다.―그들은 위에서[21] 말한 것처럼, 빼앗아 간 어떤 것에 대한 배상은 어떤 것의 추가와 함께 이루어져야 한다고 주장되는 사법적 계명들 때문에 탐욕의 움직임을 적법한 것으로 가정한다. 율법이 이것을 입안한 것은 탐욕의 여지를 남기기 위해서가 아니라 정의가 준수되도록 하기 위한 것이었다. 그래

---

20. Vulgata: "mutuum date."
21. q.105, a.2, ad9.

nostra non repetamus, sed simus parati, si necesse fuerit, etiam ampliora dare.—Motum vero odii credebant esse licitum, propter praecepta legis data de hostium interfectione. Quod quidem lex statuit propter iustitiam implendam, ut supra[22] dictum est, non propter odia exsaturanda. Et ideo Dominus docet ut ad inimicos dilectionem habeamus, et parati simus, si opus fuerit, etiam benefacere. Haec enim praecepta *secundum praeparationem animi* sunt accipienda, ut Augustinus exponit.[23]

AD TERTIUM dicendum quod praecepta moralia omnino in nova lege remanere debebant, quia secundum se pertinent ad rationem virtutis. Praecepta autem iudicialia non remanebant ex necessitate secundum modum quem lex determinavit; sed relinquebatur arbitrio hominum utrum sic vel aliter esset determinandum. Et ideo convenienter Dominus circa haec duo genera praeceptorum nos ordinavit. Praeceptorum autem caeremonialium observatio totaliter per rei impletionem tollebatur. Et ideo circa huiusmodi praecepta, in illa communi doctrina, nihil ordinavit. Ostendit tamen alibi quod totus corporalis cultus qui erat determinatus in lege, erat in spiritualem commutandus; ut patet Ioan. 4, [21, 23], ubi dixit: *Venit hora quando neque in monte hoc neque in Ierosolymis adorabitis patrem; sed veri adoratores adorabunt patrem in spiritu et veritate.*

AD QUARTUM dicendum quod omnes res mundanae ad tria reducuntur, scilicet ad honores, divitias et delicias; secundum

서 주님은 우리의 탐욕에서 되돌려 받으려 하지 말고, 오히려 필요하다면 더 줄 용의를 갖추어야 한다고 가르친다.—그들은 원수의 살해에 관한 계명 때문에 증오의 움직임을 적법하다고 믿었다. 율법은 실상, 위에서[22] 말한 것처럼, 증오가 채워지기 위해서가 아니라 정의가 채워지도록 하기 위해 이것을 명했다. 그래서 주님은 원수들을 사랑해야 하고, 또 필요한 경우에 그들에게 선을 행할 채비를 갖추라고 가르치는 것이다. 왜냐하면 이 계명들은, 아우구스티누스[23]가 보여 주는 것처럼, "정신의 준비"에 관한 계명으로 이해되어야 하기 때문이다.

3. 도덕적 계명들 전체가 새 법 안에 남아 있어야 한다. 왜냐하면 그것들은 덕의 근거에 속하기 때문이다. 그렇지만 사법적 계명들은 그 법에 의해 규정된 형식으로 남아 있어야 하는 것은 아니었다. 그것들을 이런저런 방식으로 규정하는 것은 사람들의 재량에 맡겨져 있다. 그래서 주님은 이 두 가지 종류의 계명들에 관해 우리를 적절하게 가르쳤다. 그렇지만 예식적 계명들의 준수는 실제 성취에 의해서 전부 철폐된다. 그래서 그는 저 담화의 일반적 가르침 안에서 이 계명들에 관해 아무런 가르침도 주지 않았다. 그러나 다른 곳에서 그는 명령에 의한 육적인 경배 전체가 영적인 경배로 변해야 한다는 것을 보여 주었다. 요한복음서 4장 [21절과 23절]에서는 이렇게 말한다. "너희가 이 산도 아니고 예루살렘도 아닌 곳에서 아버지께 예배를 드릴 때가 온다. (…) 그러나 진실한 예배자들이 영과 진리 안에서 아버지께 예배를 드릴 때가 온다."

4. 모든 세속적 사물들은 영예(榮譽), 부(富), 관능적 쾌락(快樂)의

---

22. Ibid., a.3, ad4.
23. Loc. cit., c.1, n.58: PL 34, 1260.

illud I Ioan. 2, [16]: *Omne quod est in mundo, concupiscentia carnis est,* quod pertinet ad delicias carnis; *et concupiscentia oculorum,* quod pertinet ad divitias; et superbia vitae, quod pertinet ad ambitum gloriae et honoris.[24] Superfluas autem carnis delicias lex non repromisit, sed magis prohibuit. Repromisit autem celsitudinem honoris, et abundantiam divitiarum, dicitur enim *Deut.* 28, [1]: *Si audieris vocem Domini Dei tui, faciet te excelsiorem cunctis gentibus,* quantum ad primum; et post pauca subdit[v. 11]: *Abundare te faciet omnibus bonis,* quantum ad secundum. Quae quidem promissa sic prave intelligebant Iudaei, ut propter ea esset Deo serviendum, sicut propter finem. Et ideo Dominus hoc removit, docens primo, quod opera virtutis non sunt facienda propter humanam gloriam. Et ponit tria opera, ad quae omnia alia reducuntur, nam omnia quae aliquis facit ad refrenandum seipsum in suis concupiscentiis, reducuntur ad ieiunium; quaecumque vero fiunt propter dilectionem proximi, reducuntur ad eleemosynam; quaecumque vero propter cultum Dei fiunt, reducuntur ad orationem. Ponit autem haec tria specialiter quasi praecipua, et per quae homines maxime solent gloriam venari.—Secundo, docuit quod non debemus finem constituere in divitiis, cum dixit[Matth. 6, 19]: *Nolite thesaurizare vobis thesauros in terra.*

AD QUINTUM dicendum quod Dominus sollicitudinem necessariam non prohibuit, sed sollicitudinem inordinatam.

세 가지 유형, 곧 요한 1서 2장 [16절]에 따르면, "세상에 있는 모든 것, 곧 육의 욕망"(곧 관능적 쾌락의 문제)과 "눈의 욕망"(곧 부의 문제)과 "살림살이에 대한 교만(superbia)"(영광과 명예의 영역)[24]으로 환원될 수 있다. 그런데 율법은 과도한 관능적 쾌락을 약속한 것이 아니라, 오히려 그것을 금지하였다. 그렇지만 큰 명예와 부를 약속한 것은 사실이다. 명예에 관해서는, 우리가 신명기 28장 [1절]에서 발견하는 것처럼, "너희가 주 너희 하느님의 말씀을 잘 듣는다면(…) 땅의 모든 민족들 위에 너희를 높이 세우실 것이다." 그리고 부에 관해서는[11절] 이렇게 덧붙인다. "그분께서는 너희에게 모든 선한 것(재산)들을 풍성하게 해 주실 것이다." 그런데 유다인들은 이 약속들이, 이것들을 목적으로 하느님을 섬겨야 한다는 뜻으로 크게 잘못 이해하였다. 그래서 주님은 이것을 거부하며, 먼저 유덕한 업적들이 인간적 영광 때문에 이행되어서는 안 된다고 가르쳤다. 그리고 그는 다른 모든 것이 그리로 환원될 세 가지 유형의 일을 세운다. 왜냐하면 누군가가 자신의 욕망을 억제하기 위해 행하는 모든 것은 단식으로 환원되고, 이웃 사랑을 위해 행하는 모든 것은 자선(慈善)으로 환원되며, 하느님을 경배하기 위하여 행하는 것은 기도로 환원되기 때문이다. 그는 이 세 가지 유형을 특별히 주된 것으로 설정하는데, 사람들은 그것들을 통해 가장 흔히 영광을 도모한다.—둘째로, 그는 우리가 부를 우리의 목적으로 삼아서는 안 된다고 가르치며 이렇게 말한다. "너희는 자신을 위하여 보물을 땅에 쌓아 두지 마라."[마태 6,19]

5. 주님은 필요한 걱정을 금한 것이 아니라, 무질서한 걱정을 금하였다. 현세적인 것들에 관하여 피해야 할 네 가지 무질서한 관심이

---

24. Cf. infra a.4; q.77, a.5; Sup., q.15, a.3.

q.108, a.4

Est autem quadruplex inordinatio sollicitudinis vitanda circa temporalia. Primo quidem, ut in eis finem non constituamus, neque Deo serviamus propter necessaria victus et vestitus. Unde dicit: *Nolite thesaurizare vobis* et cetera.—Secundo, ut non sic sollicitemur de temporalibus, cum desperatione divini auxilii. Unde Dominus dicit[ib. v. 32]: *Scit pater vester quia his omnibus indigetis.*—Tertio, ne sit sollicitudo praesumptuosa, ut scilicet homo confidat se necessaria vitae per suam sollicitudinem posse procurare, absque divino auxilio. Quod Dominus removet per hoc quod[ib. v. 27] *homo non potest aliquid adiicere ad staturam suam.*—Quarto, per hoc quod homo sollicitudinis tempus praeoccupat, quia scilicet de hoc sollicitus est nunc, quod non pertinet ad curam praesentis temporis, sed ad curam futuri. Unde dicit[ib. v. 34]: *Nolite solliciti esse in crastinum.*

AD SEXTUM dicendum quod Dominus non prohibet iudicium iustitiae, sine quo non possent sancta subtrahi ab indignis. Sed prohibet iudicium inordinatum, ut dictum est.[25]

Articulus 4
Utrum convenienter in lege nova consilia quaedam determinata sint proposita[1]

---

25. 본론.

1. 라틴어 텍스트의 레오판 편집자들이 기억하는 병행 작품들 외에, 더 참조하면 좋을 것들은 다음과 같다: II-II, q.184, a.3; q.186, a.2; *In Sent.*, III, d.29, q.1, a.8, qc.3; *In Matth.*, c.19; *In Ep. ad Heb.*, c.6, lect.1; *Contra ret. ab ing. rel.*, cc.2 et 6; *De*

있다. 첫째, 그것들을 우리의 목적으로 삼아서는 안 되고, 먹을 것과 입을 것이라는 생필품들 때문에 하느님을 섬겨서는 안 된다. 그리고 그래서 "너희의 보화를 땅에 쌓아 두지 마라."고 권하는 것이다.—둘째, 현세적인 것들에 관해서 신적인 도우심에 대한 희망을 상실할 정도로 근심해서는 안 된다는 것이다. 그래서 주님은 이렇게 말한다. "하늘의 너희 아버지께서는 이 모든 것이 너희에게 필요함을 아신다."[마태 6,32]—셋째, 사람이 신적인 도움 없이 자기 자신의 관심에 의해서 모든 삶의 필요들을 다 조달할 수 있다고 확신할 정도로 그 관심이 주제넘지 말아야 한다. 주님은 "사람은 자기 키를 조금도 늘릴 수 없다."[마태 6,27]는 것을 가르쳤다.—넷째, 미리 걱정해서는 안 된다. 현재의 일이 아니라 미래의 일을 걱정해서는 안 되는 것이다. 그래서 그는 이렇게 말하는 것이다. "내일 걱정을 하지 마라."[마태 6,34]

6. 주님은 정의에 고유한 판단을 금한 것이 아니다. 그것이 없이는 거룩한 것들은 무가치한 사람들로부터 벗어날 수가 없다. 오히려 이미[25] 말한 것처럼, 그는 무질서한 판단을 금한다.

제4절 새 법이 특정 권고들을 덧붙인 것은 적절하였는가?[1]

Parall.: *ScG*, III, 130; *Quodl.*, V, q.10, a.1.
Docr. Eccl.: DS 575sq.[=DH 1087]. DS 601-603[=DH 1171-1173], DS 614sq.[=DH 1184], DS 624sq.[=DH 1194sq.], DS 661[=DH 1251], DS 980[=DH 1810].

Ver., q.2, a.11, ad5; *Quodl.*, I, q.7, a.2; *Quodl.*, IV, q.12, ad2. 하지만 권고들이 여기서 고찰되고 있는 전망은 다른 텍스트들에서는 거의 만나 보기 어려운 것들이다.

Ad quartum sic proceditur. Videtur quod inconvenienter in lege nova consilia quaedam determinata sint proposita.

1. Consilia enim dantur de rebus expedientibus ad finem; ut supra[2] dictum est, cum de consilio ageretur. Sed non eadem omnibus expediunt. Ergo non sunt aliqua consilia determinata omnibus proponenda.

2. Praeterea, consilia dantur de meliori bono. Sed non sunt determinati gradus melioris boni. Ergo non debent aliqua determinata consilia dari.

3. Praeterea, consilia pertinent ad perfectionem vitae. Sed obedientia pertinet ad perfectionem vitae. Ergo inconvenienter de ea consilium non datur in Evangelio.

4. Praeterea, multa ad perfectionem vitae pertinentia inter praecepta ponuntur, sicut hoc quod dicitur, *Diligite inimicos vestros*;[3] et praecepta etiam quae dedit Dominus Apostolis, Matth. 10. Ergo inconvenienter traduntur consilia in nova lege, tum quia non omnia ponuntur; tum etiam quia a praeceptis non distinguuntur.

SED CONTRA, consilia sapientis amici magnam utilitatem afferunt; secundum illud *Prov.* 27, [9]: *Unguento et variis odoribus delectatur cor, et bonis amici consiliis anima dulcoratur.* Sed Christus maxime est sapiens et amicus. Ergo eius consilia

---

2. q.14, a.2.

[반론] 넷째에 대해서는 다음과 같이 진행된다. 새 법에서 특정 권고들이 제시된 것은 적절하지 못한 것으로 보인다.

1. 이미[2] 우리가 권고에 대해 논할 때에 말한 것처럼, 권고들은 어떤 목적에 이로운 것들[곧, 수단]에 관하여 주어진다. 그런데 동일한 것들이 모두에게 이롭지는 않다. 그러므로 특정한 권고들이 모두에게 제시되어서는 안 된다.

2. 권고들은 보다 고등한 선에 대해서 주어진다. 그런데 보다 고등한 선에 대해서는 결정적인 등급이 없다. 그러므로 특정한 권고들이 주어져서는 안 된다.

3. 권고들은 삶의 완성과 연관된다. 그런데 순명은 삶의 완성과 연관된다. 그러므로 복음에 순명과 연관된 어떤 권고도 주어지지 않는다는 것은 적절하지 않다.

4. 예컨대 "너희의 원수를 사랑하여라."[3]와 주님이 사도들에게 주신 다른 계명들과 같이 삶의 완성에 속하는 많은 것들이 계명들 가운데 들어 있다. 그러므로 새 법에서는 권고들이 적절하게 제시되지 않는다. 왜냐하면 그것들이 모두 다 설정되지 않기 때문이고, 또 그것들이 계명들과 구별되지도 않기 때문이다.

[재반론] 그러나 반대로, 잠언 27장 [9절]에서 "향유와 향이 마음을 기쁘게 하듯, 친구의 훌륭한 권고들은 영혼을 감미롭게 만든다."고 말하는 것처럼, 어떤 현명한 친구의 권고는 대단히 유익하다. 그런데 그리스도는 그 누구보다 더 현명하고 친구이다. 그러므로 그의

---

3. 마태 5,44; 루카 6,27.

maximam utilitatem continent, et convenientia sunt.⁴

RESPONDEO dicendum quod haec est differentia inter consilium et praeceptum, quod praeceptum importat necessitatem, consilium autem in optione ponitur eius cui datur. Et ideo convenienter in lege nova, quae est lex libertatis, supra praecepta sunt addita consilia, non autem in veteri lege, quae erat lex servitutis. Oportet igitur quod praecepta novae legis intelligantur esse data de his quae sunt necessaria ad consequendum finem aeternae beatitudinis, in quem lex nova immediate introducit. Consilia vero oportet esse de illis per quae melius et expeditius potest homo consequi finem praedictum.⁵

Est autem homo constitutus inter res mundi huius et spiritualia bona, in quibus beatitudo aeterna consistit, ita quod quanto plus inhaeret uni eorum, tanto plus recedit ab altero, et e converso. Qui ergo totaliter inhaeret rebus huius mundi, ut in eis finem constituat, habens eas quasi rationes et regulas suorum operum, totaliter excidit a spiritualibus bonis. Et ideo huiusmodi inordinatio tollitur per praecepta.—Sed quod homo totaliter ea quae sunt mundi abiiciat, non est necessarium ad perveniendum in finem praedictum, quia potest homo utens rebus huius mundi, dummodo in eis finem non constituat, ad beatitudinem

4. 그리스도교 공공복지에서 1급 시민과 2급 시민에 대한 한 정당화로서, 그리고 그리스도교적 평범함에 대한 한 제재로서 권고와 계명 사이의 이 구별을 논하는 방식이 있다.

권고는 대단히 유익하고 또 적절하다.[4]

[답변] 권고와 계명 사이의 차이는 다음과 같은 것에 달려 있다. 곧 계명은 필연성을 함축하는 데 반해, 권고는 그것을 듣는 사람의 선택에 맡겨진다. 그래서 자유의 법인 새 법에서는 예속의 법인 옛 법에서와는 달리, 계명들뿐만 아니라 권고들도 제공되어야 한다. 그렇다면 새 법의 계명들은, 새 법이 우리에게 직접 접촉시켜 주는 영원한 참행복이라는 목표에 도달하기 위해 필요한 것에 속하는 것으로 이해되어야 한다. 다른 한편, 권고들은, 인간이 이 목적에 도달할 수 있는 보다 낫고 신속한 방식과 관계된다.[5]

그런데 인간은 자신이 이 세상의 것들과 (영원한 참행복이 바로 거기에서 성립되는) 영적인 선들 사이에 들어 있음을 발견한다. 어느 한 쪽에 집착하는 그만큼 다른 쪽으로부터 멀어지는 방식이다. 따라서 이 세상의 것들을 자신의 목적으로 삼고 그것들을 자기 활동의 의미이자 척도로 간주할 정도로 그것들에 온전히 집착하는 자는 영적인 선들로부터 완전히 떨어져 나가게 된다. 이런 종류의 무질서는 계명들에 의해서 사라진다.—하지만 인간이 그것들을 자신의 목적으로 삼지만 않는다면, 이 세상의 사물들을 사용하면서도 영원한 참행복에 도달할 수 있다. 그러나 이 세상의 선들을 온전히 포기한다

---

5. Cf. I, q.19, a.12, ad4. 따라서 권고들은 복음적 법이, (영원한 선인 하느님께 이르는 것을 용이하게 해 주는 수단인) 자유의 법인 한에서 복음적 법의 특성들이다. 이 절의 전체 구도 안에서, 성 토마스에게는 법과 권고가 추상적이고 범주적인 의무들로서 제시되는 것이 아니라, 선과 행복에 도달하기 위한 수단으로서 제시된다는 것이 명백하다. 그러므로 그의 도덕을 특징짓는 것은 의무가 아니라 선이다. 의무는, 인간이 다른 모든 피조물처럼 (우리가 그것을 향해 창조된 진정한 선이 경멸당하는 것을 견디지 못하시는) 하느님 사랑의 대상이라는 사실로부터 도출된다.

aeternam pervenire. Sed expeditius perveniet totaliter bona huius mundi abdicando. Et ideo de hoc dantur consilia Evangelii.[6]

Bona autem huius mundi, quae pertinent ad usum humanae vitae, in tribus consistunt, scilicet in divitiis exteriorum bonorum, quae pertinent ad *concupiscentiam oculorum*; in deliciis carnis, quae pertinent ad *concupiscentiam carnis*; et in honoribus, quae pertinent ad *superbiam vitae*; sicut patet I Ioan. 2, [16].[7] Haec autem tria totaliter derelinquere, secundum quod possibile est, pertinet ad consilia evangelica. In quibus etiam tribus fundatur omnis religio, quae statum perfectionis profitetur, nam divitiae abdicantur per paupertatem; deliciae carnis per perpetuam castitatem; superbia vitae per obedientiae servitutem.[8]

Haec autem simpliciter observata pertinent ad consilia simpliciter proposita. Sed observatio uniuscuiusque eorum in aliquo speciali casu, pertinet ad consilium secundum quid, scilicet in casu illo. Puta cum homo dat aliquam eleemosynam pauperi quam dare non tenetur, consilium sequitur quantum ad factum illud. Similiter etiam quando aliquo tempore determinato a delectationibus carnis abstinet ut orationibus vacet, consilium sequitur pro tempore illo. Similiter etiam

---

6. "인격의 더 나은 선은 하느님과 신적인 일에 유착(癒着)하는 것이기 때문에, 그리고 그것을 위해서는 다른 것들을 강렬하게 염려하는 것이 불가능하기 때문에, 신법에는 인간 영혼이 좀 더 자유롭게 하느님께로 향할 수 있도록, 인간 존재자들을 지상의 삶을 살아가는 데에 가능한 한 현세적 근심걱정으로부터 멀리하라는 권고가 주어진다. 하지만 이것은…"(*ScG*, III, c.130, n.3020)

면 보다 신속하게 영원한 복됨에 이를 수 있다. 그렇기 때문에 이것과 관해 복음의 권고들이 제공되는 것이다.[6]

그런데 요한 1서 2장 [16절]에서 분명히 드러나듯이,[7] 인간 삶의 용도와 관련되는 이 세상의 선들에는 세 종류가 있다. "눈의 욕망"(concupiscentia oculorum)에 속하는 외적 선들의 풍요와, "육의 욕망"(concupiscentia carnis)에 속하는 관능적 쾌락들과, "살림살이에 대한 교만"(superbia vitae)에 속하는 영예이다. 이 세 가지를 가능한 한 완전히 포기하는 것이 바로 복음적 권고에 속한다. 더욱이 완성의 지위를 고백하는 모든 수도회들은 이 세 가지 위에 정초되어 있다. 왜냐하면 부는 가난[淸貧]에 의해서 끊어 버릴 수 있으며, 관능적 쾌락들은 종신 정결(貞潔)에 의해서, 그리고 살림살이에 대한 자만은 순명(順命)의 봉사에 의해서 극복할 수 있다.[8]

그런데 이 세 가지에 대한 단적인 준수는 단적인 권고의 형식에 상응한다. 그런데 이 가운데 어떤 것을 특정한 경우에 준수하는 것은 제한된 의미의 권고에 속한다. 예컨대, 누군가가 가난한 사람에게, 꼭 그래야 할 의무에 매여 있지 않으면서도 자선을 베풀 때에, 그는 저 활동과 관련된 권고를 따르고 있는 것이다. 마찬가지로 누군가가 스스로 기도에 전념하기 위해서 일정 기간 동안 관능적 쾌락을 멀리할 때, 그는 저 기간을 위해 권고를 따르고 있는 중이다. 또한 누군가가 어떤 행위에서 적법하게 수행할 수 있는 자기 자신의 의지를 따르지 않을 때, 예컨대 만일 그가 그렇게 해야 할 의무에 매여 있는 것이 아니면서도 적들에게 선을 행하거나, 정당하게 배상을 요

---

7. Cf. a.3, ad4.
8. Cf. II-II, q.186, a.7.

q.108, a.4

quando aliquis non sequitur voluntatem suam in aliquo facto quod licite posset facere, consilium sequitur in casu illo, puta si benefaciat inimicis quando non tenetur, vel si offensam remittat cuius iuste posset exigere vindictam. Et sic etiam omnia consilia particularia ad illa tria generalia et perfecta reducuntur.[9]

AD PRIMUM ergo dicendum quod praedicta consilia, quantum est de se sunt omnibus expedientia, sed ex indispositione aliquorum contingit quod alicui expedientia non sunt, quia eorum affectus ad haec non inclinatur.[10] Et ideo Dominus, consilia evangelica proponens, semper facit mentionem de idoneitate hominum ad observantiam consiliorum. Dans enim consilium perpetuae paupertatis, Matth. 19, [21], praemittit: *Si vis perfectus esse*; et postea subdit, *vade et vende omnia quae habes*. Similiter, dans consilium perpetuae castitatis, cum dixit[ib. 12]: *Sunt eunuchi qui castraverunt seipsos*[11] *propter regnum caelorum*, statim subdit: *Qui potest capere, capiat*. Et similiter Apostolus, I ad Cor. 7, [35], praemisso consilio virginitatis, dicit: *Porro hoc ad utilitatem vestram dico, non ut laqueum vobis iniiciam.*[12]

---

9. 모든 그리스도교적 완덕(完德)은 1차적으로 참사랑의 계명을 준수하는 데에서 성립되고, 2차적으로는 권고들을 따르는 데에서 성립된다. Cf. II-II, q.184, aa.1-3.
10. 성 토마스는 특정 개개인에게는 그들의 영적인 준비 부족으로 인해 복음적 권고들이 적절하지 못하다는 것을 본다. 하지만 가끔은 개개인의 감정적 경향보다, 권고들이 요구하는 저 절대적 영의 자유의 실행을 실천적으로 불가능하게 만드는 생리학적 원인들과 쇠약해진 습성들이 짓누르기도 한다는 것이 명백하다.
11. Vulgata: "seipsos castraverunt."

구할 수 있음에도 불구하고 입은 손해를 용서해 준다면, 그는 저 기회에 대해 권고를 따르고 있는 중이다. 그래서 모든 특수한 권고들은 또한 세 가지 일반적이고 완전한 권고들로 환원될 수도 있을 것이다.[9]

[해답] 1. 위에서 언급한 권고들은, 그 자체로 놓고 볼 때, 모두에게 유익을 주는 것들이다. 하지만 어떤 경우에는 고유한 태세의 결여 때문에 그것들이 누군가에게 유익하지 않은 일이 발생한다. 그가 그것들로 이끌리지 않기 때문이다.[10] 그래서 주님은 복음의 권고들을 제시할 때, 언제나 그것을 준수하는 사람들의 적합성을 이야기한다. 영속적인 가난에 대한 권고를 하면서 그는 마태오복음서 19장 [21절]에서 "네가 완전한 사람이 되려거든"이라는 말로 시작해서 "가서 네가 가진 모든 것을 다 팔라"고 계속한다. 마찬가지로 영속적인 정결에 대해 권고하면서는 "하늘나라 때문에 스스로 고자가 된 이들[11]도 있다."고 말한 다음에, 즉시 "받아들일 수 있는 사람은 받아들여라."고 덧붙인다.(마태 19,12) 그리고 마찬가지로 사도는 코린토 1서 7장 [35절]에서 동정(童貞)에 대한 권고를 하고 나서, "나는 여러분 자신의 이익을 위하여 이 말을 하는 것이지, 여러분에게 굴레를 씌우려는 것이 아닙니다."라고 말한다.[12]

---

12. 윤리학자들과 영적 스승들은, 영혼이 복음적 권고의 호소를 듣는 것이 어디까지 의무적인지를 묻는다. 문제는 매우 복잡하다. 이 주제에 대해서는, 은사(II-II, qq.171-179)와 완덕의 지위(II-II, 179-189)에 대해 논하는 자리에서 좀 더 상세하게 다루어질 것이다. 하지만 토마스의 해결책을 위해서는 복음적 법의 계명들이 하느님 자녀들의 자유의 차원에서 전개된다는 점을 염두에 두어야 한다. 성령의 움직임이 필수적인지 여부는 객관적 여건들보다는 특수한 상황들의 주관적 조건들에 더 좌우된다.

q.108, a.4

AD SECUNDUM dicendum quod meliora bona particulariter in singulis sunt indeterminata. Sed illa quae sunt simpliciter et absolute meliora bona in universali, sunt determinata. Ad quae etiam omnia illa particularia reducuntur, ut dictum est.[13]

AD TERTIUM dicendum quod etiam consilium obedientiae Dominus intelligitur dedisse in hoc quod dixit: *Et sequatur me*;[14] quem sequimur non solum imitando opera, sed etiam obediendo mandatis ipsius; secundum illud Ioan. 10, [27]: *Oves meae vocem meam audiunt, et sequuntur me.*[15]

AD QUARTUM dicendum quod ea quae de vera dilectione inimicorum, et similibus, Dominus dicit Matth. 5 et Luc. 6, si referantur ad praeparationem animi, sunt de necessitate salutis, ut scilicet homo sit paratus benefacere inimicis, et alia huiusmodi facere, cum necessitas hoc requirat. Et ideo inter praecepta ponuntur. Sed ut aliquis hoc inimicis exhibeat prompte in actu, ubi specialis necessitas non occurrit, pertinet ad consilia particularia, ut dictum est.[16]—Illa autem quae ponuntur Matth. 10, et Luc. 9, et 10, fuerunt quaedam praecepta disciplinae pro tempore illo, vel concessiones quaedam, ut supra[17] dictum est. Et ideo non inducuntur tanquam consilia.

---

13. 본론.
14. 마태 16,24.
15. 이와 관련된 좀 더 명백한 지표를 우리는 주님이 겸손의 덕을 강조하시는 말씀 중에 찾아볼 수 있다. "너희도 알다시피 다른 민족들의 통치자들은 백성 위에 군림하고, 고관들은 백성에게 세도를 부린다. 그러나 너희는 그래서는 안 된다. 너희 가운데에서 높은 사람이 되려는 이는 너희를 섬기는 사람이 되어야 한다.

2. 고등한 선들은, 하나하나 구체적으로 살펴볼 때, 고정되거나 결정적인 것이 아니다. 하지만 단순하고 절대적으로 말하는 고등한 선 일반은 결정적이다. 모든 개별적 선들은, 위에서[13] 말한 것처럼, 고등한 선들로 환원된다.

3. 우리는 주님이 "그리고 나를 따라야 한다."[14]고 말했을 때에 순명의 권고를 하고 있다고 보아야 한다. 우리는 그분의 행위를 본받음으로써뿐만 아니라 그의 명령들에 복종함으로써도 그를 따른다. 요한복음서 10장 [27절]에 따르면, "내 양들은 내 말을 알아듣고, 나를 따른다."[15]

4. 주님이 마태오복음서 5장과 루카복음서 6장에서 원수들에 대한 참다운 사랑 등에 대해서 말한, 만일 그것이 정신의 내적 용의를 가리키는 것으로 간주된다면, 구원에 필요하다. 그것은 사람은 필요한 경우에 원수들에게도 선을 행할 용의를 갖추고 있어야 한다는 의미이다. 그래서 이것들은 계명들 사이에 놓이는 것이다. 하지만 아무런 필요가 생기지 않았는데도 누군가 이것을 기꺼이 원수들에게 적용하는 것은 이미[16] 말한 것처럼, 특수한 권고들에 속한다.―마태오복음서 10장과 루카복음서 9-10장에서 말하고 있는 것은 그 당시에 의도되었던 훈육적 계명들이거나, 위에서[17] 말한 것처럼, 양보들이었다. 따라서 그것들은 권고들로 받아들이도록 의도된 것들이 아니다.

또한 너희 가운데에서 첫째가 되려는 이는 너희의 종이 되어야 한다. 사람의 아들도 섬김을 받으러 온 것이 아니라 섬기러 왔고, 또 많은 이들의 몸값으로 자기 목숨을 바치러 왔다."(마태 20,25-28. 참조: 마태 18,1-4; 루카 22,25-27; 요한 13,14; 마르 9,34-35)
16. 본론.
17. a.2, ad3.

q.109

QUAESTIO CIX
DE NECESSITATE GRATIAE
in decem articulos divisa

Consequenter considerandum est de exteriori principio humanorum actuum, scilicet de Deo, prout ab ipso per gratiam adiuvamur ad recte agendum.[1] Et primo, considerandum est de gratia Dei;[2] secundo, de causa eius;[3] tertio, de eius effectibus.[4]

Prima autem consideratio erit tripartita, nam primo considerabimus de necessitate gratiae; secundo, de ipsa gratia quantum ad eius essentiam;[5] tertio, de eius divisione.[6]

---

1. Cf. q.90, Introd. 제2부 제1편 제49문에서 성 토마스는 먼저 인간적 행위들의 내밀한 원리들, 즉 습성과 덕(제49-70문), 악습과 죄(제71-89문)를 다루면서, 외부적 원리들도 다룰 것이라고 예고하고 있다. 제90문의 "머리글"에서 그는 인간을 악으로 기울게 만드는 외부적 원리인 악마가 이미 제1부 제114문에서 다루어졌다는 사실을 상기시키고 있다. 사람을 선으로 움직이는 원리는 '법을 통해 우리를 가르치시고(제90-108문) 은총을 통해 도와주시는' 하느님이시다.

2. 논고를 구분하는 데 있어서 저자는, 언뜻 보기에는 설득력이 있어 보이지 않는 과학적 엄정성을 가지고 전개하고 있다. '은총 그 자체'에 대한 개진을 시작해야 하기 때문에, 은총의 본성 또는 본질로부터 시작하는 것이 논리적인 것처럼 보일 수 있다. 실상 현대의 논고들이나 교본들은, 이미 저자 자신이 『명제집 주해』에서 채택한 바 있는(cf. *In Sent.*, II, dd.26 & 28) 이 척도를 따르고 있다. 하지만 여기서는 "은총의 필요"에 관한 긴 문(問)을 앞에 놓고 있다. 조금만 생각해 보면 이 겉보기의 비논리적인 위치 이동의 동기들을 이해할 수 있다. 무엇보다 먼저 모든 학문적 탐구들이 저 종적인 개념에 도달하기 위해서는 어떤 사물의 유적 개념으로부터 출발해야 한다는 점을 상기해야 한다. 그런데 은총은, 『신학대전』의 일반

제109문
은총의 필요성에 대하여
(전10절)

이제 우리는 인간적 행위들의 외부적 원리인 하느님을, 그분이 은총을 통해 우리를 올바로 행동하도록 도우시는 한에서 고찰해야 한다.[1]

먼저, 우리는 하느님의 은총을 고찰하고,[2] 둘째, 그 원인을 살피며,[3] 셋째, 그 효과들을 살펴야 한다.[4]

하느님의 은총에 대해서는 다시 세 가지가 고찰되어야 한다.

1. 은총의 필요성에 대하여.
2. 은총 자체의 본질에 대하여.[5]

적 도식 자체로부터 결과되는 것처럼, 모든 이에 의해서 인간에게 무상으로 제공되는 하나의 신적인 '도움'(auxilium)이라고 개념된다. 그런데 이 도움이, 도움일 수 있기 위해서는, 한 가지 요구 조건을 채워야 한다. 그러므로 무엇보다 먼저 필요성(necessitas)을 분석하는 일이 시급하다. 또한 '필요성' 문제는 여기서 '실존'(an sit) 문제와 일치된다. 그리고 과학적 탐구에서는 존재 문제가 어떤 사물의 본질에 관한 문제(quid sit)보다 우선해야 한다는 것을 모두가 다 안다. 이렇게 위치 이동을 함으로써 다른 또 하나의 상당한 이점을 얻게 된다. 곧 신학자들 사이에 논란이 되고 있는 은총의 본성 문제에 직면하기에 앞서서 해당 주제에 관한 하느님의 계시와 교회 전통의 확실한 가르침이 제공될 수 있는 것이다. 특히 모든 신학적 논고 안에서는 언제나 신적 계시와 신앙의 상징[신경]에서 결과되는 것처럼, 해당 주제에 관한 혼합된 지식이 전제된다.

3. q.112.
4. q.113.
5. q.110.

q.109

Circa primum quaeruntur decem.

Primo: utrum absque gratia possit homo aliquod verum cognoscere.

Secundo: utrum absque gratia Dei possit homo aliquod bonum facere vel velle.

Tertio: utrum homo absque gratia possit Deum diligere super omnia.

Quarto: utrum absque gratia possit praecepta legis observare.

Quinto: utrum absque gratia possit mereri vitam aeternam.

Sexto: utrum homo possit se ad gratiam praeparare sine gratia.

Septimo: utrum homo sine gratia possit resurgere a peccato.

Octavo: utrum absque gratia possit homo vitare peccatum.

Nono: utrum homo gratiam consecutus possit, absque alio divino auxilio, bonum facere et vitare peccatum.

Decimo:, utrum possit perseverare in bono per seipsum.[7]

---

6. q.111.
7. 은총에 관한 펠라기우스(Pelagius)와의 논쟁과 루터(Martin Luther)와의 논쟁을 알고 있는 이라면 어렵지 않게 이 열 가지 질문들 안에서, 역사의 흐름 속에서 이와 관련하여 제기된 문제의 총체를 맞닥뜨리게 된다. 그리고 현존하는 문제의 얼개를 『명제집 주해』(*In Sent.*, II, d.28, q.1)의 유비적인 문제와 대조해 보게 되면, 문제들이 여기서 두 배로 늘어났을 뿐만 아니라, 역순으로 준비되어 있다는 것도

3. 은총의 구분에 대하여.[6]

은총의 필요성에 대해서는 다음과 같이 열 가지 문제가 제기된다.

1. 인간은 은총의 [도움] 없이 어떤 참된 것을 인식할 수 있는가?

2. 인간은 하느님의 은총의 [도움] 없이 어떤 선을 행하거나 원할 수 있는가?

3. 인간은 은총의 [도움] 없이 하느님을 모든 것보다 더 사랑할 수 있는가?

4. 은총의 [도움] 없이 법의 계명들을 준수할 수 있는가?

5. [인간은] 은총의 [도움] 없이 영원한 생명을 누릴 공로가 있는가?

6. 인간은 은총의 [도움] 없이 은총을 받을 준비를 할 수 있는가?

7. 은총의 [도움] 없이 죄로부터 다시 일어설 수 있는가?

8. 인간은 은총의 [도움] 없이 죄를 피할 수 있는가?

9. 은총을 입은 인간은 어떤 신적인 도움이 없이 선을 행하고 악을 피할 수 있는가?

10. [인간은] 스스로 선에 항구할 수 있는가?[7]

알게 될 것이다. 『명제집 주해』에서 성 토마스는 학생용 텍스트에 묶여 있다고 느꼈지만, 여기 『신학대전』에서는 완전한 체계적 순서로 전개하고 있다. 펠라기우스와 아우구스티누스의 대결에서 비롯된 은총에 관한 논쟁과 성 토마스에 의한 종합적 체계화 그리고 종교개혁으로 다시 촉발된 의화 논쟁과 트리엔트공의회의 결정, 그리고 현재까지 이어지는 열띤 논쟁과 해결의 파노라마를 개관하기 위해서는: 권혁주, 「은총」, 『한국가톨릭대사전』, 제9권, 2002, 6871*-6879*쪽; 박준양, 『은총론, 그 고귀한 선물에 관하여』, 생활성서사, 2008, 67-120쪽 참조.

Articulus 1
Utrum homo sine gratia aliquod verum cognoscere possit

Ad primum sic proceditur. Videtur quod homo sine gratia nullum verum cognoscere possit.

1. Quia super illud I *Cor.* 12, 3, *Nemo potest dicere, Dominus Iesus, nisi in Spiritu sancto*, dicit Glossa Ambrosii:[1] *Omne verum, a quocumque dicatur, a Spiritu Sancto est.*[2] Sed Spiritus Sanctus habitat in nobis per gratiam. Ergo veritatem cognoscere non possumus sine gratia.

2. Praeterea, Augustinus dicit, in I *Soliloq.*,[3] quod *disciplinarum*

---

1. Glossa Lombardi: PL 191, 1651A; Ord.: PL 114, 540B. Cf. Ambrosius, In I Cor., 12, 3: PL 17, 245B.
2. 저자가 자신의 작품들에서 즐겨 반복하고 있는 이 권위 있는 명제는 암브로시우스에게 속하는 것이 아니라, 『사도 바오로 서간 주해』와 『신-구약 성경 문제들』을 쓴 어떤 익명의 저자에게 속한다. 이 작품들은 나중에 로테르담의 에라스무스(Erasmus)의 타당한 비판에서 공히 암브로시아스테르(Ambrosiaster) 또는 위-

제1절 인간은 은총 없이 어떤 참된 것을 인식할 수 있는가?

Parall.: *In Sent.*, II, d.28, q.1, a.5; *In Ep. I ad Cor.*, c.12, lect.1.
Doctr. Eccl.: Cf. DS 104[=DH 226], DS 180[=DH 377], DS 182[=DH 379], DS 195[=DH 392]. 여기서는 진리 인식을 위해서는 (치료적) 은총이 필요하다고 가르치고 있다. 클레멘스 11세는 1713년에 다음과 같은 말로 퀘넬 신부를 단죄하였다. "모든 하느님 인식은, 자연적이거나 이교 철학자들 안에서조차, 하느님께로부터가 아니면 올 수가 없다. 그리고 은총 없이는 흠숭과 감사와 사랑의 정 대신 외람됨과 허영과 하느님에 대한 반대 이외에는 다른 것을 생산하지 않는다." DS 1391[=DH 2441]. 보탱(L. E. Bautain)은 1840년에 다음 명제에 서명하였다. "이성이 원죄에 의해 아무리 약해지고 흐려졌을지라도, 하느님의 실존에로, (모세를 통하여 유다인들에게, 그리고 흠숭 받으실 우리의 하느님이시며 인간이신 분을 통하여 그리스도인들에게, 반포된 계시로) 우리를 확실히 이끌기에 충분한 명백함과 힘이 남아 있다." DS 1627[=DH 2756]. Cf. DS 1806[=DH 3026], DS 2145[=DH 3537-3542]

[반론] 첫째에 대해서는 다음과 같이 진행된다. 인간은 은총의 도움이 없이는 어떠한 참된 것도 인식할 수 없는 것으로 보인다.

1. 실상 코린토 1서 12장 [3절]에서는 "성령에 힘입지 않고서는 아무도 '예수님은 주님이시다.'라고 말할 수 없습니다."라고 말하고 있고, 암브로시우스는 주해서[1]에서 "진리는 누가 발설하든지 간에 모두 성령으로부터 오는 것이다."[2]라고 말하고 있기 때문이다. 그러나 성령은 은총을 통해서 우리 안에 머무르신다. 그러므로 우리는 은총이 없이는 진리를 알 수 없다.

2. 아우구스티누스는 『독백록』 제1권[3]에서 이렇게 말하고 있다.

암브로시우스의 작품들로 지칭되었다. "이 인물은 다마소 교황 시절에 로마에서 살았고, 374년과 378/9년 사이에 위의 두 작품을 편찬해야 하였다."(G. Brady, in *Supplement au Dict. de la Bible*, I, col.234) 그러나 박식한 이들에 의해서 이루어진 모든 연구들에도 불구하고 그에 대해서는 이름 이외에는 알려진 것이 거의 없다.
3. c.6: PL 32, 875.

certissima talia sunt qualia illa quae a sole illustrantur ut videri possint; Deus autem ipse est qui illustrat; ratio autem ita est in mentibus ut in oculis est aspectus; mentis autem oculi sunt sensus animae. Sed sensus corporis, quantumcumque sit purus, non potest aliquod visibile videre sine solis illustratione. Ergo humana mens, quantumcumque sit perfecta, non potest ratiocinando veritatem cognoscere absque illustratione divina. Quae ad auxilium gratiae pertinet.

3. Praeterea, humana mens non potest veritatem intelligere nisi cogitando; ut patet per Augustinum XIV *de Trin.*[4] Sed Apostolus dicit, II *ad Cor.* 3, [5]: *Non sufficientes sumus aliquid cogitare a nobis, quasi ex nobis.*[5] Ergo homo non potest cognoscere veritatem per seipsum sine auxilio gratiae.

SED CONTRA est quod Augustinus dicit, in I Retract.:[6] *Non approbo quod in oratione dixi, Deus, qui non nisi mundos verum scire voluisti. Responderi enim potest multos etiam non mundos multa scire vera.* Sed per gratiam homo mundus efficitur; secundum illud Psalmi 50, [12]: *Cor mundum crea in me, Deus; et spiritum rectum innova in visceribus meis.* Ergo sine gratia potest homo per seipsum veritatem cognoscere.

---

4. c.7: PL 42, 1043.
5. Vulgata: "non quod sufficientes simus cogitare aliquid a nobis, quasi ex nobis."
6. c.4, n.2: PL 32, 589.

"가장 확실한 학문은, 태양의 조명에 의해서 사물이 보이게 되는 것과 같다. 그런데 조명하는 이는 바로 하느님이시다. 정신과 이성의 관계는 눈과 시각 사이의 관계와 같다. 정신의 눈은 영혼의 감각들이다." 그러나 육체적 감각들은, 아무리 맑다고 하더라도, 태양의 조명이 없이는 아무것도 볼 수 없다. 그러므로 인간의 정신은, 아무리 완전하다고 하더라도, 신적인 조명이 없이 추론만으로는 진리를 알 수 없다. 그리고 이것[신적 조명]은 은총의 도움에 속한다.

3. 아우구스티누스가 『삼위일체론』 제14권[4]에서 명시하듯이, 인간의 정신은 생각을 통하지 않고서는 진리를 파악할 수 없다. 그러나 사도는 코린토 2서 3장 [5절]에서 "우리가 무슨 자격이 있어서 스스로 무엇인가 [생각]해냈다고 여긴다는 말은 아닙니다."라고 말하고 있다.[5] 그러므로 인간은 은총의 도움 없이 스스로의 힘만으로는 진리를 알 수 없다.

[재반론] 그러나 반대로, 한편 아우구스티누스는 『재론고』 제1권[6]에서 이렇게 말한다. "나는 내가 기도 중에, '오직 순수한 이들만이 진리를 알기를 바라신 하느님'이라고 말씀드린 것을 만족할 만한 것으로 여기지 않는다. 순수하지 않은 많은 이들도 많은 진리를 안다고 대답할 수 있을 것이기 때문이다." 그런데 인간은 시편 51[50]편 [12절]에 따르면 오로지 은총을 통해서만 순수해질 수 있다. "오, 하느님, 제 안에 순수한 마음을 일으켜 주시고, 새롭고 바른 영을 새겨 주소서." 그러므로 인간은 은총 없이 스스로 진리를 인식할 수 없다.

RESPONDEO dicendum quod cognoscere veritatem est usus quidam, vel actus, intellectualis luminis:[7] quia secundum Apostolum, *ad Ephes.* 5, [13], *omne quod manifestatur, lumen est.* Usus autem quilibet quendam motum importat:[8] large accipiendo motum secundum quod intelligere et velle motus quidam esse dicuntur,[10] ut patet per Philosophum in III *de Anima.*[9] Videmus autem in corporalibus quod ad motum non solum requiritur ipsa forma quae est principium motus vel actionis; sed etiam requiritur motio primi moventis. Primum autem movens in ordine corporalium est corpus caeleste.[11] Unde quantumcumque ignis habeat perfectum calorem, non alteraret nisi per motionem caelestis corporis. Manifestum est autem quod, sicut omnes motus corporales reducuntur in motum

---

7. "지성적 빛"(lumen intellectuale)에 대해서: Cf. q.68, a.1, ad2; q.91, a.2; I, q.12, a.11, ad3. "빛은 드러나게 함(manifestatio)에 속한다. 드러나는 것은 빛, 곧 나타나는 대상(또는 질료)이다. 빛이 드러나게 되는 그 상대는, 마찬가지로, 드러나는 질료를 지각하는 자이다. 따라서 이 빛에 대해서는 두 가지 방식으로 말할 수 있다: 주관적으로, 그리고 대상적으로. '주관인 빛'(lumen subiectum)은 어떤 대상을 지각하거나 접촉하는 기관(機關, facultas)을 가리킨다. 여기서 기관이라는 말은 어떤 사물(능력)의 어떤 것을 짜맞춤(coaptatio)으로 이해된다: 그것에 의해서 그 대상에 결합하여 그 유사상(類似像, similitudo)을 자기 안에 받아들이고 그것에 따라 존재할 수 있다.(cf. I, q.14, a.1) 따라서 기관은 대상의 인각상(印刻像, impressio)에 반응한다. 그러므로 모든 인식은 능동-수동 방식에 따라 표상된다. (…) — 대상적 빛(lumen obiectivum)은 자신의 존재성(entitas)을 드러내는 능력이다. 존재성에 기초를 두고 있고, 거기에 자신의 등가적(等價的) 표상력 안에 나타날 능력을 추가한다. 따라서 상대적으로 말해지고 있어서, 절대적으로 말해지는 존재성과는 구별된다. 그리고 존재론적 진리(眞理, veritas) 또는 사물의 진리와 동일하다." Cf. A. M. Horvath, OP, *Synthesis theologiae fundamentalis*, Budapestini, 1947, p.88.

[답변] 진리를 인식하는 것은 지성적 빛의 사용 또는 실행이다.[7] 왜냐하면 사도의 에페소서 5장 [13절]에 따르면 "밖으로 드러나는 것은 모두 빛으로 밝혀지기" 때문이다. 그런데 무릇 사용은 어떤 운동을 함축하고 있다.[8] 이는 운동을 넓은 의미로, 곧 철학자가 『영혼론』 제3권[9]에서 말하는 것처럼, 인식과 원욕을 포함하는 의미로 볼 때에 그러하다.[10] 더욱이, 우리는 물리 세계에서 운동을 위해서 운동이나 활동의 원리인 저 내밀한 형상(forma)이 필요할 뿐만 아니라, 또한 제1 기동자(primum movens)의 현실적 운동도 요구된다는 것을 본다. 그런데 물리적 질서에서의 제1 기동자는 천상 물체이다.[11] 불이 아무리 완전한 열을 소유하고 있다고 하더라도, 그것은 오로지 천상 물체의 현실적 운동을 통해서만 변화를 초래하게 된다. 그런데 모든 물리적 운동이 제1 물리적 기동자로서의 천상 물체의 운동으로부터 유래되는 것과 마찬가지로, 물리적이건 영적이건 간에 모든 운동들은 단적으로 말해 제1 기동자인 하느님으로부터 유래된다는 것이 명백

---

8. Cf. q.16, a.1.
9. cc.4 et 7, 429b25-26; 431a4-7; S. Thomas, lect.9, n.720; lect.12, nn.765-766. Cf. I, c.1, 410a25-26; S. Thomas, lect.12, n.183. Cf. I, q.9, a.1, ad1; q.18, a.3, ad1.
10. 아리스토텔레스에게 있어서 '운동' 개념은 확장되어 장소 이동뿐만 아니라 우유적이거나 실체적인 모든 변화와 생성, 그리고 순수한 활동까지 다 포괄하게 된다. Cf. I, q.9, a.1, ad1. 아리스토텔레스 자신이, 성 토마스에게 매우 중요한 작품인 『자연학』 작품을 구성하는, 자기 자신의 우주론적 범주들의 일반화를 시작했다. '움직임' 관념은 장소 운동뿐만 아니라 우유적이든, 실체적이든, 온갖 종류의 변화와 생성으로까지 확장된다. 그리고 순수한 활동도 포함할 수 있다. Cf. I, q.9, a.1, ad1.
11. Cf. q.9, a.6, ad1; I, q.82, a.4; q.91, a.2, ad3; *ScG*, II, c.22, n.985; c.43, n.1200; III, c.82. 이곳에서와 다른 곳에서의 물리적 가르침들은 이미 낡은 것으로, 형이상학적 가르침들과 필수적으로 연결되는 것은 아니며, 그 가치는 이미 상실했다. Cf. I, q.2, aa.3 et 11; q.76, a.7.

q.109, a.1

caelestis corporis sicut in primum movens corporale; ita omnes motus tam corporales quam spirituales reducuntur in primum movens simpliciter, quod est Deus.[12] Et ideo quantumcumque natura aliqua corporalis vel spiritualis ponatur perfecta, non potest in suum actum procedere nisi moveatur a Deo.[13] Quae quidem motio est secundum suae providentiae rationem; non secundum necessitatem naturae, sicut motio corporis caelestis. Non solum autem a Deo est omnis motio sicut a primo movente; sed etiam ab ipso est omnis formalis perfectio sicut a primo actu. Sic igitur actio intellectus, et cuiuscumque entis creati, dependet a Deo quantum ad duo, uno modo, inquantum ab ipso habet formam per quam agit; alio modo, inquantum ab ipso movetur ad agendum.[14]

Unaquaeque autem forma indita rebus creatis a Deo, habet efficaciam respectu alicuius actus determinati, in quem potest secundum suam proprietatem, ultra autem non potest nisi per aliquam formam superadditam, sicut aqua non potest calefacere nisi calefacta ab igne. Sic igitur intellectus humanus habet aliquam formam, scilicet ipsum intelligibile lumen, quod est de se sufficiens ad quaedam intelligibilia cognoscenda, ad ea scilicet in quorum notitiam per sensibilia possumus devenire.[15]

---

12. Cf. I, q.2, a.3.
13. Cf. I, q.105, a.5.
14. 인간은 그 지성적 본성의 관점에서 물리적 우주를 초월하고 직접적으로 (단적으로 제1 기동자인) 하느님께로 향한다.(II-II, q.2, a.3) 그분의 능동적 운동(motio)은 텍스트에서 지적된 두 가지 방식으로, 곧 1) 인간 안에 활동의 형상적 원리를 제공함으로써, 그리고 2) 그 실제적인 활동 과정을 시작하고 유지함으로써 모든 인

하다.¹² 그래서 물리적이거나 영적인 본성이 아무리 완전하다고 하더라도, 그것은 하느님에 의해서 움직여지지 않고서는 자기 자신을 계속해서 실현시켜 나아갈 수 없다.¹³ 이 현실적 운동은, 천상적 물체의 현실적 운동이 그러하듯이, 자연의 필연성에 따라서가 아니라, 그분의 섭리 질서와 일치를 이루고 있다. 그런데 모든 현실적 운동이 제1 기동자인 하느님으로부터 올 뿐만 아니라, 또한 모든 형상적 완전성도 제1 현실성인 그분으로부터도 온다. 이처럼 지성의 활동(actio)과 어떤 피조된 실재의 활동은 두 가지 방식으로 하느님께 의존하고 있다. 첫째, 그것이 그분으로부터 (그것에 따라 행동하게 되는) 형상을 가짐으로써, 그리고 둘째, 그분에 의해서 행동하도록 움직여짐에 의해서 하느님께 의존하고 있다.¹⁴

그런데 하느님에 의해서 피조된 실재 안에 부여된 모든 형상은 그것이 그것에 고유한 본성에 합치되게 전개할 수 있는 어떤 특정한 현실화를 위한 효력을 가지고 있다. 그것은 물이 불에 의해서 가열되지 않고서는 뜨거워질 수 없는 것과 마찬가지로, 오직 어떤 보충적 형상 덕분에만 그 한계를 넘어 나아갈 수 있다. 이와 같이 인간 지성은 어떤 형상, 즉 가지적 빛 자체(ipsum intelligibile lumen)를 가지고 있는데, 그것은 그 자체만으로 어떤 가지적 실재들에 대한 인식, 즉 그것이 감각적 실재들을 통해서 도달할 수 있는 인식을 위해 충분하다.¹⁵ 그러나 인간 지성은 그것이 어떤 보다 강한 빛, 즉 신앙 또는 예

간적 활동과 변화의 원천이다. 인간이 이성적이고 도덕적인 피조물이기 때문에, 이 신적 운동은 예정(praedestinatio)의 형식을 취한다는 점을 잊지 말아야 한다. 섭리와 예정에 대해서는: Cf. I, qq.22-23. Cf. Reginald Garrigou-Lagrange, OP, *Predestination*, Rockford(IL), Tan Books, 1998; Steven A. Long, Roger W. Nutt, and Thomas J. White, OP(eds.), *Thomism & Predestination: Principles and Disputations*, Ave Maria(FL), Sapentia, 2016.

15. Cf. I, q.79, aa.4-5.

q.109, a.1

Altiora vero intelligibilia intellectus humanus cognoscere non potest nisi fortiori lumine perficiatur, sicut lumine fidei vel prophetiae; quod dicitur *lumen gratiae*, inquantum est naturae superadditum.[16]

Sic igitur dicendum est quod ad cognitionem cuiuscumque veri, homo indiget auxilio divino ut intellectus a Deo moveatur ad suum actum. Non autem indiget ad cognoscendam veritatem in omnibus, nova illustratione superaddita naturali illustrationi; sed in quibusdam, quae excedunt naturalem cognitionem.—Et tamen quandoque Deus miraculose per suam gratiam aliquos instruit de his quae per naturalem rationem cognosci possunt, sicut et quandoque miraculose facit quaedam quae natura facere potest.[17]

AD PRIMUM ergo dicendum quod omne verum, a quocumque dicatur, est a Spiritu Sancto sicut ab infundente naturale lumen,

---

16. Cf. q.106, a.1, ad2; I, q.8, a.3, ad4. 만일 인식 기관이 "그때 비례화된 대상 외에 자신의 자연적 한계를 넘어 확장되는 것이 타당하다면, (창조된 지성처럼) 그것에 도달하기 위해서는 (태세의 양식으로 전이적[轉移的]이거나, 더욱이 종종 자기 능력으로 확정적인 습성의 양식으로 영속적으로) 새로운 빛이 필요한 확장적 또는 합치된 [대상]을 갖게 된다. 기관의 현실성으로가 아니라 가능적으로 정초되는 이 추가된 빛을 우리는 인식 능력의 강화 또는 종종 고양이라고 부른다. '고양'(elevatio)은 지성적 빛을 기관의 자연적 능력을 넘어 확장함이고, '강화'(roboratio)는 자연적 능력의 한계 이내거나 그것을 넘는 장소를 가진다. '자연적인 주관적 빛'은 비례화된 대상의 인각상을 수용하는 능력이다. (…) '자연적이지 않은(praeternaturale) 주관적 빛'은 비례화된 능력을 억제하는 장애물들의 실행의 제거나 어떤 가려진 원인들의 영향을 받아 발생하는 자연적 빛의 섬광(fulgor)이다. '자연적이지 않은 주관적 빛'은 비례화된 대상의 범위를 넘는 곳에 놓인 대상을 그 자체로 고유의 형상적 진리성에 따라 지각하기 위한 인식

언의 빛에 의해서 보완되지 않는다면 더 깊은 가지적 실재들을 알 수 없다. 그리고 이것은 자연에 부가되는 한에서 '은총의 빛'(lumen gratiae)이라고 불린다.[16]

이리하여 우리는 어떤 진리 인식을 위해서는 사람이 하느님의 도움을 받아 그의 지성이 하느님에 의해서 그 자신을 현실화시키도록 움직여질 필요가 있다고 말해야 한다. 그렇지만 그는 모든 경우의 진리를 알기 위해서가 아니라, 다만 자연적 인식을 넘는 경우들에만 자신의 자연적 빛을 보완할 새로운 빛을 필요로 한다. 그렇지만 하느님은 자연이 할 수 있는 일을 때로는 기적적으로 행할 수 있는 것과 마찬가지로, 당신의 은총으로 가끔은 자연적 이성에 의하여 알려질 수 있는 것들에 관해서 어떤 사람들을 기적적으로 가르치기도 한다.[17]

[해답] 1. 진리는 누가 발설하든지 간에 성령으로부터 오는 것이다. 그것은 그분이 자연적 빛을 전해 주고 또 [정신으로 하여금] 진리를 이해하고 발설하도록 움직이신다는 의미이다. 그렇지만 그분이 하느

기관의 통찰력 또는 형안(炯眼)이다. 이 초자연적 빛은 또한 신적인 빛(lumen divinum)이라고도 불리는데, 영광의 빛, 예언적 빛, 신앙의 빛이라는 세 가지 형식으로 알려진다. '영광의 빛'(lumen gloriae)은 지성을, 신적 본질의 직접적 방사를 수용할 수 있도록 만들어 준다. '예언적 빛'(lumen propheticum)은 지성을, 하느님에 의해서 계시된 것들에 대해 그 자체로 지각해야 할 것들을 관통하도록 만들어 준다. '신앙의 빛'(lumen fidei)은 하느님의 증언(권위)으로 나타나는 대상들을 확고한 동의로 받아들이기 위한 지성의 능력(habilitas)이다."(A. M. Horvath, OP, *Synthesis theologiae fundamentalis*, Budapestini, 1948, p.89)

17. 하느님의 창조 목적이 유한한 질서인 자연의 질서를 설정한다. 거기에서 활동은, 비록 언제나 모든 활동의 궁극적 원천인 제1 기동자로서의 하느님께 의존하고 있지만, 이 질서의 한계 내에서 완전할 수 있다. 그러나 그 동일한 창조 목적에 의해서 자연 질서 안에는 자연의 일부로서의 자신의 능력을 넘는 목적으로 질서 지어져 있는 피조물이 존재한다. 그 목적에 도달하기 위해서 그는, 그의 피조

et movente ad intelligendum et loquendum veritatem. Non autem sicut ab inhabitante per gratiam gratum facientem, vel sicut a largiente aliquod habituale donum naturae superadditum:[18] sed hoc solum est in quibusdam veris cognoscendis et loquendis; et maxime in illis quae pertinent ad fidem, de quibus Apostolus loquebatur.[19]

AD SECUNDUM dicendum quod sol corporalis illustrat exterius; sed sol intelligibilis, qui est Deus, illustrat interius. Unde ipsum lumen naturale animae inditum est illustratio Dei, qua illustramur ab ipso ad cognoscendum ea quae pertinent ad naturalem cognitionem.[20] Et ad hoc non requiritur alia illustratio, sed solum ad illa quae naturalem cognitionem excedunt.[21]

AD TERTIUM dicendum quod semper indigemus divino auxilio ad cogitandum quodcumque, inquantum ipse movet intellectum ad agendum, actu enim intelligere aliquid est cogitare, ut patet per Augustinum, XIV *de Trin.*[22]

된 본성의 선물들을 뛰어넘는 선물이기에 은총(恩寵, gratia)이라고 불리는 하느님의 도우심을 필요로 한다.
18. Cf. I, 8, a.3, ad4.
19. 성 토마스가 언제나 채택하는 입장(Cf. I, q.1, a.7)인 하느님 자신의 관점에서 볼 때, 모든 진리는 그것이 어떤 차원에 있든지 간에, 하느님 자신으로부터 오는 것이다. 그러나 성령의 내주(內住, inhabitatio)에 따라 발생하는 차원의 차이가 있어야 한다는 것이 하느님 자신의 목적이다.
20. Cf. I, q.79, a.4.

님을 기쁘시게 만드는 은총(gratia gratum faciens)에 의해서 영혼 안에 거주한다거나 또는 본성에 어떤 습성적 선물을 추가한다는[18] 의미에서는 그렇지 않다. 이것은 오로지 어떤 진리들, 무엇보다도 사도가 말하고 있는 신앙의 대상인 진리들에 대한 인식과 발설과 관련해서만 그러할 뿐이다.[19]

2. 물체적 태양은 외부적으로 조명하지만, 가지적 태양인 신은 내면적으로 조명한다. 그래서 영혼 안에 심어진 자연적 빛은 신의 조명인데, 우리는 그분에 의해서 그것(조명)으로써 자연적 인식에 속하는 것들을 알 수 있도록 조명된다.[20] 이것[자연적 인식]을 위해서는 더 이상의 조명이 요구되지 않고, 오직 자연적 인식을 넘는 것에 대해서만 더 이상의 조명이 요구된다.[21]

3. 우리가 어떤 것이든 생각하기 위해서는 언제나 신적 도움이 필요하다. 지성을 활동하도록 만드는 것이 하느님이기 때문이다. 아우구스티누스가 『삼위일체론』 제14권[22]에서 말하고 있듯이, 어떤 것을 현실적으로 이해하는 것이 사고인 까닭이다.

---

21. 아우구스티누스의 '조명설'(照明說, theoria illuminationis)이라고도 불리는 것에 대한 성 토마스의 비판의 요점은 하느님의 조명 자체가 인간에게 본성상 그의 것인 내밀한 빛을 제공한다는 것이다. 질송의 고전적 논문을 참조하라: Etienne Gilson, "Pourquoi S. Thomas a critiqué. Augustin", *Archives d'Histoire Doctrinale et Litterature au Moyen Âge* 1(1926-1927), 5-127. 다음 번역본도 참조하라: 에티엔느 질송, 『아우구스티누스 사상의 이해』, 김태규 옮김, 성균관대학교 출판부, 2010, 160-199쪽. Cf. Ronald Nash, *The Light of the Mind: St. Augustine's Theory of Knowledge*, Lexington, University of Kentucky, 1969; Gareth B. Matthews, "Knowledge and Illumination", in Eleonore Stump & Norman Kretzmann(eds), *The Cambridge Companion to Augustine*, Cambridge, Cambridge University Press, 2001, pp.171-185; David Whidden III, *Christ the Light: The Theology of Light and Illumination in Thomas Aquinas*, Minneapolis, Fortress Press, 2014, pp.13-46.
22. loc. cit. in obj.3.

Articulus 2
Utrum homo possit velle et facere bonum absque gratia

Ad secundum sic proceditur. Videtur quod homo possit velle et facere bonum absque gratia.

1. Illud enim est in hominis potestate cuius ipse est Dominus. Sed homo est Dominus suorum actuum, et maxime eius quod est velle, ut supra[1] dictum est. Ergo homo potest velle et facere bonum per seipsum absque auxilio gratiae.

2. Praeterea, unumquodque magis potest in id quod est sibi secundum naturam, quam in id quod est sibi praeter naturam.

제2절 인간은 은총 없이 어떤 선을 원하거나 행할 수 있는가?

Parall.: *In Sent.*, II, d.28, q.1, a.1; d.39, expos. litt.; IV, d.17, q.1, a.2, qc.2, ad3; *De veritate*, q.24, a.14; *In Ep. II ad Cor.*, c.3, lect.1.
Doctr. Eccl.: 1. 죄인들과 불신자들의 모든 행업들이 다 죄가 되는 것은 아니다: DS 606[=DH 1176], DS 642[=DH 1216], DS 817[=DH 1557], DS 1016[=DH 1916], DS 1022[=DH 1922], DS 1025[=DH 1925], DS 1035[=DH 1935], DS 1038[=DH 1938], DS 1040[=DH 1940], DS 1068[=DH 1968], DS 1297-1299[=DH 2307], DS 1301[=DH 2311], DS 1394-1398[=DH 2444-2448], DS 1408-1409[=DH 2458-2459], DS 1523[=DH 1623]—2. 인간은 현재의 상태에서 자기 본성의 힘을 통해 어떤 선을 행할 수 있다: DS 1027-30[=DH 1927-1930], DS 1036[=DH 1936], DS 1065[=DH 1965], DS 1351-1355[=DH 2401-2405], DS 1388-1392[=DH 2438-2442], DS 1414[=DH 2464].—3. 온전한 본성의 상태에서 본성을 넘는 선에 [이르기] 위해서는 은총이 필요하다: DS 192[=DH 389], DS 1001[=DH 1901], DS 1003sq.[=DH 1903sq.], DS 1007[=DH 1907], DS 1384[=DH 2434].—4. 인간이 현재의 상태에서 공로의 [가치가] 있는 초자연적 선을 원하고 행하기 위해서는 은총이 필요하다: DS 104sq.[=DH 226sq.], DS 134[=DH 2443], DS 139[=DH 246], DS 178sq.[=DH 375sq.], DS 182[=DH 379], DS 184sq.[=DH 381sq.], DS 193[=DH 390], DS 195[=DH 392], DS 317[=DH 622], DS 373[=DH 725].—5. 인간은 현재의 상태에서 복구적 은총을 필요로 한다: DS 186-188[=DH 383-385], DS 192[=DH 389], DS 194[=DH 391], DS 317[=DH 622], DS 325[=DH 633].

[반론] 둘째에 대해서는 다음과 같이 진행된다. 인간은 은총이 없이도 선을 원하고, 행할 수 있는 것으로 보인다.

1. 인간이 어떤 것의 주인일 때 그것은 그의 권한에 속한다. 그러나 위에서[1] 말한 것처럼, 인간은 자신의 행위들의 주인이고, 원함의 경우에는 특별히 더 그러하다. 그러므로 인간은 은총의 도움이 없이도 스스로 선을 원하고 행할 수 있다.

2. 모든 것은 그의 본성과 동떨어져 있는 것에 대해서보다는 그의

---
1. Q.1, a.1; q.13, a.6.

q.109, a.2

Sed peccatum est contra naturam, ut Damascenus dicit, in II libro:[2] opus autem virtutis est homini secundum naturam, ut supra[3] dictum est. Cum igitur homo per seipsum possit peccare, videtur quod multo magis per seipsum possit bonum velle et facere.

3. Praeterea, bonum intellectus est verum, ut Philosophus dicit, in VI Ethic.[4] Sed intellectus potest cognoscere verum per seipsum, sicut et quaelibet alia res potest suam naturalem operationem per se facere. Ergo multo magis homo potest per seipsum facere et velle bonum.

SED CONTRA est quod Apostolus dicit, *Rom.* 9, [16]: *Non est volentis*, scilicet velle, *neque currentis*, scilicet currere, *sed miserentis Dei.* Et Augustinus dicit, in libro *de Corrept. et Gratia*,[5] quod *sine gratia nullum prorsus, sive cogitando, sive volendo et amando, sive agendo, faciunt homines bonum.*[6]

---

2. *De fide orth.*, II, cc.4 et 30: PG 94, 876A, 976A. Cf. IV, c.20: PG 94, 1196B.
3. q.71, a.1.
4. c.2, 1139a27-31; S. Thomas, lect.2, nn.1130-1132.
5. c.2: PL 44, 917.
6. 사도 바오로와 아우구스티누스의 이토록 거친 주장들은 반(半)펠라기우스주의자들을 거슬러 아우구스티누스의 제자들에 의해서 촉구되었고 보니파시오 2세 교황에 의해 승인된 제2차 오랑주 교회 회의(529년)에서 고정되었다. "인간에게 고유한 것. 인간은 누구나 자신의 고유한 것이라곤 오로지 거짓말과 죄밖에 없다. 그리고 만일 어떤 사람이 진리와 의로움을 지니고 있다면, 그것은 우리가 여행 중에 한두 방울의 물로 목을 적시면서 길을 빗나가지 않을 수 있도록 이 광야에서 목마르게 찾는 샘으로부터 나오는 것이다."(DS 195[=DH 392]. Cf. DS 193[=DH 390])

본성에 합치되는 것에 대해서 더 큰 역량을 지니고 있다. 그러나 다마셰누스가 제2권[2]에서 말하고 있듯이 죄는 본성에 반대되지만, 유덕한 업적들은 위에서[3] 말한 것처럼, 인간의 본성과 조화를 이룬다. 그러므로 인간은 스스로 죄를 지을 수 있기 때문에, 더더욱 스스로의 힘으로 선을 원하고 행할 역량을 갖추고 있는 것으로 보인다.

3. 철학자는 『니코마코스 윤리학』 제6권[4]에서 "지성의 선은 진리이다."라고 말한다. 그러나 모든 것이 그것에 자연적인 작용을 스스로 수행할 수 있는 것과 마찬가지로, 지성은 스스로의 힘만으로 진리를 알 수 있다. 그러므로 인간은 더욱이 스스로의 힘으로 선을 원하고 행할 수 있다.

[재반론] 그러나 반대로, 사도는 로마서 9장 [16절]에서 "그러므로 그것은 사람의 의지나 노력이 아니라, 하느님의 자비에 달려 있습니다."라고 말하고 있다. 그리고 아우구스티누스는 『훈계와 은총』[5]에서 "인간은 은총이 없이는 생각으로나 원의 혹은 사랑으로나 행동으로나 그 어떠한 선도 행할 수 없다."고 말하고 있다.[6]

하지만 나중에 교회는 개신교도들(Protestantes)과 얀센주의자들(Jansenistae)의 과장된 염세주의에 직면해서 자신의 사상을 좀 더 잘 정의하도록 요구될 것이다. 실상 트리엔트공의회는 행위를 죄스럽지 않게 완성하기 위해서는 성화은총이 필요하지 않다고 가르친다.(DS 817[=DH 1557]) 그러므로 사죄(死罪)의 상태에 있는 어떤 사람이 어떤 선한 행위를 수행할 수 있다. 성 비오 5세 교황은 바유스(Baius)의 주장을 단죄할 것인데, 그에 따르면 불신자들의 모든 행업들은 죄가 아닐 수 없을 것이고, 철학자들의 덕이라는 것도 악습에 지나지 않을 것이다.(DS 1025[=DH 1925]; Cf. DS 1389[=DH 2439]) 대가적 답변 속에 들어 있는 성 토마스의 가르침의 완벽한 균형에 주목하라.

q.109, a.2

RESPONDEO dicendum quod natura hominis[7] dupliciter potest considerari, uno modo, in sui integritate, sicut fuit in primo parente ante peccatum; alio modo, secundum quod est corrupta in nobis post peccatum primi parentis.[8] Secundum autem utrumque statum, natura humana indiget auxilio divino ad faciendum vel volendum quodcumque bonum, sicut primo movente, ut dictum est.[9] Sed in statu naturae integrae, quantum ad sufficientiam operativae virtutis, poterat homo per sua naturalia velle et operari bonum suae naturae proportionatum, quale est bonum virtutis acquisitae, non autem bonum superexcedens, quale est bonum virtutis infusae.[10] Sed in statu naturae corruptae etiam deficit homo ab hoc quod secundum

---

7. 인간의 본성에 관한 성 토마스의 이해의 복잡한 균형이 여기서 일부 드러난다. 단순하게 아리스토텔레스의 '본성'(natura)만을 말할 수 없다. 성 토마스에게 있어서 인간 본성은 그 본래적 무구성(無垢性, innocentia)과 구전성(俱全性, integralitas)으로부터 벗어날 수 있지만, 비록 '타락'(corrupta)했더라도 본성인 채로 남아 있다. 실상 그것은 아담의 죄 때문에 추락하였고, 그 귀결로 그의 모든 후손들인 인류는 그 본성에 치명상을 입었다. 그러나 더 나아가 토마스에게는, 비록 그가 이 절과 이어지는 절들에서 자신의 관점을 강조하지는 않지만, 타락 이전의 인간 본성의 무구성의 상태는 그 자체로 성화은총의 한 결과였다고 본다. 그것이 없이는 인간 본성은 (비록 그 타락 때문에 지금처럼 죄스럽지는 않다고 하더라도) 사실상 무질서에 빠졌을 것이다. 세례의 은총은, 인간으로 하여금 그를 복되게 만드는 하느님과의 친교에 들게 해 줄 뿐만 아니라, 인간 본성을 그 내밀한 역동적 원리인 의지 안에서의 구전성과 자유로 복원시키기도 한다. 그러나 인간 본성 전체 질서로의 복원은 아직도 부활의 변형을 기다려야 한다. Cf. I, qq.95f.; I-II, qq.81f.; q.101, a.2; De malo, IV-V.
8. 이 이중의 지위에 대해서: Cf. infra a.8; q.114, a.2; I, q.94, a.2. 특히 온전한 본성의 지위에 대하여: Cf. I, q.95, a.1; q.97, a.1. 부패하거나 타락한 본성의 지위에 대하여: Cf. II, q.85, aa.3 et 5-6.
9. a.1.

[답변] 인간의 본성(natura hominis)[7]은 두 가지 방식으로 고찰될 수 있다. 첫째로 범죄 이전의 우리의 첫 원조(元祖)[8]의 경우에 그러하듯이, 그 오롯함에서, 그리고 둘째로는 우리의 첫 조상들의 범죄 이후에 우리 안에서 그것이 부패한 데에 따라 [고찰될 수 있다]. 그런데 우리가 위에서[9] 말한 것처럼, 두 경우 모두, 도대체 어떤 선을 행하거나 원하기 위해서는 인간의 본성은 제1 기동자의 신적 도움을 필요로 한다. 그러나 온전한 본성 상태에서는, 작용 능력의 충분성의 관점에서, 인간은 그의 본성적 천품에 의해서 자신의 본성에 비례하는 선, 즉 획득된 덕의 선을 원하고 실행할 수 있었지만, 초월적 선, 즉 주입된 덕의 선을 원하거나 실행할 수는 없었다.[10] 그러나 부패한 본

---

10. (*추가주) "그리고 이 두 가지 선은, 만일 우리가 행위들에 대해 말한다면, 행위의 실체에 따라 달라지는 것이 아니라 그 행동 방식에 따라 달라지는 것이다. 예컨대, 자선을 베푸는 이 행위는, 인간이 어떤 자연적인 특정 사랑이나 호의(benevolentia)에 의해서 움직여지는 한에서, 인간의 역량에 비례하는 선이다. 반면에 인간이, 사람의 정신을 하느님과 결합시키는 참사랑으로부터 오는 것으로 이끌리는 한에서는 인간 본성의 기관(facultas)을 능가한다."(De veritate, q.24, a.14) 명백히 드러나는 것처럼, 저자는 인간의 두 가지 지위만을 고찰하고 있다: 원죄 이전과 원죄 이후. 원죄 이전의 원조들의 상태에서는 인간이 성화은총을 결(缺)하고 있었던 것이 아니다: 아퀴나스에게 아담은 은총 안에서 창조되었다.(Cf. I, q.95, a.1) 하지만 이 상태에서는 자연적 기관(機關, facultas)들이 하느님의 단지 일반적 도움만 받더라도 그들의 활동을 펼칠 조건 속에 있었다. 반면에 본성의 타락 이후에는 원죄의 귀결로 이 기관들은 하느님의 자비로운 도우심이 없이는, 곧 그분의 초자연적 질서의 원리로서의 그분의 영향이 없이는 결코 완전히 정상적이지 못하다. 하지만 인간의 행위가 원죄 이전에는, 은총의 지위에 있는 그 누구에게서도 일어나듯이, 언제나 초자연적 차원에서 펼쳐졌다는 반론을 제기할 수 있을 것이다. 따라서 언제나 초자연적 원인으로서의 하느님의 개입이 필요하다. 그런데 만일 은총만의 배타적 분위기 속에 있는 어떤 인간적 행위의 가설에 동질적인 맥락을 주고자 한다면, 역사적으로는 결코 실존했던 적이 없는 어떤 "순수 본성"(natura pura)의 상태를 생각할 필요가 있다. 바로 그렇기 때문에 논리적으로 묘사된 두 개의 상태에 온전히 가설로만 남아 있는 제3의 상태가 추가되기에 이른다.

q.109, a.2

suam naturam potest, ut non possit totum huiusmodi bonum implere per sua naturalia. Quia tamen natura humana per peccatum non est totaliter corrupta, ut scilicet toto bono naturae privetur;[11] potest quidem etiam in statu naturae corruptae, per virtutem suae naturae aliquod bonum particulare[12] agere, sicut aedificare domos, plantare vineas, et alia huiusmodi;[13] non tamen totum bonum sibi connaturale, ita quod in nullo deficiat. Sicut homo infirmus potest per seipsum aliquem motum habere; non tamen perfecte potest moveri motu hominis sani, nisi sanetur auxilio medicinae.

Sic igitur virtute gratuita superaddita virtuti naturae indiget homo in statu naturae integrae quantum ad unum, scilicet ad operandum et volendum bonum supernaturale. Sed in statu naturae corruptae, quantum ad duo, scilicet ut sanetur; et

---

많은 신학자들은 인간을 "순수 본성 안에 있는 것으로" 묘사하는 데 그치고, 인간의 본성에 뚜렷한 다섯 가지 상태를 마주치게 된다: 1) '순수 본성'(natura pura)의 상태, 2) 온전한 본성(natura integra)의 상태(이것들은 둘 다 가설적이다), 3) '본래적 의로움'(iustitia originalis)의 상태, 4) '타락한 본성'(natura corrupta)의 상태, 5) '복원된 본성'(natura reparata)의 상태. 이 마지막 세 가지는 구체적인 역사적 상황에 상응한다. 성 토마스는 여기서 그런 맥락을 창안하는 데 염려하지 않는다. 왜냐하면 작용과 그것을 위해 요구되는 도움들과 관련된 피조물의 단독 역량을 고찰하기 때문이다. 그런데 인간의 작용적 기관들은 하느님의 도우심에 비해 서로 다른 두 상태에 있을 수 있다. 곧 온전한 상태에 있을 수도 있고, 타락하거나 부패한 본성의 상태에 있을 수도 있는 것이다. 이 둘째 경우에 은총의 신적 도우심의 요구는 정작 두 배가 된다: '고양시키는 은총'(gratia elevans)을 넘어 '치유하는 은총'(gratia sanans)이 요구되는 것이다. 본성과 은총 사이의 관계에 관한 현대적 논의를 보기 위해서는: 앙리 드 뤼박, 「자연과 은총」(최영철 옮김), 『신학전망』 10(1970/가을), 44-56쪽; 기스벨트 그레사케, 『은

성의 상태에서 인간은, 심지어 그의 본성에 따라 할 수 있는 것에 대해서조차도 실행할 수 없게 되었고, 그래서 그는 그의 자연적 천품에 의해서 이런 종류의 선 전체를 이룰 수 없다. 그러나 인간 본성은 본성에 적합한 선 전체를 상실할 정도로 죄에 의해서 총체적으로 부패한 것이 아니기 때문에,[11] 인간은 참으로 부패한 본성의 상태에서도 그의 자연적 능력에 의해서 건물을 짓거나 포도나무를 심는 등 어떤 특수한 선행[12]을 수행할 수 있다.[13] 그렇지만 그는 그에게 타고난 선 전체를 (그 어떤 것도 결핍되지 않을 정도로) 수행할 수 있는 것은 아니다. 마치 앓는 사람은 스스로 어떤 움직임을 할 수 있지만, 약의 도움으로 치유되지 않고서는 완벽하게 건강한 사람의 움직임으로 움직일 수 없는 것과 같다.

이리하여 온전한 본성의 상태에서 인간은 한 가지 점에서 그의 본성의 능력을 보완하는 어떤 무상의 능력, 즉 초자연적 선을 수행하고 원할 어떤 무상의 능력을 필요로 한다. 그러나 부패한 본성의 상태에서는 두 가지 점에서, 즉 ① 치유되기 위해서, 그리고 ② 공로가

총: 선사된 자유』, 심상태 옮김, 성바오로출판사, 1980, 139-160쪽; 박준양, 『은총론, 그 고귀한 선물에 관하여』, 생활성서, 2008, 90-115쪽 참조. Cf. Serge-Thomas Bonino, OP(ed.), *Surnaturel: A Controversy at the Heart of the Twentieth-Century Thomistic Thought*, Ave Maria(FL), Sapientia, 2009; Steven A. Long, *Natura Pura: On the Recovery of Nature in the Doctrine of Grace*, New York, Fordham University Press, 2010; Andrew D. Swafford, *Nature and Grace: A New Approach to Thomistic Ressourcement*, Eugene(OR), Pickwick, 2014.

11. Cf. q.85, aa.1-3.
12. 특수한 선에 대하여: Cf. II-II, q.23, a.7, c et ad1.
13. Cf. a.5. "한편 인간 본성에 비례화된 저 선을 인간은 자신의 자유재량으로 수행할 수 있다. 그렇기 때문에 아우구스티누스는, 은총의 도움 없이 '인간이 자유재량으로 밭을 경작하고 집을 지으며 다른 많은 가치 있는 일들을 행할 수 있다.'고 말하는 것이다."(*De Veritate*, q.24, a.14)

q.109, a.2

ulterius ut bonum supernaturalis virtutis operetur, quod est meritorium. Ulterius autem in utroque statu indiget homo auxilio divino ut ab ipso moveatur ad bene agendum.[14]

AD PRIMUM ergo dicendum quod homo est Dominus suorum actuum, et volendi et non volendi, propter deliberationem rationis, quae potest flecti ad unam partem vel ad aliam. Sed quod deliberet vel non deliberet, si huius etiam sit Dominus, oportet quod hoc sit per deliberationem praecedentem. Et cum hoc non procedat in infinitum, oportet quod finaliter deveniatur ad hoc quod liberum arbitrium hominis moveatur ab aliquo exteriori principio quod est supra mentem humanam, scilicet a Deo[16]; ut etiam Philosophus probat in cap. *de Bona Fortuna*.[15] Unde mens hominis etiam sani non ita habet Dominium sui actus quin indigeat moveri a Deo. Et multo magis liberum arbitrium hominis infirmi post peccatum, quod impeditur a bono per corruptionem naturae.

---

14. 성 토마스에게 있어서 은총이 인간에게 새로운 완전성을 부여한다는 것이 분명하다. 그러나 인간의 실제적 움직임과 관련해서, 하느님의 도우심(divinum auxilium)은 이 도움이 그리로 질서 지어져 있는 형상적 원리(곧 은총을 받고 있거나 은총 없이 있는, 자연)에 따라 달라지는 것일까? 다시 말해, 하느님의 도우심은 언제나 한결같은가, 아니면 그 '자연적'이고 '은혜로운' 효과들에 있어서 차이가 날 수 있는 것일까? 차이가 난다는 것이 이어지는 절들을 통해 드러날 것이다.
15. *Ethica Eud.*, VII, c.14, 1248a14-29. Cf. q.9, a.4; q.68, a.1; q.80, a.1, obj.3 et ad3; I, q.82, a.4, ad3.

되는 초자연적 역량에 고유한 선을 수행하기 위해서, 그것을 필요로 한다. 더욱이 두 상태에서 인간은 그것에 의해서 잘 행하도록 움직여지기 위해서 하느님의 도움을 필요로 한다.[14]

[해답] 1. 인간은 이쪽이나 저쪽으로 기울 수 있는 자기 이성의 숙고 때문에 원하거나 원하지 않음을 포함하여 자기 행위들의 주인이다(homo est dominus suorum actuum). 그러나 우리가 숙고해야 하느냐 아니면 숙고하지 말아야 하느냐 하는 것은, 우리가 이것에 대해서도 주인이라고 할 때, 그보다 선행하는 어떤 다른 숙고에 의해서 이루어져야 한다. 그런데 이것은 무한히 계속될 수 없기 때문에, 철학자도 「행운」에 관한 장[15]에서 입증하였듯이, 우리는 마침내 인간의 자유재량이 인간의 정신보다 고등한 어떤 외부적 원리(곧 하느님)에 의해서 움직여지는 순간에 도달해야 한다.[16] 이리하여 건강한 사람의 정신이라고 하더라도 하느님에 의해서 움직여질 필요가 없을 만큼 인간 자신이 그 주인인 것은 아니다. 더구나 인간의 자유재량은 범죄 이후에 훨씬 더 나약해져서, 그 본성의 부패가 선을 차단한다.

---

16. 아리스토텔레스의 논거에서 성 토마스는 인간 자유의 심연을 발견하였다. 이 또는 저 대상의 선택과 관련해서, 의지는 자신을 자유롭게 움직인다. 이것을 후대의 토마스주의자들은 '종별화의 자유'(libertas specificationis)라고 부른다. 그러나 단적으로 아무것도 원하지 않는 것이 아니라 도대체 어떤 것을 원하는가의 결단과 관련해서, 곧 주관적 자유의 본원성과 핵심에 관해서, 의지는 그 자유를 어떤 외부적 기동자(起動者)에 의존하고 있다. 이것을 후대의 토마스주의자들은 '실행의 자유'(libertas exercitii)라고 부른다. Cf. I-II, q.9, a.4. 이재룡, 「인간의 자유와 책임」, 『인간연구』 창간호(2000), 11-43쪽 참조. 로탱의 고전적인 연구도 참조하라: Cf. Odon Lottin, OSB, "La preuve de la liberté humaine chez S. Thomas d'Aquin", *Recherches de Theologies ancienne et medievale* 23(1956), 323-330. 이 구별의 중요성은 아래의 제109문 제6절과 제111문 제2절에서 분명해질 것이다.

AD SECUNDUM dicendum quod peccare nihil aliud est quam deficere a bono quod convenit alicui secundum suam naturam. Unaquaeque autem res creata, sicut esse non habet nisi ab alio, et in se considerata est nihil, ita indiget conservari in bono suae naturae convenienti ab alio.[17] Potest autem per seipsam deficere a bono, sicut et per seipsam potest deficere in non esse, nisi divinitus conservaretur.[18]

AD TERTIUM dicendum quod etiam verum non potest homo cognoscere sine auxilio divino, sicut supra[19] dictum est. Et tamen magis est natura humana corrupta per peccatum quantum ad appetitum boni, quam quantum ad cognitionem veri.

Articulus 3
Utrum homo possit diligere Deum super omnia ex solis naturalibus sine gratia

---

17. Cf. I, q.48, a.5, ad1.
18. Cf. q.9, a.1.
19. a.1.

2. 죄를 짓는다는 것은 그의 본성에 따라 그에게 적합한 선의 결핍 외에 다른 것이 아니다. 그런데 모든 피조물이 존재를 오직 타자로부터 가지게 되고 그 자체만으로는 아무것도 아니라는 점을 고려한다면, 그것은 타자에 의해서 그것의 본성에 고유한 그 선 안에서 보존되어야 한다.[17] 그러나 그것은 하느님에 의해서 존재 안에 보존되지 않는다면 그 자체에 의해서 비-존재로 떨어져 나갈 수 있는 것과 마찬가지로 그 자체에 의해서 그 선을 결여할 수 있다.[18]

3. 위에서[19] 말한 것처럼, 인간은 하느님의 도움이 없이는 진리를 인식할 수조차 없다. 그런데 진리 인식에 대해서보다도 선을 욕구하는 데 있어서 인간의 본성이 좀 더 죄에 의해서 부패하였다.

제3절 인간은 은총 없이 자연적 능력들만으로 다른 모든 것보다 하느님을 더 사랑할 수 있는가?

Parall.: I, q.69, a.5; II-II, q.26, a.3; *In Sent.*, III, d.29, q.1, a.3; *De virt.*, q.2, a.2, ad16; q.4, a.1, ad9; *Quodl.*, I, q.4, a.3.
Doctr. Eccl.: 인간은 어떤 상태(status)에 있든지 간에 은총의 제작자이신 하느님을 (주입된 초자연적 사랑으로) 사랑하기 위해서 특수한 은총의 도움을 필요로 한다: DS 190[=DH 387], DS 198-199[=DH 395-396], DS 798[=DH 1526-1527], DS 813[=DH 1553]. Cf. DS 1034[=DH 1934], DS 1036[=DH 1936], DS 1038[=DH 1938], DS 1394sq.[=DH 2444].

Ad tertium sic proceditur. Videtur quod homo non possit diligere Deum super omnia ex solis naturalibus sine gratia.

1. Diligere enim Deum super omnia est proprius et principalis caritatis actus. Sed caritatem homo non potest habere per seipsum, quia *caritas Dei diffusa est in cordibus nostris per Spiritum Sanctum, qui datus est nobis,* ut dicitur *Rom.* 5, [5]. Ergo homo ex solis naturalibus non potest Deum diligere super omnia.

2. Praeterea, nulla natura potest supra seipsam. Sed diligere aliquid plus quam se, est tendere in aliquid supra seipsum. Ergo nulla natura creata potest Deum diligere supra seipsam sine auxilio gratiae.

3. Praeterea, Deo, cum sit summum bonum, debetur summus amor, qui est ut super omnia diligatur. Sed ad summum amorem Deo impendendum, qui ei a nobis debetur, homo non sufficit sine gratia, alioquin frustra gratia adderetur. Ergo homo non potest sine gratia ex solis naturalibus diligere Deum super omnia.

SED CONTRA, primus homo in solis naturalibus constitutus fuit,[2] ut a quibusdam ponitur.[1] In quo statu manifestum est

---

1. 이것은 성 토마스 시대에 아주 흔한 일반적인 견해였지만, 그는 자신의 반대되는 논거들을 통해 그것들을 거의 완전히 기각시킨다. 이 반론들의 가장 유명한 주창자들로는 기욤 도세르(Guillaume d'Auxerre), 알렉산더 할레스(Alexander de Hales), 성 보나벤투라(Bonaventura) 등의 이름을 거론할 수 있을 것이다.

제109문 제3절

[반론] 셋째에 대해서는 다음과 같이 진행된다. 인간은 은총이 없이 그의 자연적 천품들만으로는 모든 것보다 하느님을 더 사랑할 수 없는 것으로 보인다.

1. 하느님을 다른 모든 것보다 더 사랑하는 것은 참사랑의 고유하고 주된 행위이다. 그러나 인간은 참사랑을 스스로 소유할 수 없다. 왜냐하면 로마서 5장 [5절]에서 말하는 것처럼, "우리가 받은 성령을 통하여 하느님의 [참]사랑이 우리 마음속에 부어졌기" 때문이다. 그러므로 인간은 그의 자연적 천품만으로는 하느님을 다른 모든 것보다 더 사랑할 수 없다.

2. 어떤 본성도 그 자체를 넘어설 수 없다. 그러나 어떤 것을 자기 자신보다 더 사랑한다는 것은 자기 자신을 넘는 어떤 것을 향하여 내뻗는 것이다. 그러므로 피조된 본성은 그 어떤 것도 은총의 도움이 없이는 그 자신보다 더 하느님을 사랑할 수 없다.

3. 하느님은 최고선(最高善)이기 때문에, 모든 것보다 더 사랑을 받는 데에서 성립되는 최고의 사랑은 그분에게서 기인한다. 그러나 은총이 없이는 인간은 하느님에게 (우리가 그분께 빚지고 있는) 최고의 사랑을 보여 줄 수 없다. 그렇지 않다면, 은총은 헛되이 베풀어지는 셈이 되었을 것이다. 그러므로 인간은 은총이 없이 자연적 천품만으로는 하느님을 다른 모든 것보다 더 사랑할 수 없다.

[재반론] 그러나 반대로, 어떤 이들은[1] 최초의 인간이 오로지 그 자연적 천품만으로 구성되어 있었다고 주장한다.[2] 이 상태에서 그가 어떤 식으로든 하느님을 사랑하였다는 것은 분명하다. 그러나 그는 하

---

2. Cf. I, q.95, a.1.

quod aliqualiter Deum dilexit. Sed non dilexit Deum aequaliter sibi, vel minus se, quia secundum hoc peccasset. Ergo dilexit Deum supra se. Ergo homo ex solis naturalibus potest Deum diligere plus quam se, et super omnia.

RESPONDEO dicendum quod, sicut supra dictum est in Primo,[3] in quo etiam circa naturalem dilectionem Angelorum diversae opiniones sunt positae; homo in statu naturae integrae poterat operari virtute suae naturae bonum quod est sibi connaturale, absque superadditione gratuiti doni, licet non absque auxilio Dei moventis.[4] Diligere autem Deum super omnia est quiddam connaturale homini; et etiam cuilibet creaturae non solum rationali, sed irrationali et etiam inanimatae, secundum modum amoris[5] qui unicuique creaturae competere potest. Cuius ratio est quia unicuique naturale est quod appetat et amet aliquid, secundum quod aptum natum est esse: sic enim *agit unumquodque, prout aptum natum est,* ut dicitur in II *Physic.*[6] Manifestum est autem quod bonum partis est propter bonum totius.[7] Unde etiam naturali appetitu vel amore unaquaeque res particularis amat bonum suum proprium propter bonum commune totius universi, quod est Deus. Unde et Dionysius

---

3. q.60, a.5.
4. a.2.
5. 혹은 "욕구"(appetitus). 욕구는 자연적 욕구, 동물적 욕구, 그리고 지성적 욕구로 구분된다. Cf. q.1, a.2, c et ad3, q.4, a.2, ad2; q.8, a.1; q.11, a.2, ad3; q.17, a.8; q.26, a.1;

느님을 자기 자신과 동등하게 또는 자기 자신보다 못하게 사랑하지는 않았다. 왜냐하면 그때 그는 죄를 지었을 것이기 때문이다. 그러므로 그는 하느님을 자기 자신보다 더 사랑하였다. 그러므로 인간은 그의 자연적 천품만으로 하느님을 자기 자신보다, 그리고 세상 그 어떤 것보다 더 사랑할 수 있다.

[답변] 위의 제1부[3]에서 천사들의 자연적인 사랑에 관해서도 여러 관점들이 제시되었던 것처럼, 무구한 상태에서 인간은 (비록 그를 움직이는 하느님의 도움이 없는 것은 아니지만)[4] 그 자신의 본성에 의해서, 무상으로 주어진 선물의 보충이 없이도 그가 타고난 선을 수행할 수 있다. 이성적이건 비이성적이건 간에 모든 피조물들에게, 그리고 심지어 무생물에게조차도, 어떠한 피조물에도 어울리는 일종의 사랑[5]의 방식에 따라 하느님을 다른 모든 것보다 더 사랑하는 것은 그에게 타고난 일이다. 그 이유는 어떤 것을 본성상 그것에 고유한 존재 방식과 일치되게 바라고 사랑하는 것이 각 사물에 자연스럽기 때문이다. 왜냐하면 철학자가 『자연학』 제2권[6]에서 말하고 있듯이, 각 사물은 본성상 그것에 고유한 것에 따라서 행동하기 때문이다. 그런데 부분의 선은 전체의 선을 위한 것이라는 것이 분명해 보인다.[7] 이리하여 자연적인 욕구 또는 사랑에 의해서 각각의 특수한 사물들은 우주 전체의 공동선(共同善, bonum commune)을 위해서 자기에게 고유한 선, 즉 하느님을 사랑한다. 이리하여 디오니시우스도

---

q.29, a.1; q.30, a.3, ad1; q.35, a.1; q.36, a.1; a.2; q.37, a.2; q.40, a.3, etc.
6. c.8, 199a10; S. Thomas, lect.13, n.3.
7. Cf. II-II, q.58, a.5.

q.109, a.3

dicit, in libro *de Div. Nom.*,⁸ quod *Deus convertit omnia ad amorem sui ipsius. Unde homo in statu naturae integrae dilectionem sui ipsius* referebat ad amorem Dei sicut ad finem, et similiter dilectionem omnium aliarum rerum. Et ita Deum diligebat plus quam seipsum, et super omnia. Sed in statu naturae corruptae homo ab hoc deficit secundum appetitum voluntatis rationalis, quae propter corruptionem naturae sequitur bonum privatum,¹⁰ nisi sanetur per gratiam Dei.⁹ Et ideo dicendum est quod homo in statu naturae integrae non indigebat dono gratiae superadditae naturalibus bonis ad diligendum Deum naturaliter super omnia; licet indigeret auxilio Dei ad hoc eum moventis. Sed in statu naturae corruptae indiget homo etiam ad hoc auxilio gratiae naturam sanantis.¹¹

AD PRIMUM ergo dicendum quod caritas diligit Deum super omnia eminentius quam natura. Natura enim diligit Deum super omnia, prout est principium et finis naturalis boni, caritas autem secundum quod est obiectum beatitudinis, et secundum

---

8. c.4: PG 3, 700A; S. Thomas, lect.3.
9. 영혼의 치유는 우리 안에서 이루어지는 은총의 첫 효과이다. Cf. q.111, a.3.
10. Cf. q.77, a.4. Cf. I, q.6, a.5, obj.3 et ad3.
11. 성 토마스는 이 보편적인 우주적 사랑에 관한 멋진 전망을 위-디오니시우스와 신-플라톤주의 전통의 '에로스'에 크게 빛지고 있다. 『대이교도대전』 제3권에서 이 사실이 매우 상세하게 다뤄지고 있음을 확인할 수 있을 것이다. 여기서 그것은 아리스토텔레스의 공동선 관념과 합류하고 있다. 이 경우에 공동선이란 개별선보다 더 고차원적인 것일 뿐만 아니라 또한 독립적 실존을 누리고 있는 하

『신명론』[8]에서 "신이 만물을 당신 자신을 사랑하도록 전환시킨다."고 말하고 있다. 이리하여 온전한 본성의 상태에서 인간은 자기 자신에 대한 사랑과 또 마찬가지로 다른 만물에 대한 사랑을 하느님 사랑에 연계시켰다. 그래서 그는 하느님을 자기 자신보다 그리고 그 어느 것보다 더 사랑하였다. 그러나 부패한 본성의 상태 속에서 인간은, 본성의 부패 때문에 그의 합리적 의지의 욕구에서 이것이 부족하다. 그것이 하느님의 은총에 의해서 치유되지 않는 한,[9] 그것은 어떤 사적인 선[10]을 추구하는 것이다.

이리하여 우리의 결론은 온전한 본성의 상태에서 인간은 (그로 하여금 그것을 행하도록 움직이는 하느님의 도움을 필요로 했지만, 자연적으로 다른 모든 것보다 더 사랑하기 위해서) 그의 자연적 천품을 보완하는 은총의 선물을 필요로 하지 않았다는 점이다. 그러나 부패한 본성의 상태에서는 인간은 또한 이것을 위해서 본성을 치유하는 은총의 도움을 필요로 한다.[11]

[해답] 1. 참사랑(caritas)은 하느님을, 자연보다 더 뛰어난 방식으로 다른 모든 것보다 더 사랑한다. 왜냐하면 자연(본성)은 하느님을 자연적 선의 원리이자 목적인 한에서 모든 것보다 더 사랑하지만, 참사랑은 하느님을 참행복의 대상이자 원리인 한에서, 그리고 인간이 하

느님 자신이기도 하다. 신-플라톤주의의 우주적 '돌이킴'이 성경의 '돌이킴'(회심)과 유사하게 묘사되고 있다. 무구한 본성은 거의 신화적으로 기원들의 우주적 조화에 속하는 것으로 간주되고 있다.
이 절을 둘러싸고 벌어진 논쟁에 대해: Cf. R. Garrigou-Lagrange, OP, *L'amore di Dio e la Croce di Gesù*, vol.I, Torino, 1936, pp.51-130; E. Gilson, *L'esprit de la philosophie medievale*, t.II, Paris, 1932, pp.65-97; J. Maritain, *Tre riformatori*, Brescia, 1928, pp.224-231.

quod homo habet quandam societatem spiritualem[12] cum Deo. Addit etiam caritas super dilectionem naturalem Dei promptitudinem quandam et delectationem:[13] sicut et quilibet habitus virtutis addit supra actum bonum qui fit ex sola naturali ratione hominis virtutis habitum non habentis.[14]

AD SECUNDUM dicendum quod, cum dicitur quod nulla natura potest supra seipsam, non est intelligendum quod non possit ferri in aliquod obiectum quod est supra se, manifestum est enim quod intellectus noster naturali cognitione potest aliqua cognoscere quae sunt supra seipsum, ut patet in naturali cognitione Dei.[15] Sed intelligendum est quod natura non potest in actum excedentem proportionem suae virtutis. Talis autem actus non est diligere Deum super omnia, hoc enim est naturale cuilibet naturae creatae, ut dictum est.[16]

12. 참사랑보다 더 자기 행위를 향한 강한 경향을 가지고 있는 덕은 없다. 또한 그 어떤 덕도 참사랑처럼 기꺼이 작용하지도 않는다. Cf. II-II, q.23. a.2. 제2부 제2편 제23문 이하의 참사랑(caritas)에 관한 성 토마스의 설명에서는 이 영적인 사귐(societas spiritualis)이 우정과 연관지어 논의된다. 이것은 인격적이고 또 존재론적이기 때문에, 그 뿌리가 사도 요한과 사도 바오로의 '코이노니아'(Koinonia) 개념과도 연결되어 있다.
13. "모든 것 위에 하느님을 사랑한다는 것은 두 가지 의미로 이해될 수 있다. 첫째, 신적인 선이 모든 자연적 존재의 원리요 목적인 한에서, 그리고 이성적 존재자들뿐만 아니라 짐승들과 생명이 없는 존재자들까지도 사랑할 수 있는 한에서, 이렇게 하느님을 모든 것 위에 사랑한다. 왜냐하면 어떤 면에서 보더라도 전체의 선이 고유한 선보다 더 사랑스럽기 때문이다. 이 때문에 몸 전체의 구원을 위해서 무언가가 타격을 가해 올 때 손으로 막는 것이다. 그런데 하느님께 대한 이런 사랑은 인간이 죄를 지음으로써 뒤틀리게 된다. 따라서 인간은 온전한 본성의 상태에서 하느님을 우리가 설명한 방식으로 모든 것 위에 사랑할 수 있다. 둘

느님과 일종의 영적 사귐을 누리는[12] 한에서 그분을 모든 것보다 더 사랑하기 때문이다.[13] 참사랑은 또한 자연적인 하느님 사랑에 준비 태세와 기쁨을 주기도 한다. 이것은 마치 덕의 습성이 그 덕의 습성을 지니고 있지 않은 사람에 의해서, 그의 자연적 이성의 힘만으로 수행된 선행에 어떤 것을 덧붙이는 것과 같다.[14]

2. 어떠한 자연도 그 자체를 넘어설 수 없다고 말하는 것은, 그것이 그 자체보다 상위에 있는 어떤 대상에로 들어 올려질 수 없다는 것을 의미하는 것으로 이해되어서는 안 된다. 왜냐하면 자연적인 하느님 인식에서 드러나는 것처럼,[15] 우리의 지성이 그 자연적 지식에 의해서 자기 자신보다 상위에 있는 것들을 알 수 있다는 것은 명백하기 때문이다. 그러나 자연(본성)은 자기 능력의 비례를 초과하는 어떤 행위를 수행할 수 없다는 것을 알아야 한다. 그런데 하느님을 다른 모든 것보다 더 사랑하는 것은 그런 행위가 아니다. 왜냐하면 이것[하느님을 다른 모든 것보다 더 사랑하는 것]은 모든 피조된 본성에 자연적이기 때문이다.[16]

째, 사람은 또한 하느님이 참행복의 대상인 한에서 모든 것 위에 사랑한다. 어떤 영적 결합 덕분에 이성적 정신과 하느님과의 유대가 맺어지기 때문이다. 그리고 이런 사랑은 어떤 피조물도 은총이 없이는 이룰 수 없는 참사랑의 행위이다."(De spe, q.un., a.1, ad9)

14. 인간의 현재의 상태에서 이기심의 극복은 오로지 하느님의 초자연적 개입을 통해서만 발생한다. 어쨌든 신적 움직임(기동)은 일반적 또는 규정되지 않은 영향으로 이해되어서는 안 되고, 주체 안에 있는 긍정적인 것들을 온갖 개인적이고 구체적인 상황 속에 놓으면서, 주체의 모든 심리학적 특수성들을 고려하는 실현으로 이해되어야 한다. 그리고 더 나아가 다양한 기관들과 그것들의 심리학적 독립성들을 통과하는 어떤 움직임을 다루고 있다. 이것은 매우 독특한 방식으로 하느님과 당신이 선택한 이들의 영혼들 사이의 관계에 타당하다.

15. Cf. I, q.12, a.12.
16. 본론 참조.

AD TERTIUM dicendum quod amor dicitur summus non solum quantum ad gradum dilectionis, sed etiam quantum ad rationem diligendi, et dilectionis modum. Et secundum hoc, supremus gradus dilectionis est quo caritas diligit Deum ut beatificantem, sicut dictum est.[17]

Articulus 4
Utrum homo sine gratia per sua naturalia legis praecepta implere possit

---

17. ad1.

3. 최고의 사랑은 사랑의 등급에서뿐만 아니라 사랑의 동기와 방식에 있어서도 최고라고 불린다. 그리고 이런 의미에서 사랑의 최고의 등급은, 이미 말한 것처럼, 참사랑이 하느님을, 참행복을 주시는 분으로 사랑하는 사랑이다.[17]

제4절 인간은 은총 없이 자신의 자연적 능력만으로 법의 계명을 지킬 수 있는가?

Parall.: *In Sent.*, II, d.28, q.1, a.3; *De veritate*, q.24, a.14, ad1-2&7; *In Ep. ad Rom.*, c.2, lect.3.

Doctr. Eccl.: 바이우스(M. Baius)의 [다음과 같은] 명제는 성 비오 5세에 의해서 1567년에 단죄되었다: "신법의 계명들은 이중의 방법에 의해, 곧 하나는 규정된 행업의 본질에만 관련된 방법으로, 다른 하나는 행업을 하는 자를 영원한 나라로 인도할 수 있게 하는 확실한 방법으로(곧 공로의 방법으로) 실행된다고 하는 학자들의 저 유명한 구별은 날조된 것이며, 배척되어야 한다." DS 1061[=DH 1961]. Cf. DS 1062[=DH 1962].-"마찬가지로 그들은 이렇게 결정하였다. 은총이 주어지지 않을지라도, 쉽지는 않지만, 마치 우리가 은총 없이도 하느님의 계명들을 실천할 수 있는 것처럼, 우리가 자유재량으로 행하도록 명령받는 것을 은총을 통해 더 쉽게 실천할 수 있도록 의화 은총이 우리에게 주어진다고 말하는 자는 파문될 것이다. 주님께서는 계명들의 열매에 관해 말씀하시면서 '너희는 나 없이 〈그것을〉 어렵게 할 뿐이다.'라고 말씀하시지 않고, '너희는 나 없이 아무것도 하지 못한다.'[요한 15,5]라고 말씀하신다." (418년의 카르타고 공의회, 제5조) DS 105[=DH 227]. Cf. DS 138([=DH 245].-"그러나 그 누구도 아무리 의화되었다고 할지라도 계명 준수로부터 면제되었다고 생각해서는 안 된다. 그리고 그 누구도 의화된 이들이 하느님의 계명을 준수하는 것은 불가능하다는 말, 곧 교부들에 의해 파문을 받을 것이라는 위협 아래에 금지된 경솔한 말들을 사용해서는 안 된다. 왜냐하면 '실로 하느님께서는 불가능한 것을 명령하시지 않고, 오히려 명령을 내리실 때 행할 수 있는 것은 행하고, 행할 수 없는 것은 도움을 청하라고 가르치시며', 그분께서는 실천할 수 있도록 도와주시기 때문이다. '그분의 계명은 힘겹지 않으며'[1요한 5,3] 그분의 '멍에는 편하고 〈그분의〉 짐은 가볍다.'[마태 11,30] 진정 하느님의 자녀들은 그리

q.109, a.4

Ad quartum sic proceditur. Videtur quod homo sine gratia per sua naturalia possit praecepta legis implere.

1. Dicit enim Apostolus, *ad Rom.* 2, [14], quod *gentes, quae legem non habent, naturaliter ea quae legis sunt faciunt.* Sed illud quod naturaliter homo facit, potest per seipsum facere absque gratia. Ergo homo potest legis praecepta facere absque gratia.

2. Praeterea, Hieronymus[1] dicit, in *Expositione Catholicae Fidei,*[2] *illos esse maledicendos qui Deum praecepisse homini aliquid impossibile dicunt.*[3] Sed impossibile est homini quod per seipsum implere non potest. Ergo homo potest implere omnia praecepta legis per seipsum.

3. Praeterea, inter omnia praecepta legis maximum est illud, *Diliges Dominum Deum tuum ex toto corde tuo*; ut patet Matth. 22, [37sqq.]. Sed hoc mandatum potest homo implere ex solis naturalibus, diligendo Deum super omnia, ut supra[4] dictum est. Ergo omnia mandata legis potest homo implere sine gratia.

---

1. 실제에 있어서는 펠라기우스(Pelagius)이다.
2. Al. Symboli explan. ad Damas (inter supposit. Hieron.): PL 30, 30CD.
3. Cf. Pelagius, *Ep. 1 ad Demetriadem*, 16: PL 30, 30. 펠라기우스의 작품들은 당시 저명한 인물들의 보호 아래 통용되고 있었다. 여기서 성 토마스가 어떤 텍스트를 참조하고 있는지가 전혀 분명하지 않다. 그리고 인용문도 정확하지 않고, 또 그의 답변에서 '같은 곳에서'라고 지칭하고 있는 텍스트도 펠라기우스의 다른 작품으로부터 인용된 것이다.

스도를 사랑한다. 그리스도를 사랑하는 자는 (그리스도 자신이 증언하시듯이) 그분의 말씀을 지킨다.[요한 14,23 참조] 물론 그것은 하느님의 도우심에 힘입어 이룰 수 있다."(트리엔트공의회, 제6회기, 제11장) DS 804[=DH 1536]. Cf. DS 828[=DH 1568] DS 1092[=DH 2001].

[반론] 넷째에 대해서는 다음과 같이 진행된다. 인간은 은총이 없이도 그의 자연적 천품만으로 법의 계명들을 채울 수 있는 것으로 보인다.

1. 사도는 로마서 2장 [14절]에서 "다른 민족들이 율법을 가지고 있지 않으면서도 본성에 따라 율법에서 요구하는 것을 실천"한다고 말하고 있다. 그러나 인간이 자연적으로 행하는 것에 대해서는 은총이 없이 스스로의 힘으로 행할 수 있다. 그러므로 인간은 은총이 없이도 법의 계명들을 수행할 수 있다.

2. 히에로니무스[1] 성인은 『가톨릭 신앙 해설』[2]에서 "하느님이 인간에게 불가능한 어떤 것을 하도록 명하셨다고 말하는 자들은 저주받아 마땅한 자들"이라고 말한다.[3] 그런데 인간이 스스로의 힘으로 채울 수 없는 것은 그에게 불가능한 일이다. 그러므로 인간은 스스로의 힘으로 모든 계명들을 다 채울 수 있다.

3. 마태오복음서 22장 [37절 이하]에서 명백히 드러나듯이, 율법의 모든 계명들 가운데 가장 커다란 것은 "네 온 마음을 다하여 주 너의 하느님을 사랑해야 한다."는 것이다. 그러나 인간은 위에서[4] 말한 것처럼, 이 계명[하느님을 모든 것보다 더 사랑하기]을 그의 자연적 천품만으로 채울 수 있다. 그러므로 인간은 은총 없이 율법의 모든 명령들을 다 지킬 수 있다.

---

4. a.3.

SED CONTRA est quod Augustinus dicit, in libro *de Haeresibus*,[5] hoc pertinere ad haeresim Pelagianorum,[6] *ut credant sine gratia posse hominem facere omnia divina mandata*.

RESPONDEO dicendum quod implere mandata legis[7] contingit dupliciter.[8] Uno modo, quantum ad substantiam operum, prout scilicet homo operatur iusta et fortia, et alia virtutis opera. Et hoc modo homo in statu naturae integrae potuit omnia mandata legis implere, alioquin non potuisset in statu illo non peccare, cum nihil aliud sit peccare quam transgredi divina mandata. Sed in statu naturae corruptae non potest homo implere omnia mandata divina sine gratia sanante.[9]

Alio modo possunt impleri mandata legis non solum quantum ad substantiam operis, sed etiam quantum ad modum agendi,

---

5. Haer. 88: PL 42, 47.
6. 펠라기우스의 생애 초창기와 말년이 어떠하였는지는 그늘에 가려져 있다. 그는 때때로 수도자라고 불리기도 하였지만, 금욕주의를 준행하는 브리티시섬 출신의 평신도로서 4세기와 5세기에 걸쳐서 여러 해 동안 로마에서 살았고, 영적 지도자로서 상당한 명성을 얻었다. 완덕에 이르기 위한 인간 자유의 능력에 대한 그의 도덕적이고 금욕적인 강조는 그를 아우구스티누스와의 논쟁으로 이끌었는데, 아우구스티누스는 생애 마지막을 펠라기우스와 그 추종자들의 견해들을 논박하는 데 바쳤다. 펠라기우스에 관한 보다 상세한 설명을 위해서는: 피터 브라운, 『아우구스티누스』, 정기문 옮김, 새물결, 2012, 483-500쪽 참조.
7. 이 절에서 '법'이란 도덕법, 곧 '자연적' 법과 계시된 법의 계명들을 가리킨다. 원죄의 타락 이후 사람들은, 치유 은총이 없이는 죄를 짓는 것을 피할 수 없다. 그러나 적어도 첫 인간들 안에서만큼은 죄를 저지르는 것을 피할 수 있었음에 틀림이 없다. 그렇지 않으면, 그것은 정녕 죄가 아니었거나, 또는 하느님이 인간을 기괴하게도 죄 속에 창조한 셈이었을 것이다. 다른 한편, 만일 죄가 유한한 명령들 가운데 하나를 어기는 것이라면, 참사랑 안에서의 도덕 생활의 완성은 계명들의 준수일 뿐만 아니라 은총 아래 있는 창조적 자유의 실행이기도 하다.

[재반론] 그러나 반대로, 아우구스티누스는 『이단론』[5]에서 "인간이 은총이 없이도 하느님의 모든 명령들을 다 수행할 수 있다고 믿는 것"이 펠라기아누스주의자들의 이단[6]에 속한다고 말한다.

[답변] 법[7]의 명령들을 채우는 일은 두 가지 방식으로 발생한다.[8] 첫째, 인간이 의롭고 용감한 활동들과 다른 덕들의 업적들을 수행한다는 의미에서 활동들의 실체와 관련해서 발생한다. 이런 의미에서 인간은 온전한 본성의 상태에서는 모든 명령들을 채울 수 있었다. 그렇지 않으면 그 상태에서 죄를 피할 수 없었을 것이다. 왜냐하면 죄를 짓는다는 것은 하느님의 명령을 위배하는 것과 다른 것이 아니기 때문이다. 그러나 부패한 본성의 상태에서 인간은 치유하는 은총이 없이는 하느님의 명령들을 모두 다 채울 수 없다.[9]

둘째, 명령들은 활동의 실체와 관련해서 채워질 수 있을 뿐만 아니라, 또한 그 활동들이 참사랑으로부터 행해지는 것과 같이 활동의 양태와 관련해서도 이루어질 수 있다. 그리고 이런 의미에서 인간은 온전한 본성의 상태에서든 부패한 상태에서든 은총이 없이는 명

---

8. (*추가주) "법의 계명에 대해서는 두 가지 방식으로 말할 수 있다. 1) 계명 아래 직접적으로 놓이는 것에 관한 한. 2) 법제자의 지향에 관한 한. 그런데 (덕이 그 행위 자체 둘레에 설정하는 행동 방식에 관한 한이 아니라) 행위의 실체에 관한 한, 덕행이 계명의 직접적 규제 범위에 든다. 실상 그가 즉시로 행할 수 있는 것은 어느 누구에게 직접적으로 명령된다. 그런데 유덕한 자가 (획득되었든 주입되었든 간에) 그 덕을 가지기 이전에 그것을 행하는 것처럼, 어떤 덕행을 행하는 것은 인간의 권한 아래 있지 않다. 반면에, 법제자의 의도는 『니코마코스 윤리학』 제2권에서 말하는 것처럼, 그들을 덕으로 인도하기 위해서 명령되는 행위들의 습관화를 통해서 시민들을 선량하게 만드는 것이다. 이것은 사도의 다음과 같은 말과도 일치한다. '훈계의 목적은 사랑입니다.'(1티모 1,5) 실상 법의 계명들은 사람들을 하느님 사랑과 이웃 사랑으로 인도하기 위한 것이다. 그러므로 이 행위들이 행해질 뿐만 아니라 사랑에 기초해서 행해지는 것도 법제자의 의도이다."(*In Sent.*, II, d.28, q.1, a.3)
9. 영혼의 치유는 우리 안에서 이루어지는 은총의 첫 효과이다. Cf. q.111, a.3.

q.109, a.4

ut scilicet ex caritate fiant. Et sic neque in statu naturae integrae, neque in statu naturae corruptae, potest homo implere absque gratia legis mandata. Unde Augustinus, in libro *de Corrept. et Grat.*,[10] cum dixisset quod *sine gratia nullum prorsus bonum homines faciunt, subdit, non solum ut, monstrante ipsa quid faciendum sit, sciant; verum etiam ut, praestante ipsa, faciant cum dilectione quod sciunt.*—Indigent insuper in utroque statu auxilio Dei moventis ad mandata implenda, ut dictum est.[11]

AD PRIMUM ergo dicendum quod, sicut Augustinus dicit, in libro *de Spir. et Litt.*,[12] *non moveat quod naturaliter eos dixit quae legis sunt facere, hoc enim agit Spiritus gratiae, ut imaginem Dei, in qua naturaliter facti sumus, instauret in nobis.*

AD SECUNDUM dicendum quod illud quod possumus cum auxilio divino, non est nobis omnino impossibile; secundum illud Philosophi, in III *Ethic.*:[13] *Quae per amicos possumus, aliqualiter per nos possumus.* Unde et Hieronymus[14] ibidem *confitetur sic nostrum liberum esse arbitrium, ut dicamus nos semper indigere Dei auxilio.*

---

10. c.2: PL 44, 917. 이 절은 두 가지 결론을 가지고 있다. 둘째 결론은 근본적인 것이고, 신앙으로 정의된다. 왜냐하면 밀레비스(누미디아) 공의회는 우리가 은총이 없이는 하느님의 명령들을 어렵게라도 준수할 수 없다고 주장하는 자를 단죄하였기 때문이다.(DS 105[DH 227]; cf. DS 199[=DH 396])

11. aa.2-3.

12. c.27: PL 44, 229. 법을 가지고 있지 않은 민족들은 '자연적으로'(naturaliter), 곧 성령의 은총의 도움을 받는 본성을 통해서, 본성을 강화하거나 우리 안에 (우리가 본성적으로 그렇게 창조된) 하느님의 모상을 새기는 성령의 은총을 통해

령들을 채울 수 없다. 그래서 아우구스티누스는 『훈계와 은총』[10]에서 "사람은 은총이 없이는 그 어떤 선한 일도 행할 수 없다."고 말한 다음에, 계속해서 "그래서 그들은 은총의 가르침에 의해서 무엇을 해야 할지를 알 수 있을 뿐만 아니라 또한 은총의 도움으로 그들이 알고 있는 것을 행할 수도 있는 것이다."라고 지적하고 있다.— 이미[11] 말한 것처럼, 어떤 상태에 있든지 간에 인간은 그들로 하여금 명령을 채우도록 인도하는 하느님의 도움을 필요로 한다.

[해답] 1. 아우구스티누스는 『영과 문자』[12]에서 다음과 같이 말하고 있다. "그들은 본성상 법에 속하는 것을 행한다고 그가 말한다고 해서 당황하지 마라. 왜냐하면 우리 안에 우리가 본성적으로 그렇게 만들어진 하느님의 모상을 복원시키기 위해서 이것을 행하는 분은 바로 은총의 [성]령이기 때문이다."

2. 우리가 하느님의 도움을 받아 할 수 있는 것은 우리에게 전적으로 불가능한 것이 아니다. 철학자는 『니코마코스 윤리학』제3권[13]에서 "우리가 우리의 친구들을 통해서 할 수 있는 일은 어떤 면에서는 우리 스스로 할 수 있는 일이다."라고 말한다. 그래서 히에로니무스도 같은 곳에서 "우리의 자유재량은, 우리가 언제나 하느님의 도우심을 필요로 하는 방식으로 자유롭다고 고백해야 한다."고 주장하고 있는 것이다.[14]

서, 법에 속하는 것들을 행한다.
13. c.5, 1112b27-28; S. Thomas, lect.8, n.477. 왜냐하면 우정은 감정(affectus), 특히 참사랑의 사랑(dilectio caritatis)을 통해 둘을 하나로 만들기 때문이다. *ScG*, III, c.158, n.3311.
14. Cf. Pelagius, *Libellus fidei ad Innocentium*, n.13: PL 45, 1718. 이것은 이단에 대해 변론하고 있는 펠라기우스의 서한이다. 제10명제는 성 토마스가 '반론2'에서 인용하고 있는 텍스트와 매우 흡사하다.

AD TERTIUM dicendum quod praeceptum de dilectione Dei non potest homo implere ex puris naturalibus secundum quod ex caritate impletur, ut ex supradictis[15] patet.

Articulus 5
Utrum homo possit mereri vitam aeternam sine gratia[1]

Ad quintum sic proceditur. Videtur quod homo possit mereri vitam aeternam sine gratia.

---
15. a.3.

1. '공로'(功勞, meritum)에 관해서는 아래의 제114문에서 상세히 다뤄질 것이다.

3. 이미 위에서[15] 살펴본 것처럼, 인간은 자신의 순수하게 자연적인 천품만으로는 하느님을 사랑하라는 계명을, 그것이 참사랑에 의해서 채워지는 것과 동일한 방식으로 채울 수 없다.

제5절 인간은 은총 없이 영원한 생명을 얻을 공로를 가질 수 있는가?[1]

Parall.: Infra q.114, a.2; *In Sent.*, II, d.28, q.1, a.1; d.29, q.1, a.1; *ScG*, III, 147; *De veritate*, q.24, a.1, ad2; a.14; *Quodl.*, I, q.4, a.2.
Doctr. Eccl.: "진리에 동의하고 믿는 데에서 오는 즐거움을 모든 이에게 베푸시는 성령의 비추심과 감도(感導) 없이 본성의 능력에 의존하여 영원한 삶이라는 구원에 중요한, 어떤 선한 것을 적절한 방식으로 생각하거나 선택하면서 유익한 선포인 복음 선포에 동의할 수 있다고 주장하는 사람은, 이단의 영에 속아 복음서에서 이처럼 말하는 하느님의 소리를 이해하지 못하는 것이다. '너희는 나 없이 아무것도 하지 못한다.'[요한 15,5] 또한 사도는 이렇게 말한다. '우리가 무슨 자격이 있어서 스스로 무엇인가 생각해 냈다고 여긴다는 말은 아닙니다. 우리의 자격은 하느님에게서 옵니다.'[2코린 3,5. Cf. Augustinus, *De gratia Christi*, cc.25-27: PL 44, 373sq.]"(제2차 오랑주 교회 회의[529년], 제7조) DS 180[=DH 377].—"하느님께서 동기를 부여하고 고무시킨 인간의 자유재량이 의화 은총을 얻기 위해 스스로 자세를 갖추고 준비하게 하는 하느님의 격려와 부르심에 동의를 하는 데에 있어서 아무런 협력을 하지 않으며, 또한 인간은 자신이 그 동의에 거부하기를 원하지만 거부할 수 없고, 오히려 무생물처럼 아무것도 행할 수 없으며 전적으로 수동적 자세를 취할 뿐이라고 말하는 자는 파문될 것이다."(트리엔트공의회 제6회기 제2조) DS 812[=DH 1552]

[반론] 다섯째에 대해서는 다음과 같이 진행된다. 인간은 은총 없이 영원한 생명을 얻을 공로를 가질 수 있는 것으로 보인다.

Cf. Joseph P. Wawrykow, *God's Grace and Human Action. 'Merit' in the Theology of Thomas Aquinas*, Notre Dame, Univ. of Notre Dame Press, 1995, pp.177-232.

q.109, a.5

1. Dicit enim Dominus, Matth. 19, [17]: *Si vis ad vitam ingredi, serva mandata*, ex quo videtur quod ingredi in vitam aeternam sit constitutum in hominis voluntate. Sed id quod in nostra voluntate constitutum est, per nos ipsos possumus. Ergo videtur quod homo per seipsum possit vitam aeternam mereri.

2. Praeterea, vita aeterna est praemium vel merces quae hominibus redditur a Deo; secundum illud Matth. 5, [12]:[2] *Merces vestra multa est in caelis*. Sed merces vel praemium redditur a Deo homini secundum opera eius; secundum illud Psalmi 61, [13]: *Tu reddes unicuique secundum opera eius*.[3] Cum igitur homo sit Dominus suorum operum, videtur quod in eius potestate constitutum sit ad vitam aeternam pervenire.

3. Praeterea, vita aeterna est ultimus finis humanae vitae. Sed quaelibet res naturalis per sua naturalia potest consequi finem suum. Ergo multo magis homo, qui est altioris naturae, per sua naturalia potest pervenire ad vitam aeternam absque aliqua gratia.

SED CONTRA est quod Apostolus dicit, *ad Rom*. 6, [23]: *Gratia Dei vita aeterna*.[4] Quod ideo dicitur, sicut Glossa[5] ibidem dicit,

---

2. 루카 6,23 참조.
3. Vulgata: "iuxta opera sua."
4. 사도 바오로의 단언은 맥락에 의해서 더 큰 힘을 얻는다: "그런데 이제 여러분이 죄에서 해방되고 하느님의 종이 되어 얻는 소득은 성화(聖化)로 이끌어 줍니다. 또 그 끝은 영원한 생명입니다. 죄가 주는 품삯은 죽음이지만, 하느님의 은사는 우리 주 그리스도 예수님 안에서 받는 영원한 생명이기 때문입니다."(로마 6,22-

1. 주님께서는 마태오복음서 19장 [17절]에서 "네가 생명에 들어가려거든, 계명을 지켜라."고 명하신다. 이로부터 영원한 생명에 들어가는 것은 인간 의지의 범위 안에 설정되어 있는 것으로 보인다. 그런데 우리 의지의 범위 안에 설정된 것을 우리는 스스로 할 수 있다. 그러므로 인간은 스스로의 힘으로 영원한 생명을 얻을 수 있는 공로를 가지고 있는 것으로 보인다.

2. 영원한 생명은 하느님에 의해서 인간에게 돌려지는 포상 또는 보답이다. 그래서 마태오복음서 5장 [12절][2]에서는 "너희가 하늘에서 받을 보상이 크다."고 말씀하신다. 그러나 그 보상 또는 보답은 하느님이 그의 업적들에 따라[3] 인간에게 돌려주신다. 시편 62[61]편 [13절]에서는 "당신께서는 각자에게 그의 업적에 따라 돌려주실 것이다."라고 말하고 있다. 그러므로 인간은 자신이 행하는 일들의 주인이므로, 영원한 생명에 이르는 것이 그의 능력 안에 설정되어 있는 것으로 보인다.

3. 영원한 생명은 인생의 궁극적 목적이다. 그러나 자연적 사물은 그 자연적 천품에 의해서 그 목적에 도달한다. 그러므로 보다 고등한 본성을 지니고 있는 인간은 더더욱 은총이 없이도 그의 자연적 천품에 의해서 영원한 생명에 도달할 수 있다.

[재반론] 사도는 로마서 6장 [23절]에서 "하느님의 은총은 영원한 생명입니다."[4]라고 말하고, 표준 주해[5]에 따르면, 사도가 이렇게 말하

---

23) 죄의 값에 대해 말한 다음에 사도는 "의로움의 값은 영원한 삶이다."라고 말했어야 하는 것처럼 느껴진다. 오히려 다음과 같은 표현을 사용한다: "하느님의 무상의 선물(charisma)은 영원한 생명이다." "차이는 오로지 최종 결과에만 있는 것이 아니라, 도달하게 되는 방식에도 있다. 죽음은 죄에서 기인하는 것으로, 비극적으로 노예를 속이는 그 '품삯'이자 잔혹한 보상이다. 반면에 생명은 하나의

q.109, a.5

ut intelligeremus Deum ad aeternam vitam pro sua miseratione nos perducere.

RESPONDEO dicendum quod actus perducentes ad finem oportet esse fini proportionatos. Nullus autem actus excedit proportionem principii activi. Et ideo videmus in rebus naturalibus quod nulla res potest perficere effectum per suam operationem qui excedat virtutem activam, sed solum potest producere per operationem suam effectum suae virtuti proportionatum.[6] Vita autem aeterna est finis excedens proportionem naturae humanae, ut ex supradictis[7] patet. Et ideo homo per sua naturalia non potest producere opera meritoria proportionata vitae aeternae, sed ad hoc exigitur altior virtus, quae est virtus gratiae. Et ideo sine gratia homo non potest mereri vitam aeternam.[8] Potest tamen facere opera perducentia ad aliquod bonum homini connaturale, sicut *laborare in agro, bibere, manducare, et habere amicum*, et alia huiusmodi; ut Augustinus dicit, in tertia responsione contra Pelagianos.[9]

'선물'이다. 왜냐하면 모든 공로를 능가하고 하느님의 무한한 관대함을 그 유일한 기원으로 삼고 있기 때문이다."(L. Algisi, *Il Nuovo Testamento*, Torino, 1960, p.540)
5. Lombardus: PL 191, 1412C. Cf. Augustinus, *Enchir.*, c.107: PL 40, 282.
6. Cf. q.63, a.3; II-II, q.17, a.2.
7. q.5, a.5.

는 것은 "하느님이 당신의 자비 때문에 우리를 영원한 생명으로 인도하신다는 것을 이해할 수 있도록" 하기 위해서이다.

[답변] 어떤 목적으로 인도하는 행위들은 그 목적에 비례해야 한다. 그런데 어떤 행위도 그 활동적 원리의 비례적 범위를 넘어 나아가지 못한다. 그래서 우리는 자연적 사물들에서 그 어떤 것도 그 작용에 의해서 그 활동적 능력을 넘어가는 결과를 발생시키지 못하는 것을 본다. 그것은 그 작용에 의해서 오로지 그 능력에 비례하는[6] 결과를 산출할 수 있을 뿐이다. 그런데 위에서[7] 말한 것으로부터 드러나듯이, 영원한 생명은 인간 본성의 비례적 범위를 넘는 목적이다. 그래서 그의 자연적 천품에 의해서 인간은 영원한 생명에 비례하는 공로적 업적을 산출할 수 없다. 그것을 위해서는 보다 높은 능력, 곧 은총의 능력이 요구된다. 그래서 인간은 은총이 없이는 영원한 생명을 얻을 공로를 갖고 있지 않다.[8] 그렇지만 아우구스티누스가 펠라기우스주의자들에게 응수하는 셋째 답변에서 말하고 있듯이, 그는 밭에서 일하거나, 먹고 마시거나, 친구를 사귀는 등 인간에게 타고난 어떤 선으로 인도하는 활동들을 수행할 수는 있다.[9]

---

8. 결론은 정의된 신앙의 것이다. 실상 제2차 오랑주 교회 회의[529년]는 은총 없이 인간에게 사고, 원욕, ("영원한 생명의 구원에 요구되는"(DS 180[=DH 377]) 복음적 설교에 대한) 동의 역량을 이단이라고 선언하였다. 그리고 트리엔트공의회[1543-64]는 다음과 같이 확정한다. "누가 만일 그리스도 예수님을 통한 하느님의 은총이 선사되면 인간이 보다 쉽고 의롭게 살고 또 영원한 생명을 얻을 수 있지만, 은총 없이 자유재량[만]으로도, 비록 힘들고 어렵기는 하더라도, 이 두 가지에 다 이를 수 있다고 말한다면, 파문될 것이다."(DS 812[=DH 1552])
9. *Hypognost.*, III, c.4, n.5: PL 45, 1623. Cf. supra, a.2.

q.109, a.5

AD PRIMUM ergo dicendum quod homo sua voluntate facit opera meritoria vitae aeternae, sed, sicut Augustinus in eodem libro[10] dicit, ad hoc exigitur quod voluntas hominis praeparetur a Deo per gratiam.

AD SECUNDUM dicendum quod, sicut Glossa[11] dicit Rom. 6, super illud, [23], 《Gratia Dei vita aeterna》, *certum est vitam aeternam bonis operibus reddi, sed ipsa opera quibus redditur, ad Dei gratiam pertinent,*[12] cum etiam supra[13] dictum sit quod ad implendum mandata legis secundum debitum modum, per quem eorum impletio est meritoria, requiritur gratia.

AD TERTIUM dicendum quod obiectio illa procedit de fine homini connaturali. Natura autem humana, ex hoc ipso quod nobilior est, potest ad altiorem finem perduci, saltem auxilio gratiae, ad quem inferiores naturae nullo modo pertingere possunt.[14] Sicut homo est melius dispositus ad sanitatem qui aliquibus auxiliis medicinae potest sanitatem consequi, quam ille qui nullo modo; ut Philosophus introducit in II *de Caelo.*[15][16]

---

10. Ibid.: PL 45, 1624.
11. Lombardus: PL 191, 1412D-1413A. Cf. Augustinus, *Enchir.*, c.1: PL 40, 282.
12. Cf. q.5, a.1, ad1; I, q.12, a.4, ad3.
13. a.4.
14. Super *Rom.* 6,23. Cf. *Glossa Lombardi,* PL 191, 1412; Augustinus, *Enchir,* 107, PL 40, 282.
15. c.12, 292b13-19; S. Thomas, lect.18, n.7.
16. 이 실례는 신학자들이 '순종 능력'(potentia oboedientialis)이라고 부르는, 신적 질서에 대한 저 용의(用意, disponibilitas)라는 걸맞은 개념을 조명하는 데 대단히 성공적이다. 그들이 설명하는 것처럼, 이것은 순수한 혐오지 않음을 가리킨다.

[해답] 1. 인간은 자신의 의지에 의해서 영원한 생명을 얻을 공로가 있는 업적들을 수행한다. 그러나 아우구스티누스가 같은 책[10]에서 말하는 것처럼, 이를 위해서는 인간의 의지가 하느님의 은총을 통해서 준비되어야 한다.

2. 로마서 6장 [23절]에 대한 표준 주해[11]는 "하느님의 은총은 영원한 생명이다."라는 구절에 대해서 "영원한 생명이 선한 업적들을 통해서 주어진다는 것은 분명히 사실이지만, 그 수단이 되는 바로 그 업적 자체가 하느님의 은총에 속한다."고 말하고 있다.[12] 이미[13] 지적한 것처럼, 법의 계명들이 (그것들의 성취를 공로적인 것으로 만드는) 마땅한 방식으로 채워지기 위해서는 은총이 요구된다.

3. 이 반론은 인간이 본성에 타고난 목적으로부터 전개된다. 그런데 인간 본성은, 그것이 보다 고상한 종류의 것이라는 사실 때문에, 적어도 은총의 도움에 의해서, (저급한 본성들은 결코 도달할 수 없는) 어떤 보다 고등한 목적으로 이끌릴 수 있다.[14] 마찬가지로 철학자가 『천체론』[15]에서 소개하는 예를 들자면, 치료제의 도움을 받아(서라도) 건강을 얻게 된 사람이, 당연히 건강을 얻지 못한 사람보다 더 건강을 회복할 수 있다.[16]

왜냐하면 피조물의 잠재성이 하느님의 전능성과 연관 지어 이해되고 있기 때문이다. 이 전능성은 오로지 그것에 전가하고자 하는 결과들의 내밀한 부조리성 또는 개념 될 수 없음 속에서만 한계를 지니고 있다. 하느님이 어떤 인간 존재자에게 당신의 성화은총을 허용하시기 때문에, 인간은 초자연적 목적에 걸맞게 비례화된다. 하지만 이 참행복의 수여가 은총의 선물과 동일시되어야 한다는 것을 의미하는 것은 아니다. 피조물이 직접적으로 참행복에 준비되기 위해서는 어떤 다른 신적 개입이 요구된다. 바로 은총의 빛의 부여이다. 다시 말해, 은총의 테두리 안에서, 이어지는 하느님의 개입들이 요구하는 다양한 결과들이 구별될 수 있는 것이다.(Cf. q.111, a.3) 토마스의 '순종 능력' 개념을 보기 위해서는: 바티스타 몬딘, 「가능태」, 『성 토마스 개념사전』, 이재룡·안소근·윤주현 옮김, 한국성토마스연구소, 2021, 40*-42*쪽 참조.

Articulus 6
Utrum homo possit seipsum ad gratiam praeparare per seipsum, absque exteriori auxilio gratiae[1]

Ad sextum sic proceditur. Videtur quod homo possit seipsum ad gratiam praeparare per seipsum, absque exteriori auxilio gratiae.

1. Nihil enim imponitur homini quod sit ei impossibile, ut supra[2] dictum est. Sed Zach. 1, [3] dicitur: *Convertimini ad*

---

1. 이 절에서는 직접적으로 반(半)펠라기우스주의적 오류를 논박한다. 실상 펠라기우스와 그의 첫 추종자들은 아담의 후예들 안에서 원죄의 실존을 확인하면서, 은총의 필요성을 부정하지만, 반펠라기우스주의자들은 은총의 영향을 구원 업적

제6절 인간은 은총의 외적 도움 없이 스스로 은총을 준비할 수 있는가?[1]

Parall.: I, q.62, a.2; *In Sent.*, II, d.5, q.2, a.1; d.28, q.1, a.4; IV, d.17, q.1, a,2, qc.2, ad2; *ScG*, III, 149; *De veritate*, q.24, a.15; *Quodl.*, I, q.4, a.2; *In Joan.*, c.1, lect.6; *In Ep. ad Heb.*, c.12, lect.3.

Doctr. Eccl.: "하느님의 은총은 인간이 간청하면 받을 수 있다고 말하면서, 은총 자체는 우리가 은총을 간청하도록 유발한다고 말하지 않는 사람은, 다음과 같이 동일한 내용을 말하는 예언자 이사야나 사도의 말과 모순된다. '나를 찾지도 않는 자들을 내가 만나 주었고, 나에 관하여 묻지도 않는 자들에게 나를 드러내 보였다.'[로마 10,20; 참조: 이사 65,1]."(제2차 오랑주 교회 회의[529년], 제3조) DS 176[=DH 373].―"우리가 하느님의 은총 없이도 믿고, 바라고, 갈망하고, 노력하고, 수고하고, 청하고, 깨어 있고, 추구하고, 요구하고, 찾고, 두드린다면, 하느님께서 우리에게 자비를 베풀어 주실 것이라고 말하면서, 우리가 믿고 바라고 모든 일을 마땅히 할 수 있는 것이 성령의 주입과 감도를 통해서 우리 안에 일어난다고 고백하지 않는 사람과, 은총의 도움을 인간의 겸손과 순종에 종속시키고 우리가 순종하고 겸손한 것이 은총 자체의 선물임을 동의하지 않는 사람은, 다음과 같은 사도의 말과 어긋난다. '그대가 가진 것 가운데에서 받지 않은 것이 어디 있습니까?'[1코린 4,7] 또한 '하느님의 은총으로 지금의 내가 되었습니다.'[1코린 15,10]"(ibid.) DS 179[=DH 376].―"마땅히 그래야 하는 것처럼, 의화 은총이 인간에게 선사되도록, 인간은 선행하는 성령의 영감과 도움 없이 믿고 희망하고 사랑하거나 또는 참회할 수 있다고 말하는 자는 파문될 것이다."(트리엔트공의회, 제6회기, 제3조) DS 813[=DH 1553], Cf. DS 797[=DH 1525]. Vide textus cit., q.114, a.5.

[반론] 여섯째에 대해서는 다음과 같이 진행된다. 인간은 외부적 은총의 도움이 없이도 스스로 은총을 준비할 수 있는 것으로 보인다.

1. 위에서[2] 말한 것처럼, 인간에게는 그에게 불가능한 것은 그 어떤

의 화관(花冠)으로 한정한다. 그들은 인간에게 이 초자연적 선물의 도덕적 준비를 돌리고 있다. 제2차 오랑주 교회 회의[529년]는 특히 제3조에서 제5조까지에서, 이 이단을 단죄하였다.(Cf. DS 176-178[=DH 373-375])

2. a.4, obj.2.

*me, et ego*³ *convertar ad vos,* nihil autem est aliud se ad gratiam praeparare quam ad Deum converti. Ergo videtur quod homo per seipsum possit se ad gratiam praeparare absque auxilio gratiae.

2. Praeterea, homo se ad gratiam praeparat faciendo quod in se est, quia si homo facit quod in se est, Deus ei non denegat gratiam⁴; dicitur enim Matth. 7, [11],⁵ quod Deus *dat spiritum bonum petentibus se.* Sed illud in nobis esse dicitur quod est in nostra potestate. Ergo videtur quod in nostra potestate sit constitutum ut nos ad gratiam praeparemus.

3. Praeterea, si homo indiget gratia ad hoc quod praeparet se ad gratiam, pari ratione indigebit gratia ad hoc quod praeparet se ad illam gratiam, et sic procederetur in infinitum, quod est inconveniens. Ergo videtur standum in primo, ut scilicet homo sine gratia possit se ad gratiam praeparare.

4. Praeterea, *Prov.* 16, [1] dicitur: *Hominis est praeparare animum.*⁶ Sed illud dicitur esse hominis quod per seipsum potest. Ergo videtur quod homo per seipsum se possit ad gratiam praeparare.⁷

---

3. 대중 라틴어 성경(불가타)에서는 'ego'(나)를 생략하고 있다.
4. 여기서(그리고 아래의 제112문 제3절에서도) 성 토마스는 12세기 이래로 통용되던 스콜라학의 공리, 곧 "자기 역량 안에 있는 것을 행하는 자에게 하느님은 은총을 거부하지 않는다."(Facienti quod in se est, Deus non denegat gratiam)는 공리를 참조하고 있다. Cf. A. M. Landgraf, *Dogmengeschichte der Frühscholastik*, 1/1. esp. pp.249-264.
5. 루카 11,13 참조.
6. Vulgata: "animam praeparare."

것도 부과되지 않기 때문이다. 그러나 즈카르야서 1장 [3절]에서는 "나에게 돌아오라. 그러면 나도³ 너에게 돌아갈 것이다"라고 말한다. 그런데 스스로 은총을 위해 준비한다는 것은 하느님께로 돌아서는 것 외에 다른 것이 아니다. 그러므로 인간은 은총의 도움 없이도 은총을 위해 스스로 준비할 수 있는 것으로 보인다.

2. 인간은 자기 [역량] 안에 있는 것을 행함으로써 은총을 위해 준비한다. 왜냐하면 만일 인간이 자기 [역량] 안에 있는 것을 행한다면, 하느님은 그에게 은총을 거부하지 않기 때문이다.⁴ 마태오복음서 7장 [11절]⁵에서는 하느님이 "당신께 청하는 자에게 선한 영을 주신다."고 말하고 있다. 그러나 어떤 것이 우리의 [능력] 안에 있을 때, 어떤 것이 우리의 권한에 속한다고 말한다. 그러므로 우리 스스로 은총을 위해 준비하는 것은 우리의 능력 안에 있다는 것이 확립된 것으로 보인다.

3. 만일 인간이 은총을 위해 준비하는 데 은총을 필요로 한다면, 같은 근거에서 그는 그 은총을 위해서 준비하는 데에 또다시 은총을 필요로 할 것이고, 그렇게 무한히 전개될 것인데, 이것은 부조리하다. 그러므로 처음에 멈추는 것이 최선인 것으로 보인다. 즉 인간은 은총의 도움 없이 스스로 은총을 위해 준비할 수 있다고 보아야 한다.

4. 잠언 16장 [1절]에서는 "자기 마음⁶을 준비하는 것은 인간의 몫이다."라고 말한다. 그러나 인간이 어떤 것을 스스로 행할 수 있을 때 어떤 것이 그의 몫이라고 말하게 된다. 그러므로 인간은 스스로의 힘으로 은총을 위해 준비할 수 있는 것으로 보인다.⁷

---

7. 반론들은 성 토마스 안에 반(半)펠라기우스주의적 논쟁에 대한 분명한 지식을 입증하고 있다. 이것은 아무리 개연적이라 하더라도, 자신의 동시대인들과 동일

q.109, a.6

SED CONTRA est quod dicitur Ioan. 6, [44]: *Nemo potest venire ad me, nisi pater, qui misit me, traxerit eum.* Si autem homo seipsum praeparare posset, non oporteret quod ab alio traheretur. Ergo homo non potest se praeparare ad gratiam absque auxilio gratiae.

RESPONDEO dicendum quod duplex est praeparatio voluntatis humanae ad bonum. Una quidem qua praeparatur ad bene operandum et ad Deo fruendum. Et talis praeparatio voluntatis non potest fieri sine habituali gratiae dono, quod sit principium operis meritorii, ut dictum est.[8]—Alio modo potest intelligi praeparatio voluntatis humanae ad consequendum ipsum gratiae habitualis donum. Ad hoc autem quod praeparet se ad susceptionem huius doni, non oportet praesupponere aliquod aliud donum habituale in anima, quia sic procederetur in infinitum, sed oportet praesupponi aliquod auxilium[9] gratuitum Dei interius animam moventis, sive inspirantis bonum propositum. His enim duobus modis indigemus auxilio divino, ut supra[10] dictum est.

한 여건에 있었기 때문에, 『명제집 주해』를 하던 젊은 시절에는 몰랐었다. 실상 저 작품에 병행하는 절은 실체적으로 긍정적인 결론을 가지고 있다: "인간은 은총 없이 은총을 위해 준비를 갖출 수 없다." 만일 미리 요구되는 은총으로, 그가 설명하듯이, 습성적 은총으로 이해된다면, 이론의 여지가 없는 결론이다. 그러나 만일 인간이 자신의 자연적 힘들만으로 의화(義化)에 선행하는 현실적인 최초의 은총을 위해 미리 준비될 수 있다는 의미로 이해하고자 한다면, 그때 그것

[재반론] 그러나 반대로, 요한복음서 6장 [44절]에서는 "나를 보내신 아버지께서 이끌어 주시지 않으면 아무도 나에게 올 수 없다."고 말하고 있다. 그런데 만일 인간이 스스로 준비할 수 있다면, 그는 다른 누구로부터도 이끌릴 필요가 없을 것이다. 그러므로 인간은 은총의 도움이 없이 스스로 은총을 위해 준비할 수 없다.

[답변] 인간의 의지가 선을 위해 준비하는 것에는 두 가지 종류가 있다. 첫째, 선을 행하고 하느님을 향유할 준비를 할 때이다. 의지의 이런 준비는 은총이라는 습성적 선물이 없이는 발생할 수 없다. 이것은, 이미[8] 말한 것처럼 공로적 활동(opus meritorii)의 원리이다.—둘째, 인간 의지의 준비가 습성적 은총(gratia habitualis)이라는 선물을 얻기 위하여 준비된다는 관점에서 이해될 수도 있다. 그러나 누군가가 이 선물을 받을 수 있도록 스스로 준비할 수 있기 위해서는 영혼 안에 어떤 더 이상의 습성적 선물을 전제할 필요가 전혀 없다. 왜냐하면 그렇지 않다면 우리는 무한히 전개해야 할 것이기 때문이다. 그러나 영혼을 내적으로 움직이거나 어떤 선한 결심을 감도하는 하느님의 어떤 무상의 도움[9]을 전제해야 한다. 왜냐하면 위에서[10] 말한 것처럼 우리는 이 두 가지 방식으로 하느님의 도움을 필요로 하기 때문이다.

은 거짓이다. 젊은 토마스는 이 최초의 은총을 자연적 질서의 업적들 및 주도권(initiativa)들로부터 분명하게 구별하지 못했다. Cf. H. Bouillard, *Conversion et grace chez S. Thomas d'Aquin*, Paris, 1944, pp.20-87.

8. a.5.
9. 이 도움(auxilium)은 '습성적 은총'(gratia habitualis)에 대비되어 구분되는 '현실적 은총'(gratia actualis)이다. Cf. q.111, a.2; q.112, a.2.
10. aa. 2-3.

Quod autem ad hoc indigeamus auxilio Dei moventis, manifestum est. Necesse est enim, cum omne agens agat propter finem, quod omnis causa convertat suos effectus ad suum finem. Et ideo, cum secundum ordinem agentium sive moventium sit ordo finium, necesse est quod ad ultimum finem convertatur homo per motionem primi moventis, ad finem autem proximum per motionem alicuius inferiorum moventium, sicut animus militis convertitur ad quaerendum victoriam ex motione ducis exercitus, ad sequendum autem vexillum alicuius aciei ex motione tribuni.[11] Sic igitur, cum Deus sit primum movens simpliciter,[12] ex eius motione est quod omnia in ipsum convertantur secundum communem intentionem boni, per quam unumquodque intendit assimilari Deo secundum suum modum.[13] Unde et Dionysius, in libro de *Div. Nom.*,[14] dicit quod Deus *convertit omnia ad seipsum*. Sed homines iustos convertit ad seipsum sicut ad specialem finem, quem intendunt, et cui

---

11. (*추가주) "여기서 사도 바오로의 말씀: '우리가 한 의로운 행위 때문이 아니라 당신 자비에 따라 우리를 구원하셨습니다.'(티토 3,5) '그러므로 그것은 사람의 의지나 노력이 아니라, 하느님의 자비에 달려 있습니다.'(로마 9,16) 이것은 인간이 올바르게 원하고 작용하기 위해서 하느님의 도우심이 오기를 필요로 하기 때문이다. 그리고 관례에 따라 하나의 결과는 가장 가까운 작용자가 아니라 그 최초의 기동자에게 돌려진다. 실상 군인들의 전투에 의해 획득된 승리는 사령관에게 돌려진다. 따라서 그런 말들로 어떤 이들이 인간이 내적이든 외적이든 자기 행위들의 주인이 아니기라도 한 것처럼 그릇되게 이해했듯이 의지의 자유재량이 배제되는 것이 아니라, 그것이 하느님께 예속되어 있다는 것이 명료화된다. (…) 그렇지만 즈카 1,3에서는 '만군의 주님이 말한다: 너희는 나에게 돌아와라.

그런데 우리가 이것을 위해 우리를 움직이는 하느님의 도움을 필요로 한다는 것은 명백하다. 왜냐하면 모든 행위자는 목적 때문에 행동하는 것이기에, 모든 원인은 필시 그 결과(효력, effectus)를 그 목적으로 향하도록 하기 때문이다. 그래서 목적들의 질서는 행위자들 또는 기동자들의 질서에 상응하기 때문에, 필시 인간이 제1 기동자의 운동에 의해서 궁극적 목적으로 돌아서지만, 어떤 종속적인 기동자의 운동에 의해서는 가까운 목적으로 돌아선다는 결론이 나온다. 비슷하게, 군인의 마음은 군 사령관의 움직임에 의해서는 승리의 추구로 향하지만, 기수(旗手, tribunus)의 움직임에 의해서는 공격 대형의 깃발을 따르는 것으로 향한다.[11] 그렇다면 하느님은 단적으로[12] 제1 기동자이기 때문에, 만물이 선을 향한 저 일반적 경향(이 경향에 따라 만물은 제 나름대로 하느님과의 유사성을 지향한다.) 안에서 그분께로 돌아서는 것은 그분의 움직임[起動]에 의해서이다.[13] 그래서 디오니시우스(Dionysius)는 『신명론』[14]에서 하느님이 "만물을 당신께 향하도록 만든다."고 말한다. 그러나 그는 의인들을 특수한 목적인 당신 자신에게 향하도록 만든다. 그들은 그 목적으로 향하고 자기

그러면 나도 너희에게 돌아가리라.'고 한다. 이것은 이미 설명한 것처럼, 하느님의 행위가 우리의 회개보다 먼저 온다는 것을 부정하기 위한 것이 아니라, 우리가 그분께로 돌아선 우리의 회개에 뒤이어서도, 그분이 그 효과에 이르도록 그것을 강화하고, 그 마땅한 목표에 도달하도록 확인하며, 돕기 때문이다. 이렇게 해서 저 도움들이 우리의 공로 때문에 이루어진다고, 그리고 우리 '의화'의 시작은 우리에게서 오고 그 완성은 하느님에게서 온다고 말하던 펠라기우스주의자들의 오류는 배제된다."(*ScG*, III, 149, nn.3222-3224)

12. Cf. I, q.2, a.3.
13. Cf. I, q.44, a.4.
14. c.4: PG 3, 700A; S. Thomas, lect.3.

q.109, a.6

cupiunt adhaerere sicut bono proprio; secundum illud Psalmi 72, [28]: *Mihi adhaerere Deo bonum est.*[15] Et ideo quod homo convertatur ad Deum, hoc non potest esse nisi Deo ipsum convertente. Hoc autem est praeparare se ad gratiam, quasi ad Deum converti, sicut ille qui habet oculum aversum a lumine solis, per hoc se praeparat ad recipiendum lumen solis, quod oculos suos convertit versus solem. Unde patet quod homo non potest se praeparare ad lumen gratiae suscipiendum, nisi per auxilium gratuitum Dei interius moventis.[16]

AD PRIMUM ergo dicendum quod conversio hominis ad Deum fit quidem per liberum arbitrium; et secundum hoc homini praecipitur quod se ad Deum convertat. Sed liberum arbitrium ad Deum converti non potest nisi Deo ipsum ad se convertente;

---

15. Cf. q.9, a.6, ad3.
16. 인간의 생애 전 과정이 하느님의 예정(praedestinatio)에 예속되어 있는 것으로 보이고 있다. 이 생애 과정 안에는 '이전'과 '이후'가 있다. '회심' 이전의 삶은 영광을 위한 준비로 간주되고 있다. 회심 이후에 사람은 이 준비에 협력한다. 그 이전에는 어떤 감추어진 신적 도우심에 의해서 하느님께로 인도된다. 이 감추어진 도우심은 단순하게 하느님의 일반적 도우심이기만 한 것이 아니라는 것, 그것이 특별하고 무상적(無償的)이라는 것이 여기서 성 토마스의 요점이다. 최근에 일부 학자들은 그가 나중에 '조력은총' 또는 '현실적 은총'(gratia actualis)이라고 알려지게 되는 것에 대하여 설명하였다는 것을 부인하려 시도하였다. Cf. R. C. Dhont, *Le probleme de la preparation à la grace,* 1946; M. Seckler, *Instinkt und Glaubenwille,* 1961. 반(半)펠라기우스주의에 대한 성 토마스의 평가를 보기 위해서는: Cf. Cornelius Ernst, OP, "Introduction", in St. Thomas Aquinas, *Summa Theologiae, vol.30(I-II, 106-114): The Gospel of Grace,* New York, McGraw-Hill, 1972, pp.xv-xxvii; pp.236-237. 이것은 논고 전체 가운데 가장 심오하고 유기적인 절들 가운데 하나이다. 요컨대, 저자는 이를 전후해서 여러 세기 동안 논의된

자신의 선으로서 달아든다. 시편 73[72]편 [28절]에서는 이렇게 말한다. "하느님께 가까이 있음이 저에게는 좋습니다."[15] 그래서 인간이 하느님께로 돌아서는 것은 오직 하느님이 그를 회개시킴으로써만 가능하다. 그런데 은총을 위해 스스로 준비하는 것은 일종의 하느님께로 돌이킴이다. 이는 눈을 태양빛으로부터 멀리한 사람이 다시 눈을 태양빛으로 향하여 그 빛을 받아들일 준비를 하는 것과 마찬가지이다. 그래서 인간은 그를 내적으로 움직이는 하느님의 무상의 도움에 의해서가 아니라면 스스로 은총의 빛을 받아들일 준비를 갖출 수 없다는 것이 분명하다.[16]

[해답] 1. 인간이 하느님께로 돌아섬은 참으로 그의 자유재량에 의해서 발생한다. 그리고 이런 의미에서 인간은 하느님께로 돌아서라는 명령을 받는다. 그러나 그 자유재량은 하느님이 그것을 당신 자신에게로 돌려놓을 때에만 하느님께로 향할 수 있다. 예레미야서 31장 [18절]에서는 이렇게 말한다. "저를 돌아가게 해 주소서. 제가 돌

문제들을 명료하게 해결한다. 그의 사상을 정확하게 이해하기 위해서는 행위들, 기관들, 그리고 존재 자체의 종별화에서 목적인의 우위를 철저하게 깨칠 필요가 있다. 성 토마스는 습성적 은총 이전에 인간이 존재론적으로 자연적 역량들에 고등한 것으로 드러나지 않는 행위들을 수행할 수 있다는 것을 전혀 부정하지 않고, 또한 심리학적으로 은총을 위해 준비하는 것도 부정하지 않는다. 그런데 만일 고등한 목적과의 이 연결이 피조물 측으로부터 지향 바깥에 있을 수 있다면, 제1원인 측으로부터는 절대로 있을 수 없다. 따라서 만일 도덕적으로 선한 어떤 행위가, 은총 수여에의 한 태세로서, 하느님이 원하시는 것이라면, 저 행위는 초자연적 목적에 의해서 종별화된다. 그러므로 성화은총을 준비하는 [것은] 하나의 현실적 은총이다. 그러므로 이 움직임의 초자연성을 판단하기 위해서 그것이 촉진하는 인간적 행위의 물리적 구조가 반드시 분석되어야 하는 것은 아니다. 오히려 그것의 대상인 그 끝이다. 저자는 제112문 제2절에서 은총의 본질에 대해 논한 다음에 동일한 문제를 재론하게 될 것이다.

secundum illud Ierem. 31, [18]: *Converte me, et convertar, quia tu Dominus Deus meus*; et Thren. ult., [21]: *Converte nos, Domine, ad te, et convertemur.*

AD SECUNDUM dicendum quod nihil homo potest facere nisi a Deo moveatur; secundum illud Ioan. 15, [5]: *Sine me nihil potestis facere.* Et ideo cum dicitur homo facere quod in se est, dicitur hoc esse in potestate hominis secundum quod est motus a Deo.[17]

AD TERTIUM dicendum quod obiectio illa procedit de gratia habituali, ad quam requiritur aliqua praeparatio, quia omnis forma requirit susceptibile dispositum. Sed hoc quod homo moveatur a Deo non praeexigit aliquam aliam motionem, cum Deus sit primum movens. Unde non oportet abire in infinitum.[18]

AD QUARTUM dicendum quod hominis est praeparare animum, quia hoc facit per liberum arbitrium, sed tamen hoc non facit sine auxilio Dei moventis et ad se attrahentis, ut dictum est.[19]

---

17. "인간은 자기 안에 지니고 있는 것을 행함으로써 은총에 대해 준비를 갖춘다. (…) 이것은 태세와 준비에 대해서 단적으로 이해되는 것이 아니라, 자기 측으로부터 이해되는 것이다."(Cajetanus in h. a., n.VI, ed. Leon. Cf. J. Riviere, "Quelches antecedents patristiques de la formule Facienti quod in se est", *Revue des sciences religieuses* 7(1927), 93-97: A. Stolz, OSB, *Anthropologia theologica*, Friburg i. Br., 1940, 120-121; R. Garrigou-Lagrange, OP, *De gratia*, Torino, 1947, pp.67-71.

아가겠습니다. 당신은 주 저의 하느님이십니다." 그리고 애가 마지막 [5]장 [21절]에서는 이렇게 말한다. "주님, 저희를 당신께 되돌리소서. 저희가 돌아가오리다."

2. 요한복음서 15장 [5절]에 따르면, 사람은 하느님에 의해서 움직여지지 않고서는 아무것도 할 수 없다. "너희는 나 없이 아무것도 하지 못한다." 그래서 인간이 자신의 [능력] 안에 드는 것을 행한다고 말할 때, 이것은 그가 하느님에 의해 움직여진 한에서 그의 권한 안에 있다고 말하는 것이다.[17]

3. 이 반론은 준비가 요구되는 습성적 은총에 해당된다. 왜냐하면 모든 형상은 그것을 위해서 준비되도록 만들어진 어떤 수용자를 요구하기 때문이다. 그러나 어떤 사람이 하느님에 의해서 움직여지기 위해서는 어떤 다른 사전 운동이 필요하지 않다. 왜냐하면 하느님은 제1 기동자이기 때문이다. 그래서 무한히 전개될 필요가 없다.[18]

4. 자기 마음을 준비하는 것은 인간의 일부이다. 왜냐하면 그는 이것을 자신의 자유재량에 의해서 행하기 때문이다. 그러나 이미 말한 것처럼,[19] 그는 그를 움직이고 그를 당신 자신에게로 이끄시는 하느님의 도움이 없이는 이것을 하지 못한다.

---

18. Cf. q.112, a.2.
19. 본론. "성경은 다음 두 가지를 가르친다: 곧 인간이 구원될 수 있도록 하느님께서 모든 것을 행하신다는 것과, 모든 선이 하느님의 뜻에 달려 있다는 것이다. 그러므로 은총의 우위가 부정되어서도 안 되지만, 인간의 협력이 무시되어서도 안 된다."(A. Stolz, OSB, *op. cit.*, p.120, n.10)

Articulus 7

Utrum homo possit resurgere a peccato sine auxilio gratiae1[1]

Ad septimum sic proceditur. Videtur quod homo possit resurgere a peccato sine auxilio gratiae.

1. Illud enim quod praeexigitur ad gratiam, fit sine gratia. Sed resurgere a peccato praeexigitur ad illuminationem gratiae, dicitur enim *ad Ephes.* 5, [14]: *Exurge a mortuis, et illuminabit te Christus.* Ergo homo potest resurgere a peccato sine gratia.

2. Praeterea, peccatum virtuti opponitur sicut morbus sanitati, ut supra[2] dictum est. Sed homo per virtutem naturae potest resurgere de aegritudine ad sanitatem sine auxilio exterioris

---

1. "앞 절을 전제할 때 이 절은 무익한 반복처럼 보일 수 있다. 하지만 그렇지 않다. 왜냐하면 카예타누스 다음과 같이 지적하기 때문이다. '이제껏 성 토마스는 선을 위한 은총의 필요성을 논했다면 지금은 악에 대해 논한다.' 또한 은총

제7절 인간은 은총의 도움 없이 죄로부터 다시 일어설 수 있는가?[1]

Parall.: Infra q.113, a.2; *In Sent.*, II, d.28, a.2; *ScG*, III, 157; IV, 72; *De veritate*, q.24, a.12, ad10; q.26, a.2; *In Ep. ad Ephes.*, c.5, lect.5.

Doctr. Eccl.: "하느님께서 우리가 죄에서 깨끗해지도록 우리의 의지를 기다리신다고 내세우면서, 우리가 깨끗해지기를 바라는 것이 우리 안에 성령의 주입과 활동으로 일어난다고 고백하지 않는 사람은 솔로몬을 통해 말씀하시는 성령 자체를 거스르는 것이다. '주님에 의해 의지가 준비된다.'[잠언 8,35 칠십인역] 또한 우리의 구원에 관해 선포하는 사도의 말과도 상반된다. '하느님은 당신 호의에 따라 여러분 안에서 활동하시어, 의지를 입으시고 그것을 실천하게도 하시는 분이십니다.'[필리 2,13 참조]"(제2차 오랑주 교회 회의, q.529, 제4조) DS 177[=DH 374]. Cf. DS 187-8[=DH 384-5], DS 192[=DH 389].—"인간이 그리스도 예수님을 통한 하느님의 은총 없이, 인간 본성의 힘이나 율법의 가르침을 통하여 이행한 자신의 행업으로 하느님 앞에서 의화될 수 있다고 말하는 자는 파문될 것이다." DS 811[=DH 1551]. Cf. DS 813[=DH 1553].

[반론] 일곱째에 대해서는 다음과 같이 진행된다. 인간은 은총의 도움이 없이도 죄로부터 다시 일어설 수 있는 것으로 보인다.

1. 은총을 위해 미리 요구되는 것은 은총 없이 발생한다. 그러나 은총의 조명을 위해서는 미리 죄로부터 일어서는 것이 요구된다. 왜냐하면 에페소서 5장 [14절]에서는 "죽은 이들 가운데에서 일어나라. 그리스도께서 나를 비추어 주시리라."라고 말하고 있기 때문이다. 그러므로 인간은 은총 없이도 죄로부터 다시 일어설 수 있다.

2. 위에서[2] 말한 것처럼, 질병이 건강에 반대되듯이, 죄는 덕에 반대된다. 그런데 인간은 자연적 능력으로 외적인 치료제의 도움이 없

의 필요성에 관한 마지막 두 절에서는 이미 의로운 사람을 위해 논하기 때문이다."(Garrigou-Lagrange, OP, *De gratia*, p.75)

2. q.71, a.1, ad3.

medicinae, propter hoc quod intus manet principium vitae, a quo procedit operatio naturalis. Ergo videtur quod, simili ratione, homo possit reparari per seipsum, redeundo de statu peccati ad statum iustitiae, absque auxilio exterioris gratiae.

3. Praeterea, quaelibet res naturalis potest redire ad actum convenientem suae naturae, sicut aqua calefacta per seipsam redit ad naturalem frigiditatem, et lapis sursum proiectus per seipsum redit ad suum naturalem motum. Sed peccatum est quidam actus contra naturam; ut patet per Damascenus, in II libro.[3] Ergo videtur quod homo possit per seipsum redire de peccato ad statum iustitiae.

SED CONTRA est quod Apostolus dicit, *ad Gal.* 2, [21]: *Si data est lex quae potest iustificare, ergo Christus gratis mortuus est*, idest sine causa. Pari ergo ratione, si homo habet naturam per quam potest iustificari, Christus gratis, idest sine causa, *mortuus est*. Sed hoc est inconveniens dicere. Ergo non potest homo per seipsum iustificari, idest redire de statu culpae ad statum iustitiae.[4]

---

3. *De fide orth.*, II, cc.4 et 30: PG 94, 876A, 976A. Cf. IV, c.20: PG 94, 1196B. Cf. q.94, a.3, ad2.
4. 이 논거가 제2차 오랑주 교회 회의 제21항의 다음과 같은 논거와의 유사성에 주목하라. "율법을 통해서 의화 되기를 바라지만 은총에서 벗어난 자들에게 '율법을 통하여 의로움이 온다면 그리스도께서 헛되이 돌아가신 것입니다.'[갈라 2,21]

이도 죄로부터 일어나 건강해질 수 있다. 왜냐하면 그 안에는 그의 자연적 활동의 원천인 생명의 원리가 남아 있기 때문이다. 그러므로 비슷한 이유로 인간은 외부적 은총의 도움이 없이도 죄의 상태로부터 의로움의 상태로 돌아옴으로써 스스로의 힘으로 복원될 수 있다.

3. 어떠한 자연적 사물도 그 자신의 본성에 적합한 현실로 되돌아올 수 있다. 예컨대, 가열된 물은 스스로의 힘으로 그 자연적 차가움으로 되돌아오고, 위로 던져진 돌은 스스로 그 자연적 운동으로 되돌아온다. 그런데 다마셰누스가 제2권[3]에서 말하는 것처럼, 죄는 본성에 반하는 행위의 일종이다. 그러므로 인간은 죄로부터 의로움의 상태로 되돌아올 수 있는 것으로 보인다.

[재반론] 그러나 반대로, 사도는 갈라티아서 2장 [21절]에서 "만일 법을 통하여 의로움이 오는 것이라면, 그리스도께서는 헛되이[다시 말해, 까닭 없이] 돌아가신 것입니다."라고 말하고 있다. 마찬가지로, 만일 인간이 [스스로] 의로워질 수 있는 본성을 지니고 있다면, 그리스도께서는 헛되이, 즉 까닭 없이 돌아가신 것이다. 그런데 그렇게 말하는 것은 부적절하다. 그러므로 인간은 스스로 의화(義化)되어 탓의 상태로부터 의로움의 상태로 돌아갈 수 없다.[4]

라고 사도가 매우 올바르게 말하듯이, 그리스도에 대한 믿음이 요구하고 받는, 은총이 본성이라고 생각하는 이들에게 이처럼 매우 올바르게 말한다. 의로움이 본성을 통하여 온다면 '그리스도께서 헛되이 돌아가신 것입니다.'"(DS 194[=DH 391]) 하지만 성 토마스는 이 텍스트를 그 본래의 원천인 아우구스티누스의 『은총과 자유재량』 제13장으로부터 직접 읽었을 수 있다.

q.109, a.7

RESPONDEO dicendum quod homo nullo modo potest resurgere a peccato per seipsum sine auxilio gratiae. Cum enim peccatum transiens actu remaneat reatu, ut supra[5] dictum est; non est idem resurgere a peccato quod cessare ab actu peccati. Sed resurgere a peccato est reparari hominem ad ea quae peccando amisit. Incurrit autem homo triplex detrimentum peccando, ut ex supradictis[6] patet, scilicet maculam, corruptionem naturalis boni, et reatum poenae. Maculam quidem incurrit, inquantum privatur decore gratiae ex deformitate peccati.[7] Bonum autem naturae corrumpitur, inquantum natura hominis deordinatur voluntate hominis Deo non subiecta, hoc enim ordine sublato, consequens est ut tota natura hominis peccantis inordinata remaneat. Reatus vero poenae est per quem homo peccando mortaliter meretur damnationem aeternam.

Manifestum est autem de singulis horum trium, quod non possunt reparari nisi per Deum. Cum enim decor gratiae proveniat ex illustratione divini luminis, non potest talis decor in anima reparari, nisi Deo denuo illustrante, unde requiritur habituale donum, quod est gratiae lumen. Similiter ordo naturae reparari non potest, ut voluntas hominis Deo subiiciatur, nisi Deo voluntatem hominis ad se trahente, sicut dictum est.[8]

---

5. q.87, a.6.
6. q.85, a.1; q.86, a.1; q.87, a.1.
7. 현대의 신학자들과 윤리학자들은 더 이상 "죄의 흠결"에 대해 말하지 않고, 하느님과 불화하고 있는 영혼의 상태를 가리키는 "습성적 죄"에 대해 말한다. 교리서

[답변] 인간은 은총의 도움이 없이는 결코 스스로 죄로부터 다시 일어설 수 없다. 왜냐하면 위에서[5] 말한 것처럼, 죄는 하나의 행동으로서는 지나가 버리지만, 죄책으로서는 남는 것이므로, 죄로부터 다시 일어서는 것은 단지 죄짓는 행위를 그만두는 것과 같은 일이 아니기 때문이다. 오히려 인간이 죄로부터 일어서는 것은 죄를 지음으로써 상실했던 것을 복원하는 것이다. 그런데 위에서[6] 말한 것으로부터 드러나듯이, 인간은 죄를 지음으로써 흠결(macula), 자연적 선의 부패(corruptio naturalis boni), 그리고 처벌의 죄책(reatum poenae)이라는 세 가지 종류의 상처를 입게 된다. 그는 죄의 흉측함을 통해서 은총의 기품(氣稟)을 상실함으로써 흠결을 입게 된다.[7] 그리고 자연의 선성은 그의 의지가 더 이상 하느님께 복종하지 않을 때, 인간 본성의 무질서에 의해서 타락한다. 왜냐하면 일단 이 질서가 사라져 버리게 되면, 그 귀결은 죄스러운 사람의 본성 전체가 무질서하게 되는 것이기 때문이다. 마지막으로 처벌의 빚은 그로써 인간이 사죄를 지음으로써 영원한 단죄를 받을 만하게 된다는 것이다.

그런데 이 세 가지 상처의 복원은 오로지 하느님에 의해서만 이루어질 수 있다는 것이 분명하다. 왜냐하면 은총의 아름다움(우아함, decor)은 신적인 빛의 조명으로부터 생겨나므로 만일 하느님이 거기서 다시 빛나지 않는다면 그 아름다움은 영혼 안에서 복원될 수 없기 때문이다. 그래서 습성적 선물, 즉 은총의 빛이 요구된다. 비슷하게, 이미[8] 말한 것처럼, 자연의 질서가 회복되기 위해서는 인간의 의지가 하느님께 종속되어야 하는데, 이는 하느님이 그것을 당신 자신

에서는 "영혼이 죄 중에 있다."고 말하는 것으로 만족한다.(Cf. vol.XI, p.310)
8. a.6.

Similiter etiam reatus poenae aeternae remitti non potest nisi a Deo, in quem est offensa commissa, et qui est hominum iudex. Et ideo requiritur auxilium gratiae ad hoc quod homo a peccato resurgat, et quantum ad habituale donum, et quantum ad interiorem Dei motionem.[9]

AD PRIMUM ergo dicendum quod illud indicitur homini quod pertinet ad actum liberi arbitrii qui requiritur in hoc quod homo a peccato resurgat. Et ideo cum dicitur, *Exsurge, et illuminabit te Christus*, non est intelligendum quod tota exurrectio a peccato praecedat illuminationem gratiae, sed quia cum homo per liberum arbitrium a Deo motum surgere conatur a peccato, recipit lumen gratiae iustificantis.

AD SECUNDUM dicendum quod naturalis ratio non est sufficiens principium huius sanitatis quae est in homine per gratiam iustificantem; sed huius principium est gratia, quae tollitur per peccatum. Et ideo non potest homo per seipsum reparari, sed indiget ut denuo ei lumen gratiae infundatur, sicut si corpori mortuo resuscitando denuo infunderetur anima.

AD TERTIUM dicendum quod, quando natura est integra, per seipsam potest reparari ad id quod est sibi conveniens et proportionatum, sed ad id quod superexcedit suam proportionem, reparari non potest sine exteriori auxilio. Sic

---

9. 제2차 오랑주 교회 회의와 트리엔트공의회는 인간이 은총의 도움이 없이는 죄

에게로 이끄시지 않는다면 이루어질 수 없다. 마찬가지로, 영원한 처벌의 빚은 오로지 그 행위로 모욕을 당한 인간의 심판자이신 하느님에 의해서만 용서될 수 있다. 그래서 인간이 죄로부터 다시 일어서기 위해서는 습성적 선물과 관련해서 그리고 하느님의 내적인 움직임[起動]과 관련해서 은총의 도움이 요구된다.[9]

[해답] 1. 인간에게 부과된 것은 그가 죄로부터 다시 일어설 수 있도록 그에게 요구되는 자유재량 행위에 속하는 것이다. 그래서 "일어나라. 그리스도가 그대를 비출 것이다."라는 말을 들을 때, 우리는 그 일어남 전체가 은총의 조명에 앞서는 것으로 이해해서는 안 되고, 인간이 하느님에 의해서 움직여진 자유재량에 의해서 죄로부터 일어서려고 노력할 때, 그가 의화 은총(gratia justificans)의 빛을 받는다는 것으로 이해해야 한다.

2. 자연적 이성은 의화(義化) 은총을 통하여 인간 안에 있게 되는 그 건강을 위한 원천으로서 충분하지 못하다. 그것의 원천은 은총인데, 은총은 죄에 의하여 상실된 것이다. 그래서 인간은 스스로 회복될 수 없고, 죽었던 육체가 다시 살아나게 될 때 그 몸 안에 영혼이 주입되는 것처럼, 은총의 빛이 다시 그에게 주입될 필요가 있다.

3. 어떤 본성이 온전할 때 그것은 스스로 그것에 적합하고 비례적인 것으로 회복될 수 있지만, 그것의 비례적 범위를 넘는 것에 대해서는 외부의 도움이 없이는 복원될 수 없다. 따라서 죄에 의해서 빛

로부터 벗어날 수 없다고 규정하였다: DS 187[=DH 384], DS 188[=DH 385], DS 192[=DH 389], DS 194[=DH 391], DS 811[=DH 1551] 저자는 이 논거를 제113문 제1절과 제2절에서 완성할 것이다.

igitur humana natura defluens per actum peccati, quia non manet integra sed corrumpitur, ut supra[10] dictum est, non potest per seipsam reparari neque etiam ad bonum sibi connaturale; et multo minus ad bonum supernaturalis iustitiae.

Articulus 8
Utrum homo sine gratia possit non peccare[1]

AD OCTAVUM sic proceditur. Videtur quod homo sine gratia possit non peccare.

1. *Nullus enim peccat in eo quod vitare non potest*; ut Augustinus dicit, in libro *de Duab. Animab.*,[2] et *de Lib. Arb.*[3] Si ergo homo

---

10. 본론.

1. "타락한 인간이 하느님의 자연적 도우심으로 자연적인 선한 일들을 행할 수 있다고 말하는 제2절로부터, 마찬가지로 자연적인 것들의 도움으로 얼마간 죄를 범하지 않을 수 있고 또 가벼운 유혹들을 이겨 낼 수 있다는 것이 전제되고 있다.

제109문 제8절

나간(defluens) 인간 본성은, 위에서[10] 말한 것처럼, 더 이상 온전하지 못하고 타락되었다. 그래서 그 자체의 힘만으로는 그것에 타고난 선으로 회복될 수도 없고, 더더욱 초자연적 의로움의 선으로 회복될 수 없다.

제8절 인간은 은총 없이 죄를 피할 수 있는가?[1]

Parall.: Supra, q.62, a.2, ad2; q.74, a.3, ad2; In Sent., II, d.20, q.2, a.3, ad5; d.24, q.1, a.4; d.28, q.1, a.2; ScG, III, 160; De veritate, q.22, a.5, ad7; q,24, a.1, ad10&12; aa.12-13; De malo, q.3, a.1, ad9; In Ep. I ad Cor., c.12, lect.1; In Ep. ad Heb., c.10, lect.3.

Doctr. Eccl.: 인간이 중죄 없이 남아 있을 수 있기 위해서는 은총이 필요하다. DS 103-104[=DH 225-226], DS 132[=DH 241], DS 186-188[=DH 383-385], DS 192[=DH 389], DS 194[=DH 391], DS 196[=DH 393], DS 806[=DH 1541].―인간은 은총의 상태에서 모든 사죄(死罪)를 물리칠 수 있다: DS 804[=DH 1536] (vide textus cit. q.112, a.3). 하지만 특별한 특전이 없이 모든 경죄(輕罪)까지 물리칠 수는 없다: DS 106-108[=DH 228-230], DS 471[=DH 891], DS 833[=DH 1573], DS 1275-1277[=DH 2295-2297], DS 1282sq.[=DH 2262sq.].―인간은 몇몇 가벼운 유혹들을 은총 없이도 극복할 수 있다. DS 1028-1030[=DH 1928-1930]

[반론] 여덟째에 대해서는 다음과 같이 진행된다. 인간은 은총이 없이도 죄를 범하지 않을 수 있는 것으로 보인다.
1. 실상 아우구스티누스는 『두 영혼』[2]과 『자유의지론』[3]에서 "피할

왜냐하면 신성모독과 같은 죄의 범행이나 기도해야 할 때 기도하지 않는 것과 같은 불이행의 죄로 계속해서 현실적으로 죄를 지을 필요는 없기 때문이다. 이성의 선이 그에게서 완전히 소진된 것은 아니기 때문이다."(R. Garrigou-Lagrange, OP, *De gratia*, p.76)
2. cc.10-11: PL 42, 103, 105.
3. III, c.18, n.50: PL 32, 1295.

q.109, a.8

existens in peccato mortali non possit vitare peccatum, videtur quod peccando non peccet.[4] Quod est inconveniens.

2. Praeterea, ad hoc corripitur homo ut non peccet. Si igitur homo in peccato mortali existens non potest non peccare, videtur quod frustra ei correptio adhibeatur. Quod est inconveniens.

3. Praeterea, *Eccli.* 15, [18] dicitur: *Ante hominem vita et mors, bonum et malum, quod placuerit ei, dabitur illi.* Sed aliquis peccando non desinit esse homo. Ergo adhuc in eius potestate est eligere bonum vel malum. Et ita potest homo sine gratia vitare peccatum.

SED CONTRA est quod Augustinus dicit, in libro *de Perfect. Iustit.*:[5] *Quisquis negat nos orare debere ne intremus in tentationem (negat autem hoc qui contendit ad non peccandum gratiae Dei adiutorium non esse homini necessarium, sed, sola lege accepta, humanam sufficere voluntatem), ab auribus omnium removendum, et ore omnium anathematizandum esse non dubito.*

---

4. 이 주장들은 펠라기우스주의자들에 의해서 그 저자들을 거슬러, 그리고 모든 정통 교리의 옹호자들을 거슬러, 활용되곤 하였다. 그리고 아우구스티누스는 자신의 균형 잡힌 까다로운 입장을 옹호하기 위해서 적지 아니 수고해야만 하였다. 한편으로는 죄에 있어서의 인간의 책임을 파괴하지 않기 위해서, 그리고 다른 한편으로는 신적 선물의 초자연성을 희석시키지 않기 위해서, 그리고 은총의 절대적 필요를 단언하기 위해서 자유재량의 역량을 지지할 필요가 있다.

5. c.21: PL 44, 317-318. 이것은 펠라기우스의 오류를 논박하는 데 가장 설득력 있는 논거들 가운데 하나였고, 첼레스티노 1세 교황 시절[422-432]에 편찬된 하느님의 은총에 관한 『소목록』(*Indiculus*)이라는 유명한 문헌 속에서 (비록 간접적으로이

수 없는 일에 대해서는 아무도 죄를 짓지 않는다."고 말한다. 그러므로 만일 이미 사죄(死罪) 중에 있는 사람이 죄를 피할 수 없다면, 그가 죄를 지을 때 죄를 짓지 않는 것으로 보이는데,[4] 이것은 부적절하다.

2. 인간은 죄를 짓지 않도록 하기 위해서 교정을 받는다. 그렇다면 만일 이미 사죄 중에 있는 사람이 죄를 짓지 않을 수 없다면, 교정이 그에게 헛되이 퍼부어진 셈인데, 이것은 부적절하다.

3. 집회서 15장 [18절]에서는 이렇게 말하고 있다. "인간 앞에는 생명과 죽음, 선과 악이 놓여 있다. 그가 선택하는 것이 그대로 그에게 주어질 것이다." 그러나 죄를 짓는다고 해서 그가 인간이기를 그치는 것은 아니다. 그러므로 선과 악을 선택하는 것이 그대로 그의 권한 안에 남아 있다. 그러므로 인간은 은총이 없이 죄를 피할 수 있다.

[재반론] 아우구스티누스는 『인간 의로움의 완성』[5]에서 이렇게 말한다. "우리가 유혹에 들지 않도록 기도해야 한다는 것을 부정하는 자는 누구나(그런데 이것은 인간이 죄를 짓지 않기 위해서 하느님의 은총의 도움이 필요하지 않고, 일단 법이 수용되었으면 인간의 의지만으로 충분하다고 주장하는 자에 의해서만 부정된다.) 그 누구에게도 말하지 못하게 해야 하고, 또 모든 사람의 입으로 단죄 받아야 한다."

기는 하지만) 기억되는 영예를 얻었다.(DS 141[=DH 248]) 그래서 아우구스티누스가 직접 개입한 카르타고 공의회[418] 회기 중에 기억된다고 해서 놀랄 것 없다. 여기서는 우리는 바로바로 논쟁에서의 지지를 만나게 된다. "그들은 이렇게 결정하였다. 우리가 '저희 잘못을 용서하소서.'[마태 6,12]라고 하는 주님의 기도에 나오는 말들은 성인들이 겸손해서 하는 말이지 실제로 그렇기 때문에 말하는 것이 아니라고 주장하는 자는 파문될 것이다. 누가 자기 입으로는 용서받기를 바란다고 선언하면서 마음속으로는 용서받을 잘못이 없다고 말하는, 인간뿐만 아니라 주님까지도 속이며 기도하는 사람을 인정할 수 있겠는가?"(DS 108[=DH 230])

RESPONDEO dicendum quod de homine dupliciter loqui possumus, uno modo, secundum statum naturae integrae; alio modo, secundum statum naturae corruptae. Secundum statum quidem naturae integrae, etiam sine gratia habituali, poterat homo non peccare nec mortaliter nec venialiter, quia peccare nihil aliud est quam recedere ab eo quod est secundum naturam, quod vitare homo poterat in integritate naturae.[6] Non tamen hoc poterat sine auxilio Dei in bono conservantis, quo subtracto, etiam ipsa natura in nihilum decideret.[7]

In statu autem naturae corruptae, indiget homo gratia habituali sanante naturam, ad hoc quod omnino a peccato abstineat. Quae quidem sanatio primo fit in praesenti vita secundum mentem, appetitu carnali nondum totaliter reparato,[8] unde Apostolus, *ad Rom.* 7, [25], in persona hominis reparati, dicit: *Ego ipse mente servio legi Dei, carne autem legi peccati.* In quo quidem statu potest homo abstinere a peccato mortali quod in ratione consistit, ut supra[9] habitum est. Non autem potest homo abstinere ab omni peccato veniali, propter corruptionem inferioris appetitus sensualitatis, cuius motus singulos quidem ratio reprimere potest (et ex hoc habent rationem peccati et

---

6. 성 토마스가 이해한 대로의 온전한 본성의 상태는 습성적 은총 덕분에 가능한 것이다. 하지만 그때 은총은, 어떤 초자연적 선이라는 전망을 모든 활동의 목적으로 삼는 것을 넘어 인간적 기관들의 자연적 활동들에 지속성과 효력을 주는 것으로 한정된다. 반면에, 타락한 상태에서는 허약함과, 죄로부터 산출된 수천 가지 부조화를 치유하기 위해서 하느님의 비상한 개입이 요구된다.

[답변] 우리는 인간에 대해서 두 가지 방식으로 말할 수 있다. 첫째, 온전한 본성의 상태에서, 그리고 둘째 부패한 본성의 상태에서. 온전한 본성의 상태에서는 심지어 습성적 은총이 없이도 인간은 사죄이든 경죄이든 죄를 짓지 않을 수 있었다. 왜냐하면 죄를 짓는다는 것은 본성에 따르는 것으로부터 벗어나는 것과 다른 것이 아닌데, 이 사람은 그의 본성이 온전할 때 이를 피할 수 있기 때문이다.[6] 그러나 그는 그를 선성 안에 보존하시는 하느님의 도움이 없이는 이것을 할 수 없다. 일단 이것이 사라져 버리면 심지어 본성 그 자체까지도 아무것도 아닌 것으로 무너질 수 있기 때문이다.[7]

그렇지만 부패한 본성의 상태에서 인간은, 죄로부터 전적으로 물러설 수 있도록 본성을 치유하는 습성적 은총을 필요로 한다. 아직 육체적 욕구가 완전히 치유되지 않은 현세의 삶에서, 이 치유는 정신 안에서 발생한다.[8] 그래서 사도는 로마서 7장 [25절]에서 쇄신된 사람의 자격으로 "나 자신이 정신으로는 하느님의 법을 섬기지만 육으로는 죄의 법을 섬긴다."고 말하고 있다. 이 상태에서 인간은, 위에서[9] 주장된 것처럼, 사죄(死罪)로부터 물러설 수 있는데, 이는 이성의 일이다. 그런데 그가 그의 감각의 하급적 욕구가 부패하였기 때문에, 모든 경죄로부터 물러설 수 있는 것은 아니다. 이성은 참으로 그 욕구의 개별적 움직임들을 억제할 수 있다(그리고 그렇기 때문에 그것들은 죄스러움과 의도성의 성격을 지니고 있는 것이다). 그러나 그것들 모두 다 억제될 수 있는 것은 아니다. 그가 어느 한 가지에 저항

---

7. Cf. a.2; I, q.104, a.1.
8. Cf. q.81, a.3, ad2.
9. q.74, a.4.

voluntarii), non autem omnes, quia dum uni resistere nititur, fortassis alius insurgit; et etiam quia ratio non semper potest esse pervigil ad huiusmodi motus vitandos; ut supra[10] dictum est.

Similiter etiam antequam hominis ratio, in qua est peccatum mortale, reparetur per gratiam iustificantem, potest singula peccata mortalia vitare, et secundum aliquod tempus, quia non est necesse quod continuo peccet in actu. Sed quod diu maneat absque peccato mortali, esse non potest. Unde et Gregorius dicit, *super Ezech.*,[11] quod *peccatum quod mox per poenitentiam non deletur, suo pondere ad aliud trahit.* Et huius ratio est quia, sicut rationi subdi debet inferior appetitus, ita etiam ratio debet subdi Deo, et in ipso constituere finem suae voluntatis. Per finem autem oportet quod regulentur omnes actus humani, sicut per rationis iudicium regulari debent motus inferioris appetitus. Sicut ergo, inferiori appetitu non totaliter subiecto rationi, non potest esse quin contingant inordinati motus in appetitu sensitivo; ita etiam, ratione hominis non existente subiecta Deo, consequens est ut contingant multae inordinationes in ipsis actibus rationis. Cum enim homo non habet cor suum firmatum in Deo, ut pro nullo bono consequendo vel malo vitando ab eo separari vellet; occurrunt multa propter quae consequenda vel vitanda homo recedit a Deo contemnendo praecepta ipsius, et

---

10. q.74, a.3, ad2.
11. Homil. 11: PL 76, 915A. Cf. *Moral.*, XXV, c.9, in vet. 12: PL 76, 334B.

하려고 시도하는 동안, 어쩌면 다른 것이 공격해 올지 모르고, 위에서[10] 말한 것처럼, 이성이 언제나 이 움직임들을 피하는 것이 보장될 수도 없다.

비슷하게, 사죄(死罪)의 주체인 인간의 이성이 의화 은총(gratia justificans)에 의해서 복원되기 전일지라도, 그는 어느 특정 시공 속의 개별적인 사죄들을 피할 수 있다. 왜냐하면 그가 언제나 죄스러운 행동들을 저질러야만 하는 것은 아니기 때문이다.

그러나 그가 사죄를 짓지 않고 오래도록 남아 있을 수는 없다. 그래서 그레고리우스는 『에제키엘서 강해』[11]에서 "회개에 의해서 재빨리 지워지지 않는 죄는 그 고유의 무게에 의해서 그 주체를 또 다른 죄로 인도한다."고 말하고 있다. 그리고 이것은 낮은 욕구들이 이성에 복종해야 하듯이, 이성도 하느님께 복종해야 하고, 하느님을 자기 의지의 목적으로 삼아야 하기 때문이다. 그런데 모든 인간 활동들은 그 목적에 의해서 규제되어야 한다. 그것은 낮은 욕구의 움직임들이 이성의 판단에 의해서 규제되어야 하는 것과 마찬가지이다. 그리고 이 하위의 욕구가 전적으로 이성에 복속되지 않는 한 감각적 욕구의 무질서한 움직임을 피할 수 없는 것과 마찬가지로, 만일 인간의 이성이 항구하게 하느님께 복종하지 않는다면 역시 많은 무질서들이 이성 자체의 활동들 안에서 생겨난다. 왜냐하면 어떤 사람이 자신의 마음을 확고하게 하느님 안에 확립되어 어떤 선을 얻고 악을 피하려는 목적에서 그[하느님]로부터 분리되기를 원하지 않는 데에 이르지 못한다면, 그가 어떤 것을 얻거나 피하기 위하여 계명을 위반하여 사죄를 지음으로써 하느님으로부터 멀어질 일들이 너무나 많이 발생할 것이기 때문이다. 이것은 특별히 철학자가 『니코마코스 윤리

q.109, a.8

ita peccat mortaliter, praecipue quia in repentinis homo operatur secundum finem praeconceptum, et secundum habitum praeexistentem, ut Philosophus dicit, in III *Ethic.*;[12] quamvis ex praemeditatione rationis homo possit aliquid agere praeter ordinem finis praeconcepti, et praeter inclinationem habitus.[13] Sed quia homo non potest semper esse in tali praemeditatione, non potest contingere ut diu permaneat quin operetur secundum consequentiam voluntatis deordinatae a Deo, nisi cito per gratiam ad debitum ordinem reparetur.[14]

AD PRIMUM ergo dicendum quod homo potest vitare singulos actus peccati, non tamen omnes, nisi per gratiam, ut dictum est.[15] Et tamen quia ex eius defectu est quod homo se ad gratiam habendam non praeparet, per hoc a peccato non excusatur, quod sine gratia peccatum vitare non potest.[16]

12. c.11, 1117a18-22; S. Thomas, lect.17, n.579.
13. "어떤 영혼이 어떤 것으로 기울 때, 대립되는 양측에 동등하게 미리 태세를 갖추고 있는 것이 아니라, 기우는 것을 향해 더 태세를 갖추고 있다. 그런데 영혼은 추론을 통해 어떤 다른 염려 때문에 그것이 제거되지 않는 한, 더욱 비슷하다고 느끼는 것을 더 선호한다. 바로 그렇기 때문에 돌발적인 행동들에서 내면적 태세들의 표지들이 감지될 수 있는 것이다. 그런데 인간의 영혼이 원하고 행해야 하는 모든 것에 대해 계속해서 그렇게 주의 깊게 추론할 수는 없다. 그러므로 그것이 가끔은 그리로 기우는 경향이 남아 있는 한, 그것을 선택하게 된다. 그래서 만일 그것이 죄로 기운다면, 은총의 상태로 되돌아가지 않는 한, 은총에 장애물을 제공하면서 죄를 범하지 않은 채 오래 머물 수는 없을 것이다."(*ScG*, III, c.160, n.3315)
14. 인간의 자유는 하느님과의 사귐 안에 설정됨으로써 해방될 필요가 있는 자유이다. 오직 그때에 가서야 비로소 그것은 반복적으로 죄로 기울어지는 것으로부터 안정을 획득할 수 있다. 그것이 그렇게 설정되기까지 그것은 아직도 어느 특

학』 제3권[12]에서 말하는 것처럼, 빠른 결정을 요구하는 문제들 안에서 인간은 미리 개념되고 미리 확립된 습성에 일치되게 행동하기 때문에 그러하다. 인간이 그의 이성의 사전 숙고를 통해 어떤 미리 개념된 목적이나 그의 습성적 경향의 질서를 벗어난 어떤 행위를 수행할 수는 있다.[13] 그러나 인간은 언제나 그런 사전 숙고를 할 수는 없기 때문에, 서둘러 은총을 통해 마땅한 질서로 회복되지 않는 한, 하느님으로부터 벗어난 의지의 추구에 따라 행동하지 않은 채 오래 머물러 있을 수 없다.[14]

[해답] 1. 인간은 개별적 죄 행위들을 피할 수 있지만, 이미[15] 말한 것처럼, 은총이 없이는 모든 죄 행위를 피할 수 없다. 그렇지만 인간이 스스로 은총을 가질 수 있도록 준비하지 못하는 것은 그의 결함 탓이기 때문에, 그가 은총이 없이 죄를 피하지 못한다는 사실에 의해서 죄로부터 면제받지 못한다.[16]

정 경우에 올바르게 선택하고 죄를 피할 수 있지만, 모든 경우에 다 그렇게 할 수 있는 것은 아니다. 그것은 오로지 하느님께 순종하고 있을 때, 인생의 과정 전체를 다스릴 수 있을 뿐이다. 이 관점의 전제들은 '인생과 자유의 감각은 하느님을 향한 움직임'이라는 것과 '이 움직임'은 전환점을 가지고 있다는 것이다.
이 절은 개신교의 오류 속에서 만나게 되는 진리의 중핵을 잘 조명해 준다. 우리의 본성은 은총 자체가 현세에서의 완전한 복원을 이루는 것을 차단할 정도로 타락하였다. 이것은 트리엔트공의회에 의해서 명시적인 방식으로 인정되었다: "한번 의화된 이는 더 이상 죄를 지을 수도 없고 은총을 잃을 수도 없으므로, 죄에 떨어지거나 죄를 짓는 자는 결코 참으로 의화된 것이 아니었다거나, 또는 그 반대로 교회가 복되신 동정녀에 대하여 고수하는 바와 같이 하느님의 각별한 특전 없이도, 인간이 일생 동안 소죄를 포함한 온갖 죄를 피할 수 있다고 말하는 자는 파문될 것이다."(DS 833[= DH 1573])

15. 본론.
16. 저자가 제6절의 결론을 망각했다고 믿어서는 안 된다. 실상 거기서 우리는 은총을 준비하는 것을 하느님께 빚지고 있다고 단언하였다. 그런데 여기서는 은총에

AD SECUNDUM dicendum quod correptio utilis est u*t ex dolore correptionis voluntas regenerationis oriatur. Si tamen qui corripitur filius est promissionis, ut, strepitu correptionis forinsecus insonante ac flagellante, Deus in illo intrinsecus occulta inspiratione operetur et velle*; ut Augustinus dicit, in libro *de Corrept. et Grat.*[17] Ideo ergo necessaria est correptio, quia voluntas hominis requiritur ad hoc quod a peccato abstineat. Sed tamen correptio non est sufficiens sine Dei auxilio, unde dicitur *Eccle.* 7, [14]: *Considera opera Dei, quod nemo possit corrigere quem ille despexerit.*[18]

AD TERTIUM dicendum quod, sicut Augustinus dicit, in *Hypognost.*,[19] verbum illud intelligitur de homine secundum statum naturae integrae, quando nondum erat servus peccati, unde poterat peccare et non peccare.—Nunc etiam quodcumque vult homo, datur ei. Sed hoc quod bonum velit, habet ex auxilio gratiae.[20]

준비되어 있지 않다고 해서 사람에게 탓을 돌리지 않는다. 외양적 모순은 초자연적 질서에서의 신적 영향이 예외적인 것이 아니라 계속되는 것이라는 사실을 염두에 둘 때 설명된다. 사도 바오로는 이렇게 말한다: "하느님께서는 모든 사람이 구원을 받고 진리를 깨닫게 되기를 바라십니다."(1티모 2,4) 하느님은 인간이 초자연적 차원에서 움직여지고, 구원을 위해 충분한 은총이 어느 누구에게도 결핍되지 않도록 안배하신다. 하지만 그것들이 자유재량을 지니고 있는 피조물들 측으로부터의 저항을 배제하지 않고, 여기서 탓이 있는 것으로 간주되는 것은 바로 그런 저항이다.(Cf. *ScG*, III, c.159)

17. c.6, n.9: PL 44, 9211.
18. Cf. II-II, q.33, a.2, ad1.
19. 성 토마스가 은총 논고에서 자주 인용하고 있는 『히포그노스티콘』 (Hypognosticon)은 분명 아우구스티누스의 작품이 아니다. "마우리니(Maurini) 들은 그것을 마리우스 메르카토르(Marius Mercator)에게 돌리려는 경향이 있고,(PL 45, 1611 sq.) 가르네리우스(Garnerius)는 첼레스티노의 교황좌를 이어받은

2. 아우구스티누스가 『훈계와 은총』[17]에서 말하는 것처럼, "훈계는 그 견책의 고통으로부터 생활에 대한 쇄신의 의지가 솟아나도록 하는 데 유용하다. 훈계를 받는 자가 약속의 아들이라면, 그때 그 책망의 소리가 요란하고 바깥에서는 그를 몰아친다 하더라도, 하느님은 가려진 영감으로 그를 내면으로부터 의욕이 솟아나게 만든다." 그래서 인간의 의지가 죄를 짓는 것으로부터 물러서도록 하기 위해서는 훈계가 필요하다. 그러나 하느님의 도움이 없이 훈계만으로는 충분하지 않다. 그래서 집회서 7장 [14절. 대중 라틴말 성경]에서는 이렇게 말한다. "하느님의 위업을 생각하라. 그분이 배척한 자에 대해서는 아무도 훈계할 수 없다."[18]

3. 아우구스티누스가 『펠라기우스파와 켈레스티우스파 반박 회상록』[19]에서 말하는 것처럼, 이 말씀은 아직 죄의 노예가 아니고 따라서 죄를 지을 수도 있고 죄로부터 물러설 수도 있던 시절의, 온전한 본성의 처지에 있는 인간에 대한 것으로 이해되어야 한다.—이제 인간에게는 그가 원하는 것이 주어진다. 그러나 그는 은총의 도우심에 빚지고 있는 선을 원해야 한다.[20]

식스토 3세(Sixtus III)에게 돌렸다."(Dissert., 6, 4: PL 48, 572) 마지막으로 롭은 아퀼레이아의 아우구스티누스에게 돌리고 있다: Roab, *Disquisitio historico-critica de libris Hypognosticon*, Altarpii, 1735. III, c.2: PL 5, 1621-1622. Inter supposit Aug.

20. 바로 이 점에 관한 제2차 오랑주 교회 회의의 선언이다: "우리가 하느님의 은총 없이도 믿고, 바라고, 갈망하고, 노력하고, 수고하고, 청하고, 깨어 있고, 추구하고, 요구하고, 찾고, 두드린다면, 하느님께서 우리에게 자비를 주실 것이라고 말하면서, 우리가 믿고 바라고 모든 일을 마땅히 할 수 있는 것이 성령의 주입과 감도를 통하여 우리 안에서 일어난다고 고백하지 않는 사람과, 은총의 도움을 인간의 겸손과 순종에 종속시키고 우리가 순종하고 겸손한 것이 은총 자체의 선물임을 동의하지 않는 자는 사도의 다음 말과 어긋난다. '그대가 가진 것 가운데에서 받지 않은 것이 어디 있습니까?'[1코린 4,7] 또한 '하느님의 은총으로 지금의 내가 되었습니다.'[1코린 15,10]"(DS 179[=DH 376])

Articulus 9
Utrum ille qui iam consecutus est gratiam, per seipsum possit operari bonum et vitare peccatum, absque alio auxilio gratiae

Ad nonum sic proceditur. Videtur quod ille qui iam consecutus est gratiam, per seipsum possit operari bonum et vitare peccatum, absque alio auxilio gratiae.

1. Unumquodque enim aut frustra est, aut imperfectum, si non implet illud ad quod datur. Sed gratia ad hoc datur nobis ut possimus bonum facere et vitare peccatum. Si igitur per gratiam hoc homo non potest, videtur quod vel gratia sit frustra data, vel sit imperfecta.

2. Praeterea, per gratiam ipse Spiritus Sanctus in nobis habitat; secundum illud I *ad Cor.* 3, [16]: *Nescitis quia templum Dei estis, et spiritus Dei habitat in vobis?* Sed Spiritus Sanctus, cum sit omnipotens, sufficiens est ut nos inducat ad bene operandum, et ut nos a peccato custodiat. Ergo homo gratiam consecutus potest utrumque praedictorum absque alio auxilio gratiae.

제9절 이미 은총을 입은 자가 다른 은총의 도움 없이 스스로의 힘만으로 선을 행하고 죄를 피할 수 있는가?

Parall.: *In Sent.*, II, d.29. expos. litt.; *De veritate*, q.24, aa.13-14; q.27, a.5, ad3; *In Psalm.*, 31.

Doctr. Eccl.: vide textus cit. ad a. praec.―또한 "예수 그리스도 자신은 지체들의 머리처럼,[에페 4,15 참조] 그리고 가지들의 포도나무처럼,[요한 15,5 참조] 의화된 이들에게 지속적으로 힘이 흘러들어가게 하시는바, 그 힘은 그들의 선행보다 항상 앞서 있으며, 그 힘 없이 그들은 그 어떤 방법으로도 하느님을 기쁘게 해 드릴 수 없고, 많은 공로를 쌓을 수 없다."(트리엔트공의회, 제6회기, 제16장) DS 809[=DH 1546]

[반론] 아홉째에 대해서는 다음과 같이 진행된다. 이미 은총을 얻은 사람은 더 이상의 은총의 도움이 없이도 스스로의 힘만으로 선을 행하고 죄를 피할 수 있는 것으로 보인다.

1. 실상 만일 어떤 것이, 그것이 주어지는 목적을 달성할 수 없다면, 그것은 헛되거나 불완전하다. 그런데 은총은 우리가 선을 행하고 악을 피하기 위해서 주어진다. 그러므로 만일 인간이 은총에 의해서 이것을 할 수 없다면, 은총은 헛되이 주어진 것이거나 불완전한 것으로 보인다.

2. 은총을 통해서 성령께서 몸소 우리 안에 거처하신다. 따라서 코린토 1서 3장 [16절]에서는 "여러분이 하느님의 성전이고 하느님의 영께서 여러분 안에 계시다는 사실을 여러분은 모릅니까?"라고 말하고 있다. 그런데 성령께서는 전능하시기 때문에, 우리로 하여금 선행을 하도록 이끌고 죄를 짓지 못하게 막기에 충분한 능력을 지니고 계신다. 그러므로 은총을 얻은 사람은 더 이상의 은총의 도움이 없이도 그 두 가지를 다 행할 수 있다.

q.109, a.9

3. Praeterea, si homo consecutus gratiam adhuc alio auxilio gratiae indiget ad hoc quod recte vivat et a peccato abstineat, pari ratione et si illud aliud auxilium gratiae consecutus fuerit, adhuc alio auxilio indigebit. Procedetur ergo in infinitum, quod est inconveniens. Ergo ille qui est in gratia, non indiget alio auxilio gratiae ad hoc quod bene operetur et a peccato abstineat.

SED CONTRA est quod Augustinus dicit, in libro *de Natura et Gratia*,[1] quod *sicut oculus corporis plenissime sanus, nisi candore lucis adiutus, non potest cernere; sic et homo perfectissime etiam iustificatus, nisi aeterna luce iustitiae divinitus adiuvetur, recte non potest vivere*. Sed iustificatio fit per gratiam;[2] secundum illud *Rom.* 3, [24]: *Iustificati gratis per gratiam ipsius*. Ergo etiam homo iam habens gratiam indiget alio auxilio gratiae ad hoc quod recte vivat.[3]

RESPONDEO dicendum quod, sicut supra[4] dictum est, homo ad recte vivendum dupliciter auxilio Dei indiget. Uno quidem modo, quantum ad aliquod habituale donum,[5] per quod

---

1. c.26: PL 44, 261.
2. Cf. q.113, a.2.
3. 오랑주 교회 회의의 결정문들을 통해 드러나듯이, 결론은 믿음의 대상이다: "우리는 하느님의 자비로 다음과 같이 선포하고 믿어야 한다. 곧 첫 인간의 죄를 통하여 자유재량이 나빠지고 약화되었으며, 그 후 그에게 하느님 자비의 은총이 앞서지 않으면, 아무도 하느님을 지당하게 사랑할 수도 없고 믿을 수도 없고 하느님을 위해 선한 것을 행할 수도 없다."(DS 199[=DH 396]) 트리엔트공의회는 좀 더

제109문 제9절

3. 만일 은총을 얻은 사람이 올바르게 살고 죄를 피하기 위해서 아직도 더 이상의 은총의 도움을 필요로 한다면, 그가 추가적 도움을 받았더라도 그는 또다시 더 이상의 도움을 필요로 한다는 결론이 나오게 된다. 이것은 무한히 전개될 터인데, 이는 부적절하다. 그러므로 은총 안에 있는 사람은 선행을 하고 악을 피하기 위해서 추가적인 은총의 도움을 필요로 하지 않는다.

[재반론] 그러나 반대로, 아우구스티누스는 『본성과 은총』[1]에서 이렇게 말하고 있다. "육체의 눈이, 비록 온전하다고 하더라도, 빛의 방출의 도움을 받지 않고서는 볼 수 없는 것과 마찬가지로, 인간도 아무리 완전하게 의롭다고 하더라도, 하느님으로부터 영원한 의로움의 빛에 의해서 도움을 받지 않고서는 올바르게 살 수 없다." 그러나 의화는 은총을 통해 이루어진다.[2] 로마서 3장 [24절]에 따르면, 우리는 "그분의 은총으로 거저 의롭게 된다." 그러므로 은총을 지니고 있는 사람이라고 하더라도 올바르게 살기 위해서는 추가적인 은총이 필요하다.[3]

[답변] 위에서[4] 말한 것처럼, 인간은 올바로 살기 위해서 두 가지 방식으로 하느님의 도움을 필요로 한다. 첫째, 부패한 인간 본성이 치유되는 수단인 어떤 습성적 선물과 관련해서,[5] 그리고 일단 치유되

명시적인 용어로 표현하면서 그리스도가 당신의 신비체인 교회에 관해 느끼게 만드는 계속적인 영향에 대해, 곧 "언제나 신앙인들의 선한 업적에 앞서고, 수반하고, 뒤따르는 영향, 다시 말해 그것이 없이는 어떤 방식으로도 하느님을 기쁘시게 만들 수도 없고 공로가 될 수 없는 영향"에 대해 말한다.(DS 809[=DH 1545])
4. aa.2-3 et 6.
5. 이 습성적 선물이 바로 영속적으로 주어지는 '습성적 은총'(gratia habitualis)으로서, 현대 신학자들에 의해서 '상존은총'(常存恩寵)이라고도 불린다.

natura humana corrupta sanetur; et etiam sanata elevetur ad operandum opera meritoria vitae aeternae, quae excedunt proportionem naturae. Alio modo indiget homo auxilio gratiae ut a Deo moveatur ad agendum.[6] Quantum igitur ad primum auxilii modum, homo in gratia existens non indiget alio auxilio gratiae quasi aliquo alio habitu infuso. Indiget tamen auxilio gratiae secundum alium modum, ut scilicet a Deo moveatur ad recte agendum.

Et hoc propter duo. Primo quidem, ratione generali, propter hoc quod, sicut supra[7] dictum est, nulla res creata potest in quemcumque actum prodire nisi virtute motionis divinae.— Secundo, ratione speciali, propter conditionem status humanae naturae. Quae quidem licet per gratiam[8] sanetur quantum ad mentem, remanet tamen in ea corruptio et infectio quantum ad carnem, per quam servit *legi peccati*, ut dicitur *ad Rom.* 7, [25].[9] Remanet etiam quaedam ignorantiae obscuritas in intellectu, secundum quam, ut etiam dicitur Rom. 8, [26], *quid oremus sicut oportet, nescimus.* Propter varios enim rerum eventus, et quia etiam nosipsos non perfecte cognoscimus, non possumus ad plenum scire quid nobis expediat; secundum illud *Sap.* 9, [14]:

---

6. 여기서는 일시적 움직임의 양식으로 주어지는 '현실적 은총'(gratia actualis)에 대해서 다뤄진다. "'현실적 은총'이라는 용어는 이미 카프레올로(+1444)에 의해서 사용되고 있다. 트리엔트공의회에서는 한 번 사용되었는데, 이 용어로 자유재량의 협조를 받는 습성적 은총을 의미한다. 은총의 효력에 대해 논쟁을 벌이던 시대에는 [이 용어의 사용이] 일반화되었다. 왜냐하면 트리엔트공의회 이후의 논쟁

면, 본성에 적절한 비례를 넘어 영원한 생명을 받을 자격[공로]이 있는 업적들을 수행하는 데에로 나아간다. 둘째, 인간은 하느님에 의해서 행동으로 움직여지기 위해서 하느님의 도움을 필요로 한다.[6] 첫째 종류의 도움에 관한 한, 은총 안에 있는 사람은, 주입된 습성과 같은 더 이상의 은총의 도움이 필요하지 않다. 그렇지만 그는 둘째 방식으로, 즉 올바로 행동하도록 하느님에 의해서 움직여질 수 있기 위해서는 은총의 도움을 필요로 한다.

이 둘째 종류의 필요에 대해서는 두 가지 근거가 있다. 첫째는 일반적인 종류의 것이다. 위에서[7] 말한 것처럼, 피조물들은 하느님의 움직임[기동] 덕분이 아니라면 그 어떤 활동도 전개할 수 없다. 둘째 근거는 인간 본성의 상태의 현재의 조건들에 고유한 것이다. 비록 그의 본성이 정신에 관한 한 은총[8]을 통해 치유된다고 하더라도, 그것은 로마서 7장 [25절]에서 말하듯이 그것을 통해 "죄의 법을 섬기는"[9] 육체에 관한 한 부패와 감염이 계속 남아 있다. 지성에도 일종의 무지의 어둠(obscuritas ignorantiae)이 남아 있다. 그래서 로마서 8장 [26절]에서 말하고 있듯이, "우리는 올바른 방식으로 기도할 줄 모른다." 다양한 사건들 때문에, 그리고 우리 자신을 완전히 알지 못하기 때문에, 우리는 무엇이 우리에게 필요한지 온전히 알 수 없다.

에서 이 현실적 은총은 많은 계기들이 있었기 때문에, 다수의 저자들이 은총에 관한 논고에서 1차적으로 그리고 거의 배타적으로 이 은총에 대해서만 말했고, 습성적 은총에 대해서는 2차적으로만 언급하였다."(A. Stolz, OSB, *Anthropologia theologica*, Friburg i. Br., 1940, p.125, n.13)

7. a.1. "어떤 때는 현실태로 행위자이고 또 어떤 때는 가능태로 행위자인 모든 것은 어떤 다른 기동자에 의해서 움직여질 필요가 있다."(q.9, a.4)
8. 곧 습성적인.
9. Cf. q.81, a.3, ad2.

q.109, a.9

Cogitationes mortalium timidae, et incertae providentiae nostrae. Et ideo necesse est nobis ut a Deo dirigamur et protegamur, qui omnia novit et omnia potest. Et propter hoc etiam renatis in filios Dei per gratiam, convenit dicere, *Et ne nos inducas in tentationem, et, fiat voluntas tua sicut in caelo et in terra*, et cetera quae in oratione dominica continentur ad hoc pertinentia.[10]

AD PRIMUM ergo dicendum quod donum habitualis gratiae non ad hoc datur nobis ut per ipsum non indigeamus ulterius divino auxilio, indiget enim quaelibet creatura ut a Deo conservetur in bono quod ab ipso accepit. Et ideo si post acceptam gratiam homo adhuc indiget divino auxilio, non potest concludi quod gratia sit in vacuum data, vel quod sit imperfecta. Quia etiam in statu gloriae, quando gratia erit omnino perfecta, homo divino auxilio indigebit. Hic autem aliqualiter gratia imperfecta est, inquantum hominem non totaliter sanat, ut dictum est.[11]

AD SECUNDUM dicendum quod operatio Spiritus Sancti qua nos movet et protegit, non circumscribitur per effectum habitualis doni quod in nobis causat; sed praeter hunc effectum nos movet et protegit, simul cum patre et filio.

AD TERTIUM dicendum quod ratio illa concludit quod homo non indigeat alia habituali gratia.[12]

10. 어떤 사람의 생애에서 '전환점' 이후에조차도 그의 운명은 아직도 하느님의 예정의 신비로운 목적 속에 포함되어 있다. 여기서 성 토마스의 논거는 성령의 선

그래서 우리는 전지전능한 하느님에 의해서 인도되고 보호되어야 한다. 그리고 이 때문에, 지혜서 9장 [14절]에 따르면, 은총에 의해서 하느님의 자녀로 다시 난 사람들조차도 다음과 같이 기도해야 한다. "그리고 우리를 유혹에 빠지지 않게 하시고" "아버지의 뜻이 하늘에서와 같이 땅에서도 이루어지소서." 그리고 주님의 기도의 다른 부분들도 마찬가지이다.[10]

[해답] 1. 습성적 은총의 선물은 그것을 통해서 우리가 더 이상 하느님의 도우심을 필요로 하지 않도록 하기 위해서 우리에게 주어지는 것이 아니다. 왜냐하면 모든 피조물은 그것이 하느님으로부터 받은 선 안에서 하느님에 의해서 보존될 필요가 있기 때문이다. 그래서 인간이 은총을 받은 이후에도 아직 하느님의 도우심을 필요로 한다고 하더라도, 은총이 헛되이 주어졌다든가, 또는 그것이 불완전하다는 결론이 도출되는 것이 아니다. 왜냐하면 은총이 온전히 완전한 영광의 상태에서도 인간은 하느님의 도우심을 필요로 할 것이기 때문이다. 그렇지만 지금 당장 은총은, 이미[11] 말한 것처럼, 총체적으로 인간을 치유하지 못하는 한, 어떤 의미에서는 불완전하다.

2. 우리를 움직이고 보호하시는 성령의 작용은 그분이 우리 안에 산출하는 습성적 선물의 효과로 한정되지 않는다. 그분은 이 효과 외에도 아버지와 아드님과 함께 우리를 움직이고 보호하신다.

3. 이 논거로부터 도출되는 결론은 인간이 그 어떤 더 이상의 습성적 은총도 필요로 하지 않는다는 것이다.[12]

물들의 필요를 위해 그가 제공하고 있는 것들(I-II, q.68, a.2)과 비교되어야 한다.
11. 본론.
12. 모든 공로적 행위를 위해서는 초자연적 움직임이 필요하다는 것을 강조하면서

q.109, a.10

Articulus 10
Utrum homo in gratia constitutus indigeat auxilio gratiae ad perseverandum[1]

성 토마스는 자신의 제자들을, 현실적 은총의 본성 자체에 관한 논쟁의 해결책으로 이끌었다. 그 내밀한 힘으로 우리의 고등한 기관들인 지성과 의지의 역동성에 작용하는 현실적 은총의 실존은 신앙 교의로 간주되어야 한다. 그러나 거룩한 어머니 교회는 이 은총의 본성을 간명하게 규정하지 않았다. 가톨릭 신학자들은 현실적 은총을 하느님의 전능하신 의지와 동일시하는 케넬 신부의 얀세니즘적 개념에 대해, 현실적 은총이 오히려 그 의지의 피조된 결과라고 단언하면서 저 개념을 기각하는 데 일치하고 있다.(Cf. DS 1360[=DH 2410], DS 1361[=DH 2411]) 그리고 그런 은총의 효과가 하느님의 의지와 인간의 의지 사이의 어떤 중간 존재성에서 성립된다고 단언하는 데에서도 일치한다. 그것은 하느님으로부터 흘러나오지만, 우리 안에서 (성찰되고 숙고된 자유 행위들에 앞서는) 숙고하지 않는 생명 활동들을 자극하는 것으로부터 시작해서, 인간 안에서 구현된다. 이 최초의 초자연적 움직임들로부터 시작할 때 현실적 은총의 내밀한 본성을 탐구하는 것이 더 용이해진다. "토미스트들의 입장을 비준하는 것으

제10절 은총을 입은 사람은 항구하기 위해 은총의 도움을 필요로 하는가?[1]

Parall.: II-II, q.137, a.4; *In Sent.*, II, d.29, expos. litt.; *ScG*, III, 155; *De veritate*, q.24, a.13.

Doctr. Eccl.: "어떤 사람이 세례의 은총으로 새로워졌다고 할지라도, 그가 하느님께 매일 도움을 받아 선으로 자신을 지키는 항구함을 받지 않았다면, 아무도 악마의 음모를 극복할 수 없고, 육의 욕망을 이겨 낼 수 없다."(하느님의 은총에 대하여: "Indiculus") DS 132[=DH 241]. Cf. DS 139[=DH 246].—"다시 태어나고 치유된 이들도 선한 목표에 이르고 선한 행업에 머무를 수 있기 위해서는 하느님의 도우심을 간청해야 한다."(제2차 오랑주 교회 회의[529년] 제10조) DS 183[=DH 380]. Cf. DS 182[=DH 379], DS 200[=DH 397]. "특별한 계시로 알게 된 경우를 제외하고, 자신은 끝까지 견디는 위대한 선물[마태 10,22; 24,13 참조]을 확실히 받을 것이라고 절대적이며 그르칠 수 없는 확신을 가지고 말하는 자는 파문될 것이다."(트리엔트공의회, 제6회기, 제16조) DS 826[=DH 1566].—"의화된 이가 하느님의 특별한 도우심 없이도, 받은 의로움 안에 항구하게 머물 수 있다거나 또는 도우심이 있어도 항구하게 머물 수 없다고 말하는 자는 파문될 것이다."(트리엔트공의회, 같은 회기, 제22조) DS 832[=DH 1572]. Cf. DS 806[=DH 1541].

로 보이는 것은, 영혼에 내재하는 상응하는 어떤 초자연적 원리 없이는 초자연적 생명 활동이 주어질 수 없다는 것이다. '제1 현실'과 '제2 현실'은 일치되어야 한다. (…) 그럼에도 불구하고 어떤 토미스트들은 '의로운 이'에게는 성화은총이 초자연적 활동을 [종별화하는] 데 충분하지만, 한편 '흐르는 성질'은 오로지 죄인들에게만 필요하다고 말한다. 다른 토미스트들은 이 '성질'이 의로운 이들에게도 필요하다고 말한다."(B. Bartmann, *Manuale di Teologia Dogmatica*, Alba, 1952, vol.2, pp.219sq.) 이 입장은 성 토마스의 사상에 가장 일치하는 것으로 보인다. 왜냐하면 현재의 절 전체를 통해 드러나듯이, 그는 두 가지 유형의 현실적 은총이 있을 수 있다고 가정하는 것을 결코 허용하지 않기 때문이다.

1. 은총의 지위에 항구하기 위해서는 하느님의 특별한 은총이 필요하다는 것이, 오랑주 교회 회의에서 규정되고(DS 183[=DH 380]) 트리엔트공의회에서 재확인된 (DS 832[=DH 1572]) 신앙의 가르침이다.

AD DECIMUM sic proceditur. Videtur quod homo in gratia constitutus non indigeat auxilio gratiae ad perseverandum.

1. Perseverantia enim est aliquid minus virtute, sicut et continentia, ut patet per Philosophum in VII *Ethic.*[2] Sed homo non indiget alio auxilio gratiae ad habendum virtutes, ex quo est iustificatus per gratiam. Ergo multo minus indiget auxilio gratiae ad habendum perseverantiam.

2. Praeterea, omnes virtutes simul infunduntur. Sed perseverantia ponitur quaedam virtus. Ergo videtur quod, simul cum gratia infusis aliis virtutibus, perseverantia detur.

3. Praeterea, sicut Apostolus dicit, *ad Rom.* 5, [15sqq.], plus restitutum est homini per donum Christi, quam amiserit per peccatum Adae. Sed Adam accepit unde posset perseverare. Ergo multo magis nobis restituitur per gratiam Christi ut perseverare possimus. Et ita homo non indiget gratia ad perseverandum.

SED CONTRA est quod Augustinus dicit, in libro *de Perseverantia:*[3] *Cur perseverantia poscitur a Deo, si non datur a Deo? An et ista irrisoria petitio est, cum id ab eo petitur quod scitur non ipsum dare, sed, ipso non dante, esse in hominis potestate?* Sed perseverantia petitur etiam ab illis qui sunt per gratiam sanctificati, quod intelligitur cum dicimus, sanctificetur nomen

---

2. c.1, 1145b1-2; S. Thomas, lect.1, n.1304; c.11, 1151b23-28; S. Thomas, lect.9, nn.1446-1447. Cf. c.8, 1150a13-16, S. Thomas, lect.7, nn.1406-1407.
3. c.2, nn.3-4: PL 45, 996.

[반론] 열째에 대해서는 다음과 같이 진행된다. 은총 안에 서 있는 사람은 항구하기 위해서 은총의 도움을 필요로 하지 않는 것으로 보인다.

1. 실상 항구함은, 철학자의 『니코마코스 윤리학』 제7권[2]으로부터 알 수 있듯이, 절제와 마찬가지로 덕보다 못한 것이다. 그러나 일단 어떤 사람이 은총으로 의화된다면, 그는 덕들을 가지기 위해서 더 이상의 은총의 도움을 필요로 하지 않는다. 그러므로 더더욱 항구함을 가지기 위해서는 은총의 도움이 필요하지 않다.

2. 모든 덕들은 동시에 주입된다. 그런데 항구함은 일종의 덕으로 간주된다. 그러므로 항구함은 은총에 의해서 다른 주입된 덕들과 더불어 주어지는 것으로 보인다.

3. 사도는 로마서 5장 [15절 이하]에서 인간이 그리스도의 선물로 말미암아 아담의 죄로 인해 잃어버린 것보다 더 많은 것이 복원되었다고 말하고 있다. 그러나 아담은 항구할 수 있는 수단을 받았다. 그러므로 더욱이 항구함의 능력은 그리스도의 은총에 의해서 우리에게 복원되었다. 그래서 인간은 항구하기 위해서 은총을 필요로 하지 않는다.

[재반론] 그러나 반대로, 아우구스티누스는 『항구함의 은사』[3]에서 이렇게 말한다. "만일 항구함이 하느님으로부터 주어지는 것이 아니라면, 왜 그것을 하느님으로부터 찾아야 한단 말인가? 혹은 우리가 그분이 그것을 주시지 않는다고 알고 있고 그분이 주시지 않아도 인간의 능력 안에 있는 것을 청함으로써 그분을 조롱거리로 만드는 것인가?" 그런데 은총으로 성화된 사람들도 항구함을 요청한다. 이것

tuum, ut ibidem[4] Augustinus confirmat per verba Cypriani. Ergo homo etiam in gratia constitutus, indiget ut ei perseverantia a Deo detur.

RESPONDEO dicendum quod perseverantia tripliciter dicitur. Quandoque enim significat habitum mentis per quem homo firmiter stat, ne removeatur ab eo quod est secundum virtutem, per tristitias irruentes, ut sic se habeat perseverantia ad tristitias sicut continentia ad concupiscentias et delectationes ut Philosophus dicit, in VII *Ethic.*[5] Alio modo potest dici perseverantia habitus quidam secundum quem habet homo propositum perseverandi in bono usque in finem. Et utroque istorum modorum, perseverantia simul cum gratia infunditur sicut et continentia et ceterae virtutes.

Alio modo dicitur perseverantia continuatio quaedam boni usque ad finem vitae. Et ad talem perseverantiam habendam homo in gratia constitutus non quidem indiget aliqua alia habituali gratia, sed divino auxilio ipsum dirigente et protegente contra tentationum impulsus, sicut ex praecedenti quaestione[6] apparet. Et ideo postquam aliquis est iustificatus per gratiam, necesse habet a Deo petere praedictum perseverantiae donum,

---

4. Cf. *De corrept. et gratia,* c.6: PL 44, 922.

이 바로, 아우구스티누스가 같은 곳[4]에서 키프리아누스의 말을 빌려 확인하고 있는 것처럼, 우리가 "당신의 (또는, 아버지의) 이름이 거룩히 빛나시며"라고 기도할 때, 의도하고 있는 내용이다. 그러므로 인간은, 은총 안에 확립되어 있을 때조차도, 하느님에 의해서 항구함이 주어져야 한다.

[답변] '항구함'은 세 가지 의미로 사용된다. 왜냐하면 첫째로 그것은 인간이 슬픔의 압박에 굴하지 않고 덕에서 멀어지지 않으며 굳건히 버티고 있는 정신의 습성을 의미하기 때문이다. 이런 의미에서 항구함과 고뇌와의 관계는, 철학자가 『니코마코스 윤리학』 제7권[5]에서 말하는 것처럼, 절제와 욕망 및 쾌락의 관계와 같다. 둘째, 항구함은 흔히 인간이 선을 보존하려는 목적을 끝까지 견지하는 습성을 의미할 수 있다. 이 두 가지 경우에 항구함은 절제나 다른 덕들과 마찬가지로 은총과 더불어 주입된다.

셋째, 항구함은 생애 마지막까지 선을 지속함을 가리킬 수 있다. 이런 항구함을 가지기 위해서 은총 안에 확립되어 있는 사람은 참으로 어떤 더 이상의 습성적 은총을 필요로 하지 않지만, 앞의[6] 논의에서 드러나듯이, 그를 인도하고 그를 유혹의 압박에서 보호할 하느님의 도우심은 필요로 한다. 그래서 어떤 사람이 은총에 의해서 의화된 다음에라도, 그는 생애 끝까지 악으로부터 보호될 수 있도록 하느님께 이 항구함의 은총을 청할 필요가 있다. 왜냐하면 은총은 많은 이들에게 주어지지만, 그들에게 은총 안에서 버티도록 주어지

---

5. c.8, 1150a13-16; S. Thomas, lect.7, nn.1406-1407. Cf. q.58, a.3, ad2.
6. a.9.

q.109, a.10

ut scilicet custodiatur a malo usque ad finem vitae. Multis enim datur gratia, quibus non datur perseverare in gratia.[7]

AD PRIMUM ergo dicendum quod obiectio illa procedit de primo modo perseverantiae, sicut et secunda obiectio procedit de secundo.

Unde patet solutio AD SECUNDUM.

AD TERTIUM dicendum quod, sicut Augustinus dicit, in libro *de Natura et Gratia*,[8] *homo in primo statu accepit donum per quod perseverare posset, non autem accepit ut perseveraret.*[9] *Nunc autem per gratiam Christi multi accipiunt et donum gratiae quo perseverare possunt, et ulterius eis datur quod perseverent.* Et sic donum Christi est maius quam delictum Adae.[10] —Et tamen facilius homo per gratiae donum perseverare poterat in statu innocentiae, in quo nulla erat rebellio carnis ad spiritum, quam nunc possumus, quando reparatio gratiae Christi, etsi sit inchoata quantum ad mentem, nondum tamen est consummata

---

7. 생애 마지막까지의 항구함은 하느님의 무상 선물이라는 이 절의 결론은 세 가지 동기로부터 추출될 수 있다. 첫째는 존재론적 동기이다: 제1원인이신 하느님이 그를 보존해주지 않으시면, 아무도 선 안에 보존될 수 없다. 둘째는 심리학적인 것으로, 인간의 자유재량의 본질적인 원욕할 수 있음(volubilitas)이다. 셋째는 대체로 우연적이다. 왜냐하면 우리의 인생은 길고, 치명적으로 많은 유혹들에 시달리는데, 육체의 자극들과 투쟁 중에 있는 우리의 타락한 본성은 저항할 수 있는 힘이 없기 때문이다. 그리고 많은 이들이 은총과 주입된 덕들과 (비록 끝까지 항구하도록 보장되는 것은 아니라고 하더라도) 항구함의 습성을 받았다는 사실이 추가된다. 여기서 구별하고 있는 '항구함'의 (중요한) 셋째 의미는 '자연적' 또는 '우주적'

는 것이 아니기 때문이다.[7]

[해답] 1. 이 논거는 첫째 종류의 항구함으로부터 전개되고 있고, 둘째 논거는 둘째 종류의 항구함으로부터 전개되고 있다.

2. 이리하여 두 번째 반론에 대한 해답은 분명하다.

3. 아우구스티누스는 『본성과 은총』[8]에서 이렇게 말한다. "인간은 최초의 상태에서 항구할 수 있는 수단인 선물들을 받았다. 그러나 그에게 실제로 항구함이 주어진 것은 아니다.[9] 그런데 다른 한편, 그리스도의 은총으로 많은 사람들이, 그들이 항구할 수 있는 수단인 은총의 선물을 받았고, 더 나아가 항구함의 선물도 그들에게 주어졌다." 이리하여 그리스도의 선물이 아담의 죄보다 더 크다.[10] ─ 마찬가지로, 영을 거스르는 육체의 반란이 없는 순진무구(純眞無垢)한 상태에서, 인간은 그리스도의 은총에 기인하는 복원이 정신 속에서 착수

이라기보다 '역사적'이고 '종말론적'이다. 그것은 인생의 현재의 처지와 정점에 관계된다. 성 토마스는 아래의 제114문 제9절에서도 다시 한 번 이런 의미에서의 항구함에 관해 언급할 것이다. 제110문의 열 개 절들에서 성 토마스는 인간의 삶을 하느님의 운동 또는 예정이라는 유리한 관점으로부터 검토함으로써, 우리로 하여금 그 안에서 우리 인간 운명의 '실존적' 의미를 발견하도록 도와주었다.

8. c.12, n.34: PL 44, 37.
9. Cf. I, q.95, a.3, ad4.
10. 이 최종적 항구함의 선물은 무엇에서 성립하는가? 이성의 사용 이전에 움직이는 세례 받은 어린이 안에서 항구함은 하나의 내적인 현실적 은총이 아니라, 외적인 현실적 은총, 다시 말해, 은총의 상태에서의 어린이의 죽음을 준비하는 특별한 섭리이다. 반면에 성인(成人)들 안에서는 많은 것들이 포함된다. 하느님 측에서는 은총의 상태와 죽음을 일치시키는 하나의 특별한 섭리이다. 인간 측에서는 유혹을 이겨 내기 위한, 혹은 죄로부터 풀려나기 위한 일련의 도움들이고, 마지막으로는 (삶의 끝을 마지막 공로적 행위와 일치되게 만드는) 최종적인 효능 은총 속에서 성립된다.

quantum ad carnem.[11] Quod erit in patria, ubi homo non solum perseverare poterit, sed etiam peccare non poterit.

---

11. Cf. q.81, a.3, ad2.

되기는 하였지만, 아직 육체 안에서 완성에 이르지는 못한 지금[11] 우리가 자력으로 하는 것보다 더 쉽게 은총의 선물에 의해서 항구할 수 있었다. 이것은 우리가 천상 본향(本鄕)에서 이루어질 것이다. 그때 인간은 항구할 수 있을 뿐만 아니라, 죄를 지을 수 없을 것이다.

QUAESTIO CX
DE GRATIA DEI QUANTUM AD EIUS ESSENTIAM
in quatuor articulos divisa

Deinde considerandum est de gratia Dei quantum ad eius essentiam.[1]

Et circa hoc quaeruntur quatuor.

Primo: utrum gratia ponat aliquid in anima.

Secundo: utrum gratia sit qualitas.

Tertio: utrum gratia differat a virtute infusa.

Quarto: de subiecto gratiae.

Articulus 1
Utrum gratia ponat aliquid in anima

---

1. Cf. q.109, Introd.
2. 은총의 내밀한 본성에 대해 논하기에 앞서서 우리는 이 명칭의 어원(語源)을 확인하는 것이 좋겠다. 은총은 세속적인 의미와 종교적인 의미를 가지고 있다. 우리의 관심사인 종교적인 의미는 구약성경과 신약성경에서 유래된다. 은총의 신약성서적 개념을 준비하는, 신적인 호의를 표현하는 히브리어의 두 용어는 '헨'과 '헤세드'이다.(권혁주, 「은총」, 『한국가톨릭대사전』 제9권, 6871-6873쪽 참조) "카리스'라는 단어는 마태오복음서와 마르코복음서에는 나타나지 않지만, 루카복음서

제110문
은총의 본질에 대하여
(전4절)

이제는 하느님의 은총을 그 본질과 관련해서 고찰해야 한다.[1]
이를 위해서 네 가지 질문이 제기된다.
첫째, 은총은 영혼 안에 어떤 것을 설정하는가?
둘째, 은총은 하나의 성질인가?
셋째, 은총은 주입된 덕과는 다른 것인가?
넷째, 은총의 주체에 대하여.[2]

제1절 은총은 영혼 안에 어떤 것을 설정하는가?

Parall.: *In Sent.*, II, d.26, a.1; *ScG*, III, 150; *De veritate*, q.27, a.1.
Doctr. Eccl.: "그리스도 예수님께서 하느님께로부터 인간에게 선사된, 믿어야 할 구속자이지 순종해야 할 입법자가 아니라고 말하는 자는 파문될 것이다."(트리엔트공의회, 의화에 관한 교령 제21조) DS 831[=DH 1571]. Cf. DS 483[=DH 904], DS 796[=DH 1524], DS 799[=DH 1528-1529], DS 920[=DH 1710].

에는 8번 나타나고, 사도행전에는 17번, 요한복음서에는 4번, 바오로서간에는 110번, 베드로 1서에는 12번, 묵시록에는 2번 나타나고, 다른 곳에는 아주 드물게만 나타나고 있다."(M. Schmaus, *Dogmatica Cattolica*, Torino, 1963, III/2, p.20)

q.110, a.1

Ad primum sic proceditur. Videtur quod gratia non ponat aliquid in anima.

1. Sicut enim homo dicitur habere gratiam Dei, ita etiam gratiam hominis, unde dicitur *Gen.* 39, [21], quod *Dominus dedit Ioseph gratiam in conspectu principis carceris.* Sed per hoc quod homo dicitur habere gratiam hominis, nihil ponitur in eo qui gratiam alterius habet; sed in eo cuius gratiam habet, ponitur acceptatio quaedam. Ergo per hoc quod homo dicitur gratiam Dei habere, nihil ponitur in anima, sed solum significatur acceptatio divina.[1]

2. Praeterea, sicut anima vivificat corpus, ita Deus vivificat animam, unde dicitur *Deut.* 30, [20]: *Ipse est vita tua.* Sed anima vivificat corpus immediate. Ergo etiam nihil cadit medium inter Deum et animam. Non ergo gratia ponit aliquid creatum in anima.

3. Praeterea, *ad Rom.* 1, super illud [7], *Gratia vobis et pax,* dicit Glossa:[2] *Gratia, idest remissio peccatorum,* sed remissio peccatorum non ponit in anima aliquid, sed solum in Deo, non imputando peccatum; secundum illud Psalmi 31, [2]: *Beatus vir cui non imputavit Dominus peccatum.* Ergo nec gratia ponit aliquid in anima.[3]

---

1. 칼뱅은 종종 이렇게 논하곤 하였다: Calvin, *Instit. christ.,* III, c.11, n.2.
2. Interl.; Lombardus: PL 191, 1316B.
3. 이 논거도, 오직 그리스도의 의로움의 전가를 통해서만 인간이 의화되기를 원하는 개신교 측에서 제시하는 입장이다.

[반론] 첫째에 대해서는 다음과 같이 진행된다. 은총은 영혼 안에 어떤 것을 설정하지 않는 것으로 보인다.

1. 실상 어떤 사람을 두고 하느님의 은총을 가지고 있다고 말하는 것처럼, 인간의 은혜도 받고 있다고 말하기도 한다. 그래서 우리는 창세기 39장 [21절]에서 "주님께서는 요셉에게 은총을 주어 간수장의 눈에 들게 하셨다."고 말하는 것을 본다. 그런데 어떤 사람에 대해 인간의 은총을 가지고 있다고 말할 때, 그 다른 사람의 은혜를 가지고 있는 사람 안에 무엇이 설정되는 것이 아니라, 은혜를 준 사람 안에 어떤 승인이 설정된다. 그러므로 어떤 사람이 하느님의 은총을 가지고 있다고 말할 때, 그의 영혼 안에는 아무것도 설정되지 않고, 의미되는 것은 다만 하느님의 승인뿐이다.[1]

2. 영혼이 육체에 생명력을 불어넣듯이, 하느님은 영혼에 생명력을 불어넣으신다. 그래서 신명기 30장 [20절]에서는 "그분이 너의 생명이시다."라고 말하는 것이다. 그런데 영혼은 아무런 매체 없이 육체에 생명을 준다. 그러므로 하느님과 영혼 사이에도 아무런 매체가 끼어들지 않는다. 그러므로 은총은 영혼 안에 아무런 피조된 실재도 설정하지 않는다.

3. 로마서 1장 [7절]에서는 "은총과 평화가 여러분과 함께하시길!" 하고 인사하고, 표준 주해[2]는 "은총, 즉 죄의 용서"라고 말하고 있다. 그러나 죄의 용서는 영혼 안에 어떤 것을 설정하는 것이 아니라, 죄를 전가하지 않는 하느님 안에 어떤 것을 설정한다. 그래서 시편 32[31]편 [2절]에서는 "주님께서 죄를 묻지 않으시는 자 복되다."고 노래하는 것이다. 그러므로 은총은 영혼 안에 아무것도 설정하지 않는다.[3]

q.110, a.1

SED CONTRA, lux ponit aliquid in illuminato. Sed gratia est quaedam lux animae,[4] unde Augustinus dicit, in libro *de Natura et Gratia*:[5] *Praevaricatorem legis digne lux deserit veritatis, qua desertus utique fit caecus.* Ergo gratia ponit aliquid in anima.[6]

RESPONDEO dicendum quod secundum communem modum loquendi, gratia[7] tripliciter accipi consuevit. Uno modo, pro dilectione alicuius, sicut consuevimus dicere quod iste miles habet gratiam regis, idest, rex habet eum gratum. Secundo sumitur pro aliquo dono gratis dato, sicut consuevimus dicere, *Hanc gratiam facio tibi*. Tertio modo sumitur pro recompensatione beneficii gratis dati, secundum quod dicimur agere gratias beneficiorum. Quorum trium secundum dependet ex primo, ex amore enim quo aliquis alium gratum habet, procedit quod aliquid ei gratis impendat. Ex secundo autem procedit tertium, quia ex beneficiis gratis exhibitis gratiarum actio consurgit.[8]

---

4. "영혼에 내재하는 신적 성질도… 하나의 은총이다. 그것은 우리 영혼의 모든 상흔들을 말끔히 제거하는 광채와 빛과 마찬가지로 또한 영혼 자체를 더욱 아름답고 더욱 광채가 나도록 회복시킨다."(*Catech. ad Par.*, Pii V Pont. Max. iussu editus, Patavii, 1930, p.II, c.2, n.50, p.157)
5. c.22: PL 44, 258.
6. 트리엔트공의회는 "인간이 다만 그리스도의 의로움 덕분으로만, 또는 성령을 통해서 사람들의 마음속에 주입되어[로마 5,5 참조] 자리 잡은 은총과 참사랑을 배제하고 오로지 죄의 용서에 의해서만 의화된다고 주장하거나, 혹은 우리를 의화시키는 은총이 단지 하느님의 호의에 불과하다고 주장하는 자는 파문될 것이다."(DS 821[=DH 1561])

[재반론] 그러나 반대로, 빛은 조명되는 것 안에 어떤 것을 설정한다. 그런데 은총은 영혼의 빛이다.⁴ 그래서 아우구스티누스는 『본성과 은총』⁵에서 "진리의 빛은 정당하게도 범법자를 내치고, 일단 법에 의해서 내쳐지게 되면 그는 분명 눈이 멀게 된다."고 말하고 있다. 그러므로 은총은 영혼 안에 어떤 것을 설정한다.⁶

[답변] 통상적인 어법에서 '은총'(gratia)⁷은 흔히 세 가지 의미를 가지고 있다. 첫째, '이 군인은 (왕이 그를 어여삐 여긴다는 의미로) 왕의 총애와 호의를 가지고 있다.'고 말할 때처럼, 은총은 흔히 누군가의 사랑을 가리킨다. 둘째, '나는 너에게 이 은혜를 베푼다.'고 말할 때처럼 '거저 주어지는 선물'을 가리킨다. 셋째, 우리가 받은 은혜에 감사하다고 말할 때처럼, 그것은 흔히 거저 주어진 은혜에 대한 감사의 표시를 가리킨다. 이 세 가지 의미 가운데 둘째 것은 첫째 의미에 종속된다. 왜냐하면 누군가가 다른 사람을 어여쁘게 여기는 사랑으로부터 그에게 어떤 것을 거저 주는 일이 발생하기 때문이다. 셋째 의미는 둘째 의미로부터 발생한다. 왜냐하면 감사의 표시는 거저 받은 은혜에 대한 응답으로 생겨나기 때문이다.⁸

---

7. 그리스어의 '카리스'(charis)는 라틴어의 '그라시아'(gratia)와 동일한 유형을 드러낸다. 비록 인위적으로만 감각들(의미들)의 유형이 영어화되지만 말이다. 사람이 사람에게 베푸는 gratia를 '은총'이라고 표현할 수 없어서, '은혜'라고 번역한다.
8. 이 용어의 사용을 성 토마스는 분명 당대에 통용되고 있던 성경, 곧 대중 라틴어 구절로부터 도출하고 있다. 그는 언어학적 조사를 철학적 탐구로 보충하며, 모든 가능한 어의들을 세 가지 근본적 의미로 환원하고 있다. 첫째는 수여자의 영적인 태도로서의 은총, 곧 호의를 가리킨다. 둘째는 선물 자체를 표시하고, 셋째는 수혜자 측으로부터의 인정을 가리킨다. 실상 모든 수여 행위가 수여자, 선물, 그리고 수혜자 세 가지 용어를 전제한다는 것이 분명하다.

q.110, a.1

Quantum igitur ad duo ultima, manifestum est quod gratia aliquid ponit in eo qui gratiam accipit, primo quidem, ipsum donum gratis datum; secundo, huius doni recognitionem. Sed quantum ad primum, est differentia attendenda circa gratiam Dei et gratiam hominis. Quia enim bonum creaturae provenit ex voluntate divina, ideo ex dilectione Dei qua vult creaturae bonum, profluit aliquod bonum in creatura. Voluntas autem hominis movetur ex bono praeexistente in rebus, et inde est quod dilectio hominis non causat totaliter rei bonitatem, sed praesupponit ipsam vel in parte vel in toto. Patet igitur quod quamlibet Dei dilectionem sequitur aliquod bonum in creatura causatum quandoque, non tamen dilectioni aeternae coaeternum.[9] Et secundum huiusmodi boni differentiam, differens consideratur dilectio Dei ad creaturam. Una quidem communis, secundum quam *diligit omnia quae sunt*, ut dicitur *Sap.* 11, [25]; secundum quam esse naturale rebus creatis largitur. Alia autem est dilectio specialis, secundum quam trahit creaturam rationalem supra conditionem naturae, ad participationem divini boni.[10] Et secundum hanc dilectionem dicitur aliquem diligere simpliciter, quia secundum hanc dilectionem vult Deus simpliciter[11] creaturae bonum aeternum, quod est ipse.[12]

---

9. Cf. I, q.20, a.2.
10. "하느님의 사랑은 피조물의 선성의 원인이기 때문에, 하느님은 특정 사물들을, 그분 안에 어떤 차별(다름)도 의도되지 않은 채, 피조물들 안에 있는 선성의 상이한 등급에 따라 다른 방식으로 사랑하신다고 말해진다. 그렇기 때문에 또한

둘째와 셋째 의미에 관해서는, 은총이 그 은총을 받는 자 안에 어떤 것을 설정한다는 것이 분명하다. 첫 번째 의미의 경우 거저 주어지는 선물 자체, 두 번째 의미의 경우, 이 선물에 대한 인정. 그러나 첫째 의미에 관해서는 하느님의 은총과 인간의 은총 사이의 차이에 주목해야 한다. 왜냐하면 피조물의 선은 하느님의 의지로부터 발하기에 어떤 선이 피조물 안에서 발생하는 것은 피조물에게 선을 원하시는 하느님의 사랑으로부터이기 때문이다. 반면에 인간의 의지는 이미 사물들 안에 존재하던 선에 의해서 움직여지고, 그래서 인간의 사랑은 그 사물의 선성의 온전한 원인이 되지 못하고, 전체적으로도 또 부분적으로도 그것을 전제하고 있다. 그러므로 하느님의 사랑의 어떠한 표현에 대해서도 (비록 영원한 사랑과 더불어 영원한 것은 아니더라도) 어느 특정 순간에 피조물 안에 선이 따른다.[9] 이 선이 서로 차이가 나는 방식은 피조물에 대한 하느님의 사랑의 종류에 있어서의 차이에 주목하도록 허용해 주고 있다. 하나는 지혜서 11장 [25절]에서 "그분은 존재하는 모든 것을 사랑하신다."고 가르치고 있듯이 일반적 사랑이다. 이 사랑에 의해서 그는 피조물들에게 자연적 존재를 부여한다. 다른 하나는 이성적 피조물을 그 자연적 조건을 넘어 신적인 선에 참여하도록 인도하는 특별한 사랑이다.[10] 그리고 이 사랑에 의해서 그분은 단적으로 누군가를 사랑한다고 말해진다. 왜냐하면 이 사랑에 의해서 하느님은 단적으로[11] 그 피조물을 위해 저 영원한 선, 즉 당신 자신을 [베풀기를] 원하기 때문이다.[12]

모든 피조물들은, 모든 것에 본성의 선을 나눠 주시는 데 따라 사랑하신다고도 말해진다. 하지만 그것은 순수하고 단적으로 사랑이며, 우정과 거의 비슷하게 완전하다. 하느님은 예술가가 작품을 사랑하듯이 피조물을 사랑한다."(*In Sent.*, II, d.26, q.1, a.1, ad2)

11. Cf. I, q.5, a.1, ad1.
12. 하느님의 특별하고 은혜로운 사랑이 바로 '자기-수교'(auto-communicatio)이다.

q.110, a.1

Sic igitur per hoc quod dicitur homo gratiam Dei habere, significatur quiddam supernaturale in homine a Deo proveniens.[13]—Quandoque tamen gratia Dei dicitur ipsa aeterna Dei dilectio, secundum quod dicitur etiam gratia praedestinationis, inquantum Deus gratuito, et non ex meritis, aliquos praedestinavit sive elegit;[14] dicitur enim *ad Ephes.* 1, [5sq.]: *Praedestinavit nos in adoptionem filiorum, in laudem gloriae gratiae suae.*[15]

AD PRIMUM ergo dicendum quod etiam in hoc quod dicitur aliquis habere gratiam hominis, intelligitur in aliquo esse aliquid quod sit homini gratum, sicut et in hoc quod dicitur aliquis gratiam Dei habere; sed differenter. Nam illud quod est homini gratum in alio homine, praesupponitur eius dilectioni, causatur autem ex dilectione divina quod est in homine Deo gratum, ut dictum est.[16]

AD SECUNDUM dicendum quod Deus est vita animae per modum causae efficientis, sed anima est vita corporis per

---

13. 성 토마스는 언뜻 보기에 학술적 질문인 것처럼 보이는 이 절의 결론을, 초월적 인과성과 신적 총애(praedilectio)에 대한 대단히 심오한 분석에 의해서 연역한다. 하느님이 당신의 피조물들에 의존할 수는 없고, 오히려 피조물들이 하느님께 의존한다. 따라서 만일 그분이 어떤 총애의 사랑으로 사랑하신다면, 피조물을 그것의 질서 속에 내버려 두실 수 없고, 그것 안에 신적 총애에 걸맞은 것을 산출한다. 그러므로 피조물 안에서는 그런 사랑 덕분에 무상(無償)의 선물이 그것에 내밀한 어떤 것으로서 있어야 한다.

그래서 어떤 사람이 하느님의 은총을 가지고 있다고 말할 때, 하느님으로부터 인간 안에서 발하는, 어떤 초자연적인 것이 지적되고 있다.[13] ─ 그렇지만 때때로 하느님의 은총으로 '예정의 은총'(gratia praedestinationis)이라는 표현이 하느님이 어떤 백성을 그의 공로 때문이 아니라 거저 예정되었다거나 또는 선택했다는 것을 의미할 때와 똑같은 의미로, 하느님 자신의 영원한 사랑을 의미하기도 한다.[14] 그래서 에페소서 1장 [5절 이하]에서는 "예수 그리스도를 통하여 우리를 당신의 자녀로 입양하시기로, 미리 정하시고,(…) 은총의 영광을 찬양하게 하셨습니다."라고 말하는 것이다.[15]

[해답] 1. 어떤 사람이 하느님의 은총을 가지고 있다고 말할 때와 마찬가지로 인간의 은혜를 입었다고 말할 때에도, 그 안에는 인간을 기쁘게 하는 어떤 것이 있다는 것을 함축하고 있다. 그러나 차이가 있다. 왜냐하면 누군가에게서 우리를 기쁘게 하는 것은 그에 대한 우리의 사랑에 전제되고 있지만, 이미[16] 말한 것처럼, 인간 안에 있는, 하느님을 기쁘시게 만드는 것은 하느님의 사랑에서 기인하는 것이기 때문이다.

2. 하느님은 작용인(作用因)의 방식으로 영혼의 생명이다. 그러나 영혼은 형상인의 방식으로 육체의 생명이다. 그런데 형상과 질료 사이에는 어떠한 매개자도 없다. 왜냐하면 형상(形相)은 그 자체로 질

---

14. Cf. I, q.23, a.5.
15. 은총을 예정하시는 하느님의 본원적 우위성은 죄인이 예정된 자 가운데 하나일 수 있다는 것을 의미한다. 은총은 생애 후반에 찾아오는 전환점에서 '효력을 발휘한다.'
16. 본론.

modum causae formalis inter formam autem et materiam non cadit aliquod medium, quia forma per seipsam informat materiam vel subiectum. Sed agens informat subiectum non per suam substantiam, sed per formam quam in materia causat.[17]

AD TERTIUM dicendum quod Augustinus dicit, in libro *Retract.*:[18] *Ubi dixi gratiam esse remissionem peccatorum, pacem vero in reconciliatione Dei, non sic accipiendum est ac si pax ipsa et reconciliatio non pertineant ad gratiam generalem; sed quod specialiter nomine gratiae remissionem significaverit peccatorum.* Non ergo sola remissio peccatorum ad gratiam pertinet, sed etiam multa alia Dei dona. Et etiam remissio peccatorum non fit sine aliquo effectu divinitus in nobis causato,[20] ut infra[19] patebit.

Articulus 2

Utrum gratia sit qualitas animae[1]

---

17. Cf. II-II, q.23, a.2, ad2-3. "영혼은, 그 자체로써 어떤 [다른] 형상의 매개 없이 육체를 활성화시키는, 육체적 생명의 형상적 원인이다. 그러나 하느님은 영혼을, 형상적 원인으로서가 아니라, 능동인으로서 활성화시킨다. 그렇기 때문에 어떤 중간 형상이 개재하게 되는데, 이것은 화가는 벽을 하양(白)의 매개와 함께 효과적으로 하얗게 만들지만, 하양 자체는 어떤 다른 형상의 매개 없이 벽을 하얗게 만드는 것과 같다. 왜냐하면 [벽을] 형상적으로 하얗게 만들기 때문이다."(*De veritate*, q.27, a.1, ad1)
18. c.25: PL 32, 624.
19. q.113, a.2.
20. 이 절의 가르침을 좀 더 추적하기 위해서는 제2부 제2편 제23문 제2절에 제시되어 있는 병행구들을 참조하라. 참사랑은 영혼 안에 있는 창조된 결과인가?

료(質料) 또는 주체에 형상을 부여하기 때문이다. 그러나 작위자는 그 자체의 실체에 의해서가 아니라 그것이 그 질료 안에 낳는 형상에 의해서 그 주체를 형상화한다.[17]

3. 아우구스티누스는 『재론고』[18]에서 이렇게 말하고 있다. "내가 은총이 죄에 대한 용서이기는 하지만, 그 평화는 하느님과의 화해에 놓여 있다고 말했을 때, 이것은 그 평화와 화해가 일반적 은총에 속하지 않는다는 것을 의미하는 것으로 이해되어서는 안 되고, 오히려 '은총'이 죄의 용서를 의미했다는 특별한 의미로 이해되어야 한다." 그러므로 비단 죄의 용서만이 아니라 하느님의 다른 많은 선물들도 은총에 속한다. 그리고 곧[19] 보게 되겠지만, 죄의 용서조차도 우리 안에 있는 하느님에 기인하는 어떤 결과가 없이는 발생하지 않는다.[20]

제2절 은총은 영혼의 한 성질인가?[1]

Parall.: *In Sent.*, II, d.26, a.2; a.4, ad1; *ScG*, III, 150; *De veritate*, q.27, a.2, ad7.
Doctr. Eccl.: "오로지 그리스도의 의로움 덕분으로만, 또는 성령을 통해서 인간의 마음 안에 부어져[로마 5,5 참조] 자리 잡은 은총과 사랑을 배제하고 오로지 죄의 용서를 통해서만 인간이 의화되거나 우리를 의화시키는 은총이 단지 하느님의 호의에 불과하다고 말하는 자는 파문될 것이다." DS 821[=DH 1561], DS 799sq.[=DH 1528-29], DS 809[=DH 1545-1547].

1. 성 토마스는 여기서 은총의 본질을, 아리스토텔레스가 범주들 속에서 요약하고 있는 인간적 사고의 근본적 개념들과 연관지어 규정하려고 한다. 우리는 성화은총(聖化恩寵, gratia sanctificans)이 의로운 이의 영혼 외부에 있는 어떤 것으로 개념되어서는 안 되고, 내속하는 어떤 것으로 개념되어야 하는 것이 신앙에 속하는 것임을 살펴보았다. 신학자들은 이단으로 빠져들지 않기 위해서는 어떤 '물리적' 소여, 다시 말해 그것들이 공통으로 간직하고 있는 영속하는 어떤 성질을 다루고 있다고 주장할 필요가 있는지를 묻는다. 적지 않은 근대인들이 따르는 수아

q.110, a.2

Ad secundum sic proceditur. Videtur quod gratia non sit qualitas animae.

1. Nulla enim qualitas agit in suum subiectum, quia actio qualitatis non est absque actione subiecti, et sic oporteret quod subiectum ageret in seipsum. Sed gratia agit in animam, iustificando ipsam. Ergo gratia non est qualitas.

2. Praeterea, substantia est nobilior qualitate. Sed gratia est nobilior quam natura animae, multa enim possumus per gratiam ad quae natura non sufficit, ut supra[2] dictum est. Ergo gratia non est qualitas.

3. Praeterea, nulla qualitas remanet postquam desinit esse in subiecto. Sed gratia remanet. Non enim corrumpitur, quia sic in nihilum redigeretur, sicut ex nihilo creatur, unde et dicitur *nova creatura, ad Gal.* ult., [15]. Ergo gratia non est qualitas.

레스(Suarez)와 벨라르미노(Roberto Bellarmino)는, 그것을 하느님과의 단순한 '도덕적' 관계로 한정지어 개념하는 것은 형상적으로 이단이라고 주장한다. 둔스 스코투스(Duns Scotus)와 바네즈(D. Banez) 등은 비록 반대되는 견해가 거짓이고 일시적이며 이단에 가까운 것은 사실이지만 이 가르침이 아주 엄밀하게 정의된 것은 아니라고 주장한다.

이 문제는 보기보다 더 중요하다. 왜냐하면 인본주의 시대에 몇몇 저자들은 교부들이 오로지 현실적 은총만을 생각했고, 스콜라학자들 자신은 1240년 이전에 이 논제에 대해 매우 망설였다고 주장하였기 때문이다.(Cf. J. Morinus, *Commentarium historicum de disciplina Sacramenti Poenitentiae*, VIII, c.2, n.7) 계몽주의 시대에 일부 '현대적' 신학자들은 '성질'(qualitas)이라는 용어를 은총에 적용하는 것은 바로 고대 철학의 반(反)계몽주의(obscurantism)의 경향을 드러내는 것이라고 말했다. Cf. H. Lange, *De Gratia*, Friburg, 1928, p.269.

[반론] 둘째에 대해서는 다음과 같이 진행된다. 은총은 영혼의 한 성질이 아닌 것으로 보인다.

1. 실상 그 어떤 성질도 그 주체에 대해 작용하지 않기 때문이다. 주체의 활동이 아닌 어떤 성질의 활동이란 없기 때문에, 그 주체도 그렇게 그 자체에 작용해야 할 것이다. 그러나 은총은 영혼을 의화함으로써 영혼에 작용한다. 그러므로 은총은 하나의 성질이 아니다.

2. 실체는 성질보다 더 고등한 질서에 속한다. 그런데 은총은 영혼의 본성보다 더 높은 질서에 속한다. 왜냐하면 위에서[2] 말한 것처럼, 은총에 의해서 우리는 본성만으로 충분하지 않은 많은 것들을 할 수 있기 때문이다. 그러므로 은총은 하나의 성질이 아니다.

3. 그 주체 안에 존재하기를 그친 다음에는 어떤 성질도 남아 있지 않다. 그러나 은총은 남아 있다. 왜냐하면 부패하지 않기 때문이다. 그 까닭은 그리되면 그것이 무로부터 창조된 것과 마찬가지로, 무로 환원될 것이기 때문이다. 바로 그렇기 때문에 그것은 갈라티아서 마지막 [6]장 [15절]에서 "새로운 창조"(nova creatura)라고 불리는 것이다. 그러므로 은총은 하나의 성질이 아니다.

존재론적 분석은 '범주들', 즉 근본적 존재 양태들에 대한 규정을 포함한다. 우리의 물리적이고 사회-역사적인 우주의 모호성은 아리스토텔레스의 10범주와 같은 어떤 제한된 수의 근본적인 존재 양태들을 설정할 가능성에 관하여 좀 더 회의적이 되도록 만들 수 있다. 그렇지만 인간 현존재(Dasein)에 고유한 근본적인 존재 양태들을 설정하려던 초기 하이데거(Martin Heidegger)의 시도에 주목해 볼 수 있을 것이다.

2. q.109.

SED CONTRA est quod, super illud Psalmi 103, [15], *ut exhilaret faciem in oleo,* dicit Glossa[3] quod *gratia est nitor animae, sanctum concilians amorem.* Sed nitor[4] animae est quaedam qualitas, sicut et pulchritudo corporis. Ergo gratia est quaedam qualitas.[5]

RESPONDEO dicendum quod, sicut iam[6] dictum est, in eo qui dicitur gratiam Dei habere, significatur esse quidam effectus gratuitae Dei voluntatis. Dictum est autem supra[7] quod dupliciter ex gratuita Dei voluntate homo adiuvatur. Uno modo, inquantum anima hominis movetur a Deo ad aliquid cognoscendum vel volendum vel agendum.[8] Et hoc modo ipse gratuitus effectus in homine non est qualitas, sed motus quidam animae: *actus* enim *moventis in moto est motus,*[10] ut dicitur in III *Physic.*[9]

---

3. Ord.: PL 113, 1016D; Lombardus: PL 191, 936A; cf. Aug., *In Psalm.*, ps.103, serm.3, super v.5: PL 37, 1369.
4. Cf. q.86, a.1; q.89, a.1.
5. 비록 그의 동시대인들보다는 못하다고 하더라도 성 토마스는 신학에서의 심미적 계기, 하느님의 아름다움의 현현에 대해 민감한 채로 남아 있었다. 여러 권으로 되어 있는 폰 발타사르(H. U. von Balthasar)의 『영광』(*Herrlichkeit*)과 움베르토 에코의 다음 연구를 참조하라: Umberto Eco, *Il problema estetico in Tommaso d'Aquino*, Milano, Bompiani, 1970.
6. a.1.
7. q.109, aa.1-2 et 5.
8. "그러므로 현실적 은총(gratia actualis)은 영혼의 작용 자체가 아니라, '기관'(機關, facultas)들로 하여금 능력에서 행위로 넘어가고 자기 작용을 자아낼 수 있도록 하는 적용이다. 왜냐하면 숙고되지 않은 작용도 기관에 의해서 잠재적으로 자아내지는 것이지, 오직 하느님에 의해서만 직접적으로 산출되는 것이 아니기 때문이다. 그런데 현실적 은총의 도움을 받아 영혼은 숙고되지 않은 작용들도 활력적으로 자아낸다. 이와는 반대로 현실적 은총은 우리로부터 유발되는 것이 아니

제110문 제2절

[재반론] 그러나 반대로, 시편 104[103]편 [15절]에서는 "얼굴을 기름으로 빛나게 만드신다."라고 말하고, 표준 주해[3]에서는 "은총은 거룩한 사랑을 매료시키는 영혼의 발광(發光)이다."라고 말하고 있다. 그러나 영혼의 발광[4]은 육체미(肉體美)처럼 하나의 성질이다.[5] 그러므로 은총은 성질의 일종이다.

[답변] 이미[6] 말한 것처럼, 누군가가 하느님의 은총을 가지고 있다고 말할 때, 그것은 하느님의 무상의 의지의 어떤 결과가 그 안에 현존하고 있다는 것을 의미한다. 그런데 위에서[7] 말한 것처럼, 인간이 하느님의 무상의 의지에 의해서 도움을 받게 되는 방식은 두 가지이다. 첫째는 인간의 영혼이 무언가를 알거나 원하거나 행하도록 하느님에 의해서 움직여질 때이다.[8] 그런 의미에서 인간 안에 있는 무상의 결과는 그 영혼의 어떤 성질이 아니라 움직임이다. 왜냐하면 아리스토텔레스가 『자연학』 제3권[9]에서 말하는 것처럼, "움직여진 것 안에 있는 기동자의 행위는 움직임"이기 때문이다.[10]

다."(Garrigou-Lagrange, OP, De gratia, p.96)
9. c.3, 202a13-21; S. Thomas, lect.4, nn.7-11. "왜냐하면, 아리스토텔레스가 말하는 것처럼, 운동은, 행위자로부터 나오는 것으로서 능동(actio) 또는 운동(motio)이라고 불리고, 움직여지는 자 안에 있는 것으로서의 운동은 수동(passio)이기 때문이다. 그런데 물체적 작위자의 활동은 형상적으로 전이적이고, 움직여진 자 안에서 종결되지만, 외부를 향한 하느님의 창조되지 않은 활동은 형상적으로 내재적(內在的)이고, 오직 잠재적으로만 전이적이다. 그러므로 현실적 은총은 '하느님의 결과'(effectus Dei)로서 창조된 어떤 것이라고 토마스는 말한다. (그는 현실적 은총이 우리의 활동, 우리의 생명 작용이라고 말하지 않는다.) 그리고 우리 안에는 (그로써 의지가 자신의 작용을 자아내도록 움직여지게 되는) 의지 안에 받아들인 '운동-수동'(motio-passio)이 있다."(Garrigou-Lagrange, OP, Ibid.)
10. 운동 또는 변화는 오로지 환원적으로만, 즉 그 운동의 기원 또는 목적과 연관되어서만 범주에 속하게 된다. "'성질'이라는 말로써 나는 그 덕분에 사람들이 이러저러하다고 말해지게 되는 것을 의미한다."(Categ., 8, 8b25) 성질은 '그러함'이다.

Alio modo adiuvatur homo ex gratuita Dei voluntate, secundum quod aliquod habituale donum a Deo animae infunditur. Et hoc ideo, quia non est conveniens quod Deus minus provideat his quos diligit ad supernaturale bonum habendum, quam creaturis quas diligit ad bonum naturale habendum. Creaturis autem naturalibus sic providet ut non solum moveat eas ad actus naturales, sed etiam largiatur eis formas et virtutes quasdam, quae sunt principia actuum, ut secundum seipsas inclinentur ad huiusmodi motus. Et sic motus quibus a Deo moventur, fiunt creaturis connaturales et faciles; secundum illud *Sap.* 8, [1]: *Et disponit omnia suaviter.*[11] Multo igitur magis illis quos movet ad consequendum bonum supernaturale aeternum, infundit aliquas formas seu qualitates supernaturales, secundum quas suaviter et prompte ab ipso moveantur ad bonum aeternum consequendum. Et sic donum gratiae qualitas quaedam est.[12]

AD PRIMUM ergo dicendum quod gratia, secundum quod est qualitas, dicitur agere in animam non per modum causae efficientis, sed per modum causae formalis, sicut albedo facit album, et iustitia iustum.[13]

AD SECUNDUM dicendum quod omnis substantia vel est ipsa

---

11. "모든 것을 그 마땅한 목적을 향하도록 움직이시는 하느님은 개별 사물들에 형상들을 불어넣으시는데, 그것을 통해 하느님으로부터 미리 설정된 자기 목적들로 기울게 된다."(II-II, q.23, a.2)

둘째로 어떤 습성적 선물이 하느님에 의해서 영혼 안에 주입될 때 인간은 하느님의 무상의 의지에 의해서 도움을 받게 된다. 그러므로 하느님이 그것들이 자연적 선을 얻게 되기를 바라는 그런 마음으로 사랑하시는 피조물들을 위해서라기보다는, 초자연적 선을 얻게 되기를 바라는 마음으로 사랑하시는 이들에게 덜 제공해야 한다는 것은 적합하지 않다. 그런데 그는 자연의 피조물들을, 자연적 활동들로 움직임으로써만 보살피시는 것이 아니라 또한 그것들 스스로 이런 종류의 움직임으로 기울도록 그들에게 활동의 원리들의 기원이 되는 형상들과 능력들을 부여함으로써도 보살피신다. 이리하여 그것들이 하느님에 의해서 움직여지는 그 움직임들은 지혜서의 텍스트에 따르면 그것들에게 자연스럽고 용이하다. 지혜서 8장 [1절]에 따르면, "지혜는 만물을 부드럽게 통솔한다."[11] 더욱이 그분은 초자연적 형상들 또는 성질들을, 그분이 영원하고 초자연적인 선을 취득하는 데에로 움직이는 자들에게 주입하는데, 그렇게 되면 그들은 그분에 의해서 부드럽고 즉각적으로 영원한 선을 획득하는 데에로 움직여지게 될 것이다. 그러므로 은총의 선물은 일종의 성질이다.[12]

[해답] 1. 하나의 성질이라는 의미에서 은총은 작용인의 방식으로가 아니라 하양이 어떤 것을 하얗게 만들고 정의가 어떤 사람을 의롭게 만들듯이 형상인의 방식으로 영혼에 작용한다고 말해진다.[13]
2. 모든 실체는 그 실체의 주체가 되는 사물의 본성이거나, 아니면 우리가 질료나 형상을 '실체'라고 부를 때처럼, 그 본성의 일부이다.

---

12. 여기서 우리는 성 토마스가, 하느님이 자연 안에 당신 자신을 선물함과 은총 사이의 조화를 검토하는 방식의 한 좋은 예를 보게 된다.
13. Cf. *De veritate*, q.27, a.1, ad1.(앞 절에 인용된 구절 참조)

natura rei cuius est substantia, vel est pars naturae, secundum quem modum materia vel forma substantia dicitur. Et quia gratia est supra naturam humanam, non potest esse quod sit substantia aut forma substantialis, sed est forma accidentalis ipsius animae. Id enim quod substantialiter est in Deo, accidentaliter fit in anima participante divinam bonitatem, ut de scientia patet. Secundum hoc ergo, quia anima imperfecte participat divinam bonitatem, ipsa participatio divinae bonitatis quae est gratia,[14] imperfectiori modo habet esse in anima quam anima in seipsa subsistat. Est tamen nobilior quam natura animae, inquantum est expressio vel participatio divinae bonitatis, non autem quantum ad modum essendi.[15]

AD TERTIUM dicendum quod, sicut dicit Boetius,[16] *accidentis esse est inesse*. Unde omne accidens non dicitur ens quasi ipsum esse habeat, sed quia eo aliquid est, unde et magis dicitur esse entis quam ens, ut dicitur in VII *Metaphys*.[17] Et quia eius est fieri vel corrumpi cuius est esse,[18] ideo, proprie loquendo, nullum accidens neque fit neque corrumpitur, sed dicitur fieri vel corrumpi, secundum quod subiectum incipit vel desinit esse in actu secundum illud accidens.[19] Et secundum hoc etiam gratia

---

14. infra a.3; q.112, a.1.
15. 성 토마스는 여기서 '참여'(participatio)에 관한 당시의 공통의 가정에 의존하고 있다. 가이거(Geiger)와 파브로(Fabro)에 의한 최근의 연구들은 성 토마스를 아리스토텔레스주의자로 보는 것이 부적절하다는 것을 입증하였다.
16. Pseudo-Beda, *Sent. Phil. ex Arist.*, sect.I, litt. A: 1: PL 90, 968D.

그리고 은총은 인간 본성을 능가하기 때문에, 그것이 하나의 실체이거나 실체적 형상이라는 것은 불가능하다. 그것은 영혼 자체의 한 우유적 형상이다. 왜냐하면 실체적인 방식으로 하느님 안에 있는 것은 신적 선성에 참여하는 영혼 안에서는 인식의 경우에 분명해지듯이, 우유적인 양태로 존재하게 되기 때문이다. 따라서 영혼이 하느님의 선성에 불완전하게 참여하기 때문에, 은총을 구성하는 하느님의 선성에 참여하는 것은[14] 영혼 안에서는 (영혼이 그 자체 안에 자립하는 존재보다) 더 불완전한 존재 방식을 지니게 된다. 그러나 그것은 영혼의 본성보다 더 고상하다. 왜냐하면 그것이, 존재 방식에 있어서는 그렇지 않다고 하더라도, 신적 선성의 표현이거나 아니면 그 참여이기 때문이다.[15]

3. 보에티우스[16]가 말하듯이, "우유(偶有, accidens)의 존재는 '[어떤 다른 것] 안에 있음'(inesse)이다." 이리하여 어떠한 우유도 마치 그것이 독립적인 존재를 가지기라도 하듯이 '존재자'(ens)라고 불리지 않는다. 그것에 의해서 어떤 것의 양태(modus)가 바뀐다. 그래서 『형이상학』 제7권[17]에서 말하듯이, 그것은 '존재자'(ens)라기보다는 '존재자에 속하는'(entis) 것이다. 그리고 생성과 소멸(부패)은 존재를 소유하고 있는 것[주체]의 일이기 때문에,[18] 엄밀히 말하면 어떤 우유도 생성되거나 소멸(부패)되지 않는다. 하지만 저 우유에 따라 현실태로 존재하기 시작하거나 존재하기를 그치는 데 따라, 생성되거나 소멸(부패)된다고 말해진다.[19] 그리고 이런 의미에서 은총 역시 창조되고, 그 안에서 사람들은 그것에 따라 창조된다고 말해진다. 즉 무로부터,

---

17. c.1, 1028a18-20; S. Thomas, lect.1, nn.1248-1251.
18. Cf. I, q.45, a.4.
19. Cf. I, q.104, a.4, ad3.

dicitur creari, ex eo quod homines secundum ipsam creantur, idest in novo esse constituuntur, ex nihilo, idest non ex meritis; secundum illud *ad Ephes.* 2, [9]: *Creati in Christo Iesu in operibus bonis.*[20]

Articulus 3
Utrum gratia sit idem quod virtus[1]

Ad tertium sic proceditur. Videtur quod gratia sit idem quod virtus.

1. Dicit enim Augustinus1 quod gratia operans est fides *quae per dilectionem operatur;* ut habetur in libro *de Spiritu et Littera.*[2] Sed fides quae per dilectionem operatur, est virtus. Ergo gratia est virtus.

---

[20]. 새로운 창조는 인간의 실체적이고 독립적인 존재에 대한 '성격 규정'으로서, 그로 하여금 보다 고등한 존재 방식에 참여하게 만들어 준다. "은총은, 엄밀하게 말해, 창조되는 것이 아니다. 실상 하나의 우유(偶有, accidens)는 그 자체로 실존할 수 없기 때문에 창조될 수 있는 것이 아니다. 그 실존은 그것이 내속하는 실체로부터 파생된다. 그리고 만일 그것이 나타났다가 사라진다면, 실상 그것과 관련하여 존재하기 시작하거나 존재하기를 그치는 것은 실체이다. 그러므로 인간은 은총을 받을 때, 어떤 새로운 존재를 받는 것이고, 이런 관점에서, 창조에 관해 말할 수 있을 것이다. 왜냐하면 그 안에는 은총이 생겨나게 만들 그 어떤 자연적 능력도 없기 때문이다. '무로부터의 창조'(creatio ex nihilo)라고 말할 수도 있을 것이다. 왜냐하면 은총은 인간 측으로부터의 그 어떤 공로도 전제하지 않기 때문이다. 하지만 엄밀하게는 창조되는 것은 인간이다. 또는 은총에로 생성되는 것이고, 죽거나 죄로 타락하게 되는 것은 아직도 그 사람이다. 또는 엄밀히 말해 창조되는 것은 그것이 아니기 때문에 은총은 허무로 돌아가지 않을 것이다."(Ch. Heris, *La Grace*, in *Somme Franc.*, Paris, 1961, p.282).

(즉 그것들의 공로들에 의해서가 아니라) 어떤 새로운 존재자로 설정되는 것이다. 에페소서 2장 [9절]에서 말하고 있듯이, "우리는 선행을 하도록 그리스도 예수님 안에서 창조되었습니다."[20]

제3절 은총은 덕과 다른가?[1]

Parall.: *In Sent.*, II, d.26, a.4; *De veritate*, q.27, a.2.
Doctr. Eccl.: 제1절에 제시된 교회 문헌 참조.

[반론] 셋째에 대해서는 다음과 같이 진행된다. 은총은 단적으로 덕과 동일한 것으로 보인다.

1. 실상 아우구스티누스는 『영과 문자』[2]에서 "작용하는 은총은 사랑을 통해 작용하는 신앙이다."라고 말하기 때문이다. 그런데 사랑을 통해 작용하는 신앙이 바로 덕이다. 그러므로 은총은 하나의 덕이다.

---

1. 저자는 [성화]은총이 습성(habitus)인지를 명시적으로 질문하지 않고, 그것이 덕, 곧 작용적 습성이 아니라는 것을 규명하는 것으로 그친다. 하지만 그에게 은총이 하나의 '존재적'(entitativus) 습성이라는 것이 맥락으로부터 명백하다. 다시 말해, 한 가지 예를 들자면, 그것과 영혼의 관계는 육체적 건강과 몸의 관계와 같다.(Cf. I-II, q.50, a.2) 하지만 성 토마스는 '존재적 습성'에 대해 말하기를 주저한다. 왜냐하면 아리스토텔레스는 성질의 종 가운데 단지 작용적 습성들만을 언급하기 때문이다. 『명제집 주해』에서는 이렇게 말한다. "은총은 성질의 유로, 곧 성질의 최초의 종으로 환원된다. 하지만 엄밀하게 습성의 본성을 지니고 있는 것은 아니다. 직접적으로 행위로 질서 지어져 있지 않기 때문이다. 그것은 육체에 대한 건강의 관계와 같은, 특정 '관계'(habitudo)이다."(*In Sent.*, II, d.26, q.1, a.4) Cf. infra ad3.
2. Magister, *Sent.*, II, dist.26. Cf. Augustinus, *lib. cit.*, cc.14 et 32: PL 44, 217, 237.

2. Praeterea, cuicumque convenit definitio, et definitum. Sed definitiones de virtute datae sive a sanctis sive a Philosophis, conveniunt gratiae, ipsa enim *bonum facit habentem et opus eius bonum reddit*;[3] ipsa etiam est *bona qualitas mentis qua recte vivitur*, et cetera.[4] Ergo gratia est virtus.

3. Praeterea, gratia est qualitas quaedam. Sed manifestum est quod non est in quarta specie qualitatis, quae est *forma et circa aliquid constans figura*:[5] quia non pertinet ad corpus. Neque etiam in tertia est, quia non est *passio vel passibilis qualitas*, quae est in parte animae sensitiva, ut probatur in VII *Physic*.;[6] ipsa autem gratia principaliter est in mente. Neque iterum est in secunda specie, quae est *potentia vel impotentia naturalis*: quia gratia est supra naturam; et non se habet ad bonum et malum, sicut potentia naturalis. Ergo relinquitur quod sit in prima specie, quae est *habitus vel dispositio*.[7] Habitus autem mentis sunt virtutes, quia etiam ipsa scientia quodammodo est virtus, ut supra[8] dictum est. Ergo gratia est idem quod virtus.

SED CONTRA, si gratia est virtus, maxime videtur quod sit aliqua trium theologicarum virtutum.[9] Sed gratia non est fides

---

3. Aristoteles, *Ethica Nic.*, c.5, 1106a15-24; S. Thomas, lect.6, nn.307-308.
4. Magister, *Sent.*, II, dist.27. Cf. q.55, a.4.
5. Cf. Aristoteles, *Categ.*, c.8, 8b25-10a27.
6. c.3, 245b3-9; S. Thomas, lect.5, n.1; cf. lect.6, n.7.
7. 성질의 네 종류에 대하여: Cf. q.49, a.2.
8. q.56, a.3; q.57, aa.1-2.
9. 신앙, 희망, 참사랑이라는 신학적 덕들은 인간을 초자연적 목적으로 질서 짓는

2. 어떤 정의에 적합한 것은 무엇이나 다, 또한 정의되는 것에 대해서도 적합하다. 그런데 거룩한 이들[그리스도교 저자들]과 철학자들에 의해서 제시된 덕의 정의들은 은총에 적합하다. 왜냐하면 철학자는 그것이 "그 소유자뿐만 아니라 그의 활동들도 선하게 만든다."고 말하고[3] 또 "어떤 사람이 올바르게 살아가게 되는 마음의 선한 성질"이라고도 말해지기[4] 때문이다. 그러므로 은총은 하나의 덕이다.

3. 은총은 하나의 성질이다. 그러나 분명 그것은 성질(qualitas)의 넷째 종류, 곧 "형상(forma)과 어떤 사물에 항구하게 속하는 모습(figura)"[5]에는 속하지 않는다. 왜냐하면 그것은 어떤 물체에 속하는 것이 아니기 때문이다. 그렇다고 그것이 성질의 셋째 종류에 속하는 것도 아니다. 왜냐하면 그것은 아리스토텔레스가 『자연학』 제7권[6]에서 보여 주듯이, 영혼의 감성적 부분에 속하는 정념(passio)이나 수동적 성질(passibilis qualitas)이 아니기 때문이다. 그런데 은총은 그러한 것으로서 1차적으로 정신 속에 있다. 그것은 또한 성질의 둘째 종류, 곧 '본성의 능력(potentia) 또는 무능력(impotentia)'에 속하는 것도 아니다. 왜냐하면 은총은 본성보다 더 고등하고, 본성적 능력은 선과 악에 연관되는 데 반해 그것은 연관되지 않기 때문이다. 그렇다면 은총이 성질의 첫째 종류, 곧 '습성(habitus) 또는 태세(dispositio)'에 속한다는 것만 남는다.[7] 그런데 정신의 습성들은 덕들이다. 왜냐하면 위에서[8] 살펴본 것처럼, 지식 자체도 일종의 덕이기 때문이다. 그러므로 은총은 단적으로 하나의 덕이다.

[재반론] 만일 은총이 하나의 덕이라면, 그것은 분명 세 가지 대신덕 가운데 하나여야 한다.[9] 그런데 은총은 신앙도 아니고, 희망도 아

덕들이다. 그것들은 하느님을 그 목적이자 대상으로 삼고 있다. Cf. I-II, q.62.

q.110, a.3

vel spes, quia haec possunt esse sine gratia gratum faciente.[10] Neque etiam caritas, quia *gratia praevenit caritatem*, ut Augustinus dicit, in libro *de Praedest. Sanctorum*.[11] Ergo gratia non est virtus.

Respondeo dicendum quod quidam posuerunt idem esse gratiam et virtutem secundum essentiam, sed differre solum secundum rationem, ut gratia dicatur secundum quod facit hominem Deo gratum, vel secundum quod gratis datur; virtus autem, secundum quod perficit ad bene operandum. Et hoc videtur sensisse Magister, in II *Sent*.[12]

Sed si quis recte consideret rationem virtutis, hoc stare non potest. Quia ut Philosophus dicit, in VII *Physic*.,[13] *virtus est quaedam dispositio perfecti, dico autem perfectum, quod est dispositum secundum naturam*. Ex quo patet quod virtus uniuscuiusque rei dicitur in ordine ad aliquam naturam praeexistentem, quando scilicet unumquodque sic est dispositum, secundum quod congruit suae naturae. Manifestum est autem quod virtutes acquisitae per actus humanos, de quibus supra[14] dictum est, sunt dispositiones quibus homo convenienter

---

10. 그러므로 하느님의 마음에 들게 만드는 은총은 그리스도인과 비그리스도인을 구분하는 특성이 아니다. Cf. prop.8 et 9. 케넬(P. Quesnel) 신부는 클레멘스 11세 교황에 의해 단죄되었다.
11. *De dono persev.*, al lib.II De praedest. Sanct., c.16, n.41: PL 45, 1018.
12. Dist.27. 어떤 신학자들은 부분적으로 롬바르두스를 따라 은총과 참사랑(caritas) 을 동일시하기도 한다. 이들 편에는 알렉산더 할레스, 보나벤투라, 둔스 스코투

니다. 왜냐하면 이것들은 '하느님을 기쁘시게 만드는' 은총이 없이도 존재할 수 있기 때문이다.[10] 그렇다고 참사랑도 아니다. 왜냐하면 아우구스티누스가 『성도들의 예정』[11]에서 말하는 것처럼, "은총은 참사랑보다 앞서기" 때문이다. 그러므로 은총은 덕이 아니다.

[답변] 어떤 이들은 은총과 덕이 그 본질에 있어서 동일하고 단지 그것들이 고찰되는 형식에 있어서만 구별된다고 주장하였다. 그래서 우리는 은총이 인간을 하느님의 마음에 들도록 만들거나 무상으로 주어질 때에는 '은총'에 대해서 말하지만, 그것이 인간을 잘 작용하도록 완성시키는 관점에서 고찰할 때에는 '덕'에 대해서 말하는 것이다. 이것이 바로 '스승'[페트루스 롬바르두스]의 『명제집』 제2권[12]의 관점이었던 것으로 보인다.

그러나 만일 덕의 근거를 올바로 고려한다면, 이것은 받아들일 수 없는 것임을 알게 될 것이다. 왜냐하면 철학자가 『자연학』 제7권[13]에서 말하는 것처럼 "덕은 그 완전한 것의 어떤 태세"이기 때문이다. "그런데 '완전하다'는 것으로 나는 '본성에 따라 배치됨'을 의미한다." 이로부터 어떤 것의 덕이 어떤 기존하는 자연(본성)에 질서지어져 있다고, 즉 어떤 것이 그 자연(본성)에 적합하게 배치될 때에 덕이라고 불린다는 것이 분명하다. 그런데 위에서[14] 말한 것처럼 인간의 활동에 의해서 획득된 덕들이 인간이 그를 인간으로 만드는 본성과

스, 스코투스주의자들, 벨라르미노, 그리고 트리엔트공의회의 몇몇 신학자들이 포함된다. Cf. Bonaventura, *In Sent.*, II, dist.27, a.1, q.2: ad Clars Aquas, t.II, p.657.
13. c.3, 246a13; S. Thomas, lect.5, n.6. Cf. q.71, a.1.
14. qq.55-67.

q.110, a.3

disponitur in ordine ad naturam qua homo est. Virtutes autem infusae disponunt hominem altiori modo, et ad altiorem finem, unde etiam oportet quod in ordine ad aliquam altiorem naturam.[15] Hoc autem est in ordine ad naturam divinam participatam; secundum quod dicitur II Petr. 1, [4]: *Maxima et pretiosa nobis promissa donavit, ut per haec efficiamini divinae consortes naturae*. Et secundum acceptionem huius naturae, dicimur regenerari in filios Dei.

Sicut igitur lumen naturale rationis est aliquid praeter virtutes acquisitas, quae dicuntur in ordine ad ipsum lumen naturale; ita etiam ipsum lumen gratiae, quod est participatio divinae naturae,[16] est aliquid praeter virtutes infusas, quae a lumine illo derivantur, et ad illud lumen ordinantur. Unde et Apostolus dicit, *ad Ephes.* 5, [8]: *Eratis aliquando tenebrae, nunc autem lux in Domino, ut filii lucis ambulate*. Sicut enim virtutes acquisitae perficiunt hominem ad ambulandum congruenter lumini naturali rationis; ita virtutes infusae perficiunt hominem ad ambulandum congruenter lumini gratiae.[17]

---

15. Cf. q.51, a.4. 성 토마스는 이 문제를 이미 『명제집 주해』(*In Sent*., II, d.26, q.1, a.4)와 『진리론』(*De Ver.*, q.27, a.2)에서 논한 바 있다. 저자는 이 세 가지 자신의 기본 작품들 안에서 자신의 동일한 결론을 옹호하기 위해서 동일한 논거를 반복한 것은 아니다. 실상 『명제집 주해』에서 그는 은총과 덕의 구별을 능력들과 주체 사이의 실존적 관계에 의존하도록 만든다. 다시 말해 이것들을 질료인의 관점에서 바라보는 것이다. 이런 관계는 피조된 초자연적 질서 안에서도 존재해야 한다. 그러므로 영혼이 실제로 능력들로부터 구별되는 것처럼, 은총도 덕들로부터 구별된다. 『진리론』에서는 목적인으로부터 전개한다. 본성이 (어떤 방식으로 그 목적을 구성하는) 그 작용들로부터 구별되는 것처럼, 은총도 (그것이 구현되는) 덕

관련하여 적절하게 배치되는 태세들이라는 것이 분명하다. 그런데 주입된 덕은 인간을 보다 고등한 방식으로, 보다 고등한 목적을 바라보며, 그리고 어떤 보다 고등한 본성과 연관지어 배정한다.[15] 그런데 이것은 실상 베드로 2서 1장 [4절]에서 말하고 있듯이 참여(參與)에 의해 소유되는 신적 본성이다. "그분께서 그 영광과 능력으로 귀중하고 위대한 약속을 우리에게 내려 주시어, 여러분이 그 약속 덕분에 하느님의 본성에 참여하게 되었습니다." 그리고 우리가 이 본성을 받았을 때, 우리는 하느님의 자녀로 다시 태어났다고 말해진다.

그때 이성의 자연적 빛이 그 자연적 빛 자체에 질서 지어져 있는 획득된 덕들과는 별개의 어떤 것인 것과 마찬가지로, 하느님의 본성[16]에 참여하는 저 은총의 빛 역시, 저 빛으로부터 파생되어 그 빛으로 질서 지어진 주입된 덕들과는 별도의 어떤 것이다. 그래서 사도는 에페소서 5장 [8절]에서 "여러분은 한때 어둠이었지만, 지금은 주님 안에 있는 빛입니다. 빛의 자녀답게 살아가십시오."라고 말하는 것이다. 왜냐하면 획득된 덕이 사람을 완성시켜 그로 하여금 이성의 자연적 빛에 적합한 방식으로 걷게 만드는 것처럼, 주입된 덕도 인간을 완성시켜 은총의 빛에 적합한 방식으로 걷게 만들기 때문이다.[17]

들로부터 구별된다. 반면에 여기 『신학대전』에서는 작용을 목적인으로 고찰하는 것이 아니라 은총을 (작용적 목적이 아니라 구성적 목적인) 목적인으로서 고찰하면서 전개한다. 그리고 이것은 제2부 제1편 제49문 제2-3절에서 광범위하게 해명되는 원리에 기초해서 전개한다: 습성은 선재하는 본성에 질서 지어져 있다.

16. Cf. R. Garrigou-Lagrange, OP, *op. cit.*, pp.102-109; A. Stoltz, OSB, *Anthropologia theologica*, pp.65-73; C. Fabro, *La nozione metafisica di partecipazione secondo S. Tommaso d'Aquino*, Milano, 1939, pp.308-311.

17. 『진리론』에서 저자는 이 문제를 좀 더 규정적인 방식으로 논하였다: "성화은총은 참사랑과 동일시되는가?" 『신학대전』과는 다른 방식으로 전개하는 그 핵심

AD PRIMUM ergo dicendum quod Augustinus nominat fidem per dilectionem operantem *gratiam*, quia actus fidei per dilectionem operantis est primus actus in quo gratia gratum faciens manifestatur.

AD SECUNDUM dicendum quod *bonum* positum in definitione virtutis, dicitur secundum convenientiam ad aliquam naturam praeexistentem, vel essentialem vel participatam. Sic autem bonum non attribuitur gratiae, sed sicut radici bonitatis in homine, ut dictum est.[18]

AD TERTIUM dicendum quod gratia reducitur ad primam speciem qualitatis.[19] Nec tamen est idem quod virtus, sed

---

적인 해결책은 다음과 같다. "다른 본성들에는 다른 목적들이 상응하기 때문에 자연적 사물들 안에서 어떤 목적에 도달하기 위해서는 세 가지가 요구된다: 1) 저 규정된 목적에 비례화된 본성, 2) 그것을 향한 경향, 곧 목적에 대한 자연적 욕구, 3) 그 목적을 향한 움직임이다. 이것은 본성상 중심 쪽으로 기우는 무거운 것들의 경우에 명백하다. 이런 본성에는 (그것들이 강제로 높이 던져졌을 때, 그것들에게 그것을 향한 끌림을 주는) 중심을 향한 경향이 뒤따른다. 마지막으로, 장애물이 없는 경우에 중심을 향한 그것들의 움직임이 있다. 그런데 인간은 그 본성상 자연적 욕구를 느끼는 어떤 목적으로 비례화되어 있다. 그리고 그 자연적 기관들 덕분에 (인간의 자연적 역량에 따라 가능한, 그리고 철학자들이 인간의 최종 행복을 그것에 두는, 신적인 사정들에 관한 관상에서 성립되는) 그 목적에 도달하기 위해 행동할 수 있다. 그러나 인간이 하느님에 의해서 미리 질서 지어져 있고 인간 본성의 비율을 능가하는 어떤 목적, 곧 하느님을 그 본질에서 직관하는 데에서 성립되는 영원한 생명이 있다. (…) 따라서 인간이 저 목적에 도달하기 위해, 혹은 그것에 관한 경향을 산출하기 위해 작업하는 데 요구되는 것들뿐만 아니라, 인간의 본성이 그것이 그런 목적에 비례화되도록 어떤 품위로 들어 올려지는 것이 불가결하기도 하다. 바로 이 때문에 은총이 주어지는 것이다. 반면에 감정을 저 목적으로 기울도록 하기 위해서는 참사랑이 주어진다. 그리고 그것이 획득되는 행위들을 수행하기 위해서는 다른 덕들이 주어진다. 그러므로 자연적 존재자들 안에서 본성이 그 경향 및 그 움직임이나 작용과 구별되는 것처럼, 무상의 선물들 안에서도 은총이 참사랑 및 다른 덕들과는 구별된

[해답] 1. 아우구스티누스는 사랑을 통하여 작용하는 신앙(fides per dilectionem operans)을 '은총'이라고 부른다. 왜냐하면 사랑을 통해 작용하는 신앙 행위는 '하느님을 기쁘시게 만드는' 은총이 그 안에서 드러나는 첫 번째 행위이기 때문이다.

2. 덕의 정의에서 '선하다'는 단어는 (본질적이든, 아니면 참여된 것이든 간에) 어떤 기존하는 본성을 향한 적합성을 함축하고 있다. '선하다'는 것은 이런 의미에서는 은총에 대해서 서술되는 것이 아니라, 위에서[18] 말한 것처럼, 그것이 사람 안에 있는 선성의 뿌리라는 의미에서 은총에 대해서 서술된다.

3. 은총은 성질의 첫째 종류로 환원된다.[19] 그렇지만 그것은 단지

다."(*De Veritate*, q.27, a.2)
'주입된' 덕들은 신학적 덕들뿐만 아니라 참사랑에 의해서 활성화되고 하느님과 사랑의 관계를 맺고 있는 인간의 덕스러운 삶 전체를 포함한다.(Cf. I-II, q.65, a.2; II-II, q.23, a.7) 여기서 성 토마스의 요점은 덕들이 활동들에 대해서뿐만 아니라 또한 그 활동들의 원천과 기원에 대해서도, 즉 행위뿐만 아니라 존재에 대해서도 맺고 있는 연관성을 함축하고 있다는 것이다. 주입된 덕에 대한 은총의 우위는 은총으로 변화된 인간 존재가 지니고 있는 그의 완전한 행위에 대한 우위에서 성립된다. Cf. Servais Pinckaers, OP, *Passions and Virtue*, tr. Benedict M. Guebin, OSB, Washington, The Catholic University of America Press, 2017, ch.1.

18. 본론.
19. "은총은 성질의 첫째 종류에 속한다. 그렇지만 엄밀하게 습성이라고 불릴 수는 없다. 왜냐하면 직접적으로 행위로 질서 지어져 있는 것이 아니라, 영혼 안에서 행하는 어떤 영적인 존재로 질서 지어져 있기 때문이다. 그리고 완성된 은총인 영광을 향하고 있는 태세와도 같다. 그러나 철학자들이 알고 있던 우유들 가운데에는 은총과 흡사한 것이 없다. 왜냐하면 철학자들은 영혼의 본성에 비례화된 행위들로 질서 지어져 있는 저 영혼의 우유들밖에 알지 못했기 때문이다."(*De Veritate*, q.27, a.2, ad7) Cf. *In Sent.*, II, d.26, q.1, a.4, ad1. 그러므로 습성적 은총은 은유적으로뿐만 아니라 엄밀하게도 습성이라고 불린다. 그러나 일의적으로 자연적 질서의 습성들과 일치되는 것은 아니고, 다만 '유비적으로'(analogice)만 일치된다. 왜냐하면 창조되고 창조될 수 있는 모든 본성을 능가하는 다른 질서에 속하기 때문이다.(Cf. q.63, a.4) Cf. R. Garrigou-Lagrange, OP,

habitudo quaedam quae praesupponitur virtutibus infusis, sicut earum principium et radix.[20]

Articulus 4
Utrum gratia sit in essentia animae sicut in subiecto, an in aliqua potentiarum

Ad quartum sic proceditur. Videtur quod gratia non sit in essentia animae sicut in subiecto, sed in aliqua potentiarum.

1. Dicit enim Augustinus, in *Hypognost.*,[1] quod gratia comparatur ad voluntatem, sive ad liberum arbitrium, *sicut sessor ad equum*. Sed voluntas, sive liberum arbitrium, est potentia quaedam, ut in Primo[2] dictum est. Ergo gratia est in potentia animae sicut in subiecto.

2. Praeterea, *ex gratia incipiunt merita hominis*, ut Augustinus dicit.[3] Sed meritum consistit in actu, qui ex aliqua potentia procedit. Ergo videtur quod gratia sit perfectio alicuius potentiae animae.

---
op. cit., pp.100-101. 이렇게 물을 수 있을 것이다. 철학자의 『범주론』에 따르면 습성은 변하기 어려운 성질이다. 그런데 은총은 예컨대 치명적인 한 번의 사죄(死罪) 행위로도 쉽사리 제거된다. 그렇다면 어떻게 은총이 습성이라고 불릴 수 있단 말인가? 성 토마스는 이렇게 답변한다. "비록 단 한 번의 사죄 행위로도 은총은 제거되지만, 그렇다고 은총이 쉽게 제거되는 것은 아니다. 왜냐하면 은총을 지니고 있는 이가 저런 범죄 행위를 저지르는 것이, 그 반대되는 경향을 전제할 때, 쉽지 않기 때문이다. 이것은 철학자가 『니코마코스 윤리학』 제5권 [제6장]

덕이기만 한 것이 아니다. 오히려 그것은 주입된 덕들에 의해서 그것들의 기원이자 뿌리로 전제되고 있는 일종의 습관이다.[20]

제4절 은총의 주체는 영혼의 본질인가, 아니면 어떤 다른 능력인가?

Parall.: *In Sent.*, II, d.26, a.3; IV, d.4, q.1, a.3, qc.3, ad1; *De veritate*, q.27, a.6.

[반론] 넷째에 대해서는 다음과 같이 진행된다. 은총의 주체는 영혼의 본질이 아니라 그 능력 가운데 하나인 것으로 보인다.

1. 실상 아우구스티누스는 『펠라기우스파와 켈레스티우스파 반박 회상록』[1]에서 은총과 의지 또는 자유재량 사이의 관계가 "마부와 말의 관계"와 같다고 말한다. 그런데 제1부[2]에서 말한 것처럼, 의지 또는 자유재량은 하나의 능력이다. 그러므로 은총의 주체는 영혼의 한 능력이다.

2. 아우구스티누스[3]가 말하는 것처럼 "인간의 공로는 은총에서 시작된다." 그런데 공로는 어떤 능력으로부터 전개되는 행위에서 성립된다. 그러므로 은총은 영혼의 어떤 능력의 완전성인 것으로 보인다.

에서 의로운 사람이 불의를 저지르기는 쉽지 않다고 말하는 것과도 일맥 상통한다."(*De Veritate.*, q.27, a.1, ad9)
20. 아리스토텔레스의 범주들과 그 하위 구분들이 신학적 적용의 긴장 아래에서 얼마간 불협화음을 낸다는 점은 거의 말할 필요가 없을 것이다.

1. III, c.11: PL 45, 1632. Inter supposit Aug.
2. q.83, a.2.
3. *De gratia et lib. arb.*, c.6: PL 44, 889.

q.110, a.4

3. Praeterea, si essentia animae sit proprium subiectum gratiae, oportet quod anima inquantum habet essentiam, sit capax gratiae. Sed hoc est falsum, quia sic sequeretur quod omnis[4] anima esset gratiae capax. Non ergo essentia animae est proprium subiectum gratiae.

4. Praeterea, essentia animae est prior potentiis eius. Prius autem potest intelligi sine posteriori. Ergo sequetur quod gratia possit intelligi in anima, nulla parte vel potentia animae intellecta, scilicet neque voluntate neque intellectu neque aliquo huiusmodi. Quod est inconveniens.

SED CONTRA est quod per gratiam regeneramur in filios Dei.[5] Sed generatio per prius terminatur ad essentiam quam ad potentias.[6] Ergo gratia per prius est in essentia animae quam in potentiis.

RESPONDEO dicendum quod ista quaestio ex praecedenti dependet.[7] Si enim gratia sit idem quod virtus, necesse est quod sit in potentia animae sicut in subiecto, nam potentia animae est proprium subiectum virtutis, ut supra[8] dictum est. Si autem

---

4. 곧 지성적일 뿐만 아니라 감각적이기도 하고, 또 생장적이기도 한.
5. Cf. I, q.33, a.3. 습성적 은총은 그것만으로도 형상적으로 하느님의 입양된 아들 임을 보증한다. 왜냐하면 그것은 그 자체로부터 입양된 아들 관계를 정초하기 때문이다. 이것은 성삼위의 제2 위격의 거의 수동적인 영원한 출산을 통한 신적 본성 전체의 전달이 자연적 아들됨의 관계를 정초하는 것과 같다. 그러므로 습성적

3. 만일 영혼의 본질이 은총의 고유 주체라면, 영혼은 정확히 그것이 본질을 가지고 있는 한에서 은총에 적합하다는 결론이 나오게 된 것이다. 그런데 이것은 거짓이다. 그 이유는 그렇게 되면 모든[4] 영혼이 은총에 적합하다는 결론이 나올 것이기 때문이다. 그러므로 영혼의 본질은 은총의 고유 주체가 아니다.

4. 영혼의 본질은 그 능력들에 선행한다. 그런데 선행하는 것은 [그것에] 후행하는 것 없이도 개념될 수 있다. 따라서 은총이 (의지든, 지성이든, 아니면 그 밖의 다른 어떤 것이든) 영혼의 어느 부분이나 능력이라는 관념이 없이도 영혼 안에 있는 것으로 개념될 수 있다는 결론이 나올 것인데, 이것은 부적절하다.

[재반론] 그러나 반대로, 은총을 통해서 우리는 하느님의 자녀로 다시 태어난다.[5] 그런데 탄생은, 그 능력들이 아니라 그 본질에서 끝나게 된다.[6] 그러므로 은총은 영혼의 능력들보다는 우선적으로 그 본질 안에 있다.

[답변] 이 문제는 앞 절[7]에 의존하고 있다. 왜냐하면 만일 은총이 덕과 동일하다면, 필시 영혼의 한 능력을 주체로 삼고 있어야 할 것이기 때문이다. 그것은 위에서[8] 보았듯이, 영혼의 능력들이 덕들의

   은총으로써 신적 본성에 대한 도덕적 참여뿐만 아니라 물리적이고 형상적인 참여까지도 (그 어떤 외부적 호의도 기대하지 않은 채) 직접적으로 양자 입양을 정초한다.(Cf. R. Garrigou-Lagrange, OP, *op. cit*., pp.111-112) Cf. III, q.23, a.4, ad2.
6. 능력들은 마치 그 필연적인 부속물이기라도 하듯이 필연적으로 본질 또는 실체들과 연결된다. Cf. J. Gredt, OSB, *Elem. phil. arist.-thom*., vol.I, Friburg i. Br., 1929, n.379, p.297. Cf. I, q.77, a.6, ad3.
7. a.3.
8. q.56, a.1.

gratia differt a virtute, non potest dici quod potentia animae sit gratiae subiectum, quia omnis perfectio potentiae animae habet rationem virtutis, ut supra⁹ dictum est. Unde relinquitur quod gratia, sicut est prius virtute, ita habeat subiectum prius potentiis animae,¹⁰ ita scilicet quod sit in essentia animae. Sicut enim per potentiam intellectivam homo participat cognitionem divinam per virtutem fidei; et secundum potentiam voluntatis amorem divinum, per virtutem caritatis; ita etiam per naturam animae participat, secundum quandam similitudinem, naturam divinam, per quandam regenerationem sive recreationem.¹¹

AD PRIMUM ergo dicendum quod, sicut ab essentia animae effluunt eius potentiae, quae sunt operum principia;¹² ita etiam ab ipsa gratia effluunt virtutes in potentias animae, per quas potentiae moventur ad actus.¹³ Et secundum hoc gratia

---

9. q.55, a.1; q.56, a.1.
10. (*추가주) "영적 재생을 통해서 신적 존재를 받지 못한 자는 신적 작용들에 참여할 수 없다. 그러므로 인간 안에 무상으로 주입되는 최초의 선물은 영혼의 본질 자체를 어떤 신적인 존재로 고양하는 결과를 가지고 있어야 한다. 그러므로 모든 것이 순전히 그리고 단적으로 그것이 1차적으로 실체로서의 존재자라고 불리는 것이기 때문에, 영혼의 본질을 고귀하게 만드는 그런 선물이 주로 은총이라고 불린다. (그로부터 어떤 특별한 이름을 받는) 어떤 특별한 행위에 의해서 규정되지 않기 때문에도 또한 그래서 그 자체로 은총은 그 주체인 영혼의 본질에 관한 것이다."(*In Sent.*, II, d.26, q.1, a.3)
11. 그러므로 의인들 안에는 '재창조의 모상'(imago recreationis)이 있다.(I, q.93, a.4) 성 토마스는 제1부 제77문 제1절에서 오직 하느님 안에서만 존재와 행위가 동일한 하나이고, 다른 모든 피조물들 안에서는 본질과 능력들 사이의 실재적 구별이 있다는 점을 지적한다. 이 구별의 사용에 대한 신학적 관심은 여기에 들

고유 주체들이기 때문이다. 그러나 만일 은총과 덕이 동일하지 않다면, 영혼의 한 능력은 은총의 주체라 불릴 수 없다. 왜냐하면 위에서[9] 보았듯이 영혼의 모든 완전성은 덕의 특성을 지니고 있기 때문이다. 그러므로 은총은 덕보다 우선하므로 또한 영혼의 능력들에 우선하는 주체를 가지고 있고, 그래서 실상 그것은 영혼의 본질 안에 자리 잡고 있다.[10] 왜냐하면 인간은 신앙의 덕을 통해 그 지성적 능력에 따라 신적 인식에 참여하고 참사랑의 덕을 통해 그 의지의 능력에 따라 신적 사랑에 참여하는 것과 마찬가지로, 영혼의 본성에 있어서도 재탄생 또는 재창조를 통해 일종의 유사성에 따라 신적 본성에 참여하기 때문이다.[11]

[해답] 1. 영혼의 본질로부터 행위들의 원리들인 그 능력들이 흘러나오는 것[12]과 마찬가지로, 은총으로부터 그 능력들 안에 덕들이 흘러나오는데, 이 덕들에 의해서 능력들은 행동으로 움직여지게 된다.[13] 바로 그렇기 때문에 은총과 의지의 관계는 우유와 주체 사이의 관계

어 있는 그 '인격주의적' 전망보다는 '존재론적' 전망을 확립하고 있다는 점이다. 은총은 활동 안에 들어 있는 그 '인격적' 표현보다 우위를 점하고 있다. Cf. J. Auer, "Um den Begriff der Gnade", *Zeitschrift für katholisches Theologie* 70(1948), 341-368. 혹자는 성 토마스의 '본질' 개념 속에 들어 있는 신비적 함축들을 감지하고, 그 안에서 마이스터 에크하르트의 영혼적 '토대'(Grund)와 다르지 않은 관념을 발견할지도 모른다.

12. Cf. I, q.77, a.6.
13. "따라서 영혼의 본질로부터 (주체로부터 우유들처럼) 그 자체와는 본질적으로 다른 능력들이 흘러나오고, 그럼에도 불구하고 모든 [능력들]은 그 뿌리인 영혼의 본질 안에서 결합되는 것과 마찬가지로, 은총에 의해서도 이미 말한 것처럼, 본질의 완성이 있고, 그로부터 은총 자체와는 실제로 다르지만 그 기원으로서 은총과 결합되는 능력들의 완성성들인 덕들이, 다양한 빛살들이 하나의 빛나는 물체 자체로부터 전개되는 것과 같은 방식으로 흘러나온다."(*In Sent.*, II, d.26, q.1, a.4)

comparatur ad voluntatem ut movens ad motum, quae est comparatio sessoris ad equum, non autem sicut accidens ad subiectum.[14]

Et per hoc etiam patet solutio AD SECUNDUM. Est enim gratia principium meritorii operis mediantibus virtutibus:[15] sicut essentia animae est principium operum vitae mediantibus potentiis.[16]

AD TERTIUM dicendum quod anima est subiectum gratiae secundum quod est in specie intellectualis vel rationalis naturae.[17] Non autem constituitur anima in specie per aliquam potentiam, cum potentiae sint proprietates naturales animae speciem consequentes.[18] Et ideo anima secundum suam essentiam differt specie ab aliis animabus, scilicet brutorum animalium et plantarum. Et propter hoc, non sequitur, si essentia animae humanae sit subiectum gratiae, quod quaelibet anima possit esse gratiae subiectum, hoc enim convenit essentiae animae inquantum est talis speciei.

---

14. "영혼의 능력들 가운데 의지 또는 자유재량은, 이미 말한 것처럼, 다른 능력들의 행위들이 모두 그의 명령에 예속되어 있는 한에서, 가장 보편적이다. 그리고 은총은 어떤 작용으로 규정되지 않은 본질 안에 있어서 어떤 규정된 행위와 관련되는 것이 아니기 때문에, 그것은, 어떤 특정한 방식으로 은총에 의해서 활성화된 모든 행위들이 의지와 자유재량에 속하는 한에서, 의지 또는 자유재량과 가장 직접적으로 관계된다. 그럼에도 불구하고 그것이 의지 또는 자유재량을 주체로 삼고 있다는 결론이 나오는 것은 아니고, 오히려 은총에 기초해서 의지와 자유재량이 어떤 공로가 되는 행위를 끌어낼 수 있다는 결론이 나온다."(*In Sent.*, II, d.26, q.1, a.3, ad3) "은총은 지성적 부분에 있는 것도 아니고 정서적 부분에 있는 것도 아니다. 오직 영혼의 본질 안에 있다. 그렇지만 정서적 부분에

가 아니라, 기동자와 피동자 또는 마부와 말의 관계에 비교되는 것이다.[14]

2. 이것은 또한 둘째 논거에 대한 답변도 제공한다. 왜냐하면 은총은 덕들을 매개로 하여 공로적 행위의 원리가 되기때문이다.[15] 이는 마치 영혼의 본질이 그 능력들을 매개로 생명 활동의 원리가 되는 것과 마찬가지이다.[16]

3. 영혼은 그것이 지성적 또는 이성적 본성들의 종에 속하는 한에서 은총의 주체이다.[17] 그런데 영혼이 하나의 종 안에서 확정되는 것은 어떤 능력에 의해서가 아니다. 왜냐하면 능력들은 영혼의 종에 뒤따르는 자연적 속성들이기 때문이다.[18] 그래서 영혼은 그 바로 본질에 있어서 다른 영혼들, 곧 동물혼 및 식물혼과는 종적으로 다르다. 그리고 이 때문에 설령 인간 영혼의 본질이 은총의 주체라고 하더라도, 이로부터 어떤 영혼이든지 은총의 주체가 될 수 있다는 결론이 나오는 것은 아니다. 왜냐하면 이 [역량]은 그것이 이런 종류의 것인 한에서 [인간] 영혼의 본질에 속하기 때문이다.

좀 더 가깝다. 왜냐하면 은총은 잘 작동하도록 주어지는 것인데, 사람이 어떻게 작용(행동)하는지는 특히 의지에 달려 있기 때문이다."(*In Sent.*, IV, d.4, q.1, a.3, qc.3, ad1)

15. Cf. q.114, a.4.

16 (*추가주) "가능태가 그런 본질의 원리들로부터 흘러나오는 한에서가 아니라면, 존재에 대하여 그런 작용의 원리를 가지고 있지 않은 것처럼, 가능태의 완전성도 그 본질 자체를 완성하는 은총 덕분에 그 행위를 활성화할(informet) 것을 가지고 있다. 그래서 또한 은총은 영혼의 본질을 은총에 걸맞도록 만들(gratificans) 뿐만 아니라, (분명 활성화하는 가장 가까운 원리로서가 아니라) 그 본성을 보다 더 높게 고양시키는 최초의 원리로서 그 업적을 마음에 들도록 만들기도 한다."(*In Sent.*, II, d.26, q.1, a.3, ad2)

17. Cf. I, q.93, a.4.
18. Cf. I, q.77, a.1, ad7.

q.110, a.4

AD QUARTUM dicendum quod, cum potentiae animae sint naturales proprietates speciem consequentes,[19] anima non potest sine his esse. Dato autem quod sine his esset, adhuc tamen anima diceretur secundum speciem suam intellectualis vel rationalis, non quia actu haberet has potentias; sed propter speciem talis essentiae ex qua natae sunt huiusmodi potentiae effluere.[20]

---

19. Cf. I, q.77, a.6.
20. 은총의 본질을 다루는 문(問)을 마무리하는 데 있어서, 혹자는 어쩌면 저자의 결론들이 그 중요성에 비해 비교적 소박하다고 느낄지 모른다. 따라서 여기서 성 토마스가 은총의 본질을 엄밀하게 형상적인 관점에서 다루고 있다는 사실을 기억하는 것이 좋을 것이다. 다시 말해, 은총, 곧 하느님의 호의에 의해서 우리 안에서 창조된 주체적 소여로서의 선물에 대해 말하는 것이다. 하지만 그는 그의 작품들 가운데 다른 곳에서 고찰된 바 있는 다른 측면들이 남아 있다는 것을 뚜렷이 의식하고 있다. 제1부(q.43)에서는 의로운 이들의 영혼 속에 하느님의 내주(內住)를 준비시켜 주는 선물로서의 은총에 대해 말한다. 그리고 같은 제1부에서, 특별히 인간과 관련해서 피조된 영 안에 있는 하느님의 모상의 근본적인 형상적 원리로서의 은총에 대해서 말한다.(I, q.93)

4. 영혼의 능력들은 그 종에 뒤따르는 자연적 속성들이기 때문에, 영혼은 그것들 없이 있을 수 없다.[19] 그렇지만 그것이 설령 그것들 없이 존재해야 한다고 하더라도, 영혼은 아직도 그 종에 있어서 지성적 또는 이성적이라고 불릴 것이다. 그 이유는 그것이 이 능력들을 실제로 소유하고 있기 때문이 아니라, 그런 능력들이 자연적으로 흘러나오는 그 본질의 특별한 종류 때문이다.[20]

현대 신학자들은 은총을 하느님과의 인격적 만남으로 제시하는 데 부심한다. 따라서 그것을 수여자와의 존재론적인 관계로서 고찰한다는 것을 강조한다. 성 토마스는 특별히 삼위에 관한 논고에서 이것에 대해서도 말했다.(Cf. I, q.38) 다른 이들은 각각의 신적 위격들과 더불어 은총에 의해서 우리 안에 창조된 다양한 관계들을 밝히려고 하였다. 저자는 삼위적 "파견들"에 대해서 말함으로써 그것을 암시하였다.(Cf. I, q.43) 은총의 그리스도론은 제3부 제7-8문으로 유보되었다. 그때 성 토마스는 그리스도의 신비에 속하는 모든 구성원들의 신비적 연결망으로서의 은총에 대해서 고찰하게 될 것이다. 그때 그는 지극히 복되신 동정 마리아에게 허용된 은총의 충만 자체에 대해서 말하는 것을 잊지 않을 것이다.(III, q.27, a.5) 그리스도의 수난에 대해서 말하는 데 있어서 그것이 모든 피조물을 위한 은총의 공로적 원인을 구성한다는 것을 명백히 밝힐 것이다.(III, q.48, a.1) 그리고 그 점에 대해서는 성사(聖事, sacramentum)에 관한 논고들에서 다시 말하게 될 것이다.(Cf. III, q.62, aa.5-6) 그리고 성사적 은총에 헌정된 이 구절들 속에서 그는 우리에게 저 은총이 "덕 및 선물들의 은총에 어떤 것을 부가한다."고 우리에게 말할 것이다.(Ibid., a.2) 그런데 은총에 관한 한 단행본에서는 이 모든 측면이 결핍되어서는 안 될 것이다. 따라서 이 통합 작업들은 성 토마스의 가르침과 충만히 합치된다.

q.111

QUAESTIO CXI
DE DIVISIONE GRATIAE
in quinque articulos divisa

Deinde considerandum est de divisione gratiae.

Et circa hoc quaeruntur quinque.

Primo: utrum convenienter dividatur gratia per gratiam gratis datam et gratiam gratum facientem.

Secundo: de divisione gratiae gratum facientis per operantem et cooperantem.

Tertio: de divisione eiusdem per gratiam praevenientem et subsequentem.

Quarto: de divisione gratiae gratis datae.

Quinto: de comparatione gratiae gratum facientis et gratis datae.[1]

---

1. 이 구분에서는 오늘날의 교리 교육에서 흔히 만나게 되는 한 구별의 부재(不在)를 어렵지 않게 감지할 수 있다. 곧 그는 현실적 은총과 습성적 은총에 대해서는 전혀 말하지 않는다. 혹시 놓쳐 버린 것일까? 이 두 용어는 성 토마스와 그의 동시대인들의 신학 사전에는 존재하지 않는다. 하지만 옛 신학자들이 하느님의 초자연적 움직임의 일시적인 선물과 습성적 방식의 영속적인 선물 사이를 구별할 줄 몰랐다고 믿어서는 안 된다. 오히려 그 반대라는 것을 확인하기 위해서는 이

제111문
은총의 구분에 대하여
(전5절)

이제는 은총의 구분에 대하여 고찰해야 한다. 이 주제에 관해서는 다섯 가지 문제가 제기된다.

첫째, 은총이 '무상 은총'과 '하느님을 기쁘시게 만드는 은총'으로 구분되는 것은 적절한가?

둘째, '작용 은총'과 '협력 은총'으로 나뉘는, '하느님을 기쁘시게 만드는' 은총의 구분에 대하여.

셋째, '선행 은총'과 '후행 은총'으로 나뉘는, '하느님을 기쁘시게 만드는' 은총의 구분에 대하여.

넷째, 무상 은총의 구분에 대하여.

다섯째, '하느님을 기쁘시게 만드는 은총'과 무상 은총 사이의 비교에 대하여.[1]

---

[1] 논고의 제109문을 다시 읽어 보는 것으로 충분하다. 부족한 것은 현실적 은총 개념이 아니라, 오늘날 흔히 그것을 지칭하기 위해 사용하는 전문용어이다. 에지디우스 로마누스(+1316)와 리카르두스 데 메디아빌라(+c.1300)를 제외하고는 13세기에 아무도 '현실적' 은총에 대해서 말하지 않았다는 것이 확인되었다. J. Auer, *Die Entwichklung der Gnadenlehre in der Hochscholastik, mit besonderer Berucksichtigung des Kardinals Matteo d'Acquasparta*, I: *Das Wesen der Gnade*, Friburg i. Brisg., 1942.

Articulus 1
Utrum gratia convenienter dividatur per gratiam gratum facientem et gratiam gratis datam[1]

Ad primum sic proceditur. Videtur quod gratia non convenienter dividatur per gratiam gratum facientem et gratiam gratis datam.

1. Gratia enim est quoddam Dei donum, ut ex supradictis[2] patet. Homo autem ideo non est Deo gratus quia aliquid est ei datum a Deo, sed potius e converso, ideo enim aliquid datur alicui gratis a Deo, quia est homo gratus ei. Ergo nulla est gratia gratum faciens.[3]

---

1. 구분에 의해 가지성을 높이기 위한 중세적 전개 방식들에 대한 일반적 논의를 보기 위해서는: Cf. M.-D. Chenu, OP, *Toward Understanding St. Thomas, Chicago*, Regnery, 1964, pp.156f. esp. pp.173-176. 은총에 대한 스콜라학자들의 구분에 대해서는: Cf. J. Auer, SJ, *Die Entwiklung der Gnadenlehre in der Hochscholastik*, I, 1942, pp.336f. 성 토마스 자신이 사용하는 용어들은 다양하다: Cf. Cornelius Ernst, OP, "Introduction", in *S. Thomas Aquinatis Summa Theologiae, vol.30: The Gospel of Grace*, New York, McGraw-Hill, 1972, pp.xv-xxvii; Brian Davies, OP, *The Thought of Thomas Aquinas*, Oxford, Clarendon, 1992, pp.262-273.
여기 라틴어 텍스트에서 인용된 병행구들이 서로 상충된다는 점은 흥미롭다. 이런 충돌로부터 무상(gratis data) 은총이라는 토마스의 개념이 실제로 은사들(charisma)과 동일시되기에 이르는 여기 『신학대전』에서처럼 언제나 간명한 것이 아니었다는 것이 명백히 드러난다. 그의 가르침 초기에 천사적 박사는 용어 사용에 있어서 자기 동시대 스승들과 같았다. 그런데 그의 동시대인들은 무상 은총에 대해서 매우 모호한 개념을 가지고 있어서, 그 안에 초자연적인 것의 외부 질서에 속하는 모든 것, 예컨대 그 자체를 통해 성화시키거나 공로가 되는 것이 아닌 먼 준비나 예비와 같은 것들까지 포함시킬 정도였다는 것이 결과된다. 예컨대 보나벤투라(Bonaventura)는 그것에 대해 다음과 같이 정의한다. "'무상 은총'이라는

제1절 은총이 '무상 은총'과 '하느님을 기쁘시게 만드는 은총'으로 구분되는 것은 적절한가?[1]

Parall.: *ScG*, III, 154; *Comp. Theol.*, c.214; *In Ep. ad Rom.*, c.1, lect.3; *In Ep. ad Ephes.*, c.1, lect.2.

[반론] 첫째에 대해서는 다음과 같이 진행된다. 은총이 하느님을 기쁘시게 만드는 은총과 무상 은총으로 구분되는 것은 적절하지 못한 것으로 보인다.

1. 실상 은총은 위에서[2] 말한 것으로부터 명백하듯이, 하느님의 선물이다. 그런데 인간은 하느님으로부터 무언가를 받았다고 해서 하느님을 기쁘시게 만드는 것이 아니고, 그 반대이다. 즉 어떤 사람은 그가 하느님의 마음에 드는 사람이기 때문에 하느님으로부터 무상으로 무언가를 받는 것이다. 그러므로 하느님을 기쁘시게 만드는 은총과 같은 것은 존재하지 않는다.[3]

---

1. 용어로 우리는 사도가 열거하는 내용(…)뿐만 아니라, 자연적 선물들에 부가되는 모든 것, 그리고 어떤 식으로든 의지가 은총을 활용하는 데 도움이 되거나 준비하는 모든 것도 포함된다. 여기에는 노예적 두려움이나 어린 시절부터 혹자의 가슴속에 새겨진 경건(신심)과 같은 습성들, 하느님이 어떤 사람의 영혼으로 하여금 그것을 갈망하도록 자극하는 호출이나 담화와 같은 행위들도 포함된다."(*In Sent.*, II, d.28, a.2, q.1, concl.) 이런 유형의 무상 은총은 종종 현대 신학자들이 오히려 '현실적' 은총(gratia actualis)이라고 부르는 것과 일치되기도 한다. 성 토마스 안에서 이 용어의 포기는 은총 문제 전반에 대한 심층적 숙고의 결실이다.
2. Cf. q.109, Introd.
3. 상당한 주저 끝에 우리는 'gratia gratum faciens'를 '하느님을 기쁘시게 만드는 은총'이라고 번역하기로 결정했다. 성 토마스가 선택한 글자 그대로의 번역이기 때문이다. 좀 더 진지하게 성 토마스에게는 'gratia gratum faciens'도, 또는 현대 신학자들이 선호하는 '성화은총'(gratia sanctificans)도, (그 최근의 용법에서의 경향처럼) 습성적 은총(gratia habitualis)의 '성질' 또는 '형상'으로 한정되지 않고, 하느님의 '움직임'(起動, motio)까지 포함한다는 점을 염두에 두어야 한다.

2. Praeterea, quaecumque non dantur ex meritis praecedentibus, dantur gratis. Sed etiam ipsum bonum naturae datur homini absque merito praecedenti, quia natura praesupponitur ad meritum. Ergo ipsa natura est etiam gratis data a Deo. Natura autem dividitur contra gratiam. Inconvenienter igitur hoc quod est *gratis datum*, ponitur ut gratiae differentia, quia invenitur etiam extra gratiae genus.

3. Praeterea, omnis divisio debet esse per opposita.[4] Sed etiam ipsa gratia gratum faciens, per quam iustificamur, gratis nobis a Deo conceditur; secundum illud Rom. 3, [24]: *Iustificati gratis per gratiam ipsius*. Ergo gratia gratum faciens non debet dividi contra gratiam gratis datam.

SED CONTRA est quod Apostolus utrumque attribuit gratiae, scilicet et gratum facere, et esse gratis datum. Dicit enim quantum ad primum, *ad Ephes.* 1, [6]: *Gratificavit nos in dilecto filio suo.* Quantum vero ad secundum, dicitur *ad Rom.* 11, [6]: *Si autem gratia, iam non ex operibus, alioquin gratia iam non est gratia.* Potest ergo distingui gratia quae vel habet unum tantum, vel utrumque.

---

4. 만일 구분하는 구성원들이 "어떤 대립도, 또 어떤 구별도 가지고 있지 않고, 오로지 동일성만 지니고 있다면, 그것들은 다른 구성원들이 아니다."(Ioannes a Sancto Thoma, *Cursus phil. thom.*, t.I: *Ars Logica*, Taurini, 1948, p.21, a, 20-23.

2. 무상(無償)으로 주어지는 것은 선행(先行)하는 공로 없이 주어지는 것이다. 그런데 인간에게는 본성이라는 선 자체도 사전 공로 없이 주어진다. 왜냐하면 공로는 본성을 전제로 하기 때문이다. 그러므로 본성 자체도 역시 하느님에 의해서 무상으로 주어지는 것이다. 그런데 본성은 은총과는 구분된다. 그러므로 '무상으로 주어진다'는 특성이 은총의 [종적] 차이로 간주되는 것은 부적절하다. 왜냐하면 그것은 또한 은총의 유 바깥에서도 발견되기 때문이다.

3. 모든 구분은 대립되는 것들에 기초해서 이루어져야 한다.[4] 그런데 우리를 의화시키는 '하느님을 기쁘시게 만드는 은총'조차도 하느님에 의해서 우리에게 무상으로 허용된다. 그래서 로마서 3장 [24절]에서는 "은총으로 거저 의롭게 됩니다."라고 말하는 것이다. 그러므로 '하느님을 기쁘시게 만드는 은총이' 무상 은총에 대해서 구분되어서는 안 된다.

[재반론] 그러나 반대로, 사도 바오로는 '하느님을 기쁘시게 만드는' 특성과 '무상으로 주어지는' 특성을 둘 다 은총에 돌리고 있다. 전자에 대해서는 에페소서 1장 [6절]에서 "사랑하시는 아드님 안에서 우리에게 베푸신 그 은총의 영광을 찬양하게 하셨습니다."라고 말하고 있고, 후자에 대해서는 로마서 11장 [6절]에서 "이렇게 은총으로 되는 것이라면 더 이상 사람의 행위로 되는 것이 아닙니다. 그렇지 않으면 은총이 더 이상 은총일 수가 없습니다."라고 말하고 있다. 그러므로 은총은 이 요소들 가운데 어느 하나만을 가지고 있는지, 아니면 둘 다 가지고 있는지에 따라 구별될 수 있다.

q.111, a.1

RESPONDEO dicendum quod, sicut Apostolus dicit, *ad Rom.* 13, [1], quae a Deo *sunt, ordinata sunt.* In hoc autem ordo rerum consistit, quod quaedam per alia in Deum reducuntur; ut Dionysius dicit, in *Cael. Hier.*[5] Cum igitur gratia ad hoc ordinetur ut homo reducatur in Deum, ordine quodam hoc agitur, ut scilicet quidam per alios in Deum reducantur. Secundum hoc igitur duplex est gratia. Una quidem per quam ipse homo Deo coniungitur, quae vocatur *gratia gratum faciens.*[6] Alia vero per quam unus homo cooperatur alteri ad hoc quod ad Deum reducatur. Huiusmodi autem donum vocatur *gratia gratis data,*[7] quia supra facultatem naturae, et supra meritum personae, homini conceditur, sed quia non datur ad hoc ut homo ipse per eam iustificetur, sed potius ut ad iustificationem alterius cooperetur, ideo non vocatur gratum faciens.[8] Et de hac dicit Apostolus, I *ad Cor.* 12, [7]: *Unicuique datur manifestatio Spiritus ad utilitatem*, scilicet aliorum.

---

5. c.4: PG 3, 181.
6. 여기서 '하느님을 기쁘시게 만드는 은총'(gratia gratum faciens)은 '넓은 의미에서'(late) 자기에게 속한 이들의 의화로 질서 지어져 있는 것들[수단들]을 가리키는 것으로 사용된다. "[그 은총은] '선행적으로'(antecedenter), 곧 우리로 하여금 의화될 수 있도록 준비시켜 주는, 자극하는 은총일 수도 있고, 아니면 '동시적'(concomitanter) 또는 '후행적으로'(consequenter), 곧 주입된 덕, 선물, 은총의 성장, 은총의 완성인 영광 등과 같은 초자연적 도움일 수도 있다. (…) 그러므로 여기서 하느님을 기쁘시게 만드는 은총은 성 토마스가 제3부 제62문 제2절에서 말하는 비례화된 도움들을 갖춘 '덕들과 선물들의 은총'(gratia virtutum et donorum)과 동일하다. (…) 오히려 하느님을 기쁘시게 만드는 은총에는 성사들의 고유 결과들인 성사적 은총들이 속한다."(R. Garrigou-Lagrange, OP, *op. cit.*, pp.124-125) 현대인들에게는 하느님을 기쁘시게 만드는 은총이 특히 '엄격하게'

제111문 제1절

[답변] 사도가 『로마서』 13장 [1절]에서 말하고 있듯이 "하느님으로부터 오는 것들은 질서정연하다." 그런데 사물들의 질서는 디오니시우스가 『천상위계론』⁵에서 말하고 있듯이, 어떤 것들이 다른 것들에 의해서 하느님께로 되돌아간다는 사실에서 성립된다. 그러므로 은총은 인간을 하느님께로 되돌리는 데에로 정해져 있기 때문에, 이것은 어떤 규정된 질서로 발생한다. 즉 다른 이들에 의해서 어떤 것이 하느님께로 되돌아온다. 따라서 은총에는 두 종류가 있다. 첫째, 그것에 의해서 인간 자신이 하느님과 결합하게 되는 은총이 있는데, 이를 '하느님을 기쁘시게 만드는 은총'(gratia gratum faciens)이라고 부른다.⁶ 둘째, 그것에 의해서 다른 사람이 하느님께 돌아가도록 협력하게 되는 은총이 있다. 이런 종류의 은총을 '무상 은총'(gratia gratis data)⁷이라고 부른다. 왜냐하면 인간으로 하여금 그의 본성의 기관(機關)과 자신의 공로를 넘어설 수 있도록 허용해 주기 때문이다. 그렇지만 그것은 '하느님을 기쁘시게 만드는 은총'이라고 불리지 않는다. 왜냐하면 그것은 인간 자신이 스스로 그것에 의해서 의화되도록 주어지는 것이 아니라, 그가 어떤 다른 이의 의화에 협력할 수 있도록 주어지는 것이기 때문이다.⁸ 사도는 코린토 1서 12장 [7절]에서 은총을 두고 "하느님께서 각 사람에게 공동선을 위하여 성령을 드러내 보여 주신다."고 말하고 있다.

주입된 덕들과는 구별되는 (그리고 그로써 우리가 의화되거나 우리가 '형상적으로' 하느님의 마음에 들도록 복원시켜 주는) 습성적 은총으로 받아들여진다.
7. 또는 '은사'(恩賜, charisma). Cf. 1코린 12,4; 로마 12,6.
8. '무상' 은총을 유독 은사(charisma)들로만 한정함으로써 성 토마스는 은총 문제 전체에 대한 본질적 명료화에 도달하였다. 실상 만일 위에서 말한 용어로 주체의 준비되어 있는 행위나 습성들 자체를 가리켰더라면, '하느님을 기쁘시게 만드는 은총'(gratia gratum faciens)과 '거저로 주어지는 은총'(gratia gratis data) 사이의

q.111, a.1

AD PRIMUM ergo dicendum quod gratia non dicitur facere gratum effective, sed formaliter, scilicet quia per hanc homo iustificatur, et dignus efficitur vocari Deo gratus; secundum quod dicitur *ad Coloss.* 1, [12]: *Dignos nos fecit in partem sortis sanctorum in lumine.*

AD SECUNDUM dicendum quod gratia, secundum quod gratis datur, excludit rationem debiti. Potest autem intelligi duplex debitum. Unum quidem ex merito proveniens, quod refertur ad personam, cuius est agere meritoria opera; secundum illud ad Rom. 4, [4]: *Ei qui operatur, merces imputatur secundum debitum, non secundum gratiam.*[9] Aliud est debitum ex conditione naturae, puta si dicamus debitum esse homini quod habeat rationem et alia quae ad humanam pertinent naturam. Neutro autem modo dicitur debitum propter hoc quod Deus creaturae obligatur, sed potius inquantum creatura debet subiici Deo ut in ea divina ordinatio impleatur, quae quidem est ut talis natura tales conditiones vel proprietates habeat, et quod talia operans talia consequatur.[10] Dona igitur naturalia carent primo debito, non

---

'시비를 통한'(per sic et non) 대립에 이르지는 못했을 것이다. (이 요점을 위해서는 제3답을 주의 깊게 읽어야 한다.) 또한 이렇게 함으로써 구별의 양측으로부터 모든 준비된 습성들과 행위들이 제자리에 정리되었고, 무상 은총 속에 자리 잡게 되었으며 이렇게 해서 그것들의 내밀한 초자연성이 재확인되었다. 그러므로 일부 신학자들이 자연적 질서에 속하는 것으로 간주하려고 시도하던, 성화은총의 주입을 준비하는 모든 심리학적 요소들이 그들의 본래적 목적과 원천으로 복원되기에 이르렀다. 이 새로운 전망의 유일한 불편한 점은, '하느님을 기쁘시게 만드는' 은총이 언제나 습성적 은총과 동일시될 수 없다는 사실이다. 그것[하느님을

[해답] 1. 은총은 효과적으로 기쁘게 만드는 것이 아니라, '형상적으로' [기쁘게] 만든다고 말해진다. 곧 이것을 통해 인간이 의화되고, 하느님을 기쁘시게 만든다고 불릴 만하게 된다. 그래서 콜로새서 1장 [12절]에서는 이렇게 말한다. "성도들이 빛의 나라에서 받을 상속의 몫을 차지할 자격을 우리에게 주셨습니다."

2. 은총이 무상으로 주어지는 한, 그것은 빚의 관념을 배제한다. 우리는 빚에 대해 두 가지를 생각할 수 있다. 첫째 것은 공로로부터 생겨나는데, 이것은 그 공로적 행위들이 속하는 그 인물에 관계된다. 로마서 4장 [4절]에서는 이렇게 말한다. "일을 하는 사람에게는 품삯이 선물이 아니라 당연한 보수로 여겨집니다."[9] 둘째 것은 자연적 조건으로부터 생겨나는 빚이다. 이것은 우리가 이성과 인간 본성에 속하는 나머지 것들을 가져야 하는 것이 인간에게 '마땅'(debitum)하다고 말하는 것과 같다. 어떤 경우에도 우리는 하느님이 피조물에게 어떤 의무를 가지고 있다는 의미에서 빚에 대해서 말하는 것이 아니라, 오히려 피조물이 하느님의 질서화가 채워질 수 있도록 하느님께 복종해야 한다는 의미에서 빚에 대해 말한다. 이 질서화는 어떤 본성이 특정 조건들 또는 속성들을 가져야 하고, 어떤 일을 한다면 특정 결과에 이르게 된다는 사실에서 성립된다.[10] 자연의 선물들은 첫째 종류의 빚은 결하고 있지만, 둘째 종류의 빚은 지니고 있다. 그런

기쁘시게 만드는 은총]은 이어지는 절들에서 명백해지겠지만, 현실적 은총들도 포괄한다. 이런 종류의 하느님을 기쁘시게 만드는 은총에서 습성적 은총은 첫 번째 유비 대상인 채로 남아 있다. 덜 완전한 구성원이 공통의 이름을 보존하는 용어의 구분 기술에 대해서는: Cf. II-II, q.9, a.2.

9. Vulgata: "Ei... autem, qui operatur, merces non imputatur secundum gratiam, sed secundum debitum."

10. Cf. I, q.21, a.1, ad3.

autem carent secundo debito. Sed dona supernaturalia utroque debito carent, et ideo specialius sibi nomen gratiae vindicant.[11]

AD TERTIUM dicendum quod gratia gratum faciens addit aliquid supra rationem gratiae gratis datae quod etiam ad rationem gratiae pertinet, quia scilicet hominem gratum facit Deo. Et ideo gratia gratis data, quae hoc non facit, retinet sibi nomen commune:[12] sicut in pluribus aliis contingit. Et sic opponuntur duae partes divisionis sicut *gratum faciens* et *non faciens gratum*.

Articulus 2
Utrum gratia convenienter dividatur per operantem et cooperantem[1]

---

11. '공로'(meritum)에 대해서는 아래의 제114문에서 본격적으로 논의된다.
12. 곧 짐승들이 '동물'(animal)이라는 이름을 간직하는 것과 같은 '일반적 이름'(nomen generis).

1. 이 절은 매우 중요한 절이다. '은총'이 여기서는 1차적으로 우리에 대한 신적인 작용으로 이해되고 있고, 오직 2차적으로만 그 활동의 결과로 이해되고 있다는 점을 인정하는 것이 중요하다. 제4답에서 지적하고 있듯이 그것은 논의되고 있는 것과 동일한 은총이지만, 그 효과에 있어서만 구별된다. 이 구별에 기초해서 성 토마스는 '의화'(iustificatio)를 작용 은총(gratia operativa)의 결과로서 논할 것이고 (제113문), 공로를 협력 은총(gratia cooperativa)의 결과로서 논할 것이다.(제114문) 우리에 대한 하느님의 은혜로운 활동은 유일하고 그 기원과 그 궁극 목적에서는 동일하지만, 우리의 복수(複數)적이고 복잡하게 진화하는 실재 속에서의 그 효과들에 있어서는 차이가 난다. 은총은 하느님과의 사귐을 향한 역사적 성장이라는 깊은 의미를 내포하고 있다.

데 초자연적 선물은 두 종류의 빛을 다 결(缺)하고 있고, 따라서 좀 더 특별히 은총이라는 이름을 받을 자격이 있다.[11]

3. 하느님을 기쁘시게 만드는 은총은 그 자체 은총 관념에 속하는 무상 은총 관념에 어떤 것, 즉 그것이 인간으로 하여금 하느님을 기쁘시게 만드는 것을 덧붙인다. 그래서 이것을 행하지 않는 무상 은총은, 다른 많은 경우에 발생하듯이 그 공통 이름[12]을 유지한다. 그러므로 그 구분의 두 부분은 '하느님을 기쁘시게 만드는'(gratum faciens)과 '하느님을 기쁘시게 만들지 않는'(non faciens gratum)으로 대립된다.

제2절 은총이 작용 은총과 협력 은총으로 구분되는 것은 적절한가?[1]

Parall.: *In Sent.*, II, d.26, q.1, a.5; a.6, ad2; *De veritate*, q.27, a.5, ad1-2; *In Ep. II ad Cor.*, c.6, lect.1.

Doctr. Eccl.: "인간은 하느님 없이 아무것도 선한 것을 행할 수 없다. 하느님께서는 인간이 할 수 없는 선한 것들을 인간 안에서 많이 행하신다. 그러나 인간은 하느님께서 인간이 행하도록 부여하지 않는 어떠한 선도 행하지 못한다." DS 193[=DH 390].―"인간들이 하느님을 기쁘시게 만들지 않는 일을 행한다면, 그것은 하느님의 의지가 아니라 인간들의 의지에 따라 실행하는 것이다. 그들이 하느님의 의지에 봉사하기 위해서 그들이 바라는 것을 실행한다면, 그들이 행하는 일을 자신의 의지를 갖고 실행한다 하더라도, 그것은 그들이 바라는 것을 준비하고 명령하신 그분의 의지이다." DS 196[=DH 393].―"모든 선행을 할 때, 우리가 시작하고 그다음에 하느님의 자비로 도움을 받는 것이 아니라, 하느님께서 몸소 먼저 (어떤 선한 공로가 선행하지 않아도) 당신에 대한 믿음과 사랑을 불어넣어 주신다." DS 200[=DH 397]. Cf. DS 177[=DH 374].

Ad secundum sic proceditur. Videtur quod gratia inconvenienter dividatur per operantem et cooperantem.

1. Gratia enim accidens quoddam est, ut supra[2] dictum est. Sed accidens non potest agere in subiectum. Ergo nulla gratia debet dici operans.

2. Praeterea, si gratia aliquid operetur in nobis, maxime operatur iustificationem. Sed hoc non sola gratia operatur in nobis, dicit enim Augustinus,[3] super illud Ioan. 14, [12], *«Opera quae ego facio, et ipse faciet»*: *Qui creavit te sine te, non iustificabit te sine te.* Ergo nulla gratia debet dici simpliciter operans.

3. Praeterea, cooperari alicui videtur pertinere ad inferius agens, non autem ad principalius. Sed gratia principalius operatur in nobis quam liberum arbitrium; secundum illud Rom. 9, [16]: *Non est volentis neque currentis, sed miserentis Dei.*[4] Ergo gratia non debet dici cooperans.

4. Praeterea, divisio debet dari per opposita.[5] Sed operari et cooperari non sunt opposita, idem enim potest operari et cooperari. Ergo inconvenienter dividitur gratia per operantem et cooperantem.

---

2. q.110, a.2, ad2.
3. Serm.16, al De verbis Apost., serm. 15, c.11, n.13: PL 38, 923.
4. Vulgata: "Non volentis, neque currentis, sed miserentis est Dei."
5. a.1, obj.3.

[반론] 둘째에 대해서는 다음과 같이 진행된다. 은총(恩寵)이 작용 은총과 협력 은총으로 구분되는 것은 적절하지 않은 것으로 보인다.

1. 실상 위에서[2] 말한 것처럼, 은총은 일종의 우유(偶有)이기 때문이다. 그런데 우유는 그것의 주체에 작용할 수 없다. 그러므로 어떤 은총도 '작용적'(operans)이라고 불릴 수 없다.

2. 은총이 우리 안에서 어떤 작용을 한다면, 그것은 무엇보다도 의화를 일으킨다. 그런데 그것은 은총만으로 우리 안에서 이루어지는 것이 아니다. 왜냐하면 아우구스티누스[3]는 요한복음서 14장 [12절]의 "내가 하는 일을 그도 할 것이다."라는 텍스트를 주해하면서 "그분은 그대 없이 그대를 창조하였지만, 그대 없이 그대를 의화시키지는 않을 것이다."라고 말하고 있기 때문이다. 그러므로 어떤 은총도 단순하게 '작용적'이라고 불릴 수 없다.

3. 어떤 다른 이와 협력하는 것은 으뜸 작위자(作爲者, agens)의 일이라기보다는 종속된 작위자의 일인 것으로 보인다. 그런데 우리 안에서는 자유재량보다는 은총이 더 우선적으로 작용한다. 그래서 로마서 9장 [16절]에서는 "그러므로 그것은 사람의 의지나 노력이 아니라 하느님의 자비에 달려 있다."[4]고 말하는 것이다. 그러므로 은총은 협력 은총이라고 불려서는 안 된다.

4. 구분은 대립되는 것에 의해서 이루어져야 한다.[5] 그러나 작용(作用)과 협력(協力)은 대립되는 것이 아니다. 왜냐하면 동일한 것이 작용적일 수도 있고 또 협력적일 수도 있기 때문이다. 그러므로 은총이 작용 은총과 협력 은총으로 구분되는 것은 적절하지 않다.

q.111, a.2

SED CONTRA est quod Augustinus dicit, in libro *de Grat. et Lib. Arb.*:[6] *Cooperando Deus in nobis perficit quod operando incipit, quia ipse ut velimus operatur incipiens, qui volentibus cooperatur perficiens.* Sed operationes Dei quibus movet nos ad bonum, ad gratiam pertinent. Ergo convenienter gratia dividitur per operantem et cooperantem.[7]

RESPONDEO dicendum quod, sicut supra[8] dictum est, gratia dupliciter potest intelligi, uno modo, divinum auxilium quo nos movet ad bene volendum et agendum; alio modo, habituale donum nobis divinitus inditum. Utroque autem modo gratia dicta convenienter dividitur per operantem et cooperantem. Operatio enim alicuius effectus non attribuitur mobili, sed moventi. In illo ergo effectu in quo mens nostra est mota et non movens, solus autem Deus movens, operatio Deo attribuitur, et secundum hoc dicitur *gratia operans.* In illo autem effectu in quo mens nostra et movet et movetur, operatio non solum attribuitur Deo, sed etiam animae, et secundum hoc dicitur *gratia cooperans.*

---

6. c.17: PL 44, 901. 아우구스티누스의 권위는 사도 바오로의 필리피서 2장 13절의 가르침에 토대를 두고 있다.
7. 구원 질서에서의 우리의 작용에 대한 신적 움직임과 관련해서 오랑주 교회 회의는 다음과 같이 선언한다. "하느님의 도우심. 우리가 올바로 생각하고 우리의 발을 오류와 불의로부터 지켜 낸다면 이것이 하느님의 선물이다. 우리가 선을 행할 때마다 하느님께서 우리가 활동하도록 우리 안에서 우리와 함께 활동하신다."(DS 182[=DH 379]) "하느님께서는 인간이 할 수 없는 선한 것을 인간 안에서

[재반론] 그러나 반대로, 아우구스티누스는 『은총과 자유재량』[6]에서 이렇게 말하고 있다. "하느님은 우리 안에서 당신이 작용에 의해서 착수한 일을 협력에 의해서 완성하신다. 왜냐하면 맨 처음 우리가 원하도록 작용하시는 분도 그분이시고, 원하는 자에게 그것을 완성하도록 협력하시는 분도 그분이시기 때문이다." 그런데 우리가 선을 향하도록 움직여 가시는 하느님의 작용들은 은총에 속한다. 그러므로 은총이 작용 은총과 협력 은총으로 구분되는 것은 적절하다.[7]

[답변] 이미[8] 말한 것처럼 은총은 두 가지 의미로 이해될 수 있다. 첫째, 그로써 하느님이 우리로 하여금 선을 원하고 행하도록 우리를 움직이는 하느님의 도움으로 이해될 수 있고, 둘째, 하느님에 의해서 우리 안에 심어진 습성적 선물로 이해될 수 있다. 이 두 가지 의미 모두로 은총이 작용 은총과 협력 은총으로 구분되는 것이 적절하다. 왜냐하면 어떤 결과를 내는 작용은 그 운동을 겪는 것에게 전가되는 것이 아니라 기동자에게 전가되기 때문이다. 그러므로 그 안에서 우리 자신이 기동자이지 않으면서 우리의 정신이 움직여지게 되는 어떤 결과에서 하느님은 홀로 기동자이고, 하느님에게 전가된다. 그리고 이런 의미에서 은총은 '작용' 은총이라고 불린다. 그러나 그 안에서 우리의 정신이 기동자이자 동시에 피동자인 저 결과에서는, 작용이 하느님뿐만 아니라 영혼에게도 전가된다. 그리고 이런 의미에서 은총은 '협력' 은총이라고 불린다.

많이 행하신다. 그러나 인간은 하느님께서 인간이 행하도록 부여하시지 않는 어떠한 선도 행하지 못한다."(DS 193[=DH 390])
8. q.109, aa.2-3 et 6 et 9; q.110, a.2.

q.111, a.2

Est autem in nobis duplex actus. Primus quidem, interior voluntatis.[9] Et quantum ad istum actum, voluntas se habet ut mota, Deus autem ut movens, et praesertim cum voluntas incipit bonum velle quae prius malum volebat.[10] Et ideo secundum quod Deus movet humanam mentem ad hunc actum, dicitur gratia operans.—Alius autem actus est exterior; qui cum a voluntate imperetur, ut supra[11] habitum est, consequens est ut ad hunc actum operatio attribuatur voluntati.[12] Et quia etiam ad hunc actum Deus nos adiuvat, et interius confirmando voluntatem ut ad actum perveniat, et exterius facultatem operandi praebendo; respectu huius actus dicitur gratia cooperans.[13] Unde post praemissa verba[14] subdit Augustinus: *Ut autem velimus operatur: cum autem volumus, ut perficiamus nobis cooperatur.*—Sic igitur si gratia accipiatur pro gratuita Dei motione qua movet nos ad bonum meritorium, convenienter dividitur gratia per operantem

---

9. 내적 행위는, 명령의 수령자와 형상과 질료의 관계를 맺고 있는 의지가 명령하는 행위이다.(q.18, a.6) Cf. Cajetanus, ibid.
10. 내적 행위 또는 명령하는 행위(actus interior sive imperans)에 관한 한, '의지는 움직여진 것(mota)의 관계를 맺고 있다.' 그것은 스스로 움직이거나 스스로 능력에서 행위로 전환되는 것이 아니라, 어떤 선행하는 행위 덕분에 움직여지기 때문이다. 내적 행위는 '모든 행위들 가운데 첫 번째' 행위이다. 이것에 의해서 의지는 참행복을 공통적으로(cf. q.9, a.4) 갈망하고, 특히 그것으로 선을 원하기 시작하게 된다. 경우에 따라서는 하느님이 기동자의 관계를 맺고 있다고도 말한다.(q.9, a.6, c et ad3) 여기서 '특히'(praesertim)라고 말하는 이유는 죄인들의 영적인 회개(cf. III, q.86, a.6, ad1)에서 의지가 움직여진 것으로서, 그리고 하느님도 기동자로서 관계될 뿐만 아니라, 다른 내용들도 있기 때문이다.(cf. q.68, a.1) Cf. F.-D. Joret, OP, *La contemplazione mistica secondo S. Tommaso d'Aquino*, Torino, 1942, p.193.

그런데 우리 안에 있는 행위(actus)에는 두 종류가 있다. 먼저, 의지의 내적 행위[9]가 있다. 그리고 이 행위와 관련해서 의지는 움직여지는 역할을 하고, 하느님은 기동자 역할을 한다. 특히 처음에는 악을 원하다가 선을 원하기 시작할 때가 그러하다.[10] 그래서 하느님이 인간 정신을 이 행위로 움직일 때, 은총은 작용 은총이라고 불린다.—다른 행위는 외적 행위이다. 그리고 위에서[11] 말한 것처럼, 그것이 의지에 의해서 명령되기 때문에, 이 행위 속에 포함되어 있는 작용은 의지에 전가된다는 결론이 나온다.[12] 그리고 이 행위를 위해서도 하느님은 그 행위를 성취할 수 있도록 의지를 내적으로 확고하게 만들고, 외적으로 활동의 수단들을 제공함으로써 우리를 돕기 때문에, 은총은 이 행위와 관련해서 협력 은총이라고 불린다.[13] 이리하여 이미[14] 인용한 저 구절 다음에 아우구스티누스는 계속해서 이렇게 말한다. "그분은 우리가 원하도록 작용하시고, 우리가 원할 때에는 [그것을] 완성할 수 있도록 우리와 협력하신다."—이리하여 만일 은총이, (우리가 공로적 선을 수행하도록 움직여지게 되는) 하느님의 무상(無償)의 운동(기동)으로 이해된다면, 은총이 작용 은총과 협력

---

11. q.17, a.9.
12. 외적 행위(actus exterior)는 의지나 어떤 다른 능력에 의해서 명령되거나 의지 자체로부터 유발된 모든 행위를 가리킨다.(q.18, a.6) 외적 행위 또는 명령된 행위에 관한 한, 의지는 기동자의 관계에 놓여 있다. 왜냐하면 이미 현실태로 어떤 목적을 원함으로써, 자기 자신을 목적을 향하고 있는 것들[곧 수단]을 원하도록 만들었고,(q.9, a.3) 다른 능력들을 움직이기(ibid., a.1) 때문이다. 여기서 "인간은 이성을 통해 자기 자신을 이것이나 저것을 원하도록 규정한다."(q.9, a.6, ad3)
13. "이처럼, 예컨대 의지가 하느님을 사랑하는 우선적 행위의 힘으로 의로움이나 종교나 용기나 절제의 행위를 명하는 동안, 엄밀한 의미에서의 (인간적 방식으로 이루어지는) 숙고를 통해 주입된 덕들이 활용되고 있는 것이다."(R. Garrigou-Lagrange, OP, op. cit., p.140)
14. 재반론.

q.111, a.2

et cooperantem.¹⁵

Si vero accipiatur gratia pro habituali dono, sic etiam duplex est gratiae effectus, sicut et cuiuslibet alterius formae, quorum primus est esse, secundus est operatio; sicut caloris operatio est facere calidum, et exterior calefactio.¹⁶ Sic igitur habitualis gratia, inquantum animam sanat vel iustificat, sive gratam Deo facit, dicitur gratia operans, inquantum vero est principium operis meritorii, quod etiam ex libero arbitrio procedit,¹⁷ dicitur cooperans.¹⁸

AD PRIMUM ergo dicendum quod, secundum quod gratia est quaedam qualitas accidentalis, non agit in animam effective; sed

---

15. 인간의 운명에서 궁극적 착수는 하느님의 몫이다. 이것은 심지어 각 사람의 사건들 안에서 그가 자신의 운명을 형성하기 시작할 때, 전환점 이후에조차도 사실인 채로 남아 있다. 왜냐하면 그 현상적 표현이 무엇이든지 간에 인간 운명의 궁극적 의미는 높은 곳을 향한 도약 또는 그로부터의 추락이기 때문이다. Cf. I-II, q.109, a.2.
16. Cf. I, q.42, a.1, ad1; II-II, q.179, a.1, ad.
17. Cf. q.114, a.3.
18. 만일 성 토마스가 은총-성질을 은총-운동으로부터 도출하고 있다는 점을 염두에 둔다면, 은총-성질에 대한 이 설명을 '작용적'이고 '협력적'인 것으로 받아들이는 것이 더 쉬울지 모른다.
신학자들은 구체적으로 어떤 행위에 작용 은총이 자리 잡고 있는지를 규정하려고 노력한다. 토미스트들이, 인간이 회개 행위 속에서, 그리고 주체 속에 있는 참사랑과 은총의 등급을 능가하는 가장 열렬한 저 행위들 안에서 선의 성장을 위해 그를 준비시킴으로써, 의식적으로 선(善) 편에 설 것을 선포하는 도덕 생활의 첫 활동 속에서(Cf. I-II, q.9, aa.4 et 6) 작용 은총을 인정하는 데에 동의하는 것을 어렵지 않게 발견한다. 반면에 회개를 준비하는 행위들 및 태세들(예컨대 신앙, 지옥에 대한 두려움 등)과 관련해서 작용 은총에 대해서 말해야 하는지는 논쟁 중에 있다.

은총으로 구분되는 것은 적절하다.[15]

다른 한편으로, 만일 은총이 습성적 선물로 이해된다면, 어떤 다른 형상의 경우와 마찬가지로, 또다시 은총의 효과는 이중적이다. 첫 번째 효과는 '존재'이고, 두 번째 효과는 '작용'이다. 이것은 가열하는 것이 어떤 것을 더워지게 만드는 것이고, 그다음에 외적 따뜻함을 제공하는 것과 같다.[16] 이리하여 습성적 은총은, 영혼을 치유하거나 의화하는 한, 또는 그것이 하느님을 기쁘시게 하는 한, 그것은 '작용 은총'이라고 불린다. 그러나 그것이 자유재량으로부터도 전개되는 공로적 행위의 원리인 한에 있어서는[17] '협력 은총'이라고 불린다.[18]

[해답] 1. 은총은, 우유적 성질이라는 의미에서는 영혼에 대해서 능동적으로 작용하는 것이 아니라, (하양이 어떤 표면을 하얗게 만든

그리고 수아레스 안에서 작용 은총 개념이 모호해지고 있는 점은 지적될 만하다. 그는 급기야 그것을 필연적이고 극복할 수 없는 사전 움직임과 혼동하기에까지 이른다. "우리 안에서 [우리의] '자유로운 효력 없이' 오직 하느님 홀로 작용하시는 것을 작용 은총이라고 부른다."(Gratia operans vocatur quod Deus solus in nobis facit, id est sine efficientia libera.)(De gratia, III, c.20, n.6) 어떤 토미스트도 이런 유의 폭력을 수용할 수 없다. 왜냐하면 의지는 자연적 경향으로 개념되어야 하기 때문이다. 이 자연성이 존재하지 않는 곳에서는 행위의 의도성은 정지할 것이다. 성 토마스 자신은 이렇게 표현하고 있다. "하느님은 의지를 저항할 수 없는 방식으로 변경하실 수 있지만, 그것을 강요할 수는 없다. 하느님이 의지를 변화시킬 때, 사전(事前)의 경향에 또 다른 경향이 이어져, 첫 번째 것이 제거되고 두 번째 것이 남도록 만드신다."(De Ver., q.22, a.8) 의지가 작용 은총의 영향 아래에 있더라도 적어도 실행의 자유는 보존하고 있다는 것이 분명하다.
신학자들의 이런 논쟁은 피상적인 것으로 보인다. 왜냐하면 모든 인간적 행위 안에는 목적의 지향이 전제되고 작용하고 있기 때문이다. 그러므로 초자연적 질서에서 우리의 모든 행위 안에서 목적의 지향이 잠재적 또는 습성적일 때조차도, 은총은 불가결하다.

formaliter, sicut albedo dicitur facere albam superficiem.[19]

AD SECUNDUM dicendum quod Deus non sine nobis nos iustificat, quia per motum liberi arbitrii, dum iustificamur, Dei iustitiae consentimus.[20] Ille tamen motus non est causa gratiae, sed effectus. Unde tota operatio pertinet ad gratiam.[21]

AD TERTIUM dicendum quod cooperari dicitur aliquis alicui non solum sicut secundarium agens principali agenti, sed sicut adiuvans ad praesuppositum finem. Homo autem per gratiam operantem adiuvatur a Deo ut bonum velit. Et ideo, praesupposito iam fine, consequens est ut gratia nobis cooperetur.

AD QUARTUM dicendum quod gratia operans et cooperans est eadem gratia, sed distinguitur secundum diversos effectus, ut ex dictis[22] patet.

Articulus 3
Utrum gratia convenienter dividatur in praevenientem et subsequentem[1]

---

19. Cf. q.110, a.2, ad1.
20. "그러나 인간은 엄밀하게는 스스로 의화를 향해 움직이지 못한다. 그것을 향해 자유롭게 움직여지기는 하지만, '움직여지는' 것이다. 따라서 협력 은총이 아니라 작용 은총의 결과이다."(R. Garrigou-Lagrange, OP, *op. cit.*, p.138) Cf. q.55, a.4, ad6; q.113, a.3.
21. 당신 자신을 우리에게 내어 주시는 하느님을 선택할 우리의 자유가 하느님 자신의 자기-증여 활동에 의해서 설정되고 있다. 이 절의 논거 뒤에 있는 신적 원인성 관념을 보기 위해서는: Cf. I, q.105, a.5. 여기서는 모든 활동들 속에서의 하느

다고 말해지는 것처럼) 형상적으로 작용한다.[19]

2. 하느님은 우리 없이 우리를 의화(義化)시키지 않는다. 왜냐하면 우리가 의화되고 있을 때, 우리는 자유재량의 움직임에 의해서 하느님의 의로움에 동의하기 때문이다.[20] 그런데 그 운동은 은총의 원인이 아니라, 그 결과이다. 그러므로 작용 전체가 은총에 속한다.[21]

3. 2차적 작위자가 1차적 작위자와 협력할 뿐만 아니라 또한 그가 어떤 사람으로 하여금 이미 앞에서 규정된 목표에 도달하도록 도와줄 때에도 협력한다고 말한다. 그런데 사람은 작용 은총에 의해서 그가 선을 원하도록 하느님에 의해서 도움을 받는다. 그래서 이제 그 목적을 전제할 때, 은총이 우리와 협력한다는 결론이 도출된다.

4. 작용 은총과 협력 은총은 동일한 은총이지만, 위에서[22] 말한 것으로부터 분명해지듯이, 그 상이한 결과들에 의해서 구별된다.

제3절 은총이 선행 은총과 후행 은총으로 구분되는 것은 적절한가?[1]

Parall.: *In Sent.*, II, d.26, a.5, ad2; *De veritate*, q.27, a.5, ad6; *In Psalm.*, 22; *In Ep. II ad Cor.*, c.6, lect.1.

님의 활동에 관해 논하고 있다.
22. 본론. Cf. infra a.3, ad2.

1. 앞 절에서처럼 아우구스티누스의 용어의 요소들이 논의된다. 신적 은총에 돌려지는 모든 효과들(의화, 공로의 원리, 목적으로서의 선의 원욕, 외적 또는 명령된 행동, 선에의 항구함, 영광에의 도달) 안에는 언제나 (중간 효과들이 사전 또는 후속 효과로 간주될 수 있는) 계기 관계가 들어 있다. 그리고 영광이 결코 사전

297

q.111, a.3

Ad tertium sic proceditur. Videtur quod gratia inconvenienter dividatur in praevenientem et subsequentem.

1. Gratia enim est divinae dilectionis effectus. Sed Dei dilectio nunquam est subsequens, sed semper praeveniens; secundum illud I Ioan. 4, [10]: *Non quasi nos dilexerimus Deum, sed quia ipse prior dilexit nos.* Ergo gratia non debet poni praeveniens et subsequens.

2. Praeterea, gratia gratum faciens est una tantum in homine, cum sit sufficiens, secundum illud II *ad Cor.* 12, [9]: *Sufficit tibi gratia mea.* Sed idem non potest esse prius et posterius. Ergo gratia inconvenienter dividitur in praevenientem et subsequentem.

3. Praeterea, gratia cognoscitur per effectus. Sed infiniti sunt effectus gratiae, quorum unus praecedit alium. Ergo si penes hoc gratia deberet dividi in praevenientem et subsequentem, videtur quod infinitae essent species gratiae. Infinita autem relinquuntur a qualibet arte. Non ergo gratia convenienter dividitur in praevenientem et subsequentem.

S ED CONTRA est quod gratia Dei ex eius misericordia provenit. Sed utrumque in Psalmo [58, 11] legitur: *Misericordia eius praeveniet me*; et iterum Ps. 22, 6]: *Misericordia eius^2 subsequetur*

적일 수 없다는 것은 명백하다. 성 토마스는 비교적 일반적인 아우구스티누스의 용어를 은총의 역동성 전체를 고려하는 복잡한 구도에 적용하고 있다.

[반론] 셋째에 대해서는 다음과 같이 진행된다. 은총이 선행 은총과 후행 은총으로 구분되는 것은 적절하지 못한 것으로 보인다. 왜냐하면 은총은 하느님의 사랑의 결과이기 때문이다. 그런데 하느님의 사랑은 결코 후행적일 수 없고, 언제나 선행적이다. 그래서 요한 1서 4장 [10절]에 따르면 "우리가 하느님을 사랑한 것이 아니라, 그분께서 우리를 먼저(…) 사랑하셨다." 그러므로 은총을 앞서거나 뒤따르는 [범주]에 포함시켜서는 안 된다.

2. 인간 안에는 오직 하나의 '하느님을 기쁘시게 만드는 은총'만 있을 뿐이다. 왜냐하면 코린토 2서 12장 [9절]에서 "너는 나의 은총을 넉넉히 받았다."고 말하는 것처럼, 그것으로 충분하기 때문이다. 그런데 동일한 것이 앞서기도 하고 또 뒤따르기도 할 수는 없다. 그러므로 은총을, 선행 은총과 후행 은총으로 구분하는 것은 적절한 것이 아니다.

3. 은총은 결과를 통해 알려진다. 그런데 은총의 결과들은 무한하고, 어느 하나가 다른 것에 우선한다. 그런데 은총을 선행 은총과 후행 은총으로 구분해야 한다면, 무한한 종의 은총들이 있어야 할 것이다. 그러나 그 어떤 기예(ars)도 이런 무한 구분은 배격한다. 그러므로 은총을 선행 은총과 후행 은총으로 구분하는 것은 적절하지 못하다.

[재반론] 그러나 반대로, 하느님의 은총은 그분의 자비로부터 솟아나는 것이다. 그런데 시편(59[58]편 [11절])에서는 "그분의[2] 자비는 나를 '선도한다.'"고도 말하고, 또 "그분의 자비가 나를 따를 것이

---

2. Vulgata: "tua."

me. Ergo gratia convenienter dividitur in praevenientem et subsequentem.

Respondeo dicendum quod, sicut gratia dividitur in operantem et cooperantem secundum diversos effectus, ita etiam in praevenientem et subsequentem, qualitercumque gratia accipiatur. Sunt autem quinque effectus gratiae in nobis, quorum primus est ut anima sanetur; secundus est ut bonum velit; tertius est ut bonum quod vult, efficaciter operetur; quartus est ut in bono perseveret; quintus est ut ad gloriam perveniat. Et ideo gratia secundum quod causat in nobis primum effectum, vocatur praeveniens respectu secundi effectus; et prout causat in nobis secundum, vocatur subsequens respectu primi effectus. Et sicut unus effectus est posterior uno effectu et prior alio, ita gratia potest dici et praeveniens et subsequens secundum eundem effectum, respectu diversorum. Et hoc est quod Augustinus dicit, in libro *de Nat. et Grat.*:[3] *Praevenit ut sanemur, subsequitur ut sanati vegetemur, praevenit ut vocemur, subsequitur ut glorificemur.*

Ad primum ergo dicendum quod dilectio Dei nominat aliquid aeternum, et ideo nunquam potest dici nisi praeveniens. Sed gratia significat effectum temporalem,[4] qui potest praecedere

---
3. c.31: PL 44, 264.

다."(시편 23[22],6)라고도 노래한다. 그러므로 은총이 선행 은총과 후행 은총으로 구분되는 것은 적절하다.

[답변] 은총이 그 상이한 결과들에 따라 작용 은총과 협력 은총으로 구분되는 것처럼, 또한 은총이 어떻게 이해되든지 간에, 선행 은총(gratia praeveniens)과 후행 은총(gratia subsequens)으로도 구분된다. 그런데 우리 안에서 이루어지는 은총의 효과는 다섯 가지이다. 첫째, 영혼의 치유, 둘째, 선을 원함, 셋째, 선에 대한 원의의 효과적 실행, 넷째, 선에 항구함, 다섯째, 영광의 획득. 그래서 은총이 우리 안에서 첫 번째 결과를 야기할 때, 두 번째 결과에 비해 '선행적'(先行的)이라고 불린다. 그리고 그것이 우리 안에 두 번째 결과를 야기할 때, 그것은 첫 번째 결과에 비해 '후행적'(後行的)이라고 불린다. 그리고 한 단일 결과로서 그것은 어느 것에 대해서 후행하기도 하고, 다른 것에 대해서는 선행하기도 하는 것처럼, 은총은 동일한 결과에 대해서 상이한 관점에서 선행한다고 불릴 수도 있고, 후행한다고 불릴 수도 있다. 바로 이것이 아우구스티누스가 『본성과 은총』[3]에서 "그것은 우리를 치유하는 데 있어서는 우리보다 앞서고, 일단 치유된 우리를 강화하는 데 있어서는 우리보다 후행하며, 우리를 부르는 데 있어서는 우리보다 앞서고, 우리로 하여금 영광에 참여하게 만드는 데에 있어서는 우리를 뒤따른다."고 말할 때 취한 입장이다.

[해답] 1. 하느님의 사랑(dilectio Dei)은 어떤 영원한 것을 가리키고, 그래서 그것은 선행(은총)이라고 불릴 수밖에 없다. 그러나 은총이 일시적 효과를 의미하게 되기도 하는데,[4] 이때 그것은 어떤 것에 선

---

4. Cf. q.110, a.1.

aliquid et ad aliquid subsequi. Et ideo gratia potest dici praeveniens et subsequens.⁵

AD SECUNDUM dicendum quod gratia non diversificatur per hoc quod est praeveniens et subsequens, secundum essentiam, sed solum secundum effectum, sicut et de operante et cooperante dictum est.⁵⁽*⁾ Quia etiam secundum quod gratia subsequens ad gloriam pertinet, non est alia numero a gratia praeveniente per quam nunc iustificamur. Sicut enim caritas viae non evacuatur, sed perficitur in patria,⁶ ita etiam et de lumine gratiae est dicendum, quia neutrum in sui ratione imperfectionem importat.

AD TERTIUM dicendum quod, quamvis effectus gratiae possint esse infiniti numero, sicut sunt infiniti actus humani; tamen omnes reducuntur ad aliqua determinata in specie. Et praeterea omnes conveniunt in hoc quod unus alium praecedit.⁷

---

5. 성 토마스가 여기서 '은총'을, 일시적 효과에 관해 말하는 데 사용하고 있지만, '답변'과 '해답'에서는 그것을 원인으로서 취급하고 있다는 점에 유념할 필요가 있다. 모호함은 어쩌면 불가피한 것인지도 모른다. 왜냐하면 은총은 외부적 원리 (제109문의 "머리글" 참조), 즉 우리를 몸소 은혜로이 움직이시는 하느님이시기도 하고 또 하느님의 내면성 안에서의 인간적 실현이라는 선물을 가리키기도 하기 때문이다. 아우구스티누스는 "나 자신보다 더 내밀한 하느님"에 관해서 말하고 있다.(Confess., III, 5: PL III, 6, PL 32, 688) 그렇지만 은총이 아무리 우리에게 내면적이라 할지라도, 그것은 결코 우리의 '소유'가 될 수 없다. 왜냐하면 그것은 언제나 그 증여자로부터 분리될 수 없는 선물인 채로 남아 있기 때문이다.

행하기도 하고 또 뒤따르기도 한다. 그래서 은총은 선행적이라고 불릴 수도 있고 또 후행적이라고 불릴 수도 있다.[5]

2. 은총은 본질적으로 차이가 나는 것이 아니라, 작용 은총과 협력 은총의 구별에 관해서 말해진 것처럼 결과에 관련해서만 선행적 또는 후행적이라는 차이가 있다. 왜냐하면 후행 은총이 영광의 상태에 속한다는 의미에서조차도, 그것은 (지금 우리를 의화시키고 있는) 선행 은총으로부터 수적으로 구별되지 않기 때문이다. 우리의 나그넷길 상태에서의 참사랑은 천상 본향(本鄕)에서 헛된 것이 되지 않고 오히려 완성되는 것처럼,[6] 우리는 은총의 빛에 관해서도 같은 입장을 취해야 한다. 즉 참사랑도 은총도 그 내밀한 의미 속에 어떤 불완전함도 포함하고 있지 않다는 것이다.

3. 비록 은총의 효과가 인간적 행위처럼 수적으로 무한하다고 하더라도, 그것들은 어떤 규정된 수의 종류로 환원될 수 있다. 더욱이 그것들은 하나가 다른 것에 선행한다는 점에서 모두 일치한다.[7]

---

6. Cf. q.67, a.6.
7. 이 점에 대해 후대의 신학자들은 '충족(sufficiens) 은총'과 '효능(efficax) 은총' 개념을 도입한다. 이 구별의 동기는 (영광에 도달하는 다른 것들과는 달리 영광에 도달하지 못하는) 은총의 실존을 확증하는 계시 소여에 정초된다. 여기에서 효능 은총이 그 내밀한 본성 때문에, 곧 하느님의 틀림없는 특수한 영향 때문에 그러하냐, 아니면 외적인 본성 때문에, 다시 말해 (정확히 어떠한지는 알 수 없지만) 하느님의 지식으로부터 예견되는 우리의 동의 때문에 그러하냐는 문제가 제기된다. 호세 사예스, 『은총론』, 윤주현 옮김, 수원가톨릭대학교출판부, 2011, 262-287쪽 참조.

Articulus 4
Utrum gratia gratis data convenienter ab Apostolo dividatur[1]

Ad quartum sic proceditur. Videtur quod gratia gratis data inconvenienter ab Apostolo distinguatur.[2]

1. Omne enim donum quod nobis a Deo gratis datur, potest dici gratia gratis data. Sed infinita sunt dona quae nobis gratis a Deo conceduntur, tam in bonis animae quam in bonis corporis, quae tamen nos Deo gratos non faciunt. Ergo gratiae gratis datae non possunt comprehendi sub aliqua certa divisione.

2. Praeterea, gratia gratis data distinguitur contra gratiam gratum facientem. Sed fides pertinet ad gratiam gratum facientem, quia per ipsam iustificamur, secundum illud Rom. 5, [1]: *Iustificati ergo ex fide*, et cetera. Ergo inconvenienter fides ponitur inter gratias gratis datas, praesertim cum aliae virtutes ibi non ponantur, ut spes et caritas.

3. Praeterea, operatio sanitatum, et loqui diversa genera linguarum, miracula quaedam sunt. Interpretatio etiam sermonum ad sapientiam vel scientiam pertinet; secundum illud Dan. 1, [17]: *Pueris his dedit Deus scientiam et disciplinam in omni libro et sapientia*. Ergo inconvenienter dividitur gratia

---

1. 성 토마스의 개진의 세부 사항들이 어떻게 생각되든지, 그의 일반적 원리는 진정 사도 바오로의 것이다. 선물들은 "그리스도의 몸 건설을 위한" 것이다.(에페 4,12)

제4절 무상 은총에 대한 사도의 구분은 적절한가[1]

Parall.: *ScG*, III, 154; *In Ep. II ad Cor.*, c.12, lect.2.

[반론] 넷째에 대해서는 다음과 같이 진행된다. 무상 은총에 대한 사도의 구분은 적절하지 못한 것으로 보인다.[2]

1. 실상 하느님으로부터 우리에게 무상으로 주어지는 선물은 모두 다 무상 은총이라고 불린다. 그런데 영혼과 육체의 선익을 위해서 하느님으로부터 우리에게 무상으로 주어지는 선물들은 무수하지만, 이것이 우리를 하느님의 마음에 들도록 만드는 것은 아니다. 그러므로 무상 은총은 분명하게 규정된 구분의 틀 속에 포함될 수 없다.

2. 무상 은총은 하느님을 기쁘시게 만드는 은총으로부터 구별된다. 그런데 신앙은 하느님을 기쁘시게 만드는 은총에 속한다. 왜냐하면 우리가 그것에 의해서 성화되기 때문이다. 그래서 로마서 5장 [1절]에서는 "그러므로 믿음으로 의화된 우리는(…)"이라고 말하는 것이다. 그러므로 신앙을, 무상 은총 가운데 두는 것은 적절하지 못하다. 특히 희망과 참사랑과 같은 다른 덕들이 그것들 가운데 들지 않기 때문에 더욱 그러하다.

3. 치유 작용과, 여러 언어를 말하는 것은 일종의 기적이다. 또한 언어의 해석은 지혜 또는 지식에 속한다. 그래서 다니엘서 1장 [17절]에서는 "하느님께서는 이 젊은이들에게 책과 지혜에서 지식과 배움을 주셨다."고 말하고 있는 것이다. 그러므로 치유와 언어의 은총을 능력의 이행에 대해서 구분하고, 언어 해석을 지혜와 지식의 발

---
2. 아래의 재반론 참조.

sanitatum, et genera linguarum, contra operationem virtutum; et interpretatio sermonum contra sermonem sapientiae et scientiae.

4. Praeterea, sicut sapientia et scientia sunt quaedam dona Spiritus Sancti, ita etiam intellectus et consilium, pietas, fortitudo et timor, ut supra^3 dictum est. Ergo haec etiam deberent poni inter gratias gratis datas.

SED CONTRA est quod Apostolus dicit, I *ad Cor.* 12, [8sqq.]: *Alii per Spiritum datur sermo sapientiae, alii autem sermo scientiae secundum eundem Spiritum, alteri fides in eodem Spiritu, alii gratia sanitatum,^{4} alii operatio virtutum, alii prophetia, alii discretio spirituum, alii genera linguarum, alii interpretatio sermonum.*^{5}

RESPONDEO dicendum quod, sicut supra^6 dictum est, gratia gratis data ordinatur ad hoc quod homo alteri cooperetur ut reducatur ad Deum. Homo autem ad hoc operari non potest interius movendo, hoc enim solius Dei est;^{7} sed solum exterius docendo vel persuadendo.^{8} Et ideo gratia gratis data illa sub se continet quibus homo indiget ad hoc quod alterum

---

3. q.68, a.4.
4. Vulgata: "gratia sanitatum in uno Spiritu."
5. 비록 다른 곳에서도(로마 12,6 이하; 에페 4,11) 사도는 은사(恩賜)에 대한 목록을 제시하기는 했지만, 인용된 텍스트는 분명 가장 완전하고 가장 유기적 목록이다. 현대 주석가들도 성 토마스가 여기서 마주하고 있는 본질적으로 체계적인 질서를 인정한다. Cf. E. B. Allo, *Premiere Epitre Aux Cor.*, Paris, 1934, pp.324sq.; S.

설로부터 구분하는 것은 적절하지 못하다.

4. 지혜와 지식이 성령의 선물인 것과 마찬가지로, 위에서³ 지적했듯이, 통찰과 의견, 효경, 용기와 두려움 역시 성령의 선물이다. 그러므로 이것들은 무상 은총들로 분류되어야 한다.

[재반론] 그러나 반대로, 사도는 코린토 1서 12장 [8절 이하]에서 이렇게 말한다. "이리하여 어떤 이에게는 성령을 통하여 지혜의 말씀이, 어떤 이에게는 같은 성령에 따라 지식의 말씀이 주어집니다. 그리고 어떤 이에게는 같은 성령 안에서 믿음이, 어떤 이에게는 그 한 성령 안에서 병을 고치는 은사⁴가 주어집니다. 어떤 이에게는 기적을 일으키는 은사가, 어떤 이에게는 예언을 하는 은사가, 어떤 이에게는 영들을 식별하는 은사가, 어떤 이에게는 여러 가지 신령한 언어를 말하는 은사가, 어떤 이에게는 신령한 언어를 해석하는 은사가 주어집니다."⁵

[답변] 이미⁶ 말한 것처럼, 무상 은총은 어떤 사람이 하느님께로 되돌아갈 수 있도록 다른 사람과 협력하는 데에로 정해져 있다. 그런데 인간은 어떤 사람을 내밀하게 움직임으로써 이 일을 이룰 수 없다. 왜냐하면 그것은 오직 하느님께만 속하는 일이기 때문이다.⁷ 그러므로 인간은 오직 외부적으로 그를 가르치거나 설득함으로써 그 일을 이룬다.⁸ 그래서 무상 은총은 어떤 사람을 (이성을 넘는) 신적

Garofalo, *La Sacra Bibbia*, III, Torino, 1960, p.442.
6. a.1
7. Cf. I, q.106, a.2; q.111, a.2.
8. Cf. I, q.117, a.1.

instruat in rebus divinis, quae sunt supra rationem. Ad hoc autem tria requiruntur. Primo quidem, quod homo sit sortitus plenitudinem cognitionis divinorum, ut ex hoc possit alios instruere. Secundo, ut possit confirmare vel probare ea quae dicit, alias non esset efficax eius doctrina. Tertio, ut ea quae concipit, possit convenienter auditoribus proferre.

Quantum igitur ad primum, tria sunt necessaria, sicut etiam apparet in magisterio humano. Oportet enim quod ille qui debet alium instruere in aliqua scientia, primo quidem, ut principia illius scientiae sint ei certissima. Et quantum ad hoc ponitur *fides*, quae est certitudo de rebus invisibilibus, quae supponuntur ut principia in Catholica doctrina.—Secundo, oportet quod doctor recte se habeat circa principales conclusiones scientiae. Et sic ponitur *sermo sapientiae*, quae est cognitio divinorum.—Tertio, oportet ut etiam abundet exemplis et cognitione effectuum, per quos interdum oportet manifestare causas. Et quantum ad hoc ponitur *sermo scientiae*, quae est cognitio rerum humanarum, quia *invisibilia Dei per ea quae facta sunt, conspiciuntur.*[9]

Confirmatio autem in his quae subduntur rationi, est per argumenta. In his autem quae sunt supra rationem divinitus revelata, confirmatio est per ea quae sunt divinae virtuti propria. Et hoc dupliciter. Uno quidem modo, ut doctor sacrae doctrinae faciat quae solus Deus facere potest, in operibus miraculosis,

---

9. 로마 1,20.

인 사정에 대해서 가르치는 데 필요한 모든 것을 포함하고 있다. 이를 위해서는 세 가지가 필요하다. 첫째, 인간은 신적인 것들에 대해 충만한 지식을 획득하여 그것에 기초해서 남들을 가르칠 수 있어야 한다. 둘째, 그는 그가 말하는 것을 확증하거나 입증할 수 있어야 한다. 그렇지 않으면 그의 가르침에는 효력이 없을 것이다. 셋째, 그는 자신이 마음에 품고 있는 내용을 다른 사람들에게 적절하게 표현할 수 있어야 한다.

이 가운데 첫째 요구에 대해서는, 인간적 가르침에서도 볼 수 있는 것처럼, 세 가지가 필요하다. 첫째, 어떤 학문 분야에서 다른 사람을 가르치는 사람에게는 그 학문의 원리들이 절대적으로 명백해야 한다. 이런 것으로 우리는 가톨릭 가르침의 원리들로 간주되는, 보이지 않는 실재들에 대한 확실성인 '신앙'(fides)을 들 수 있다.―둘째, 그 교사(doctor)는 자신의 학문 분야의 주된 결론에 대한 올바른 생각을 지니고 있어야 한다. 여기서 우리는 신적 세계에 대한 지식인 '지혜의 설교'(sermo sapientiae)를 들 수 있다.―셋째, 그는 광범위한 교훈적 실례들과 결과들을 가지고 있으면서 자주 그 원인들을 적시할 수 있어야 한다. 이 경우에 우리는 인간사에 관한 지식인 '학문의 설파'(sermo scientiae)를 들 수 있다. 왜냐하면 "하느님의 보이지 않는 본성은 피조물을 통하여 알아보고 깨달을 수 있기" 때문이다.[9]

이성에 속하는 문제들은 논증들을 통해서 확인된다. 그렇지만 인간의 이성을 넘는 신적 계시에 속한 문제들에서는 하느님의 능력에 고유한 방법들 안에서 확증이 주어진다. 이것은 두 가지 방식으로 이루어진다. 첫째, 거룩한 가르침의 교사는 오직 하느님만이 할 수 있는 일을 기적을 수행함으로써 이를 행해야 한다. 여기서 기적은 신

sive sint ad salutem corporum, et quantum ad hoc ponitur *gratia sanitatum*; sive ordinentur ad solam divinae potestatis manifestationem, sicut quod sol stet aut tenebrescat, quod mare dividatur; et quantum ad hoc ponitur *operatio virtutum*.— Secundo, ut possit manifestare ea quae solius Dei est scire. Et haec sunt contingentia futura, et quantum ad hoc ponitur *prophetia*; et etiam occulta cordium, et quantum ad hoc ponitur *discretio spirituum*.

Facultas autem pronuntiandi potest attendi vel quantum ad idioma in quo aliquis intelligi possit, et secundum hoc ponuntur *genera linguarum*, vel quantum ad sensum eorum quae sunt proferenda, et quantum ad hoc ponitur *interpretatio sermonum*.[10]

AD PRIMUM ergo dicendum quod, sicut supra[11] dictum est, non omnia beneficia quae nobis divinitus conceduntur, gratiae gratis datae dicuntur, sed solum illa quae excedunt facultatem naturae, sicut quod piscator abundet sermone sapientiae et scientiae et aliis huiusmodi. Et talia ponuntur hic sub gratia gratis data.

10. 우리는 위에서(제1절) 이미 성 토마스가 오로지 은사에만 한정함으로써 '무상' 은총 개념이 겪게 된 심층적 변화를 지적하였다. 다른 논거들에서처럼 그 전이 (轉移)가 『대이교도대전』에 기록되어 있다. 우리의 경우에, 곧 은사에 대한 새롭고 결정적인 체계화에서 우리는 다음과 같은 특수한 점에 주목한다: 『대이교도대전』에서 말하는 신앙은 이미 설교자들의 것이 아니라 복음 설교를 받아들이는 신앙인들의 신학적 덕과 일치된다.(여기서는 오히려 제3답의 정정이 관찰된다.) 그리고 '영들의 식별'은 거짓 계시를 믿을 위험을 벗어나 악마적 속임수의 가면을 벗겨 버리는 기관으로 이해된다. 또한 우리는 첫 번째 『대전』에서 천사적 박사가 '마음에 들게 만드는 은총'의 지칭을 오로지 참사랑에만 한정하려는

체의 건강일 수도 있는데, 이때 우리는 '치유의 은총'(gratia sanitatum)을 만나게 된다. 또는 태양이 머물러 있거나 어두워지는 것과 같은 신적 능력의 단순한 드러냄일 수도 있는데, 이때 우리는 '기적을 일으킴'(operatio virtutum)을 만나게 된다.―둘째, 오직 하느님만이 알 수 있는 것을 현시할 수 있어야 한다. 그 가운데 미래의 우연사에 관한 것일 때에는, '예언'(prophetia)이고, 마음의 비밀에 관한 것일 때에는 '영의 식별'(discretio spirituum)이다.

표현의 역량에 관해서는 이것이 누군가가 이해할 수 있는 언어와 관련해서 발생할 수 있는데, 이것이 '신령한 언어의 은사'(genera linguarum)이고, 선포되어야 하는 것의 의미와 관련해서 발생할 수도 있는데, 이것은 '말씀의 해설 은사'(interpretatio sermorum)이다.[10]

[해답] 1. 위에서도[11] 말한 것처럼, 하느님이 우리에게 허용하신 모든 선익(은전)들이 다 무상 은총이라고 불리는 것이 아니라, 예컨대 어부에게 지혜와 지식이 흘러넘치는 것과 같이 오직 자연적 능력(facultas naturae)의 한계를 넘는 것들만이 은총이라고 불린다. 이런 것들이 여기서는 무상 은총으로 간주된다.

경향을 드러낸다는 점에 주목한다.(Cf. ScG, III, c.154) 무상 은총과 하느님을 기쁘시게 만드는 은총 사이의 구별이 식별의 간결한 척도를 결(缺)하고 있는 관계로 아주 명확하지 못하다고 명백히 경고한다. 하지만 하느님을 기쁘시게 만드는 은총을 한정하려는 시도를 한 다음에 '무상 은총'이라는 용어를 오직 은사들에만 한정하는 것이 더욱 논리적이고 더욱 단순하다고 확신하게 된다.

'무상 은총'(無償恩寵, gratia gratis data), 즉 공동선(共同善, bonum commune)을 위한 성령의 현현(1코린 12,7)에 대한 보다 확장된 논의를 위해서는: Cf. I-II, qq.68-70; II-II, qq.71-178. Cf. John M. Meinert, *The Love of God Poured Out: Grace and the Gifts of the Holy Spirit in St. Thomas Aquinas*, Steubenville(OH), Emmaus Academic, 2018.

11. a.1.

AD SECUNDUM dicendum quod fides non numeratur hic inter gratias gratis datas secundum quod est quaedam virtus iustificans hominem in seipso, sed secundum quod importat quandam supereminentem certitudinem fidei, ex qua homo sit idoneus ad instruendum alios de his quae ad fidem pertinent.[12] Spes autem et caritas pertinent ad vim appetitivam, secundum quod per eam homo in Deum ordinatur.

AD TERTIUM dicendum quod gratia sanitatum distinguitur a generali operatione virtutum, quia habet specialem rationem inducendi ad fidem; ad quam aliquis magis promptus redditur per beneficium corporalis sanitatis quam per fidei virtutem assequitur. Similiter etiam loqui variis linguis, et interpretari sermones, habent speciales quasdam rationes movendi ad fidem, et ideo ponuntur speciales gratiae gratis datae.

AD QUARTUM dicendum quod sapientia et scientia non computantur inter gratias gratis datas secundum quod enumerantur inter dona Spiritus Sancti, prout scilicet mens hominis est bene mobilis per Spiritum Sanctum ad ea quae sunt sapientiae vel scientiae, sic enim sunt dona Spiritus Sancti, ut supra[13] dictum est. Sed computantur inter gratias gratis datas secundum quod important quandam abundantiam scientiae et sapientiae, ut homo possit non solum in seipso recte sapere de divinis, sed etiam alios instruere et contradicentes revincere.[14] Et

---

12. Cf. II-II, q.4, a.5, ad4.

2. 신앙은 여기서 인간 자신을 의화하는 덕이라는 의미에서 무상 은총으로 분류되는 것이 아니라, (그 때문에 어떤 사람이 신앙 문제에 대해 다른 사람들을 가르치기에 적합하게 되는) 비범한 신앙의 확실성을 포함하고 있는 데 따라서 무상 은총으로 분류되고 있다.[12] 반면, 희망과 참사랑은 인간이 그것에 의해서 하느님께로 향하는 한에서 욕구적 능력에 속한다.

3. 치유 은총(gratia sanitatum)은, 그것이 신앙을 위한 특별한 동기를 제공하기 때문에, 기적 일반을 행함과 구별된다. 사람들은 신앙의 덕을 통해서보다는 육체적 건강의 은혜에 의해서 좀 더 신앙에 즉각적으로 응답(promptus)하게 된다. 마찬가지로, 언어의 은사나 해석의 은사도 신앙을 위한 특별한 동기를 제공하고, 그래서 그것들은 각각 무상 은총들 가운데 특별한 자리를 차지하고 있다.

4. 지혜(sapientia)와 지식(scientia)은, 그것들이 성령의 선물들 가운데 들게 되는 것과 같은 의미에서, 다시 말해 인간의 정신이 지혜와 지식 문제에 있어서 성령께 순응적(bene mobilis)이 된다는 의미에서, 무상 은총에 속하는 것으로 간주되는 것이 아니다. 이것은, 이미[13] 말한 것처럼, 성령의 선물들의 기능이다. 그것들은 풍부한 지혜와 지식을 의미 있게 함축하고 있는 한에서 무상 은총으로 분류된다. 가령 어떤 사람은 자신 안에 있는 신적인 것들에 대한 올바른 감각을 가지고 있을 뿐만 아니라, 또한 다른 사람들을 가르치거나 반대자들의 논거들을 논박할 수도 있는 것이다.[14] 그래서 지혜와 지식의 발설이 무상 은총들로 분류되는 것은 의미가 있다. 아우구스티누스는 『삼위

---

13. Loc. cit., in aa.1 et 4.
14. Cf. II-II, q.9, a.1, ad2; q.45, a.5. Cf. I, q.79, a.10, ad3.

ideo inter gratias gratis datas signanter ponitur *sermo sapientiae*, et *sermo scientiae*: quia ut Augustinus dicit, XIV *de Trin.*,[15] *aliud est scire tantummodo quid homo credere debeat propter adipiscendam vitam beatam; aliud, scire quemadmodum hoc ipsum et piis opituletur, et contra impios defendatur.*[16]

Articulus 5
Utrum gratia gratis data sit dignior quam gratia gratum faciens

Ad quintum sic proceditur. Videtur quod gratia gratis data sit dignior quam gratia gratum faciens.

1. *Bonum enim gentis est melius quam bonum unius*; ut Philosophus dicit, in I *Ethic.*[1] Sed gratia gratum faciens ordinatur solum ad bonum unius hominis, gratia autem gratis data ordinatur ad bonum commune totius Ecclesiae, ut supra[2] dictum est. Ergo gratia gratis data est dignior quam gratia gratum faciens.

2. Praeterea, maioris virtutis est quod aliquid possit agere in aliud, quam quod solum in seipso perficiatur, sicut maior est claritas corporis quod potest etiam alia corpora illuminare,

---
15. c.1, n.3: PL 42, 1037.
16. '신앙'에 대해서뿐만 아니라 '지혜'(sapientia)와 '지식'(scientia)에 대해서도 저자는 본질적으로 오직 자기 자신을 교정할 뿐이다.(Cf. ScG, III, c.154, nn.1-2 et 7) 또한 이 정정이 사도 바오로의 서간들에 대한 주해에서 발견된다는 사실도 주목하라.(Cf. *In Ep. ad I Cor.*, c.12, lect.2)

일체론』 제14권[15]에서 이렇게 말하고 있다. "단지 복된 삶을 얻기 위해서 인간이 무엇을 믿어야 하는지를 아는 것과, 그것이 신앙인에게 어떻게 가능하고 또 비신앙인들을 거슬러 어떻게 옹호될 수 있는지를 아는 것은 서로 다르다."[16]

제5절 무상 은총은 하느님을 기쁘시게 만드는 은총보다 더 고상한가?

[반론] 다섯째에 대해서는 다음과 같이 진행된다. 무상 은총이 하느님을 기쁘시게 만드는 은총보다 더 가치가 높은 것으로 보인다.

1. 실상 철학자가 『니코마코스 윤리학』 제1권[1]에서 말하는 것처럼, "백성의 선익(善益)이 개개인의 선익보다 더 높기" 때문이다. 그런데 위에서[2] 말한 것처럼, 하느님을 기쁘시게 만드는 은총은 오로지 개별 인간의 선익으로만 향하는 데 반해, 무상 은총은 교회 전체의 공동선(共同善)으로 향하고 있다. 그러므로 무상 은총이 하느님을 기쁘시게 만드는 은총보다 더 가치가 있다.

2. 어떤 것이 단순하게 그 자체 안에서 완성되는 것보다는 다른 것에게 행동할 수 있는 것이 더 높은 덕의 질서에 속한다. 그래서 다른 물체들을 조명할 수 있는 물체의 발광도 다른 것들을 조명할 수

---

1. c.1, 1094b8-11, S. Thomas, lect.2, nn.30-31.
2. aa.1 et 4.

q.111, a.5

quam eius quod ita in se lucet quod alia illuminare non potest. Propter quod etiam Philosophus dicit, in V *Ethic.*,³ quod *iustitia est praeclarissima virtutum*, per quam homo recte se habet etiam ad alios. Sed per gratiam gratum facientem homo perficitur in seipso, per gratiam autem gratis datam homo operatur ad perfectionem aliorum. Ergo gratia gratis data est dignior quam gratia gratum faciens.

3. Praeterea, id quod est proprium meliorum, dignius est quam id quod est commune omnium, sicut ratiocinari, quod est proprium hominis, dignius est quam sentire, quod est commune omnibus animalibus. Sed gratia gratum faciens est communis omnibus membris Ecclesiae, gratia autem gratis data est proprium donum digniorum membrorum Ecclesiae. Ergo gratia gratis data est dignior quam gratia gratum faciens.⁴

SED CONTRA est quod Apostolus, I *ad Cor.* 12, enumeratis gratiis gratis datis, subdit [v. 31]: *Adhuc excellentiorem viam vobis demonstro*, et sicut per subsequentia patet, loquitur de caritate,

---

3. c.3, 1129b27-1130a8; S. Thomas, lect.2, nn.906-910.
4. "이 이유는, 하느님을 기쁘시게 만드는 은총이 인간을 그 초자연적 최종 목적인 하느님과 직접적으로 결합시킨다는 사실 자체 때문에 '그 실체에 있어서 초자연적'이라는 점에 주목할 때, 보다 심층적인 것으로 나타난다. 왜냐하면 그것은 직접적으로 형상적 대상에 의해서 초자연적인 'quo'와 'quod'으로 종별화되는 신학적 덕들의 뿌리이고, 본질적으로 초자연적인 '영광의 씨앗', 영원한 삶의 시작이기 때문이다. 반면에 무상 은총은 일반적으로 오로지 기적 자체처럼 그것이 산

제111문 제5절

없으면서 그 자체 안에서만 빛나는 것보다 더 크다. 이런 이유 때문에 철학자도 『니코마코스 윤리학』 제5권[3]에서 "정의는 모든 덕 가운데 가장 찬란하다."고 말하고 있는 것이다. 정의는 인간이 다른 이들과 올바른 관계를 맺는 덕이기 때문이다. 그런데 인간은 하느님을 기쁘시게 만드는 은총에 의해서는 그 자신 안에서만 완성되지만, 무상 은총에 의해서는 다른 이들의 완성을 위해 일하게 된다. 그러므로 무상 은총이 하느님을 기쁘시게 만드는 은총보다 더 가치가 있다.

3. 보다 높은 질서에 속하는 것에 고유한 것은 모든 것에 공통적인 것보다 더 가치가 있다. 그것은 인간에게 고유한 추론 능력이, 모든 동물에 공통적인 감각보다 더 가치가 있는 것과 같다. 그런데 하느님을 기쁘시게 만드는 은총은 교회의 모든 구성원들에게 공통적인 데 반해, 무상 은총은 교회의 보다 가치 있는 구성원들에게 고유한 선물이다. 그러므로 하느님을 기쁘시게 만드는 은총이 무상 은총보다 더 가치가 있다.[4]

[재반론] 그러나 반대로, 사도는 코린토 1서 12장에서 무상 은총들을 나열한 다음에 계속해서 "나는 이제 여러분에게 더욱 뛰어난 길을 보여 주겠습니다."[31절])라고 말하고 있고, 이어지는 것으로부터 분명해지듯이, 그는 하느님을 기쁘시게 만드는 은총에 속하는 참사

출하는 '양식과 관련해서'만 '초자연적'이다."(R. Garrigou-Lagrange, OP, *op. cit.*, p.129) '실체와 관련해서 또는 형상적으로'(quoad substantiam seu formaliter) 초자연적인 것과 '양태에 따른 또는 결과적으로' 초자연적인 것 사이의 차이에 대해서는: Cf. R. Garrigou-Lagrange, OP, *Perfezione cristiana e contemplazione,* Torino, 1933, pp.9, 51-52, 482-483; A. M. Horvath, OP, *Synthesis theologiae fundamentalis,* Budapestini, 1947, pp.47, 71.

quae pertinet ad gratiam gratum facientem. Ergo gratia gratum faciens excellentior est quam gratia gratis data.⁵

Respondeo dicendum quod unaquaeque virtus tanto excellentior est, quanto ad altius bonum ordinatur. Semper autem finis potior est his quae sunt ad finem. Gratia autem gratum faciens ordinat hominem immediate ad coniunctionem ultimi finis. Gratiae autem gratis datae ordinant hominem ad quaedam praeparatoria finis ultimi, sicut per prophetiam et miracula et alia huiusmodi homines inducuntur ad hoc quod ultimo fini coniungantur. Et ideo gratia gratum faciens est multo excellentior quam gratia gratis data.⁶

Ad primum ergo dicendum quod, sicut Philosophus dicit, in XII *Metaphys.*,⁷ bonum multitudinis, sicut exercitus, est duplex. Unum quidem quod est in ipsa multitudine, puta ordo exercitus. Aliud autem quod est separatum a multitudine, sicut bonum ducis, et hoc melius est, quia ad hoc etiam illud aliud ordinatur.⁸ Gratia autem gratis data ordinatur ad bonum commune

---

5. 성 토마스는 여기서 자신들의 은사(恩賜, charismata)에 관한 코린토인들의 "열정"에 관한 주장들에 대하여 사도 바오로 자신의 응답에 의존하고 있다. 참사랑과 성화은총 사이의 연결은 기정사실로 간주된다. 그 연결은 단순한 용어 이상이지만, 그것은 '은총의 박사'(Doctor Gratiae)와 마찬가지로 '참사랑의 박사'(Doctor Caritatis)라고 불릴 자격이 있는 아우구스티누스가 그리스도교 용어에 끼친 지속적인 영향에 의존하고 있다.

랑에 관해서 말하고 있다. 그러므로 하느님을 기쁘시게 만드는 은총이 무상 은총보다 더 뛰어나다.[5]

[답변] 어떤 덕의 탁월함의 등급은 그것이 향하고 있는 대상의 선성의 등급에 좌우된다. 목적은 언제나 그 목적을 향해 질서 지어져 있는 그 어떤 것[수단]보다 더 고상한 등급을 지니고 있다. 그런데 하느님을 기쁘시게 만드는 은총은 인간을 직접 최종 목적과의 결합으로 향하도록 질서 짓는다. 반면 무상 은총은 인간을 그 최종 목적에 이르는 도상에 있는 어떤 예비적 단계들로 향하도록 만든다. 그래서 예언이나 기적들에 의해서 사람은 최종 목적에 결합됨을 향한 도정으로 이끌린다. 그래서 하느님을 기쁘시게 만드는 은총이 무상 은총보다 훨씬 더 월등하다.[6]

[해답] 1. 철학자가 『형이상학』 제12권[7]에서 말하는 것처럼, 예컨대 군대와 같은 집단의 선에는 두 종류가 있다. 한 가지 선은, 예컨대 그 군대의 올바른 질서처럼, 그 집단 자체 안에 현존하고 있다. 다른 한 가지 선은 예컨대 지휘관 안에 있는 선처럼 그 집단과는 떨어져 있다. 그런데 후자가 전자보다 더 고등한 것이다. 왜냐하면 앞의 선조차도 후자의 선에 질서 지어져야 하기 때문이다. 그런데 무상 은총은 교회의 공동선(교회 자체의 질서)에 질서 지어져 있다.[8] 그러나 하느님을 기쁘시게 만드는 은총은 분리되어 있는 저 공동선에 질서

---

6. 당연한 이야기지만, 질서와 제도로서의 교회가 그 고유의 목적은 아니다.
7. c.10, 1075a11-15; S. Thomas, lect.12, nn.2627, 2631.
8. Cf. I, q.103, a.2, ad3.

Ecclesiae quod est ordo ecclesiasticus, sed gratia gratum faciens ordinatur ad bonum commune separatum, quod est ipse Deus. Et ideo gratia gratum faciens est nobilior.

AD SECUNDUM dicendum quod, si gratia gratis data posset hoc agere in altero quod homo per gratiam gratum facientem consequitur, sequeretur quod gratia gratis data esset nobilior, sicut excellentior est claritas solis illuminantis quam corporis illuminati. Sed per gratiam gratis datam homo non potest causare in alio coniunctionem ad Deum, quam ipse habet per gratiam gratum facientem; sed causat quasdam dispositiones ad hoc. Et ideo non oportet quod gratia gratis data sit excellentior, sicut nec in igne calor manifestativus speciei eius, per quam agit ad inducendum calorem in alia, est nobilior quam forma substantialis ipsius.

AD TERTIUM dicendum quod sentire ordinatur ad ratiocinari sicut ad finem, et ideo ratiocinari est nobilius. Hic autem est e converso, quia id quod est proprium, ordinatur ad id quod est commune sicut ad finem. Unde non est simile.

지어져 있는데, 그것이 바로 하느님 자신이다. 그래서 하느님을 기쁘시게 만드는 은총이 더 고상하다.

2. 만일 무상 은총이 다른 사람 안에 인간이 하느님을 기쁘시게 만드는 은총에 의해서 얻게 되는 것을 초래할 수 있다면, 무상 은총이 더 고상하다는 결론이 나올 것이다. 이리하여 다른 사물들을 조명하는 태양의 찬란함은 조명된 물체의 찬란함보다 더 월등하다. 그러나 무상 은총에 의해서 사람이 다른 사람 안에 (자기 자신이 하느님을 기쁘시게 만드는 은총에 의해서 가지고 있는) 하느님과의 결합을 낳을 수 없다면, 그는 다만 그것을 위한 특정 성품들을 야기할 수 있을 뿐이다. 그래서 무상 은총이 더 탁월하다는 결론이 도출되지 않는다. 그것은 불의 경우에, 그 종적 본성을 드러내고 또 다른 것들 안에 열을 이끌어 들이는 행동을 하게 되는 열이 그것 자체의 실체적 형상보다 더 고등한 질서에 속하는 것과 같다.

3. 감각은 추론을 그 목적으로 삼고 있다. 그래서 추론이 더 고등한 질서에 속한다. 그러나 여기서 그 반대도 성립된다. 왜냐하면 고유한 것은 공통적인 것을 목적으로 삼고 있기 때문이다. 이리하여 그 두 경우는 비슷한 것이 아니다.

QUAESTIO CXII
DE CAUSA GRATIAE
in quinque articulos divisa

Deinde considerandum est de causa gratiae.[1]

Et circa hoc quaeruntur quinque.

Primo: utrum solus Deus sit causa efficiens gratiae.

Secundo: utrum requiratur aliqua dispositio ad gratiam ex parte recipientis ipsam, per actum liberi arbitrii.

Tertio: utrum talis dispositio possit esse necessitas ad gratiam.

Quarto: utrum gratia sit aequalis in omnibus.

Quinto: utrum aliquis possit scire se habere gratiam.[2]

Articulus 1
Utrum solus Deus sit causa gratiae

---

1. Cf. q.109, Introd.
2. 우리가 이제 막 마주하려는 문제들은 대단히 까다로운 것들이다. 저자는 아직 은총의 공로적 원인인 그리스도께 대해, 그리고 그 도구인 성사들에 대해서도 아무 말도 하지 않았기 때문에, 그 문제를 일반적 차원에 머문 채 논고를 분절화 하고 있다. 이에 대해서는 겨우 반론들과 해답들 속에서 시사하게 될 것이다. 논의가 집중하고 있는 두 축은 작용인인 하느님(제1절)과 그것이 산출되는 주체(제2-5절)이다. 병행 문헌에도 제시된 것처럼, 트리엔트공의회는, 개신교 이단의 발발

제112문
은총의 원인에 대하여
(전5절)

그런 다음에는 은총의 원인에 대하여 고찰해야 한다.[1] 이에 관해서는 다섯 가지 질문이 제기된다.

첫째, 오직 하느님만이 은총의 작용인이신가?

둘째, 수용자 자신으로부터 자유재량의 행위를 통한, 은총을 향한 어떤 태세가 요구되는가?

셋째, 이런 태세가 은총에 필연성일 수 있는가?

넷째, 은총은 모든 이 안에서 동등한가?

다섯째, 누군가가 자신이 은총을 받았다는 것을 알 수 있는가?[2]

제1절 오직 하느님만이 은총의 원인인가?

Parall.: III, q.62, a.1; q.64, a.1; *In Sent.*, I, d.14, part.1, q.3; d.49, q.4, a.2, ad3; II, d.26, a.2; IV, d.5, q.1, a.3, qc.1; *De veritate*, q.27, a.3; *In Ep. ad Rom.*, c.5, lect.1.

Docr. Eccl.: "홀로 선하신 분께서 당신 자신에 참여하도록 해 주시지 않으면, 아무도 자기 스스로 선해질 수 없다." (하느님의 은총에 대하여: "Indiculus") DS 131[=DH 240]. Cf DS 134[=DH 243]. DS 180[=DH 377], DS 182sq.[=DH 379sq.], DS 193[=DH 390], DS 198[=DH 395].—"이러한 의화의 원인들은 다음과 같다. 목적인(目的因)은 하느님과 그리스도의 영광이며 영원한 생명이다. 작용인(作用因)은 '우리가 받을 상속을 보증해 주시도록 약속된 성령'[에페 1,13-

q.112, a.1

Ad primum sic proceditur. Videtur quod non solus Deus sit causa gratiae.

1. Dicitur enim Ioan. 1, [17]: *Gratia et veritas per Iesum Christum facta est.* Sed in nomine Iesu Christi intelligitur non solum natura divina assumens, sed etiam natura creata assumpta. Ergo aliqua creatura potest esse causa gratiae.

2. Praeterea, ista differentia ponitur inter sacramenta novae legis et veteris, quod sacramenta novae legis causant gratiam, quam sacramenta veteris legis solum significant. Sed sacramenta novae legis sunt quaedam visibilia elementa. Ergo non solus Deus est causa gratiae.

에 맞서 의화(義化, justificatio)의 다양한 원인들을 규정하였다. 목적인(目的因)은 하느님의 영광, 그리스도의 영광, 그리고 영원한 생명이다. 작용인(作用因)은 하느님 자신이며, 공로인(功勞因)은 예수 그리스도이고, 도구인(道具因)은 세례이다. "유일한 형상인(形相因)은 하느님의 의로움이다. 이는 당신 자신을 의롭게 하는 것이 아니라, 그분이 우리를 의롭게 만드시는 요인[성화은총 또는 습성적 은총] 이다."(DS 799[=DH 1529]) 이 마지막 원인은, 그 자체가 형상이기 때문에, 분명 다시 형상인을 받을 수 없다.

14]으로 인호(印號)를 새겨 주시고 기름을 발라 주시면서[2코린 1,21-22 참조] 우리를 무상으로 정화하시고 성화[1코린 6,11 참조]하시는 자비로우신 하느님이시다. 공로인(功勞因)은 하느님의 지극히 사랑스러운 외아들 우리 주 예수 그리스도이시다. '우리가 하느님의 원수'[로마 5,10]였을 때, 그분께서는 '우리를 사랑하신 그 큰 사랑으로'[에페 2,4], 십자가 나무 위에서 지극히 거룩한 수난을 겪으심으로써 우리가 의화되도록 공로를 세우셨으며, 우리를 위하여 하느님 아버지께 속죄를 이루셨다. 도구인(道具因)은 '신앙의 성사'인 세례성사이다. 이 것 없이는 그 누구도 의화되지 못한다. 끝으로 유일한 형상인(形相因)은 하느님의 의로움이다. 이는 당신 자신을 의롭게 하는 것이 아니라, 그분이 우리를 의롭게 만드시는 요인이다. 사실 우리는 그분에 의해 의로움을 부여받아 우리 마음의 영 안에서 새로워졌다[에페 4,23 참조]."(트리엔트공의회, 제6회기, 제7장) DS 799[=DH 1529].

[반론] 첫째에 대해서는 다음과 같이 진행된다. 하느님이 은총의 유일한 원인인 것으로 보이지 않는다.

1. 실상 우리는 요한복음서 1장 [17절]에서 "은총과 진리는 예수 그리스도를 통해서 이루어졌다."는 말을 듣기 때문이다. 그러나 '예수 그리스도'라는 이름으로는 취해진 신성뿐만 아니라, 취해진 피조된 본성으로도 이해된다. 그러므로 어떤 피조물이 은총의 원인일 수 있다.

2. '새 법'의 성사들과 '옛 법'의 성사들 사이의 차이는 다음과 같은 사실에 있는 것으로 간주된다. 즉 신약의 성사(聖事)들은 은총의 원인인 데 반해, 구약의 성사들은 다만 그것을 가리키기만(significare) 할 뿐이다. 그러나 신약의 성사들은 눈으로 볼 수 있는 물질적 세계의 요소들이다. 그러므로 하느님만이 은총의 유일한 원인은 아니다.

3. Praeterea, secundum Dionysium, in libro *Cael. Hier.*,[1] Angeli purgant et illuminant et perficiunt et Angelos inferiores et etiam homines.[2] Sed rationalis creatura purgatur, illuminatur et perficitur per gratiam. Ergo non solus Deus est causa gratiae.

SED CONTRA est quod in Psalmo 83, [12] dicitur: *Gratiam et gloriam dabit Dominus.*

RESPONDEO dicendum quod nulla res agere potest ultra suam speciem,[3] quia semper oportet quod causa potior sit effectu. Donum autem gratiae excedit omnem facultatem naturae creatae, cum nihil aliud sit quam quaedam participatio divinae naturae,[4] quae excedit omnem aliam naturam. Et ideo impossibile est quod aliqua creatura gratiam causet. Sic enim necesse est quod solus Deus deificet, communicando consortium divinae naturae per quandam similitudinis participationem, sicut impossibile est quod aliquid igniat nisi solus ignis.[5]

---

1. cc.3-4 et 7-8: PG 3, 165B, 181A, 209CD, 240C.
2. Cf. I, q.106, a.1; q.111, a.1.
3. Cf. q.114, a.2; *ScG*, III, q.84, n.2587.
4. Cf. q.110, aa.1 et 3-4.
5. Cf. I, q.8, a.1; q.44, a.1. 이 절은 그 원천, 전망, 철학적 접근에 있어서 철저하게 '그리스적'인 절이다. 의심의 여지 없이 그리스도교적인 종말론적 의미에서 그리스의 종교 철학적 언어를 사용하고 있는 것으로, 베드로 2서 1장 4절의 텍스트(cf. q.110, a.3)에는 여기서 신학적 원리의 일관성이 주어지고(consortium for consortes) '신화'(神化, deificatio)로서의 은총신학을 지지하기 위해서 만들어진다. 그리스 신학에서의 이 전통에 관해서는: Cf. J. Gross, *La divinisation du chretien d'apres les*

3. 디오니시우스의 『천상위계론』¹에 따르면, 천사들은 하급 천사들과 인간들을 모두 정화하고, 조명하고, 완성한다.² 그런데 이성적 피조물들은 은총에 의해서 정화되고, 조명되고, 완성된다. 그러므로 하느님이 은총의 유일한 원인은 아니다.

[재반론] 그러나 반대로, 시편 84[83]편 [12절]에서는 "주님께서 은총과 영광을 주실 것이다."라고 말한다.

[답변] 어떤 사물도 그 종(種)의 한계를 넘어 활동할 수 없다.³ 왜냐하면 원인은 언제나 그 결과보다 더 강력하기 때문이다. 그런데 은총의 선물은 피조된 본성을 지닌 모든 기관(facultas)을 능가한다. 왜냐하면 그것은 모든 다른 본성을 능가하는 신적 본성에 대한 참여(participatio divinae naturae)⁴ 외에 다른 것이 아니기 때문이다. 그래서 어떤 피조물이 은총의 원인이 된다는 것은 불가능하다. 왜냐하면 불 이외에는 어떤 것도 불꽃을 일으키는 것이 불가능한 것과 마찬가지로, 오직 하느님만이 유사성의 참여를 통해서 당신의 신적 본성에 참여할 수 있도록 허용함으로써 신화(神化)시킨다(deificare)는 것이 필연적이기 때문이다.⁵

Pertes grecs(1938); H. Rondet, *The Grace of Christ*, Westminster, Maryland, 1967. 토마스의 참여 철학에 관한 고전적 작품들로는: Cf. L. G. Geiger, *La participation dans la philosophie de S. Thomas d'Aquin*, 1942; Cornelio Fabro, *La nozione metafisica di partecipazione secondo san Tommaso*, 2a ed., 1950; Battista Mondin, *Il problema del linguaggio teologico dalle origini ad oggi*, Brescia. Queriniana, 1971. 좀 더 최근의 연구를 보기 위해서는: Cf. Daniel A. Keating, "Justifiaction, Sanctification and Divinization in Thomas Aquinas", in Thomas Weinandy, Daniel A. Keating, and J. P. Yocum(eds.), *Aquinas on Doctrine: A Critical Introduction*, New York, T&T Clark, 2004, pp.139-158; John Rziha, *Perfecting Human Action: St. Thomas Aquinas*

q.112, a.1

AD PRIMUM ergo dicendum quod humanitas Christi est *sicut quoddam organum divinitatis eius*; ut Damascenus dicit, in III libro.[6] Instrumentum autem non agit actionem agentis principalis propria virtute, sed virtute principalis agentis. Et ideo humanitas Christi non causat gratiam propria virtute, sed virtute divinitatis adiunctae, ex qua actiones humanitatis Christi sunt salutares.[7]

AD SECUNDUM dicendum quod, sicut in ipsa persona Christi humanitas causat salutem nostram per gratiam, virtute divina principaliter operante; ita etiam in sacramentis novae legis, quae derivantur a Christo, causatur gratia instrumentaliter quidem per ipsa sacramenta, sed principaliter per virtutem Spiritus Sancti in sacramentis operantis; secundum illud Ioan. 3, [5]: *Nisi quis renatus fuerit ex aqua et spiritu sancto*, et cetera.[8]

---

on *Human Participation in Eternal Law*, Washington, Catholic University of America Press, 2009; Daria Spezzano, *The Glory of God's Grace: Deification according to St. Thomas Aquinas*, Ave Maria(FL), Sapientia, 2015.

"성사들을 통하여 획득되는 '신화'(神化, deificatio) 관념은 동방교회의 중심 교리 가운데 하나이다. 반면에 서방 신학에서는 의화의 이 측면이 크게 부각되지 않았다. 하지만 교부들과 서방 교회 박사들은 우연히 인간이 의화 속에서, 피조물로서는 접근할 수 없는 하느님과의 특별한 유사성을 획득한다고 주장하였다."(Flick & Alszeghy, op. cit., p.547) 여기서 우리는 성 토마스의 종합에서 이 요소가 결핍되지 않는다고 지적할 수 있다. 그리고 정작 우연적이라고 말할 수 없다. 실상 그 논고의 원천들 가운데에는, 저자가 광범위하게 주해하였고 결코 지치지 않고 자주 인용되는, 위디오니시우스의 『신명론』이 무시할 수 없는 자리를 차지하고 있다. 그런데 모두가 6세기의 익명의 그리스 신비가가 '신화' 개념 속에서 강조하는 있는 내용들을 알고 있고, 그것에 대한 서방의 위대한 주해자의 충만한 동의를 받고 있다는 것을 알고 있다.

[해답] 1. 다마셰누스[6]에 따르면, 그리스도의 인성은 '그분 신성의 한 도구'(quoddam organum divinitatis eius)이다. 그런데 도구는 그 자체의 능력만으로는 주된 행위자의 활동을 수행하지 못하고, 그 주된 행위자의 능력에 힘입어서 그 활동을 수행한다. 그래서 그리스도의 인성(人性)은 그 자체의 능력에 의해서 은총의 원인이 되는 것이 아니라, (그 덕분에 그리스도의 인성의 활동들이 구원 효과를 가지게 되는) 결합된 신성(神性)의 능력에 의해서 은총의 원인이 되는 것이다.[7]

2. 그리스도 자신의 위격(位格, persona) 안에서 그분의 인성이 (그 안에서 주된 행위자로서 작용하는 신적 능력에 의해서) 은총을 통한 우리의 구원을 야기하는 것과 마찬가지로, 그 원천을 그리스도 안에 가지고 있는 신약의 성사들 안에서도 은총은 참으로 성사들 자체에 의해서 도구적으로 결과 되지만, 주된 행위자는 그것들 안에서 작용하고 있는 성령의 능력이다. 이리하여 요한복음서 3장 [5절]에서는 "누구든지 물과 성령으로 다시 태어나지 않으면, 하늘나라에 들어갈 수 없다."라고 말하는 것이다.[8]

---

6. *De fide orth.*, III, c.199: PG 94, 1080B. Cf. c.15: PG 94, 1049A, 1060A. 요한 다마셰누스(Joannes Damascenus, 675-749)는 중세 라틴 세계에 무엇보다도 『정통신앙론』(*De fide orthodoxa*)의 저자로 알려졌다. 이것은 그의 『지혜의 샘』(Pege Gnoseos) 제3권에 대한 라틴어 역본이다. 이 작품은 성 토마스에게 그리스 신학에 대한 기본 원천이 되었다. 여기서 인용된 구절은 성 토마스의 『신학대전』, 특히 육화와 성사에 관해 논하는 제3부에서 자주 인용된다. 바티스타 몬딘, 『신학사 1』, 조규만 외 옮김, 가톨릭출판사, 2012, 788-794쪽 참조. Cf. Plested Marcus, "Thomas Aquinas and John of Damascus on the Light of Transfiguration", in Michael Dauphinais, Andrew Hofer, OP(eds.), *Thomas Aquinas and the Greek Fathers,* Ave Maria(FL), Sapientia, 2019, pp.206-220.
7. Cf. III, q.8, a.1, ad1; q.27, a.5.
8. 그리스도의 인성(人性)은 신성과 결합되어 있는 도구이고, 성사들은 '분리된 도

AD TERTIUM dicendum quod Angelus purgat, illuminat et perficit Angelum vel hominem, per modum instructionis cuiusdam, non autem iustificando per gratiam.[9] Unde Dionysius dicit, 7 cap. *de Div. Nom.*,[10] quod *huiusmodi purgatio, illuminatio et perfectio nihil est aliud quam divinae scientiae assumptio.*

Articulus 2
Utrum requiratur aliqua praeparatio sive dispositio ad gratiam ex parte hominis[1]

'구들'(instrumenta separati)이다. 성 토마스는 그리스도가 하느님으로서뿐만 아니라 인간으로서도 성사들의 내면적 효과들을 이루어 낸다는 것을 강조한다.(III, q.64, a.3) 그는 성사에 관해 말하는 가운데 알렉산드리아의 키릴루스를 인용하고 있다. "생명을 주는 하느님의 말씀은 당신 자신을 그분 자신의 살과 결합시킴으로써 바로 이 살을, 생명을 주는 것으로 만들었다."(III, q.79, a.1) 도구인(causa instrumentalis)은 스콜라학자들 사이에서 가장 뜨거운 논쟁의 대상이 된 주제가 되었다.

9. Cf. III, q.62, a.1; q.64, a.1.
10. Cf. I, q.45, a.5, ad1; q.106, a.1, ad2.
11. *Cael. Hier.*, c.7: PG 3, 209C.

1. 여기서 우리는 다시, 성 토마스가 첫 교수직을 시작하던 때에는 알지 못했던 것으로 보이는 반(半)펠라기우스주의의 이단을 만나게 된다. 아니, 정작 젊은 토마스가 "반펠라기우스주의적 관념들에 젖어 있었다."고 주장하는 사람까지 있다. Cf. H. Lange, *De Gratia*, Friburg, 1929, p.161.
지목된 표현들은 특히 다음과 같다. "인간이 은총에 채비를 갖추는 행위들이 인간 본성보다 상위에 있을 필요가 있다. 실상 인간의 본성이 자연적으로 은총에 대해 가능태에 있는 것처럼, 자연적 능력들의 행위들은 은총을 향한 자연적 태세들이다."(*In Sent.*, II, d.28, a.4) 그래서 "인간은, 하느님의 도우심이 없는 것은 아니지만, 자신의 자유재량만으로 은총에 미리 채비를 갖출 수 있다."(Ibid., ad2) 아퀴나스의 제자들은 '다만 자유재량만으로'라는 표현이 맥락 속에서 이해되어야 한

3. 천사는 은총으로 다른 천사들이나 사람들을 의화함으로써[9]가 아니라 일종의 교육을 통해서 그들을 정화하고 조명하고 완성한다.[10] 그래서 디오니시우스는 『신명론』 제7장[11]에서 이런 종류의 "정화, 조명, 완성은 신적 지식을 받아들이는 것과 다른 것이 아니다."라고 말하고 있다.

제2절 은총을 위해 수용자 측의 어떤 준비 또는 태세가 요구되는가?[1]

Parall.: q.113, a.3; *In Sent.*, IV, d.17, q.1, a.2, qc.1-2; *In Joan.*, c.4, lect.2; *In Ep. ad Heb.*, c.12, lect.3.

Doctr. Eccl.: "마땅히 그래야 하는 것처럼, 의화 은총이 인간에게 선사되도록, 인간은 선행하는 성령의 영감과 도움 없이 믿고 희망하고 사랑하거나 또는 참회할 수 있다고 말하는 자는 파문될 것이다."(트리엔트공의회, 제6회기, 제3조) DS 813[=DH 1553].ㅡ"의화 은총을 얻는 데에 협력하기 위하여 그 밖의 다른 어떤 것도 요구되지 않으며, 자신의 고유한 의지에 따라 스스로를 준비하고 자세를 갖추는 것이 불필요하다고 이해하여, 불경한 자가 오직 믿음으로만 의화된다고 말하는 자는 파문될 것이다."(트리엔트공의회, 제6회기, 제9조) DS 819[=DH 1559]. Cf. 797sq.[=DH 1526sq.], DS 801[=DH 1532], DS 134[=DH 243], DS 139sq.[=DH 246sq.], DS 177-80[=DH 374-377], DS 185[=DH 382], DS 187[=DH 384].

다고 응수한다. 그렇다면 그것은 다음과 같은 의미를 갖게 될 것이다: "이미 '하느님의 도우심이 없이'가 아니라 '습성적인 신적인 선물 없이' 자유재량으로 충분하다." 하지만 저 도움이 어떤 본성에 대해서 '현실적'인지가 명백하지 않다. 젊은 학사 토마스 아퀴나스 수사가 신적 섭리에 대한 일반적이고 보편적인 하느님의 움직임에 이의를 제기하는 것처럼 보인다. 혹자는 정작 토마스가 성숙기에조차도 습성적 은총의 주입을 미리 준비하는 행위들의 초자연성을 인정하는 데 이르지 못했다고 주장하기도 한다.(Cf. P. I. Stufler, SJ)ㅡ빌루아르(Billuard)도 성 토마스에게 "먼저 어떤 주입된 습성을 가지고 있지 않다면, 인간의 초자연적 행위는 불가능하다."(op. cit., p.185)고 주장하면서, 이 입장을 옹호하고 나섰다. 하지만

q.112, a.2

Ad secundum sic proceditur. Videtur quod non requiratur aliqua praeparatio sive dispositio ad gratiam ex parte hominis.

1. Quia ut Apostolus dicit, *Rom.* 4, [4], *ei qui operatur, merces non imputatur secundum gratiam, sed secundum debitum.* Sed praeparatio hominis per liberum arbitrium non est nisi per aliquam operationem. Ergo tolleretur ratio gratiae.

2. Praeterea, ille qui in peccato progreditur, non se praeparat ad gratiam habendam. Sed aliquibus in peccato progredientibus data est gratia, sicut patet de Paulo, qui gratiam consecutus est *dum esset spirans minarum et caedis in discipulos Domini*, ut dicitur *Act.* 9, [1]. Ergo nulla praeparatio ad gratiam requiritur ex parte hominis.

3. Praeterea, agens infinitae virtutis non requirit dispositionem in materia, cum nec ipsam materiam requirat, sicut in creatione apparet; cui collatio gratiae comparatur, quae dicitur *nova creatura, ad Gal.* ult., [15]. Sed solus Deus, qui est infinitae virtutis, gratiam causat, ut dictum est.[2] Ergo nulla praeparatio requiritur ex parte hominis ad gratiam consequendam.

이들은 완전히 잘못 짚었다. 왜냐하면 이들은 성숙기에 은총에 관해 아퀴나스가 도달한 결정적 진보를 잊었거나 모르기 때문이다. 그에게는 이미 모든 현실적 은총들이 "기쁘시게 만드는"(gratum faciens) 것들이다: 이미 살펴본 것처럼, 그것들은 충만한 의미에서 은총들이고, 따라서 초자연적 질서의 은총들이다. 다른 한편, 신적 움직임의 종별화는 오로지 그것의 목적에 의해서만 결과될 수 있을 뿐이다. 만일 저 목적이 초자연적 질서의 것이라면, 태세적(예비적) 움직임도 초자연적인 것이어야 한다.(Cf. supra, q.109, a.6) 그리고 "질서 지어져 있는 목적에 관한 필연성을 함축한다."(아래 제3절 참조) 형상과 그에 상응하는 태세는 동일한 질서에 속한다. 바로 그렇기 때문에 습성적인 신적 선물인 은총은 인간적이 아니

[반론] 둘째에 대해서는 다음과 같이 진행된다. 은총을 위해서는 인간 측으로부터의 그 어떤 준비나 태세도 요구되지 않는 것으로 보인다.

1. 실상 사도는 로마서 4장 [4절]에서 "일을 하는 사람에게는 품삯이 선물이 아니라 당연한 보수로 여겨집니다."라고 말하고 있다. 그러나 인간이 자신의 자유재량으로 행하게 되는 준비는 다만 작용을 통해서만 존재할 수 있을 뿐인데, 그렇다면 은총의 내밀한 의미는 철폐될 것이다.

2. 죄 중에 있는 자는 은총을 받기 위해 스스로 준비하지 않는다. 그러나 사도행전 9장 [1]절에서 말하는 것처럼, "주님의 제자들을 향하여 살기를 내뿜고 [그들을] 학살하던" 중에 은총을 입게 된 사도 바오로의 경우에 볼 수 있듯이, 은총은 죄 중에 있는 어떤 사람에게 주어진다. 그러므로 은총을 위해서는 인간 측으로부터의 그 어떠한 준비도 요구되지 않는다.

3. 무한한 능력을 지니고 있는 작위자는 질료에 있어서 어떤 태세를 요구하지 않는다. 왜냐하면 창조(創造)의 경우에 분명히 드러나듯이, 그것은 심지어 질료 자체조차 요구하지 않기 때문이다. 그런데 은총의 부여는, 갈라티아서 마지막 [6]장 [15절]에서 "새로운 창조"라고 불릴 때, 창조에 비교되고 있다. 그러나 이미[2] 말한 것처럼, 오로지 하느님만이 당신의 무한한 능력으로 은총의 원인이시다. 그러므로 은총의 수용을 위해서는 인간 측으로부터의 그 어떤 준비도 요구되지 않는다.

라 신적인 질서의 준비 태세(praedispositiones)를 필요로 한다: "인간의 준비가 무엇이든지(…) 그것은 1차적으로 신적인 움직임[의 덕]으로 돌려져야 한다."

2. a.1.

q.112, a.2

SED CONTRA est quod dicitur Amos 4, [12]: *Praeparare in occursum Dei tui, Israel.* Et I Reg. 7, [3] dicitur: *Praeparate corda vestra Domino.*

RESPONDEO dicendum quod, sicut supra[3] dictum est, gratia dupliciter dicitur, quandoque quidem ipsum habituale donum Dei; quandoque autem ipsum auxilium Dei moventis animam ad bonum. Primo igitur modo accipiendo gratiam, praeexigitur ad gratiam aliqua gratiae praeparatio, quia nulla forma potest esse nisi in materia disposita.[4] Sed si loquamur de gratia secundum quod significat auxilium Dei moventis ad bonum, sic nulla praeparatio requiritur ex parte hominis quasi praeveniens divinum auxilium, sed potius quaecumque praeparatio in homine esse potest, est ex auxilio Dei moventis animam ad bonum.[5] Et secundum hoc, ipse bonus motus liberi arbitrii quo quis praeparatur ad donum gratiae suscipiendum, est actus liberi arbitrii moti a Deo, et quantum ad hoc, dicitur homo se praeparare, secundum illud *Prov.* 16, [1]: *Hominis est praeparare animum.* Et est principaliter a Deo movente liberum arbitrium, et secundum hoc, dicitur *a Deo voluntas hominis praeparari* [*Prov.*

---

3. q.109, aa.2-3 et 6 et 9; q.110, a.2; q.111, a.2.
4. Cf. q.109, a.6, ad3; I, q.12, a.5; q.76, aa.5-6. 그러나 어린이들에게는 은총을 받기 위해 성인(成人)만큼의 다른 준비가 요구되지 않는다. Cf. q.113, a.3, c et ad1; *In Sent.*, IV, d.17, q.1, a.2, qc.1.
5. "우리의 지성은 신적 은총에 대해 온전히 추종하고, 결코 선행하지 않는다. 왜냐하면 성화은총에 선행하는 선한 의지 자체가 하느님에 의해서 우리 안에 생겨나

[재반론] 그러나 반대로, 아모스서 4장 [12절]에서는 "이스라엘아, 너의 하느님을 만날 준비를 갖추어라."라고 말하고 있고, 사무엘기 상권 7장 [3절]에서도 "너의 마음을 주님께 준비시켜라."라고 말하고 있다.

[답변] 이미[3] 말한 것처럼, 은총은 두 가지 방식으로 말해진다. 즉 때로는 습성의 형식으로 주어진 하느님의 선물을 가리키고, 때로는 영혼이 선을 향해 움직이게 하는 하느님의 도움을 가리키기도 한다. 첫째, 은총을 위한 준비가 미리 요구된다. 왜냐하면 어떤 형상도 그것에 배정되어 있는 질료 안에가 아니라면 자립할 수 없기 때문이다.[4] 그러나 만일 우리가 인간을 선으로 향하도록 움직이는 하느님의 도움이라는 의미에서 은총을 거론한다면, 하느님의 도움에 선행하는, 인간 측으로부터의 그 어떤 준비도 요구되지 않는다. 오히려 인간 안에 어떤 준비가 있든지 간에, 그것은 영혼을 선으로 향하도록 움직이는 하느님의 도움으로부터 유래되는 것이다.[5] 이런 의미에서, 그것에 의해서 인간이 은총의 선물을 받도록 준비되는 자유재량의 선한 움직임 자체는 하느님에 의해서 움직여진 자유재량의 활동이다. 그리고 이 점에서 인간은 자신을 준비한다고 말한다. 잠언 16장 [1절]에 따르면, "자기 마음을 준비하는 것은 인간의 일이다." 주된 작위자는 자유재량을 움직이시는 하느님이다. 이런 의미에서 "인간의 의지는 하느님에 의해서 준비된다."고(잠언 8,35)[6] 말하고, 또 "인간의

는 것이기 때문이다. 그분은 당신의 무상의 의지로 어떤 책벌을 통해서든 아니면 어떤 내적이나 외적인 도움을 통해서든 우리를 그 [은총]으로 다그치신다."(*In Sent.*, IV, d.17, q.1, a.2, qc.2, ad2)

6. Vulgata: "Qui me invenerit... hauriet salutem a Domino." 성 토마스의 강독은 70

q.112, a.2

8, 35]⁶ et *a Domino gressus hominis dirigi* [Ps 36, 23].⁷

AD PRIMUM ergo dicendum quod praeparatio hominis ad gratiam habendam, quaedam est simul cum ipsa infusione gratiae. Et talis operatio est quidem meritoria; sed non gratiae, quae iam habetur, sed gloriae, quae nondum habetur.—Est autem alia praeparatio gratiae imperfecta, quae aliquando praecedit donum gratiae gratum facientis, quae tamen est a Deo movente. Sed ista non sufficit ad meritum, nondum homine per gratiam iustificato, quia nullum meritum potest esse nisi ex gratia, ut infra⁸ dicetur.

AD SECUNDUM dicendum quod, cum homo ad gratiam se praeparare non possit nisi Deo eum praeveniente et movente ad bonum, non refert utrum subito vel paulatim aliquis ad perfectam praeparationem perveniat, dicitur enim *Eccli.* 11, [23], quod *facile est in oculis Dei subito honestare pauperem.* Contingit autem quandoque quod Deus movet hominem ad aliquod bonum, non tamen perfectum, et talis praeparatio praecedit

---

인역본의 구절과 일치한다. Cf. M.-M. Sales, OP – G. Girotti, OP, *La sacra Bibbia commentata*, vol.VI: *I Sapienziali*, Torino, 1944, p.45.

7. 성 토마스는 제109문 제6절에서 '준비'에 관한 자신의 분석을 발전시키고 있다. 분석의 기술(언뜻 보기에는 이상하게 느껴질 수도 있으나, 그것은 제2부 제1편에 들어 있는 의지에 관한 토마스의 논술 전체를 지배하고 있다.)은 아리스토텔레스의 『자연학』 안에 들어 있는 자연적 과정들에 대한 검토를, 인간 자유의 도덕적이고 심리학적인 전개 과정에 적용하는 것이다. 이것은 실행하기에는 두드러지게 모험적인 일이었다. 그리고 너무도 가끔 그의 후계자들은 계속해서 (인간 정신의 신속함이라는 성 토마스의 생생한 감각 없이) 아리스토텔레스적 범주들을 사용

걸음의 방향은 주님께서 정하신다."(시편 37[36],23)고도 말한다.[7]

[해답] 1. 은총을 받아들이기 위한 인간의 준비는 종종 은총의 주입 자체와 동일한 순간에 발생하기도 한다. 인간 측으로부터의 그런 행위는 분명 공로적이다. 그러나 공로를 얻는 것은 이미 소유하게 된 은총이 아니라 아직 소유하지 못한 영광이다. 때로는 성화은총에 선행하지만 기동자인 하느님으로부터 유래되는, 은총을 위한 또 다른 불완전한 준비가 있다. 인간이 아직 은총에 의해서 의화되지 않는 한, 이것은 공로에 충분하지 못하다. 왜냐하면 곧[8] 보게 되겠지만, 은총을 통해서가 아니라면 그 어떤 공로도 있을 수 없기 때문이다.

2. 하느님이 그에 앞서 그를 선으로 움직여 주시지 않는다면 인간은 은총을 위해 스스로 준비할 수 없기 때문에, 어떤 사람이 한순간에 완전한 준비 상태에 도달하느냐 아니면 점차 그 상태에 도달하느냐 하는 것은 아무 상관이 없다. 왜냐하면 집회서 11장 [23절]에서 "주님이 보시기에는 가난한 이를 순식간에 부자로 만드는(honestare) 일이 쉽다."고 말하기 때문이다. 그런데 가끔은 하느님이 인간을 완전하지는 않은 어떤 선으로 움직이는 일이 발생할 수 있다. 이런 준비는 은총에 선행한다. 그러나 때로는 그분이 인간을 단번에 완전하게 그 선으로 움직이시고 인간이 한순간에 은총을 받는 수가 있다. 요한복음서 6장 [45절]에 따르면, "아버지의 말씀을 듣고 배운 사람

하였다. 현재의 절의 일반적 맥락은 다음과 같은 유명한 절 속에서 발견될 수 있을 것이다(I, q.105, a.5: "하느님은 모든 작용자 안에서 작용하시는가?") 부이야르 신부는 『성 토마스에 따른 회심과 은총』(H. Bouillard, OP, *Conversion et grace chez S. Thomas d'Aquin*, 1944)에서 이 영역에서의 성 토마스의 이해에 중요한 기여를 하였다.(하지만 그의 결론들은 받아들이기 어렵다.)

8. q.114, a.2.

gratiam. Sed quandoque statim perfecte movet ipsum ad bonum, et subito homo gratiam accipit; secundum illud Ioan. 6, [45]: *Omnis qui audivit a patre et didicit, venit ad me.* Et ita contigit Paulo, quia subito, cum esset in progressu peccati, perfecte motum est cor eius a Deo, audiendo et addiscendo et veniendo; et ideo subito est gratiam consecutus.

AD TERTIUM dicendum quod agens infinitae virtutis non exigit materiam, vel dispositionem materiae, quasi praesuppositam ex alterius causae actione. Sed tamen oportet quod, secundum conditionem rei causandae, in ipsa re causet et materiam et dispositionem debitam ad formam. Et similiter ad hoc quod Deus gratiam infundat animae, nulla praeparatio exigitur quam ipse non faciat.

Articulus 3
Utrum necessario detur gratia se praeparanti ad gratiam, vel facienti quod in se est[1]

---

1. 저자는 본격적으로 저 유명한 공리를 설명한다. "자기 자신 안에 있는 것을 행하는 이에게 하느님은 은총 [수여]를 거부하지 않으신다."(Facienti quod in se est Deus non denegat gratiam) 글자 그대로 받아들인다면 이 주장은 뚜렷이 반(半)펠라기우스적 색조가 느껴진다. 비록 교부 시대에 그와 비슷한 주장들이 없었던 것은 아니지만, 공리가 현재의 형식을 취하게 된 것은 스콜라학 초기이다. Cf. A. M. Landgraf, *Dogmengeschichte der Frühscholastik*, I/1, Regensburg, 1952, pp.249-264. 언뜻 보기에 이로써 인간의 자연적인 도덕적 선한 태세에 대한 신적 선물의 필연적 의존성을 주장하려는 것처럼 보인다. 그런데 이것은 거짓이다. 하지만 다른 한편 그리스도교적 감정은 하느님이 그것을 얻으려고 노력하는 자에게 은총을 부정하려 한다는 것을 인정하려 들지 않는다. 실상 주님은 이렇게 말씀하셨다. "나

은 누구나 나에게로 온다." 그래서 그것은 사도 바오로에게 일어났다. 그가 죄 중에 걷고 있던 어느 순간에 그의 마음이 하느님에 의해서 완전하게 움직였고, 듣고 배우고 오게 되었다. 그래서 그는 한순간에 은총을 얻게 되었다.

3. 무한한 능력을 지닌 작위자는 (마치 그것이 어떤 다른 원인의 활동에 의해서 미리 제공되어야 하기라도 하듯이) 질료나 질료의 태세를 요구하지 않는다. 그러나 필요한 것은, 결과되어야 하는 그 사물의 조건에 맞게 그 작위자가 그 사물 안에 질료와, 그 형상에 마땅한 태세를 둘 다 야기해야 한다는 점이다. 마찬가지로, 하느님이 영혼 안에 은총을 부여하기 위해서는 그분 자신이 수행하지 않은 어떤 준비도 요구되지 않는다.

제3절 스스로 은총을 위해 준비하거나 자신이 할 수 있는 일을 하는 이에게 은총이 필연적으로 주어지는가?[1]

Parall.: *In Sent.*, IV, d.17, q.1, a.2, qc.3.
Doctr. Eccl.: "인간은 하느님의 은총에 의해 고무되고 도움을 받아, 들음에서 오는 신앙을 받아들임으로써[로마 10,17 참조], 그리고 하느님께서 계시하시고 약속하신 것이 참되다는 것(⋯)을 믿으며(⋯) 희망을 둠으로써, 그분을 모든 정의의 원천으로서 사랑하기 시작함으로써(⋯) 이 의화를 준비하게 된다."(트리엔트공의회, 제6회기, 제6장) DS 798[=DH 1526-1527]. Cf. DS 196[=DH 393], DS 198[=DH 395].

에게 오는 사람을 나는 물리치지 않을 것이다."(요한 6,37) 옛날 신학자들이든 현대 신학자들이든 많은 이들이 이 공리에 대한 설명들을 제시하였다. 성 토마스는 이미 『명제집 주해』에서뿐만 아니라 우연적으로는 『진리론』(제14문 제11절 제1답)에서도, 그리고 간접적으로는 『대이교도대전』(제3권 제150장)에서도 그것에 대해 논하였다.

Ad tertium sic proceditur. Videtur quod ex necessitate detur gratia se praeparanti ad gratiam, vel facienti quod in se est.

1. Quia super illud *Rom.* 5, [1], *Iustificati ex fide pacem habeamus* etc., dicit Glossa:[2] *Deus recipit eum qui ad se confugit, aliter esset in eo iniquitas.* Sed impossibile est in Deo iniquitatem esse. Ergo impossibile est quod Deus non recipiat eum qui ad se confugit. Ex necessitate igitur gratiam assequitur.

2. Praeterea, Anselmus dicit, in libro *de Casu Diaboli*,[3] quod ista est causa quare Deus non concedit Diabolo gratiam, quia ipse non voluit accipere, nec paratus fuit. Sed remota causa, necesse est removeri effectum. Ergo si aliquis velit accipere gratiam, necesse est quod ei detur.

3. Praeterea, bonum est communicativum sui; ut patet per Dionysium, in 4 cap. *de Div. Nom.*[4] Sed bonum gratiae est melius quam bonum naturae. Cum igitur forma naturalis ex necessitate adveniat materiae dispositae, videtur quod multo magis gratia ex necessitate detur praeparanti se ad gratiam.

SED CONTRA est quod homo comparatur ad Deum sicut lutum ad figulum; secundum illud Ierem. 18, [6]: *Sicut lutum in manu*

---

2. Ordin., super Rom. 3, 22: PL 114, 480B; Lombardus, *super Rom.* 3, 21: PL 191, 1360B. Cf. M. Rabanus, *Enarr. in Epist. Pauli*, II, c.3, super Rom. 3, 21: PL 111, 1341.
3. c.3: PL 158, 328-329.
4. PG 3, 693B; S. Thomas, lect.1. Cf. PG 3, 700A; S. Thomas, lect.3.

제112문 제3절

[반론] 셋째에 대해서는 다음과 같이 진행된다. 스스로 은총을 위해 준비하거나 자신이 할 수 있는 일을 하는 이에게 은총이 필연적으로 주어지는 것으로 보인다.

1. 실상 로마서 5장 [1절]에서는 "믿음으로 의롭게 된 우리는(…) 평화를 누립시다."라고 말하고, 또 표준 주해[2]에서도 "하느님은 당신께 피신하는 이를 당신 안에 받아들이신다. 만일 그렇게 하지 않으신다면, 그분 안에 불의가 있을 것이다."라고 말하고 있다. 그런데 하느님 안에 어떤 불의가 있다는 것은 불가능하다. 그러므로 하느님이 당신께 피신하는 이를 받아들이지 않는다는 것은 불가능하다. 그러므로 그는 필연적으로 은총을 얻게 된다.

2. 안셀무스는 『악마론』[3]에서, 하느님이 악마에게 은총을 허락하지 않으신 이유는 악마가 그것을 받아들이기를 원하지도 않고 또 그것을 위해 준비되어 있지도 않기 때문이라고 말하고 있다. 그러나 만일 그 원인이 제거된다면, 그 결과도 그와 함께 필연적으로 제거된다. 그러므로 만일 누가 은총을 받기를 원한다면, 은총은 필연적으로 그에게 주어져야 한다.

3. 디오니시우스의 『신명론』 제4장[4]으로부터 알 수 있는 것처럼, 선은 스스로 확산된다. 그런데 은총의 선은 자연의 선보다 더 고등하다. 그러므로 자연적 형상은 그것을 위해 준비되어 있는 질료와 필연적으로 만나게 되기 때문에, 더더욱 은총은 스스로 은총을 위해 준비하는 이에게 은총이 필연적으로 주어져야 할 것으로 보인다.

[재반론] 그러나 반대로 인간과 하느님 사이의 관계는 진흙과 도공(陶工) 사이의 관계에 비교된다. 예레미야서 18장 [6절]에서는 이렇

q.112, a.3

figuli, sic vos in manu mea. Sed lutum non ex necessitate accipit formam a figulo, quantumcumque sit praeparatum. Ergo neque homo recipit ex necessitate gratiam a Deo, quantumcumque se praeparet.

RESPONDEO dicendum quod, sicut supra[5] dictum est, praeparatio ad hominis gratiam est a Deo sicut a movente, a libero autem arbitrio sicut a moto. Potest igitur praeparatio dupliciter considerari. Uno quidem modo, secundum quod est a libero arbitrio. Et secundum hoc, nullam necessitatem habet ad gratiae consecutionem, quia donum gratiae excedit omnem praeparationem virtutis humanae.—Alio modo potest considerari secundum quod est a Deo movente. Et tunc habet necessitatem ad id ad quod ordinatur a Deo, non quidem coactionis, sed infallibilitatis, quia intentio Dei deficere non potest;[6] secundum quod et Augustinus dicit, in libro *de Praedest. Sanct.,*[7] quod *per beneficia Dei certissime liberantur quicumque liberantur.* Unde si ex intentione Dei moventis est quod homo cuius cor movet, gratiam consequatur, infallibiliter ipsam consequitur; secundum

---

5. a.2.
6. Cf. I, q.19, a.6, ad1; q.83, a.1, ad3.
7. *De dono persev.*, al II De praedest. Sanct., c.14, n.35: PL 45, 1014.
8. 이 공리에 대한 토마스의 빛나는 설명에서 우리는 더욱 심각하기까지 한 어떤 문제에 대한 함축적 해답을 가지고 있다. 신학자들은 선택된 이들에게 허용되는 은총의 틀림없는 효력이 어디에서 유래되는지를 묻는다. 몰리나(Ludovico Molina)는 자신의 학파와 더불어 그것이 '외부로부터의'(ab extrinseco) 효력이라고, 곧 은

게 말하고 있다. "도공의 손에 있는 진흙처럼 너는 내 손안에 있다." 그런데 진흙은 잘 준비되어 있다고 해서 도공으로부터 필연적으로 어떤 형상을 받는 것이 아니다. 따라서 인간은 아무리 잘 준비했다 해도 하느님으로부터 필연적으로 은총을 받는 것이 아니다.

[답변] 위에서[5] 말한 것처럼, 사람 안에서 은총을 위한 준비는 기동자로서의 하느님으로부터 그리고 움직여진 것으로서의 자유재량으로부터 오는 것이다. 그러므로 그 준비는 두 가지 방식으로 고찰될 수 있다. 첫째, 자유재량으로부터 발생하는 것으로서 [고찰될 수 있다]. 이런 의미에서 그것은 은총을 얻는다는 필연적 주장을 할 수 없다. 왜냐하면 은총의 선물은 인간 능력의 그 어떠한 준비도 능가하기 때문이다.―둘째 의미로, 준비는 기동자로서의 하느님으로부터 움직여지는 것으로 고찰될 수도 있다. 그때 그것은 하느님에 의해서 정해진 것에 대한 필연적 주장으로 (강요적으로가 아니라, 틀림없이) 기운다. 왜냐하면 하느님의 의도는 실패할 수 없기 때문이다.[6] 그래서 아우구스티누스 역시 『성도들의 예정』[7]이라는 책에서 "하느님의 호의에 의해서 해방된 자는 누구나 최대로 확실하게 해방된다."고 말하고 있는 것이다. 이리하여 만일 자기 마음을 움직이는 사람이 은총을 획득하는 것이 기동자로서의 하느님의 뜻에 의해서라면, "아버지의 말씀을 듣고 배우는 사람은 누구나 나에게 온다."[8]는 요한복

총에 대한 그런 피조물의 미리 예견된 동의로부터 오는 것이라고 생각한다. 반면에 토미스트들은 이 절의 결론적 단언과 유비적인 단언들에 토대를 두고 힘차게 효력이 '내부로부터'(ab intrinseco) 오는 것이라고 주장하였다. 즉 그것을 직접 하느님께 의존하도록 만들었다. 그러므로 효과적인 은총 근처에 실재적으로 구별되는 것으로서 (그 자체로는 그런 효력을 결하고 있는) 충분한 은총들을 인정하는

q.112, a.3

illud Ioan. 6, [45]: *Omnis qui audivit a patre et didicit, venit ad me.*[8, 9]

AD PRIMUM ergo dicendum quod Glossa illa loquitur de illo qui confugit ad Deum per actum meritorium liberi arbitrii iam per gratiam informati, quem si non reciperet, esset contra iustitiam quam ipse statuit.—Vel si referatur ad motum liberi arbitrii ante gratiam, loquitur secundum quod ipsum confugium hominis ad Deum est per motionem divinam, quam iustum est non deficere.

AD SECUNDUM dicendum quod defectus gratiae prima causa est ex nobis, sed collationis gratiae prima causa est a Deo; secundum illud Osee 13, [9]: *Perditio tua, Israel, tantummodo ex me^{10} auxilium tuum.*[11]

AD TERTIUM dicendum quod etiam in rebus naturalibus dispositio materiae non ex necessitate consequitur formam, nisi per virtutem agentis qui dispositionem causat.

것이다. 또한 『요한복음서 주해』(제6장 제5강)에서도 천사적 박사는 여기에 인용된 텍스트에서 신적 움직임의 이 효력에 대한 명시적인 긍정을 발견한다. "성부의 매력은 대단히 효과적이다. 왜냐하면 '아버지의 말씀을 듣고 배운 사람은 다 나에게로 오기' 때문이다." 그의 개진은 이 점에서 혼동의 여지 없는 명료성을 지니고 있다. "무거운 것들이 그 본성상 다른 어떤 원인에 의해서 높이 던져지지 않고서는 위를 향해 나아갈 수 없는 것처럼, 스스로 저급한 사물들로 기우는 인간의 심장도 매료되지 않고서는 높은 곳으로 고양될 수 없다."
9. 성 토마스가 제1부 제19문 제8절에서 설명하는 것처럼, 하느님의 의지의 효능은 하느님이 일어나기를 원하시는 모든 것을 일어나게 할 뿐만 아니라, 또한 하느님

음서 6장 [45절]에 따르면, 그 사람은 그것을 틀림없이 획득한다.[9]

[해답] 1. 이 표준 주해는 이미 은총에 의해서 활성화된 자유재량의 공로적 행위에 의해서 하느님에게 피신하는 자에 관해 말하고 있다. 만일 하느님이 그를 받아들이지 않았다면, 그분 자신이 설정한 정의에 위배되는 일이었을 것이다.—반대로, 만일 그것이 은총에 앞선 자유재량의 움직임을 가리킨다면, 그것은 인간이 하느님께 피신하는 것 자체가, 마땅히 실패할 수 없는 하느님의 움직임으로부터 발생한다는 점을 말하는 것이다.

2. 은총의 결함의 주된 원인은 우리에게 있지만, 은총 부여의 주된 원인은 하느님께 있다. 호세아서 13장 [9절]에서는 이렇게 말하고 있다. "이스라엘아, 너의 멸망이 [곧 닥칠 터인데], 너의 도움은 오직 나에게서[10] [올 뿐이다.]"[11]

3. 자연적 사물들에서조차도 질료의 태세는 그 질료의 태세를 야기하는 행위자의 능력에 의하지 않고서는 필연적으로 형상을 얻게 되는 것이 아니다.

이 그렇게 일어나기를 바라시는 방식으로도 일어나는 그런 성격의 효능이다. 즉 제2 원인이 필연적인 곳에서 물리적 관점으로부터 필연적으로 일어나거나, 아니면 제2 원인이 우연적인 곳에서 우연적인 방식으로 일어난다. 이리하여 하느님의 의지는 인간의 의지를 강요하지 않은 채, 정확히 그것을 해방함으로써 그것을 포용한다. Cf. Thomas Gilby, OP, "Introduction", in St. Thomas Aquinas, *Summa Theologiae*, vol.5(I, 19-25): *God's Will and Providence*, New York, McGraw-Hill, 1967, pp.xix-xxiv.
10. Vulgata: "in me."
11. Cf. I, q.23, a.3, ad2; II-II, q.19, a.1, ad3; q.161, a.3.

Articulus 4

Utrum gratia sit maior in uno quam in alio

Ad quartum sic proceditur. Videtur quod gratia non sit maior in uno quam in alio.

1. Gratia enim causatur in nobis ex dilectione divina, ut dictum est.[1] Sed *Sap.* 6, [8] dicitur: *Pusillum et magnum ipse fecit, et aequaliter est illi cura*[2] *de omnibus.* Ergo omnes aequaliter gratiam ab eo consequuntur.

2. Praeterea, ea quae in summo dicuntur, non recipiunt magis et minus. Sed gratia in summo dicitur, quia coniungit ultimo fini. Ergo non recipit magis et minus. Non ergo est maior in uno quam in alio.

3. Praeterea, gratia est vita animae, ut supra[3] dictum est. Sed vivere non dicitur secundum magis et minus. Ergo etiam neque gratia.

SED CONTRA est quod dicitur ad Ephes. 4, [7]: Unicuique

---
1. q.110, a.1.
2. Vulgata: "cura est illi."
3. q.110, a.1, ad2.

제4절 은총의 크기는 모든 이 안에서 똑같은가?

Doctr. Eccl.: "성령께서 당신이 원하시는 대로 각자에게 나누어 주시는 정도에 따라[1코린 12,11 참조] 그리고 각자의 고유한 처지와 협력에 따라 우리 안에 의로움을 받음으로써 의인이라고 여겨지게 될 뿐 아니라 실제로 의롭다고 불리며 또한 그러하다."(트리엔트공의회, 제6회기, 제7장) DS 799[=DH 1528-1529]. Cf. DS 803[=DH 1535], DS 834[=DH 1574], DS 842[=DH 1582], DS 1044[=DH 1944].

[반론] 넷째에 대해서는 다음과 같이 진행된다. 은총의 크기는 모든 이 안에서 똑같은 것으로 보인다.

1. 실상 은총은, 이미[1] 말한 것처럼, 하느님의 사랑에 의해서 우리 안에 초래된다. 그런데 지혜서 6장 [8절]에서는 "그분께서는 크고 작은 것들을 만드셨으며, 그것들을 모두 똑같이 보살피신다."[2]고 말한다. 그러므로 모두가 그분으로부터 동등하게 은총을 받는다.

2. 최고의 등급으로 서술되는 것은 크고 작음에 속하지 않는다. 그런데 은총은 최고의 등급으로 서술된다. 왜냐하면 인간을 최종 목적에 결합시키기 때문이다. 따라서 그것은 크고 작음에 예속되지 않는다. 그러므로 한 사람 안에서는 더 크고 다른 사람 안에서는 더 작지 않다.

3. 이미[3] 말한 것처럼, 은총은 영혼의 생명이다. 그런데 살아 있다는 것은 더 크거나 더 작은 등급으로 서술되지 않는다. 따라서 은총도 그러하다.

[재반론] 그러나 반대로, 에페소서 4장 [7절]에서는 "그리스도께서 나누어 주시는 선물의 양에 따라, 우리는 저마다 은총을 받았습니

data est gratia secundum mensuram donationis Christi.⁴ Quod autem mensurate datur, non omnibus aequaliter datur. Ergo non omnes aequalem gratiam habent.⁵

Respondeo dicendum quod, sicut supra⁶ dictum est, habitus duplicem magnitudinem habere potest, unam ex parte finis vel obiecti, secundum quod dicitur una virtus alia nobilior inquantum ad maius bonum ordinatur; aliam vero ex parte subiecti, quod magis vel minus participat habitum inhaerentem. Secundum igitur primam magnitudinem, gratia gratum faciens non potest esse maior et minor, quia gratia secundum sui rationem coniungit hominem summo bono, quod est Deus. Sed ex parte subiecti, gratia potest suscipere magis vel minus, prout scilicet unus perfectius illustratur a lumine gratiae quam alius.⁷

Cuius diversitatis ratio quidem est aliqua ex parte praeparantis se ad gratiam, qui enim se magis ad gratiam praeparat, pleniorem gratiam accipit. Sed ex hac parte non potest accipi prima ratio huius diversitatis, quia praeparatio ad gratiam non est hominis nisi inquantum liberum arbitrium eius praeparatur a Deo.⁸

---

4. "즉 그리스도께서 수여자이자 개개인을 측정하시는 분으로서."(이 구절에 대한 성 토마스 자신의 해설이다.) Cf. q.66, a.1, c et ad3; II-II, q.24, a.3 c et ad1; III, q.7, a.10.
5. 결론은 신학자들의 공통된 명제일 뿐만 아니라 교회로부터 계시되고 규정된 가르침이기도 하다. 실상 트리엔트공의회에서는 루터를 거슬러 이렇게 표명하고 있다. "성령께서 당신이 원하시는 대로 각자에게 나누어 주시는 정도에 따라[1코린 12,11 참조] 그리고 각자의 고유한 처지와 협력에 따라 우리 안에 의로움을 받음으로써 의인이라고 여겨지게 될 뿐만 아니라 실제로 의롭다고 불리며 또한 그러하다[1요한 3,1 참조]."(DS 799[=DH 1528]

다."라고 말하고 있다.⁴ 그런데 측량에 의해서 주어지는 것은 모두에게 똑같이 주어지지 않는다. 그러므로 모든 사람이 동등한 은총을 가지고 있는 것이 아니다.⁵

[답변] 위에서⁶ 말한 것처럼, 습성들이 크기를 가지는 데에는 두 가지 방식이 있다. 첫째, 그것들의 목적이나 대상과 관련해서 그러하다. 그래서 하나의 덕은 이것이 어떤 더 큰 선으로 질서 지어져 있을 때, 다른 것보다 더 고등한 질서에 속하는 것이라고 말할 수 있다. 둘째, 더 크거나 작은 등급으로 그 안에 내재하는 습성에 참여하는 그것들의 주체와 관련해서 그러하다. 그러므로 첫째 종류의 양의 의미에서 하느님을 기쁘시게 만드는 은총은 더 크거나 작을 수 없다. 왜냐하면 은총은 그 내밀한 의미에서 인간을 최고선(最高善)이신 하느님과 결합시키기 때문이다. 그러나 주체와 관련해서 은총은 더 크거나 작을 수 있다. 다시 말해, 어떤 사람은 다른 사람보다 더 완전하게 은총의 빛으로 조명되는 것이다.⁷

이 다양성에 대한 이유의 일부는 은총을 위해 준비하는 개개인 안에 놓여 있다. 은총을 위해 스스로 준비하는 이는 그것을 더욱 풍성하게 받는다. 그러나 이 다양성의 1차적 이유는 여기서 발견될 수 없다. 왜냐하면 은총을 위한 준비는, 오직 그의 자유재량이 하느님에 의해서 움직여지는 한에서만 인간의 행위이기 때문이다.⁸ 이리하여 이 다양성의 1차적 이유는, 교회의 아름다움과 완전성이 이 다양한 등급들의 장치로부터 솟아나도록 그분 은총의 선물들을 다양하

---

6. q.52, aa.1-2; q.66, aa.1-2.
7. 사랑의 크고 작음에 대해서는: Cf. II-II, qq.3-7.
8. Cf. a.2.

Unde prima causa huius diversitatis accipienda est ex parte ipsius Dei, qui diversimode suae gratiae dona dispensat, ad hoc quod ex diversis gradibus pulchritudo et perfectio Ecclesiae consurgat, sicut etiam diversos gradus rerum instituit ut esset universum perfectum.[9] Unde Apostolus, *ad Ephes.* 4, postquam dixerat [7], *Unicuique data est gratia secundum mensuram donationis Christi,* enumeratis diversis gratiis, subiungit [12]: *ad consummationem sanctorum, in aedificationem corporis Christi.*

AD PRIMUM ergo dicendum quod cura divina dupliciter considerari potest. Uno modo, quantum ad ipsum divinum actum, qui est simplex et uniformis. Et secundum hoc, aequaliter se habet eius cura ad omnes, quia scilicet uno actu et simplici et maiora et minora dispensat.—Alio modo potest considerari ex parte eorum quae in creaturis ex divina cura proveniunt. Et secundum hoc invenitur inaequalitas, inquantum scilicet Deus sua cura quibusdam maiora, quibusdam minora providet dona.[10]

AD SECUNDUM dicendum quod ratio illa procedit secundum primum modum magnitudinis gratiae.[11] Non enim potest gratia secundum hoc maior esse, quod ad maius bonum ordinet, sed ex eo quod magis vel minus ordinat ad idem bonum magis vel minus participandum. Potest enim esse diversitas intensionis et remissionis secundum participationem subiecti, et in ipsa gratia et in finali gloria.

게 분배하시는 하느님 자신 안에 놓여 있다. 그래서 그분은 또한 우주가 완전할 수 있도록 피조된 사물들 가운데 다양한 등급을 확정하신 것이다.[9] 이리하여 사도는 에페소서 4장 [7절]에서 "그리스도께서 나누어 주시는 선물의 양에 따라, 우리는 저마다 은총을 받았습니다."라고 말한 다음에 계속해서[12절] "그리스도의 몸을 건설하는 가운데 성도들이 완성되도록 [그들을 준비시키려는 것이었습니다.]"라고 말하는 것이다.

[해답] 1. 하느님의 보살피심은 두 가지로 바라볼 수 있다. 첫째, 단순하고 제일(齊一)한 하느님의 행위 자체와 관련해서. 이런 의미에서 그분은 만물을 동등하게 돌보신다. 왜냐하면 그분은 단 한 번의 단순한 행위로 더 크고 더 작은 것을 분배하시기 때문이다.—둘째, 그분의 보살피심의 귀결로 피조물 안에서 발생하는 것과 관련해서. 이런 의미에서 하느님은 자신의 보살핌으로 어떤 이들에게는 더 큰 선물들을 주시고, 다른 이들에게는 더 작은 선물들을 주신다는 사실로부터 솟아나는 일종의 차이가 있다.[10]

2. 여기서 논거는 은총의 크기의 첫째 종류에 의존하고 있다. 왜냐하면 은총은 인간을 어떤 더 큰 선에 질서 짓는 덕분에 더 큰 것이 아니라, 오직 인간을 동일한 선에 더 많이 또는 더 적게 참여하도록 더 많이 또는 더 적게 방향짓기 때문에만 더 큰 것일 수 있기 때문이다. 왜냐하면 주체의 참여에 따라 은총 자체에 있어서도 또 그 최종적 영광에 있어서도 상이한 등급의 강도가 있을 수 있기 때문이다.

---

9. Cf. I, q.23, a.5, ad3; q.47, aa.1-2.
10. 사물들의 다양성과 차등성은 직접적으로 하느님께 기인하는 것이다. Cf. I, q.47, aa.1-2.

q.112, a.5

AD TERTIUM dicendum quod vita naturalis pertinet ad substantiam hominis, et ideo non recipit magis et minus. Sed vitam gratiae participat homo accidentaliter, et ideo eam potest homo magis vel minus habere.

Articulus 5
Utrum homo possit scire se habere gratiam[1]

Ad quintum sic proceditur. Videtur quod homo possit scire se habere gratiam.

1. Gratia enim est in anima per sui essentiam.[2] Sed certissima cognitio animae est eorum quae sunt in anima per sui essentiam; ut patet per Augustinum, XII *super Gen. ad Litt.*[3] Ergo gratia

---

1. 비록 논거가 언제나 매우 흥미로웠음에도 불구하고, 믿는 이들의 평온함 자체를 통해서 루터의 이단의 도래를 제외하고는 진지한 토론의 대상이 되지 못했다. 실상 루터(Luther)는 의화를 위해서 신앙만을 요구했지만, 그런 신앙 안에 의화되었다는, 다시 말해 하느님의 은총을 받고 있다는 확실한 확신이 포함되어야 한다고 요구하였다. 트리엔트공의회는 오류를 거슬러 다음과 같은 정의로 개입하였다. "아무도 오류에 빠질 수 없는 신앙의 확신을 가지고 하느님의 은총을 얻었다

3. 자연적 생명은 인간의 실체에 속하고, 따라서 더 크거나 더 작은 것에 예속될 수 없다. 하지만 인간은 우유적인 방식으로 은총의 삶에 참여하고, 그래서 그것을 더 많거나 더 적게 가질 수 있는 것이다.

제5절 사람은 자신이 은총을 가지고 있다는 것을 알 수 있는가?[1]

Parall.: *In Sent.*, I, d.17, a.4; III, d.23, q.1, a.2, ad1; IV, d.9, q.1, a.3, qc.2; d.21, q.2, a.2, ad2; *De veritate*, q.10, a.10; *In Ep. II ad Cor.*, c.12, lect.1; c.13, lect.2.
Doctr. Eccl.: "실로 신앙인은 누구나 하느님의 자비와 그리스도의 공로, 성사들의 능력과 효력을 의심해서는 안 되듯이, 각자는 자기 자신에 대해서, 자신의 약점과 준비를 하지 못한 점에 대해 성찰하면서 자신의 은총에 관해 걱정하고 두려워할 수 있다. 사실 아무도 오류에 빠질 수 없는 신앙의 확신을 가지고 하느님의 은총을 얻었다는 것을 알 수 없다."(트리엔트공의회, 제6회기, 제9장) DS 802.[=DH 1534]. Cf. DS 805.[=DH 1540], DS 823sq.[=DH 1563sq.].

[반론] 다섯째에 대해서는 다음과 같이 진행된다. 사람은 자신이 은총을 받고 있다는 것을 알 수 있는 것으로 보인다.

1. 실상 은총은 그 본질을 통해[2] 영혼 안에 현존하고 있다. 그런데 아우구스티누스의 『창세기 문자적 해설』 제12장[3]에서 알 수 있는 것처럼, 영혼은 그 안에 본질적으로 현존하고 있는 것들에 관해서 가장 확실한 지식을 가지고 있다. 그러므로 은총은 은총을 가지고 있

는 것을 알 수 없다."(DS 802=[DH 1533])
2. 즉 "그의 유사성을 통해서"(per sui similitudinem)가 아니다.(*In Sent.*, I, d.7, q.1, a.4, obj.4)
3. cc.25 et 31: PL 34, 475, 479.

certissime potest cognosci a Deo qui gratiam habet.

2. Praeterea, sicut scientia est donum Dei, ita et gratia. Sed qui a Deo scientiam accipit, scit se scientiam habere; secundum illud *Sap.* 7, [17]: *Dominus dedit mihi horum quae sunt veram scientiam.* Ergo pari ratione qui accipit gratiam a Deo, scit se gratiam habere.

3. Praeterea, lumen est magis cognoscibile quam tenebra, quia secundum Apostolum, *ad Ephes.* 5, [13], *omne quod manifestatur, lumen est.* Sed peccatum, quod est spiritualis tenebra, per certitudinem potest sciri ab eo qui habet peccatum. Ergo multo magis gratia, quae est spirituale lumen.

4. Praeterea, Apostolus dicit, I *ad Cor.* 2, [12]: *Nos autem non spiritum huius mundi accepimus, sed spiritum qui a Deo est, ut sciamus quae a Deo donata sunt nobis.* Sed gratia est praecipuum donum Dei. Ergo homo qui accepit gratiam per Spiritum Sanctum, per eundem Spiritum scit gratiam esse sibi datam.

5. Praeterea, *Gen.* 22, [12], ex persona Domini dicitur ad Abraham: *Nunc cognovi quod timeas Dominum, idest, cognoscere te feci.* Loquitur autem ibi de timore casto, qui non est sine gratia. Ergo homo potest cognoscere se habere gratiam.

는 하느님에 의해서 가장 확실하게 인정될 수 있다.

  2. 지식이 하느님의 선물인 것과 마찬가지로, 은총 역시 그러하다. 그런데 하느님으로부터 지식을 받는 사람은 자신이 그 지식을 가지고 있다는 것을 안다. 그래서 지혜서 7장 [17절]에서는 "주님께서는 나에게 존재하는 것들에 관한 참된 지식을 주셨다."라고 말하고 있는 것이다. 그러므로 같은 이유로 하느님으로부터 은총을 받은 사람은 자신이 은총을 지니고 있다는 것을 안다.

  3. 빛은 어둠보다 더 잘 인식될 수 있다. 그래서 사도는 에페소서 5장 [13절]에서 "밖으로 드러나는 것은 모두 빛입니다."라고 말하는 것이다. 그런데 영적 어둠인 죄는 죄 중에 있는 자에 의해서 확실하게 알려질 수 있다. 그러므로 영적인 빛인 은총은 더욱 그러하다.

  4. 사도는 코린토 1서 2장 [12절]에서 "우리는 세상의 영이 아니라, 하느님에게서 오시는 영을 받았습니다. 그래서 하느님께서 우리에게 주신 선물을 알아보게 되었습니다."라고 말하고 있다. 그런데 은총은 하느님의 주된 선물이다. 그러므로 성령으로부터 은총을 받은 사람은 같은 성령에 의해서 자기 자신에게 은총이 주어졌다는 것을 안다.

  5. 창세기 22장 [12절]에서는 주님의 사람이 아브라함에게, 주님의 이름으로 "이제 나는 그대가 하느님을 두려워한다는 것을 알게 되었다."고, 다시 말해, '내가 그대에게 알려 주었다.'고 말하고 있다. 그런데 그는 거기에서 오직 은총 없이는 있을 수 없는 순결한 두려움(timor castus)에 관하여 말하고 있다. 그러므로 인간은 자신이 은총을 지니고 있다는 것을 알 수 있다.

q.112, a.5

SED CONTRA est quod dicitur *Eccle.* 9, [1]: *Nemo scit utrum sit dignus odio vel amore.*[4] Sed gratia gratum faciens facit hominem dignum Dei amore. Ergo nullus potest scire utrum habeat gratiam gratum facientem.

RESPONDEO dicendum quod tripliciter aliquid cognosci potest. Uno modo, per revelationem. Et hoc modo potest aliquis scire se habere gratiam. Revelat enim Deus hoc aliquando aliquibus ex speciali privilegio, ut securitatis gaudium etiam in hac vita in eis incipiat, et confidentius et fortius magnifica opera prosequantur, et mala praesentis vitae sustineant, sicut Paulo dictum est, II *ad Cor.* 12, [9]: *Sufficit tibi gratia mea.*

Alio modo homo cognoscit aliquid per seipsum, et hoc certitudinaliter. Et sic nullus potest scire se habere gratiam. Certitudo enim non potest haberi de aliquo, nisi possit diiudicari per proprium principium, sic enim certitudo habetur de conclusionibus demonstrativis per indemonstrabilia universalia principia;[5] nullus autem posset scire se habere scientiam alicuius

---

4. Vulgata: "nescit homo utrum amore an odio dignus sit." 현대 주석은 집회서의 이 인용구에 대해 조금 다른 의미를 준다. "인간의 운명은 '하느님의 손에' 달려 있다. 그것은 인간이 꿰뚫어 볼 수 없는 비밀이다. '의인도' '현자도' 다시 말해 유덕한 이도 현세에서 악인들이나 불경자들보다 더 번영과 호의를 보장할 수 없다. (…) 아무도 자기 자신에게 재앙보다는 번영이, 적대적 관계보다는 우호적 관계가 예정되어 있다고 자만할 수 없다."(*La Sacra Bibbia,* tr. ital., Firenze, 1961, p.1127)
5. "증명 불가능한 제1원리를 향해 해소되지 않고는 사변적 이성에 따라 확립될 수 있는 것은 아무것도 없다."(q.90, a.2, ad3). "그런데 어떤 것에 대한 가장 확실한 지식은, 우리에게 증명의 제1 원리들이 그러하듯이, 이 대상이 그 자체로 알려지

356

[재반론] 그러나 반대로, 집회서 9장 [1절]에서는 "자신이 미움을 받을 만한지 또는 사랑을 받을 만한지에 대해서는 아무도 모른다."[4]고 말한다. 그런데 '하느님을 기쁘시게 하는 은총'은 인간을, 하느님의 사랑을 받을 만한 이로 만든다. 그러므로 자신이 하느님을 기쁘시게 만드는 은총을 가지고 있는지는 아무도 알 수 없다.

[답변] 어떤 것이 알려지는 방식에는 세 가지가 있다. 첫째, 계시에 의해서. 그런데 이런 방식으로 어떤 사람은 자신이 은총을 받고 있다는 것을 알 수 있다. 왜냐하면 하느님은 때때로 이것을 특전적으로 백성에게 계시하여 안전의 기쁨이 이미 현세에서부터 시작될 수 있도록, 그리고 그들이 주목할 만한 과업을 더욱 믿음직스럽고 용감하게 수행하고 또 현세에서의 악을 견뎌 낼 수 있도록 해 주시기 때문이다. 그래서 사도는 코린토 2서 12장 [9절]에서 "너는 내 은총을 넉넉히 받았다."고 말하는 것이다.

둘째, 사람은 어떤 것을 그것 자체를 통해서 확실하게 알 수 있다. 이런 의미에서는 아무도 자신이 은총을 받았다는 것을 알 수 없다. 왜냐하면 확실성은, 그것이 그것에 앞선 어떤 고유한 원리에 의해서 판단될 수 있을 때에만 비로소 어떤 것에 대해서 가질 수 있는 것이기 때문이다. 이리하여 확실성은 증명할 수 없는 보편적 원리들을 통한 증명의 결론들에 관해서 가질 수 있는 것이다.[5] 그렇지만 만일 자신이 그 원리에 대해서 모르고 있다면, 어떤 결론에 대한 학문적 지식을 가지고 있을 수 없을 것이다. 그런데 은총의 원리와 그 대상은

기 때문이거나, 아니면 어떤 필증적 논거의 결론이 우리에게 가장 확실하듯이 우리에게 알려진 대상들로 해소되기 때문에 확보할 수 있다."(*ScG*, IV, c.54, n.3925) Cf. *De veritate*, q.6, a.3; q.11, a.1, ad13.

conclusionis, si principium ignoraret. Principium autem gratiae, et obiectum eius, est ipse Deus, qui propter sui excellentiam est nobis ignotus; secundum illud *Iob* 36, [26]: *Ecce, Deus magnus, vincens scientiam nostram.* Et ideo eius praesentia in nobis[6] vel absentia per certitudinem cognosci non potest; secundum illud *Iob* 9, [11]: *Si venerit ad me, non videbo eum, si autem abierit, non intelligam.* Et ideo homo non potest per certitudinem diiudicare utrum ipse habeat gratiam; secundum illud I *ad Cor.* 4, [3sq.]: *Sed neque meipsum iudico, qui autem iudicat me, Dominus est.*

Tertio modo cognoscitur aliquid coniecturaliter per aliqua signa. Et hoc modo aliquis cognoscere potest se habere gratiam, inquantum scilicet percipit se delectari in Deo, et contemnere res mundanas; et inquantum homo non est conscius sibi alicuius peccati mortalis.[7] Secundum quem modum potest intelligi quod habetur *Apoc.* 2, [17], *Vincenti dabo manna absconditum, quod nemo novit nisi qui accipit,* quia scilicet ille qui accipit, per quandam experientiam dulcedinis novit, quam non experitur ille qui non accipit.[8] Ista tamen cognitio imperfecta est. Unde

---

6. 그로써, "마치 작업의 대상이 작업자 안에 있듯이" 우리 안에 있다.(I, q.8, a.3)
7. (*추가주) "그런데 인간이 온전히 죄로부터 면제되어 있는지는 저 말들에 따라서는 확실히 알 수 없다: '나는 어떤 잘못에 대해서도 책임이 있는 것은 아니지만, 그렇다고 의롭다는 말은 아닙니다.'(1코린 4,4) — 그럼에도 불구하고 성 베르나르두스가 말하는 것처럼, 특별히 네 가지 표지들을 통해 어떤 것에 대해 추정할 수는 있다. 첫째, 누가 하느님의 말씀을 경건하게 들을 때. 왜냐하면 요한복음서 8장 47절에서 읽을 수 있는 것처럼 '하느님으로부터 온 이는 하느님의 말씀을 듣기' 때문이다. 둘째, 누가 선을 행할 태세를 갖추고 있을 때. 왜냐하면 성 그레고리우스가 말하는 것처럼, 행동으로 보여 주는 것이 바로 사랑의 증거이기 때문

그분의 지고함 때문에 우리의 인식 범위를 벗어나는 하느님 자신이다. 이리하여 욥기 36장 [26절]에서는 "하느님께서는 우리가 깨달을 수 없이 위대하시다."라고 말하고 있다. 그래서 우리 안에[6] 존재하는 그분의 현존 또는 부재는 확실하게 알려질 수 없다. 또다시 욥기 9장 [11절]에서는 "그분께서 내 앞을 지나가셔도 나는 보지 못하고, 지나치셔도 나는 그분을 알아채지 못하네."라고 말한다. 이리하여 사람은 자신이 은총을 지니고 있는지 확실하게 판단할 수 없다. 그래서 코린토 1서 4장 [3절 이하]에서는 "나도 나 자신을 심판하지 않습니다. (…) 나를 심판하시는 분은 주님이십니다."라고 말하는 것이다.

셋째, 어떤 것은 어떤 표지들에 의해서 추론적으로 알려질 수 있다. 이런 의미에서 어떤 사람은 자신이 은총을 지니고 있다는 것을 알 수 있다. 예를 들면, 그는 자신이 하느님 안에서 기뻐하고 지상 사물들을 경멸한다는 것을 지각함으로써, 그리고 자기 자신 안에서 사죄(死罪)와 관련된 그 어떤 것도 자각할 수 없는 한에서, 알 수 있다.[7] 우리는 이런 의미에서 묵시록 2장 [17절]의 다음 구절을 이해할 수 있을 것이다. "승리(극복)하는 사람에게는, 그것을 받는 사람 말고는 아무도 모르는 숨겨진 만나를(…) 주겠다." 왜냐하면 실상 그것을 받는 사람은, 그것을 받지 못한 사람으로서는 경험해 보지 못한 감미로운 경험을 통해 알기 때문이다.[8] 그러나 이 지식은 불완전하다.

이다. 셋째, 누가 미래의 죄로부터 물러서고자 할 때. 넷째, 누가 과거의 죄로부터 고통을 겪고 있을 때. 왜냐하면 성 그레고리우스에 따르면, 그 안에 진정한 속죄가 있기 때문이다."(*In Sent.*, IV, d.9, q.1, a.3, qc.2) (Cf. *ScG*, IV, 21-22.)

8. Cf. II-II, q.97, a.2, ad2; I, q.1, a.6, ad3. "성령께서 몸소 우리가 하느님의 자녀임을 우리의 영에게 증언해 주신다."는 사도 바오로의 로마서 구절(8,16)에 대해 성 토마스는 다음과 같이 해설한다: "우리 안에서 행하시는 자녀적 사랑의 결과를 통해 증언하신다."

q.112, a.5

Apostolus dicit, I *ad Cor.* 4, [4]: *Nihil mihi conscius sum, sed non in hoc iustificatus sum.* Quia ut dicitur in Psalmo 18, [13]: *Delicta quis intelligit? Ab occultis meis munda me, Domine.*[9]

AD PRIMUM ergo dicendum quod illa quae sunt per essentiam sui in anima, cognoscuntur experimentali cognitione, inquantum homo experitur per actus principia intrinseca, sicut voluntatem percipimus volendo, et vitam in operibus vitae.[10]

---

9. 이것은 성 토마스의 전망과 마음의 습성을 엿볼 수 있는 매우 교훈적인 절이다. 그가 자신의 인식론적 규범들을 발견한 곳은 아리스토텔레스의 『분석론 후서』인데, 그의 지적 열망 전체를 위한 그 작품의 중요성은 그의 '거룩한 가르침'(sacra doctrina)의 학문이라는 제한된 영역에서만 겨우 제대로 평가 받은 것으로 보인다. 그가 인식의 독립적 원천으로서 '경험'(experientia)에 호소하는 것은 매우 드문 일이다. 한 유명한 예는 지성적 인식의 본성에 관해 그가 아랍 철학자들의 관점들을 논박할 때이다: "각자는 인식하고 있는 것이 그 자신임을 경험한다.(experitur enim unusquisque seipsum esse qui intelligit)"(I, q.76, a.1) 참조: "우리는 경험으로써 알게 된다.(experimento cognoscimus)"(I, q.79, a.4) 이리하여 이 절에서 강조점은 '확실성'에 있다. 성 토마스는 결코 은총이 경험의 문제임을 부정하려 들지 않는다.('감미로운 경험'이라는 그의 표현은 언젠가 성 베르나르두스에게 돌려지던 이른바 '장밋빛 장면'[Rosy Sequence]을 상기시켜 줄지 모른다. 거기에서는 예수 그리스도에 대한 경험의 달콤함이 예찬되고 있다.) 그러나 그는 이 경험의 '인식적' 가치를 그리 높게 보지 않는다. 칼뱅(Calvin)에게 있어서는 흔히 말해지는 것에도 불구하고 '선택의 확실성'이 그리스도와 그의 말씀 안에서만 발견되어야 한다.(*Institutes*, III, 24, 4f.)
그러므로 탐구는 자신의 운명을 틀림없이 안다는 자만심을 품지 않은 채 신비를 받아들이는 것으로 마무리된다. 한 가지 도덕적 확실성은 모든 합리적인 파악을 제거하기에 충분하다. 알퐁소 데 리구오리는 이렇게 말한다: "어떤 이들은 자발적

그래서 사도는 코린토 1서 4장 [4절]에서 말한다. "나는 거리낄 것이 없음을 압니다. 그렇다고 내가 의롭게 되었다는 말은 아닙니다." 왜냐하면 시편 19[18]편 [13절]에서는 "누가 자기 자신의 죄를 깨닫겠습니까? 주님, 감추어진 저의 잘못들로부터 정화시켜 주소서."라고 노래하고 있기 때문이다.[9]

[해답] 1. 영혼 안에 자기 본질을 통해 있는 것은 경험적 지식에 의해서 알려진다. 이것은 인간이 자신의 활동에 의해서 자기 내면에서 기인하는 원리들을 경험한다는 의미이다. 이리하여 우리는 원욕 행위 안에서 의지를 지각하고, 생명 활동 안에서 생명을 지각한다.[10]

으로 신적 판단들의 질서와 예정이라는 커다란 신비를 탐구함으로써 평화를 얻고자 한다. 이것들은 우리의 짧은 정신들이 도달할 수 없는 고대의 신비들이다. 주님이 당신 자신을 위해 유보해 놓은 이 모호한 것들을 우리가 이해하고 싶어 하도록 내버려 두기로 하자. 그런데 우리는 그분이 우리가 알기를 바라시는 것들을 확실히 가지고 있다. 이것들이란: 1) 그분이 참되고 성실한 뜻으로 모든 이들이 구원되고 아무도 멸망하지 않기를 원하신다는 것, 2) 예수 그리스도는 모든 이들을 위해 죽으셨다는 것, 3) 멸망하는 자는 오로지 자기 자신의 탓으로 멸망하는 데 반해 하느님은 그들을 도와주기 위해 모든 이에게 채비를 갖추고 계시다는 것,(…) 그리고 심판의 날에 유혹들에 저항할 수 없었다는 그 어떤 변명도 죄인들에게 유효하지 않을 것이다. 왜냐하면 사도는 하느님이 성실하시다는 것, 그리고 아무도 자기 힘에 부치는 시련을 허락하시지 않으신다고 가르치기 때문이다.(1코린 10,13)"(Alfonso de Lguori, *Storia delle eresie*, conf.13, nn.23-24)

10. 이것은 성 토마스가 결코 전적으로 받아들일 수 없었던, 아우구스티누스의 또 하나의 근본적인 통찰이다. 아우구스티누스에게 있어서 자아 경험이란 직접적인 현존(praesentia), 농축된 투명성이었지만(cf. G. Marcel), 토마스에게는 정신의 습성과 인식론적 원리에 의한 자아에 대한 깨달음은 성찰 활동의 대상이었다. 제1부 제87문을 참조하고, 현재의 요점과 관련해서는 특히 제4절 제3답을 참조하라. 은총은 내밀한 자연적 원리인 그 본질을 통해 영혼 안에 있는 것이라기보다는, 외부로부터, 곧 하느님에 의해서 우연히 참여하게 된 어떤 것으로서 영혼 안에 있다.

q.112, a.5

AD SECUNDUM dicendum quod de ratione scientiae est quod homo certitudinem habeat de his quorum habet scientiam, et similiter de ratione fidei est quod homo sit certus de his quorum habet fidem.[11] Et hoc ideo, quia certitudo pertinet ad perfectionem intellectus, in quo praedicta dona existunt. Et ideo quicumque habet scientiam vel fidem, certus est se habere. Non est autem similis ratio de gratia et caritate et aliis huiusmodi, quae perficiunt vim appetitivam.[12]

AD TERTIUM dicendum quod peccatum habet pro principio et pro obiecto bonum commutabile, quod nobis est notum. Obiectum autem vel finis gratiae est nobis ignotum, propter sui luminis immensitatem; secundum illud I *ad Tim.* ult., [16]: *Lucem habitat*[13] *inaccessibilem.*[14]

AD QUARTUM dicendum quod Apostolus ibi loquitur de donis gloriae,[15] quae sunt nobis data in spe, quae certissime

---

11. Cf. II-II, q.171, a.3, ad2.
12. (*추가주) "참사랑은 그것이 그 본질상 (쌍방이 다 알려지게 되는) 사랑 행위의 원리인 한에서 그 본질을 통해서 보인다. 그리고 또 (멀리 떨어져 있는 한에서) 그 본질을 통해서 자기 인식의 원리이기도 하다. 그럼에도 불구하고 확실하게 지각(知覺)될 필요는 없다. 왜냐하면 우리가 우리 안에서 그것에 대해 지각할 수 있는 것에 따라 지각하는 저 사랑 행위는, 자연적 사랑과 선사된 사랑 사이의 유사성 때문에, 참사랑의 충분한 표지가 되지 못하기 때문이다."(*De veritate*, q.10, a.10, ad1 & ad2) - "참사랑에 의해서 행위 속에 남게 된 저 사랑은 어떤 획득된 원리에서 비롯될 수도 있다. 그러므로 참사랑을 입증할 충분한 표지가 못 된다. 왜냐하면 공통의 표지들에 기초해서는 어떤 것이 확실하게 지각되지 않기 때문이다."(Ibid., ad2. Cf. q.6, a.5, ad3)
습성적 은총은, 참사랑의 원리로서, 엄밀하게는 욕구적 능력 안에 있는 것이 아니라, 영혼의 본질 자체 안에 있다.(q.110, a.4) 욕구적 능력은 그것이 참사랑과 함께 가지고 있는 유사성 때문에 완성된다고 말해진다.(S. Capponi a Porrecta in h. l.)

2. 인간이 이 지식으로 알게 되는 것에 관해 확실성을 가지는 것은 내밀하게 지식의 근거에 속한다. 비슷하게, 인간이 자신이 믿음을 가지고 있는 것들에 대해 확신하게 되는 것은 신앙의 근거에 속하는 일이다.[11] 이것은 확실성이, 앞에서 말한 선물들을 담고 있는 지성의 완전성에 속하기 때문이다. 그래서 지식이나 신앙을 가지고 있는 이는 자신이 그것을 가지고 있다는 것을 확신한다. 그러나 유사한 이유가 욕구 능력을 완성하는 은총과 참사랑 등에는 해당되지 않는다.[12]

3. 죄는 우리에게 알려져 있는 일시적인 선들을 그 원천과 대상으로 삼고 있다, 그런데 은총의 대상 또는 목적은 그것의 엄청난 빛 때문에 우리 인식의 범위를 벗어나 있다. 티모테오 1서 마지막[6] 장 [16절]에서는 "그분은 다가갈 수 없는 빛 속에 사신다."[13]고 말하고 있다.[14]

4. 사도는 여기서 우리가 신앙에 의해 최대한 확실하게 알게 되는, 우리에게 희망 안에서 주어지는 영광의 선물들[15]에 대해서 말하고

신학자들과 주해자들 사이에 이 주장들과 관련해서 한 작은 논쟁이 벌어졌다: 여기서 성 토마스가 말하는 신앙은 주관적인 자연적 확신으로 개념된 신앙인가, 아니면 형상적으로 초자연적인 신앙인가? 실상 심리학적인 성찰은 동의의 동기가 초자연적인지를 식별하는 데 충분한 것으로 보이지 않는다. 왜냐하면 신앙의 판단이 자연적으로 획득되는 개념들을 통해서 발설된다고 하더라도 그럼에도 불구하고 판단에 요구되는 지성적 빛이 주입을 통해서 오기 때문이다. 그러므로 저 빛이 그것을 종별화하는 초월적 원리(하느님) 속에서 경험될 수 있을 것으로 보이지는 않는다. 다른 한편 믿으려는 경향은 참사랑 자체와 은총처럼 모호한 채로 남아 있는 의지의 한 행위이다. Cf. Garrigou-Lagrange, *De Gratia*, Torino, 1945, p.257.

13. Vulgata: "inhabitat."
14. 나는 성 토마스 자신의 논거들 속에서 죄는 (적어도) 은총만큼이나 모호한 듯이 보인다는 사실을 고백하지 않을 수 없다. 왜냐하면 그것은 형상적으로 하느님으로부터 등을 돌림(aversio a Deo)에 의해서 구성되기 때문이다.
15. 9절 참조.

cognoscimus per fidem; licet non cognoscamus per certitudinem nos habere gratiam, per quam nos possumus ea promereri.— Vel potest dici quod loquitur de notitia privilegiata, quae est per revelationem. Unde subdit [v. 10]: *Nobis autem revelavit Deus per Spiritum Sanctum.*[16]

AD QUINTUM dicendum quod illud etiam verbum Abrahae dictum, potest referri ad notitiam experimentalem, quae est per exhibitionem operis. In opere enim illo quod fecerat Abraham, cognoscere potuit experimentaliter se Dei timorem habere.—Vel potest etiam ad revelationem referri.[17]

---

16. Vulgata: "suum."
17. 왜 자신이 은총을 받았다는 사실을 누구나 그리고 언제나 아는 것이 아니라 소수만이 드물게 계시를 통해 아는 것인가? Cf. I, q.23, a.1, ad4; *De veritate*, q.10, a.10, ad7. 여기서는 마지막 텍스트만이 의심스럽다.

있다. 그러나 우리는 우리가 그것들에 대해 공로를 가질 수 있는 [수단인] 은총을 가지고 있다는 것을 확실하게 알지 못한다. 또는, 그가 계시에 의해서 제공되는 특전적인 깨달음에 대해서 말하고 있는 것일 수 있다.―그래서 그는 계속해서 [10절에서] "하느님께서는 성령을 통하여 그것들을 바로 우리에게 계시해 주셨습니다."라고 말하고 있다.[16]

5. 아브라함에게 전해진 이 선언 역시 행위의 실현에서 생겨나는 경험적 지식을 가리킬 수 있다. 왜냐하면 그가 수행한 그 행위에서 아브라함은 자신이 주님께 대한 두려움을 가지고 있다는 것을 경험적으로 알게 되었을 수 있기 때문이다. 또는, 그 선언이 계시를 지칭할 수도 있을 것이다.[17]

QUAESTIO CXIII
DE EFFECTIBUS GRATIAE. ET PRIMO, DE IUSTIFICATIONE IMPII[1]
in decem articulos divisa

Deinde considerandum est de effectibus gratiae.[2] Et primo, de iustificatione impii, quae est effectus gratiae operantis;[3] secundo, de merito, quod est effectus gratiae cooperantis.[4]

Circa primum quaeruntur decem.

Primo: quid sit iustificatio impii.

Secundo: utrum ad eam requiratur gratiae infusio.

Tertio: utrum ad eam requiratur aliquis motus liberi arbitrii.

Quarto: utrum ad eam requiratur motus fidei.

---

1. '불경한 자의 의화'(iustificatio impii)라는 고전적인 표현의 기원은 성경에 있다.(로마 4,5 참조) 대중의 일상 용법에서는 '불경한 자'라는 말을 비단 불경한 죄를 저지른 자뿐만 아니라 어떤 죄든 범한 자라면 누구에게나 다 적용하는 경향이 있다.
트리엔트공의회의 의화에 관한 교령(1547년) 대역본: 알베리고, G.(편), 『보편공의회 문헌집 제3권: 트렌토공의회-제1차 바티칸공의회』, 김영국·손희송·이경상 옮김, 가톨릭출판사, 2006, 671*-681*쪽; 『덴칭거: 신경, 신앙과 도덕에 관한 규정·선언 편람』, 한국천주교주교회의, 2017, 430*-446*쪽; DS 793-843[=DH 1520-1583]. 트리엔트공의회의 결정에 관한 연구 문헌들: 김성태, 「트리엔트공의회」, 『한국가톨릭대사전』, 제11권, 2005, 8738*-8749*쪽; 후베르트 예딘, 『세계공의회사』, 최석우 옮김, 2005, 97-122쪽; 클라우스 샤츠, 『보편공의회사』, 이종한 옮김, 분도출판사,

제113문
은총의 효과인 불경한 자의 의화에 대하여[1]
(전10절)

이제 우리는 은총의 효과들에 대해서 고찰해야 한다.[2] 첫째, 작용 은총의 효과인 불경한 자의 의화에 대하여,[3] 둘째, 협력 은총의 효과인 공로에 대하여.[4]

첫 번째 주제에 대해서는 열 가지 질문이 제기된다.

1. 불경한 자의 의화란 무엇인가?
2. 그에게 은총의 주입이 요구되는가?
3. 그에게 어떤 자유재량의 움직임이 요구되는가?
4. 그에게 신앙의 움직임이 요구되는가?

2005, 205-263쪽; 박준양, 『은총론, 그 고귀한 선물에 관하여』, 생활성서사, 2008, 131-140쪽; 앨리스터 맥그래스, 『하나님의 칭의론: 기독교 교리 칭의론 역사』, 한성진 옮김, 기독교문서선교회, 2008, 410-471쪽; 최현순, 『은총: 하느님의 은총과 인간의 자유의지가 이루는 그 아름다운 여정』, 바오로딸, 2020, 141-171쪽.

2. Cf. I, q.109, Introd.
3. 작용 은총에 대해서는 제111문 제2절을 참조하라. 인간의 의화 교리에 관한 종교개혁자들의 도전과 트리엔트공의회의 응답, 그리고 최근의 가톨릭과 개신교 사이의 합의에 이르는 논쟁의 역사를 심도 있게 추적하기 위해서는: 안토니오 사예스, 『은총론』, 윤주현 옮김, 수원가톨릭대학교출판부, 2011, 289-413쪽 참조.
4. 여기서 말하는 작용 은총과 협력 은총은 우리가 이미 제111문 제2절에서 본 것처럼 의화(義化)와 공로(功勞)라는 두 가지 측면을 가지고 있는 습성적 은총이다.

QUINTO: utrum ad eam requiratur motus liberi arbitrii contra peccatum.

SEXTO: utrum praemissis sit connumeranda remissio peccatorum.

SEPTIMO: utrum in iustificatione impii sit ordo temporis, aut sit subito.

OCTAVO: de naturali ordine eorum quae ad iustificationem concurrunt.

NONO: utrum iustificatio impii sit maximum opus Dei.

DECIMO: utrum iustificatio impii sit miraculosa.[5]

Articulus 1
Utrum iustificatio impii sit remissio peccatorum

---

5. 젊은 시절의 『명제집 주해』에서 저자는 이 논거에, 각각 다시 3개씩의 소문제(quaestiuncula)들로 구분되는 다섯 개의 절을 가지고 있는 대단히 방대한 문(問) 하나를 헌정하였다. 여기서 도식은 더욱 직선적이다. 어느 한 텍스트에만 의존하지도 않고, 또 오랜 교육 경험도 활용한다는 이중의 장점을 지니고 있다. 논의되는 문제들은 모든 신학 학파들에서 13세기에 광범위하게 논의되던 것들이다.
주제의 전개는 다음과 같은 질서를 가지고 있다: 제1절에서는 생성(生成)과 전이(轉移)라는 의화의 두 가지 가능한 유형이 검토된다. 이 둘째 유형은 제2-8절에서 전개된다. 마지막에는(제9-10절) 두 가지 속성이 고찰된다. 제2절부터 제8절까지의 중심 부분은 다음과 같이 구조화된다: 먼저, 작용인인 하느님 안에서 가지는 질서에 따라 의화의 네 가지 요건들이 검토된다: 은총의 주입(제2절), 하느

5. 그에게 죄에 맞서는 어떤 자유재량의 움직임이 요구되는가?
6. 죄의 용서가 선결 사항으로 고려되어야 하는가?
7. 불경한 자의 의화에는 시간의 질서가 개입하는가, 아니면 일순간에 발생하는가?
8. 의화에 기여하는 것들의 자연적 질서에 대하여.
9. 불경한 자의 의화가 하느님의 최대 업적인가?
10. 불경한 자의 의화는 기적적인 것인가?[5]

제1절 불경한 자의 의화란 죄의 용서에서 성립되는가?

Parall.: Infra, a.6, ad1; *In Sent.*, IV, d.17, q.1, a.1, qc.1; *De veritate*, q.28, a.1.
Doctr. Eccl.: "세례 때 주어지는 우리 주 예수 그리스도의 은총을 통하여 원죄의 상태가 없어진다는 것을 부인하거나, 죄의 진정하고 고유한 성격을 지니는 모든 것이 제거되는 것이 아니라, 다만 무마되거나 셈하여지지 않을 뿐이라고 주장하는 자는 파문될 것이다."(트리엔트공의회, 제5회기, 제5조) DS 792[=DH 1515]. Cf. DS 483[=DH 904], DS 742[=DH 1452], DS 795sq.[=DH 1523], DS 804[=DH 1536-1539], DS 807[=DH 1542-1543], DS 820sq.[=DH 1560sq.], DS 895[=DH 1671-1672], DS 1042sq.[=DH 1942], DS 1069sq.[=DH 1969sq.].

님 자신을 향한 자유재량의 움직임(제3절) 신앙을 향한 지성의 움직임이 뒤따른다.(제4절) 죄를 거스르는 자유재량의 움직임,(제5절) 마지막으로 죄과의 제거.(제6절) 제7절과 제8절은 위에서 말한 네 가지 요구 조건들의 이중 질서를 가리킨다: 시간적 질서에서는 동시적이다.(제7절) 논리적 질서에서는, 신적 작위자 측으로부터거나 혹은 회개하는 죄인 측으로부터 고찰되는 데 따른(제8절), 역순으로의 계기적이다.

q.113, a.1

Ad primum sic proceditur. Videtur quod iustificatio impii non sit remissio peccatorum.

1. Peccatum enim non solum iustitiae opponitur, sed omnibus virtutibus; ut ex supradictis[1] patet. Sed iustificatio significat motum quendam ad iustitiam. Non ergo omnis peccati remissio est iustificatio, cum omnis motus sit de contrario in contrarium.

2. Praeterea, unumquodque debet denominari ab eo quod est potissimum in ipso, ut dicitur in II *de Anima*.[2] Sed remissio peccatorum praecipue fit per fidem, secundum illud *Act.* 15, [9], *Fide purificans corda eorum*; et per caritatem, secundum illud *Prov.* 10, [12], *Universa delicta operit caritas*. Magis ergo remissio peccatorum debuit denominari a fide vel a caritate, quam a iustitia.

3. Praeterea, remissio peccatorum idem esse videtur quod vocatio, vocatur enim qui distat; distat autem aliquis a Deo per peccatum. Sed vocatio iustificationem praecedit; secundum illud Rom. 8, [30]: *Quos vocavit, hos et iustificavit*. Ergo iustificatio non est remissio peccatorum.

SED CONTRA est quod, Rom. 8, [30] super illud, *Quos vocavit, hos et iustificavit*, dicit Glossa:[3] *remissione peccatorum*. Ergo

---

1. q.71, a.1.
2. c.4, 416b23-25; S. Thomas, lect.9, n.347. Cf. *Ethica Nic.*, IX, c.8, 1169a2-4; S. Thomas, lect.9, n.1872.

[반론] 첫째에 대해서는 다음과 같이 진행된다. 불경한 자의 의화는 죄의 용서에서 성립되는 것으로 보이지 않는다.

1. 위에서[1] 말한 것으로부터 분명하듯이, 실상 죄는 정의에 반대될 뿐만 아니라 모든 덕에도 반대된다. 그런데 의화는 의로움(iustitia)을 향한 모종의 움직임을 의미한다. 그러므로 모든 죄의 용서가 다 의화라고 불려서는 안 된다. 왜냐하면 움직임이란 모두 반대되는 것으로부터 반대되는 것으로 넘어가는 것이기 때문이다.

2. 『영혼론』 제2권[2]에서 말하는 것처럼, 사물들은 그것들 안에서 지배적인 것으로부터 그 이름을 취해야 한다. 그런데 죄의 용서는 주로, 사도행전 15장 [9절]에 따르면("믿음으로 그들의 마음을 정화하시어"), 신앙을 통해서 발생하고, 잠언 10장 [12절]에 따르면("참사랑은 모든 죄를 감싼다."), 참사랑을 통해서 발생한다. 그러므로 죄의 용서는 정의보다는 신앙이나 참사랑으로부터 그 이름을 취해야 한다.

3. 죄의 용서는 소명(召命) 또는 부르심과 같은 것으로 보인다. 왜냐하면 부르심을 받는 것은 멀리 떨어져 있는 사람이고, 누군가는 죄 때문에 하느님으로부터 멀어지기 때문이다. 그런데 "부르신 이들을 의롭게 하셨다."는 로마서 8장 [30절]에 따르면, 부르심이 의화에 선행한다. 그러므로 의화는 죄의 용서에서 성립되는 것이 아니다.

[재반론] 그러나 반대로, 로마서 8장 [30절]에서는 "부르신 이들을 또한 의롭게 하셨다."고 말하고, 표준 주해[3]에서는 "죄를 용서함으로

---

3. Interl.: Lombardus: PL 191, 1450D.

remissio peccatorum est iustificatio.⁴

RESPONDEO dicendum quod iustificatio passive accepta importat motum ad iustitiam; sicut et calefactio motum ad calorem. Cum autem iustitia de sui ratione importet quandam rectitudinem ordinis, dupliciter accipi potest. Uno modo, secundum quod importat ordinem rectum in ipso actu hominis. Et secundum hoc iustitia ponitur virtus quaedam,⁵ sive sit particularis iustitia, quae ordinat actum hominis secundum rectitudinem in comparatione ad alium singularem hominem;⁶ sive sit iustitia legalis, quae ordinat secundum rectitudinem actum hominis in comparatione ad bonum commune multitudinis; ut patet in V *Ethic.*⁷

Alio modo dicitur iustitia prout importat rectitudinem quandam ordinis in ipsa interiori dispositione hominis, prout

---

4. '의로움과 의화'는 신학이 성경으로부터, 다시 말해 옛 계약과 새 계약(특히 사도 바오로)의 책들로부터 유산으로 물려받은 개념들이다. Cf. A. Descamps, "Justice et Justification", in *Suppl. Dict. de la Bible*, t.4, 1949, coll.1417-1510. 의화 교리 전반에 관한 해설을 보기 위해서는: 기스벨트 그레사케, 『은총: 선사된 자유』, 59-104쪽; 심상태, 『그리스도와 구원: 전환기의 신앙 이해』, 성바오로출판사, 1982, 57-73쪽; 권혁주, 「은총」, 『한국가톨릭대사전』, 제9권, 2002, 6871*-6879*쪽; 김희중, 「의화론」, 『한국가톨릭대사전』, 제9권, 6917*-6926*쪽; 바티스타 몬딘, 『신학적 인간학』, 윤주현 옮김, 가톨릭출판사, 2011, 327-397쪽; 같은 저자, 「의화」, 『성 토마스 개념사전』, 이재룡-안소근-윤주현 옮김, 한국성토마스연구소, 2021, 542*-545*쪽; 손은실, 「'오직 믿음' vs '사랑으로 형성된 믿음': 양립할 수 없는 두 원리인가? 마르틴 루터에서 토마스 아퀴나스로 거슬러 올라가기」, 『교회사 연구, 이제는 한국과 아시아로』, 도서출판 케노시스, 2020, 231-236쪽. Cf. Michael Lawler,

써"라고 명기하고 있다. 그러므로 죄의 용서가 바로 의화이다.[4]

[답변] '의화'(義化, iustificatio)는 '의로움'(iustitia)을 향한 움직임을 수동적인 의미에서 함축하고 있다. 이것은 가열(加熱)이 열을 향한 움직임을 함축하는 것과 같다. 그런데 그 내밀한 의미에서 정의는 질서의 올바름(rectitudo ordinis)을 함축하기 때문에, 그것은 두 가지를 뜻할 수 있다. 첫째, 인간 자신의 행위들에 있어서 올바른 질서를 함축할 때와 같다. 이런 의미에서 정의는 덕들 가운데 자리 잡는다.[5] 그것은 인간의 행위들을 올바름의 표준에 따라 다른 사람의 개인과 연관지어 질서짓는 특수한 정의(particularis iustitia)일 수도 있고,[6] 아니면 『니코마코스 윤리학』 제5권[7]에서 명백한 것처럼, 사람의 행위의 올바름의 표준을 사회의 공동선과 연관지어 질서 짓는 법적 정의(iustitia legalis)일 수도 있다.

둘째, 정의는 사람 자신의 내면적 태세(dispositio) 안에 있는 질서의 올바름을 함축하는 것으로 사용된다. 즉 인간 안에서 가장 고등

"Grace and Freewill in Justification: A Textual Study in Aquinas", *The Thomist* 35(1971), 601-630; Michael Root, "Aquinas, Merit, and Reformation Theology after 'Joint Declaration on the Doctrine of Justification'", *Modern Theology* 20(2004), 5-22; Daniel Keating, "Justification, Sanctification and Divinization in Thomas Aquinas", in Thomas Weinandy et als.(eds.), *Aquinas on Doctrine: A Critical Introduction*, London, T & T Clark, 2003, pp.130-158; J. Mark Armitage, "A Certain Rectitude of Order: Jesus and Justification according to Aquinas", *The Thomist* 72(2008), 45-66.

5. Cf. II-II, q.58, a.4.
6. Cf. II-II, q.58, a.7.
7. c.3, 1129b13-14; 1130a14-16; S. Thomas, lect.2, nn.900-901; lect.3, n.913. Cf. q.60, a.3, ad2; II-II, q.58, aa.5-6.

q.113, a.1

scilicet supremum hominis subditur Deo, et inferiores vires animae subduntur supremae, scilicet rationi. Et hanc etiam dispositionem vocat Philosophus, in V *Ethic.*,⁸ iustitiam *metaphorice dictam*. Haec autem iustitia in homine potest fieri dupliciter. Uno quidem modo, per modum simplicis generationis, quae est ex privatione ad formam.⁹ Et hoc modo iustificatio posset competere etiam ei qui non esset in peccato, dum huiusmodi iustitiam a Deo acciperet, sicut Adam dicitur accepisse originalem iustitiam.¹⁰

Alio modo potest fieri huiusmodi iustitia in homine secundum rationem motus qui est de contrario in contrarium. Et secundum hoc, iustificatio importat transmutationem quandam de statu iniustitiae ad statum iustitiae praedictae.¹¹ Et hoc modo loquimur hic de iustificatione impii; secundum illud Apostoli, *ad Rom*. 4, [5]: *Ei qui non operatur, credenti autem in eum qui*

---

8. c.15, 1138b5-14; S. Thomas, lect.17, nn.1106-1108. Cf. q.46, a.7, ad2; q.100, a.2, ad2; II-II, q.30, a.1, ad2; q.58, a.2; q.106, a.3, ad1; III, q.20, a.2, ad3.

9. (*추가주) 결핍으로부터 형상으로 넘어가는 생성은 반대되는 것으로부터 반대되는 것으로 넘어가는 운동과는 구별된다. 성 토마스가 『자연학 주해』 제1권 제13강, n.7(=116)에서 가르치는 것처럼 "운동"은 하양과 검정처럼 어떤 적극적인 조건과 다른 적극적인 조건 사이에 자리 잡고 있다. 반면에 '생성'은 하양에서 하얗지 않은 것으로, 혹은 인간으로부터 비인간으로 넘어가는 것과 같이, 어떤 부정적인 조건에서부터 어떤 긍정적인 조건으로 넘어감이다. 이로부터 결과되는 것은, 운동 속에 두 개의 반대되는 것들과 하나의 주체가 요구된다는 것이다. 한편, 생성과 소멸에서는 하나의 반대되는 것과 그것의 부재 곧 결핍의 현존이 요구된다. - 하지만 생성과 소멸은 운동 속에 현존하고 있다. 실상 어떤 것이 하양에서 검정으로 변할 때 하양이 파괴되고 검은 것이 된다. 이처럼 모든 자연적 변화에서는 주체와 형상과 결핍이 요구된다. 반면에 실체들의 생성과 소멸에서 결과되는 것처

한 것이 하느님께 예속되고, 그의 영혼의 낮은 능력들은 그에게 있는 가장 고등한 것, 즉 이성에 예속될 때. 그리고 이 태세 역시 철학자의 『니코마코스 윤리학』 제5권[8]에 의해서 '은유적인 의미로' '의로움'이라고 불린다. 그런데 이런 종류의 정의는 인간 안에 두 가지 방식으로 발생할 수 있다. 첫째, 결핍으로부터 형상으로(ex privatione ad formam)의 전이인 단적인 생성에 의해서.[9] 그리고 이런 의미에서 의화는 심지어 죄 중에 있지 않은 자에게도, 그가 이런 유의 의로움을 신으로부터 받는 한, 적용될 수 있을 것이다. 이리하여 아담은 본래적 의로움(originalis iustitia)을 받았다고 말해진다.[10]

이런 의가 인간 안에서 발생할 수 있는 두 번째 방식이 있는데, 이것은 반대되는 것에서 그것에 반대되는 것으로의 움직임에 의해서 일어난다. 그리고 이런 의미에서 의화는 불의의 상태(status iniustitiae)에서 (앞에서 말한 것과 같은 의미에서의) 정의의 상태(status iustitiae)로의 일종의 변화(transmutatio)를 함축하고 있다.[11] 우리가 여기서 불경한 자의 의화에 대해서 말하는 것은 바로 이런 의미에서이다. 사도의 로마서 4장 [5절]에서는, "일은 하지 않더라도 불의한[불경한] 자

럼, 변화의 개념은 모든 생성과 소멸 속에 현존하고 있지 않다. 한편 주체, 형상, 결핍은 모든 변화 속에 현존하고 있다. 반면에 주체와 두 개의 반대되는 것들은 현존하고 있지 않다."
10. Cf. I, q.95, a.1. 성 토마스는 제1부 제95문에서 '본래적 의로움'(iustitia originalis)에 대해서 논한다. 하지만 이 비유적 의미의 정의조차도 복합적인 성경의 의미와 정확히 일치하는 것으로 보이지 않는다.
11. "불경한 자들의 의화는 엄밀하게 반대되는 것이 반대되는 것 안에서 이루어지는 것일 필요는 없다. 왜냐하면 출발점인 죄의 흠결은 어떤 적극적인 것이 아니기 때문이다. 오히려 그것은 반대되는 것이 다른 것 안에 있는 방식으로 관계된다. 흠결은 은총에 바로 저렇게 관계되기 때문이다. 그렇기 때문에 불경한 자의 의화는 우리 안에 있는 움직임의 양식으로 있다. 천사들 안에서는, 그리고 처음에는 아담도 단순한 출생의 양식을 통해 그러했었다."

iustificat impium, et cetera. Et quia motus magis denominatur a termino ad quem quam a termino a quo,[12] ideo huiusmodi transmutatio, qua aliquis transmutatur a statu iniustitiae per remissionem peccati, sortitur nomen a termino ad quem, et vocatur iustificatio impii.[13]

AD PRIMUM ergo dicendum quod omne peccatum, secundum quod importat quandam inordinationem mentis non subditae Deo, iniustitia potest dici praedictae[14] iustitiae contraria; secundum illud I Ioan. 3, [4]: *Omnis qui facit peccatum, et iniquitatem facit, et peccatum est iniquitas.* Et secundum hoc, remotio cuiuslibet peccati dicitur iustificatio.

AD SECUNDUM dicendum quod fides et caritas dicunt ordinem specialem mentis humanae ad Deum secundum intellectum vel affectum. Sed iustitia importat generaliter totam rectitudinem ordinis. Et ideo magis denominatur huiusmodi transmutatio a iustitia quam a caritate vel fide.

AD TERTIUM dicendum quod vocatio refertur ad auxilium Dei interius moventis et excitantis mentem ad deserendum peccatum.[15] Quae quidem motio Dei non est ipsa remissio peccati, sed causa eius.[16]

---

12. Cf. q.23, a.1, ad3.
13. 불경한 자의 의화가 본질적으로 죄에 대한 용서를 함축한다는 개념은 트리엔트 공의회의 교의적 정의에 의해서 확인된다. "세례 때 주어지는 우리 주 예수 그리스도의 은총을 통하여 원죄의 상태가 없어진다는 것을 부인하거나, 죄의 진정하고 고유한 성격을 지니는 모든 것이 제거되는 것이 아니라 다만 무마되거나 셈

를 의화시키는 분을 믿는 사람은…"이라고 말하고 있다. 그리고 움직임은 그 출발점(terminus a quo)[12]보다는 오히려 그 종점(terminus ad quem)으로부터 그 이름을 취하기 때문에, 누군가 죄의 용서를 통하여 불의의 상태로부터 변화되는 이런 종류의 변화는 그 이름을 종점으로부터 취하며, '불경한 자의 의화'(iustificatio impii)라고 불린다.[13]

[해답] 1. 모든 죄는, 그것이 하느님께 속하는 것이 아닌 일종의 마음의 무질서를 함축하는 것인 한, 앞에서[14] 정의한 것과 같은 의미에서 정의에 반대되기 때문에, 불의라고 불릴 수 있다. 요한 1서 3장 [4절]에 따르면, "죄를 저지르는 자는 모두 불법을 저지르는 자입니다. 죄는 곧 불법입니다." 따라서 죄의 제거를 두고 '의화'라 부른다.

2. 신앙과 참사랑은 이해나 감정(affectus)에 따라 인간 정신이 하느님에 대해 가지는 특별한 질서를 가리킨다. 그런데 정의는 질서 일반의 올바름 전체를 일반적으로 함축하고 있다. 그러므로 이런 종류의 변화는 그 이름을 참사랑과 신앙보다는 정의로부터 얻게 된다.

3. 소명 또는 부르심은 영혼으로 하여금 죄로부터 물러서도록, 안으로부터 움직이고 자극하는 하느님의 도우심을 가리키는 것이다.[15] 하느님으로부터 오는 이 운동은 죄의 용서 자체가 아니라, 그 원인이다.[16]

하여지지 않을 뿐이라고 주장하는 자는 파문될 것이다."(DS 792[=DH 1515])
14. 본론.
15. 이 부르심이 필요한 이유는 우리의 마음이, 하느님 자신이 우리를 당신께로 끌어당기지 않는 한, 스스로 하느님께로 돌아서지는 않기 때문이다. *In Ep. ad Rom.*, c.8, lect.6, Marietti, p.123a.
16. 부르심을 신적 운동과 동일시하는 것에 주목해야 한다. Cf. *In Ep. ad Rom.*, 8, 1, 6: "(하나의 부르심은 외부적이고,) 다른 부르심은 내면적이다. 그리고 이것은 정신의 특정 본능 외에 다른 것이 아니다. 그것에 의해서 인간의 정신은 하느님에 의해서 신앙 문제나 덕에 동의하도록 움직여진다." Cf. *In Joan.*, 6, 1, 5.

Articulus 2
Utrum ad remissionem culpae, quae est iustificatio impii, requiratur gratiae infusio[1]

Ad secundum sic proceditur. Videtur quod ad remissionem culpae, quae est iustificatio impii, non requiratur gratiae infusio.

1. Potest enim aliquis removeri ab uno contrario sine hoc quod perducatur ad alterum, si contraria sint mediata.[2] Sed status culpae et status gratiae sunt contraria mediata, est enim medius status innocentiae, in quo homo nec gratiam habet nec culpam. Ergo potest alicui remitti culpa sine hoc quod perducatur ad gratiam.

---

1. 토마스는 '주입'(注入, infusio)이라는 전통적 언어를 사용하고 있는데, 이것은 '쏟아 붓는다'는 성경의 언어로 소급해 올라간다. 여기서 그것은 1차적으로 성질과 습성으로서의 은총의 선물을 가리킨다. 하지만 그것은 또한 이것을 향한 움직임을 함축하기도 한다.

제2절 불경한 자의 의화인 죄과의 용서를 위해서는 은총의 주입[1]이 요구되는가?

Parall.: *In Sent.*, IV, d.17, q.1, a.3, qc.1; *De veritate*, q.28, a.2; *In Ep. ad Ephes.*, c.5, lect.5.
Doctr. Eccl.: "인간이, 우리를 위해서 공로를 마련해 주신 그리스도의 의로움 없이 의화된다거나, 또는 이 의로움을 통하여 형식적으로 의화된다고 말하는 자는 파문될 것이다."(트리엔트공의회, 제6회기, 제10조) DS 820[=DH 1560].― "오로지 그리스도의 의로움 덕분으로만, 또는 성령을 통해서 인간의 마음속에 부어져[로마 5,5 참조] 자리 잡은 은총과 사랑을 배제하고, 오로지 죄의 용서를 통해서만 인간이 의화되거나 우리를 의화시키는 은총이 단지 하느님의 호의에 불과하다고 말하는 자는 파문될 것이다."(같은 회기, 제11조) DS 821[=DH 1561]. Cf. DS 833sq.[=DH 1573sq.], DS 842[=DH 1582], DS 197[=DH 394], DS 483[=DH 904], DS 1931-1933[=DH 3252-3253], DS 1042[=DH 1942], DS 1069sq. [=DH 1969sq.].

[반론] 둘째에 대해서는 다음과 같이 진행된다. 불경한 자의 의화인 죄과의 용서를 위해서는 은총의 주입이 요구되지 않는 것으로 보인다.

1. 실상 어떤 반대되는 것들이 어떤 중간 매체를 지니고 있다면, 우리는 다른 반대되는 것으로 옮겨지지 않으면서도 한 극단으로부터 멀어질 수 있다.[2] 그런데 죄의 상태와 은총의 상태는 중간 매체를 가지고 있는 반대물들이다. 여기서 중간 매체란 인간이 은총을 지니고 있는 것도 아니고 죄과를 가지고 있는 것도 아닌 순진무구(純眞無垢, innocentia)의 상태를 가리킨다. 그러므로 은총의 상태로 옮겨지지 않으면서도 죄과가 용서받을 수 있다.

---

2. 검정이 하양을 끌어들이지 않고도 축출될 수 있는 것과 같다.(*De veritate*, q.28, a.2, ad4)

2. Praeterea, remissio culpae consistit in reputatione divina; secundum illud Psalmi 31, [2]: *Beatus vir cui non imputavit Dominus peccatum.* Sed infusio gratiae ponit etiam aliquid in nobis, ut supra[3] habitum est. Ergo infusio gratiae non requiritur ad remissionem culpae.[4]

3. Praeterea, nullus subiicitur simul duobus contrariis. Sed quaedam peccata sunt contraria, sicut prodigalitas et illiberalitas. Ergo qui subiicitur peccato prodigalitatis, non simul subiicitur peccato illiberalitatis. Potest tamen contingere quod prius ei subiiciebatur. Ergo peccando vitio prodigalitatis, liberatur a peccato illiberalitatis. Et sic remittitur aliquod peccatum sine gratia.

SED CONTRA est quod dicitur Rom. 3, [24]: *Iustificati gratis per gratiam ipsius.*

RESPONDEO dicendum quod homo peccando Deum offendit, sicut ex supradictis[5] patet. Offensa autem non remittitur alicui nisi per hoc quod animus offensi pacatur offendenti. Et ideo secundum hoc peccatum nobis remitti dicitur, quod Deus nobis pacatur. Quae quidem pax consistit in dilectione qua Deus nos diligit. Dilectio autem Dei, quantum est ex parte actus divini,

---

3. q.110, a.1.
4. "성 토마스는 반론2에서 이미 의화는 은총의 주입을 함축하지 않는다고 주장하는 개신교도들의 명제를 정식화하였다. 개신교도들은 인간이 내적으로 의화하는 어떤 형상을 통해서 의화되는 것이 아니라, 혹은 은총을 통해서거나 혹은 외적

2. 죄의 용서는, 시편 32[31]편 [2절]에서 말하고 있듯이("주님께서 죄를 돌리시지 않는 이는 복되어라.") 하느님의 전가(轉嫁)에서 성립된다. 그러나 위에서³ 살펴본 것처럼, 우리 안에 어떤 것을 설정하기도 한다. 그러므로 죄의 용서를 위해서는 은총의 주입이 요구되지 않는다.⁴

3. 아무도 동시에 두 개의 반대되는 것에 예속될 수 없다. 그런데 어떤 죄들은 낭비와 옹졸함처럼, 서로 반대되는 것들이다. 그러므로 낭비의 죄에 예속되어 있는 자는 동시에 옹졸함의 죄에 예속되지 않는다. 그렇지만 그가 예전에 그것에 예속되어 있었을 수는 있다. 그러므로 낭비의 악습을 통해서 죄를 짓는 자는 그로써 옹졸함의 죄로부터 벗어나 있다. 그래서 죄는 은총 없이 제거된다.

[재반론] 그러나 반대로, 로마서 3장 [24절]에서는 "그분의 은총으로 거저 의롭게 됩니다."라고 말하고 있다.

[답변] 이미⁵ 말한 것으로부터 드러나듯이, 인간은 죄를 지음으로써 하느님을 모욕한다. 그런데 모욕(offensum)은 오로지 모욕을 당한 측의 마음이 모욕을 가한 자와 화해하게(pacari) 될 때에야 비로소 용서된다. 그래서 우리의 죄는 하느님이 우리와 화해할 때 용서된다고 말해진다. 그런데 이 평화는 하느님이 우리를 사랑하는 사랑에서 성립된다. 그러나 하느님의 사랑(dilectio Dei)은, 하느님의 행위가 관련되는 한, 영원하고 불변적이다. 그러나 그것이 우리에게 부과하는 결과에

인 방식으로 전가되는 그리스도의 의로움을 통해서 의화된다고 말한다. 그러므로 불경한 자의 의화는 하나의 외적인 지칭이 될 것이다."(Garrigou-Lagrange, *op. cit.*, p.261)
5. q.71, a.6; q.87, aa.3sqq.

est aeterna et immutabilis, sed quantum ad effectum quem nobis imprimit,[6] quandoque interrumpitur, prout scilicet ab ipso quandoque deficimus et quandoque iterum recuperamus. Effectus autem divinae dilectionis in nobis qui per peccatum tollitur, est gratia, qua homo fit dignus vita aeterna, a qua peccatum mortale excludit. Et ideo non posset intelligi remissio culpae, nisi adesset infusio gratiae.[7]

AD PRIMUM ergo dicendum quod plus requiritur ad hoc quod offendenti remittatur offensa, quam ad hoc quod simpliciter aliquis non offendens non habeatur odio. Potest enim apud homines contingere quod unus homo aliquem alium nec diligat nec odiat; sed si eum offendat, quod ei dimittat offensam, hoc non potest contingere absque speciali benevolentia. Benevolentia autem Dei ad hominem reparari dicitur per donum gratiae. Et ideo licet, antequam homo peccet, potuerit esse sine gratia et sine culpa; tamen post peccatum, non potest esse sine culpa nisi gratiam habeat.[8]

AD SECUNDUM dicendum quod, sicut dilectio Dei non solum consistit in actu voluntatis divinae, sed etiam importat quendam gratiae effectum, ut supra[9] dictum est; ita etiam et hoc quod

---

6. Cf. q.110, a.1; I, q.20, a.2.
7. Cf. q.109, a.3. Cf. Jerry Walls, "Christ's Atonement: Washing Away Human Sin", in J. J. Gracia(ed.), *Mel Gibson's 'Passion' and Philosophy*, Chicago, Open Court, 2004, pp.25-39.

관한 한,[6] 그것은 때로는(즉 우리가 때로 그것으로부터 멀리 떨어지고 때로는 다시 얻게 될 때) 중단되기도 한다. 그런데 죄를 통해 제거된, 우리 안에 있는 신적 사랑의 결과는 그것에 의해서 인간이 영원한 생명을 받을 만하게 되고, 사죄(死罪)에 의해서 인간이 그것으로부터 배제되게 하는 은총이다. 그러므로 죄과의 용서는, 거기에 은총의 주입(infusio gratiae)이 현존하지 않는 한 이해할 수 없는 것이 될 것이다.[7]

[해답] 1. 모욕을 가한 자에게 그 모욕함이 용서되기 위해서는, 단순하게 모욕을 당한 자가 미움을 품지 않는 것보다 더 많은 것이 요구된다. 그런데 어떤 사람이 다른 사람을 사랑하지도 않고 미워하지도 않는 일이 있을 수 있다. 그런데 만일 그가 누군가를 모욕한다면, 그 모욕이 그에게 용서되는 것은 특별한 호의 없이는 일어날 수 없다. 그런데 인간을 향한 하느님의 호의는 은총의 선물에 의해서 복원된다고 말해진다. 그래서 비록 인간이 죄를 짓기 전에는 그가 은총이 없이도 그리고 죄과가 없이도 있을 수 있었지만, 죄를 지은 이후에는 다만 은총을 가짐으로써만 죄과 없이 있을 수 있게 되었다.[8]

2. 위에서[9] 말한 것처럼, 하느님의 사랑이 단지 어떤 하느님의 의지의 행위 안에만 있는 것이 아니라 또한 어떤 은총의 결과도 포함하고 있는 것과 마찬가지로, 하느님이 인간에게 죄를 전가하지 않는 것도 그 죄를 전가받지 않는 자 안에 어떤 결과를 포함하고 있다. 죄가 하느님에 의해서 어떤 사람에게 전가되지 않는 것은 하느님의 사랑

---

8. Cf. supra q.109, a.2.
9. q.110, a.1.

est Deum non imputare peccatum homini, importat quendam effectum in ipso cuius peccatum non imputatur. Quod enim alicui non imputetur peccatum a Deo, ex divina dilectione procedit.[10]

AD TERTIUM dicendum quod, sicut Augustinus dicit, in libro *de Nuptiis et Concup.*,[11] *si a peccato desistere, hoc esset non habere peccatum, sufficeret ut hoc moneret Scriptura:* 《*Fili, peccasti, non adiicias iterum.*》 *Non autem sufficit, sed additur:* 《*Et de pristinis deprecare, ut tibi remittantur.*》 Transit enim peccatum actu, et remanet reatu, ut supra[12] dictum est. Et ideo cum aliquis a peccato unius vitii transit in peccatum contrarii vitii, desinit quidem habere actum praeteriti, sed non desinit habere reatum, unde simul habet reatum utriusque peccati. Non enim peccata sunt sibi contraria ex parte aversionis a Deo, ex qua parte peccatum reatum habet.

덕분이다.[10]

3. 아우구스티누스는 『혼인과 욕망』[11]에서 이렇게 말한다. "만일 죄를 중단하는 것이 죄를 가지지 않는 것이었더라면, 성경이 우리에게 '아들아, 네가 죄를 저질렀구나. 다시는 죄를 짓지 말거라.'라고 촉구하는 것으로 충분하였을 것이다. 그러나 그것만으로는 충분하지 못하다. 그래서 이렇게 덧붙이고 있는 것이다. '그리고 너의 지난날의 죄에 대해서는 그것들이 용서받을 수 있도록 기도하여라.'" 왜냐하면 이미[12] 말한 것처럼, 죄는 현실적인 행위로서는 지나가지만, 그 죄책은 남기 때문이다. 그래서 어떤 사람이 한 악습의 죄로부터 반대되는 악습의 죄로 넘어가게 될 때, 그는 참으로 (하나의 빚이 아닌) 하나의 행위로서의 과거의 죄를 가지기를 중단한 것이다. 이리하여 그는 단번에 죄에 대한 두 종류의 죄책을 지게 된다. 왜냐하면 죄들은 하느님으로부터 등을 돌린다는 점에 있어서 서로 반대되지 않으며, 바로 그 안에서 죄가 죄책을 포함하는 것이기 때문이다.

---

10. 여기서 말하는 사랑은 초자연적 질서에 속하는 총애(praedilectio)의 사랑이다. "그런데 이 사랑의 결과는 성화은총(gratia sanctificans)의 선물이다. 따라서 인간이 하느님께 저지른 모욕은 하느님이 그에게 은총을 주신다는 사실을 통해서가 아니라면 용서되지 않는다."(De Ver., q.28, a.2)
11. I, c.26: PL 44, 430.
12. q.87, a.6; q.109, a.7.

q.113, a.3

Articulus 3
Utrum ad iustificationem impii requiratur motus liberi arbitrii[1]

Ad tertium sic proceditur. Videtur quod ad iustificationem impii non requiratur motus liberi arbitrii.

1. Videmus enim quod per sacramentum Baptismi iustificantur pueri absque motu liberi arbitrii, et etiam interdum adulti, dicit enim Augustinus, in IV *Confess.*,[2] quod cum quidam suus amicus laboraret febribus, *iacuit diu sine sensu in sudore letali; et dum desperaretur, baptizatus est nesciens, et recreatus est*;

---

1. 이전 문(問)의 제2절에서 저자는 성인(成人)의 의화를 위해 요구되는 태세들을 시사하였다. 지금은 명시적으로, 요구되는 숙고된 행위들을 다룬다. 개신교도들을 거슬러 트리엔트공의회는 위에서 말한 의화를 위해 필요한 6가지 행위들을 열거한다: 1) 신앙 행위, 2) 두려움의 행위, 3) 희망의 행위, 4) 하느님 사랑의 행위, 5) 회개 행위 또는 통회 행위, 6) (성사를 배령[拜領]하고, 새 삶을 시작하며, 계명들을 지키겠다는) 결심.(DS 798[=1526]) 의화 교리 관련 논쟁사에 대한 연구 문헌들: 버나드 로너간, 『은총과 자유』, 김율 옮김, 가톨릭출판사, 2005, 11-41쪽; 권혁주, 「은총론」, 『한국가톨릭대사전』, 제9권, 2002, 6879*-6884*쪽; 김희중, 「의화론 II」, 『한국가톨릭대사전』, 제9권, 6921*-6926*쪽; 앨리스터 맥그래스, 『하나님의 칭의론』, 285-472; 박준양, 『은총론, 그 고귀한 선물에 관하여』, 68-

제3절 불경한 자의 의화를 위해서는 자유재량의 움직임이 요구되는가?[1]

Parall.: *In Sent.*, II, d.27, a.2, ad7; IV, d.17, q.1, a.3, qc.2; *De veritate*, q.28, aa.3-4; *In Joan.*, c.4, lect.2; *In Ep. ad Ephes.*, c.5, lect.5.

Doctr. Eccl.: "의화의 은총을 얻는 데에 협력하기 위하여 그 밖의 다른 어떤 것도 요구되지 않으며, 자신의 고유한 의지에 따라 스스로를 준비시키고 자세를 갖추는 것이 불필요하다고 이해하여, 불경한 자가 오직 믿음으로만 의화된다고 말하는 자는 파문될 것이다."(트리엔트공의회, 제6회기, 제9조) DS 819[=DH 1559]. Cf. DS 798[=DH 1526-1527], DS 801[=DH 1532], DS 804[=DH 1536-1539], DS 750-752[=DH 1460-1462], DS 1173[=DH 2123], DS 1207[=DH 2157], DS 1416[=DH 2466].

[반론] 셋째에 대해서는 다음과 같이 진행된다. 불경한 자의 의화를 위해서는 자유재량의 움직임이 요구되지 않는 것으로 보인다.

1. 실상 유아들은(그리고 가끔은 어른들도) 자유재량의 움직임이 없이 세례성사에 의해서 의화된다. 왜냐하면 아우구스티누스는 『고백록』 제4권[2]에서 자신의 한 친구가 열병에 걸렸던 적이 있는데, 오래도록 땀을 뻘뻘 흘리며 의식을 잃은 채 사경을 헤매고 있어서, 더이상 아무런 희망도 남아 있지 않은 것으로 간주하여 그가 의식이

---

1. 120쪽. Cf. C. M. Aherne, "Grace, Controverses on", in *New Catholic Encyclopedia*, 2a ed., Detroit, Gale, 2003, vol.VI, pp.401*-405*; R. J. Matava, *Devine Causality and Human Free Choice: Domingo Banez, Physical Premotion and the Controversy de Auxiliis Revisited*, Leiden, Brill, 2016; Joshua Brotherton, "Toward a Consensus in the De Auxiliis Debate", *Nova et Vetera*(Eng.) 14/3(2016), 783-820; Matthew Gaetano, "The Catholic Reception of Aquinas in the De Auxiliis Controversy", in Matthew Levering & Marcus Plested(eds.), *Oxford Handbook of the Reception of Aquinas*, Oxford, Oxford University Press, 2021, pp.255-279.
2. c.4, n.8: PL 32, 696.

quod fit per gratiam iustificantem. Sed Deus potentiam suam non alligavit sacramentis. Ergo etiam potest iustificare hominem sine sacramentis absque omni motu liberi arbitrii.

2. Praeterea, in dormiendo homo non habet usum rationis, sine quo non potest esse motus liberi arbitrii. Sed Salomon in dormiendo consecutus est a Deo donum sapientiae; ut habetur III *Reg.* 3, [5sqq.], et II *Paral.* 1, [7sqq.]. Ergo etiam, pari ratione, donum gratiae iustificantis quandoque datur homini a Deo absque motu liberi arbitrii.

3. Praeterea, per eandem causam gratia producitur in esse et conservatur, dicit enim Augustinus, VIII *super Gen. ad Litt.*,[3] quod *ita se debet homo ad Deum convertere, ut ab illo semper fiat iustus.* Sed absque motu liberi arbitrii gratia in homine conservatur. Ergo absque motu liberi arbitrii potest a principio infundi.

SED CONTRA est quod dicitur Ioan. 6, [45]: *Omnis qui audit*[4] *a Patre et didicit, venit ad me.* Sed discere non est sine motu liberi arbitrii, addiscens enim consentit docenti. Ergo nullus venit ad Deum per gratiam iustificantem absque motu liberi arbitrii.

---

3. c.12: PL 34, 382-383.
4. Vulgata: "audivit."

없는데도 그에게 세례를 베풀었는데, 그가 나중에 회생하게 되었다고 말하고 있기 때문이다. 이것은 의화 은총을 통해서 발생한다. 그런데 하느님은 당신의 능력을 성사들에 묶어 놓으신 것이 아니다. 그러므로 그분은 또한 인간을 성사들과는 별도로 자유재량의 움직임이 없이도 의화시키실 수 있다.

  2. 인간이 잠들어 있는 동안에는 자신의 이성을 행사할 수 없는데, 이성이 없이는 자유재량의 움직임이 있을 수 없다. 열왕기 1권 3장 [5절 이하]과 역대기 2권 1장 [7절 이하]에서 말하는 것처럼, 솔로몬은 잠들어 있는 동안에 하느님으로부터 지혜의 선물을 받았다. 그러므로 같은 이유에서 의화 은총의 선물은 때로는 자유재량의 움직임이 없이도 하느님에 의해서 인간에게 주어질 수 있다.

  3. 은총이 존재하게 되고 보존되는 것은 동일한 원인에 의해서이다. 왜냐하면 아우구스티누스는 『창세기 문자적 해설』 제8장[3]에서 "인간은 언제나 하느님에 의해서 의롭게 된 것과 같은 방식으로 하느님께로 돌아서야 한다."고 말하고 있기 때문이다. 그런데 은총은 자유재량의 움직임이 없이 인간 안에 보존된다. 그러므로 은총은 처음부터 자유재량의 움직임 없이 주입될 수 있다.

  [재반론] 그러나 반대로, 요한복음서 6장 [45절]에서는 "아버지의 말씀을 듣고[4] 배운 사람은 누구나 나에게 온다."고 적고 있다. 그런데 사람은 자유재량의 움직임이 없이는 배울 수 없다. 왜냐하면 학습자는 선생에게 동의하기 때문이다. 그러므로 아무도 자유재량의 움직임이 없이 오직 의화 은총에 의해서만 하느님께로 다가가지 못한다.

RESPONDEO dicendum quod iustificatio impii fit Deo movente hominem ad iustitiam, ipse enim est *qui iustificat impium*, ut dicitur *Rom.* 4, [5]. Deus autem movet omnia secundum modum uniuscuiusque, sicut in naturalibus videmus quod aliter moventur ab ipso gravia et aliter levia, propter diversam naturam utriusque. Unde et homines ad iustitiam movet secundum conditionem naturae humanae. Homo autem secundum propriam naturam habet quod sit liberi arbitrii. Et ideo in eo qui habet usum liberi arbitrii, non fit motio a Deo ad iustitiam absque motu liberi arbitrii;[5] sed ita infundit donum gratiae iustificantis, quod etiam simul cum hoc movet liberum arbitrium ad donum gratiae acceptandum,[6] in his qui sunt huius motionis capaces.

AD PRIMUM ergo dicendum quod pueri non sunt capaces motus liberi arbitrii, et ideo moventur a Deo ad iustitiam per solam informationem animae ipsorum. Non autem hoc fit sine sacramento, quia sicut peccatum originale, a quo iustificantur, non propria voluntate ad eos pervenit, sed per carnalem originem; ita etiam per spiritualem regenerationem a Christo in eos gratia derivatur.[7] Et eadem ratio est de furiosis et

---

5. Cf. q.10, a.4; I, q.83, a.1, ad3.
6. "그것은 은총이 수용이라는 저 행위의 대상이라는 의미로 이해되어서는 안 되고, 저 행위를 완수하게 해 준다는 의미로 이해되어야 한다. 실상 여기서 자유재량은 이 점에서, 곧 의지가 사랑으로, 그리고 저지른 죄과를 미워하며, 은총의 원리이신 하느님을 향해 움직여진다는 점에서 실행된다."(Cajetanus in h. a.)

제113문 제3절

[답변] 불경한 자의 의화는 하느님이 인간을 의로움으로(ad justitiam) 움직일 때 발생한다. 왜냐하면 로마서 4장 [5절]에서 말하는 것처럼, 그분은 "불경한 자를 의화시키는 분"이기 때문이다. 그런데 하느님은, 우리가 그 본성들에 따라 무거운 것들이 그분에 의해서 한 가지 방식으로 움직여지고 가벼운 것들은 다른 방식으로 움직여지는 자연적 사물들 안에서 보듯이, 만물을 각각의 고유한 방식대로 움직이신다. 그래서 그분은 사람들도 역시 인간 본성의 특성에 따라 움직이신다. 그런데 인간은 고유한 본성에 따라 자유재량의 존재자이다. 그래서 하느님에 의한 의로움을 향한 움직임은 자유재량을 실행할 수 있는 어떤 자 안에서 자유 선택의 움직임 없이는 발생하지 않는다.[5] 그러나 그분은 의화하는 은총의 선물을, 동시에 이 움직임을 받을 수 있는 자들의 경우에 자유재량으로 하여금 은총의 선물을 수용하도록[6] 움직이는 방식으로, 주입하신다.

[해답] 1. 유아들은 자유재량의 움직임을 할 수 없고, 그래서 하느님에 의해서 (그들의 영혼 속에 어떤 형상을 받아들임으로써만) 의로움 쪽으로 움직여질 뿐이다. 이것은 어떤 성사적 행위가 없이는 발생하지 않는다. 왜냐하면 그들은 원죄로부터 의화되는 것인데, 그 원죄가 그들 자신의 의지에 의해서 그들에게 미치는 것이 아니라 그들의 육체적인 기원에 의해서 그들에게 미치는 것과 마찬가지로, 은총도 그리스도로부터 오는 영적인 새로남(spiritualis regeneratio)에 의해서 그들에게 결과되는 것이기 때문이다.[7] 자유재량을 한 번도 실천할 수 없었던 광분자와 미친 사람에 대해서도 얼마든지 같은 말을 할 수

---

7. Cf. III, q.68, a.9.

amentibus qui nunquam usum liberi arbitrii habuerunt.[8] Sed si quis aliquando habuerit usum liberi arbitrii, et postmodum eo careat vel per infirmitatem vel per somnum; non consequitur gratiam iustificantem per Baptismum exterius adhibitum, aut per aliquod aliud sacramentum, nisi prius habuerit sacramentum in proposito;[9] quod sine usu liberi arbitrii non contingit. Et hoc modo ille de quo loquitur Augustinus, recreatus fuit, quia et prius et postea Baptismum acceptavit.[10]

AD SECUNDUM dicendum quod etiam Salomon dormiendo non meruit sapientiam, nec accepit. Sed in somno declaratum est ei quod, propter praecedens desiderium, ei a Deo sapientia infunderetur, unde ex eius persona dicitur, *Sap.* 7, [7]: *Optavi, et datus est mihi sensus.*—Vel potest dici quod ille somnus non fuit naturalis, sed somnus prophetiae; secundum quod dicitur *Num.* 12, [6]: *Si quis fuerit inter vos propheta Domini, per somnium aut in visione loquar ad eum.*[11] In quo casu aliquis usum liberi arbitrii habet.

Et tamen sciendum est quod non est eadem ratio de dono sapientiae et de dono gratiae iustificantis. Nam donum gratiae iustificantis praecipue ordinat hominem ad bonum, quod est obiectum voluntatis, et ideo ad ipsum movetur homo per

---

8. Cf. q.68, a.12.
9. Cf. q.68, a.7.
10. Loc. cit. in obj.1.

있다.[8] 그러나 만일 어떤 사람이 일찍이 자유재량을 실행할 수 있었다가 나중에 질병이나 잠 때문에 그 능력을 상실하였다면, 그가 일찍이 세례성사를 받으려는 지향을 가지고 있지 않았더라면 외적으로 집행된 세례나 어떤 다른 성사에 의해서도 의화 은총을 얻지 못한다.[9] 그리고 이것은 자유재량의 실행 없이는 일어날 수 없다. 아우구스티누스가 말하고 있는 바로 이런 방식을 통해서 그 사람은 재창조된다. 왜냐하면 그는 세례성사를, 그 이전에도 또 그 이후에도, 수용하였기 때문이다.[10]

2. 솔로몬조차도 지혜를 얻을 수 있는 공로를 가지고 있지 못했고, 잠들어 있는 동안에는 그것을 받지 못하였다. 그러나 수면 중에 그가 이전에 품고 있던 지혜에 대한 열망 때문에 하느님에 의해서 그 지혜가 주입되었다고 그에게 선포되었다. 그래서 지혜서 7장 [7절]에서는 그의 이름으로 이렇게 말하고 있다. "내가 간청하자, 이해력(sensus)이 나에게 주어졌다." 또는 그의 잠이 자연적인 것이 아니라 예언의 잠이었다고 말할 수도 있을 것이다. 민수기 12장 [6절]에서는 이렇게 말하고 있다. "너희 가운데 주님의 예언자가 있으면, 나 주님이 꿈이나 환시 속에서 그에게 말할 것이다."[11] 이런 경우에 자유재량의 사용은 보존된다.

그렇지만 지혜라는 선물의 이유와 의화 은총의 선물이라는 이유가 동일하지 않다는 사실이 인정되어야 한다. 왜냐하면 의화 은총의 주된 기능은 인간을 의지의 대상인 선으로 질서 짓는 것이고, 그래서 인간은 자유재량의 움직임인 의지의 한 움직임에 의해서 이 선을 향

---

11. Cf. II-II, q.95, a.6; q.173, a.3, c et ad1.

motum voluntatis, qui est motus liberi arbitrii. Sed sapientia perficit intellectum, qui praecedit voluntatem, unde absque completo motu liberi arbitrii, potest intellectus dono sapientiae illuminari. Sicut etiam videmus quod in dormiendo aliqua hominibus revelantur, sicut dicitur *Iob* 13, [15sq.]: *Quando irruit sopor super homines et dormiunt in lectulo, tunc aperit aures virorum, et erudiens eos instruit disciplina.*

AD TERTIUM dicendum quod in infusione gratiae iustificantis est quaedam transmutatio animae, et ideo requiritur motus proprius animae humanae, ut anima moveatur secundum modum suum. Sed conservatio gratiae est absque transmutatione, unde non requiritur aliquis motus ex parte animae, sed sola continuatio influxus divini.[12]

Articulus 4
Utrum ad iustificationem impii requiratur motus fidei

---

12. Cf. I, q.104, a.1, ad4.

해 움직여지기 때문이다. 그런데 지혜는 의지에 선행하는 지성을 완성하고, 그래서 지성은 자유재량의 완전하게 실현된 움직임이 없이도 지혜의 선물에 의해서 조명될 수 있다. 그래서 우리도 사람들이 잠들어 있는 동안에 계시들이 주어지는 것을 알게 된다. 욥기 13장 [15절 이하]에는 이렇게 적혀 있다. "사람들이 깊은 잠에 빠져 자리 위에서 잠들었을 때, 그분께서는 사람들의 귀를 열어 주시고 그들을 교육하며 규율을 가르쳐 주셨습니다."

3. 의화 은총이 영혼 속에 주입될 때 영혼은 어떤 변화를 겪게 된다. 그래서 영혼이 자신의 방식에 따라 움직이기 위해서는 인간 영혼의 고유한 움직임이 요구된다. 그러나 은총의 보존에 있어서는 아무런 변화도 없고, 그래서 은총 측으로부터의 아무런 움직임도 요구되지 않고, 다만 하느님의 영향력의 지속만이 요구될 뿐이다.[12]

제4절 불경한 자의 의화를 위해서는 신앙의 움직임이 요구되는가?

Parall.: *In Sent.*, IV, d.17, q.1, a.3, qc.3; *De veritate*, q.28, a.4; *In Ep. ad Ephes.*, c.2, lect.3.

Doctr. Eccl.: "인간은 하느님의 은총에 의해 고무되고 도우심을 받아, 들음에서 오는 신앙을 받아들임으로써[로마 10,17 참조], 그리고 하느님께서 계시하고 약속하신 것이 참되다는 것과 무엇보다도 죄인이 하느님에 의해 그분의 은총으로 '그리스도 예수 안에서 이루어진 속량을 통하여'[로마 3,24] 의롭게 된다는 것을 믿으며 하느님께 자유롭게 나아감으로써, 의화를 준비하게 된다."(트리엔트공의회, 제6회기, 제6장) DS 798[=DH 1526-1527]. Cf. DS 819[=DH 1559], DS 822-824[=DH 1562-1524], DS 851[=DH 1608], DS 922[=DH 1712], DS 1172sq.[=DH 2122], DS 1214[=DH 2164].

Ad quartum sic proceditur. Videtur quod ad iustificationem impii non requiratur motus fidei.

1. Sicut enim per fidem iustificatur homo, ita etiam et per quaedam alia. Scilicet per timorem; de quo dicitur *Eccli.* 1, [27sq.]: *Timor Domini expellit peccatum, nam qui sine timore est, non poterit iustificari.* Et iterum per caritatem; secundum illud Luc. 7, [47]: *Dimissa sunt[1] ei peccata multa, quoniam dilexit multum.* Et iterum per humilitatem; secundum illud Iac. 4, [6]: *Deus superbis resistit, humilibus autem dat gratiam.* Et iterum per misericordiam; secundum illud Prov. 15, [27]: *Per misericordiam et fidem purgantur peccata.* Non ergo magis motus fidei requiritur ad iustificationem quam motus praedictarum virtutum.

2. Praeterea, actus fidei non requiritur ad iustificationem nisi inquantum per fidem homo cognoscit Deum. Sed etiam aliis modis potest homo Deum cognoscere, scilicet per cognitionem naturalem, et per donum sapientiae. Ergo non requiritur actus fidei ad iustificationem impii.

3. Praeterea, diversi sunt articuli fidei. Si igitur actus fidei requiratur ad iustificationem impii, videtur quod oporteret hominem, quando primo iustificatur, de omnibus articulis fidei cogitare. Sed hoc videtur inconveniens, cum talis cogitatio longam temporis moram requirat. Ergo videtur quod actus fidei

---

1. Vulgata: "Remittuntur."

[반론] 넷째에 대해서는 다음과 같이 진행된다. 불경한 자의 의화를 위해서는 신앙의 움직임이 요구되지 않는 것으로 보인다.

1. 인간은 신앙으로 의화되는 것과 마찬가지로 다른 것들, 예컨대 두려움에 의해서도 의화되기 때문이다. 이에 대해 집회서 1장 [27절 이하]에서는 다음과 같이 말하고 있다. "주님께 대한 두려움이 죄를 몰아낸다. 왜냐하면 두려움을 가지고 있지 않은 자는 의화될 수 없기 때문이다." 또는 참사랑에 의해서 의화된다. 루카복음서 7장 [47절]에서는 "이 여자는 많은 죄를 용서받았다.[1] 왜냐하면 많이 사랑했기 때문이다."라고 말하고 있다. 또는 겸손에 의해서 의화된다. 야고보서 4장 [6절]에서는 "하느님께서는 교만한 자들을 대적하시고, 겸손한 이들에게는 은총을 베푸신다."고 말하고 있다. 또한 자비에 의해서도 [의화된다.] 잠언 15장 [27절]에 따르면 "자비와 신앙에 의해서 죄는 말끔히 씻겨진다." 그러므로 의화를 위해서는 더 이상의 (위에서 언급된 덕들의 움직임 이상으로) 신앙의 움직임이 요구되는 것은 아니다.

2. 인간이 신앙을 통해서 하느님을 아는 한에서가 아니라면, 의화를 위해서는 신앙의 행위가 요구되지 않는다. 그러나 인간은 자연적 인식이나 지혜의 선물 등과 같은 다른 방식을 통해서도 하느님을 알 수 있다. 그러므로 불경한 자의 의화를 위해서는 신앙 행위가 요구되지 않는다.

3. 신앙 조목(信仰條目)들은 다양하다. 그러므로 만일 불경한 자의 의화를 위해서 신앙 행위가 요구된다면, 인간은 처음으로 의화될 때, 모든 신앙 조목들에 관해서 생각해야만 할 것이다. 그러나 이것은 부적절하다. 왜냐하면 이런 종류의 성찰은 오랜 시간을 요하기 때문

q.113, a.4

non requiratur ad iustificationem.

SED CONTRA est quod dicitur *Rom.* 5, [1]: *Iustificati igitur² ex fide, pacem habeamus ad Deum.*³

RESPONDEO dicendum quod, sicut dictum est,⁴ motus liberi arbitrii requiritur ad iustificationem impii, secundum quod mens hominis movetur a Deo. Deus autem movet animam hominis convertendo eam ad seipsum;⁵ ut dicitur in Psalmo 84, [7], secundum aliam litteram: *Deus, tu convertens vivificabis*

---

2. Vulgata: "ergo."
3. 의화가 신앙을 통해 이루어진다는 사실은 신적인 계시를 통해서, 그리고 특히 사도 바오로의 서간들에 의해서 명백하다. 그러나 어떤 신앙을 말하는 것인가? 루터(Luther)에 따르면, 그리스도의 공로를 통한 자신의 구원에 대한 맹목적 신앙을 말하는 것이리라.
하지만 트리엔트공의회는 루터에 반대해서 이렇게 규정하였다: "의화의 은총을 얻는 데에 협력하기 위하여 그 밖의 다른 어떤 것도 요구되지 않으며, 자신의 고유한 의지에 따라 스스로를 준비하고 자세를 갖추는 것이 불필요하다고 이해하여, 불경한 자가 오직 믿음만으로 의화된다고 말하는 자는 파문될 것이다."(DS 819[=DH 1559]) 또한 "의화시키는 신앙이 그리스도로 말미암아 죄를 용서해 주시는 하느님의 자비에 대한 신뢰 외에 다른 것이 아니라거나, 오로지 이 신뢰만으로 우리가 의화된다고 말하는 자는 파문될 것이다."(DS 822[=DH 1562]) 그러므로 성 토마스가 여기서 말하는 신앙은 활성화된 신앙, 곧 모든 덕의 여왕이자 요약인 '참사랑에 의해서 활성화된 신앙'(fides caritate formata)이다.
『진리론』에서 우리는 다른 무엇보다도 다음과 같은 성찰을 마주하게 된다. "진정한 의로움은 감정[의지]에서 성립되기 때문에, 만일 인간이 오직 지성만으로 하느님께로 향한다면, 의로운 이들이 그분께 도달하는 것처럼, 곧 감정[애정]을 가지고 하느님께 도달할 수 없을 것이고, 따라서 의화될 수 없을 것이다. (…) 따라서 의화에서 자유재량은 신앙, 희망, 참사랑의 움직임과 더불어 하느님을 향해 움직여진다. 왜냐하면 의화되는 이는 하느님을 사랑하며 그리고 그분의 용서

제113문 제4절

이다. 그러므로 불경한 자의 의화를 위해서는 신앙 행위가 요구되지 않는 것으로 보인다.

[재반론] 그러나 반대로, 로마서 5장 [1절]에서는 "우리는 믿음으로 의화되었으니,² 하느님과 평화를 누리도록 합시다."라고 말하고 있다.³

[답변] 위에서⁴ 말한 것처럼, 하느님에 의한 인간 정신의 움직임에서 불경한 자의 의화를 위해서는 자유재량의 움직임이 요구된다. 그런데 하느님은 인간의 영혼을 당신 자신에게로 돌이킴으로써 그것을 움직인다.⁵ 그래서 시편 85[84]편 [7절]에서 "오 하느님, 우리에게 돌아서시어 저희에게 생명을 주시옵소서!"라고 말하는 것이다. 그래서 불경한 자의 의화를 위해서는 하느님께로 돌아서는 정신의 움직임이

에 희망을 걸고 하느님께 향해야 하기 때문이다. (…) 그리고 이 세 가지는 신앙이 그것들을 잠재적으로 포함하여 담고 있는 한에서, 신앙의 이름으로 지칭되는(…) 단 하나의 완전한 움직임으로 간주된다."(*De veritate*, q.28, a.4) 루터의 의화 교리 관련 연구 문헌들: 김성태, 「루터, 마르틴」, 『한국가톨릭대사전』, 제4권, 2004, 2250*-2255*쪽. Cf. Otto-Herman Pesch, OP, *Theologie der Rechtfertigung bei Martin Luther und Thomas von Aquin: Versuch einer systematische-theologische Dialogs*, Mainz, 1967; ID., *Martin Luther, Thomas von Aquin und die reformatorische Kritik an der Scholastik. Zur Geschichte eines Missverstaendnisses mit weltgeschichtlichen Folgen*, Hamburg, 1994; ID., *Hinfuehrung zu Luther*, Mainz, 2004; Denis R. Janz, *Luther and Late Medieval Thomism: A Study in Theological Anthropology*, Waterloo(ON), Winfrid Laurier University, 1984; ID., *Luther on Thomas Aquinas. The Angelic Doctor in the Thought of the Reformer*, Stuttgart, 1989; K.-H. zur Muehlen, "On the Critical Reception of the Thought of Thomas Aquinas in the Theology of Martin Luther", in Paul van Geest et al.(eds.), *Aquinas on Authority*, Leuven, Peeters, 2002, pp.64-86; Bruce McCormack(ed.), *Justification in Perspective: Historical Developments and Contemporary Challenges*, Baker Pub, 2006.

4. a.3.
5. Cf. q.109, a.3, ad.

q.113, a.4

nos. Et ideo ad iustificationem impii requiritur motus mentis quo convertitur in Deum. Prima autem conversio in Deum fit per fidem; secundum illud *ad Heb.* 11, [6]: *Accedentem ad Deum oportet credere quia est.*[6] Et ideo motus fidei requiritur ad iustificationem impii.[7]

AD PRIMUM ergo dicendum quod motus fidei non est perfectus nisi sit caritate informatus,[8] unde simul in iustificatione impii cum motu fidei, est etiam motus caritatis.[9] Movetur autem liberum arbitrium in Deum ad hoc quod ei se subiiciat, unde etiam concurrit actus timoris filialis,[10] et actus humilitatis.[11,12] Contingit enim unum et eundem actum liberi arbitrii

---

6. Cf. q.62, a.4; II-II, q.4, a.7; q.17, a.7; q.161, a.5, ad2.
7. 돌이킴 또는 회심에 관해서는 위의 제109문 제3절을 참조하라.
8. Cf. q.65, a.4; q.71, a.4; II-II, q.4, aa.3-4; q.23, a.7, ad1; III, 49, 1, ad5 개신교와 가톨릭, 루터의 칭의(稱義)와 트리엔트공의회의 의화(義化)에 관한 가르침 사이의 500년이 넘는 긴 시기 동안의 첨예한 논쟁을, 나름대로 객관적으로 설명하고 있는 두 편의 개신교 측 연구물을 참조하라. 하나는 1986년 케임브리지대학교에서 두 권으로 된 『하느님의 의로움: 그리스도교의 의화 교리의 역사』(*Iustitia Dei: A History of the Christian Doctrine of Justification*)를 출간함으로써 세계적인 명성을 얻은 개신교 신학자 맥그래스(Alister McGrath)가 그간의 수많은 비판과 격려, 연구성과들을 반영하여 근 20년 만에 완전히 새로 쓰다시피 한 개정판(2004년)의 번역서이다: 앨리스터 맥그래스의 『하느님의 칭의론: 기독교 교리 칭의론의 역사』, 한성진 옮김, 기독교문서선교회, 2008(특히 우리의 관심을 끄는 부분인 제2장 "중세: 교리의 통합", 91-282쪽; 제4장 "가톨릭주의: 트렌트 공의회의 칭의", 410-471쪽). 다른 하나는 역시 개신교 신학자로서 소르본대학에서 '토마스 아퀴나스가 이해하는 하느님의 의'라는 주제로 박사학위를 받고 돌아와 꾸준히 그 주제를 심화시키고 있는 서울대학교 손은실 교수의 최근 논문인데, 이 논문은 최근 파리에서 열린 가톨릭, 개신교, 정교회의 합동 주관으로 개최된 국제 학술 대회(2019년

400

요구된다. 그런데 하느님께로의 첫 번째 돌아섬 또는 회개는 신앙을 통해서 발생한다. 그래서 히브리서 11장 [6절]에서는 "하느님께 나아가는 사람은 그분께서 존재하신다는 것을 믿어야 합니다."라고 말하고 있는 것이다.[6] 그러므로 불경한 자의 의화를 위해서는 신앙의 움직임이 요구되기 때문이다.[7]

[해답] 1. 신앙의 움직임은 오직 그것이 참사랑에 의해서 활성화되었을 때에만 비로소 완전하다.[8] 그래서 불경한 자의 의화에는 또한 신앙의 움직임과 더불어 참사랑의 움직임도 있다.[9] 그런데 자유재량은 자신을 하느님께 예속시키는 방식으로 하느님을 향해 움직여 간다. 그래서 자녀적 두려움의 행위[10]와 겸손의 행위[11]도 개입하게 된다.[12] 왜냐하면 그 동일한 자유재량의 행위가 (그 행위가 다양한 목

　 3월)에서 발표했던 논문을 그대로 번역한 것으로서, 개신교와 가톨릭 양측의 대표적 논객인 마르틴 루터(Martin Luther)와 성 토마스 아퀴나스(Thomas Aquinas)의 핵심 주장과 논거를 정밀 비교함으로써, 그 차이가 지나치게 과장되었고 공통의 지반이 훨씬 넓다는 것을 균형 있게 잘 밝히고 있다: 손은실, 「'오직 믿음' vs '사랑으로 형성된 믿음': 양립할 수 없는 두 원리인가? 마르틴 루터에서 토마스 아퀴나스로 거슬러 올라가기」, 임희국 교수 은퇴 기념 도서 출판위원회(편), 『교회사연구, 이제는 한국과 아시아로』, 도서출판 케노시스, 2020, 201-236쪽. 여기서 손은실 교수는 성 토마스의 핵심 원리인 'fides caritate formata'를 '사랑으로 형성된 신앙'으로 번역하고 있지만, 본 역자는 본 논고에서 일관되게 '참사랑으로 활성화된 신앙'이라고 번역하고 있는 중이다.
9. "의화는 그 시작에 있어서 그리고 그 뿌리로서 신앙의 일로 간주된다. 하지만 그것을 위해 준비 태세를 갖추는 다른 업적들을 배제하는 것은 아니다. 그러므로 의화하는 신앙은 '사랑을 통해 작용하는 살아 있는 신앙'(fides viva quae per caritatem operatur)이다."(R. Garrigou-Lagrange, OP, *op. cit.*, p.271)
10. Cf. q.67, a.4, ad2; II-II, q.19, a.2.
11. Cf. II-II, q.161, a.5, ad2. 두려움과 겸손이 서로 어떤 관계에 있는지를 보기 위해서는: Cf. II-II, q.19, a.9, ad4.
12. 자녀적인 두려움에 대해서는: Cf. II-II, q.19, aa.2-6.

diversarum virtutum esse, secundum quod una imperat et alia imperatur, prout scilicet actus est ordinabilis ad diversos fines. Actus autem misericordiae operatur contra peccatum per modum satisfactionis, et sic sequitur iustificationem, vel per modum praeparationis, inquantum *misericordes misericordiam consequuntur*,[13] et sic etiam potest praecedere iustificationem; vel etiam ad iustificationem concurrere simul cum praedictis virtutibus, secundum quod misericordia includitur in dilectione proximi.[14]

AD SECUNDUM dicendum quod per cognitionem naturalem homo non convertitur in Deum inquantum est obiectum beatitudinis et iustificationis causa, unde talis cognitio non sufficit ad iustificationem.[15] Donum autem sapientiae praesupponit cognitionem fidei, ut ex supradictis[16] patet.

AD TERTIUM dicendum quod, sicut Apostolus dicit, *ad Rom. 4,* [5], *credenti in eum qui iustificat impium, reputabitur fides eius ad iustitiam, secundum propositum gratiae Dei.* Ex quo patet quod in iustificatione impii requiritur actus fidei quantum ad hoc, quod homo credat Deum esse iustificatorem hominum per mysterium Christi.[17]

---

13. 마태 5,7.
14. "불경한 자의 의화에서 동시적인 자비의 행위는, 이웃 사랑에서 완성되는 것처럼, 성경에서 다음과 같이 말한 것과 같다: '너의 영혼을 자비로이 대하는 것은 하느님을 기쁘시게 만드는 일이다(Miserere animae tuae, placens Deo).'(집회 30,24: 대중 라틴말 성경) 왜냐하면 나 자신처럼 이웃을 사랑해야 한다고 알아듣는 이웃 사랑 안에 나 자신도 포함되기 때문이다."(Cajetanus in h. a.)

적으로 질서 지어질 수 있는 한에서) 하나는 명령하고 다른 하나는 복종하는 그런 상이한 덕들을 연루시킬 수 있기 때문이다. 그렇지만 자비의 행위는, (그것이 의화를 따를 때) 보상(satisfactio)을 통해서든 아니면 ('자비로운 자는 자비를 입을 것'이기 때문에)[13] 그것이 다시 의화에 선행할 수 있는 준비를 통해서든, 죄의 반대 방향으로 작용한다. 혹은 그것은 자비가 이웃 사랑 속에 포함되는 한에서, 위에서 언급한 덕들과 함께 의화를 수반할 수 있다.[14]

2. 인간은 자연적 인식에 의해서 참행복의 대상이자 의화의 원천인 하느님께로 돌아서지 않는다. 그래서 이런 지식은 의화에 충분하지 못하다.[15] 반면에, 지혜의 선물은, 위에서[16] 말한 것으로부터 분명해지듯이, 신앙의 지식을 전제하고 있다.

3. 사도는 로마서 4장 [5절]에서 이렇게 말하고 있다. "불경한 자를 의롭게 하시는 분을 믿는 사람은, [하느님의 은총의 목적에 따라] 그 믿음을 의로움으로 인정받습니다." 이로부터 이런 의미에서 불경한 자의 의화에 신앙 행위가 요구된다는 것, 그리고 사람은 하느님이 그리스도의 자비를 통해서 사람들을 의화하는 분이라고 믿어야 한다는 사실이 분명해진다.[17]

---

15. Cf. q.62, a.3.
16. q.68, a.2; a.4, ad3.
17. '제2답'과 '제3답'은 신앙의 인식적 측면들을, 구원에서 그것의 역할과 연관시키고 있다. 한편 성 토마스는 제2부 제2편 제1문 이하의, 신앙에 대한 전문적인 분석에서 그 인식적 측면에 특별한 주의를 기울이고 있지만, 그는 결코 신앙이 하느님에 의해서 움직여진 의지의 행위('아멘'이라고 말하는 성격)에 의존한다는 것을 의식하지 못하고 있는 것이 아니다.
"참행복에 이르는 인간의 길은 그리스도의 육화와 수난의 길이다. ['사실 사람들에게 주어진 이름 가운데에서 우리가 구원받는 데 필요한 이름은 이 이름밖

Articulus 5
Utrum ad iustificationem impii requiratur motus liberi arbitrii in peccatum

Ad quintum sic proceditur. Videtur quod ad iustificationem impii non requiratur motus liberi arbitrii in peccatum.

1. Sola enim caritas sufficit ad deletionem peccati, secundum illud *Prov.* 10, [12]: *Universa delicta operit caritas.* Sed caritatis obiectum non est peccatum. Ergo non requiritur ad iustificationem impii motus liberi arbitrii in peccatum.

2. Praeterea, qui in anteriora tendit, ad posteriora respicere non debet; secundum illud Apostoli, *ad Philipp.* 3, [13sq.]: *Quae quidem retro sunt obliviscens, ad ea vero quae sunt priora extendens meipsum, ad destinatum persequor bravium supernae vocationis.* Sed tendenti in iustitiam retrorsum sunt peccata praeterita. Ergo eorum debet oblivisci, nec in ea se debet extendere per motum

---

에 없습니다.'(사도 4,12)] 그러므로 모든 시대, 모든 사람들은 어떤 식으로든 그리스도의 육화의 신비를 믿어야 한다. 하지만 시대와 사람들의 차이에 따라 그 방식은 달라질 수 있다."(II-II, q.2, a.7) — "그런데 이토록 큰 호의를 베풀어 주신 우리에게는 그리스도가 오기 전에 존재했던 이들에게보다 더 큰 믿음이 요구된다. (…) 법 아래 살았던 사람들에게도 법 이전에 살았던 사람들보다 훨씬 더 명

제5절 불경한 자의 의화를 위해서는 죄에 대한 자유재량의 움직임이 요구되는가?

Parall.: III, q.86, q.2; *In Sent.*, IV, d.17, q.1, a.3, qc.4; ScG, III, 158; *De veritate*, q.28, a.5.
Doctr. Eccl.: "인간은 하느님의 은총에 의해 고무되고 도우심을 받아(…) 어느 정도 죄를 미워하고 혐오하면서(…) 이 의화를 준비하게 된다."(트리엔트공의회, 제6회기, 제6장) DS 798[=DH 1526-1527]. Cf. DS 819[=DH 1559].

[반론] 다섯째에 대해서는 다음과 같이 진행된다. 불경한 자의 의화를 위해서는 죄에 대한 자유재량의 움직임이 요구되지 않는 것으로 보인다.

1. 실상 죄를 제거하기 위해서는 참사랑만으로도 충분하다. 그래서 잠언 10장 [12절]에서는 "참사랑은 모든 것을 감싼다."라고 말하는 것이다. 그런데 참사랑은 죄를 그 대상으로 삼고 있지 않다. 그러므로 불경한 자의 의화를 위해서는 죄에 대한 자유재량의 움직임이 요구되지 않는다.

2. 앞에 놓여 있는 것에 도달하는 이는 뒤에 놓여 있는 것을 바라보아서는 안 된다. 사도의 필리피서 3장 [13절 이하]에 따르면 "나는 내 뒤에 남아 있는 것을 잊어버리고, 앞에 있는 것을 향해 내달리고 있습니다. (…) 높은 소명의 상을 얻으려고, 그 목표를 향해 달려가고 있는 것입니다." 그런데 지나간 죄는 정의에 도달하려는 이의 뒤에

시적으로 [요구된다.] (…) 그러나 구원을 받은 이방인들에게는 하느님이 보상자이시라는 것을 믿는 것으로 충분했다. 그런데 그 보상은 오로지 그리스도를 통해서만 얻을 수 있다. 그러므로 그들은 함축적으로 중개자를 믿고 있었다."(*In Ep. ad Heb.*, c.11, lect.2, n.576)

q.113, a.5

liberi arbitrii.

3. Praeterea, in iustificatione impii non remittitur unum peccatum sine alio: *impium* enim *est a Deo dimidiam sperare veniam*.[1] Si igitur in iustificatione impii oporteat liberum arbitrium moveri contra peccatum, oporteret quod de omnibus peccatis suis cogitaret. Quod videtur inconveniens, tum quia requireretur magnum tempus ad huiusmodi cogitationem; tum etiam quia peccatorum quorum est homo oblitus, veniam habere non posset. Ergo motus liberi arbitrii in peccatum non requiritur ad iustificationem impii.

SED CONTRA est quod dicitur in Psalmo 31, [5]: *Dixi, Confitebor adversum me iniustitiam meam Domino, et tu remisisti impietatem peccati mei.*

RESPONDEO dicendum quod, sicut supra[2] dictum est, iustificatio impii est quidam motus quo humana mens movetur a Deo a statu peccati in statum iustitiae. Oportet igitur quod humana mens se habeat ad utrumque extremorum secundum motum liberi arbitrii, sicut se habet corpus localiter motum ab aliquo movente ad duos terminos motus. Manifestum est

---

1. Gratianus, *Decretum*, p.II, causa 33, q.3, dist.3, can.42. 성 토마스는 원천을 지적하지 않은 채, 아우구스티누스의 이 말을 인용한다.(Cf. *De vera et falsa poenit*., c.9) 왜냐하면 그것을 『명제집』의 텍스트(Petrus Lomabrdus, *Sent*., IV, d.115, c.7, ed. Quar., p.837)를 통해 젊은 시절부터 이해하고 있었기에, 기억으로 인용했을 개연

놓여 있다. 그러므로 그것들은 잊혀야 하고, 자유재량의 움직임으로 그것들을 향해 손을 내뻗어서는 안 된다.

3. 불경한 자의 의화에서는 다른 죄들은 남겨 둔 채 하나의 죄가 제거되는 것이 아니다. 왜냐하면 "하느님으로부터 반쯤만 용서받기를 기대하는 것은 불경한 태도이기" 때문이다.[1] 그러므로 만일 불경한 자의 의화에서 자유재량이 죄에 맞서 움직여야 한다면, 그는 자신의 지나간 모든 죄에 대해서 반성해야 할 터인데, 이것은 부적절하다. 왜냐하면 그런 반성을 위해서는 많은 시간이 요구될 것이고, 또 망각해 버린 죄에 대해서는 용서를 받을 수 없을 것이기 때문이다. 그러므로 불경한 자의 의화를 위해서 죄에 대한 자유재량의 움직임이 요구되는 것은 아니다.

[재반론] 그러나 반대로, 시편 32[31]편 [5절]에서는 이렇게 말하고 있다. "나는 말하리라. 나는 나의 불의(iniustitia)를 주님께 고백하리라. 그러면 당신은 내 죄의 사악함[불경스러움]을 용서해 주실 것이다."

[답변] 위에서[2] 말한 것처럼, 불경한 자의 의화는 그 안에서 인간 마음이 하느님에 의해서 죄의 상태로부터 의로움의 상태로 움직여지게 되는 움직임이다. 그러므로 하나의 물체가 그 움직임의 두 끝과 관련하여 어떤 기동자(起動者)에 의해서 장소적으로 움직여지듯이, 인간 정신은 그 자유재량의 움직임에서 출발점과 종점에 둘 다 연관되어야 한다. 그런데 물리적 물체들의 장소 이동에서 움직여진 그 물체는

성이 농후하기 때문이다.
2. a.1.

autem in motu locali corporum quod corpus motum recedit a termino a quo, et accedit ad terminum ad quem. Unde oportet quod mens humana, dum iustificatur, per motum liberi arbitrii recedat a peccato, et accedat ad iustitiam. Recessus autem et accessus in motu liberi arbitrii accipitur secundum detestationem et desiderium, dicit enim Augustinus, *super Ioan.*[3] exponens illud,[4] 《*Mercenarius autem fugit*》: *Affectiones nostrae motus animorum sunt, laetitia animi diffusio, timor animi fuga est; progrederis animo cum appetis, fugis animo cum metuis.* Oportet igitur quod in iustificatione impii sit motus liberi arbitrii duplex, unus quo per desiderium tendat in Dei iustitiam; et alius quo detestetur peccatum.[5]

AD PRIMUM ergo dicendum quod ad eandem virtutem pertinet prosequi unum oppositorum, et refugere aliud. Et ideo sicut ad caritatem pertinet diligere Deum, ita etiam detestari peccata, per quae anima separatur a Deo.[6]

---

3. Tract.46, PL 35, 1732.
4. c.10, v.12.
5. 『진리론』에서의 결론은 좀 더 명시적이다: "죄인의 의화를 위해서는 죄스러운 행위의 중지만으로 충분하지 못하고, 어떤 더 이상의 조치가 요구된다. (…) 자신이 죄인임을 인정하고, 그래서 겸손에 맞갖은 행위를 실천하며, 저지른 죄를 미워하고, 자신의 행위를 괴로워하고, 다시는 떨어지지 않겠다는 결심을 단단히 세워야 한다."(*De veritate*, q.28, a.5)
(*추가주) "자연에서는 목적에 접근하는 장소 이동과 출발점에서 멀어지는 장소 이동 [거리]는 동일하다. 하지만 의지에서는, 동물적으로 양쪽에서 다 이루어져야 하기 때문에, 영혼이 물러서는 관계를 맺어야 하는, 악을 대상으로 삼고 있

출발점을 떠나 종점에 접근한다. 이리하여 의화 과정에서 인간 정신은 자유재량의 움직임에 의해서 죄를 뒤로 떠나 의로움에 접근한다. 그런데 자유재량의 움직임에서 물러남과 접근은 배격과 갈망의 의미를 취한다. 그래서 아우구스티누스는 "삯꾼은 달아난다"는 요한복음서³의 텍스트⁴를 주해하면서 이렇게 말한다. "우리의 감정은 우리 정신의 움직임들이다. 기쁨은 정신의 확장이요, 두려움은 정신의 도주이다. 그대는 그대가 원할 때 그대의 마음 안에서 앞으로 나아가고, 그대가 두려워할 때 그대의 마음 안에서 달아난다." 그러므로 불경한 자의 의화에는 자유재량의 이중 움직임이 있어야 한다. 하나는 그 안에서 사람이 갈망에 의하여 하느님의 의로움에 이르는 움직임이고, 다른 하나는 죄를 혐오하는 움직임이다.⁵

[해답] 1. 반대되는 것 가운데 하나를 추구하는 것과 그 반대의 것을 피하는 것은 동일한 덕에 속한다. 그래서 하느님을 사랑하는 것이 참사랑에 속하는 것과 마찬가지로, 영혼은 죄로 인해 하느님으로부터 떨어져 나갔었는데, 그 죄를 단절하는 것 역시 참사랑에 속한다.⁶

는 행위와, 영혼이 접근하는 관계를 맺어야 하는, 선을 대상으로 삼고 있는 행위가 서로 다르다. 그렇기 때문에 텍스트에서는 악을 미워하고 선을 사랑하는 자유재량의 이중 행위가 요구된다고 말하고 있다. 이 두 가지 움직임으로부터 악으로부터 선으로 향하고, 죄과로부터 은총의 의로움으로 향하는 의지의 거의 하나의 운동이 통합된다."(Cajetanus in h. a.)

6. "하느님을 향한 사랑은 하느님으로부터 분리시키는 것에 대한 혐오가 없이는 있을 수 없다. 그러므로 하느님을 향한 사랑의 움직임을 넘어, 의화에서 죄에 대한 혐오가 요구된다. 그렇기 때문에 '많이 사랑했기 때문에 많은 용서를 받았다.'는 말을 들은 막달레나도 죄에 대해 눈물을 쏟았던 것이다."(De veritate, q.28, a.5, ad1)

AD SECUNDUM dicendum quod ad posteriora non debet homo regredi per amorem; sed quantum ad hoc debet ea oblivisci, ut ad ea non afficiatur. Debet tamen eorum recordari per considerationem ut ea detestetur, sic enim ab eis recedit.

AD TERTIUM dicendum quod in tempore praecedente iustificationem, oportet quod homo singula peccata quae commisit detestetur, quorum memoriam habet.[7] Et ex tali consideratione praecedenti subsequitur in anima quidam motus detestantis universaliter omnia peccata commissa, inter quae etiam includuntur peccata oblivioni tradita, quia homo in statu illo est sic dispositus ut etiam de his quae non meminit, contereretur, si memoriae adessent. Et iste motus concurrit ad iustificationem.[8]

Articulus 6
Utrum remissio peccatorum debeat numerari inter ea quae requiruntur ad iustificationem impii

Ad sextum sic proceditur. Videtur quod remissio peccatorum non debeat numerari inter ea quae requiruntur ad iustificationem impii.

---

7. 의화의 순간에 영혼 속에 주입되는 참사랑으로부터 전개되는 것이 아닌 이 혐오는 상등통회(contritio)가 아니라 하등통회(attritio)이다. Cf. Sup., q.1, a.2, ad2.

2. 사랑에 의해서 뒤에 놓여 있는 것으로 되돌아가서는 안 되지만, 그가 더 이상 그것에 집착하지 않는다는 의미에서는 그것을 잊어야 한다. 하지만 그것을 끊어 버리기 위해서는 숙고를 통해서 그것을 상기해야 한다. 이것이 바로 그것을 끊어 버리는 방법이다.

3. 의화되기 이전에 사람은 그가 기억할 수 있는 한 저질렀던 모든 죄를 끊어 버려야 한다.[7] 이런 종류의 사전 숙고로부터 영혼 안에는 그 어떤 종류이든지 간에 (지금은 잊어버린 것들까지 포함해서) 자신이 저질렀던 모든 죄를 단절하는 움직임이 뒤따른다. 왜냐하면 사람은 이 상태에서는 자신이 잘 기억하지 못하는 죄들에 대해서조차도 최대한 통회할 준비가 되어 있기 때문이다. 그리고 이 움직임은 의화에 일조한다.[8]

제6절 불경한 자의 의화를 위해 요구되는 것들 가운데 죄의 용서도 포함되는가?

Parall.: *In Sent.*, IV, d.17, q.1, a.3, qc.5.

[반론] 여섯째에 대해서는 다음과 같이 진행된다. 불경한 자의 의화를 위해서 요구되는 것들 가운데 죄의 용서가 포함되어서는 안 되는 것으로 보인다.

---

8. '범한 모든 죄를 보편적으로 혐오하는' 이 움직임이 바로, 의화의 순간에 영혼 속에 주입되는 참사랑과 동시에 회개의 덕이 유발하는, 진정한 (상등)통회(contritio)이다. Cf. III, q.85, a.2.

1. Substantia enim rei non connumeratur his quae ad rem requiruntur, sicut homo non debet connumerari animae et corpori. Sed ipsa iustificatio impii est remissio peccatorum, ut dictum est.¹ Ergo remissio peccatorum non debet computari inter ea quae ad iustificationem impii requiruntur.

2. Praeterea, idem est gratiae infusio et culpae remissio, sicut idem est illuminatio et tenebrarum expulsio. Sed idem non debet connumerari sibi ipsi, unum enim multitudini opponitur. Ergo non debet culpae remissio connumerari infusioni gratiae.

3. Praeterea, remissio peccatorum consequitur ad motum liberi arbitrii in Deum et in peccatum, sicut effectus ad causam, per fidem enim et contritionem remittuntur peccata. Sed effectus non debet connumerari suae causae, quia ea quae connumerantur quasi ad invicem condivisa, sunt simul natura. Ergo remissio culpae non debet connumerari aliis quae requiruntur ad iustificationem impii.

SED CONTRA est quod in enumeratione eorum quae requiruntur ad rem, non debet praetermitti finis, qui est potissimum in unoquoque. Sed remissio peccatorum est finis in iustificatione impii, dicitur enim Isaiae 27, [9]: *Iste est omnis fructus, ut auferatur peccatum eius.* Ergo remissio peccatorum debet connumerari inter ea quae requiruntur ad iustificationem impii.²

---

1. a.1.
2. 지목된 텍스트는 아주 정확히 들어맞는 것은 아니다. 왜냐하면 이사야는 '결실',

1. 어떤 사물의 실체는 그 사물을 위해 요구되는 [요소들] 가운데 함께 넣어서는 안 된다. 예컨대 인간은 그의 영혼과 육체와 함께 헤아려져서는 안 된다. 그런데 이미[1] 말한 것처럼, 불경한 자의 의화는 그 자체로 죄의 용서이다. 그러므로 죄의 용서가 불경한 자의 의화를 위한 요건들 가운데 하나로 거론되어서는 안 된다.

  2. 은총의 주입과 죄과의 용서는 하나이자 동일한 것이다. 그것은 조명과 어둠의 퇴치가 하나이자 동일한 것과 같다. 그런데 동일한 것은 그 자체와 더불어 헤아려져서는 안 된다. 왜냐하면 하나는 여럿과 반대되기 때문이다. 그러므로 죄의 용서는 은총의 주입과 더불어 거론되어서는 안 된다.

  3. 결과가 그 원인을 따르듯이, 죄의 용서는 하느님을 향한 자유재량의 움직임과 죄를 향한 자유재량의 움직임을 따른다. 왜냐하면 죄는 신앙과 통회(痛悔)에 의해서 용서되는 것이기 때문이다. 그러나 결과는 그 원인과 더불어 헤아려져서는 안 된다. 왜냐하면 서로 공유하는 것으로 헤아려지는 것들은 동시에 본성[에 속하]기 때문이다. 그러므로 죄의 용서는 불경한 자의 의화를 위해 요구되는 다른 [요소]들과 함께 헤아려져서는 안 된다.

  [재반론] 그러나 반대로, 어떤 사물을 위해 요구되는 요소들이 거명될 때, 그 어느 것보다 가장 중요한 그 목적이 생략되어서는 안 된다. 그런데 불경한 자의 의화에서는 죄의 용서가 그 목적이다. 왜냐하면 이사야서 27장 [9절]에서는 이렇게 말하고 있기 때문이다. "이 모든 것은 그의 죄가 제거된 결과이다."[2]

곧 죄의 용서에 대해 말하는 것이 아니라, 하느님의 용서를 얻기 위해서 치러야 할 '값'에 대해 말하는 것이기 때문이다.

q.113, a.6

Respondeo dicendum quod quatuor enumerantur quae requiruntur ad iustificationem impii, scilicet gratiae infusio; motus liberi arbitrii in Deum per fidem; et motus liberi arbitrii in peccatum; et remissio culpae. Cuius ratio est quia, sicut dictum est,³ iustificatio est quidam motus quo anima movetur a Deo a statu culpae in statum iustitiae. In quolibet autem motu quo aliquid ab altero movetur, tria requiruntur, primo quidem, motio ipsius moventis; secundo, motus mobilis; et tertio, consummatio motus, sive perventio ad finem. Ex parte igitur motionis divinae, accipitur gratiae infusio; ex parte vero liberi arbitrii moti, accipiuntur duo motus ipsius, secundum recessum a termino a quo, et accessum ad terminum ad quem; consummatio autem, sive perventio ad terminum huius motus, importatur per remissionem culpae, in hoc enim iustificatio consummatur.⁴

Ad primum ergo dicendum quod iustificatio impii dicitur esse ipsa remissio peccatorum, secundum quod omnis motus accipit speciem a termino.⁵ Et tamen ad terminum consequendum multa alia requiruntur, ut ex supradictis⁶ patet.

---

3. a.1.
4. 성 토마스는 앞 절의 결실을 요약하고 있다. 죄인의 의화를 위해서는 은총의 주입(제2절), 하느님을 향한 자유재량의 움직임(제3절), 그 수단인 신앙(제4절), 죄에

[답변] 불경한 자의 의화를 위해서는 네 가지 요건이 필요하다. 즉 1) 은총의 주입, 2) 신앙에 의한 하느님을 향한 자유재량의 움직임, 3) 죄에 대한 자유재량의 움직임, 4) 죄의 용서. 이 구별을 위한 이유는, 이미[3] 말한 것처럼, 의화가 (그 안에서 영혼이 하느님에 의해서 죄과의 상태로부터 의로움의 상태로 움직여지는) 일종의 움직임이라는 사실 안에 놓여 있다. 그런데 어떤 것이 어떤 다른 것에 의해서 움직여지게 되는 그 어떤 움직임 안에서도 세 가지 요소들이 요구된다. 첫째, 기동자(起動者)에 의하여 주어진 운동, 둘째, 움직여진 것의 움직임, 셋째, 그 움직임의 완성인 목적 달성. 그렇다면 신적인 움직임과 관련하여, 우리는 은총의 주입을 가지고 있다. 그렇지만 움직임 안에 설정된 자유재량과 관련해서는, 출발점으로부터의 출발과 종점으로의 접근이라는 의미에서 두 가지 움직임을 가지고 있다. 그 움직임의 완성 또는 그 목적의 달성이 죄의 용서 안에 함축되어 있다. 왜냐하면 불경한 자의 의화는 바로 죄과의 용서에서 완성되기 때문이다.[4]

[해답] 1. 불경한 자의 의화는, 모든 움직임이 그 끝(목적)으로부터 종을 받아들인다는 의미에서 죄의 용서에 있다고 말해진다.[5] 그러나 이미[6] 말한 것으로부터 분명해지듯이, 그 끝에 이르기 위해서는 다른 많은 것들이 요구된다.

대한 단호한 반대(제5절), 죄과의 용서(제6절)가 요구된다. 저자는 물리적인 움직임과의 유비를 통해 이 순서를 정당화한다.
5. Cf. q.18, a.2, c et ad3.
6. 본론과 제5절.

q.113, a.7

AD SECUNDUM dicendum quod gratiae infusio et remissio culpae dupliciter considerari possunt. Uno modo, secundum ipsam substantiam actus. Et sic idem sunt, eodem enim actu Deus et largitur gratiam et remittit culpam.—Alio modo possunt considerari ex parte obiectorum. Et sic differunt, secundum differentiam culpae quae tollitur, et gratiae quae infunditur. Sicut etiam in rebus naturalibus generatio et corruptio differunt, quamvis generatio unius sit corruptio alterius.

AD TERTIUM dicendum quod ista non est connumeratio secundum divisionem generis in species, in qua oportet quod connumerata sint simul:[7] sed secundum differentiam eorum quae requiruntur ad completionem alicuius. In qua quidem enumeratione aliquid potest esse prius, et aliquid posterius, quia principiorum et partium rei compositae potest esse aliquid alio prius.[8]

Articulus 7
Utrum iustificatio impii fiat in instanti, vel successive

---

7. Cf. q.29, a.2, ad1.
8. 우리는 하나의 업적 또는 하나의 활동에서 언제나, 저자 자신이 선박 기술과 관련해서 채택한 실례에서 드러나는 것처럼,(Cf. I, q.18, a.3) 서로 예속 관계를 지닌 여러 국면들을 구별할 수 있다. 그러나 이 예속 관계가 반드시 (어떤 전체의 부분으로 간주할 수 있는) 보완적 국면들의 동시성을 함축하는 것은 아니다. 의화를 위해 요구되는 요소들의 경우에도 유사하다.

2. 은총의 주입과 죄과의 용서는 두 가지 방식으로 생각될 수 있다. 첫째, 행위의 실체 자체에 따라서 생각될 수 있다. 그때 그것들은 동일하다. 왜냐하면 한 가지 동일한 행위 안에서 하느님이 은총을 부여하고 죄를 용서하기 때문이다.—둘째, 그 대상과 관련해서 고찰될 수 있다. 이런 의미에서 그것들은 서로 다르다. 왜냐하면 제거되는 죄과와 주입되는 은총은 서로 다르기 때문이다. 이리하여 물리적 세계에서도 설령 한 사물의 생성과 다른 것의 소멸이라 하더라도, 생성과 소멸은 서로 다르다.

3. 이 예에서 열거는 헤아려지는 것들이 동시에 존재해야 하는 하나의 종류의 구분에 기초하고 있는 것이 아니라, 어떤 것의 완성을 위해 요구되는 그[요소]들의 차이에 기초하고 있다.[7] 이런 종류의 열거에서 어떤 것은 앞에 있을 수 있고, 그 밖의 다른 것은 나중에 있을 수 있다. 왜냐하면 한 사물이 어떤 복잡한 사물의 원리들과 부분들 가운데 어떤 것이 다른 것에 앞설 수 있기 때문이다.[8]

제7절 불경한 자의 의화는 순간적으로 발생하는가, 아니면 연속적으로 발생하는가?

Parall.: *In Sent.*, IV, d.17, q.1, a.5, qc.2-3; *De veritate*, q.28, a.2, ad10; a.9.

Ad septimum sic proceditur. Videtur quod iustificatio impii non fiat in instanti, sed successive.

1. Quia ut dictum est,[1] ad iustificationem impii requiritur motus liberi arbitrii. Actus autem liberi arbitrii est eligere, qui praeexigit deliberationem consilii, ut supra[2] habitum est. Cum igitur deliberatio discursum quendam importet, qui successionem quandam habet, videtur quod iustificatio impii sit successiva.

2. Praeterea, motus liberi arbitrii non est absque actuali consideratione. Sed impossibile est simul multa intelligere in actu, ut in Primo[3] dictum est. Cum igitur ad iustificationem impii requiratur motus liberi arbitrii in diversa, scilicet in Deum et in peccatum, videtur quod iustificatio impii non possit esse in instanti.

3. Praeterea, forma quae suscipit magis et minus, successive recipitur in subiecto, sicut patet de albedine et nigredine. Sed gratia suscipit magis et minus, ut supra[4] dictum est. Ergo non recipitur subito in subiecto. Cum igitur ad iustificationem impii requiratur gratiae infusio, videtur quod iustificatio impii non possit esse in instanti.

4. Praeterea, motus liberi arbitrii qui ad iustificationem impii concurrit, est meritorius, et ita oportet quod procedat a gratia,

---

1. a.3.

[반론] 일곱째에 대해서는 다음과 같이 진행된다. 불경한 자의 의화는 순간적으로 발생하는 것이 아니라, 연속적으로 발생하는 것으로 보인다.

1. 실상 이미[1] 말한 것처럼, 불경한 자의 의화를 위해서는 자유재량의 움직임이 요구된다. 그런데 자유재량의 행위인 선택(electio)은, 위에서[2] 확인한 것처럼, 먼저 권고에 대한 숙고를 요구한다. 그러므로 이 숙고는 어떤 계기를 지니고 있는 추론(推論)을 함축하기 때문에, 불경한 자의 의화는 연속적으로 발생한다.

2. 자유재량의 움직임은 현실적 숙고 없이 발생하는 것이 아니다. 그러나 이미 제1부[3]에서 말한 것처럼, 현실적으로 많은 것들을 한꺼번에 이해한다는 것은 불가능하다. 그러므로 불경한 자의 의화를 위해서 상이한 방식으로의(곧 하느님을 향하거나, 죄에 대해) 자유재량의 움직임이 요구되므로, 불경한 자의 의화는 어느 한순간에 발생할 수 없는 것으로 보인다.

3. '더'와 '덜'의 등급을 매길 수 있는 형상은, 하양과 검정의 경우에 분명하듯이, 그 주체 안에 연속적으로 수용된다. 그런데 이미[4] 말한 것처럼, 은총은 '더'와 '덜'의 등급을 매길 수 있다. 그러므로 그것은 그 주체 안에 즉시로 수용되는 것이 아니다. 그러므로 불경한 자의 의화를 위해서는 은총의 주입이 요구되므로, 이 의화는 어느 한 순간에 발생할 수 없는 것으로 보인다.

4. 불경한 자의 의화에 합류하는 자유재량의 움직임은 공로적이다.

---

2. q.15, a.3.
3. q.85, a.4.
4. q.112, a.4.

sine qua nullum est meritum, ut infra[5] dicetur. Sed prius est aliquid consequi formam, quam secundum formam operari. Ergo prius infunditur gratia, et postea liberum arbitrium movetur in Deum et in detestationem peccati. Non ergo iustificatio est tota simul.

5. Praeterea, si gratia infundatur animae, oportet dare aliquod instans in quo primo animae insit. Similiter si culpa remittitur, oportet ultimum instans dare in quo homo culpae subiaceat. Sed non potest esse idem instans, quia sic opposita simul inessent eidem. Ergo oportet esse duo instantia sibi succedentia, inter quae, secundum Philosophum, in VI *Physic.*,[6] oportet esse tempus medium. Non ergo iustificatio fit tota simul, sed successive.

SED CONTRA est quod iustificatio impii fit per gratiam Spiritus Sancti iustificantis. Sed Spiritus Sanctus subito advenit mentibus hominum; secundum illud *Act.* 2, [2]: *Factus est repente de caelo sonus tanquam advenientis spiritus vehementis*; ubi dicit Glossa[7] quod *nescit tarda molimina Spiritus Sancti gratia*. Ergo iustificatio impii non est successiva, sed instantanea.[8]

---

5. q.114, a.2.
6. c.1, 231b6-10; S. Thomas, lect.1, n.5.
7. Interl. Cf. Ambrosius, In Luc., II, n.19: PL 15, 1560A.
8. "트리엔트공의회 제6회기 제5-6장[=DH 797sq.]에서는 은총의 주입뿐만 아니라 죄인이 준비를 갖추게 되는 사전 준비 태세에 대해서도 말하고 있다. 그리고 이렇게 받아들여진 의화는, 성 토마스 자신이 이곳 본론과 제1답, 그리고 앞의 제5절

그래서 아래에서[5] 말하게 되겠지만, 그것은 은총으로부터 진행되어야 한다. 그런데 어떤 것은 그것이 그 형상에 따라 작용하기 이전에 그 형상을 얻어야 한다. 그러므로 은총이 먼저 주입되고, 그다음에 하느님을 향하고 죄를 거부하는 자유재량의 움직임이 이어진다. 그러므로 의화는 단번에 발생하는 것이 아니다.

5. 만일 은총이 영혼 안에 주입된다면, 그것이 처음으로 영혼 안에 현존하는 어떤 순간이 있어야 한다. 비슷하게, 만일 죄가 용서된다면, 인간이 죄과에 예속되어 있는 어떤 마지막 순간이 있어야 한다. 왜냐하면 그때 대립자들은 동일한 주체 속에 동시에 현존할 것이기 때문이다. 그러므로 거기에는 두 개의 연속적 순간이 있어야 한다. 그리고 아리스토텔레스의 『자연학』 제6권[6]에 따르면, 이것들 사이에는 어떤 시간 간격이 있어야 한다. 그러므로 의화는 단번에 발생하는 것이 아니라, 연속적으로 발생한다.

[재반론] 그러나 반대로, 불경한 자의 의화는 우리를 의화시키는 성령의 은총을 통해서 이루어진다. 그런데 성령은 한순간에 사람의 정신 속에 현존하게 된다. 그래서 사도행전 2장 [2절]에서는 "갑자기 하늘에서 거센 바람이 부는 듯한 소리가 났다."고 전하고 있는 것이다. 한 주석[7]에서는 "성령의 은총은 힘든 노고를 알지 못한다."고 말하고 있다. 그러므로 불경한 자의 의화는 연속적으로가 아니라, 순간적으로 발생한다.[8]

제3답과 제112문 제2절 제1-2답에서 가르치는 것처럼 '통상적으로'는 연속적이다. 통상적으로 (사전 태세로도 간주되는) 의화가 연속적이 되는 이유는 특별히 동일한 순간에 하느님이 태세 전체를 주고 은총을 주입하시기 때문이다. 이것은 준비까지도 포함해서 온통 순간적인 기적적인 회개의 경우와 같다.(cf. a.10)"(R. Garrigou-Lagrange, OP, *op. cit.*, p.279)

RESPONDEO dicendum quod tota iustificatio impii originaliter consistit in gratiae infusione,[9] per eam enim et liberum arbitrium movetur, et culpa remittitur. Gratiae autem infusio fit in instanti absque successione. Cuius ratio est quia quod aliqua forma non subito imprimatur subiecto, contingit ex hoc quod subiectum non est dispositum,[10] et agens indiget tempore ad hoc quod subiectum disponat. Et ideo videmus quod statim cum materia est disposita per alterationem praecedentem, forma substantialis acquiritur materiae, et eadem ratione, quia diaphanum est secundum se dispositum ad lumen recipiendum, subito illuminatur a corpore lucido in actu.[11] Dictum est autem supra[12] quod Deus ad hoc quod gratiam infundat animae, non requirit aliquam dispositionem nisi quam ipse facit. Facit autem huiusmodi dispositionem sufficientem ad susceptionem gratiae, quandoque quidem subito, quandoque autem paulatim et successive, ut supra[13] dictum est. Quod enim agens naturale non subito possit disponere materiam, contingit ex hoc quod est aliqua disproportio eius quod in materia resistit, ad virtutem agentis, et propter hoc videmus quod quanto virtus agentis fuerit fortior, tanto materia citius disponitur. Cum igitur virtus divina sit infinita, potest quamcumque materiam creatam subito disponere ad formam,[14] et multo magis liberum arbitrium

---

9. Cf. a.2.
10 '가장 가까운' 준비 태세에 대해서는: Cf. I, q.12, a.5.
11. 생성은 물질적 변화의 끝이고, 조명은 조명하는 물체의 장소적 움직임의 끝이다.

[답변] 불경한 자의 총체적 의화는 본래 은총의 주입에서 성립된다.[9] 왜냐하면 이 주입을 통해서 자유재량이 움직여지고 죄과가 용서되기 때문이다. 그런데 은총의 주입은 시간적 계기 없이 한순간에 일어난다. 그 이유는, 하나의 형상이 한순간에 각인되지 않는 것은, 그 주체가 그것에 대해 준비되어 있지 못하거나,[10] 또는 그 작위자가 그것에 대한 준비 시간을 필요로 한다는 사실에 기인하기 때문이다. 이리하여 우리는 질료가 사전의 우유적 변화들에 대해 준비되자마자 하나의 실체적 형상을 요구한다는 것을 안다. 그리고 비슷하게 투명 매체는 빛을 받기에 내밀하게 준비되어 있기 때문에, 그것은 현실태로[11] 빛을 방사하는 물체에 의해서 한순간에 조명된다. 그런데 위에서[12] 말한 것처럼 하느님이 영혼에 은총을 주입하는 데에는 그분 스스로 취하는 태세 이외에 다른 태세가 요구되지 않는다. 위에서[13] 말한 것처럼, 하느님은, 은총을 수용하는 데 요구되는 이런 태세를 때로는 한순간에 산출하기도 하고 또 때로는 점차적으로 단계를 밟아 산출하기도 한다. 왜냐하면 어떤 자연적 작위자가 질료를 한순간에 배정하지 못하는 것은 질료의 저항과 작위자의 능력 사이에 어떤 불균형이 있다는 사실에 기인하기 때문이다. 그렇기 때문에 우리는 작위자가 강하면 강할수록 질료는 그만큼 더 빨리 준비되는 것을 본다. 그러므로 하느님의 능력은 무한하기 때문에, 따라서 피조된 그 어떠한 질료도 한순간에 그것의 형상을 위해 준비되어 있을 수 있다.[14] 그리고 특히 (그 움직임이 본성에 따라 순간적일 수 있는) 인

I, q.53, a.3.
12. q.112, a.2.
13. Ibid., ad2.
14. Cf. I, q.105, a.1.

q.113, a.7

hominis, cuius motus potest esse instantaneus secundum naturam.[15] Sic igitur iustificatio impii fit a Deo in instanti.[16]

AD PRIMUM ergo dicendum quod motus liberi arbitrii qui concurrit ad iustificationem impii, est consensus ad detestandum peccatum et ad accedendum ad Deum, qui quidem consensus subito fit. Contingit autem quandoque quod praecedit aliqua deliberatio, quae non est de substantia iustificationis, sed via in iustificationem, sicut motus localis est via ad illuminationem, et alteratio ad generationem.[17]

AD SECUNDUM dicendum quod, sicut in Primo[18] dictum est, nihil prohibet duo simul intelligere actu, secundum quod sunt quodammodo unum, sicut simul intelligimus subiectum et

---

15. "움직임은 여기서 가능태에서 현실태로 넘어가는 한에서, 그리고 따라서, 시간에 의해서 측정되는 것으로 이해되는 것이 아니다. 오히려 그 작용 자체라는 의미에서 자유재량의 움직임으로 간주된다. 이것은 아리스토텔레스가 말하는 것처럼, '완전한 것의 행위'이다. 그래서 완성됨도 순간적인 것처럼 움직임도 순간적일 수 있다."(*De veritate*, q.28, a.9, ad11)
의지의 운동 관련 연구 문헌을 보기 위해서는: 김 율, 「최초의 의지운동에 대한 은총론적 해석: 성 토마스 아퀴나스의 『신학대전』 제2부 제1편을 중심으로」, 『해석학연구』 16(2005/가을), 249-279쪽; 버나드 로너간, 『은총과 자유』, 79-160쪽; Jean-Pierre Torrell, OP, "Nature and Grace in Thomas Aquinas", in Serge-Thomas Bonino, OP(ed.), *Surnaturel: A Controversy at the Heart of Twentieth-Century Thomistic Thought,* Ave Maria(FL), Sapientia, 2009, pp.155-188; Simon Gaine, OP, "Aristotle's Philosophy in Aquinas's Theology of Grace in the Summa Theologiae", in Gilles Emery, OP, et al.(eds.), *Aristotle in Aquinas's Theology,* Oxford, Oxford University Press, 2015, pp.94-120; Jacob Wood, *To Stir a Restless Heart: Thomas Aquinas and Henri de Lubac on Nature, Grace, and the Desire for God,* Washington, Catholic University of America Press, 2019, pp.299-356.

간의 자유재량은 더욱 그러하다.[15] 그러므로 이런 식으로 불경한 자의 의화는 하느님에 의해서 한순간에 일어난다.[16]

[해답] 1. 불경한 자의 의화에 일조하게 되는 자유재량의 움직임은 죄의 배격과 하느님께 다가감에 대한 동의이다. 그리고 이 동의는 한순간에 일어난다. 그런데 가끔은 어떤 사전 숙고가 있을 수 있지만, 이것은 의화의 실체에 대한 것이 아니라 의화에 이르는 길에 관한 것이다. 마찬가지로 장소 이동은 조명에 이르는 길이고, 우유적 변화는 실체적 변화에 이르는 길이다.[17]

2. 제1부에서[18] 말한 것처럼, 두 가지 사물이 동시에 능동적으로 이해되는 것을 막는 것은 아무것도 없다. 단, 그것들이 어떤 식으로든 하나의 단위를 이루기만 한다면 말이다. 이리하여 우리는 주어와 술어를 동시에 이해한다. 왜냐하면 그것들은 한 단일한 주장의 구조

---

16. 의화 과정을 거쳐 아리스토텔레스의 자연학과 연관지어 분석하는 것은 여기서 한 걸음 더 나아가고 있고, 참으로 그 분석 자체의 용어들로부터 생겨나는 반론들을 거슬러 옹호된다. "자유재량의 움직임들은 순간적일 '수 있다.'"는 바로 앞의 주장과 같이 부드러운 주장들을 한 다음에 이토록 절대적인 결론을 내리는 데 대해 놀라워할 수 있다. 난점은, 어떤 새로운 형상의 산출처럼, 그의 자유재량의 선택 행위가 순간적이라는 점을 기억할 때 해소된다. 하지만 그것은 종종 어떤 느린 심리학적 준비의 결과이기 때문에, 시간 속에서 전개되는 하나의 움직임으로 간주될 수도 있다.(제1답과 제5답을 보라.) 반면에 신적 움직임은, 다른 기관(機關, facultas)에 의해서 부과된 단계를 고려해야 하는 데 묶여 있지 않기 때문에, 직접적으로, 그리고 따라서 순간적으로 의지를 움직인다. 여기서는 '변화'라는 용어보다는 '움직임'이라는 용어가 선호된다. 왜냐하면 제113문 전체가 죄인에게 주어지는 은총의 주입과 연관되기 때문이다. 죄인은, 반대되는 형상인 죄에 의해서 지배되고 있기 때문에, 정상적으로는 온갖 반대되는 저항이나 태세로부터 점차적으로 벗어나야 한다.
17. Cf. I, q.53, a.3.(위의 각주 11번도 참조하라.)
18. Loc. cit. in obj.2; q.58, a.2.

praedicatum, inquantum uniuntur in ordine affirmationis unius. Et per eundem modum liberum arbitrium potest in duo simul moveri, secundum quod unum ordinatur in aliud. Motus autem liberi arbitrii in peccatum, ordinatur ad motum liberi arbitrii in Deum, propter hoc enim homo detestatur peccatum, quia est contra Deum, cui vult adhaerere. Et ideo liberum arbitrium in iustificatione impii simul detestatur peccatum et convertit se ad Deum, sicut etiam corpus simul, recedendo ab uno loco, accedit ad alium.

AD TERTIUM dicendum quod non est ratio quare forma subito in materia non recipiatur, quia magis et minus inesse potest, sic enim lumen non subito reciperetur in aere, qui potest magis et minus illuminari. Sed ratio est accipienda ex parte dispositionis materiae vel subiecti, ut dictum est.[18]

AD QUARTUM dicendum quod in eodem instanti in quo forma acquiritur, incipit res operari secundum formam, sicut ignis statim cum est generatus, movetur sursum; et si motus eius esset instantaneus, in eodem instanti compleretur.[20] Motus autem liberi arbitrii, qui est velle, non est successivus, sed instantaneus.[21] Et ideo non oportet quod iustificatio impii sit successiva.[22]

---

19. 본론.
20. Cf. I, q.63, a.5.
21. 본론.

안에 결합되기 때문이다. 마찬가지로 자유재량은 하나의 질서가 그것들 사이를 견지하고 있을 때 두 가지 사물을 향해 움직일 수 있다. 그런데 죄에 대한 자유재량의 움직임과 하느님을 향한 자유재량의 움직임 사이에는 어떤 질서가 있다. 인간이 죄를 배격하는 것은 그 죄가 그가 결합하고자 하는 하느님께 반대되기 때문이다. 그래서 불경한 자의 의화에서 자유재량은 죄를 배격함과 동시에 하느님께로 되돌아간다. 이것은 어떤 물체가 한 장소를 멀리함으로써 다른 장소에 가까워지는 것과 같다.

3. 하나의 형상이 한순간에 질료 안에 받아들여지지 않는 이유는 그 형상이 그 질료 안에서 더 높은 등급이나 더 낮은 등급으로 현존하고 있을 수 있기 때문이 아니다. 왜냐하면, 빛이 한순간에 공기 속에 받아들여질 수 없는 것은, 공기가 더 큰 등급 또는 더 낮은 등급으로 조명될 수 있기 때문이다. 그 이유는, 이미[19] 말한 것처럼, 질료나 주체의 태세 편에서 수용되어야 한다.

4. 하나의 사물은 그 형상이 획득되는 것과 동일한 순간에 그 형상에 따라 존재하기 시작한다. 이리하여 불은 존재하게 되자마자 위를 향해 움직이고, 만일 더 나아가 그 움직임이 순간적이었더라면, 이것은 동일한 순간에 완전했을 것이다.[20] 그런데 원욕의 활동(velle)인 자유재량의 움직임은 연속적인 것이 아니라 순간적이다.[21] 그러므로 불경한 자의 의화가 연속적일 필요는 없다.[22]

---

22. 만일 이 해답이 반론의 일부를 취한 것으로 보인다면, 성 토마스가 제112문 제2절 제1답에서, 의화에서 자유재량의 이 공로적 움직임이 의화 은총 자체에 대해서 공로가 있는 것이 아니라, 영광의 은총에 대해서 공로가 있다는 점을 지적하였다는 사실을 상기하는 것이 좋을 것이다.

AD QUINTUM dicendum quod successio duorum oppositorum in eodem subiecto aliter est consideranda in his quae subiacent tempori, et aliter in his quae sunt supra tempus. In his enim quae subiacent tempori, non est dare ultimum instans in quo forma prior subiecto inest, est autem dare ultimum tempus, et primum instans in quo forma sequens inest materiae vel subiecto. Cuius ratio est quia in tempore non potest accipi ante unum instans aliud instans praecedens immediate, eo quod instantia non consequenter se habeant in tempore, sicut nec puncta in linea, ut probatur in VI *Physic.*[23] Sed tempus terminatur ad instans. Et ideo in toto tempore praecedenti, quo aliquid movetur ad unam formam, subest formae oppositae, et in ultimo instanti illius temporis, quod est primum instans sequentis temporis, habet formam, quae est terminus motus.

Sed in his quae sunt supra tempus, aliter se habet. Si qua enim successio sit ibi affectuum vel intellectualium conceptionum, puta in Angelis, talis successio non mensuratur tempore continuo, sed tempore discreto, sicut et ipsa quae mensurantur non sunt continua, ut in Primo[24] habitum est. Unde in talibus est dandum ultimum instans in quo primum fuit, et primum instans in quo est id quod sequitur, nec oportet esse tempus medium, quia non est ibi continuitas temporis, quae hoc requirebat.

Mens autem humana quae iustificatur, secundum se

5. 동일한 주체 내에서의 두 개의 대립되는 것의 연속은, 그것들이 시간에 예속되어 있을 때와 초시간적일 때에 고찰되는 방식이 서로 다르다. 그 반대자들이 시간에 예속되어 있는 경우에는 이전의 형상이 주체 안에 현존하고 있던 마지막 순간은 없다. 그러나 보다 나중의 형상이 질료나 주체 안에 존재하게 되는 마지막 때와 첫 순간은 있다. 그것은 시간 속에서는 직접적으로 다른 순간에 선행하는 어떤 순간을 취하는 것이 불가능하기 때문이다. 이것은, 『자연학』 제6권[23]에서 입증되는 것처럼, 순간들은 선상에 있는 점들이 그러하듯이 시간 내의 연속 질서를 드러내지 않기 때문이다. 실상 하나의 시간 길이는 한순간에 끝난다. 그래서 어떤 것이 어떤 특정 형상을 향하여 움직여 가는 이전의 시간 길이를 통해서 그것은 반대되는 형상에 예속되어 있다. 그리고 이어지는 시기의 첫 순간인 그 시기의 마지막 순간에 그것은 그 움직임의 끝인 형상을 가지고 있다.

그렇지만 이것은 시간을 초월하는 것들에 있어서는 해당되지 않는다. 왜냐하면 여기서 예컨대 천사들 안에서의 어떤 원욕함 또는 지성적 생각들의 연속은 지속적인 시간(tempus continuum)에 의해서 측량되지 않고, 식별 시간(tempus discretum)에 의해서 측량되기 때문이다. 그것은 제1부[24]에서 주장된 것처럼, 측량되는 것 자체도 지속적인 것이 아닌 것과 마찬가지이다. 이리하여 이런 경우에는 어떤 사전 특성이 존재했던 마지막 순간과, 뒤따르는 특성이 존재하는 최초의 순간이 있다. 거기에 어떤 시간 간격이 있을 필요는 없다. 왜냐하면 여기에는 그것을 요구하는 시간의 지속성이 없기 때문이다.

그런데 비록 의화되고 있는 인간의 정신이 그 자체로 초시간적이

---

23. c.1, 231b6-10; S. Thomas, lect.1, n.5.
24. q.53, a.3.

quidem est supra tempus, sed per accidens subditur tempori, inquantum scilicet intelligit cum continuo et tempore secundum phantasmata, in quibus species intelligibiles considerat, ut in Primo[25] dictum est. Et ideo iudicandum est, secundum hoc, de eius mutatione secundum conditionem temporalium motuum, ut scilicet dicamus quod non est dare ultimum instans in quo culpa infuit, sed ultimum tempus; est autem dare primum instans in quo gratia inest, in toto autem tempore praecedenti inerat culpa.[26]

Articulus 8
Utrum gratiae infusio sit prima ordine naturae inter ea quae requiruntur ad iustificationem impii[1]

---

25. q.84, a.3.
26. (*추가주) "실상 은총의 주입은, 순간적이기에, 어떤 지속적인 특정 운동의 끝, 예컨대 그것에 의해서 감정(affectus)이 은총의 수용을 위해 채비를 갖추게 되는 특정 명상 행위의 끝이다. 그리고 운동 자체의 끝은 잘못의 용서이다. 왜냐하면 잘못은 은총이 주입된다는 사실 자체를 통해서 용서되기 때문이다. 그러므로 저 첫 순간에 잘못에 대한 용서의 끝, 곧 죄가 없음과 은총의 주입, 곧 은총을 가짐이 있다. 실상 이미 말한 것처럼, 최종 순간에만이 아니라, 앞에서 말한 명상 운동이 측정되는 이 순간에, 끝나는 이전의 모든 시간들에는 은총을 가지고 있지 않고 잘못을 가지고 있는 죄인이 있었다. 그러나 이 시기의 마지막 순간 이전에 직접적으로 인접한 또 다른 순간을 취할 수는 없다. 왜냐하면 여하한 순간도 다른 순간과 구별되고, 또 이 순간과 마지막 순간 사이에는 무한한 중간 순간들이 있을 것이기 때문이다. 그리고 이처럼 의화되는 이가, 잘못을 가지고 있고 은총을 가지고 있지 않은 어떤 최후 순간을 취할 수 없다는 것이 분명하다. 반면에 은총을 가지고 있으면서 잘못은 가지고 있지 않은 첫 순간을 취할 수는 있다."(*De veritate*, q.28, a.2, ad10)

기는 하지만, 그것은 어떤 우연한 의미에서 시간에 예속되어 있다. 왜냐하면 그것은 제1부[25]에서 말한 것처럼 (그 안에서 가지상들이 고찰되는) 감각상들에 따라 지속적인 것과 일시적인 것의 범주들로 이해하기 때문이다. 그래서 그 변화 과정은 이런 식으로, 시간적 움직임들의 방식으로 평가되어야 한다. 이리하여 우리는 죄가 현존하고 있던 어떤 마지막 순간도 없고, 오직 어떤 마지막 시기만 있다고 말해야 한다. 비록 이전 시기 전체 안에 죄가 현존하고 있으면서 은총이 현존하고 있는 어떤 최초의 순간이 있지만 말이다.[26]

제8절 은총의 주입은 불경한 자들의 의화에 요구되는 것들 사이의 자연적 질서에서 첫째인가?[1]

Parall.: *In Sent.*, IV, d.17, q.1, a.4; *De veritate*, q.28, aa.7-8.

> 그러므로 "의화의 순간에 자유재량은 (현존하고 있는 것으로서가 아니라, '방금 전에 있었던' 그러나 지금은 없는 것으로서) 죄과에 대한 혐오로 움직인다."(Cajetanus in h. a.)

1. 중세인들이 활발하게 논쟁을 벌인 문제이다. 기욤 도세르는 다음과 같은 해결책을 제시한다. "죄의 용서가 죄과의 제거이기 때문에, 그 결과가 그 원인을 따르듯이, 그 본성상 은총의 주입을 뒤따른다. 그러나 죄와의 단절이 은총의 주입에 선행해야 한다. 왜냐하면 그런 주입 이전에 인간은 더 이상 죄를 짓지 않겠다는 각오로 그것을 받아들일 수 있어야 하기 때문이다." 따라서 그의 견해로는 "제일 첫자리에 은총의 주입이 자리 잡아야 하고, 둘째 자리에 죄과와 영원한 벌에 관련되는 죄의 용서, 셋째 자리에 자유재량의 움직임, 넷째 자리에 통회(痛悔), 다섯째 자리에 현세적 벌의 용서가 뒤따른다."(Guillaume d'Auxerre, *Summa Aurea*, III, Paris, 1514, f.234 v.)
의화는 의미 있는 부분들 또는 연속들로 분석될 수 있는 어떤 의미 복합체로 간주될 수 있을 것이다. 이 연속들의 의미 있는 질서 그 자체가 총체적 의미 복합체의 한 성격이다.

Ad octavum sic proceditur. Videtur quod gratiae infusio non sit prima ordine naturae inter ea quae requiruntur ad iustificationem impii.

1. Prius enim est recedere a malo quam accedere ad bonum; secundum illud Psalmi 36, [27]: *Declina a malo, et fac bonum.* Sed remissio culpae pertinet ad recessum a malo, infusio autem gratiae pertinet ad prosecutionem boni. Ergo naturaliter prius est remissio culpae quam infusio gratiae.

2. Praeterea, dispositio praecedit naturaliter formam ad quam disponit. Sed motus liberi arbitrii est quaedam dispositio ad susceptionem gratiae. Ergo naturaliter praecedit infusionem gratiae.

3. Praeterea, peccatum impedit animam ne libere tendat in Deum. Sed prius est removere id quod prohibet motum, quam motus sequatur. Ergo prius est naturaliter remissio culpae et motus liberi arbitrii in peccatum, quam motus liberi arbitrii in Deum, et quam infusio gratiae.

SED CONTRA, causa naturaliter est prior effectu. Sed gratiae infusio causa est omnium aliorum quae requiruntur ad iustificationem impii, ut supra[2] dictum est. Ergo est naturaliter prior.

[반론] 여덟째에 대해서는 다음과 같이 진행된다. 은총의 주입은 불경한 자의 의화를 위해 요구되는 것들의 자연적 질서에서 첫째가 아닌 것으로 보인다.

1. 실상 악으로부터 물러섬이 선에 대한 접근보다 앞서 온다. 그래서 시편 37[36]편 [27절]에서는 "악으로부터 물러나 선을 행하라."고 말하고 있는 것이다. 그런데 죄과의 용서는 악으로부터의 물러남에 속하고, 은총의 주입은 선의 추구에 속한다. 그러므로 그 본성상 죄과의 용서가 은총의 주입 이전에 온다.

2. 하나의 태세(dispositio)는 그 본성상 그것이 준비시키는 형상에 앞선다. 그러나 자유재량의 움직임은 은총의 수용을 위한 한 준비 태세이다. 그러므로 그 본성상 그것은 은총의 주입에 앞선다.

3. 죄는 영혼이 자유롭게 하느님께로 향하는 것을 막는다. 그런데 그 움직임이 뒤따를 수 있기 이전에 움직임을 막던 것이 먼저 제거되어야 한다. 그러므로 죄과의 용서와, 죄로 향하는 자유재량의 움직임이 본성상 하느님께로 향하는 자유재량의 움직임과 은총의 주입 이전에 온다.

[재반론] 그러나 반대로, 원인은 그 본성상 결과보다 우선한다. 그런데 이미[2] 말한 것처럼, 은총의 주입은 불경한 자의 의화를 위한 다른 모든 요건들의 원인이다. 그러므로 그것은 본성적으로 우선한다.

---

2. a.7.

RESPONDEO dicendum quod praedicta[3] quatuor quae requiruntur ad iustificationem impii, tempore quidem sunt simul, quia iustificatio impii non est successiva, ut dictum est,[4] sed ordine naturae unum eorum est prius altero. Et inter ea naturali ordine primum est gratiae infusio; secundum, motus liberi arbitrii in Deum; tertium est motus liberi arbitrii in peccatum; quartum vero est remissio culpae.

Cuius ratio est quia in quolibet motu naturaliter primum est motio ipsius moventis; secundum autem est dispositio materiae, sive motus ipsius mobilis; ultimum vero est finis vel terminus motus, ad quem terminatur motio moventis. Ipsa igitur Dei moventis motio est gratiae infusio, ut dictum est supra;[5] motus autem vel dispositio mobilis est duplex motus liberi arbitrii; terminus autem vel finis motus est remissio culpae, ut ex supradictis[6] patet. Et ideo naturali ordine primum in iustificatione impii est gratiae infusio; secundum est motus liberi arbitrii in Deum; tertium vero est motus liberi arbitrii in peccatum (propter hoc enim ille qui iustificatur, detestatur peccatum, quia est contra Deum, unde motus liberi arbitrii in Deum, praecedit naturaliter motum liberi arbitrii in peccatum, cum sit causa et ratio eius); quartum vero et ultimum est remissio culpae, ad quam tota ista transmutatio ordinatur sicut ad finem, ut dictum est.[7]

---

3. Cf. obj.3 et a.6.
4. a.7.

[답변] 앞에서³ 거명된, 불경한 자의 의화를 위해 요구되는 네 가지 요소들은 시간적으로 동시적이다. 왜냐하면 불경한 자의 의화는 이미⁴ 말한 것처럼 순간적이 아니기 때문이다. 그러나 그 자연의 질서에서는 하나가 다른 것 이전에 온다. 이 자연적 질서에서는 은총의 주입이 제일 먼저 오고, 그다음에는 하느님을 향한 자유재량의 움직임, 셋째는 죄에 대한 자유재량의 움직임, 그리고 넷째는 죄과의 용서가 온다.

그 이유는 그 어떤 움직임 안에서도 본성상 기동자(起動者)의 움직임 자체가 먼저 오고, 그다음으로 질료의 태세(dispositio) 또는 움직여져야 하는 것의 움직임이 오며, 마지막으로 기동자의 움직임이 끝나게 되는 움직임의 끝 또는 목적이 오기 때문이다. 이리하여 능동적으로 움직이는 하느님의 운동은, 위에서⁵ 말한 것처럼 은총의 주입이고, 움직여져야 하는 것의 움직임 또는 태세는 자유재량의 이중 움직임이며, 그 움직임의 끝 또는 목적은 위에서⁶ 말한 것으로부터 분명하듯이 죄과의 용서이다. 그러므로 불경한 자의 의화에서는 자연적 질서에 있어서 은총의 주입이 먼저 오고, 둘째로는 하느님을 향한 자유재량의 움직임이 오며, 셋째로 죄에 대한 자유재량의 움직임이 오고(왜냐하면 의화되는 자가 죄를 배격하는 것은 그것이 하느님께 반대되기 때문이다. 이리하여 하느님을 향한 자유재량의 움직임이 본성상 죄에 대한 자유재량의 움직임보다 그 원인과 이유로서, 선행한다.), 넷째이자 마지막으로 이미⁷ 말한 것처럼 그 변화 과정 전체가 그 목적을 향해 진행하고 있는 죄과의 용서가 오게 된다.

---

5. a.6.
6. aa.1 et 6.
7. Ibid.

q.113, a.8

AD PRIMUM ergo dicendum quod recessus a termino et accessus ad terminum dupliciter considerari possunt. Uno modo, ex parte mobilis. Et sic naturaliter recessus a termino praecedit accessum ad terminum, prius enim est in subiecto mobili oppositum quod abiicitur, et postmodum est id quod per motum assequitur mobile. Sed ex parte agentis, est e converso. Agens enim per formam quae in eo praeexistit, agit ad removendum contrarium, sicut sol per suam lucem agit ad removendum tenebras. Et ideo ex parte solis, prius est illuminare quam tenebras removere; ex parte autem aeris illuminandi, prius est purgari a tenebris quam consequi lumen, ordine naturae; licet utrumque sit simul tempore. Et quia infusio gratiae et remissio culpae dicuntur ex parte Dei iustificantis, ideo ordine naturae prior est gratiae infusio quam culpae remissio.[8] Sed si sumantur ea quae sunt ex parte hominis iustificati, est e converso, nam prius est naturae ordine liberatio a culpa, quam consecutio gratiae iustificantis.—Vel potest dici quod termini iustificationis sunt culpa sicut a quo, et iustitia sicut ad quem, gratia vero est causa remissionis culpae, et adeptionis iustitiae.

---

8. 그러므로 대립되는 것들의 근거가 같기 때문에, 죄인의 죄책감을 설명하기 위해서 다음과 같이 말해야 한다: 첫 번째 죄에서 '효능 은총의 저항이 단적으로 자연의 우선성으로 효능 은총의 신적인 거절보다 앞선다.' "왜냐하면 이처럼 결함이 있는 죄는, 그 자체로 결함이 있을 수 없는 하느님으로 환원되는 것이 아니라, 결함이 있을 수 있고 또 결함이 있는 자유재량으로 환원되기 때문이다. (…)

[해답] 1. 하나의 끝으로부터 멀어지며 다른 하나의 끝으로 접근하는 것은 두 가지 방식으로 고찰될 수 있다. 첫째, 움직여지고 있는 그 사물의 관점으로부터. 그리고 이 경우에 한 끝으로부터의 출발이 그 본성상 다른 끝으로의 접근에 선행한다. 왜냐하면 움직여지는 주체에서 단절되는 반대가 거기에 먼저 있고, 나중에 움직여지고 있는 것이 그 운동에 의해서 획득하는 다른 반대되는 것이 오기 때문이다. 그러나 행위자의 관점에서 볼 때에는 그 정반대가 사실이다. 왜냐하면 그 행위자는 그것에 반대되는 형상을 제거하기 위해서 이미 그 안에 현존하고 있는 형상을 통해서 행동하기 때문이다. 이것은 태양이 어둠을 제거하기 위하여 자신의 빛을 통해서 행동하는 것과 마찬가지이다. 이리하여 태양의 관점에서 볼 때에는 어둠의 제거 이전에 조명이 오지만, 조명되는 공기의 관점에서 볼 때에는 자연의 질서에서 어둠의 말소가 빛의 발생보다 더 먼저 온다. 그러나 그 두 가지 행위는 시간적으로 동시적이다. 그리고 은총의 주입과 죄과의 용서가 능동적으로 의화하는 하느님의 관점으로부터 서술되기 때문에, 자연 질서에서는 은총의 주입이 죄과의 용서보다 더 먼저 온다.[8] 그러나 만일 우리가 포함되어 있는 요소들을 의화되는 인간의 관점으로부터 바라본다면, 그 반대가 사실이다. 왜냐하면 자연 질서에서는 죄과로부터의 해방이 의화 은총의 획득 이전에 오기 때문이다.―또한 우리는 의화의 끝들이 출발점으로서의 죄와 종점으로서의 정의라고 말할 수 있다. 그러나 죄과의 용서와 정의의 획득의 원인은 은총이다.

AD SECUNDUM dicendum quod dispositio subiecti[9] praecedit susceptionem formae ordine naturae, sequitur tamen actionem agentis, per quam etiam ipsum subiectum disponitur. Et ideo motus liberi arbitrii naturae ordine praecedit consecutionem gratiae, sequitur autem gratiae infusionem.[10]

AD TERTIUM dicendum quod, sicut Philosophus dicit, in II *Physic.*,11 in motibus animi omnino praecedit motus in principium speculationis, vel in finem actionis, sed in exterioribus motibus remotio impedimenti praecedit assecutionem finis.[12] Et quia motus liberi arbitrii est motus animi, prius naturae ordine movetur in Deum sicut in finem, quam ad removendum impedimentum peccati.

Articulus 9

Utrum iustificatio impii sit maximum opus Dei

Ad nonum sic proceditur. Videtur quod iustificatio impii non sit maximum opus Dei.

---

9. 여기서는 가장 가까운 태세(dispositio)가 다뤄지고 있다. cf. I, q.12, a.5.
10. "만일 자연의 질서가 질료인의 노선에서 고찰된다면, 그때 자유재량의 움직임이 (질료의 태세가 형상에 선행하듯이) 자연적으로 은총의 주입에 선행한다. 반면에 형상인의 노선에서 고찰된다면, 사정이 역전된다. 물질적 실재에서도 형상을 필요로 하는 그 태세 때문에, 같은 일이 일어난다. 그 태세는 특정한 방식으로, 질료인의 노선에 따라 실체적 형상보다 앞선다. 그것은 질료적 태세가 질료 측

2. 주체의 태세⁹가 자연 질서에서 형상의 수용보다 선행한다. 그런데 그것은 (그 주체 자체 역시 그것에 의해서 준비를 갖추게 되는) 행위자의 활동에 뒤따른다. 그래서 자연 질서에서는 자유재량의 움직임이 은총의 획득에 선행하지만, 은총의 주입에 대해서는 후행한다.[10]

3. 철학자는 『자연학』 제2권[11]에서 이렇게 말한다. "정신의 움직임에서 이해의 원리나 활동의 목적을 향한 움직임이 단적으로 먼저 온다." 그러나 외부적 움직임에서는 장애물의 제거가 그 목적의 획득 이전에 온다.[12] 그리고 자유재량의 움직임은 정신적 운동이기 때문에, 자연 질서에서 그것은 죄의 장애를 제거하기 이전에 그것의 목적인 하느님을 향해 움직인다.

제9절 불경한 자의 의화는 하느님의 위업들 가운데 가장 위대한 것인가?

Parall.: III, q.43, a.4, ad2; *In Sent.*, III, d.17, q.1, a.5, qc.1, ad1-2; d.46, q.2, a.1, qc.3, ad2; *In Joan.*, c.14, lect.3.

[반론] 아홉째에 대해서는 다음과 같이 진행된다. 불경한 자의 의화는 하느님의 위업(偉業)들 가운데 가장 위대한 것이 아닌 것으로 보인다.

에 서 있기 때문이다. 그러나 다른 면에서는, 곧 형상인의 노선에서는, 질료뿐만 아니라 질료적 우유들까지도 완성하는 한에서, 실체적 형상이 먼저 온다."(*De veritate*, q.28, a.8)
11. c.9, 200a19-24; S. Thomas, lect.15, n.5.
12. Cf. q.29, a.2, ad3.

1. Per iustificationem enim impii consequitur aliquis gratiam viae. Sed per glorificationem consequitur aliquis gratiam patriae, quae maior est. Ergo glorificatio Angelorum vel hominum est maius opus quam iustificatio impii.

2. Praeterea, iustificatio impii ordinatur ad bonum particulare unius hominis. Sed bonum universi est maius quam bonum unius hominis; ut patet in I *Ethic.*[1] Ergo maius opus est creatio caeli et terrae quam iustificatio impii.

3. Praeterea, maius est ex nihilo aliquid facere, et ubi nihil cooperatur agenti, quam ex aliquo facere aliquid cum aliqua cooperatione patientis. Sed in opere creationis ex nihilo fit aliquid, unde nihil potest cooperari agenti. Sed in iustificatione impii Deus ex aliquo aliquid facit, idest ex impio iustum, et est ibi aliqua cooperatio ex parte hominis, quia est ibi motus liberi arbitrii, ut dictum est.[2] Ergo iustificatio impii non est maximum opus Dei.

SED CONTRA est quod in Psalmo 144, [9] dicitur: *Miserationes eius super omnia opera eius.* Et in collecta[3] dicitur: *Deus, qui omnipotentiam tuam parcendo maxime et miserando manifestas.*

---

1. C.1, 1094b10-11; S. Thomas, lect.2, nn.30-31.
2. a.3.

1. 실상 불경한 자의 의화를 통해서 사람은 나그네 상태의 은총을 얻게 되기 때문이다. 그런데 영광화(榮光化)를 통해서는 더 큰 [천상] 본향(本鄕)의 은총을 얻게 된다. 그러므로 천사나 인간의 영광화(榮光化)가 불경한 자의 의화보다 더 위대한 업적이다.

2. 불경한 자의 의화는 어떤 개인의 특수선으로 질서 지어져 있다. 그러나 『(니코마코스) 윤리학』 제1권[1]으로부터 명백하듯이, 우주의 선이 개개인의 선보다 더 크다. 그러므로 하늘과 땅의 창조가 불경한 자의 의화보다 더 위대한 업적이다.

3. 어떤 다른 것으로부터 (수용자로부터의 협력을 받으며) 어떤 것을 만드는 것보다 (그 어떤 것으로부터도 협력을 받지 않은 채) 무로부터 어떤 것을 만드는 것이 더 위대하다. 그런데 창조의 업적에서는 어떤 것이 무로부터 만들어진다. 그리고 그 행위자는 그 어떤 것과도 협력하지 않는다. 그렇지만 불경한 자의 의화에서는 하느님은 어떤 다른 것으로부터 무엇인가를(즉 불경한 자로부터 의로운 사람을) 만들고 있고, 인간 측으로부터의 어떤 협력이 있다. 왜냐하면 이미[2] 말한 것처럼, 자유재량의 움직임이 있기 때문이다. 그러므로 불경한 자의 의화는 하느님의 가장 위대한 업적이 아니다.

[재반론] 그러나 반대로, 시편 145[144]편 [19]절에서는 "그분의 자비가 그분의 다른 모든 업적들 위에 있다."고 말한다. 그리고 한 기도문[3]에서는 "오, 하느님, 당신은 용서하시고 자비를 베푸시는 가운데 당신의 전능을 최고로 드러내시나이다."라고 표현하고 있다. 그리고 아우구스티누스는 요한복음서 14장 [12절] "그는 이보다 더 큰 일도

---

3. Dom.X post Pentecost.

Et Augustinus dicit[4] exponens illud Ioan. 14, [12], *Maiora horum faciet*, quod *maius opus est ut ex impio iustus fiat, quam creare caelum et terram.*

RESPONDEO dicendum quod opus aliquod potest dici magnum dupliciter. Uno modo, ex parte modi agendi. Et sic maximum est opus creationis, in quo ex nihilo fit aliquid.[5] — Alio modo potest dici opus magnum propter magnitudinem eius quod fit. Et secundum hoc, maius opus est iustificatio impii, quae terminatur ad bonum aeternum divinae participationis, quam creatio caeli et terrae, quae terminatur ad bonum naturae mutabilis. Et ideo Augustinus, cum dixisset quod *maius est quod ex impio fiat iustus, quam creare caelum et terram*, subiungit, *caelum enim et terra transibit, praedestinatorum autem salus et iustificatio permanebit.*[6]

Sed sciendum est quod aliquid magnum dicitur dupliciter. Uno modo, secundum quantitatem absolutam. Et hoc modo donum gloriae est maius quam donum gratiae iustificantis impium. Et secundum hoc, glorificatio iustorum est maius opus quam iustificatio impii.—Alio modo dicitur aliquid magnum quantitate proportionis, sicut dicitur mons parvus, et milium magnum. Et hoc modo donum gratiae impium iustificantis

---

4. *In Joann.*, tract.72, n.3: PL 35, 1823.
5. Cf. I, q.45, a.1.

하게 될 것이다."를 주해하면서[4] 이렇게 말하고 있다. "불경한 자로부터 의로운 사람을 만드는 것은 하늘과 땅을 만드는 것보다 더 위대한 업적이다."

[답변] 어떤 일이 '위대하다'(magnum)고 불릴 수 있는 데에는 두 가지 방식이 있다. 첫째는 행위의 양태(modi agendi)와 관련해서이다. 그리고 이런 의미에서 가장 위대한 업적은 어떤 것이 무로부터 만들어지게 되는 창조(創造, creatio)의 업적이다.[5] ─ 둘째, 어떤 업적은 이루어진 것의 위대함 때문에 위대하다고 불린다. 가변적 본성이라는 선익에서 끝나는 하늘과 땅의 창조보다는 신적 참여라는 영원한 선익에서 끝나는 불경한 자의 의화가 더 위대하기 때문이다. 그래서 아우구스티누스는 "불경한 자를 의로운 자로 만드는 일은 하늘과 땅을 창조하는 일보다 더 위대하다."고 말한 다음에 계속해서 "하늘과 땅은 지나가 버릴 것이지만, 예정된 이들의 구원과 의화는 [영원히] 남을 것이기 때문이다."고 밝히는 것이다.[6]

그러나 우리는 어떤 것이 위대하다고 불리는 데에 두 가지 방식이 있음을 잊지 말아야 한다. 첫째는 절대적 양(量, quantitas)과 관계된다. 이런 의미에서 영광의 선물은 불경한 자를 의화하는 은총의 선물보다 더 위대하다. ─ 둘째로는 어떤 산이 작고 어떤 곡식 낟알이 크다고 말할 때처럼, 어떤 것이 비례적 양과 관련해서 위대하다고 불린다. 이런 의미에서 불경한 자를 의화시키는 은총의 선물은 의로운 사람을 복된 자로 만드는 영광의 선물보다 더 위대하다. 왜냐하면 영

---

6. *In Joann.*, tract.72, n.3: PL 35, 1823.

est maius quam donum gloriae beatificantis iustum, quia plus excedit donum gratiae dignitatem impii, qui erat dignus poena, quam donum gloriae dignitatem iusti, qui ex hoc ipso quod est iustificatus, est dignus gloria. Et ideo Augustinus dicit ibidem:[7] *Iudicet qui potest, utrum maius sit iustos Angelos creare quam impios iustificare. Certe, si aequalis est utrumque potentiae, hoc maioris est misericordiae.*

Et per hoc patet responsio AD PRIMUM.

AD SECUNDUM dicendum quod bonum universi est maius quam bonum particulare unius, si accipiatur utrumque in eodem genere. Sed bonum gratiae unius maius est quam bonum naturae totius universi.[8]

AD TERTIUM dicendum quod ratio illa procedit ex parte modi agendi, secundum quem creatio est maximum opus Dei.

Articulus 10
Utrum iustificatio impii sit opus miraculosum

---

7. ibid.
8. 이 말들은 과장법으로 받아들여져서는 안 되고, 글자 그대로의 정확한 의미로 받아들여져야 한다. 그 자연적 완전성들을 갖추고 있는 눈에 보이는 우주와 눈에 보이지 않는 우주 전체는 은총을 통해 허용되는 신적인 삶의 참여와 비교될 수 없다. 이 우위는, 우리가 선택된 이들의 의화를 축으로 삼고 있는 하느님의 결정적 차원에서 구원된 인간을 고찰할 때, 그 위대함의 전모가 드러난다. 그때 사도 바오로가 가르치는 것처럼, 은총은 실제로 결정적인 우주적 사실로 드러난다: "그리고 이 성령께서 몸소, 우리가 하느님의 자녀임을 우리의 영에게 증언

광의 선물이 의화된다는 바로 그 사실에 의해서 영광의 가치가 있는 의로운 이의 가치를 능가하는 것보다는, 은총의 선물이 벌을 받아 마땅한 그 불의한 자의 가치를 능가하는 것이 더욱 위대하기 때문이다. 그래서 아우구스티누스는 같은 곳[7]에서 "불경한 자를 의화시키는 것보다 의로운 천사를 창조하는 것이 더 위대한지를 판단할 수 있는 자가 과연 누구란 말인가? 분명히 만일 그 두 경우에 능력이 동일하다면, 전자의 경우에 자비가 더 크다."라고 말한다.

[해답] 1. 이로써 첫째 논거에 대한 응답은 분명하다.
2. 만일 각각 동일한 유(類)로부터 고찰된다면, 우주의 선이 어떤 개체의 특수선보다 더 크다. 그러나 한 개체의 은총의 선은 우주 전체의 자연선보다 더 위대하다.[8]
3. 이 논거는 활동의 양태로부터 전개하는데, 그것에 따르면 창조가 하느님의 위업들 가운데 가장 위대한 업적이다.

제10절 불경한 자의 의화는 기적적인 업적인가?

Parall.: I, q.105, a.7, ad1; *In Sent.*, II, d.18, q.1, a.3, ad2; IV, d.17, q.1, a.5, qc.1.

해 주십니다. 자녀이면 상속자이기도 합니다. 우리는 하느님의 상속자입니다. 그리스도와 더불어 공동 상속자인 것입니다. 다만 그리스도와 함께 영광을 누리려면, 그분과 함께 고난을 받아야 합니다. 장차 우리에게 계시될 영광에 견주면, 지금 이 시대에 우리가 겪는 고난은 아무것도 아니라고 생각합니다. 사실 피조물은 하느님의 자녀들이 나타나기를 간절히 기다리고 있습니다. (…) 우리는 모든 피조물이 지금까지 다 함께 탄식하며 진통을 겪고 있음을 잘 알고 있습니다. 그러나 피조물만이 아니라 성령을 첫 선물로 받은 우리 자신도 하느님의 자녀가 되기를, 우리 몸이 속량되기를 기다리며 속으로 탄식하고 있습니다."(로마 8,16-23)

Ad decimum sic proceditur. Videtur quod iustificatio impii sit opus miraculosum.

1. Opera enim miraculosa sunt maiora non miraculosis. Sed iustificatio impii est maius opus quam alia opera miraculosa; ut patet per Augustinum in auctoritate inducta.[1] Ergo iustificatio impii est opus miraculosum.

2. Praeterea, motus voluntatis ita est in anima, sicut inclinatio naturalis in rebus naturalibus. Sed quando Deus aliquid operatur in rebus naturalibus contra inclinationem naturae, est opus miraculosum, sicut cum illuminat caecum, vel suscitat mortuum. Voluntas autem impii tendit in malum. Cum igitur Deus, iustificando hominem, moveat eum in bonum, videtur quod iustificatio impii sit miraculosa.

3. Praeterea, sicut sapientia est donum Dei, ita et iustitia. Sed miraculosum est quod aliquis subito sine studio sapientiam assequatur a Deo. Ergo miraculosum est quod aliquis impius iustificetur a Deo.

SED CONTRA, opera miraculosa sunt supra potentiam naturalem. Sed iustificatio impii non est supra potentiam naturalem, dicit enim Augustinus, in libro *de Praedest. Sanct.*,[2] quod *posse habere fidem, sicut posse habere caritatem, naturae est hominum, habere autem gratiae est fidelium*. Ergo iustificatio

---

1. a.9, sc.

[반론] 열째에 대해서는 다음과 같이 진행된다. 불경한 자의 의화는 기적적인 위업인 것으로 보인다.

1. 실상 기적은 기적이 아닌 업적들보다 더 위대하다. 그런데 아우구스티누스의 권위[1]로부터 분명하듯이, 불경한 자의 의화는 다른 기적들보다 더 위대한 업적이다. 그러므로 불경한 자의 의화는 하나의 기적이다.

2. 영혼 안에서의 의지의 움직임은 자연적 사물들 안에 있는 자연적 경향과 같다. 그런데 하느님이 자연적 사물들 안에서 자연의 경향과 반대되는 어떤 일을 행할 때, 우리가 만나게 되는 것은, 그분이 눈먼 이에게 시력을 주고, 죽은 이를 일으키는 것과 같이 기적적인 업적이다. 그런데 불경한 자의 의지는 악으로 기울고 있다. 그러므로 하느님이 어떤 사람을 의화시킬 때, 그를 선을 향해 움직이시기 때문에, 불경한 자의 의화는 기적적인 위업(偉業)이다.

3. 지혜가 하느님의 선물이듯이, 정의 역시 그러하다. 그런데 어떤 사람이 연구를 하지 않고도 어느 한순간에 하느님으로부터 지혜를 얻는 것은 기적이다. 그러므로 불경한 자가 하느님에 의해서 의화되는 것은 하나의 기적적인 일이다.

[재반론] 기적적 업적들은 자연의 능력을 능가한다. 그런데 불경한 자의 의화는 자연적 능력을 능가하지 않는다. 왜냐하면 아우구스티누스는 『성도들의 예정』[2]에서 이렇게 말하기 때문이다. "신앙을 가질 수 있다는 것은, 참사랑을 가질 수 있는 것과 마찬가지로, 인간 본성에 속한다. 하지만 그것들을 실제로 가지는 것은 신앙인들에게만 주

---

2. c.5: PL 44, 968.

impii non est miraculosa.

RESPONDEO dicendum quod in operibus miraculosis tria consueverunt inveniri. Quorum unum est ex parte potentiae agentis, quia sola divina virtute fieri possunt. Et ideo sunt simpliciter mira, quasi habentia causam occultam, ut in Primo[3] dictum est. Et secundum hoc, tam iustificatio impii quam creatio mundi, et universaliter omne opus quod a solo Deo fieri potest, miraculosum dici potest.

Secundo, in quibusdam miraculosis operibus invenitur quod forma inducta est supra naturalem potentiam talis materiae, sicut in suscitatione mortui vita est supra naturalem potentiam talis corporis. Et quantum ad hoc, iustificatio impii non est miraculosa, quia naturaliter anima est gratiae capax; *eo enim ipso quod facta est ad imaginem Dei, capax est Dei per gratiam,*[5] ut Augustinus dicit.[4]

---

3. q.105, a.7.
4. *De Trin.*, XIV, c.8: PL 42, 1044. Cf. III, q.9, a.2: "[인간은] 하느님의 모상인 한에서, 저 복된 인식을 할 수 있는 이성적 피조물이기 때문이다." Ibid., ad3: "[지복직관은, 영혼이] 하느님의 모상으로 만들어졌기 때문에 그 바로 본성상 그것[지복직관]을 감당할 수 있는 한에서, 그의 본성에 부합된다." Cf. I, q.12, a.4, ad3; q.93, a.4.
5. 수많은 병행구가 있는 성 토마스의 4부 도식 진술은 그것이 자연(본성)과 은총에 관한 후대의 논쟁들을 염려하는 신학자들에게 아무리 당혹스럽다고 하더라도, 희석되거나 회피되어서는 안 된다. 여기서 성 토마스가 말하고 있는 인간

제113문 제10절

어지는 은총이다."그러므로 불경한 자의 의화는 기적적인 일이 아니다.

[답변] 기적적인 업적들 안에서는 흔히 세 가지 요소가 발견된다. 그 가운데 첫째는 그것들이 오로지 하느님의 능력에 의해서만 이루어질 수 있다는 점에서, 행위자의 능력에 속한다. 그래서 그것들은 이미 제1부[3]에서 말한 것처럼, 어떤 숨겨진 원인을 가지고 있기라도 하듯이 단적으로 놀랍다. 그리고 이런 의미에서 불경한 자의 의화와 세계 창조, 그리고 일반적으로 하느님만이 행할 수 있는 모든 업적은 '기적적'(miraculosum)이라고 불릴 수 있다.

둘째, 우리는 어떤 기적적인 업적들 안에 도입된 어떤 형상이 특정 질료의 자연적 능력을 넘어선다는 것을 발견한다. 예컨대, 죽은 자를 일으켜 세울 때에 생명은 육체의 자연적 능력을 능가한다. 그리고 이런 의미에서 불경한 자의 의화는 기적적인 것이 아니다. 왜냐하면 영혼은 본성상 은총을 받을 수 있고 은총에 개방되어 있기 때문이다. 그래서 아우구스티누스가[4] 말하는 것처럼, "그것[영혼]은 하느님의 모상으로 만들어졌다는 바로 그 사실 덕분에 은총에 의해서 하느님을 수용할 수 있고(capax Dei) 또 하느님께 개방되어 있다."[5]

'본성'은 순수한 아리스토텔레스적 본성이 아니라, 영광으로의 그 궁극적 변모를 위한 하느님의 총체적 계획의 일부로서 하느님에 의해서 창조된 본성이다. 드 뤼박의 『초자연의 신비』(H. de Lubac, *The Mystery of the Supernatural*)에 대한 에른스트(Cornelius Ernst, OP)의 서평을 참조하라: in *Journal of Theological Studies* 20(1969), pp.365-367. 좀 더 최근의 논쟁을 다각적으로 보기 위해서는: Cf. Serge-Thomas Bonino, OP(ed.), *Surnaturel: A Controversy at the Heart of Twentieth-Century Thomistic Thought*, tr. Robert Williams, Ave Maria(FL), Sapientia, 2009; Andrew D. Swafford, *Nature and Grace: A New Approach to Thomistic Ressourcement*, Eugene(OR), Pickwick, 2014.

Tertio modo, in operibus miraculosis invenitur aliquid praeter solitum et consuetum ordinem causandi effectum, sicut cum aliquis infirmus sanitatem perfectam assequitur subito, praeter solitum cursum sanationis quae fit a natura vel arte. Et quantum ad hoc, iustificatio impii quandoque est miraculosa, et quandoque non. Est enim iste consuetus et communis cursus iustificationis, ut, Deo movente interius animam, homo convertatur ad Deum, primo quidem conversione imperfecta, et postmodum ad perfectam deveniat, quia *caritas inchoata meretur augeri, ut aucta mereatur perfici*, sicut Augustinus dicit.[6] Quandoque vero tam vehementer Deus animam movet ut statim quandam perfectionem iustitiae assequatur, sicut fuit in conversione Pauli, adhibita etiam exterius miraculosa prostratione. Et ideo conversio Pauli, tanquam miraculosa, in Ecclesia commemoratur celebriter.

AD PRIMUM ergo dicendum quod quaedam miraculosa opera, etsi sint minora quam iustificatio impii quantum ad bonum quod fit, sunt tamen praeter consuetum ordinem talium effectuum. Et ideo plus habent de ratione miraculi.

AD SECUNDUM dicendum quod non quandocumque res naturalis movetur contra suam inclinationem, est opus miraculosum, alioquin miraculosum esset quod aqua calefieret,

---

6. Epist.186, al. 106, c.3, n.10: PL 33, 819.

셋째, 기적적인 업적들에서는 원인과 결과라는 통상적이고 습관적인 질서 바깥에 있는 어떤 것이 발견된다. 어떤 환자가 자연이나 기술에 의한 통상적인 치유 과정 바깥에서 한 달 안에 완전한 건강을 되찾은 경우를 예로 들 수 있을 것이다. 이런 의미에서 불경한 자의 의화는 때로는 기적적이고 또 때로는 그렇지 않다. 왜냐하면 통상적이고 일반적인 의화 과정은 하느님이 영혼을 안에서부터 움직일 때 인간이 처음에는 불완전한 회개를 통해서, 그리고 나중에는 완전한 회개에 의해서 하느님께로 돌아서는 것이기 때문이다. 그래서 아우구스티누스가[6] 말하는 것처럼, "착수적 참사랑은 성장할 만한 공로가 있고, 그렇게 성장된 것은 완성될 만한 공로가 있다." 그러나 때때로 하느님은 영혼을 그토록 격렬하게 움직임으로써, 기적적인 엎어짐의 외적인 표시를 포함하고 있는 사도의 경우에 그러하듯이, 그 영혼이 즉각적으로 의로움이라는 완전성을 획득하게 한다. 그래서 사도의 회심은 교회 안에서 기적적인 어떤 것으로서 장엄하게 기념된다.

[해답] 1. 어떤 기적적인 업적들은, 비록 그것들이 그것들 안에 실현된 선의 관점에서는 불경한 자의 의화보다 덜하기는 하지만, 통상적인 인과적 연쇄 바깥에 놓여 있고 그래서 기적적인 성격은 좀 더 많이 가지고 있다.

2. 어떤 자연적인 사물이 그 고유의 경향과는 반대로 움직여질 적마다 기적적인 업적이 되는 것은 아니다. 만일 그랬더라면, 물이 더워지거나 돌이 위로 던져지는 것이 기적이었을 것이다. 오직 그런 종류의 일이 그 본성상 이것을 이루도록 되어 있는 원인 질서 바깥에

vel quod lapis sursum proiiceretur, sed quando hoc fit praeter ordinem propriae causae, quae nata est hoc facere. Iustificare autem impium nulla alia causa potest nisi Deus, sicut nec aquam calefacere nisi ignis.[7] Et ideo iustificatio impii a Deo, quantum ad hoc, non est miraculosa.

AD TERTIUM dicendum quod sapientiam et scientiam homo natus est acquirere a Deo per proprium ingenium et studium, et ideo quando praeter hunc modum homo sapiens vel sciens efficitur, est miraculosum. Sed gratiam iustificantem non est homo natus acquirere per suam operationem, sed Deo operante. Unde non est simile.

---

7. Cf. q.112, a.1.

서 발생할 때에만 그러하다. 그런데 불경한 자의 의화에는 하느님 이외에 다른 원인이 있을 수 없다. 이것은 마치 오직 불만이 물을 덥힐 수 있는 것과 같다.[7] 따라서 하느님에 의한 불경한 자의 의화는 기적적인 일이 아니다.

3. 자기 자신의 천품과 연구를 통해 하느님으로부터 지혜와 지식을 얻는 것은 인간의 본성의 일이고, 그래서 인간이 이와는 다른 방식으로 지혜로워지거나 이해하게 될 때, 그것은 기적적인 일이다. 그런데 자기 자신의 업적으로 의화 은총을 얻는 것은 인간 본성에 속하는 일이 아니다. 인간은 그 안에서 작용하시는 하느님에 의해서 의화 은총을 얻는다. 그래서 두 경우는 비슷한 것이 아니다.

QUAESTIO CXIV
DE MERITO
in decem articulos divisa

Deinde considerandum est de merito, quod est effectus gratiae cooperantis.[1]

Et circa hoc quaeruntur decem.

PRIMO: utrum homo possit aliquid mereri a Deo.

SECUNDO: utrum aliquis sine gratia possit mereri vitam aeternam.

TERTIO: utrum aliquis per gratiam possit mereri vitam aeternam ex condigno.

QUARTO: utrum gratia sit principium merendi mediante caritate principaliter.

QUINTO: utrum homo possit sibi mereri primam gratiam.

SEXTO: utrum homo possit eam mereri alii.

SEPTIMO: utrum possit sibi aliquis mereri reparationem post lapsum.

OCTAVO: utrum possit sibi mereri augmentum gratiae vel caritatis.

NONO: utrum possit sibi mereri finalem perseverantiam.

114문
공로에 대하여
(전10절)

이제는 협력 은총의 결과인 공로에 대하여 고찰해야 한다.[1] 이 주제에 대해서는 열 가지 질문이 제기된다.

1. 인간은 하느님으로부터 무언가를 받을 공로가 있는가?
2. 누군가가 은총이 없이도 영원한 생명을 누릴 공로가 있는가?
3. 누군가가 은총을 통해서 당당히 영원한 생명을 누릴 공로를 가질 수 있는가?
4. 은총은 다른 덕들보다는 1차적으로 참사랑을 통해서 공로의 원리가 되는가?
5. 인간은 스스로 최초의 은총을 얻을 공로를 지니고 있는가?
6. 인간은 타인에게 최초의 은총을 전해 줄 공로를 가질 수 있는가?
7. 인간은 누군가를 위해 타락 이후의 복원될 공로를 얻을 수 있는가?
8. 인간은 은총이나 참사랑에서 성장할 공로를 얻을 수 있는가?
9. 인간은 궁극적 항구함의 공로를 얻을 수 있는가?

---

1. Cf. q.113, Introd. 여기서 말하는 협력 은총은 공로적 행위의 효과적 실행에서 성립되는 현실적 은총이 아니라, 습성적 은총, 다시 말해 인간의 자유재량과 결합하여 공로의 근본 원리가 되는 은총이다.

q.114, a.1

DECIMO: utrum bona temporalia cadant sub merito.[2]

Articulus 1
Utrum homo possit aliquid mereri a Deo[1]

2. 문제의 순서를 다음과 같이 정리해 볼 수 있을 것이다. 제1절은 공로의 실존 문제를 다루고, 나머지 절들은 대상에 의해서 종별화되는 그 본질을 다룬다. 그런데 은총에 돌릴 수 있는 공로의 대상에는 두 종류, 곧 신적인 질서(제2-9절)와 현세적인 질서(제10절)가 있을 수 있다. 신적인 질서의 대상은 혹은 은총으로 그 공로를 지니게 되는 영원한 생명(제2-3절)과 참사랑이라는 수단(제4절)과 같은 목적인이거나, 혹은 의화(제5-6절), 두 번째 회심(제7절), 은총의 성장(제8절), 궁극적 항구함(제9절)과 같은 중간 대상이다.

1. 저자는 이미 공로라는 논거를 인간적 행위의 한 근본적 측면으로 다룬 바 있다.(I-II, q.21, aa.3-4) 비록 여기서는 초자연적인 것과 연관지어 말하고 있기는 하지만, 신학자는 다른 전망을 잊어서는 안 된다. 다시 말해, 그 문제가 자연의 질서 속에서 이미 살아 있다는 사실을 무시해서는 안 된다. 그리고 제21문에서는 공로가 보상 및 처벌과 연결된 그 보편적인 의미로 이해되었다면, 여기서는 배타적으로 보상과 연결된 긍정적인 의미만 배타적으로 다루고 있다는 점도 놓쳐서는 안 된다. '공로'에 관한 성 토마스의 가르침과 그 쟁점들에 관한 연구 문헌들을 보기 위해서는: 앨리스터 맥그래스, 『하나님의 칭의론』, 194-209쪽; 최현순, 『은총』, 187-197쪽; 테오 코부쉬, 「은총(I-II, qq.109-114)」, 스테픈 포프(편), 『아

10. 현세적 선은 공로의 범위에 드는 것인가?²

제1절 인간은 하느님으로부터 어떤 것을 받을 공로가 있는가?¹

Parall.: Supra, q.21, a.4; *In Sent.*, III, d.18, q.1, a.2.
Doctr. Eccl.: "의화된 이의 선행들은 하느님의 선물이므로 의화된 이 자신의 선한 공로가 아니라고 하거나, 의화된 이가 하느님의 은총과 예수 그리스도(의화된 이는 그분의 살아 있는 지체이다.)의 공로를 통해서 행한 선행들로써 은총의 성장과 영원한 생명, 그리고 (그가 은총 지위의 상태에서 죽는다면) 이 영원한 생명의 획득도 영광의 성장도 실제로는 얻지 못한다고 말하는 자는 파문될 것이다."(트리엔트공의회, 제6회기, 제32조) DS 842[=DH 1582]. Cf. DS 803[=DH 1535], DS 809sq.[=DH 1545sq.], DS 191[=DH 388], DS 714[=DH 1351], DS 904[=DH 1689-1691], DS 1008[=DH 1908], DS 1010[=DH 1910], DS 1419[=DH 2469].

『퀴나스의 윤리학』, 이재룡-김도형-안소근-윤주현 옮김, 한국성토마스연구소, 2021, 291*-294*쪽; E. Neuvet, "Du Merite de convenance", *Divus Thomas* 35(1932), 3-29; ID., "Du Merite de convenance chez le juste", *Divus Thomas* 36(1933), 337-359; P. De Letter, "Merit and Prayer in the Life of Grace", *The Thomist* 19(1956), 446-480; William Lynn, *Christ's Redemptive Merit: The Nature of its Causality according to Thomas Aquinas*, Roma, 1962; M. Flick, "Dialogo sul merito", *Gregorianum* 45(1964), 339-348; Joseph Wawrykow, "On the Purpose of 'Merit' in the Theology of Thomas Aquinas", *Medieval Philosophy and Theology* 2(1992), 97-116; ID., *God's Grace & Human Action. 'Merit' in the Theology of Thomas Aquinas*, Notre Dame, University of Notre Dame Press, 1995; Michael Root, "Aquinas, Merit, and Reformation Theology after 'Joint Declaration on the Doctrine of Justification'", *Modern Theology* 20(2004), 5-22.

Ad primum sic proceditur. Videtur quod homo non possit aliquid mereri a Deo.

1. Nullus enim videtur mercedem mereri ex hoc quod reddit alteri quod debet. Sed *per omnia bona quae facimus, non possumus sufficienter recompensare Deo quod debemus, quin semper amplius debeamus*; ut etiam Philosophus dicit, in VIII *Ethic.*[2] Unde et Luc. 17, [10] dicitur: *Cum omnia quae praecepta sunt, feceritis,*[3] *dicite: Servi inutiles sumus, quod debuimus facere, fecimus.* Ergo homo non potest aliquid mereri a Deo.

2. Praeterea, ex eo quod aliquis sibi proficit, nihil videtur mereri apud eum cui nihil proficit. Sed homo bene operando sibi proficit, vel alteri homini, non autem Deo, dicitur enim *Iob* 35, [7]: *Si iuste egeris, quid donabis ei, aut quid de manu tua accipiet?* Ergo homo non potest aliquid a Deo mereri.

3. Praeterea, quicumque apud aliquem aliquid meretur, constituit eum sibi debitorem, debitum enim est ut aliquis merendi mercedem rependat. Sed Deus nulli est debitor, unde dicitur *Rom.* 11, [35]: *Quis prior dedit ei, et retribuetur ei?* Ergo nullus a Deo potest aliquid mereri.

---

2. c.16, 1163b15-18; S. Thomas, lect.14, n.1752.

3. Vulgata: "cum feceritis omnia que praecepta sunt vobis, dicite…"

[반론] 첫째에 대해서는 다음과 같이 진행된다. 인간은 하느님으로부터 아무것도 받을 공로가 없는 것으로 보인다.

1. 실상 아무도 자신이 남에게 빚지고 있는 것을 돌려준다고 해서 상급을 받을 수 있는 공로가 있는 것으로 보이지 않는다. 그러나 심지어 철학자도 『니코마코스 윤리학』 제8권[2]에서 말하는 것처럼, "우리가 행하는 그 어떤 선으로도, 더 이상 빚지지 않고 우리가 하느님께 빚지고 있는 것을 충분히 보답할 수 없다." 루카복음서 17장 [10절]에서는 이렇게 말하고 있다. "너희도 분부 받은 대로 다하고 나서,[3] '저희는 쓸모없는 종입니다. 그저 해야 할 일을 하였을 뿐입니다.' 하고 말하여라." 그러므로 인간은 하느님으로부터 그 어떤 것에 대해서도 공로를 가질 수 없다.

2. 사람은 자기 자신을 이롭게 한 사실로부터 결코 자신이 이롭게 한 적이 없는 누군가에 대해 어떤 공로를 가질 수 없는 것으로 보인다. 그런데 사람은 잘 작용함으로써[선행을 실천함으로써] 자기 자신이나 다른 사람을 이롭게 할 수 있지만, 하느님께 유익을 드릴 수는 없다. 그래서 욥기 35장 [7절]에서는 이렇게 말한다. "만일 네가 의롭게 행했다면, 너는 그에게 무엇을 주었느냐? 다시 말해, 그는 너의 손으로부터 무엇을 받았느냐?" 그러므로 아무도 하느님으로부터 무언가를 받을 공로를 지닐 수 없다.

3. 누군가에게 어떤 공로를 가지고 있는 사람은 그를 자기 자신의 채무자로 만든다. 왜냐하면 빚이란 [그것을 받을] 공로가 있는 채권자에게 그만큼 되돌려 주어야 하는 값(채무)이기 때문이다. 그런데 하느님은 누군가의 채무자가 아니다. 이리하여 로마서 11장 [35절]에서는 이렇게 말한다. "누가 그분께 무엇을 드린 적이 있어 그분의 보

q.114, a.1

SED CONTRA est quod dicitur Ierem. 31, [16]: *Est merces operi tuo.* Sed merces dicitur quod pro merito redditur. Ergo videtur quod homo possit a Deo mereri.[4]

RESPONDEO dicendum quod meritum et merces ad idem referuntur, id enim merces dicitur quod alicui recompensatur pro retributione operis vel laboris, quasi quoddam pretium ipsius. Unde sicut reddere iustum pretium pro re accepta ab aliquo, est actus iustitiae; ita etiam recompensare mercedem operis vel laboris, est actus iustitiae.[5] Iustitia autem aequalitas quaedam est; ut patet per Philosophum, in V *Ethic.*[6] Et ideo simpliciter est iustitia inter eos quorum est simpliciter aequalitas, eorum vero quorum non est simpliciter aequalitas, non est simpliciter iustitia, sed quidam iustitiae modus potest esse, sicut dicitur quoddam ius paternum vel dominativum, ut in eodem libro[7] Philosophus dicit. Et propter hoc, in his in quibus est

---

4. 지목된 성경 구절은, 하느님이 의인의 선행과 접목시키시는 공로에 우호적인, 유일한 구절도 아니고 또 가장 중요한 구절도 아니다. 신약에서도 그렇지만 구약에서도 신적 보상 관념은 계속해서 피어난다. 하지만 영감 받은 일련의 성경 가운데 첫째 계열에서는 그 관념이 지상적 선의 소유와 연결되는 데 비해, 둘째 계열에서는 형상적으로는 천상 선익의 획득 이외의 다른 전망은 없다. 반면에 루터교파와 칼뱅교파의 개신교도들은 인간이 하느님 앞에서 어떤 공로를 가질 수 있다거나, 특히 영원한 생명의 공로를 가질 수 있다는 것을 부정한다. 이런 가르침은 논리적으로 그리고 직접적으로 성경 텍스트로부터 도출되는 것이 아니라, 은총과 의화를 이해하는 그들의 방식에서 도출되는 것이다. 그들에 따르면, 은총은 인간과 그의 활동들을 내밀하게 변형시키는 것이 아니다. 왜냐하면 신앙 덕분에 그리스도의 공로를 외부적으로 부과하는 것에 지나지 않기 때문이다.

답을 받을 일이 있겠습니까?" 그러므로 아무도 하느님으로부터 무언가를 받을 공로를 가지고 있지 않다.

[재반론] 그러나 반대로, 예레미야서 31장 [16절]에서는 "너의 일에 대한 보답이 있다."고 말한다. 그런데 보답(포상)은 공로 때문에 돌려주는 것이다. 그러므로 인간은 하느님으로부터 어떤 것을 얻을 공로를 가질 수 있는 것으로 보인다.[4]

[답변] 공로(meritum)와 보상(merces)은 동일한 대상을 지칭한다. 왜냐하면 보상은 업적이나 노동에 대하여 (그것에 대하여 지불되는 일종의 상금처럼) (감사의 표시로) 누군가에게 되돌려 주는 어떤 것이기 때문이다. 이리하여 누군가로부터 받은 선익에 대한 정당한 가격의 지불이 정의의 행위인 것과 마찬가지로, 업적이나 노동에 대한 보상의 지불도 정의의 행위이다.[5] 그런데 철학자의 『니코마코스 윤리학』 제5권[6]으로부터 분명하듯이, 정의(justitia)는 일종의 평등이다. 그래서 정의는 이미 단순한 평등 관계에 있는 자들 사이에 단순하게 유지된다. 그러나 단순한 평등 관계에 있지 않은 사람들의 경우에는 정의는 단순하게 유지되지 않는다. 철학자가 같은 책[7]에서 말하는 것

교회는 이와 유사한 가르침들에 맞서 여러 차례 입장을 표명하였다. 트리엔트공의회의 다음과 같은 선언을 확인하는 것으로 충분할 것이다. "의로운 이의 선행(bona opera)은 참되고 고유한 의미에서 은총과 영광의 성장은 물론 영원한 생명을 얻을 공로를 가지고 있다."(DS 842[=DH 1582])

5. Cf. III, q.49, a.6.
6. c.6, 1131a1214; S. Thomas, lect.4, n.933. Cf. II-II, q.57, a.1.
7. c.10, 1134a25-28; b8-9; S. Thomas, lect.11, nn.1003-1005, 1012. Cf. II-II, q.57, a.4.

simpliciter iustum, est etiam simpliciter ratio meriti et mercedis. In quibus autem est secundum quid iustum, et non simpliciter, in his etiam non simpliciter est ratio meriti, sed secundum quid, inquantum salvatur ibi iustitiae ratio, sic enim et filius meretur aliquid a patre, et servus a Domino.

Manifestum est autem quod inter Deum et hominem est maxima inaequalitas, in infinitum enim distant,[8] et totum quod est hominis bonum, est a Deo.[9] Unde non potest hominis ad Deum esse iustitia secundum absolutam aequalitatem, sed secundum proportionem quandam, inquantum scilicet uterque operatur secundum modum suum.[10] Modus autem et mensura humanae virtutis homini est a Deo.[11] Et ideo meritum hominis apud Deum esse non potest nisi secundum praesuppositionem divinae ordinationis, ita scilicet ut id homo consequatur a Deo per suam operationem quasi mercedem, ad quod Deus ei virtutem operandi deputavit. Sicut etiam res naturales hoc consequuntur per proprios motus et operationes, ad quod a Deo sunt ordinatae.[12] Differenter tamen, quia creatura rationalis

---

8. Cf. I, q.12, a.1, ad4.
9. Cf. I, q.60, a.5: "그러므로 보편선은 하느님 자신이기 때문에…."
10. Cf. II-II, q.80, a.1.
11. 인간적 덕의 양태는 하느님에 의해서 하느님이 그에게 지정해 주신 기준에 따라 인간에게 있다. Cf. S. Capponi a Porrecta, OP, in h. a.
12. "하느님이 자연적 원인들에 의해 다양한 능력들을 이 또는 저 작용인들에 적용하는 것과 비슷한 방식으로, 인간의 활동을 이 또는 저 상급에 비례화되도록, 그리고 그렇게 해서 결과가 본성부합적으로 설정된 활동을 따르도록 만드는, 하

처럼, 우리가 어떤 아버지나 스승에게 마땅한 권리에 대해서 말할 때처럼, 비록 그런 경우에 어떤 정의의 양식이 있을 수는 있지만 말이다. 그렇기 때문에, 단순한 정의가 사람들 사이에 유지될 때, 우리는 또한 공로와 보상의 단순한 관계를 발견한다. 그러나 정의가 오로지 제한된 의미에서만, 그리고 단순하지 않게 유지되는 곳에서는 단순한 공로 관계가 없고, 다만 정의를 위한 조건들이 아직도 거기에 채워지는 한에서 제한된 의미에서만 있다. 이리하여 아들은 아직도 아버지로부터, 그리고 종은 그의 주인으로부터 어떤 것을 받을 만하다.

그런데 하느님과 인간 사이에 커다란 불평등이 있다는 것은 분명하다. 왜냐하면 그들은 서로서로 무한히 멀리 떨어져 있고,[8] 인간의 선익 전체가 하느님으로부터 오기 때문에,[9] 인간과 하느님 사이에는 절대적 평등의 의미에서는 정의가 있을 수 없고, 오로지 일정한 비례에 따라서만, 즉 양측이 고유의 방식으로 작업하는 한에 있어서,[10] 정의가 있을 수 있다. 그런데 인간 능력의 양식과 척도는 하느님에 의해서 설정된다.[11] 그래서 인간은 오로지 하느님의 규정을 전제할 때에만, 다시 말하면 하느님이 그에게 그것을 위해 필요한 능력을 주신 그 활동에 대하여 보상을 받도록 되어 있을 때에야 하느님 앞에서 공로를 가질 수 있다. 자연적 사물들도 그들의 운동들과 작용들에 의해서 하느님에 의해서 정해진 것을 얻는다.[12] 그렇지만 차이가 있다. 왜냐하면 이성적 피조물들은 자유재량에 의해서 스스로를 활

느님 측으로부터의 어떤 질서화(ordinatio)가 전제된다. 이로부터, 공로가, 하느님에 의해서 주체가 그리로 질서 지어진 상급을 수용하기 위한 어떤 준비된 인과성(causalitas dispositiva)['질료의 태세로 환원되는' 공로적 원인: I, q23, a.5]을 가리킨다는 것이 명백하다. 그러므로 방금 설명한 것과 같은 의미를 지닌 하느님의 질서화를 전제할 때, 인간은 참으로 하느님으로부터 공로를 가질 수 있다."(A. Stoltz, OSB, *Anthropologia theologica*, 1940, pp.183-184) seipsam movet ad agendum per liberum arbitrium,[13] unde sua actio habet rationem meriti; quod non est in aliis creaturis.[14]

AD PRIMUM ergo dicendum quod homo inquantum propria voluntate facit illud quod debet, meretur. Alioquin actus iustitiae quo quis reddit debitum, non esset meritorius.[15]

AD SECUNDUM dicendum quod Deus ex bonis nostris non quaerit utilitatem, sed gloriam, idest manifestationem suae bonitatis,[16] quod etiam ex suis operibus quaerit. Ex hoc autem quod eum colimus, nihil ei accrescit, sed nobis.[17] Et ideo meremur aliquid a Deo, non quasi ex nostris operibus aliquid ei accrescat, sed inquantum propter eius gloriam operamur.

AD TERTIUM dicendum quod, quia actio nostra non habet rationem meriti nisi ex praesuppositione divinae ordinationis, non sequitur quod Deus efficiatur simpliciter debitor nobis, sed

---

13. Cf. q.1, a.2.
14. 권위 있는 답변은 문제의 모든 복잡함을 두루 염두에 두고 있다. 마지막 구절들을 잘 이해하기 위해서는 저자가 비밀리에 "인간의 선은 모두 하느님으로부터 온다."는 저 주장에 의해서 즉각적으로 나올 수 있는 다음과 같은 난점에 응답하고 있다는 점에 주목해야 한다: 오로지 (자비롭게 그리고 틀림없이 신적인 움직임 아래에서 실현되는) 미리 예정된 차원을 수행하도록 불린 자가 어떻게 공로를 가질 수 있는가? 그렇다면 답변은 명백하다. 인간에게 은총을 통해 선한 업적들을 선사하시는 하느님의 초월적이고 유비적인 인과성이 행동으로 옮기는 인간의 책임뿐만 아니라 그런 업적의 공로적 측면까지도 배제하지 않고 오히려 함축하고 있다. 그러므로 아우구스티누스가 인상적인 표현으로 말한 내용들은 참되다: "하느님은 우리의 공로들에 대해 보상하시는 데 있어서 당신의 선물들을 영예롭게 하시는 것뿐이다."(Epist. 194, n.19) 하지만 여기서 언급된 공로들이

동으로 움직이고,¹³ 그래서 그들의 활동은 공로의 이유를 가지는 데 반해, 다른 피조물들은 그렇지 못하기 때문이다.¹⁴

[해답] 1. 인간은 자신이 해야 할 일을 자기 자신의 의지로 행할 때 공로가 있다고 말한다. 그렇지 않다면, 사람이 빚을 갚는 정의의 행위는 공로가 아닐 것이다.¹⁵

2. 하느님이 우리의 선한 업적으로부터 추구하는 것은 이익이 아니라 영광, 즉 당신 자신의 선성의 현현이다.¹⁶ 이것이 당신 자신의 업적으로부터도 추구하는 그것이다. 우리가 그분께 드리는 경배는 그분에게 무언가를 더하는 것이 아니라, 우리에게 유익하다.¹⁷ 그래서 우리는 하느님으로부터 어떤 것을 얻을 수 있는 공로가 있다. 그러나 우리의 업적으로부터 그분에게 무엇인가가 더해지기 때문이 아니라, 우리가 그분의 영광을 목적으로 일하는 한에서 그러하다.

3. 우리의 활동들은 하느님의 질서화(ordinatio)를 전제할 때에만 공로적 성격을 지니기 때문에, 하느님이 단순하게 우리에게 채무가 있

하느님의 선물임에도 불구하고 실제로 그리고 형상적으로 '우리의 것'임을 기억할 필요가 있다.
15. 그러므로 아무도 남에게 마땅한 것을 돌려주었다고 해서 어떤 상급의 공로를 가지게 되는 것으로 보이지 않는다. 하지만 이것으로부터 마땅한 것을 '자신의 의지로 돌려주는' 것은 공로가 있다는 것을 알 수 있다. 우리와 우리 자신의 의지와 그의 헌신적인 순종이 하느님께 마땅하다는 것은 사실이다. 그렇지만 이것과 저것을 그분께 돌려드림으로써 우리에게는 공로가 생겨난다. 왜냐하면 하느님은 당신의 선의로, 그분의 선물인 우리의 마땅한 것도 (모든 거룩한 숙고와 모든 경건한 의지의 움직임은 모두 그분으로부터 온 것이다.) 본론에서 말한 것처럼, 우리의 공로가 되게 하셨기 때문이다.(S. Capponi a Porrecta, OP, in h. a.)
16. Cf. I, q.65, a.2.
17. Cf. II-II, q.81, a.6, ad2.

sibi ipsi,[18] inquantum debitum est ut sua ordinatio impleatur.

Articulus 2
Utrum aliquis sine gratia possit mereri vitam aeternam[1]

Ad secundum sic proceditur. Videtur quod aliquis sine gratia possit mereri vitam aeternam.

1. Illud enim homo a Deo meretur ad quod divinitus ordinatur, sicut dictum est.[2] Sed homo secundum suam naturam ordinatur ad beatitudinem sicut ad finem, unde etiam naturaliter appetit esse beatus.[3] Ergo homo per sua naturalia, absque gratia, mereri potest beatitudinem, quae est vita aeterna.

2. Praeterea, idem opus quanto est minus debitum, tanto est magis meritorium. Sed minus debitum est bonum quod fit ab eo qui minoribus beneficiis est praeventus. Cum igitur ille qui habet solum bona naturalia, minora beneficia sit consecutus

---

18. Cf. q.111, a.1, ad2; I, q.21, a.1, ad3; a.4.

1. 이 문제는 이미 위의 제109문 제5절에서 논의되었다. 하지만 은총의 필요성에 대해 논하는, 논고의 첫 번째 문(問)에서는 영원한 생명이라는 상급이 우리 실존과 우리 활동의 결론적 종점으로 간주되었지만, 여기서는 오히려 그것을 허용하시

는 것이 아니라, 당신 자신에게 채무가 있다.[18] 이것은 그의 명령이 채워져야 한다는 의미이다.

제2절 사람은 은총 없이도 영원한 생명의 공로를 가질 수 있는가?[1]

Parall.: Supra q.109, a.5.
Doctr. Eccl.: Cf. textus cit. a. praec. et q.109, a.5.

[반론] 둘째에 대해서는 다음과 같이 진행된다. 인간은 은총 없이도 영원한 생명을 얻을 공로를 가질 수 있는 것으로 보인다.

1. 실상 이미[2] 말한 것처럼, 인간은 하느님에 의해 제정된 것을 하느님으로부터 받을 공로가 있기 때문이다. 그런데 참행복을 인간의 목적으로 규정하는 것은 인간의 본성과 합치된다. 그래서 그는 본성적으로도 참행복을 갈망한다.[3] 그러므로 인간은 은총 없이도 그의 자연적 천품만으로 참행복 또는 영원한 생명을 얻을 공로를 가질 수 있다.

2. 어떤 업적이 마땅히 해야 할 것이 아닐수록 그것은 그만큼 더 공로가 있다. 그런데 혜택을 덜 받은 사람에 의해서 이루어진 선은 의무에 덜 매여 있다. 그러므로 다만 그의 자연적 천품만을 가지고 있는 사람은 은혜로운 천품들도 갖추고 있는 사람보다 혜택을 덜 받

  는 하느님과 연결지어 고찰되고 있다. 주제의 전개는, 저 착수적 절에서는 요약적이고 불완전했지만, 여기서는 본질적으로 그 모든 요소들에 있어서 완전하다.
2. a.1.
3. Cf. q.5, a.8.

a Deo quam ille qui cum naturalibus habet gratuita; videtur quod eius opera sint apud Deum magis meritoria. Et ita, si ille qui habet gratiam, potest mereri aliquo modo vitam aeternam, multo magis ille qui non habet.

3. Praeterea, misericordia et liberalitas Dei in infinitum excedit misericordiam et liberalitatem humanam. Sed unus homo potest apud alium mereri, etiam si nunquam suam gratiam ante habuerit. Ergo videtur quod multo magis homo absque gratia vitam aeternam possit a Deo mereri.

Sed contra est quod Apostolus dicit, *Rom.* 6, [23]: *Gratia Dei vita aeterna.*

Respondeo dicendum quod hominis sine gratia duplex status considerari potest sicut supra[4] dictum est, unus quidem naturae integrae, qualis fuit in Adam ante peccatum; alius autem naturae corruptae, sicut est in nobis ante reparationem gratiae. Si ergo loquamur de homine quantum ad primum statum, sic una ratione non potest mereri absque gratia vitam aeternam per pura naturalia.[5] Quia scilicet meritum hominis dependet ex praeordinatione divina.[6] Actus autem cuiuscumque rei non ordinatur divinitus ad aliquid excedens proportionem

---

4. Cf. q.109, a.2.

은 것이기 때문에, 그의 업적들은 하느님 앞에서 더 공로가 있는 것으로 보인다. 그래서 만일 은총을 지니고 있는 사람이 어떤 식으로든 영생을 얻을 공로를 가질 수 있다면, 이것은 그것을 가지고 있지 않은 이에 대해서는 더더욱 그러하다.

3. 하느님의 자비와 아량은 인간의 자비와 아량을 무한히 능가한다. 그런데 비록 이전에는 다른 이의 은총과 호의를 결코 가지지 못했다고 하더라도 또 다른 이로부터 어떤 공로를 가질 수 있다. 그러므로 인간은 은총이 없이도 훨씬 더 하느님으로부터 영원한 생명을 얻을 공로가 있을 수 있다.

[재반론] 그러나 반대로, 사도는 로마서 6장 [23절]에서 "하느님의 은총은(…) 영원한 생명입니다."라고 말한다.

[답변] 위에서[4] 말한 것처럼, 은총이 없는 인간의 상태를 두 가지 방식으로 생각할 수 있다. 첫째는 범죄 이전의 아담이 그러했던 것처럼 온전한 본성의 상태이고, 다른 것은 은총에 의해서 회복되기 이전의 우리의 경우처럼 타락한 본성의 상태이다. 만일 우리가 첫째 경우를 생각한다면, 은총이 없는, 그의 순수하게 자연적인 선물들에 의해서 영원한 생명을 얻을 공로를 가질 수 없는 오직 한 가지 이유만 있을 뿐이다.[5] 이것은 인간의 공로가 하느님의 사전 안배(praeordinatio)에 달려 있기 때문이다.[6] 그런데 어떤 경우에도 피조물의 행위는, 하느님에 의해서 그 행위의 원리이자 원천인 능력의 비례를 넘는 것을 향

---

5. Cf. q.5, a.5.
6. a.1.

virtutis quae est principium actus, hoc enim est ex institutione divinae providentiae, ut nihil agat ultra suam virtutem.[7] Vita autem aeterna est quoddam bonum excedens proportionem naturae creatae, quia etiam excedit cognitionem et desiderium eius,[9] secundum illud I *ad Cor.* 2, [9]: *Nec oculus vidit,*[8] *nec auris audivit, nec in cor hominis ascendit.* Et inde est quod nulla natura creata est sufficiens principium actus meritorii vitae aeternae, nisi superaddatur aliquod supernaturale donum, quod gratia dicitur.[10]

Si vero loquamur de homine sub peccato existente, additur cum hac secunda ratio, propter impedimentum peccati. Cum enim peccatum sit quaedam Dei offensa excludens a vita aeterna, ut patet per supradicta;[11] nullus in statu peccati existens potest vitam aeternam mereri, nisi prius Deo reconcilietur, dimisso peccato, quod fit per gratiam. Peccatori enim non debetur vita, sed mors; secundum illud *Rom.* 6, [23]: *Stipendia peccati mors.*

AD PRIMUM ergo dicendum quod Deus ordinavit humanam naturam ad finem vitae aeternae consequendum non propria

---

7. Cf. q.112, a.1.
8. Vulgata: "oculus non vidit... Cf. q.5, a.5, sc; II-II, q.28, a.3.
9. 직접적으로 인용된 구절은 라틴어 텍스트로부터 나타나는 대로 사도 바오로로부터의 인용구이다. 하지만 그는 명시적으로 "은총의 경이든, 아니면 영광의 경이든" 경이(驚異)를 가리킬 수 있는 이사야서 64장 3절과 65장 17절의 말씀을 인용

해 정해져 있지 않다. 왜냐하면 신적 섭리의 설정에 의해서 그 어떤 것도 그 고유의 능력을 넘어서 행할 수 없기 때문이다.[7] 그러나 영원한 생명은 피조된 본성에 적합한 비례를 넘는 선이다. 왜냐하면 "어떠한 눈도 본 적이 없고[8] 어떠한 귀도 들은 적이 없으며, 사람의 마음에도 떠오른 적이 없는 것들"이라는 코린토 1서 2장 [9절]에 따르면, 그것은 심지어 인식(cognitio)과 갈망(desiderium)조차 능가하기 때문이다.[9] 이리하여 만일 은총이라고 불리는 초자연적 선물이 추가로 제공되지 않는다면, 어떠한 피조된 본성도 영생을 얻을 공로가 있는 행위의 충분한 원리이자 원천이 아니다.[10]

그러나 만일 우리가 죄 중에 있는 사람에 대해 말한다면, 죄의 장애 때문에 둘째 이유가 있다. 왜냐하면 죄는 이미[11] 말한 것으로부터 분명해지듯이, 죄인을 영생으로부터 배제하는, 신에게 저질러진 모욕이므로, 죄의 상태에 있는 그 누구도 먼저 하느님과의 화해가 이루어지고 그의 죄가 용서되지 않고서는 영생을 얻을 공로를 가질 수 없기 때문이다. 그런데 그런 일이 은총을 통해서 발생한다. 왜냐하면 "죄가 주는 품삯은 죽음"이라는 로마서 6장 [23절]에 따르면, 죄인에게는 생명이 아니라 죽음이 마땅하기 때문이다.

[해답] 1. 하느님은 인간의 본성을, 그 자신의 능력에 의해서가 아니라 하느님의 도우심에 의해서 획득되어야 하는 영원한 생명이라는

한다. Cf. N. Palmarini, in *La Sacra Bibbia: Il Nuovo Testamento,* Torino, 1960, p.416)
10. Cf. q.62, a.1. Cf. Joseph Wawrykow, *God's Grace & Human Action: 'Merit' in the Theology of Thomas Aquinas*, Notre Dame, 1995, pp.177-233.
11. q.87, aa.3sqq.; q.113, a.2.

virtute, sed per auxilium gratiae.[12] Et hoc modo eius actus potest esse meritorius vitae aeternae.

AD SECUNDUM dicendum quod homo sine gratia non potest habere aequale opus operi quod ex gratia procedit, quia quanto est perfectius principium actionis, tanto est perfectior actio. Sequeretur autem ratio, supposita aequalitate operationis utrobique.

AD TERTIUM dicendum quod, quantum ad primam rationem inductam,[13] dissimiliter se habet in Deo et in homine. Nam homo omnem virtutem benefaciendi habet a Deo, non autem ab homine. Et ideo a Deo non potest homo aliquid mereri nisi per donum eius, quod Apostolus signanter exprimit, dicens:[14] *Quis prior dedit ei, et retribuetur illi?* Sed ab homine potest aliquis mereri antequam ab eo acceperit, per id quod accepit a Deo.

Sed quantum ad secundam rationem, sumptam ex impedimento peccati, simile est de homine et de Deo, quia etiam homo ab alio mereri non potest quem offendit prius, nisi ei satisfaciens reconcilietur.

---

12. Cf. q.5, a.5, ad2.

목적으로 정향시킨다.[12] 그리고 이런 식으로 그것의 행위는 영원한 생명의 공로를 가질 수 있다.

2. 사람은 은총이 없이는 은총으로부터 전개되는 것에 버금가는 일을 수행할 수 없다. 왜냐하면 어떤 행위의 원리가 완전하면 할수록 그 행위 자체도 그만큼 완전하기 때문이다. 그러나 이 논거는 그 두 경우에 작용의 동등성을 전제한다면 타당하다.

3. 위에서[13] 인증된 첫째 근거와 관련해서, 하느님의 경우와 인간의 경우는 같지 않다. 왜냐하면 인간은 선을 행할 자신의 능력 전체를 어떤 다른 사람으로부터 받는 것이 아니라, 하느님으로부터 받기 때문이다. 그래서 사람은 오직 하느님의 선물에 의해서만 그분께 어떤 것에 대한 공로를 가질 수 있을 뿐이다. 사도는 놀랍게도 이렇게 말하고 있다.[14] "누가 그분께 무엇을 드린 적이 있어 그분의 보답을 받을 일이 있겠습니까?" 그러나 사람은 그가 하느님으로부터 받은 것을 통해서, 어떤 사람으로부터 어떤 것을 받기 전이라도 그 사람으로부터 어떤 것에 대한 공로를 가질 수 있다.

그러나 죄의 장애로부터 취한 둘째 근거에 대해서는 인간의 경우와 하느님의 경우가 유사하다. 왜냐하면 우리가 어떤 것을 보상함(satisfactio)으로써 그 사람과 화해하지 않고서는 전에 모욕한 적이 있는 사람에게 어떤 것에 대해 공로를 가질 수 없기 때문이다.

---

13. 본론.
14. 로마 11,35.

Articulus 3
Utrum homo in gratia constitutus possit mereri vitam aeternam ex condigno

Ad tertium sic proceditur. Videtur quod homo in gratia constitutus non possit mereri vitam aeternam ex condigno.

1. Dicit enim Apostolus, *ad Rom.* 8, [18]: *Non sunt condignae passiones huius temporis ad futuram gloriam quae revelabitur in nobis.* Sed inter alia opera meritoria maxime videntur esse meritoriae sanctorum passiones. Ergo nulla opera hominum sunt meritoria vitae aeternae ex condigno.

2. Praeterea, super illud *Rom.* 6, [23], *Gratia Dei vita aeterna*, dicit Glossa:[1] *Posset recte dicere, «stipendium iustitiae vita aeterna»*:

---

1. Lombardus: PL 191, 1412C. Cf. Augustinus, *Enchir.*, c.107: PL 40, 282.

제3절 은총의 상태에 있는 사람은 영원한 생명을 당당히 누릴 공로를 가질 수 있는가?

Parall.: *In Sent.*, II, d.27, a.3; III, d.18, a.2; *In Ep. ad Rom.*, c.4, lect.1; c.6, lect.4; c.8, lect.4.

Doctr. Eccl.: "의화된 이가(…) 은총의 성장과 영원한 생명, 그리고 (설령 그가 은총 지위의 상태에서 죽는다고 하더라도) 이 영원한 생명의 획득도 영광의 성장도 실제로는 얻지 못한다고 말하는 자는 파문될 것이다."(트리엔트공의회, 제6회기, 제32조) DS 842[=DH 1582]. 그리고 이로부터 가리구 라그랑주는 이렇게 말한다. "의인은 '참으로'뿐만 아니라 '의당히'(ex condigno)로도 영생을 얻을 공로가 있다.('재반론' 참조) 그뿐만 아니라 신학자들은 모두 공의회가 인용하고 있는 성경 말씀으로부터 트리엔트공의회가 비록 여기서 그 표현을 명시적으로 사용하고 있지는 않지만, '당당한 공로'(meritum ex condigno)를 말하고 있다고 평가한다.(제2차 오랑주 교회 회의(DS 191[=DH 388])와 트리엔트공의회(DS 803[=DH 1535], DS 809sq.[=DH 1545sq.])도 참조하라.)"(R. Garrigou-Lagrange, OP, *De gratia*, Torino, 1947, p.26)

[반론] 셋째에 대해서는 다음과 같이 진행된다. 은총의 상태에 있는 사람은 당당하게(ex condigno) 영원한 생명을 누릴 공로를 얻을 수 없는 것으로 보인다.

1. 실상 사도는 로마서 8장 [18절]에서 "장차 우리에게 계시될 영광에 비하면, 지금 이 시대에 우리가 겪는 고난은 아무것도 아니(non sunt condignae)라고 생각합니다."라고 말한다. 그러나 성인들의 고난은 다른 모든 공로적 업적들 가운데에서 가장 높은 등급으로 공로가 있는 것으로 보인다. 그러므로 인간의 업적들 가운데 어느 것도 당당하게 영생의 공로를 가지고 있지 못하다.

2. 로마서 6장 [23절]에서는 "하느님의 은총은 영원한 생명입니다."라고 말하고, 표준 주해[1]에서는 "그는 정확하게 '의로움의 삯은 영

sed maluit dicere, «*Gratia Dei vita aeterna*», *ut intelligeremus Deum ad aeternam vitam pro sua miseratione nos perducere, non meritis nostris.* Sed id quod ex condigno quis meretur, non ex miseratione, sed ex merito accipit. Ergo videtur quod homo non possit per gratiam mereri vitam aeternam ex condigno.

3. Praeterea, illud meritum videtur esse condignum quod aequatur mercedi. Sed nullus actus praesentis vitae potest aequari vitae aeternae, quae cognitionem et desiderium nostrum excedit. Excedit etiam caritatem vel dilectionem viae, sicut et excedit naturam. Ergo homo non potest per gratiam mereri vitam aeternam ex condigno.

SED CONTRA, id quod redditur secundum iustum iudicium, videtur esse merces condigna. Sed vita aeterna redditur a Deo secundum iudicium iustitiae; secundum illud II *ad Tim.* 4, [8]: *In reliquo reposita est mihi corona iustitiae, quam reddet mihi Dominus in illa die, iustus iudex.* Ergo homo meretur vitam aeternam ex condigno.

RESPONDEO dicendum quod opus meritorium hominis dupliciter considerari potest, uno modo, secundum quod procedit ex libero arbitrio; alio modo, secundum quod procedit ex gratia Spiritus Sancti. Si consideretur secundum substantiam

생이다.'라고 말할 수도 있었지만, 우리가 하느님이 우리를 공로에 의해서가 아니라 그분의 자비 때문에 우리를 영생으로 이끄신다는 것을 이해할 수 있도록 '하느님의 은총은 영생이다.'라고 말하기를 더 선호하였다." 그러나 당당하게 공로가 있는 것에 대해서는 자비에 의해서가 아니라, 공로에 의해서 그것을 받는다. 그러므로 인간은 당당하게 은총에 의해서 영생의 공로를 얻을 수 없는 것으로 보인다.

3. 공로는 보상이 동등한 것에 대해서 '당당한' 것으로 보인다. 그러나 현세에서의 그 어떤 행위도 우리의 지식과 갈망을 능가하는 영원한 생명과 동등할 수 없다. 그것은 자연을 능가하기 때문에, 심지어 나그넷길의 참사랑 또는 사랑을 능가한다. 그러므로 인간은 은총에 의해서 당당하게 영생의 공로를 얻을 수 없다.

[재반론] 그러나 반대로, 의로운 판단에 합치되는 것은 '당당한' 보상인 것으로 보인다. 그런데 영원한 생명은 하느님에 의해서 정의의 심판과 합치되기에 이른다. 이리하여 티모테오 2서 4장 [8절]에서는 "이제는 의로움의 화관이 나를 위하여 마련되어 있습니다. 의로운 심판관이신 주님께서 그날에 그것을 나에게 주실 것입니다."라고 말하고 있다. 그러므로 인간은 '당당하게'(ex condigno) 영원한 생명의 공로를 지니고 있다.

[답변] 인간의 공로적 업적을 두 가지 방식으로 생각할 수 있다. 첫째는 그것이 자유재량으로부터 전개되는 한에서이고, 둘째는 그것이 성령의 은총으로부터 전개되는 한에서이다. 만일 그 업적이 그 실체 안에서, 그리고 그것이 자유재량으로부터 전개되는 한에서 고찰

operis, et secundum quod procedit ex libero arbitrio, sic non potest ibi esse condignitas, propter maximam inaequalitatem. Sed est ibi congruitas, propter quandam aequalitatem proportionis:² videtur enim congruum ut homini operanti secundum suam virtutem, Deus recompenset secundum excellentiam suae virtutis.³

Si autem loquamur de opere meritorio secundum quod procedit ex gratia Spiritus Sancti, sic est meritorium vitae aeternae ex condigno. Sic enim valor meriti attenditur secundum virtutem Spiritus Sancti moventis nos in vitam aeternam; secundum illud Ioan. 4, [14]: *Fiet in eo fons aquae salientis in vitam aeternam.* Attenditur etiam pretium operis secundum dignitatem gratiae, per quam homo, consors factus divinae naturae, adoptatur in filium Dei, cui debetur hereditas ex ipso iure adoptionis, secundum illud *Rom.* 8, [17]: *Si filii, et heredes.*⁴

---

2. 그러므로 공로에서 '당당한'(de condigno) 공로와 '적합한'(de congruo) 공로는 서로 다르다. 전자는 정의에 기초를 두고 있다. 혹은 '엄격한 정의'(secundum rigorem iustitiam)를 따르거나 (이것은 그 자체 안에 '절대적으로 동등한' 가치를 상급으로 함축하고 있다. 그리스도만의 공로만이 이러했다.) 혹은 '오로지 당당함에만'(de condignitate tantum) 따른다. (이것은 동등하지는 않지만 신적인 질서화와 약속에 따라 비례화된 가치를 상급으로 함축하고 있다. 이 약속이 없다면 엄밀하게는 '권리'[ius]를 가질 수 없을 것이다.). 후자는 엄격하게 말해서든(이것은 '우정 안에' 또는 '상급에 우호적인 권리에' 기초하고 있고, 은총의 지위를 전제하고 있다.), 넓게 말해서든(이것은 하느님의 '자유'나 '자비'에 기초하고 있고, 은총의 지위를 전제하지 않고, 다만 은총을 향한 어떤 태세나 죄인 안에 있는 기도를 전제한다.) 정의에 기초를 두고 있지 않다. Cf. R. Garrigou-Lagrange, OP, *op. cit.*, pp.291-293. 이 구분의 역사를 보기 위해서는: Cf. J. Riviere, "Sur l'origine des formules de condigno, de congruo", *Bulletin de litterature ecclesiastique*, 1927, pp.75-89; ID., "Merite", in *Dictionnaire de Theol. Cathol.*, t.X, coll.574-578.

된다면, 그 어떠한 당당함(condignitas)도 있을 수 없다. 왜냐하면 불평등 중에서도 최고의 불평등에 속하기 때문이다. 그러나 거기에는 비례의 대등성 때문에 적합성(congruitas)이 있다.² 왜냐하면 하느님이 그 고유의 능력의 등급 안에서 작업하는 사람에게 그의 능력의 탁월함에 따라 되돌려 주는 것이 '적합성'(congruum)이어야 할 것 같기 때문이다.³

그러나 우리가 그 공로적 업적을 그것이 성령의 은총으로부터 전개되는 한에서 고찰한다면, 그것은 당당하게(ex condigno) 영생을 얻게 해 줄 공로가 있다. 왜냐하면 "그것은 그 사람 안에서 물이 솟는 샘이 되어 영원한 생명을 누리게 할 것이다."라는 요한복음서 4장 [14절]의 텍스트에 따르면, 이제는 공로의 가치가 우리를 영생으로 움직이는 성령의 능력에 의해서 평가되기 때문이다. 또한 그 업적의 가치도 은총의 가치에 의해서 평가될 것이다. 그 은총을 통해서 인간은 신적 본성의 참여자가 되어 하느님의 아들로 입양되고, "자녀이면 상속자이기도 하다."는 로마서 8장 [17절]에 따라, 바로 그 입양의 권리로 마땅히 유산을 상속받게 된다.⁴

---

3. 단순히 자연적인 업적들은 '하느님의 자유에 의한' 넓은 의미에서의 '적합한 공로'로 영원한 생명에 대한 공로가 있다. 하느님은 여기서 '당신 능력의 탁월함에 따라' 또는 당신의 관대하심에 따라 보상하신다. 행위의 비례가 아니라 행위자의 비례가 있다.
4. 영원한 생명을 향한 성령의 움직임과 인간을 하느님의 아들로 입양함은 성 토마스에게 서로 다른 두 사물을 구성하는 것이 아니라, 한 실재의 두 측면을 구성한다. 실상 하느님은 인간을 양자의 품위로 고양시키는 만큼, 인간을 영원한 생명을 소유하도록 질서 지으신다.(Cf. Cajetanus, in h. a.) 이렇게 해서 의인의 업적들에서 공로의 두 가지 속성을 만나는 것이 가능하다: 업적과 상급 사이의 비례와, 그것을 초자연적 목적으로 질서 지으시려는 하느님 측으로부터의 명시적 의지와 약속. 그렇다고, 혹자가 추정했듯이, 이 토미스트의 가르침이 저자의 아리스토텔레스주의에 의존한다고 말할 수도 없다. 그것은 직접적으로 (그 근본 텍스트들이 그 정확한 의미로 지적된) 신적 계시에 의존하고 있다. 아리스토텔레스는 다만 영감받은 말씀들이 전제하고 있는 인간적 범주들을 제공할 수 있을 뿐이다.

AD PRIMUM ergo dicendum quod Apostolus loquitur de passionibus sanctorum secundum eorum substantiam.

AD SECUNDUM dicendum quod verbum Glossae intelligendum est quantum ad primam causam perveniendi ad vitam aeternam, quae est miseratio Dei. Meritum autem nostrum est causa subsequens.[5]

AD TERTIUM dicendum quod gratia Spiritus Sancti quam in praesenti habemus, etsi non sit aequalis gloriae in actu, est tamen aequalis in virtute, sicut et semen arborum, in quo est virtus ad totam arborem.[6] Et similiter per gratiam inhabitat hominem Spiritus Sanctus, qui est sufficiens causa vitae aeternae, unde et dicitur esse *pignus hereditatis nostrae*, II *ad Cor.* 1, [22].[7]

Articulus 4
Utrum gratia sit principium meriti principalius per caritatem quam per alias virtutes

---

5. 성 토마스에게 있어서는 "하느님의 의로움의 업적이 언제나 자비의 업적을 전제하고, 그것에 토대를 두고 있다."(I, q.21, a.4) 하느님의 자비와 의로움을 논하는 그 문(問) 전체를 참조하라.
6. Cf. II-II, q.24, a.3, ad2.
7. Cf. 에페 1,14. Cf. *ScG*, IV, c.21, n.3580. 영원한 생명과 관련해서 우리의 선한 업적들의 공로를 긍정하는 데 신학자들이 호소하는 근거들이 '당당한'(de condigno) 공로, 곧 엄격한 의미의 의로움을 위해 충분한지, 아니면 '적합한'(de congruo) 공

[해답] 1. 사도는 그들의 실체에 따른 성인(聖人)들의 고난에 대해서 말하고 있다.

2. 표준 주해의 명제는 우리가 영원한 생명에 이르게 되는 제1원인인 하느님의 자비와 관련해서 이해되어야 한다. 그렇지만 우리의 공로는 뒤따르는 원인이다.[5]

3. 우리가 현세에서 가지고 있는 성령의 은총은, 비록 현실태로 영광과 대등한 것은 아니지만, 그 능력에 있어서는 대등하다. 이것은 마치 한 나무의 씨앗 속에 나무 전체가 될 능력이 있는 것과 같다.[6] 마찬가지로 은총으로써 그것은 영원한 생명의 충분 이유로서 인간 안에 거처하시는 성령이다. 그래서 그분은 코린토 2서 1장 [22절]에서 "우리 유산의 담보"(pignus haereditatis nostrae)라고 불린다.[7]

제4절 은총은 다른 어떤 덕보다도 참사랑을 통해서 우선적으로 공로의 원리인가?

Parall.: *In Sent.*, III, d.30, a.5; IV, d.49, q.1, a.4, qc.4; q.5, a.1; *De veritate*, q.14, a.5, ad5; *De pot.*, q.6, a.9; *In Ep. ad Rom.*, c.8, lect.5; *In Ep. I ad Tim.*, c.4, lect.2; *In Ep. ad Heb.*, c.6, lect.3.

로에 대해서만 유효한지를 물을 수 있다. 실상 하느님에 대해 엄격한 신뢰를 피조물에게 허용하고자 하는 것이 일시적인 것처럼 보인다. 보나벤투라는 의로움의 엄격한 공로에 대해 말하기를 주저하였다. 그리고 아퀴나스도 그의 젊은 시절의 『명제집 주해』(*In Sent.*, II, d.27, q.1, a.3)에서 '당당한' 공로 편에 선 사람의 견해가 더 참된 것으로 여겨진다고 말하는 것으로 그쳤다. 하지만 『신학대전』에서 그의 입장은 이미 이런 의미로 확고하게 정해져 있었다.

Ad quartum sic proceditur. Videtur quod gratia non sit principium meriti principalius per caritatem quam per alias virtutes.

1. Merces enim operi debetur; secundum illud Matth. 20, [8]: *Voca operarios, et redde illis mercedem suam.* Sed quaelibet virtus est principium alicuius operis, est enim virtus habitus operativus, ut supra[1] habitum est. Ergo quaelibet virtus est aequaliter principium merendi.

2. Praeterea, Apostolus dicit, I *ad Cor.* 3, [8]: *Unusquisque propriam mercedem accipiet secundum proprium*[2] *laborem.* Sed caritas magis diminuit laborem quam augeat, quia sicut Augustinus dicit, in libro *de Verbis Dom.*,[3] *omnia saeva et immania, facilia et prope nulla facit amor.* Ergo caritas non est principalius principium merendi quam alia virtus.

3. Praeterea, illa virtus videtur principalius esse principium merendi, cuius actus sunt maxime meritorii. Sed maxime meritorii videntur esse actus fidei et patientiae, sive fortitudinis, sicut patet in martyribus, qui pro fide patienter et fortiter usque ad mortem certaverunt. Ergo aliae virtutes principalius sunt principium merendi quam caritas.

---

1. q.55, a.2.
2. Vulgata: "suum."

[반론] 넷째에 대해서는 다음과 같이 진행된다. 은총은 다른 어떤 덕 보다도 특히 참사랑을 통해서 우선적으로 공로의 원리가 아닌 것으로 보인다.

1. 보수란 업적에 마땅한 것이기 때문이다. 마태오복음서 20장 [8절]에서는 "일꾼들을 불러(…) 그들에게 자신들의 품삯(merces)을 내주시오."라고 말하고 있다. 그런데 덕은 어떠한 것이든 다 작업의 원리이다. 왜냐하면 위에서[1] 말한 것처럼, 덕은 작용적 습성이기 때문이다. 그러므로 그 어떠한 덕도 다른 덕들과 마찬가지로 공로의 원리이다.

2. 사도는 코린토 1서 3장 [8절]에서 "심는 이나 물을 주는 이나 같은 일을 하여, 저마다[2] 수고한 만큼 자기 품삯을 받을 뿐입니다."라고 말한다. 그런데 참사랑은 노고를 성장시키기보다는 오히려 그것을 감소시킨다. 왜냐하면 아우구스티누스가[3] 말하는 것처럼, "사랑은 거칠고 가혹한 모든 것들을 쉽고 아무것도 아닌 것으로 만들기" 때문이다. 그러므로 참사랑은 다른 덕들보다 더 우선적으로 공로의 원리인 것이 아니다.

3. 그 행위들이 가장 높은 등급으로 공로가 있는 덕은 좀 더 우선적으로 공로의 원리인 것으로 보인다. 그런데 신앙과 인내 또는 용기의 행위들은, 인내와 용기로 죽기까지 신앙을 위해 싸운 순교자들의 경우에 분명한 것처럼, 최고의 등급으로 공로가 있는 것으로 보인다. 그러므로 참사랑보다는 다른 덕들이 좀 더 우선적으로 공로의 원리이다.

---

3. Serm.70, al. 9, c.3: PL 38, 444.

SED CONTRA est quod Dominus, Ioan. 14, [21], dicit: *Si quis*[4] *diligit me, diligetur a Patre meo: et ego diligam eum, et manifestabo ei meipsum.* Sed in manifesta Dei cognitione consistit vita aeterna; secundum illud Ioan. 17, [3]: *Haec est vita aeterna, ut cognoscant te solum Deum verum et vivum.* Ergo meritum vitae aeternae maxime residet penes caritatem.[5]

RESPONDEO dicendum quod, sicut ex dictis[6] accipi potest, humanus actus habet rationem merendi ex duobus, primo quidem et principaliter, ex divina ordinatione, secundum quod actus dicitur esse meritorius illius boni ad quod homo divinitus ordinatur; secundo vero, ex parte liberi arbitrii, inquantum scilicet homo habet prae ceteris creaturis ut per se agat, voluntarie agens. Et quantum ad utrumque, principalitas meriti penes caritatem consistit.

Primo enim considerandum est quod vita aeterna in Dei fruitione[7] consistit. Motus autem humanae mentis ad fruitionem divini boni, est proprius actus caritatis, per quem omnes actus aliarum virtutum ordinantur in hunc finem, secundum quod aliae virtutes imperantur a caritate.[8] Et ideo meritum vitae

---

4. Vulgata: "Qui autem."
5. 비록 절의 라틴어 텍스트 아래 인용된 병행구들 사이에는 『신학대전』의 어떤 구절도 지적되지 않았지만, 여기에서 전개된 주제를 저자가 '덕의 여왕'인 참사랑에 대해서 명시적으로 말하면서 언급하게 될 내용들로 확장하는 것은 대단히 유용하다. Cf. II-II, q.3, aa.6-8.

[재반론] 그러나 반대로, 주님께서는 요한복음서 14장 [21절]에서 "나를 사랑하는 사람[4]은 내 아버지께 사랑을 받을 것이다. 그리고 나도 그를 사랑하고 그에게 나 자신을 드러내 보일 것이다."라고 말씀하신다. 그런데 영원한 생명은 하느님에 대한 명백한 인식에서 성립된다. 요한복음서 17장 [3절]에 따르면 "영원한 생명이란 홀로 참되고 살아 계신 하느님을 아는 데 있다." 그러므로 영원한 생명의 공로는 무엇보다도 참사랑에 있다.[5]

[답변] 이미[6] 말한 것으로부터 알 수 있듯이, 인간적 행위는 두 가지 요소 덕분에 공로적 성격을 지니게 된다. 첫째 그리고 주로 신적 질서화에 의해서. 어떤 행위가 인간이 신적으로 정향된 저 선을 받을 만한 공로가 있다고 말해진다는 의미에서. 둘째, 자유재량 측면에서 볼 때. 인간은 스스로 행동하고 의지적으로 활동한다는 사실에 의해서 다른 피조물들보다 우선적으로 [공로를] 가지고 있다. 두 가지 면에서 공로의 우위성은 참사랑(caritas)에 있다.

우리는 먼저 영원한 생명이 하느님을 향유하는[7] 데에서 성립된다는 사실을 상기해야 한다. 그런데 신적 선의 향유를 향한 인간 정신의 움직임은 참사랑에 고유한 행위이다. 그리고 바로 이 행위에 의해서 다른 덕들의 모든 행위들은 이 목적으로 정향된다. 또한 이 행위에 의해서 (다른 덕들이 참사랑에 의해서 명령되는 한) 다른 덕들의 모든 행위들이 이 목적으로 질서 지어진다.[8] 그래서 영원한 생명의

---

6. a.1.
7. Cf. II-II, q.17, a.2; III, q.7, a.10, ad2. Item supra, q.3, a.4; q.4, aa.1-2.
8. q.62, a.4; q.65, a.2; II-II, q.23, aa.7-8.

aeternae primo pertinet ad caritatem, ad alias autem virtutes secundario, secundum quod eorum actus a caritate imperantur.[9]

Similiter etiam manifestum est quod id quod ex amore facimus, maxime voluntarie facimus. Unde etiam secundum quod ad rationem meriti requiritur quod sit voluntarium, principaliter meritum caritati attribuitur.[10]

AD PRIMUM ergo dicendum quod caritas, inquantum habet ultimum finem pro obiecto, movet alias virtutes ad operandum. Semper enim habitus ad quem pertinet finis, imperat habitibus ad quos pertinent ea quae sunt ad finem; ut ex supradictis[11] patet.

AD SECUNDUM dicendum quod opus aliquod potest esse

---

9. "공로의 우위성은 참사랑에 있는데, 다른 것들은 참사랑에 의해서 활성화되는 데 따라 공로가 돌아간다."(*In Sent.*, III, d.30, a.5) "참사랑은, 의지를 활성화함으로써 목적의 근거 아래 최종 목적에 접근하는 덕이기 때문에, 그것 자체는 먼저 공로가 되는 행위들을 그 목적으로 삼지만, 다른 것들은 그것들의 행위가 참사랑의 명령권에 드는 한에서만 덕들을 목적으로 삼는다."(A. Stoltz, OSB, *Anthropologia theologica*, p.185) 그러므로 1차적으로 "공로는 참사랑에 돌아간다." 곧 '나그넷길'(viae)의 참사랑에 돌아간다. 왜냐하면 "완전한 참사랑에 이르렀을 때에는 더 이상 공로를 갖는 것이 아니라, 오히려 상급을 향유하기 때문이다."(I, q.62, a.9, ad1) 다른 덕들 안에 들어 있는 참사랑을 보기 위해서는: Cf. II-II, q.24, aa.7-8.

"하느님을 향한 행위의 습성적 질서화로 온통 충분한 것은 아니다. 왜냐하면 사람은 습성 안에 가지고 있는 것에 기초해서 공로가 있는 것이 아니라, 현실태로 작업하고 있는 것에 기초해서 공로가 있기 때문이다. 그럼에도 불구하고 최종 목적으로 질서 짓는 현실적 지향이 언제나 어떤 가까운 목적을 향한 어떤 행위에 이르는 것이 필요한 것은 아니다. 때때로 저 모든 목적들이 실제로 최종 목적을 지시하게 되는 것만으로도 충분하다. 누군가가 자기 자신을 온전히 하느님 사랑으로 정향해야겠다고 생각할 때 발생하는 것처럼 말이다. 그리고 만일 행위를 최

제114문 제4절

공로는 1차적으로 참사랑에 속하고, 오직 2차적으로만 다른 덕들의 행위들이 참사랑에 의해서 명령되는 한에서 그것들에 속하게 된다.[9]

또한 우리가 사랑에서 행하는 것을, 우리는 최대의 원의로 그리고 의도적으로 그렇게 한다. 그래서 의도적이라는 사실에서 성립되는 어떤 행위의 공로적 성격을 위한 요구와 관련해서조차도 공로는 주로 참사랑에 전가된다.[10]

[해답] 1. 참사랑은 최종 목적을 대상으로 삼고 있는 한에서, 다른 덕들을 가동시킨다. 왜냐하면 위에서[11] 말한 것으로부터 분명해지듯이, 목적에 관한 습성은 언제나 그 습성들을 그 목적에 이르는 길들과 관계되도록 명하기 때문이다.

2. 하나의 일은 두 가지 방식으로 수고스럽고 까다로울 수 있다. 첫째, 그 일의 크기 때문이다. 이런 의미에서 그 수고의 무거움은 공

종 목적과 연관 짓는 것이 필요할 때에 요구된다면, 이것은 참사랑의 습성이 행위로 넘어가야 하는 것과 다르지 않다. 왜냐하면 참사랑의 습성이 행위로 넘어갈 적마다 인간 전체와, 따라서 그를 위한 재산으로 그에게 질서 지어져 있는 모든 것의 궁극 목적으로의 정향이 발생하기 때문이다."(*In Sent.*, II, d.40, q.1, a.5, ad6) Cf. Josef Pieper, *Faith Hope Love,* San Francisco, Ignatius, 1997, pp.139-281; Romanus Cessario, OP, *The Virtues, Or The Examined Life,* London, Continuum, 2002, pp.61-95; Michael Sherwin, OP, "Agustine and Aquinas on Charity's Desire", in Harm Goris et al.(eds), *Faith, Hope and Love. Thomas Aquinas on Living by the Theological Virtues,* Leuven, Peeters, 2015, pp.177-198; Paul J. Wadell, "Freindship with God: Embodying Charity as A Way of Life", *Ibid,* pp.199-214.

10. "어떤 행위든지 좀 더 의도적(voluntarius)일수록 (따라서 공로가 더 클수록), 그만큼 더 사랑에서 나온 것이다."(A. Stolz, OSB, ibid.) 그러므로 우선적으로 "공로는 참사랑에 돌아간다." 곧 나그넷길(viae) 상태에 있는 [불완전한] 참사랑에 돌아간다. 반면에 완전한 참사랑에는 공로가 돌아가는 것이 아니라, 오히려 상급의 향유가 돌아가게 된다.(I, q.62, a.9, ad1)

11. q.9, a.1.

laboriosum et difficile dupliciter. Uno modo, ex magnitudine operis. Et sic magnitudo laboris pertinet ad augmentum meriti. Et sic caritas non diminuit laborem, immo facit aggredi opera maxima; *magna* enim *operatur,* si est, ut Gregorius dicit in quadam homilia.[12]—Alio modo ex defectu ipsius operantis, unicuique enim est laboriosum et difficile quod non prompta voluntate facit. Et talis labor diminuit meritum, et a caritate tollitur.

AD TERTIUM dicendum quod fidei actus non est meritorius nisi fides *per dilectionem operetur,* ut dicitur *ad Gal.* 5, [6].—Similiter etiam actus patientiae et fortitudinis non est meritorius nisi aliquis ex caritate haec operetur; secundum illud I *ad Cor.* 13, [3]: *Si tradidero corpus meum ita ut ardeam, caritatem autem non habuero, nihil mihi prodest.*[13]

Articulus 5
Utrum homo possit sibi mereri primam gratiam[1]

---

12. Homil.30 in Evang.: PL 76, 1221B.
13. 여기서는 '성장'이라는 표상에 그 충만한 가치가 주어지고 있다. 젊은 시절의 『명제집 주해』에서 이 인용구는 성 토마스에게 1차적이고 주된 논거였다. Cf. *In Sent.,* III, d.30, q.1, a.5.

1. 이 짧은 논고에서는 네 번째이자 마지막으로 은총의 준비에 관해 다시 검토하고 있다. 실상 우리는 이미 제109문 제6절, 제112문 제2-3절, 제113문 제3-4절에서 다른 측면 아래 그것을 검토하였다. 이미 살펴보았듯이, 문제는 대단히 까다로운 것이다. 왜냐하면 하느님의 위대성과, 그리스도교가 신성(神性)에 관해 정립하고

로의 증가와 관계된다. 이 점에서 참사랑은 수고를 감소시키지 않는다. 오히려 그것은 그 사람으로 하여금 가장 위대한 과제를 공략하게 만든다. 왜냐하면 그레고리우스가 한 강론에서 말하고 있는 것처럼, "만일 그것이 존재한다면, 그것은 위대한 일들을 행하는"것이기 때문이다.[12] — 둘째, 하나의 일은 행위자 안에 있는 어떤 결함 때문에 수고로울 수 있다. 왜냐하면 모든 사람은 그가 즉각적이고 기꺼운 마음으로 행하지 않는 것을 수고롭고 어렵다고 느끼기 때문이다. 공로를 경감시키는 이런 수고는, 참사랑에 의해서 제거된다.

3. 신앙의 행위는, 갈라티아서 5장 [6절]에서 말하듯이, 오직 신앙이 "사랑(dilectio)을 통해 작용할" 때에만 공로가 있다. — 또한 참사랑에서 행해지는 것이 아니라면, 용기와 인내의 행위들이 공로가 있는 것도 아니다. 코린토 1서 13장 [3절]에서는 이렇게 말한다. "내가 내 몸까지 자랑스레 넘겨준다 하여도 나에게 참사랑이 없으면, 나에게 아무 소용이 없습니다."[13]

제5절 인간은 스스로를 위해 최초의 은총을 얻을 공로를 가지고 있는가?[1]

Parall.: *In Sent.*, II, d.27, q.4, a.5, ad3; III, d.18, q.1, a.4, qc.1; d.19, q.1, a.1, qc.1; *ScG*, III, 149; *De veritate*, q.29, a.6; *In Joan.*, c.10, lect.4; *In Ep. ad Ephes.*, c.2, lect.3.
Doctr. Eccl.: "또한 우리는 거저 의화된다는 것이다. 왜냐하면 의화에 앞서 그 어떤 것도, 믿음이나 행업도 의화의 은총 자체를 얻지 못하기 때문이다."(트

자 하는 관계들의 가장 내밀한 본성과 직결되어 있기 때문이다. 이것은 트리엔트 공의회에 의해서 확인된, 펠라기우스주의자들과 반(半)펠라기우스주의를 논박하는 결정적인 교리이다.(Cf. DS 191[=DH 388], DS 801[=DH 1532])

Ad quintum sic proceditur. Videtur quod homo possit sibi mereri primam gratiam.

1. Quia ut Augustinus dicit,[2] *fides meretur iustificationem.* Iustificatur autem homo per primam gratiam. Ergo homo potest sibi mereri primam gratiam.

2. Praeterea, Deus non dat gratiam nisi dignis. Sed non dicitur aliquis dignus aliquo dono, nisi qui ipsum promeruit ex condigno. Ergo aliquis ex condigno potest mereri primam gratiam.

3. Praeterea, apud homines aliquis potest promereri donum iam acceptum, sicut qui accepit equum a Domino, meretur ipsum bene utendo eo in servitio Domini. Sed Deus est liberalior quam homo. Ergo multo magis primam gratiam iam susceptam potest homo promereri a Deo per subsequentia opera.

SED CONTRA est quod ratio gratiae repugnat mercedi operum; secundum illud *Rom.* 4, [4]: *Ei qui operatur, merces non imputatur secundum gratiam, sed secundum debitum.* Sed illud meretur homo quod imputatur quasi merces operis eius. Ergo

---

2. Epist.186, al. 106, c.3: PL 33, 818.

리엔트공의회, 제6회기, 제8장) DS 801[=DH 1532]. Cf. DS 798[=DH 1526-1527], DS 134[=DH 243], DS 139[=DH 246], DS 176-181[=DH 373-388], DS 185[=DH 382], DS 187-190[=DH 384-387], DS 192-200[=DH 389-397].

[반론] 다섯째에 대해서는 다음과 같이 진행된다. 인간은 스스로 최초의 은총을 얻을 공로를 가질 수 있는 것으로 보인다.

  1. 실상 아우구스티누스가[2] 말하는 것처럼, "신앙은 의화의 공로가 있다." 그런데 인간은 그 최초의 은총에 의해서 의화된다. 그러므로 인간은 스스로 최초의 은총을 얻을 공로를 가질 수 있다.

  2. 하느님은 오직 자격이 있는 이에게만 은총을 부여한다. 그런데 인간은 당당한(ex condigno) 공로가 있어야 어떤 선물을 받을 자격이 있다는 말을 듣는다. 그러므로 인간은 당당하게 최초의 은총을 얻을 공로를 가질 수 있다.

  3. 인간 세계에서는 누군가가 그가 이미 받은 어떤 선물의 자격이 있을 수 있다. 예컨대, 자기 주인으로부터 말 한 필을 [선물로] 받은 사람은 그것을 주인을 위한 봉사에 잘 사용함으로써 그것을 받을 공로가 있다. 그런데 하느님은 인간보다 훨씬 더 아량이 넓으시다. 그러므로 더더욱 그의 이어지는 업적에 의해서 인간은 하느님으로부터 (그가 이미 받은) 최초의 은총을 받을 공로가 있다.

[재반론] 그러나 반대로, 은총의 의미 [자체]가 업적에 대한 포상을 배제한다. 로마서 4장 [4절]에서는 "일을 하는 사람에게는 품삯이 선물[은혜]이 아니라 당연한 보수로 여겨집니다."라고 말하고 있다. 그런데 인간이 공로를 가지고 있는 것은 그의 업적에 대한 일종의 포상으로 간주된다. 그러므로 인간은 최초의 은총을 얻을 공로를

primam gratiam non potest homo mereri.

RESPONDEO dicendum quod donum gratiae considerari potest dupliciter. Uno modo, secundum rationem gratuiti doni. Et sic manifestum est quod omne meritum repugnat gratiae, quia ut *ad Rom.* 11, [6] Apostolus dicit, *si ex operibus, iam non ex gratia.—* Alio modo potest considerari secundum naturam ipsius rei quae donatur. Et sic etiam non potest cadere sub merito non habentis gratiam, tum quia excedit proportionem naturae; tum etiam quia ante gratiam, in statu peccati, homo habet impedimentum promerendi gratiam, scilicet ipsum peccatum.[3]—Postquam autem iam aliquis habet gratiam, non potest gratia iam habita sub merito cadere, quia merces est terminus operis, gratia vero est principium cuiuslibet boni operis in nobis, ut supra[4] dictum est. Si vero aliud donum gratuitum aliquis mereatur virtute gratiae praecedentis, iam non erit prima. Unde manifestum est quod nullus potest sibi mereri primam gratiam.[5]

---

3. (*추가주) "그럼에도 불구하고 은총의 선물 이전에 행한 선한 업적들은 비례화될 어떤 특전이 없는 것이 아니다. 실상 은총에의 일정한 적합성의 원인이 되고, 그 밖에도 (그 안에서 특별히 그들의 특전이 구성되는) 자기 자신과 일정한 정직성, 유쾌함, 아름다움을 가지고 있다. 그리고 부수적으로 지상적 재화의 풍족함이나 그런 종류의 다른 어떤 것과 같은 일정한 사물들의 원인이 되기도 한다. 왜냐하면 성 그레고리우스가 말하는 것처럼, 종종 하느님은 이 세상에서 미래의 영광의 특전을 누릴 만한 공로가 없는 자에게 (그렇게 해서 보상되지 않은 어떤 선도 없는 그런 방식으로) 보상하시기 때문이다."(*In Sent.*, II, d.27, [a.1], a.4)

4. q.109.

가질 수 없다.

[답변] 은총의 선물은 두 가지 방식으로 고찰될 수 있다. 첫째, 무상의 선물이라는 의미에서. 그리고 이런 의미에서는 모든 공로가 은총을 배제한다는 것이 분명하다. 왜냐하면 사도는 로마서 11장 [6절]에서 "만일 그것이 업적에 의한 것이라면, 그것은 더 이상 은총에 의한 것이 아니다."라고 말하고 있기 때문이다.—둘째, 은총의 선물은 또한 주어지는 것의 바로 본성에 따라 고찰될 수도 있다. 또한 이런 의미에서 그것은 은총을 가지고 있지 않은 자의 공로에 속할 수 없다. 그 이유는 그것이 자연의 비례를 능가하기 때문이기도 하고, 또 은총 이전의 죄의 상태에서는 사람 안에 그로 하여금 은총을 받을 만하지 못하도록 막는 어떤 장애물(즉 죄 자체)이 있기 때문이기도 하다.[3]—그렇지만 일단 은총을 가지게 된 다음에는 그가 이미 가지고 있던 은총은 공로에 포함될 수 없다. 왜냐하면 보상은 어떤 업적의 끝인 데 반해, 이미[4] 말한 것처럼, 은총은 우리 안에 있는 어떤 선의 원리이자 원천이기 때문이다. 그러나 만일 누군가가 어떤 선행 은총 덕분에 더 이상의 무상의 선물을 받을 공로가 있다면, 이 선물은 첫 번째 은총이 아닐 것이다. 이리하여 어느 누구도 최초의 은총을 스스로 받을 만한 공로를 지니고 있지 않다는 것이 분명하다.[5]

---

5. 이미 설정된 원리들의 귀결들이 도출된다. 그래서 저자는 스스로 앞에서 제시했던 설명들로 되돌려 보낼 필요를 느낀다. 자연적으로 선한 어떤 행위도 최초의 현실적 은총, 곧 엄격한 의미의 '당당한'(de condigno) 의로움도, 적어도 엄격한 의미의 '적합한'(de congruo) 의로움도 얻을 공로를 가질 수 없다. 따라서 이 공로도 저 공로도 이단적인 것으로 배제되어야 한다. 왜냐하면 순수하게 자연적인 업적들은 은총의 주입에 대한 그 어떤 적극적인 태세도 구성하지 못하기 때문이다.

q.114, a.5

AD PRIMUM ergo dicendum quod, sicut Augustinus dicit in libro *Retract.*,[6] ipse aliquando in hoc fuit deceptus, quod credidit initium fidei esse ex nobis, sed consummationem nobis dari ex Deo, quod ipse ibidem retractat. Et ad hunc sensum videtur pertinere quod *fides iustificationem mereatur.*[7] Sed si supponamus, sicut fidei veritas habet,[8] quod initium fidei sit in nobis a Deo; iam etiam ipse actus fidei consequitur primam gratiam, et ita non potest esse meritorius primae gratiae. Per fidem igitur iustificatur homo, non quasi homo credendo mereatur iustificationem, sed quia, dum iustificatur, credit; eo quod motus fidei requiritur ad iustificationem impii, ut supra[9] dictum est.

AD SECUNDUM dicendum quod Deus non dat gratiam nisi dignis. Non tamen ita quod prius digni fuerint, sed quia ipse per gratiam eos facit dignos, *qui solus potest facere mundum de immundo conceptum semine.*[10]

AD TERTIUM dicendum quod omne bonum opus hominis procedit a prima gratia sicut a principio. Non autem procedit a

---

최근의 신학자들은 이에 즈음해서 의화를 위해 준비하는 '초자연적' 행위들(불완전한 신앙, 노예적 두려움의 행위들 등)이 하느님으로부터 저 선물, 곧 습성적 은총의 최초의 주입을 받을 공로를 얻을 수 있는지를 묻는다. 왜냐하면 트리엔트 공의회가 다음과 같이 규정하였기 때문이다. "의화를 선행하는 그 어떤 것도(…) 의화 자체를 얻을 수 없다."(DS 801[=DH 1532]) '적합한' 공로에 관한 한, 수아레스(Suarez)와 바스케스(Vasquez)를 위시한 많은 예수회원들이 긍정적으로 받아들이는 데 반해, 토미스트들(카프레올루스, 소토, 메디나, 살라망카학파)은 그것에 대해 부정적이다.

[해답] 1. 아우구스티누스는 『재논고』[6]에서, 신앙의 시작이 우리 자신 때문이라고 잘못 믿었던 때가 있었지만, 그 완성은 하느님에 의해서 우리에게 주어진다고 고백하고 있다. 이 관점을 그는 여기서 되밟고 있다. 어쩌면 "신앙이 의화의 공로를 지닌다"는 명제는 이 초창기 관점에 속하는 것으로 보인다.[7] 그러나 만일 우리가 가톨릭 신앙의 진리에 따라,[8] 신앙의 시작이 하느님으로부터 우리에게 온다고 가정한다면, 또다시 신앙의 시작 자체는 최초의 은총에 뒤따르는 것이고, 따라서 그 최초의 은총의 공로를 가질 수 없다. 그러므로 사람은 신앙에 의해서 의화되는데, 그것은 마치 그가 의화의 공로를 가지고 있다고 믿음으로써가 아니라, 그가 의화되고 있는 동안에 믿는다는 의미에서 그러하다. 위에서[9] 말한 것처럼, 불경한 자의 의화를 위해서는 신앙의 움직임이 요구된다.

2. 하느님은 오로지 자격 있는 사람에게만 은총을 부여하신다. 그러나 그것은 마치 그들이 미리 자격이 있다는 것이 아니라, "홀로 부정한 씨앗을 품은 자를 정결하게 할 수 있는"[10] 그분 자신이 은총을 통해서 그들을 자격 있게 만들기 때문이다.

3. 인간의 모든 선행은 그 원리인 최초의 은총으로부터 전개된다. 그러나 인간의 선물의 경우에는 사정이 다르다. 그러므로 은총의 선

---

6. I, c.23: PL 32, 621.
7. 아우구스티누스의 이런 지성적 추이를 상기하면서, 어쩌면 성 토마스는 자기 자신의 젊은 시절의 입장들과 표현들을 거듭거듭 재고했을 것인데, 이 영역에서 언제나 행복한 결말에 이른 것은 아니었다. Cf. *In Sent.*, II, d.27, q.1, a.4.
8. Conc. Araus. II, can.5: DS 178[=DH 375]. 성 토마스는 13세기에는 알려져 있지 않았던 것으로 보이는 이 공의회 규정들을 그 어디에서도 인용하지 않는다.
9. q.113, a.4.
10. 욥 14,4.

q.114, a.6

quocumque humano dono. Et ideo non est similis ratio de dono gratiae et de dono humano.[11]

Articulus 6
Utrum homo possit alteri mereri primam gratiam

Ad sextum sic proceditur. Videtur quod homo possit alteri mereri primam gratiam.

1. Quia Matth. 9, [2], super illud, *Videns Iesus fidem illorum* etc., dicit Glossa:[1] *Quantum valet apud Deum fides propria, apud quem sic valuit aliena ut intus et extra sanaret hominem!* Sed interior sanatio hominis est per primam gratiam. Ergo homo potest alteri mereri primam gratiam.

2. Praeterea, orationes iustorum non sunt vacuae, sed efficaces; secundum illud Iac. ult., [16]: *Multum valet deprecatio iusti assidua.* Sed ibidem praemittitur: *Orate pro invicem ut salvemini.*

---

11. Cf. I, q.23, a.5. "공로들에 대한 하느님의 예지가 예정의 원인인가?" 예수회의 몰리나(Luis de Molina, 1535-1600)가 제언하는 성 토마스에 대한 해석은 토마스주의자들과 몰리나의 추종자들 사이에 격렬한 논쟁을 낳았고, 저 유명한 '조력은총 논쟁 회의'(Congregatio de auxiliis) 이후에 교황 바오로 5세에 의해서 1607년에 종결되었다.(DS 1090[=DH 1997]) 조력은총 논쟁에 대한 보다 상세한 설명을 보기 위해서는: 호세 사예스, 『은총론』, 윤주현 옮김, 수원가톨릭대학교출판부, 2011, 259-287 참조.

물들과 인간의 선물들은 그 근거가 서로 다르다.[11]

제6절 인간은 다른 사람을 위해 최초의 은총을 얻을 공로를 가질 수 있는가?

Parall.: Infra, a.7, ad2; *In Sent.*, II, d.27, q.1, a.6; III, d.19. q.1, a.5, qc.3, ad5; IV, d.45, q.2, a.1, qc.1; *De veritate*, q.29, a.7; *In Ep. I ad Tim.*, c.4, lect.2.

[반론] 여섯째에 대해서는 다음과 같이 진행된다. 사람은 어떤 다른 사람을 위한 최초의 은총을 얻을 수 있는 공로를 가지는 것으로 보인다.

1. 실상 마태오복음서 9장 [2절]의 "예수께서는 그들의 믿음을 보시고…"에 대해 표준 주석[1]은 이렇게 말한다. "사람을 내적으로나 외적으로 치유할 정도의 가치를 지니고 있다면, 하느님 앞에서 한 개인의 고유 신앙의 가치가 얼마나 큰지!" 그런데 인간의 내적 치유는 최초의 은총에 의해서 이루어진다. 그러므로 인간은 어떤 다른 이를 위해서 최초의 은총을 얻을 공로를 지니고 있다.

2. "의인의 간절한 기도는 큰 힘을 낸다."는 야고보서 마지막[5장] [16절]에 따르면, 의인의 기도들은 빈말이 아니라 효과적이다. 그런데 그 바로 직전에는 이렇게 말한다. "서로 남을 위해 기도하십시오. 그러면 여러분의 병이 낫게 될 것입니다." 그러므로 인간의 구원

---

1. Ordin.: PL 114, 115B.

Cum igitur salus hominis non possit esse nisi per gratiam, videtur quod unus homo possit alteri mereri primam gratiam.

3. Praeterea, Luc. 16, [9] dicitur: *Facite vobis amicos de mammona iniquitatis, ut cum defeceritis, recipiant vos in aeterna tabernacula.* Sed nullus recipitur in aeterna tabernacula nisi per gratiam, per quam solam aliquis meretur vitam aeternam, ut supra[2] dictum est. Ergo unus homo potest alteri acquirere, merendo, primam gratiam.

SED CONTRA est quod dicitur Ierem. 15, [1]: *Si steterint Moyses et Samuel coram me, non est anima mea ad populum istum,* qui tamen fuerunt maximi meriti apud Deum. Videtur ergo quod nullus possit alteri mereri primam gratiam.

RESPONDEO dicendum quod, sicut ex supradictis[3] patet, opus nostrum habet rationem meriti ex duobus. Primo quidem, ex vi motionis divinae, et sic meretur aliquis ex condigno. Alio modo habet rationem meriti, secundum quod procedit ex libero arbitrio, inquantum voluntarie aliquid facimus. Et ex hac parte est meritum congrui, quia congruum est ut, dum homo bene

---

2 a.2; q.109, a.5.

은 오로지 은총을 통해서만 이루어질 수 있기 때문에, 한 사람이 다른 사람을 위해 최초의 은총을 얻을 공로를 지니고 있는 것으로 보인다.

   3. 루카복음서 16장 [9절]에서는 이렇게 말한다. "불의한 재물로라도 친구를 만들어라. 그래서 재물이 없어질 때에 그들이 너희를 영원한 거처로 맞아들이게 하여라." 그러나 위에서[2] 말한 것처럼, (그것을 통해서만 영원한 생명을 누릴 공로를 가지게 되는) 은총을 통하지 않고서는 아무도 영원한 생명을 누릴 수 없다. 그러므로 한 사람이 공로를 통해 다른 사람을 위해 최초의 은총을 얻을 수 있다.

[재반론] 그러나 반대로, 예레미야서 15장 [1절]에서는 이렇게 말한다. "모세와 사무엘이 내 앞에 서서 간청하더라도, 내 마음을 이 백성에게 돌리지 않겠다." 하지만 이 사람들의 공로는 하느님 앞에서 매우 높았다. 그러므로 아무도 어떤 다른 이를 위한 최초의 은총을 얻을 공로를 가질 수 없는 것으로 보인다.

[답변] 위에서[3] 말한 것으로부터 명백하듯이, 우리의 행업은 두 가지 요소 덕분에 공로의 성격을 가지고 있다. 첫째, 신적 움직임의 힘에 의해서, 그리고 이것에 기초해서 어떤 사람은 당당한 공로가 있다. 그리고 우리가 의도적으로 무언가를 할 때 자유재량으로 그것을 전개하는 데 따라서 우리의 행업은 2차적으로 공로의 이유를 가지고 있다. 그리고 적합함의 공로가 발생하는 곳이 바로 여기이다. 왜냐하면 어떤 사람이 자신의 능력을 선용(善用)하는 한에서, 하느님이

---

3. aa.1 et 3-4.

utitur sua virtute, Deus secundum superexcellentem virtutem excellentius operetur.

Ex quo patet quod merito condigni nullus potest mereri alteri primam gratiam[4] nisi solus Christus. Quia unusquisque nostrum movetur a Deo per donum gratiae ut ipse ad vitam aeternam perveniat, et ideo meritum condigni ultra hanc motionem non se extendit. Sed anima Christi mota est a Deo per gratiam non solum ut ipse perveniret ad gloriam vitae aeternae, sed etiam ut alios in eam adduceret, inquantum est caput Ecclesiae et auctor salutis humanae; secundum illud *ad Heb.* 2, [10]: *Qui multos filios in gloriam adduxerat, auctorem salutis* et cetera.[5]

Sed merito congrui[6] potest aliquis alteri mereri primam gratiam. Quia enim homo in gratia constitutus implet Dei voluntatem, congruum est, secundum amicitiae proportionem, ut Deus impleat hominis voluntatem in salvatione alterius, licet quandoque possit habere impedimentum ex parte illius cuius aliquis sanctus iustificationem desiderat. Et in hoc casu loquitur auctoritas Ieremiae ultimo inducta.[7]

---

4. Cf. II-II, q.83, a.15, ad2.
5. Cf. III, q.8, a.2; q.19, a.4; q.48, a.1. 저자는 이어서 이 주제를 보다 광범위하게 논할 것이다.(III, q.8) 그럼에도 불구하고 여기 (완전해지기 위해서는 그리스도론에서 경계를 넘어갈 필요가 있는) 은총에 관한 논고에서 그것을 강조하지 않을 수 없다. 사도 바오로의 서간에의 호소는 즉발적이다. 왜냐하면 성 토마스에게 그의

당신의 초월적 탁월성의 능력에 따라 보다 탁월한 방식으로 작용하시는 것이 적합하기 때문이다.

이리하여 그리스도 이외에는 그 누구도 당당한 공로에 의해서 어떤 이를 위한 최초의 은총[4]을 얻을 공로를 가지고 있을 수 없다는 것이 분명하다. 왜냐하면 우리는 하느님의 은총의 선물을 통해서 각자 영원한 삶에 이르는 방식으로 움직여지기 때문이다. 따라서 당당한 공로는 이 움직임 너머로 확장되지 못한다. 그런데 그리스도의 영혼은 하느님에 의하여 은총을 통해서, 그 자신이 영원한 삶의 영광에 도달할 뿐만 아니라 또한 (교회의 머리이자 인간적 구원의 주역으로서의 그의 역할 안에서) 다른 이들도 그 영광으로 인도할 것이다. 히브리서 2장 [10절]에서는 이렇게 말한다. "하느님께서는 많은 자녀들을 영광으로 이끌어 들이시면서, 그들을 위한 구원의 영도자를 고난으로 완전하게 만드신 것은 당연한 일이었습니다."[5]

하지만 사람은 적합한 공로[6]에 의해서 어떤 다른 이를 위한 최초의 은총의 공로를 가질 수 있다. 왜냐하면 은총의 상태에 있는 사람은 하느님의 뜻을 채우기 때문에, 우정의 비례에 따라 어떤 다른 사람의 구원과 관련하여 가지고 있는 인간의 뜻을 하느님이 채우는 것이 적합하기 때문이다. 그러나 종종, 어떤 경건한 사람에 의해서 그 의화가 갈망되는, 그 대상 측으로부터의 장애가 있을 수 있다. 예레미야서의 권위 있는 텍스트는 이 방금 말한 경우에 발생한다.[7]

14개 서간은 "그리스도의 은총에 대한" 백과사전을 형성하기 때문이다. 특히 히브리서는 그의 눈에 "은총에 관한 으뜸 논고"(de gratia capitis)이다.(Cf. *In Ep. D. Pauli,* Prol.)

6. 또한 엄밀하게. Cf. supra, a.3, c et nota 2.
7. Cf. II-II, q.83, a.7, ad2.

AD PRIMUM ergo dicendum quod fides aliorum valet alii ad salutem merito congrui, non merito condigni.

AD SECUNDUM dicendum quod impetratio orationis innititur misericordiae, meritum autem condigni innititur iustitiae.[8] Et ideo multa orando impetrat homo ex divina misericordia, quae tamen non meretur secundum iustitiam; secundum illud Dan. 9, [18]: *Neque enim in iustificationibus nostris prosternimus preces ante faciem tuam, sed in miserationibus tuis multis.*

AD TERTIUM dicendum quod pauperes eleemosynas recipientes dicuntur recipere alios in aeterna tabernacula, vel impetrando eis veniam orando;[9] vel merendo per alia bona ex congruo; vel etiam materialiter loquendo, quia per ipsa opera misericordiae quae quis in pauperes exercet, meretur recipi in aeterna tabernacula.[10]

---

8. Cf. II-II, q.83, a.16, ad2.
9. Cf. II-II, q.32, a.9, ad2.
10. "이렇게 몽포르의 루도비코(Ludovico M. Grignon De Montfort)에 의해서 설교된 복되신 동정녀 마리아를 향한 참된 신심이 설명된다. 우리의 업적들 안에서 남들에게 전해 줄 수 있는 것을 그녀에게 봉헌하기 때문이다. 이렇게 우리는 전해 줄 수 없는 '적합한(de condigno) 공로'도, 그분의 기도로 우리를 위해 그것들이 보존되고 성장되도록, 그녀에게 봉헌한다. 그리고 사죄(死罪)의 경우에는 자신이 저지른 죄로 인해 얻게 될 해와 벌에 대한 두려움에서 오는 (하등)통회(attritio)의 은총이 아니라, 비례적으로 하느님께 대한 배신으로 하느님의 마음을 상하게 해 드린 것을 깊이 뉘우치고, (상등)통회의 열정과 같은 등급의 공로들이 회복될 수 있도록 열렬한 (상등)통회(contritio)의 은총이 얻어질 수 있도록

[해답] 1. 다른 사람들의 신앙은 당당한 공로가 아니라 적합한 공로에 의해서 다른 사람의 구원에 도움이 되는 가치를 지니고 있다.

2. 기도의 성취는 자비에 달려 있지만, 당당한 공로는 정의에 달려 있다.[8] 그래서 어떤 사람은 하느님의 자비에 매달림으로써 많은 것을 얻지만, 정의에 따라 그것들에 대한 공로가 있는 것은 아니다. 그래서 다니엘서 9장 [18절]에서는 이렇게 말한다. "저희가 당신 앞에 간청을 올리는 것은 저희의 어떤 의로운 업적이 아니라, 당신의 크신 자비 때문입니다."

3. 사람들은 자선을 받는 가난한 이가, 기도로 다른 이들을 위해 용서를 청함으로써,[9] 또는 적절하게 다른 선행들을 통해 사람들에게 그것을 얻을 공로가 있어서, 또는 심지어 물질적으로 말해서 누군가가 가난한 이들에게 시행하는 바로 그 자비의 업적에 의해서 영원한 거처에 받아들여질 공로가 있다는 점에서, 영원한 거처에 그들을 받아들이는 것이라고 말한다.[10]

그녀에게 봉헌된다.(Cf. III, q.89, a.2) 또한 우리는 우리의 선한 업적들 안에서 지상이나 연옥의 다른 영혼들에게 전해 줄 수 있는 모든 것, 곧 '적합한' 공로, 기도, 보속도 동정녀 마리아에게 봉헌한다. 그것들을 더욱 절실히 필요로 하는 영혼들에게, 특히 우리의 기도에 맡겨져 있는 영혼들에게 나눠질 수 있도록. (…) 이렇게 우리는 성인들의 통공의 신비에 가장 심층적으로 들어간다."(Garrigou-Lagrange, *op. cit.*, p.309)

여기서 말하는 '상등통회'(上等痛悔, contritio)란 사랑과 자비로 무수한 은혜를 베풀어 주신 하느님께 대한 배신으로 그분의 마음을 상하게 해 드린 것을 깊이 뉘우치며 아파하는 완전한 통회를 가리키고, '하등통회'(下等痛悔, attritio)란 자신이 저지른 죄로 인해 자신에게 돌아오게 될 해악과 받게 될 벌에 대한 두려움에서 후회하고 뉘우치는 불완전한 통회를 가리킨다.

Articulus 7
Utrum homo possit sibi mereri reparationem post lapsum[1]

Ad septimum sic proceditur. Videtur quod aliquis possit mereri sibi ipsi reparationem post lapsum.

1. Illud enim quod iuste a Deo petitur, homo videtur posse mereri. Sed nihil iustius a Deo petitur, ut Augustinus dicit, quam quod reparetur post lapsum; secundum illud Psalmi 70, [9]: *Cum defecerit virtus mea, ne derelinquas me, Domine.* Ergo homo potest mereri ut reparetur post lapsum.

2. Praeterea, multo magis homini prosunt opera sua quam prosint alii. Sed homo potest aliquo modo alteri mereri reparationem post lapsum, sicut et primam gratiam. Ergo multo magis sibi potest mereri ut reparetur post lapsum.

3. Praeterea, homo qui aliquando fuit in gratia, per bona opera quae fecit, meruit sibi vitam aeternam; ut ex supradictis[2] patet. Sed ad vitam aeternam non potest quis pervenire nisi reparetur per gratiam. Ergo videtur quod sibi meruit reparationem per gratiam.

---

[1] 문제는, 우리가 위에서(제5절) 본 것처럼 은총의 복원의 공로를 얻을 수 없는, 이미 죄에 떨어진 사람과 연결되는 것이 아니라, 은총 지위에 있는 사람과 연결된다. 사람은, 하느님과 우애의 관계를 맺고 있는 경우에, 장차의 어떤 사죄(死罪)에 떨어질 때를 대비해서 자기 자신에게 자신의 회개를 위한 공로를 얻을 수 있는가?

제7절 인간은 자기 자신에게 타락 이후에 복원되는 공로를 얻을 수 있는가?[1]

Parall.: *In Sent.*, II, d.27, q.1, a.4, ad3; a.6; *In Ep. ad Heb.*, c.6, lect.3.

[반론] 일곱째에 대해서는 다음과 같이 진행된다. 사람은 타락한 이후에 스스로 복원될 수 있는 공로를 가지고 있는 것으로 보인다.

1. 실상 사람은 그가 하느님으로부터 의당히 청하는 것에 대해 공로를 가질 수 있다. 그런데 아우구스티누스가 말하는 것처럼, 그 어떤 것도 타락 이후에 복원되는 것보다 더 정당하게 하느님께 청하게 되는 것은 없다. 실상 시편 71[70]편 [9절]에서는 이렇게 말한다. "주님, 저의 기운이 다한 지금, 저를 내버리지 마소서." 그러므로 사람은 타락 이후에 치유의 공로를 가질 수 있다.

2. 사람의 업적은 어떤 다른 이에게보다는 자기 자신에게 훨씬 더 유익하다. 그런데 사람은 어떤 면에서, 최초의 은총처럼, 다른 이의 타락 이후에 복원될 다른 사람이 타락 이후에 복원되게 할 공로를 가질 수 있다. 그러므로 사람은 타락 이후에 스스로 복원될 수 있는 공로를 가질 수 있다.

3. 언젠가 은총 안에 있었던 사람은, 위에서[2] 말한 것으로부터 명백하듯이, 그 자신이 행한 선한 업적들을 통해서 스스로 영원한 삶의 공로를 지니고 있었다. 그러나 은총을 통해 복원되지 않고서는 아무도 영원한 삶에 도달할 수 없다. 그러므로 그가 스스로 은총을 통한 복원의 공로를 가졌던 것으로 보인다.

---

2. a.2; q.109, a.5.

SED CONTRA est quod dicitur Ezech. 18, [24]: *Si averterit se iustus a iustitia sua, et fecerit iniquitatem; omnes iustitiae eius quas fecerat, non recordabuntur.*[3] Ergo nihil valebunt ei praecedentia merita ad hoc quod resurgat. Non ergo aliquis potest sibi mereri reparationem post lapsum futurum.[4]

RESPONDEO dicendum quod nullus potest sibi mereri reparationem post lapsum futurum, neque merito condigni, neque merito congrui. Merito quidem condigni hoc sibi mereri non potest, quia ratio huius meriti dependet ex motione divinae gratiae,[5] quae quidem motio interrumpitur per sequens peccatum. Unde omnia beneficia quae postmodum aliquis a Deo consequitur, quibus reparatur, non cadunt sub merito; tanquam motione prioris gratiae usque ad hoc non se extendente.

Meritum etiam congrui quo quis alteri primam gratiam meretur,[6] impeditur ne consequatur effectum, propter impedimentum peccati in eo cui quis meretur. Multo igitur magis impeditur talis meriti efficacia per impedimentum quod est et in eo qui meretur et in eo cui meretur, hic enim utrumque

---

3. Cf. III, q.88, a.1, ad3: 이전의 의로운 일들은, 영원한 생명의 공로가 있었던 한에서, [나중에 범한 죄에 의해서] 망각으로 넘어간다고 말해진다. Cf. Ibid., q.89, a.4, sc et ad1-2.
4. 만일 우리가 "어떤 식으로도" 죄로부터 다시 일어나는 공로를 얻을 수 없는 것이

[재반론] 그러나 반대로, 에제키엘서 18장 [24절]에서는 이렇게 말한다. "만일 의인이 자기 정의를 버리고 돌아서서 불의를 저지르고, 악인이 저지르는 온갖 역겨운 짓을 따라 하면, 살 수 있겠느냐? 그가 실천한 모든 정의는 기억되지 않을 것이다."[3] 그러므로 그의 이전의 공로들은 그가 다시 일어서는 데에 전혀 쓸 수 없을 것이다. 따라서 사람은 어떤 미래의 타락 이후에 스스로 복원의 공로를 가질 수 없다.[4]

[답변] 아무도 당당한 공로에 의해서든, 적합한 공로에 의해서든, 스스로 미래의 타락 이후에 복원될 공로를 가질 수 없다. 그가 그것에 대해 스스로 당당한 공로에 의해서 공로를 얻을 수 없는 이유는 이 공로의 근거가 신적 은총의 움직임에 달려 있고,[5] 또 이 움직임은 이어지는 죄에 의해서 단절되기 때문이다. 이리하여 누군가가 나중에 하느님으로부터 받고 그럼으로써 그에게 복원되는 모든 유익은 공로에 포함되지 않는다. 이 선행 은총의 움직임은 이것으로 확장되지 않는다고 말해야 한다.

더욱이, 누군가가 다른 누군가를 위해 최초의 공로를 얻는 적합한 공로[6]는 그 공로의 수혜자가 될 사람 안에 있는 죄라는 장애물에 의해서 그 결과에 도달하는 것이 막혀 있다. 그러므로 공로의 이런 효력은 공로를 가지고 있는 이와 그 공로의 수혜자 둘 다에게 있는 어떤 장애에 의해서 훨씬 더 크게 차단된다. 왜냐하면 여기서 그 둘은

사실이라면, 우리가 언제나 기도를 통해 이 무한한 자비의 행위를 얻을 수 있다는 것도 사실이다.(Cf. II-II, q.87, a.16)
5. Cf. a.6.
6. Cf. Ibid.

in unam personam concurrit. Et ideo nullo modo aliquis potest sibi mereri reparationem post lapsum.

Ad primum ergo dicendum quod desiderium quo quis desiderat reparationem post lapsum, iustum dicitur, et similiter oratio, quia tendit ad iustitiam. Non tamen ita quod iustitiae innitatur per modum meriti, sed solum misericordiae.[7]

AD SECUNDUM dicendum quod aliquis potest alteri mereri ex congruo primam gratiam, quia non est ibi impedimentum saltem ex parte merentis. Quod invenitur dum aliquis post meritum gratiae a iustitia recedit.

AD TERTIUM dicendum quod quidam[8] dixerunt quod nullus meretur absolute vitam aeternam, nisi per actum finalis gratiae; sed solum sub conditione, *si perseverat.*—Sed hoc irrationabiliter dicitur, quia quandoque actus ultimae gratiae non est magis meritorius, sed minus, quam actus praecedentis, propter aegritudinis oppressionem.

Unde dicendum quod quilibet actus caritatis meretur absolute vitam aeternam. Sed per peccatum sequens ponitur impedimentum praecedenti merito, ut non sortiatur effectum,[9]

---

7. Cf. Ibid., ad2.
8. 저자가 이렇듯 활기차게 논전을 벌이는 이 신학자들은 과연 누구인가? 그들 가운데에는 분명 보나벤투라도 포함되어 있다.(Cf. Bonaventura, *In Sent.*, II, d.28, dub.2; III, d.24, a.1, q.1; IV, d.14, P.2, a.2, q.1[concl.]).
9. 의로운 사람은 "(만일 은총 안에서 죽었다면) 영원한 생명과 자신의 영원한 생명

단 한 사람으로 수렴되기 때문이다. 그래서 사람은 스스로 타락 이후에 복원의 공로를 가질 수 없다.

[해답] 1. 사람이 타락 이후의 복원을 바라는 갈망과, 또 마찬가지로 그것을 위한 기도는 정당하다고 불리는데, 그 이유는 그것들이 정의를 향해 기울기 때문이다. 그러나 이것은 그들이 공로의 방식으로 정의에 의존하기 때문이 아니라, 오로지 자비의 방식으로 의존하기 때문이다.[7]

2. 누군가는 적합함에 의해서 어떤 다른 이를 위한 최초의 은총을 얻을 공로를 가질 수 있다. 왜냐하면 그런 경우에는 적어도 공로를 지니고 있는 이 측에 아무런 장애가 없기 때문이다. 그런데 누군가가 은총에 의해서 공로를 얻은 이후에 정의로부터 떨어져 나갈 때에는 장애가 발생한다.

3. 어떤 이들[8]은, 최종적 은총의 행위를 통해서가 아니라면, 아무도 절대적인 의미에서 영원한 삶을 누릴 공로를 가지고 있지 않다고 말했다. 그러나 이는 오로지 '만일 그가 항구하다면'이라는 조건 아래에서만 그렇다.─그런데 이것은 만족스럽지 못하다. 왜냐하면 종종 최종 은총의 행위는 질병의 압박 때문에, 이전의 은총의 행위보다 더 공로가 있는 것이 아니라, 오히려 공로가 더 적기 때문이다.

이리하여 우리의 응수는 참사랑의 어떤 행위가 절대적인 의미에서 영원한 생명의 공로가 있다는 것이어야 한다. 그러나 이어지는 죄에 의해서 선행하는 공로의 길에 장애가 놓이게 되고, 그래서 그것은 그 고유의 결과를 내지 못한다.[9] 그래서도 자연적 원인들은 개입하는

에 도달"할 공로가 있다. Conc. Trid., sess.VI, can.32: DS 842[=DH 1582]. 만일 은

sicut etiam causae naturales deficiunt a suis effectibus propter superveniens impedimentum.¹⁰

Articulus 8
Utrum homo possit mereri augmentum gratiae vel caritatis

Ad octavum sic proceditur. Videtur quod homo non possit mereri augmentum gratiae vel caritatis.

1. Cum enim aliquis acceperit praemium quod meruit, non debetur ei alia merces, sicut de quibusdam dicitur Matth. 6, [5]: *Receperunt mercedem suam.* Si igitur aliquis mereretur augmentum caritatis vel gratiae, sequeretur quod, gratia augmentata, non posset ulterius expectare aliud praemium. Quod est inconveniens.

총 안에서 죽었다면=만일 사죄(死罪)를 통해 그의 공로들이 사라지지 않는다면.

10. 여기서는 '성장'의 표상이 다시 소환되고 있다: 어떤 장애가 개입하지 않는 한, 목적은 이미 시초 또는 원리 속에 함축되어 있다. Cf. a.3, ad3.

어떤 장애에 부딪혀 그 결과에 이르지 못한다.[10]

제8절 인간은 은총이나 참사랑을 성장시키는 공로를 얻을 수 있는가?

Parall.: *In Sent.*, II, d.27, a.5; *In Joan.*, c.10, lect.4.
Doctr. Eccl.: "의화된 이가 하느님의 은총과 예수 그리스도의(의화된 이는 그분의 살아 있는 지체이다.) 공로를 통해서 행한 선행들로써 은총의 성장과 영원한 생명, 그리고 (설령 그가 은총 지위의 상태에서 죽는다고 하더라도) 이 영원한 생명의 획득도 영광의 성장도 실제로는 얻지 못한다고 말하는 자는 파문될 것이다."(트리엔트공의회, 제6회기, 제32조) DS 842[=DH 1582]. Cf. DS 803[=DH 1535], DS 809sq.[=DH 1545sq.], DS 834[=DH 1574], DS 1044[=DH 1944].

[반론] 여덟째에 대해서는 다음과 같이 진행된다. 인간은 은총이나 참사랑을 성장시키는 공로를 얻을 수 없는 것으로 보인다.

1. 실상 누군가가 자신의 공로로 상급(premium)을 받았을 때, 어떤 다른 품삯도 그에게 마땅하지 않기 때문이다. 이에 대해 마태오복음서 6장 [5절]에서는 어떤 사람들에 대해서 "그들은 자기들이 받을 품삯(merces)을 이미 받았다."고 말한다. 그러므로 만일 어떤 이가 참사랑이나 은총을 성장시키는 공로를 가지고 있었다면, 일단 은총이 성장되었으면, 더 이상 어떤 다른 상급(praemium)도 기대할 수 없었다는 결론이 나올 터인데, 이것은 부자연스럽다.

2. Praeterea, nihil agit ultra suam speciem. Sed principium meriti est gratia vel caritas, ut ex supradictis[1] patet. Ergo nullus potest maiorem gratiam vel caritatem mereri quam habeat.

3. Praeterea, id quod cadit sub merito, meretur homo per quemlibet actum a gratia vel caritate procedentem, sicut per quemlibet talem actum meretur homo vitam aeternam. Si igitur augmentum gratiae vel caritatis cadat sub merito, videtur quod per quemlibet actum caritate informatum aliquis meretur augmentum caritatis. Sed id quod homo meretur, infallibiliter a Deo consequitur, nisi impediatur per peccatum sequens, dicitur enim II *ad Tim.* 1, [12]: *Scio cui credidi, et certus sum quia potens est depositum meum servare.* Sic ergo sequeretur quod per quemlibet actum meritorium gratia vel caritas augeretur. Quod videtur esse inconveniens, cum quandoque actus meritorii non sint multum ferventes, ita quod sufficiant ad caritatis augmentum. Non ergo augmentum caritatis cadit sub merito.

SED CONTRA est quod Augustinus dicit, *super Epist. Ioan.*,[2] quod *caritas meretur augeri, ut aucta mereatur perfici.* Ergo augmentum caritatis vel gratiae cadit sub merito.

---

1. aa.2 et 4.
2. Epist.186, al. 106, c.3: PL 33, 819.

2. 아무것도 자기 고유의 종[의 한계]를 넘어 활동할 수 없다. 그런데 이미[1] 말한 것으로부터 명백하듯이, 공로의 원리는 은총 또는 참사랑이다. 그러므로 아무도 자기 자신이 실제로 지니고 있는 것보다 더 큰 은총이나 참사랑의 공로를 가지고 있을 수 없다.

3. 인간은 은총이나 참사랑으로부터 전개되는 행위를 통해서 공로의 범주에 드는 것을 얻을 공로가 있다. 예컨대 그는 그런 행위로 영원한 생명을 얻을 공로를 가지고 있다. 그러므로 은총이나 참사랑의 성장이 공로에 속한다면, 사람은 참사랑에 의해서 활성화된 행위에 의하여 참사랑을 성장시킬 수 있는 공로를 가지고 있는 것으로 보인다. 그러나 나중에 죄를 통해 장애가 발생하지만 않는다면, 어떤 사람이 공로를 가지고 있는 것을 하느님으로부터 틀림없이 받게 될 것이다. 왜냐하면 티모테오 2서 1장 [12절]에서는 "나는 내가 누구를 믿는지 잘 알고 있으며, 또 내가 맡은 것을 그분께서 그날까지 지켜 주실 수 있다고 확신합니다."라고 말하기 때문이다. 이리하여 은총이나 참사랑이 어떤 공로가 되는 행위에 의해서 성장하리라는 결론이 나올 것이다. 그런데 이것은 부적절하다. 왜냐하면 공로가 되는 행위들은 참사랑의 성장에 충분할 정도로 특별히 더 뜨거운 것이 아니기 때문이다. 그러므로 참사랑에 있어서의 성장은 공로에 속하지 않는다.

[재반론] 그러나 반대로, 아우구스티누스는 『요한서간 강해』[2]에서 이렇게 말하고 있다. "참사랑은 성장의 공로가 있고, 그래서 더 크게 자라나 완성에 이를 공로가 있다." 그러므로 참사랑이나 은총에 있어서의 성장은 공로에 속한다.

RESPONDEO dicendum quod, sicut supra[3] dictum est, illud cadit sub merito condigni, ad quod motio gratiae se extendit. Motio autem alicuius moventis non solum se extendit ad ultimum terminum motus, sed etiam ad totum progressum in motu. Terminus autem motus gratiae est vita aeterna, progressus autem in hoc motu est secundum augmentum caritatis vel gratiae,[4] secundum illud *Prov.* 4, [18]: *Iustorum semita quasi lux splendens procedit, et crescit usque ad perfectum diem*, qui est dies gloriae. Sic igitur augmentum gratiae cadit sub merito condigni.[5]

AD PRIMUM ergo dicendum quod praemium est terminus meriti. Est autem duplex terminus motus, scilicet ultimus; et medius, qui est et principium et terminus. Et talis terminus est merces augmenti. Merces autem favoris humani est sicut ultimus terminus his qui finem in hoc constituunt, unde tales nullam aliam mercedem recipiunt.

AD SECUNDUM dicendum quod augmentum gratiae non est supra virtutem praeexistentis gratiae, licet sit supra quantitatem ipsius, sicut arbor, etsi sit supra quantitatem seminis, non est tamen supra virtutem ipsius.[6]

---

3. aa.3 et 6-7.
4. Cf. II-II, q.24, a.4.
5. 영성 생활에서의 진보는 특전적인 영혼들의 어떤 행복한 예외라고 개념되어서는 안 된다고 논증을 펴기 쉽지만, 그것은 은총 지위에 있는 모든 영혼들의 통상적

[답변] 위에서도³ 말한 것처럼, 은총의 움직임이 적용되는 것은 당당한 권리에 속한다. 그런데 여하한 기동자(起動者)의 운동도 움직임의 최종적 끝뿐만 아니라 그 움직임의 발전 전체로도 확장된다. 그런데 은총의 움직임의 종점은 영원한 생명이고, 이 움직임의 발전은 참사랑이나 은총의 성장에 따라서 발생한다.⁴ 잠언 4장 [18절]에서는 "의로운 이의 길은 낮[즉 영광의 낮]을 완성하기까지 자라나고 확산되는 찬란한 빛살과 같다."고 말하고 있다. 그러므로 이런 식으로 은총의 성장은 당당한 공로에 속한다.⁵

[해답] 1. 상급은 공로의 종점이다. 그런데 어떤 움직임의 끝에는 두 종류가 있다. 하나는 최종적 끝이고, 다른 하나는 시작이기도 하고 끝이기도 한 중간적인 끝이다. 후자는 성장에서 성립되는 상급이다. 그렇지만 인간 호의의 상급은 그것을 목적으로 삼는 자들에게는 최종 목적(종점)과 같다. 이리하여 이런 사람들은 어떤 다른 상급을 받지 않는다.

2. 은총의 성장은, 비록 양적으로는 더 커진다고 하더라도, 이미 현존하는 은총의 능력[의 범위]를 넘어가지 않는다. 이것은 나무가 비록 그 씨앗보다는 양적으로 크지만, 그 능력[의 범위]를 벗어나지 않는 것과 같다.⁶

인 조건이다. 하지만 신적인 싹은, 마치 생장적 삶처럼, 그것을 소유하고 있는 사람의 책임 있는 활동과 무관하게 전개되는 것이 아니다. 그러므로 그것은 인간의 복잡한 심리학의 모든 법칙들과 모든 추이를 따른다. 그 발전을 희석시키지 않기 위해서는 참사랑의 열정 속에서 살 필요가 있다. 그렇지 않으면 사죄(死罪)의 태세(dispositio)가 되는 가벼운 죄에 떨어질 위험에 노출된다.(Cf. supra q.88, a.3)

6. Cf. a.3, ad3.

AD TERTIUM dicendum quod quolibet actu meritorio meretur homo augmentum gratiae, sicut et gratiae consummationem, quae est vita aeterna. Sed sicut vita aeterna non statim redditur, sed suo tempore; ita nec gratia statim augetur, sed suo tempore; cum scilicet aliquis sufficienter fuerit dispositus ad gratiae augmentum.[7]

Articulus 9
Utrum homo possit perseverantiam mereri[1]

Ad nonum sic proceditur. Videtur quod aliquis possit perseverantiam mereri.

1. Illud enim quod homo obtinet petendo, potest cadere sub

---

7. Cf. q.52, a.3; II-II, q.24, a.6.

1. 항구함(perseverantia)에 대해서 저자는 이미 제109문 제10절에서 다룬 바 있다.

3. 사람은 공로가 되는 그 어떤 행위에 의해서도 그 은총의 완성인 영원한 생명을 누릴 공로가 있는 것과 마찬가지로, 은총의 성장의 공로도 가지고 있다. 그런데 영생은 단번에 허용되는 것이 아니라, 그 적절한 때에, 곧 그 사람이 은총 안에서의 성장에 충분히 준비되었을 때에 허용된다.[7]

제9절 인간은 항구함의 공로를 얻을 수 있는가?[1]

Doctr. Eccl.: "다시 태어나고 치유된 이들도 좋은 목표에 이르고 선행에 머무를 수 있기 위해서는 하느님의 도우심을 간청해야 한다."(제2차 오랑주 교회회의[529년] 제10조) DS 183[=DH 380]. — "서 있는 자를 꿋꿋이 서게 하고[로마 14,4], 넘어진 자를 다시 일어나게 하는 능력을 가지신 분이 아니면 어디서도 구원을 얻을 수 없다."(트리엔트공의회, 제6차 회기, 제13장) DS 806[=DH 1541]. — "특별한 계시로 알게 된 경우를 제외하고, 자신은 끝까지 견디는 위대한 선물[마태 19,22; 24,13 참조]을 확실히 받을 것이라고 절대적이며 그르칠 수 없는 확신을 가지고 말하는 자는 파문될 것이다."(같은 회기, 제16조) DS 826[=DH 1566]. — "의화된 이가 하느님의 특별한 도움 없이도, 받은 의로움 안에 항구하게 머물 수 있다거나 또는 도움이 있어도 항구하게 머물 수 없다고 말하는 자는 파문될 것이다."(같은 회기, 제22조) DS 832[=DH 1572].

[반론] 아홉째에 대해서는 다음과 같이 진행된다. 사람은 항구함의 공로를 가질 수 있는 것으로 보인다.

1. 실상 사람이 청함으로써 얻는 것은 은총을 가지고 있는 이의

하지만 그 텍스트에서는 끝까지 항구하게 남아 있기 위한 하느님의 도우심, 곧 현실적 은총의 필요성을 고찰하는 데 반해, 여기서는 그런 도우심이 공로를 얻을 수 있는지를 묻고 있다. 이것은 동일한 것이 아니다. 한편 덕으로서의 항구함에 대해서는 제2부 제2편 제137문 제4절에서 논하게 될 것이다.

merito habentis gratiam. Sed perseverantiam petendo homines a Deo obtinent, alioquin frustra peteretur a Deo in petitionibus orationis dominicae, ut Augustinus exponit, in libro *de Dono Persever.*[2] Ergo perseverantia potest cadere sub merito habentis gratiam.

2. Praeterea, magis est non posse peccare quam non peccare. Sed non posse peccare cadit sub merito, meretur enim aliquis vitam aeternam, de cuius ratione est impeccabilitas. Ergo multo magis potest aliquis mereri ut non peccet, quod est perseverare.

3. Praeterea, maius est augmentum gratiae quam perseverantia in gratia quam quis habet. Sed homo potest mereri augmentum gratiae, ut supra[3] dictum est. Ergo multo magis potest mereri perseverantiam in gratia quam quis habet.

SED CONTRA est quod omne quod quis meretur, a Deo consequitur, nisi impediatur per peccatum. Sed multi habent opera meritoria, qui non consequuntur perseverantiam. Nec potest dici quod hoc fiat propter impedimentum peccati, quia hoc ipsum quod est peccare, opponitur perseverantiae; ita quod, si aliquis perseverantiam mereretur, Deus non permitteret aliquem cadere in peccatum. Non igitur perseverantia cadit sub merito.

---

2. c.2sqq.: PL 45, 996-999. Cf. *De corr. et grat.*, c.6: PL 44, 922.

공로에 속한다. 그런데 사람들은 항구함을 청함으로써 하느님에 의해서 그것을 얻는다. 그렇지 않으면 아우구스티누스가 『항구함의 은사』[2]에서 설명하고 있듯이, 그들은 '주님의 기도'의 청원문에서 그것을 헛되이 청하는 셈이 될 것이기 때문이다. 그러므로 항구함은 은총을 가지고 있는 이의 공로에 속한다.

2. '죄를 지을 수 없음'이 '죄를 짓지 않음'보다 더 위대하다. 그런데 죄를 지을 수 없음은 공로에 속한다. 왜냐하면 사람은 (그 근거가 바로 죄를 지을 수 없음인) 영원한 생명의 공로를 가지고 있기 때문이다. 그러므로 사람은 더더욱 죄를 짓지 않음의 공로를 가질 수 있다. 그리고 이것이 바로 그 항구함이다.

3. 은총의 성장은 사람이 지니고 있는 은총 안에서의 항구함보다 더 위대하다. 그런데 위에서도[3] 말한 것처럼, 인간은 은총을 성장시키는 공로를 가질 수 있다. 그러므로 자신이 지니고 있는 은총 안에서 항구함에 대해서는 더더욱 공로를 가질 수 있다.

[재반론] 그러나 반대로, 인간은, 죄를 통해 장애가 발생하지 않는 한, 공로를 가지고 있는 모든 것을 하느님으로부터 얻는다. 그런데 많은 이들이 공로가 되는 업적을 수행하였음에도 불구하고 항구함을 얻지 못한다. 그렇다고 이것이 죄의 장애에 기인하는 것이라고 말할 수도 없다. 왜냐하면 죄를 짓는다는 사실 자체가 항구함에 대립되기 때문이다. 그래서 만일 누군가가 항구함의 공로를 가지고 있어야 한다면, 하느님은 그가 죄에 떨어지는 것을 허용하시지 않을 것이다. 그러므로 항구함은 공로에 속하는 것이 아니다.

---

3. a.8.

q.114, a.9

Respondeo dicendum quod, cum homo naturaliter habeat liberum arbitrium flexibile ad bonum et ad malum,⁴ dupliciter potest aliquis perseverantiam in bono obtinere a Deo. Uno quidem modo, per hoc quod liberum arbitrium determinatur ad bonum per gratiam consummatam, quod erit in gloria.⁵ Alio modo, ex parte motionis divinae, quae hominem inclinat ad bonum usque in finem. Sicut autem ex dictis⁶ patet, illud cadit sub humano merito, quod comparatur ad motum liberi arbitrii directi a Deo movente, sicut terminus, non autem id quod comparatur ad praedictum motum sicut principium. Unde patet quod perseverantia gloriae, quae est terminus praedicti motus, cadit sub merito, perseverantia autem viae non cadit sub merito, quia dependet solum ex motione divina, quae est principium omnis meriti. Sed Deus gratis perseverantiae bonum largitur, cuicumque illud largitur.⁷

Ad primum ergo dicendum quod etiam ea quae non meremur, orando impetramus. Nam et peccatores Deus audit, peccatorum veniam petentes, quam non merentur, ut patet per Augustinum,⁸

---

4. Cf. I, q.64, a.2; II-II, q.14, a.3, ad3; q.137, a.4; III, q.79, a.6, ad1; q.86, a.1.
5. Cf. q.5, a.4; I, q.64, a.2; q.94, a.1.
6. aa.5 et 8.
7. "항구함은 오로지 은총의 보존 안에서만 성립되기 때문에, 그리고 은총의 보존은 그의 중단 없고 지속적인 산출 이외에 다른 것이 아니기[cf. I, q.104, a.1, ad4] 때문에, 그 어떤 것도 이미 존재하는 은총의 움직임의 끝인 새로운 종점을 가지고 있지 않다. 왜냐하면 '최초의 은총' 자체는 새로운 관계를 맺는 것이 아니라

[답변] 인간은 선으로 기울 수도 있고, 또 악으로 기울 수도 있는 자유재량을 본성적으로 소유하고 있기 때문에,[4] 사람이 하느님으로부터 오는 선(善)에 항구함을 얻는 데에는 두 가지 방식이 있다. 첫째는 자유재량이 완성된 은총을 통해서 선을 향해 규정되는 것이다. 이런 일은 영광의 상태에서 일어날 것이다.[5] 다른 방식은, 인간을 끝까지 선으로 기울게 하시는 하느님의 움직임 측에 있다. 그런데 이미[6] 말한 것으로부터 분명하듯이, 인간의 공로에 속하는 것은 (앞에서 말한 원리로서의 움직임이 아니라) 기동자(起動者)인 하느님에 의해서 인도되는 자유재량의 움직임의 종점이다. 이리하여 앞에서 말한 이 움직임의 종점인 영광 안에서의 항구함이 공로에 속한다는 것이 명백하다. 그런데 나그넷길에 있는 항구함은 공로에 속하지 않는다. 왜냐하면 그것은 오로지 모든 공로의 원리인 신적 운동에만 달려 있기 때문이다. 그러나 하느님은 항구함의 선물을 부여할 때, 그것을 무상으로 부여한다.[7]

[해답] 1. 우리는 기도 안에서 청함으로써 우리가 공로를 가지고 있지 않은 것들조차도 얻는다. 왜냐하면 아우구스티누스가 『항구함의 은사』에서 "하느님께서는 죄인들의 말을 들어주시지 않는다는 것을 우리는 알고 있다."는 요한복음서 9장 [31절]을 주해하면서 말하고 있는 것처럼,[8] 하느님은 자신의 죄에 대해 용서를 청하는 죄인들의

동일한 방식으로 관계 맺으며 보존을 끝마치는 것이기 때문이다. 그러므로 항구함은 공로 안에 포함되지 않는다."(Cajetanus in h. a.)
8. Tract.44 in Joan., n.13: PL 35, 1718.

super illud Ioan. 9, [31]: *Scimus quia peccatores Deus non exaudit*; alioquin frustra dixisset publicanus: *Deus, propitius esto mihi peccatori*, ut dicitur Luc. 18, [13].[9] Et similiter perseverantiae donum aliquis petendo a Deo impetrat vel sibi vel alii, quamvis sub merito non cadat.[10]

AD SECUNDUM dicendum quod perseverantia quae erit in gloria, comparatur ad motum liberi arbitrii meritorium sicut terminus, non autem perseverantia viae, ratione praedicta.[11]

Et similiter dicendum est AD TERTIUM, de augmento gratiae, ut per praedicta[12] patet.

Articulus 10
Utrum temporalia bona cadant sub merito

Ad decimum sic proceditur. Videtur quod temporalia bona cadant sub merito.

---

9. Cf. II-II, q.83, a.16, ad1; q.178, a.2, ad1.
10. 산출하다(producere), 공로가 있다(meritare), 간청(탄원)하다는 어떤 특정 사물을 보살피는 잘 구별된 세 가지 방식이다. 제109문 제10절에서는 항구함이 현실적 은총에 의해서 우리 안에 산출될 가능성이 배제된다. 현재의 절의 본론에서는 그것이 공로가 있을 가능성이 배제된다. 반면에 여기서는 "자기 자신을 위해서도 그리고 남들을 위해서도" 기도를 통해 간청(탄원)할 수 있다고 긍정되고 있다. 기도를 통한 간청(탄원)은 저 선물을 어떤 다른 길을 통해 얻을 수 없

기도조차도 들어주시기 때문이다. 그렇지 않으면 루카복음서 18장 [13절]에서 전하는 것처럼 "오, 하느님, 이 죄인을 불쌍히 여겨 주십시오." 하고 기도할 때 헛수고를 한 셈이었을 것이다.[9] 마찬가지로, 우리는 자기 자신을 위해서든 아니면 어떤 다른 사람을 위해서든 (비록 그것이 공로에 속하지는 않는데도 불구하고) 하느님께 항구함의 선물을 청함으로써 그것을 얻는다.[10]

2. 우리가 영광 속에서 가지게 될 항구함은, 위에서[11] 제시된 이유 때문에, 나그넷길에 있는 항구함이 아니라, 그 종점인 자유재량의 공로가 되는 움직임이다.

3. 이미[12] 말한 것으로부터 분명해지는 것처럼, 은총의 성장에 관한 반론3에 대해서도 같은 말을 해야 한다.

제10절 현세적 선은 공로에 포함되는가?

Parall.: II-II, q.122, a.5, ad4; III, q.89, a.6, ad3; *De Pot.*, q.6, a.9.

[반론] 열째에 대해서는 다음과 같이 진행된다. 현세적 선은 공로에 포함되는 것으로 보인다.

다는, 우리가 처한 불가능성의 확증이다. 그래서 실상 제2차 오랑주 교회 회의는 다음과 같이 표명하고 있다. "다시 태어나고 치유된 이들도 선한 목표에 이르고 선행에 머무를 수 있기 위해서는 하느님의 도우심을 간청해야 한다."(DS 183[=DH 380]) 병행 구절에 제시된 트리엔트공의회 결정문도 참조하라.(DS 806[=DH 1541])

11. 본론.
12. Ibid, et a.8.

1. Illud enim quod promittitur aliquibus ut praemium iustitiae, cadit sub merito. Sed temporalia bona promissa sunt in lege veteri sicut merces iustitiae, ut patet Deut. 28. Ergo videtur quod bona temporalia cadant sub merito.

2. Praeterea, illud videtur sub merito cadere, quod Deus alicui retribuit pro aliquo servitio quod fecit. Sed Deus aliquando recompensat hominibus pro servitio sibi facto, aliqua bona temporalia. Dicitur enim *Exod.* 1, [21]: *Et quia timuerunt obstetrices Deum, aedificavit illis[1] domos*; ubi Glossa Gregorii[2] dicit quod *benignitatis earum merces potuit in aeterna vita retribui, sed pro culpa mendacii, terrenam recompensationem accepit.* Et Ezech. 29, [18sq.] dicitur: *Rex Babylonis servire fecit exercitum suum servitute magna adversus Tyrum, et merces non est reddita ei*; et postea subdit: *Erit merces exercitui illius, et dedi ei terram Aegypti, pro eo quod laboraverit mihi.* Ergo bona temporalia cadunt sub merito.

3. Praeterea, sicut bonum se habet ad meritum, ita malum se habet ad demeritum. Sed propter demeritum peccati aliqui puniuntur a Deo temporalibus poenis, sicut patet de Sodomitis, *Gen.* 19. Ergo et bona temporalia cadunt sub merito.

---

1. Vulgata: "eis."
2. Glossa ord. super Ex., I, 19: PL 113, 187D-188A. Cf. Gregorius, *Moral.*, XVIII, c.3: PL 76, 41AB.

1. 사람들에게 정의에 대한 보상으로 약속되어 있는 것이 공로에 포함되기 때문이다. 그러나 신명기 28장에서 명백해지듯이, 옛 법에서 현세적 선들은 정의에 대한 보상으로 약속되었다. 그러므로 현세적 선은 공로에 포함되는 것으로 보인다.

2. 하느님은 누군가가 행한 어떤 봉사에 대해 보답하시는데, 이것은 공로에 포함되는 것으로 보인다. 그런데 하느님은 종종 누군가에게 그가 행한 봉사에 대해 현세적 선으로 보상하시기도 한다. 탈출기 1장 [21절]에서는 이렇게 말하기 때문이다. "산파들이 하느님을 경외하였기 때문에, 하느님께서는 그들의[1] 집안을 일으켜 주셨다." 그레고리우스의 주석[2]은 이렇게 말한다. "그들의 동정심에 대한 보상으로 그들에게 영원한 삶이 주어졌을 수도 있기 때문이다. 하지만 거짓의 죄 때문에 그들은 어떤 지상적 보상을 받았다." 또한 에제키엘서 29장 [18절 이하]에서는 이렇게 말한다. "바빌론 임금 [네부카드네자르]는 티로를 치려고 자기 군대에게 힘겨운 일을 시켰다. 그 보상을 그 자신도 그의 군대도 티로에서 받지 못하였다." 그리고 조금 뒤에 가서는 이렇게 덧붙인다. "그의 군대에 대한 보상이 있을 것이고, 나는 그에게 이집트의 땅을 주었다. 왜냐하면 그가 수고한 것은 바로 나를 위해서이기 때문이다." 그러므로 현세적 선은 공로의 범위 내에 든다.

3. 선이 공로와 연관되듯이, 악도 과실(demeritum)과 연관된다. 그런데 사람들은, 우리가 소돔 사람들(창세 19장)에게서 볼 수 있듯이, 죄의 과실(過失) 때문에 하느님에 의해서 현세적 처벌들로 처벌받는다. 그러므로 현세적 선들 역시 공로에 포함된다.

q.114, a.10

SED CONTRA est quod illa quae cadunt sub merito, non similiter se habent ad omnes. Sed bona temporalia et mala similiter se habent ad bonos et malos; secundum illud *Eccle.* 9, [2]: *Universa aeque eveniunt[3] iusto et impio, bono et malo, mundo et immundo, immolanti victimas et sacrificia contemnenti.* Ergo bona temporalia non cadunt sub merito.[4]

RESPONDEO dicendum quod illud quod sub merito cadit, est praemium vel merces, quod habet rationem alicuius boni. Bonum autem hominis est duplex, unum simpliciter, et aliud secundum quid. Simpliciter quidem bonum hominis est ultimus finis eius, secundum illud Psalmi 72, [28]: *Mihi autem adhaerere Deo bonum est*:[5] et per consequens omnia illa quae ordinantur ut ducentia ad hunc finem. Et talia simpliciter cadunt sub merito.— Bonum autem secundum quid et non simpliciter hominis, est quod est bonum ei ut nunc, vel quod ei est secundum aliquid bonum. Et huiusmodi non cadunt sub merito simpliciter, sed secundum quid.

Secundum hoc ergo dicendum est quod, si temporalia bona considerentur prout sunt utilia ad opera virtutum,[6] quibus perducimur in vitam aeternam, secundum hoc directe et simpliciter cadunt sub merito, sicut et augmentum gratiae,

---

3. Vulgata: *"eveniant."*
4. 본질적으로 절의 이 결론이 남는다. 하지만 논거의 단호한 음조는 받아들일 수

[재반론] 그러나 반대로, 공로에 포함되는 것들이라고 해서 모두 동일한 관계를 맺고 있는 것이 아니다. 그런데 코헬렛 9장 [2절]에 따르면, 현세적 선과 악은 선인과 악인들에게 동일한 방식으로 연관된다. "모든 것이 똑같이 일어난다.³ 의인도 악인도, 착한 이도 깨끗한 이도 더러운 이도, 제물을 바치는 이도 제물을 바치지 않는 이도 마찬가지다." 그러므로 현세적 선은 공로에 포함되지 않는다.⁴

[답변] 공로에 포함되는 것은 일종의 선의 근거를 지니고 있는 보상 또는 배상이다. 그런데 인간의 선에는 두 종류가 있다. 하나는 단적으로 선이고, 다른 하나는 어떤 면에서만 선이다. "하느님께 가까이 있음이 저에게는 좋습니다."⁵라고 노래하는 시편 73[72]편 [28절]에 따르면, 단적으로 인간의 선은 그의 최종 목적이며, 따라서 모든 것은 이 목적으로 질서 지어져 있다. 이런 선은 단적으로 공로에 포함되는 것이 아니라, 어떤 면에서만 공로에 포함된다.—단적으로 인간의 선이 아니라 어떤 면에서만 인간의 선은 지금 그에게 좋거나 어떤 면에서만 그에게 좋은 것이다. 이런 것들은 단적으로 공로에 포함되는 것이 아니라, 오직 어떤 면에서만 공로에 포함된다.

이 구별에 따라서 만일 현세적 선들이, 영원한 삶으로 인도하는 덕행들을 위해 유익한 한에서 고찰된다면,⁶ 그것들은 은총 안에서의 성장과 (최초의 은총 이후에 인간이 참행복에 도달하는 데 도움이 되는) 저 모든 것들처럼, 직접적으로 그리고 단적으로 공로에 포함된

없다. 왜냐하면 저자는 '답변'에서 간명하게 답변을 제시한 다음에 이 논증 방식도 교정할 것이기 때문이다.
5. Cf. q.2, a.8.
6. Cf. II-II, q.83, a.6.

q.114, a.10

et omnia illa quibus homo adiuvatur ad perveniendum in beatitudinem, post primam gratiam. Tantum enim dat Deus viris iustis de bonis temporalibus, et etiam de malis, quantum eis expedit ad perveniendum ad vitam aeternam. Et intantum sunt simpliciter bona huiusmodi temporalia. Unde dicitur in Psalmo [33, 11]: *Timentes*[7] *autem Dominum non minuentur omni bono*; et alibi [Ps. 36, 25]: *Non vidi iustum derelictum.*[8]

Si autem considerentur huiusmodi temporalia bona secundum se, sic non sunt simpliciter bona hominis, sed secundum quid. Et ita non simpliciter cadunt sub merito, sed secundum quid, inquantum scilicet homines moventur a Deo ad aliqua temporaliter agenda, in quibus suum propositum consequuntur, Deo favente. Ut sicut vita aeterna est simpliciter praemium operum iustitiae per relationem ad motionem divinam, sicut supra[9] dictum est; ita temporalia bona in se considerata habeant rationem mercedis, habito respectu ad motionem divinam qua voluntates hominum moventur ad haec prosequenda; licet interdum in his non habeant homines rectam intentionem.[10]

---

7. Vulgata: "Inquirentes."
8. 이 단락에서 세 번째로, 저자가 거의 주해 작업에 착수하려고[1272년] 하던, 그리고 그 안에서 구속을 위주로 한 하느님의 모든 위업들이 "은총의 모든 효과들"과 함께 개괄되고 있는 시편이 인용된다.(*In Psalm.*, Prol.) 그러나 이 가르침은 옛 계약에서보다도 복음서와 사도들의 가르침의 면면에서 온통 아름답게 솟아오른다. 사도 바오로의 단언을 상기하는 것으로 족할 것이다. "하느님을 사랑하는 이들에게는 모든 것이 함께 작용하여 선을 이룬다는 것을 우리는 압니다."(로마 8,28) 그리고 제자들에게 하신 주님의 명시적인 약속: "누구든지 나 때문에 집이나 형제나 자매, 어머니나 아버지, 자녀나 토지를 버린 사람은 현세에서 박해도 받겠지만

다. 왜냐하면 하느님은 의로운 이들에게 현세적 선들과 악들도 넉넉히 제공하시는데, 이것들은 그들이 영원한 삶에 항구하게 나아가는 데 도움이 될 것이기 때문이다. 그리고 이러한 한에서 이런 종류의 현세적 선들은 단적으로 선하다. 이리하여 시편 34[33]편 [11절]에서는 "주님을 경외하는[7] 이들에게는 어떤 선도 모자라지 않을 것이다."라고 말하고, 다른 곳(37[36],25)에서는 "나는 이제껏 의인이 버림받는 것을 본 적이 없다."고 지적한다.[8]

그러나 만일 이런 종류의 일시적 선이 그 자체로 고찰된다면, 그것들은 단적으로 인간의 선들이 아니라, 어떤 면에서 선들이다. 이리하여 그것들은 단적으로 공로에 포함되는 것이 아니라, 어떤 면에서 공로에 포함된다. 곧 사람들이 하느님에 의해서 (하느님의 호의로 그들의 목적을 달성하는) 특정 세속적 일들을 수행하도록 움직이는 한에서. 이처럼 영원한 삶이, 위에서[9] 말한 것처럼, 신적인 움직임과 관련된 정의의 업적들에 대한 단적으로 상급인 것과 마찬가지로, 그 자체로 고찰되는 현세적 선들도 (인간의 의지가 그것에 의해서 이 목적들을 추구하도록 움직여지는) 저 신적인 움직임들과 관련해서 보상의 이유를 지니고 있다. 그러나 인간은 종종 이런 일들에 올바른 지향을 가지고 있지 않다.[10]

집과 형제와 자매와 어머니와 자녀와 토지를 백배나 받을 것이고, 내세에서는 영원한 생명을 받을 것이다."(마르 10,28-30) 인생의 박해와 시련은, 현세적 선익들처럼, 간접적으로 의인들의 공로의 대상이라는 점에도 주목해야 한다. 왜냐하면 그것들도 그들의 성화(聖化)에 도움이 되기 때문이다. 이렇게 해서 닥치게 된 역경들 때문에 주님께 감사하는 습관을 가진 성인들의 태도가 충만히 정당화되었다.

9. a.3.
10. 저자가 작품 전체 가운데 이 부분을, 그 근본적 동기들을 개괄하면서 마무리하는 역량에 주목하라. 우리는 인간적 행위의 궁극 목적인 참행복[제2부 제1편 제1-5문]으로부터 출발해서, 신적 인과성에 의해서 자연적 질서와 초자연적 질서에서 효과적으로 증진된 인간적 행위들을 통해서 미리 설정했던 목표에 도달하였다.

q.114, a.10

AD PRIMUM ergo dicendum quod, sicut Augustinus dicit, *Contra Faust.*, libro IV,[11] *in illis temporalibus promissis figurae fuerunt futurorum spiritualium, quae implentur in nobis. Carnalis enim populus promissis vitae praesentis inhaerebat, et illorum non tantum lingua, sed etiam vita prophetica fuit.*

AD SECUNDUM dicendum quod illae retributiones dicuntur esse divinitus factae secundum comparationem ad divinam motionem, non autem secundum respectum ad malitiam voluntatis. Praecipue quantum ad regem Babylonis, qui non impugnavit Tyrum quasi volens Deo servire, sed potius ut sibi Dominium usurparet.—Similiter etiam obstetrices, licet habuerunt bonam voluntatem quantum ad liberationem puerorum, non tamen fuit earum recta voluntas quantum ad hoc quod mendacium confinxerunt.[12]

AD TERTIUM dicendum quod temporalia mala infliguntur in poenam impiis, inquantum per ea non adiuvantur ad consecutionem vitae aeternae. Iustis autem, qui per huiusmodi mala iuvantur, non sunt poenae, sed magis medicinae, ut etiam supra[13] dictum est.[14]

---

11. c.2: PL 42, 218-21.
12. Cf. II-II, q.110, a.3, ad2.
13. q.87, aa.7-8. Cf. I, q.21, a.4, ad3.
14. 이것이 저자가 "하느님을 사랑하는 이들, 곧 그분의 계획에 따라 부르심을 받은 이들에게는 모든 것이 함께 작용하여 선을 이룬다는 것을 우리는 압니다."(로마 8,28)라는 사도 바오로의 유명한 단언을 주해하는 방식이다: "그 증거를 확보하기 위해서는, 악을 포함해서 세상에 실존하는 것들이 우주의 선으로 질서 지어져 있다는 것이 고찰되어야 한다. 왜냐하면 아우구스티누스가 『길잡이』에서 말

제114문 제10절

[해답] 1. 아우구스티누스가 『마니교도 파우스투스 반박』 제4권[11]에서 말하는 것처럼, "저 현세적 약속들 안에는 다가올 영적인 실재들의 상징들이 있는데, 그것은 우리 가운데에서 성취되었다. 왜냐하면 저 육적(肉的)인 백성은 현세의 약속들에 집착했지만, 그들의 혀뿐만 아니라 그들의 삶까지도 예언적이었기 때문이다."

2. 저 보상들은 하느님에 의해서 (의지의 악의와 관련해서가 아니라) 신적인 움직임에 대한 비교에 따라 주어진다고 말한다. 이것은 특히, 마치 하느님께 기꺼이 봉사하기라도 하듯이 했지만, 실제에 있어서는 스스로 황제 권력을 장악하기 위해서 티로를 공격하지 않은 바빌론의 임금의 경우에 사실이다.—마찬가지로 산파(産婆)들의 경우에, 비록 그들의 의지가 어린이를 해방시키는 것에 관한 한에서는 선하지만, 그들이 거짓말을 만들어 낸 점에 있어서는 올바르지 못했다.[12]

3. 현세적 악들은 불경한 자들에게 벌로 가해진다. 왜냐하면 그들은 영원한 생명에 이르기 위해 도움을 받지 않기 때문이다. 그러나 그런 악들의 도움을 받는 의인들에게는, 위에서도[13] 말한 것처럼, 그것들이 처벌이 아니라 오히려 치료제가 된다.[14]

하는 것처럼, '하느님은 어떤 악도 일어나는 것을 허락하지 않으실 정도로 선하시고, 그 어떤 악으로부터도 선을 끌어내실 수 있을 만큼 강력하시기' 때문이다. 그런데 구체적으로 어떤 주체가 지니고 있는 악이 언제나 선으로 변화되는 것은 아니다. 예컨대 어떤 동물의 부패는 우주의 선에 기여한다. 하나의 부패를 통해 어떤 다른 것이 생성되기 때문이다. 하지만 그것이 부패하는 그 주체의 선에 기여하는 것은 아니다. 왜냐하면 우주의 선은 하느님이 그 자체로 원하신 것이고, 우주의 모든 개별 부분들은 그것으로 질서 지어져 있기 때문이다. (…) 그리고 같은 이유가 다른 것들에 비해 좀 더 고상한 부분들의 질서와 관련해서도 타당한 것으로 보인다. 왜냐하면 다른 것들의 악은 더욱 고상한 것들의 선으로 질서 지어져 있기 때문이다. 한편 좀 더 고상한 부분들에 일어나는 것은 오로지 자체의 선에만 질서 지어져 있을 뿐이다. 왜냐하면 의사가 머리를 낮게 하기

q.114, a.10

AD QUARTUM dicendum quod omnia[15] aeque eveniunt bonis et malis, quantum ad ipsam substantiam bonorum vel malorum temporalium. Sed non quantum ad finem, quia boni per huiusmodi manuducuntur ad beatitudinem, non autem mali.

Et haec de moralibus in communi dicta sufficiant.[16]

위해서 다리의 병을 참아내는 것처럼, 그것들(A)에 대해서는 그것들(A) 자체를 위해 염려하지만, 다른 것들(B)에 대해서도 그것들(A) 자체를 위해서 염려하기 때문이다. 그런데 우주의 모든 부분들 가운데에서는 하느님의 성인들이 단연 탁월하다. 그들 각자에게는 마태오복음서 25장 23절에서 '그의 모든 선을 그에게 맡기겠다.'고 말씀하신다. 그러므로 그들에게 일어나거나 혹은 다른 것들에 일어나는 모든 것은 모두 그들의 선으로 변화된다. 그래서 잠언(11,29)에서는 이렇게 말하는 것이다: '미련한 자는 지혜로운 이의 종이 된다.' 왜냐하면 죄인들의 악조차도 의로운 이들의 선으로 변화되기 때문이다. 그래서 같은 하느님께서 의로운 이들을 특별히 보살피신다고 말하는 것이다. 왜냐하면 만일 어떤 악이 그들에게 허용된다면 그것은 오로지 그것을 그들의 선으로 바꾸시기 위해서 하시는 일이기 때문이다. 그리고 이것은 형벌의 악과 관련해서도 명백하다. 따라서 표준 주해에서는 '약점으로 겸손이 단련되고, 시련으로 인내가 단련되며, 반대를 통해 지혜가, 미움을 통해 호의가 단련된다. 따라서 베드로 1서 3장 14절에서는 '의로움 때문에 고난을 겪는다 하여도 여러분은 행복합니다!'라고 권고하는 것이다.'"(*In Ep. ad Rom.*, c.8, lect.6)

4. 현세적 선과 악의 실체와 관련해서는 모든[15] 것이 선인들에게도 악인들에게도 마찬가지로 일어난다. 그러나 하느님의 계획 안에 있는 목적과 관련해서는 그렇지 않다. 왜냐하면 (악인들이 아니라) 선인들이 이러한 현세적 유익과 불운에 의해서 참행복으로 인도되기 때문이다.

그리고 도덕적 삶에 관해 일반적으로 말해야 하는 것과 관련해서는 이것으로 충분하다.[16]

---

15. 재반론.
16. 제2부 제1편은 같은 작품의 다른 부(部)들에서처럼 영광송 없이 이렇게 마무리 되고 있다. 성 토마스에게 도덕 일반론(제2부 제1편)은 도덕 각론(제2부 제2편)에 대한 긴 서론이라는 점을 기억할 필요가 있다. 많은 이들이 은총의 논고 속에 포함시키는 세 가지 대신덕(신앙, 희망, 참사랑)이 바로 뒤에 이어진다는 점을 고려한다면, 작품의 이어지는 부분과의 연결은 더욱 명백하다. Cf. Servais Pinckaers, OP, *The Sources of Christian Ethics*, Washington, Catholic University of America Press, 1995, pp.168-182; Anton Klooster, *Thomas Aquinas on the Beatitudes*, pp.142-154.

《주제 색인》

감각은 추론을 그 목적으로 삼고 있다(sentire ordinatur ad ratiocinari sicut ad finem) 321
감정(affectus) 9, 15, 38, 130, 177, 377, 430
결핍으로부터 형상으로(ex privatione ad formam) 375
겸손(humilitas) 187, 209, 217, 397, 401, 408, 532
경죄(輕罪, peccatum veniale) 207, 211
경험(experientia) 81, 359, 360
계명(praeceptum) 15, 16, 17, 45, 51, 55, 57, 59, 61, 63, 65, 67, 69, 71, 73, 75, 79, 81, 83, 85, 87, 92, 94, 95, 99, 101, 103, 105, 107, 109, 111, 113, 115, 117, 119, 125, 126, 127, 130, 131, 133, 137, 171, 173, 174, 175, 179, 181, 185, 213, 386
계명은 필연성을 포함하는 데 반해, 권고는 그것을 듣는 사람의 선택에 맡겨진다(praeceptum importat necessitatem, consilium autem in optione ponitur eius cui datur) 127
계시(revelatio) 9, 27, 34, 36, 39, 135, 139, 147, 174, 227, 356, 365
계약(Testamentum) 5, 7, 9, 11, 13, 17, 19, 25, 27, 45, 47, 49, 50, 51, 52, 53, 54, 55, 71, 73, 77, 372
공동선(bonum commune) 49, 96, 165, 166, 311, 315, 319, 373
공로(功勞, meritum) 137, 151, 157, 171, 178, 179, 181-183, 185, 191, 193, 219, 221, 223, 225, 233, 267, 281, 283, 286, 337, 461, 463, 469, 477, 481, 485, 487, 489, 493, 499, 501, 503, 507, 509, 525
과실(過失, demeritum) 525
과오 → 죄과
관능적 쾌락들은 종신 정결(貞潔)에 의해서 끊어버릴 수 있다(deliciae carnis [abdicatur] per perpetuam castitatem) 129
광분자(狂奔者, furiosus) 391
교회(Ecclesia) 4, 27, 29, 33, 36, 37, 41, 52, 65, 76, 78, 97, 112, 135, 152, 153, 179, 183, 187, 199, 200, 204, 215, 217, 220, 221, 226, 227, 315, 317, 321, 351, 451, 501
구원(salus) 13, 15, 19, 21, 34, 35, 37, 67, 92, 95, 99, 133, 168, 179, 183, 186, 192, 197, 199, 216, 443, 499

권고(consilium) 6, 25, 42, 63, 65, 67, 69, 85, 95, 113, 123, 125, 126, 127, 128, 129, 130, 131, 133

권리(potestas) 463, 479, 515

그리스도 이외에는 그 누구도 당당한 공로에 의해서 다른 이를 위한 최초의 은총을 얻을 공로를 가질 수 없다(merito condigni nullus potest mereri alteri primam gratiam, nisi solus Christus) 501

그리스도의 인성(humanitas Christi) 329

그리스도의 인성은 그분 신성의 한 도구이다(humanitas Christi est sicut quoddam organum divinitatis eius) 329

그림자(umbra) 61

기도(oratio) 33, 109, 121, 129, 141, 207, 209, 223, 225, 231, 497, 503, 509

기도의 성취는 자비에 달려 있지만, 당당한 공로는 정의에 달려 있다(impetratio orationis innititur misericordiae, meritum autem condigni innititur iustitiae) 503

기동(起動, motio) 169, 223, 293

기동자(起動者, movens) 143, 144, 145, 147, 155, 159, 192, 193, 197, 223, 251, 273, 291, 293, 337, 343, 407, 415, 435, 515, 521

기적(miraculum) 67, 115, 147

기적인 업적(opus miraculosum) 309, 445, 449, 451

기적을 일으킴(operatio virtutum) 311

나그넷길 상태에서의 참사랑은 [천상] 본향(本鄕)에서 헛된 것이 되지 않고 오히려 완성된다(caritas viae non evacuatur, sed perficitur in patria) 303

나그넷길(via) 486, 487, 521, 523

나무의 씨앗 속에는 나무 전체가 될 능력이 담겨 있다(semen arborum, in quo est virtus ad totam arborem) 481

난관(difficultas) 77, 79, 81

내면성(interioritas) 93, 107, 108

내적 행위(interior actus) 85, 87, 93, 107, 111, 113, 293

내주(內住, inhabitatio) 148

눈의 욕망(concupiscentia oculorum) 121, 129

능력(habilitas) 147

능력(potentia) 184, 185, 259, 267, 269, 271, 273, 275, 388, 445, 447, 449

능력(potestas) 181, 183, 189, 197, 199, 229
능력, 힘(virtus) 15, 67, 155, 157, 169, 183
다름, 다양함, 다양성(diversitas) 19, 25, 31
'단적으로 인간의 선'은 그의 최종 목적이다(simpliciter quidem bonum hominis est ultimus finis eius) 527
단적으로 인간의 선이 아니라 '어떤 면에서만 인간의 선'은 지금 그에게 좋거나 어떤 면에서만 그에게 좋은 것이다(bonum autem secundum quid et non simpliciter hominis est quod est bonum ei ut nunc, vel quod ei est secundum aliquid bonum) 527
당당하게(ex condigno) 455, 475, 477, 479, 499
당당한(ex condigno) 491
당당함(condignitas) 479
대등성(aequivalentia (ex condigno) 479
대립, 대립되는 것(oppositum) 4, 32, 34, 54, 57, 214, 281, 289, 429
대신덕(對神德, virtus theologica) 3, 51, 533
덕(virtus) 51, 53, 79, 80, 81, 101, 103, 107, 111, 115, 119, 132, 134, 155, 169, 175, 199, 257, 259, 261, 269, 313, 349, 373, 483
덕은 그 완전한 것의 어떤 태세이다(virtus est qaedam dispositio perfecti) 261
도공(陶工, figulus) 341, 343
도구(instrumentum) 9
돌이킴(conversio) 167, 195, 401
등급(gradus) 59, 125, 171, 351
마부(sessor) 267, 273
말(equus) 267, 273
말씀, 말(verbum) 83, 89, 99, 217
말씀의 해설 은사(interpretatio sermorum) 311
명령(mandatum) 75, 83, 115, 133, 173, 175, 177
모습(figura) 23, 33, 61, 67, 93, 111, 259
모욕(offensum) 55, 205, 381
목적(finis) 5, 31, 38, 47, 49, 51, 54, 59, 61, 65, 108, 109, 112, 113, 121, 123, 125, 127, 145, 148, 167, 168, 175, 181, 183, 185, 193, 195, 210, 213, 215, 219, 224, 231, 319, 349, 363, 413, 435, 439, 487, 527

무(nihil) 249, 255, 256, 441, 443
무상 은총(gratia gratis data) 273, 279, 281, 283, 287, 305, 307, 311, 313, 315, 317, 319, 321
무상 은총은 어떤 사람이 하느님께로 되돌아갈 수 있도록 다른 사람과 협력하는 데에로 정해져 있다(gratia gratis data ordinatur ad hoc quod homo alteri cooperetur ut reducatur ad Deum) 307
무죄, 무구성(innocentia) 154, 233
물체적 태양은 외부적으로 조명하지만, 가지적 태양인 하느님은 내면적으로 조명한다(sol corporalis illustrat exterius; sed sol intelligibilis, qui est Deus, illustrat interius) 149
미움(odium) 357
믿음(fides) 7, 9, 23, 47, 49, 69, 201, 220, 307, 497
믿음의 법은 신앙인들의 마음속에 새겨져 있다(lex fidei scripta est in cordibus fidelium) 9
밀레비스 공의회(Milevis Conc.) 176
반(半)펠라기우스주의(semi-pelagianismus) 330, 489
반대되는 것(contrarium) 57, 91, 371, 375, 437
범주(範疇, categoria) 127, 143
법(lex) 3, 5, 7, 9, 11, 13, 15, 19, 21, 25, 29, 31, 38, 39, 47, 49, 51, 53, 55, 59, 61, 68, 69, 72, 78, 79, 83, 87, 91, 92, 95, 96, 103, 112, 113, 127, 137, 171, 173, 174, 175, 185, 209
법적 정의(iustitia legalis) 373
변화(mutatio) 47, 143, 145, 375, 377, 395, 431, 435
보상(merces) 181, 461, 477, 493, 525
보상(satisfactio) 403, 473
보상(remuneratio) 51
복원(reparatio) 154, 156, 213, 215, 229, 233, 455, 505, 507, 509
복음서, 복음(Evangelium) 3, 4, 5, 6, 7, 9, 13, 15, 16, 19, 21, 25, 26, 28, 29, 33, 36, 39
본래적 의로움(originalis iustitia) 156, 375
본성, 자연(natura) 5, 7, 10, 11, 20, 25, 67, 72, 80, 93, 94, 96, 103, 111, 115, 134, 135, 139, 144, 145, 148, 149, 151, 153, 154, 155, 156, 157, 158, 161, 163, 164, 165, 167, 168, 169, 171, 173, 174, 176, 177, 179, 181, 183, 185, 190, 191, 195, 199, 201, 203,

537

205, 206, 207, 210, 211, 215, 217, 221, 223, 226, 232, 233, 249, 253, 255, 259, 261, 263, 265, 271, 273, 281, 283, 285, 321, 325, 327, 391, 413, 423, 433, 435, 437, 443, 447, 449, 451, 453, 469, 471, 479, 493, 521

본성의 상태(status naturae) 151, 156, 157, 167, 168, 175, 210, 211, 223, 469

본질(essentia) 3, 35, 54, 93, 96, 134, 135, 144, 145, 147, 171, 195, 237, 261, 265, 267, 269, 271, 273, 275, 353, 361

본향(本鄕, patria) 33, 45, 235, 303, 441

부(富)는 가난[淸貧]에 의해서 끊어버릴 수 있다(divitiae abdicantur per paupertatem) 129

부르심(vocatio) 179, 371, 377

부패(corruptio) 154, 155, 156, 157, 159, 161, 167, 175, 203, 211, 221, 223, 249, 255

불경한 자의 의화(iustificatio impii) 367, 369, 377, 379, 387, 391, 395, 397, 399, 401, 405, 407, 411, 413, 415, 417, 419, 421, 425, 427, 433, 435, 439, 441, 443, 445, 447, 449, 451, 453, 495

불경한 자의 의화는 우리를 의화시키는 성령의 은총을 통해서 발생한다(iustificatio impii fit per gratiam Spiritus Sancti iustificantis) 421

불경한 자의 총체적 의화는 본래 은총의 주입에서 성립된다(tota iustificatio impii originaliter consistit in gratiae infusione) 423

불경한 자의 의화는 죄과의 용서에서 완성된다(importatur per remissionem culpae, in hoc enim iustificatio consummatur) 415

불경한 자의 의화를 위해서는 신앙의 움직임이 요구된다(motus fidei requiritur ad iustificationem impii) 401

불경한 자의 의화를 위해서는 자유재량의 움직임이 요구된다(motus liberi arbitrii requiritur ad iustificationem impii) 399

불경한 자의 의화에서 자유재량은 죄를 배격함과 동시에 하느님께로 되돌아간다(liberum arbitrium in iustificatione impii simul detestatur peccatum et convertit se ad Deum) 427

불경한 자의 의화에서는 죄의 용서가 그 목적이다(remissio peccatorum est finis in iustificatione impii) 413

불은 존재하게 되자마자 위를 향해 움직인다(ignis statim cum est generatus, movetur sursum) 427

불의의 상태(status iniustitiae) 375, 377
불평등(inaequalitas) 463, 479
비례(proportio) 146, 155, 157, 169, 183, 185, 205, 223, 463, 469, 471
빚(debitum) 163, 166, 215, 284, 459, 465
빛(lumen, lux) 34, 35, 87, 89, 142, 143, 145, 146, 147, 149, 185, 195, 203, 205, 221, 241, 263, 285, 303, 349, 355, 363, 423, 427, 437
빛살(lumen, lux) 271, 515
빛의 자녀(filii lucis) 87, 89, 263
사도는 여기에서 우리에게 희망 안에서 주어지는 영광의 선물들에 대해서 말하고 있다(Apostolus ibi loquitur de dona gloriae, quae sunt nobis data in spe) 363
사도들(司徒, Apostoli) 22, 25, 31, 33, 35, 37, 39, 79, 101, 103, 105, 113, 125
사람들은 새 법에 의해서 '빛의 자녀들'이 된다(per legem novam efficitur homines filii lucis) 87
사람은 적합한 공로에 의해서 어떤 다른 이를 위한 최초의 은총의 공로를 가질 수 있다(merito congrui potest aliquis alteri mereri primam gratiam) 501
사랑(amor) 45, 53, 69, 83, 163, 165, 167, 171, 241, 357, 411, 483, 487
사랑(dilectio) 89, 91, 97, 119, 121, 133, 165, 167, 169, 171, 177, 179, 240, 243, 245, 257, 264, 281, 301, 347, 381, 383, 403, 477, 489
사랑(eros) 166
사랑을 통해 작용하는 신앙(fides quae per dilectionem operatur) 89, 91 ,97, 257, 265, 401
사랑을 통해 작용하는 신앙이 바로 덕이다(fedes quae per dilectionem operatur, est virtus) 257
사랑의 법(lex amoris) 53
사랑의 최고 등급은 참사랑이 하느님을, 참행복을 주시는 분으로 사랑하는 것이다(supremus gradus dilectionis est quo caritas diligit Deum ut beatitudinem) 171
사물들은 그것들 안에서 지배적인 것으로부터 그 이름을 취한다(unumquodque debet denominari ab eo quod est potissimum in ipso) 371
사전 안배(praeordinatio) 469
사제직(司祭職, sacerdotio) 47
사죄(死罪, peccatum morale) 153, 203, 207, 209, 211, 213, 266, 359, 383, 502, 504, 510, 515
삯(stipendium) 475

산상 설교는 그리스도인이 자신의 삶을 이끌어가는 데 필요한 것을 모두 포함하고 있다(sermo quem Dominus in monte proposuit, totam informationem Christianae vitae continet) 113
『산상설교』(Sermo super Montania) 113
살림살이에 대한 자만은 순명(順命)의 봉사에 의해서 극복할 수 있다(superbia vitae [abdicatur] per obedienti servitutem) 129
살림살이의 교만(superbia vitae) 121, 129
상급(praemium) 511, 515, 529
상급은 공로의 종점이다(praemium est terminus meriti) 515
상등통회(上等痛悔, contritio) 410, 503
상태(dispositio) 109
상태(gradus) 125, 171
새 법(Lex Nova) 3, 5, 7, 9, 11, 13, 15, 17, 19, 21, 23, 25, 27, 31, 33, 42, 43, 45, 47, 49, 51, 53, 55, 57, 59, 61, 63, 68, 69, 71, 73, 75, 77, 79, 81, 83, 85, 87, 89, 91, 94, 95, 97, 99, 101, 103, 107, 111, 119, 123, 125, 127
새 법에서 1차적인 것은 사랑을 통해 작용하는 신앙에서 드러나는 성령의 은총이다(principalitas legis novae est gratia Spiritus Sancti, quae manifestatur in fide per dilectionem operante) 89
새 법은 1차적으로 사람들의 마음속에 심어진 영적인 은총 자체에서 성립된다(lex nova, cuius principalitas consistit in ipsa spirituali gratia indita cordibus) 53
새 법은 살로 된 마음이라는 판에 기록된 것으로 주어졌다(legem autem novam dedit scriptam in tabulis cordis carnalibus) 17
새 법은 완전한 자유의 법이라고 불린다(lex nova dicitur lex perfectae libertatis) 95
새 법은 진리의 법이라고 불린다(lex nova est lex veritatis) 61
새 법이 우리에게 직접 접촉시켜주는 영원한 참행복이라는 목표(finem aeternae beatitudinis, in quem lex nova immediate introducit) 127
새로남 → 재탄생
새로운 창조(nova creatura) 249, 256
생명 활동(opus vitae) 226, 227, 273, 361
생명(vita) 7, 10, 21, 34, 39, 137, 168, 179, 180, 181, 183, 185, 201, 209, 223, 226, 227
생성(fieri) 10, 255, 375

문자(littera) 9, 15, 17, 257
선(善)이 공로와 연관되듯이, 악(惡)도 과실(過失)과 연관된다(sicut bonum se habet ad meritum, ita malum similiter se habet ad demeritum) 525
선행 은총(先行恩寵, gratia praeveniens) 277, 297, 299, 301, 303, 507
설교(sermo) 111, 113, 309
성경, 성서(Scriptura) 9, 11, 33, 43, 69, 138, 167, 197, 385
성령(Spiritus Sanctus) 7, 8, 9, 11, 13, 15, 21, 27, 28, 29, 31, 33, 35, 37, 38, 53, 55, 87, 89, 94, 95, 96, 101, 131, 139, 147, 148, 163, 176, 179, 187, 199, 217, 219, 224, 225
성령의 선물(donum Spiritus Sancti) 224
성문법(成文法, lex scripta) 5, 9, 59
성부(Pater, Deus) 9, 27, 37
성사(聖事, sacramentum) 28, 50, 53, 55, 69, 79, 89, 92, 97, 101, 103, 112, 275, 321, 393
성삼위(聖三位, Sacra Trinitas) 268
성장(augmentum) 51, 72, 455, 511, 513, 515, 517, 519, 527
성질(qualitas) 3, 51, 227, 237, 247, 249, 251, 253, 259, 295
성취, 완성(implementum) 35, 49, 55, 57, 59, 61, 63
성화 은총(gratia sanctificationis) 153, 154, 155, 185, 195, 227
세례(洗禮, baptismus) 35, 50, 89, 101, 154, 227, 233
세상 시초(initium mundi) 21
세상 종말(finis mundi) 27, 41
세상의 상태(status mundi) 29
세상의 시작(principium mundi) 3, 19, 21, 25
세상의 완성, 세상의 종말(consummatio mundi) 41
소멸(corrumpi) 33, 255
소명(vocatio) 371, 377
『소목록』(Indiculus) 208
쇄신(regeneratio) 217
수난(Passio) 61, 105
수도생활(vita religiosa) 36
순간(instantia) 428
순간적으로, 한순간에(in instanti) 417, 419, 423, 425

순교자(martyr) 483

순응적(bene mobilis) 313

순진무구(innocentia) 233, 379

습성(habitus) 51, 80, 93, 94, 95, 130, 134, 146, 169, 195, 210, 215, 223, 231, 232, 257, 259, 349, 483, 487

습성적 선물(habituale donum) 149, 191, 203, 205, 221, 225, 253, 291, 295

습성적 은총(habitualis gratia) 191, 197, 211, 221, 225, 231, 295

시간(tempus) 23, 25, 31, 50, 65, 107, 407, 421, 429, 431

시간의 질서(ordo temporis) 369

식별 시간(tempus discretum) 429

신령한 언어(genera linguarum) 307, 311

신앙 조목(信仰條目, articuli fidei) 397

신앙(fides) 7, 9, 11, 15, 17, 29, 38, 45, 47, 50, 51, 55, 69, 73, 89, 91, 92, 97, 103, 112, 115, 135, 145, 147, 149, 176, 183, 226, 227, 257, 259, 265, 305, 313, 377, 403, 489, 491, 495, 503

신앙의 근거(ratio fidei) 363

신앙의 문제들은 인간적 이성을 초월한다(ea quae sunt fidei sunt supra rationem humanam) 103

신앙의 움직임(motus fidei) 367, 395, 397, 401, 495

신앙의 움직임은 오직 그것이 참사랑에 의해서 활성화되었을 때에만 비로소 완전하다(motus fidei non est perfectus nisi sit caritate informatus) 401

신앙의 행위는 신앙이 사랑을 통해 작용할 때에만 공로적이다(fidei actus non est meritorius nisi fides per dilectionem operetur) 489

신약의 법은 마음속에 새겨져 있다(lex novi testamenti est indita in corde) 7

신에 대한 자연적 인식(cognitio naturalis Dei) 397, 403

신적 도움(divinum auxilium) 149, 155

신적 본성에 대한 참여(participatio divinae narurae) 327

신학적 덕(virtus theologica) 258, 265, 310

신화(神化, deificare) 327

실체(substantia) 32, 73, 143, 175, 190, 249, 253, 255, 317, 321

아담은 본래적 의로움을 받았다고들 말한다(Adam dicitur accepisse originalem iustitiam) 375

아름다움(decor) 203

아무도 스스로 미래의 타락 이후에 복원될 공로를 가질 수 없다(nullus potest sibi mereri reparationem post lapsum futurum, neque merito condigni, neque merito congrui) 507

아무도 자신이 은총을 받았다는 것을 알 수 없다(nullus potest scire se habere gratiam) 357

아버지(Pater, Deus) 23, 34, 37, 91, 119, 123, 191, 225, 231

아우구스티누스는 '사랑을 통하여 작용하는 신앙'을 은총이라고 부른다 (Augustinus nominat 'fidem per dilectionem operantem' gratiam) 265

아이(parvulus) 105

악마(Devil) 134, 227

악습(vitium) 134, 153

약속(promissio) 33, 35, 45, 63, 121

약속(promissum) 121, 263

양태(modus) 175, 255

어떤 것[행위]들은 필연적으로 사랑을 통해 작용하는 신앙에서 성립되는 내적 은총과 일치하거나 그것에 반대된다(quaedam enim habent necessariam convenientiam vel contrarietatem ad interiorem gratiam, quae in fide per dilectionem operante consistit) 91

어떤 것의 덕은 어떤 기존하는 자연(본성)에 질서지어져 있다고 일컬어진다 (virtus uniuscuiusque rei dicitur in ordine ad aliquam naturam praeexistentem) 261

어떤 습성적 선물이 하느님에 의해서 영혼 안에 주입될 때, 인간은 하느님의 무상의 의지에 의해서 도움을 받게 된다(adiuvatur homo ex gratuita Dei voluntate, secundum quod aliquod habituale donum a Deo animae infunditur) 253

어떤 사물도 그 종(種)의 한계를 넘어 활동할 수 없다(nulla res agere potest ultra suam speciem) 327

어떤 형상도 그것에 배정되어 있는 질료 안에가 아니라면 자립할 수 없다 (nulla forma potest esse nisi in materia disposita) 335

어려움(difficultas) 77, 79, 83

어린이(puer) 23, 49, 233, 531
언어의 은사(genera linguarum) 311, 313
『에우데모스 윤리학』(*Ethica Eud.*) 158
역사(historia) 32, 34, 37, 50, 53, 136, 155, 156, 233
연속적으로(successive) 417, 419, 421
영감(inspiratio) 38, 78, 95, 107, 187, 217
영광(gloria) 17, 19, 21, 35, 109, 121, 147, 194, 225, 245, 301, 303, 327, 337, 351, 363, 443, 445, 465, 475, 481, 501, 515, 521, 523
영광화(榮光化)를 통해서는 더 큰 천상 본향(本鄕)의 은총을 얻게 된다(per glorificationem consequitur aliquis gratiam patriae, quae maior est) 441
영원한 생명(vita aeterna) 137, 179, 180, 181, 183, 185, 223, 382, 467, 469, 475, 477, 485, 515, 517
영원한 생명은 하느님을 향유하는 데에서 성립된다(vita aeterna in Dei fruitione consistit) 485
영원한 생명의 공로는 무엇보다도 참사랑에 있다(meritum vitae aeternae maxime residet penes caritatem) 485
영의 식별(discretio spirituum) 311
영적 어둠인 죄는 죄중에 있는 자에 의해서 확실하게 알려질 수 있다(peccatum, quod est spiritualis tenebra, per certitudinem potest scire ab eo qui habet peccatum) 355
영적인 빛인 은총(gratia, quae est spirituale lumen) 355
영적인 새로남(spiritualis regeneratio) 391
영혼은 형상인의 방식으로 육체의 생명이다(anima est vita corporis per modum causae formalis) 245
영혼의 능력들이 덕들의 고유 주체들이다(potentia animae est proprium subiectum virtutis) 269
영혼의 발광(靈魂-發光, nitor animae) 251
영혼의 본성에 있어서도 재탄생 또는 재창조를 통해 일종의 유사성에 따라 신적 본성에 참여한다(etiam per naturam animae participat, secundum quandam similitudinem, naturam divinam, per quandam regenerationem sive recreationem) 271

영혼의 본질(essentia animae) 267, 269, 271, 273
영혼의 본질로부터 행위들의 원리들인 그 능력들이 흘러나온다(ab essentia animae effluunt eius potentiae, quae sunt operum principia) 271
영혼의 본질이 그 능력들을 매개로 생명 활동의 원리가 된다(essentia animae est principium operum vitae mediantibus potentiis) 273
예식(ceremonium) 59, 61, 63, 67, 79, 99, 101, 103, 109, 119
예정(praedestinatio) 145, 194, 224, 233
예정의 은총(gratia praedestinationis) 245
옛 법(Lex Vetera) 3, 12, 13, 15, 16, 17, 23, 27, 31, 33, 37, 43, 45, 47, 49, 50, 51, 55, 57, 59, 61, 63, 65, 69, 71, 73, 75, 77, 79, 81, 83, 87, 91, 97, 99, 101, 105, 107, 109, 117, 127, 325, 525
완성(completio) 33, 35, 61, 71
완성, 완전성(perfectio) 23, 49, 63, 125, 129, 267, 271, 331, 363, 451, 473
'완전하다'는 것으로 나는 '본성에 따라 배치됨'을 의미한다(dico autem perfectum, quod est dispositum secundum naturam) 261
외적 행위(exterior actus) 63, 85, 87, 93, 97
외적 행위(exteriora opera) 85, 89, 91, 99, 103, 113
용기(fortitudo) 307
용서(remissio) 11, 131, 205, 209, 239, 247, 369, 371, 373, 377, 379, 381, 383, 411, 413, 415, 417, 433, 435, 437
우리 유산의 담보(pignus haeritatis nostrae) 479
우리는 원욕 행위 안에서 의지를 지각하고, 생명 활동 안에서 생명을 지각한다(voluntatem percipimus volendo, et vitam in operibus vitae) 361
우유(偶有)의 존재는 '[어떤 다른 것] 안에 있음'이다(accidentis esse est inesse) 255
우유(偶有, accidens) 3, 143, 255, 271, 289
(우유는) 존재자(ens)라기보다는 '존재자에 속하는'(entis) 것이다([accidens] magis dicitur esse entis quam ens) 255
우정(amicitia) 168, 177, 501
우주(cosmos) 35, 143, 166, 167, 232
우주(universus) 165
운동(起動, motio) 143, 144, 145, 193, 197, 201, 233, 251, 279, 293, 377, 435, 439, 515

움직여진 것 안에 있는 기동자의 행위는 움직임이다(actus enim moventis in moto est motus) 251

움직여짐(motio) 145, 147, 155, 159, 197, 205, 216, 223

움직임(motus) 81, 95, 113, 115, 117, 119, 157, 158, 211, 213, 251, 253, 355, 367, 369, 371, 375, 377, 387, 389, 391, 395, 397, 399, 401, 405, 407, 409, 411, 415, 419, 423, 425, 427, 429, 433, 435, 439, 441, 447, 495, 514

움직임(起動, motio) 131, 169, 193, 205, 223, 391, 415, 435, 507, 515

원리(principium) 34, 35, 134, 135, 143, 144, 154, 155, 158, 159, 167, 168, 183, 191, 201, 227, 272, 295, 357, 439, 455, 469, 471, 473, 481, 483, 493, 513, 521

원인은 언제나 그 결과보다 더 강력하다(causa potior sit effectu) 327

원죄(原罪, peccatum originale) 139, 155, 174, 186, 391

위격(位格, persona) 27, 329

유, 류(genus) 71, 281

육의 욕망(concupiscentia carnis) 121, 129, 227

육적인 백성(carnalis populus) 531

육체미(pulchritudo corporis) 251

은총(charis) 241

은총에의 개방성(capax Dei) 449

은총으로 성화된 사람들도 항구함을 요청한다(perseverantia petitur etiam ab aliis qui sunt per gratiam sanctificati) 229

은총으로부터 행위의 원리들인 그 능력들 안에 덕들이 흘러나온다(ab ipsa gratia effluunt virtutes in potentias animae) 271

은총은 거룩한 사랑을 매료시키는 영혼의 발광(發光)이다(gratia est nitor animae, sanctum concilians amorem) 251

은총은 그 내밀한 의미에서 인간을 최고선이신 하느님과 결합시킨다(gratia secundum sui rationem coniungi hominem summo bono, quod est Deus) 343

은총은 덕들을 매개로 하여 공로적 행위의 원리가 된다(est enim gratia principium meritorii operis mediantibus virtutibus) 273

은총은 덕보다 우선하므로 또한 영혼의 능력들에 우선하는 주체를 가지고 있다(gratia, sicut est prius virtute, ita habeat subiectum prius potentiis animae) 271

은총은 성질의 첫 번째 종류로 환원된다(gratia reducitur ad primam speciem qualitatis) 265

은총은 영혼의 생명이다(gratia est vita animae) 347

은총은 영혼의 능력들보다는 우선적으로 그 본질 안에 있다(gratia per prius est in essentia animae quam in potentiis) 269

(은총은) 영혼 자체의 한 우유적 형상이다([gratia] est forma accidentalis ipsius animae) 255

은총은 인간을 하느님께로 되돌리는 데에로 정해져 있다(gratia ad hoc ordinetur ut homo reducatur in Deum) 283

은총은 인간의 본성을 능가한다(gratia est supra naturam humanam) 255

은총은 작용인의 방식으로가 아니라 형상인의 방식으로 영혼에 작용한다 (gratia dicitur agere in animam non per modum causae efficientis, sed per modum causae formalis) 255

(은총은) 주입된 덕들에 의해서 그것들의 기원이자 뿌리로 전제되고 있는 일종의 습관이다(habitudo quaedam quae praesupponitur virtutibus infusis, sicut earum principium et radix) 267

은총은 참사랑보다 앞선다(gratia praevenit caritatem) 261

은총은 효과적으로 기쁘게 만드는 것이 아니라, 형상적으로 기쁘게 만든다 (gratia non dicitur facere gratum effective, sed formaliter) 285

은총은 흔히 세 가지 의미를 가지고 있다. 첫째, 은총이란 흔히 누군가의 사랑을 가리킨다(gratia tripliciter accipi consuevit. Uno modo, pro dilectione alicuius) 241

은총을 위한 준비 태세(dispositio ad gratiam) 323, 331, 333

은총을 통해서 우리는 하느님의 자녀로 다시 태어난다(per gratiam regeneramur in filios Dei) 269

은총의 구분(divisio gratiae) 137, 275, 277, 279, 281

은총의 법(lex gratiae) 11, 23, 25

(은총의 선물은) 다른 모든 본성을 능가하는 신적 본성에 대한 참여 외에 다른 것이 아니다(nihil aliud sit quam quaedam participatio divinae naturae, quae excedit omnem alia naturam) 327

은총의 선물은 피조물의 본성을 지닌 모든 기관(機關)을 능가한다(donum autem gratiae excedi omnem facultatem naturae creatae) 327
은총의 성장(augmentum gratiae) 511, 513, 515, 517, 519, 527
은총의 움직임의 종점은 영원한 생명이다(terminus autem motus gratiae est vita aeterna) 515
은총의 움직임이 적용되는 것은 당당한 권리에 속한다(illud cadit sub merito condigni, ad quod motio gratiae se extendit) 515
은총의 원리와 그 대상은 그분의 탁월함 때문에 우리의 인식 범위를 벗어나는 하느님 자신이다(principium autem gratiae, et obiectum eius, est ipse Deus, qui propter sui excellentiam est nobis ignotus) 359
은총의 원인(causa gratiae) 297, 323, 325, 327, 329, 333
은총의 주입(ingfusio gratiae) 367, 379, 381, 413, 415, 417, 419, 423, 431, 433, 435, 437, 439
은총의 주입은 시간적 계기 없이 한순간에 일어난다(gratiae autem infusio fit in instanti absque successione) 423
은총의 주체(gratiae subiectum) 237, 267, 271, 273
은총의 효과, 결과(effectus gratiae) 226, 295, 297, 301, 303, 367
은총의 효과는 이중적이다. 첫 번째 효과는 '존재'이고, 두 번째 효과는 '작용'이다(duplex est gratiae effectus, sicut et cuiuslibet alterius formae, quorum primus est esse, secundus est operatio) 295
은총이 무상으로 주어지는 한 그것은 빚의 관념을 배제한다(gratia, secundum quod gratis datur, excludit rationem debiti) 285
은총이 없이는 있을 수 없는 순결한 두려움(timor castus, qui non est sine gratia) 355
의견, 권고(consilium) 125, 127, 129, 131, 133, 307
의로움(justitia) 25, 53, 87, 152, 156, 181, 200, 201, 207, 209, 221, 227, 461
의지의 움직임(motus voluntatis) 447
의화 은총의 빛(lumen gratiae iustificantis) 205
의화 은총이라는 선물의 주된 기능은 인간을 의지의 대상인 선으로 질서 짓는 것이다(donum gratiae iustificantis praecipue ordinat hominem ad bonum, quod est obiectum voluntatis) 393
의화(justificatio) 3, 11, 13, 15, 55, 60, 61, 137, 171, 179, 187, 190, 193, 199, 200, 201, 205, 213, 215, 219, 221, 227, 229, 231

의화는 불의의 상태로부터 정의의 상태로의 일종의 변화를 함축하고 있다
(iustificatio importat transmutationem quandam de statu iniustitiae ad statum iustitiae praedictae) 375

의화는 의로움을 향한 움직임을 수동적인 의미에서 함축하고 있다(iustificatio passive accepta importat motum ad iustitiam) 373

이성(ratio) 95, 103, 139, 141, 145, 147, 159, 165, 168, 169, 205, 207, 211, 213, 215, 233, 263, 285, 307, 309, 375, 389

인간과 하느님 사이의 관계는 진흙과 도공의 관계에 비할 수 있다(homo comparatur ad Deum sicut lutum ad figulum) 341

인간은 고유한 본성에 따라 자유재량의 존재자이다(homo autem secundum propriam naturam habet quod sit liberi arbitrii) 391

인간은 스스로 의화되어 죄과의 상태로부터 의로움의 상태로 돌아갈 수 없다(non potest homo per seipsum iustificari, id est redire de statu culpae ad statum iustitiae) 201

인간은 은총이 없이는 영원한 생명을 얻을 공로를 갖고 있지 않다(sine gratia homo non potest mereri vitam aeternam) 183

인간은 자기 행위들의 주인이다(homo est dominus suorum actuum) 159

인간은 자신의 활동을 통해서 내면적인 원리들을 경험한다(homo experitur per actus principia intrinseca) 361

인간은 자신이 해야 할 일을 자기 자신의 의지로 행할 때 공로가 있다(homo inquantum propria voluntate facit illud quod debet, meretur) 465

인간은 죄를 지음으로써 흠결, 자연적 선의 부패, 그리고 처벌의 죄책이라는 세 종류의 상처를 입게 된다(incurrit autem homo triplex detrimentum peccando, scilicet maculam, corruptionem naturalis boni, et reatum poenae) 203

인간은 하느님에 의해서 행동으로 옮겨지기 위해서 은총의 도움을 필요로 한다(indiget homo auxilio gratiae ut a Deo moveatur ad agendum) 223

인간은 하느님의 도움이 없이는 진리를 인식할 수조차 없다(etiam verum non potest homo cognoscere sine auxilio divino) 161

인간의 공로는 하느님의 사전안배에 달려 있다(meritum hominis dependet ex praeordinatione divina) 469

인간의 모든 선행은 그 원리인 최초의 은총으로부터 전개된다(omne bonum opus hominis procedit a prima gratia sicut a principio) 495
인간의 지성은 어떤 형상, 즉 가지적 빛 자체를 가지고 있다(intellecus humanus habet aliquam formam, scilicet ipsum intelligibile lumen) 145
인간이 자기 자신 안에 지니고 있는 것을 행한다면, 하느님은 그에게 은총을 거절하지 않으신다(si homo facit quod in se est, Deus ei non denegat gratiam) 189
인간이 하느님께로 돌아서는 것은 오직 하느님이 그를 회개시킴으로써만 가능하다(homo convertatur ad Deum, hoc non potest esse nisi Deo ipsum convertente) 195
인격적(personalis) 168
인류의 상태(status humanitatis) 25
인성(humanitas) 9, 89, 329
인식(cognitio) 108, 137, 139, 141, 142, 143, 145, 146, 147, 149, 161, 169, 471
일시적 선(bonum commutabile) 363
자기 전달(auto-communicatio) 243
자녀적 두려움(timor filialis) 401
자비(misericordia) 79, 153, 155, 183, 187, 192, 217, 220, 299, 397, 403, 445, 469, 503, 509
자연 질서에서는 죄과로부터의 해방이 의화 은총의 획득 이전에 온다(prius est naturae ordine liberatio a culpa, quam consecutio gratiae iustificantis) 437
자연법은 인간에게 주입된 법이다(lex naturalis est lex indita homini) 11
자연적 능력(facultas naturae) 311
자연적 능력(potentia naturalis) 259
자연적 선의 부패(corruptio naturalis boni) 203
자연적 빛(lumen naturale) 146, 147, 149, 263
자연적 질서(ordo naturae) 191, 369, 431, 433, 437
자유(libertas) 19, 78, 79, 87, 91, 92, 93, 94, 95, 96, 97, 105, 105, 107, 128, 130, 131, 154, 157, 159, 174, 177, 214, 215, 226
자유로운 사람은 스스로 자기 자신의 원인인 사람이다(liber est qui sui causa est) 93
자유의 법(lex libertatis) 91, 92, 95, 96, 127
자유재량(liberum arbitrium) 157, 159, 171, 177, 179, 183, 192, 195, 197, 201, 205, 208, 216, 220, 222, 232, 267, 289, 333, 335, 349, 401, 421, 425, 427, 463, 521

자유재량은 하느님이 그것을 당신 자신에게로 돌려놓을 때에만 하느님께로
　　　향할 수 있다(liberum arbitrium ad Deum converti non potest nisi Deo ipsum ad
　　　se convertente) 195
자유재량의 실행(usus liberi arbitrii) 393
자유재량의 움직임(motus liberi arbitrii) 297, 345, 367, 369, 387, 389, 391, 393, 395,
　　　399, 401, 405, 407, 409, 413, 415, 419, 421, 425, 427, 435, 439, 441, 521
작용(operatio, operari) 67, 80, 89, 91, 97, 103, 153, 155, 156, 168, 183, 192, 225, 226,
　　　289, 291, 293, 295
작용 은총(gratia operativa) 291, 297
작용인(causa efficiens) 323
작용하는 은총(gratia operans) 257
작위자(作爲者, agens) 247, 289, 333, 335, 339, 423
재산(bona temporalia) 109
적합성(convenientia ex condigno) 265
적합한 방식으로 263
정념(passio) 259
정신(animus) 53, 65, 81, 87, 95, 117, 119, 133, 231
정신(mens) 6, 7, 38, 109, 141, 159, 169, 223, 231, 233
정의는 사람 자신의 내면적 태세 안에 있는 질서의 올바름을 의미한다
　　　　(iustitia prout importat rectitudinem quandam ordinis in ipsa interiori dispositione
　　　　hominis) 373
정의는 일종의 평등이다(iustitia autem aequalitas quaedam est) 461
정의의 상태(status iustitiae) 375
제1동자(primus motor) 143, 144, 145, 147, 155, 193, 197
제2차 바티칸 공의회(Vaticanum, Concil. II) 53, 78
제2차 오랑주 공의회(Orage, Concil. Secundum) 152, 179, 183, 187, 199, 200, 204,
　　　217, 227, 475, 517
조력 은총에 관한 논쟁(de auxiliis) 387
'조력 은총에 대한 회의'(Congregatio de auxiliis) 496
조명(illuminatio) 38, 68, 95, 141, 149, 199, 203, 205, 331, 413, 425
존재(esse) 135, 142, 161, 165, 168, 195, 243, 249, 255, 257, 261, 275, 279, 295, 333, 355,
　　　359, 381, 389, 401, 427, 429, 489

존재론(ontologia) 34, 51, 93, 142, 168, 195, 232
존재자(ens) 75, 128, 168, 185, 255, 257, 391
존재적(entitativa) 257
종말론(eschatologia) 233
종점(terminus ad quem) 377
죄(peccatum) 7, 11, 13, 19, 21, 23, 25, 35, 53, 61, 63, 67, 77, 105, 115, 134, 137, 151, 153, 154, 155, 157, 161, 165, 168, 174, 175, 180, 181, 189, 201, 202, 203, 204, 205, 206, 207, 208, 209, 210, 211, 213, 214, 215, 217, 219, 221, 223, 229, 233, 235, 239, 355, 363, 369, 371, 377, 381, 383, 385, 397, 403, 405, 407, 409, 413, 415, 419, 425, 427, 433, 435, 469, 471, 493, 507, 509, 513, 519
죄과, 과오, 탓(culpa) 67, 201
죄를 짓는다는 것은 그의 본성에 따라 그에게 적합한 선의 결핍 외에 다른 것이 아니다(peccare nihil aliud est quam deficere a bono quod convenit alicui secundum suam naturam) 161
죄인에게는 생명이 아니라 죽음이 마땅하다(peccatori enim non debetur vita, sed mors) 471
주님의 기도(oratio Domini) 209, 225
주입된 덕(virtus infusus) 155, 229, 232
주입된 덕도 인간을 완성시켜 은총의 빛에 적합한 방식으로 걷게 만든다 (virtutes infusae perficiunt hominem ad ambulandum congruenter lumini gratiae) 263
죽음(mors) 7, 17, 35, 37, 180, 181, 209, 233, 471
준비(praeparatio) 117, 119, 137, 185, 187, 189, 190, 191, 194, 195, 196, 197, 215, 216, 233, 337, 339, 341, 349
지성(intellectus) 9, 38, 51, 92, 108, 142, 143, 144, 145, 146, 147, 149, 153, 164, 169, 223, 226, 363, 395
지성에도 일종의 무지의 어둠이 남아 있다(remanet etiam quaedam ignorantiae obscuritas in intellectu) 223
지식(cognitio) 93, 135, 147, 149, 161, 169, 189, 309, 353, 359
지혜(sapientia) 5, 27, 305, 307, 313, 393, 395, 447, 452
지혜의 설교(sermo sapientiae) 309
진리(veritas) 27, 37, 61, 89, 119, 139, 141, 142, 143, 146, 147, 148, 149, 152, 153, 161, 179, 215, 216, 291, 325, 495

진리는 누가 발설하든지 간에 성령으로부터 오는 것이다(omne verum, a quocumque dicatur, est a Spiritu Sancto) 139, 147

진리를 인식하는 것은 지성적 빛의 사용 또는 실행이다(cognoscere veritatem est usus quidam, vel actus, intellectualis luminis) 143

진흙(lutum) 341, 343

질서(ordo) 21, 25, 47, 49, 97, 107, 109, 143, 147, 154, 155, 158, 184, 191, 193, 203, 215, 283, 319, 369

질서의 올바름(rectitudo ordinis) 373

질서화(ordinatio) 285, 465

찬란함(claritas) 321

참된 것(verum) 137, 139, 141, 147, 153, 161, 485

참사랑(caritas) 9, 45, 49, 51, 53, 55, 96, 101, 130, 155, 163, 167, 168, 169, 174, 175, 177, 179, 261, 303, 305, 313, 371, 377, 405, 430, 483, 485, 487, 489, 513

참사랑은 하느님을, 자연보다 더 뛰어난 방식으로 다른 모든 것보다 더 사랑한다(caritas diligit Deum super omnia eminentius quam natura) 167

참여(participatio) 243, 255, 263, 327, 351, 443

참회(poenitentia) 187

창세기(Genesis) 21

창조(creatio) 21, 96, 127, 146, 147, 155, 174, 176, 333, 441, 443, 445, 449

처벌의 죄책(reatum poenae) 203, 205

천사(天使, angelus) 165, 331

천상 물체(corpus caeleste) 143, 145

초자연적 선(supernaturale bonum) 151, 157, 253

초자연적, 초자연적인 것(supernaturale) 3, 147, 155, 159, 161, 169, 185, 187, 195, 207, 210, 216, 225, 227, 245

최고선(summum bonum) 163, 349

최종 목적(ultimus finis) 31, 51, 112, 319, 347, 487, 527

최초의 은총(gratia prima) 190, 191, 491, 493, 495, 497, 499, 501, 505, 509, 527

추론(推論, discursus) 419

추론(推論, ratiocinatio) 141

출발점(terminus a quo) 377

충동(instinctus) 90, 91, 95

치료제(medicina) 157, 185, 199, 531

치유 은총(gratia sanans) 17, 156, 167, 174, 175, 313

치유 은총은 그것이 신앙을 위한 특별한 동기를 제공하기 때문에, 기적 일반을 행함과 구별된다(gratia sanitatum distinguitur a generali operatione virtutum, quia habet specialem rationem inducendi ad finem) 313

카르타고 공의회(Carthago, Conc.) 11, 171, 209

타락(lapsus) 95, 154, 155, 156, 203, 206, 207, 232

탄생, 새로남(generatio) 269

탓 → 죄과

태세(dispositio) 259, 261, 323, 331, 333, 339, 345, 373, 375, 423, 427, 433, 435, 439, 515

태양은 어둠을 제거하기 위해 자신의 빛을 통해 행동한다(sol per suam lucem agit ad removendum tenebras) 437

통회(痛悔, contritio) 413

트리엔트 공의회(Trento, Concil.) 88, 173, 179, 183, 187, 219, 222, 227, 331, 347, 353, 369, 379, 387, 405, 457, 475, 511, 517

특수한 정의(particularis iustitia) 373

피동자(被動者, motum) 273, 291

피조물(creatura) 127, 145, 147, 161, 165, 169, 185, 195, 216, 223, 225, 243, 285, 325, 327, 463

피조물들은 하느님의 움직임[기동] 덕분이 아니라면 그 어떤 활동도 전개할 수 없다(nulla res creata potest in quemcumque actum prodire nisi virtute motionis divinae) 223

하느님과 인간 사이에는 극심한 불평등이 있다(inter Deum et hominem est maxima inaequalitas) 463

하느님은 만물을 각각에 고유한 방식으로 움직이신다(Deus autem movet omnia secundum modum unius cuiusque) 391

하느님은 오로지 자격 있는 사람에게만 은총을 전달하신다(Deus non dat gratiam nisi dignus) 495

(하느님은) 우리가 원하도록 작용하시고, 우리가 원할 때에는 그것을 완성할 수 있도록 우리와 협력하신다(ut autem velimus operatur: cum autem volumus, ut perficiamus nobis cooperatur) 293

하느님은 우리 안에서 당신이 작용에 의해서 착수한 일을 협력에 의해 완성하신다(cooperando Deus in nobis perficit quod operando incipit) 291

하느님은 우리 없이 우리를 의화시키시지 않는다(Deus non sine nobis nos iustificat) 297

하느님은 작용인의 방식으로 영혼의 생명이다(Deus est vita animae per modum causae efficientis) 245

하느님을 기쁘게 만드는 은총(gratia gratum faciens) 149

하느님을 기쁘게 만드는 은총은 분리되어 있는 저 공동선에 질서지어져 있는데, 그것이 바로 하느님 자신이다(gratia gratum faciens ordinatur ad bonum commune separatum, quod est ipse Deus) 357

하느님을 기쁘게 만드는 은총은 인간을, 하느님의 사랑을 받을 만한 이로 만든다(gratia gratum faciens facit hominem dignum Dei amore) 357

하느님을 다른 모든 것보다 더 사랑하는 것은 모든 피조물의 본성에 자연적이다(diligere Deum super omnia(...) est naturale cuilibet naturae creatae) 169

하느님을 수용할 수 있는(capax Dei) 449

하느님을 향유함(Dei fruitio) 191, 485

하느님의 모상(imago Dei) 176, 177

하느님의 사랑(dilectio Dei) 301, 381, 383

하느님의 위업(opus Dei) 217, 439, 445

하느님의 의도는 실패할 수 없다(intentio Dei deficere non potest) 341

하느님이 그에 앞서 그를 선으로 움직여주시지 않는다면, 인간은 은총을 위해 스스로 준비할 수 없다(homo ad gratiam se praeparare non possit nisi Deo eum praeveniente et movente ad bonum) 337

하늘나라(regnum caeli) 29, 39, 131

하등통회(下等痛悔, attritio) 411, 503

학문(scientia) 309

학문, 가르침(disciplina) 141

학문의 설파(sermo scientiae) 309

항구함(perseverantia) 227, 229, 231, 232, 233, 513, 515

항구함은 생애 마지막까지 선을 지속함을 가리킬 수 있다(dicitur perseverantia continuatio quaedam boni usque ad finem vitae) 231

행업, 행위, 업적, 일(opus) 4, 5, 53, 81, 89, 91, 97, 101, 113, 119, 121, 133, 153, 175, 181, 183, 185, 186, 191, 221, 223, 441, 443, 445, 447, 449, 451, 453, 461, 465, 467, 475, 477, 479, 483, 491, 493, 503, 505, 519, 529

『행운』에 관한 장(cap. *de Bona Fortuna*) 159

혀(lingua) 531

현세(現世, praesens vita) 31, 33, 34, 211, 215, 356, 519

현세적 선(bona temporalia) 109, 117, 519, 525

현실적 은총(gratia actualis) 190, 191, 194, 195, 222, 223, 226, 227, 233, 250, 279

현존(praesentia) 9

협력(cooperatio, cooperari) 289, 441

협력 은총(gratia cooperativa) 277, 287, 289, 291, 293, 295, 297, 301, 367, 455

형상(forma) 143, 144, 145, 146, 197, 245, 247, 253, 255, 259, 295, 321, 335, 339, 341, 343, 345, 375, 391, 419, 421, 423, 427, 429, 433, 437, 439, 449

형상인(causa formalis) 245, 253

호의(bennevolentia) 155, 199, 383

호의(favor) 109

확실성(certitudo) 309, 357, 363

회개(conversio) 193, 195, 401, 451

후행 은총(gratia subsequens) 277, 297, 299, 301

흠결(macula) 202, 203

희망(spes) 51, 187, 259, 305, 313

《인명 색인》

가이거(L. B. Geiger) 254
그레고리우스 마뉴스(Gregorius Magnus) 71, 213
그로스(J. Gross) 326
그리스도(Christus) → Jesus Christus 237, 257, 329, 395, 501
다마셰누스(Joannes Damascenus) 153, 201, 329
동트(R. C. Dhont) 194
드 뤼박(H. de Lubac, SJ) 156
란트그라프(A. M. Landgraf) 188
로탱(Lottin, Odon, OSB) 159
롬바르두스(Lombardus) 182, 184, 261
루터(Martin Luther) 88, 136
마니, 마니교(Manicheus) 33, 34, 35, 45, 65, 73
마리우스(Marius Mercator) 216
몬딘(Battista Mondin) 38, 77, 185
몬타누스(Montanus, Montanism) 32, 33
몰리나(Luis de Molina, SJ) 342, 469
바네즈(Domingo Banez, OP) 248
베르나르두스(Bernardus) 360
보나벤투라(Bonaventura) 37, 38, 162, 481, 508
보에티우스(Boethius) 255
부이야르(H. Bouillard, SJ) 191, 327
브라운(P. Brown) 174
세클러(M. Seckler) 90, 194
스코투스(Duns Scotus, OFM) 78, 79
아담(Adam) 34, 154, 155, 186, 229, 233, 375, 469
아리스토텔레스(Aristoteles) 43, 69, 81, 93, 143, 154, 159, 166, 259, 421
아우구스티누스(Augustinus) 7, 8, 9, 15, 16, 17, 18, 25, 33, 41, 45, 64, 65, 73, 77, 78, 79, 81, 83, 105, 106, 110, 111, 119, 137, 139, 141, 149, 152, 153, 157, 174, 175, 177, 183, 185, 201, 207, 208, 209, 216, 217, 221, 229, 231, 233, 241, 247, 257, 265, 267, 289,

291, 293, 301, 313, 343, 353, 385, 387, 389, 409, 441, 445, 449, 483, 491, 495, 505, 513, 519, 521, 531

안셀무스(Anselmus) 341

알렉산더 할레스(Alexander de Hales) 162

암브로시우스(Ambrosius) 138, 139

에크하르트(Eckhart) 271

예수 그리스도(Jesus Christus) 4, 11, 23, 36, 39, 219, 369, 457, 511

요아킴 데 피오레(Joachim de Fiore) 28, 29, 36, 37, 38, 39

요한 크리소스토무스(Joannes Chrysostomus) 29, 39, 72, 75, 105

위-디오니시우스(Pseudus-Dionysius) 33, 165, 166, 193

제라르도(Gerardo di Borgo S. Donnino, OFM) 38, 39

질송(Etienne Gilson) 149, 167

칼뱅(Jean Calvin) 88

콩가르(Yves Congar, OP) 53

키릴루스, 알렉산드리아의(Cyrilus de Alexandria) 330

키프리아누스(Cyprianus) 231

테르툴리아누스(Tertullianus) 33

파브로(Cornelio Fabro) 254

펠라기우스(Pelagius, Pelagianismus) 8, 136, 137, 152, 172, 174, 177, 183, 186, 189, 193, 194, 208, 217

폰 발타사르(H. U. von Balthasar) 250

하이데거(Martin Heidegger) 249

히에로니무스(Hie ronymus) 173, 177

힐라리우스(Hilarius de Poitier) 76, 77

《고전작품 색인》

표준 주해(*Glossa*) 44, 45, 138, 181, 184, 185, 239, 251, 341, 345, 371, 475, 481
덴칭거(DS-DH) 11, 88, 123, 139, 151, 152, 153, 161, 171, 173, 176, 179, 183, 187, 199, 201, 205, 207, 209, 215, 217, 219, 220, 221, 226, 227

그레고리우스 마뉴스
  『에제키엘서 강해』(*Homiliae in Ezechielem*) 70, 212, 213

다마셰누스
  『정통신앙론』(*De fide orth.*) 152, 200

디오니시우스
  『교회 위계』(*De eccl. hierarchia*) 33
  『신명론』(*De div. nominibus*) 167, 193
  『천상 위계』(*De coelesti hier.*) 282, 327

롬바르두스
  『명제집』(*Libri Sententiarum*) 261, 406

아리스토텔레스
  『니코마코스 윤리학』(*Ethic. Nic.*) 7, 80, 81, 153, 175, 177, 213, 229, 231
  『형이상학』(*Metaphysica*) 93
  『영혼론』(*De anima*) 69, 143
  『행운』(*De fortuna*) 159
  『자연학』(*Physica*) 69, 143, 165
  『천체론』(*De caelo*) 185

아우구스티누스
  『고백록』(*Confessiones*) 302, 387
  『독백록』(*Soliloquia*) 139

『두 영혼』(*De duabus animabus*) 207

『마니 제자 아디만투스 반박』(*Contra Adimantum Mani. discipl.*) 45

『마니교도 파우스투스 반박』(*Contra Faustum Manichaeum*) 33, 45, 65, 73

『본성과 은총』(*De natura et gratia*) 221, 233

『삼위일체론』(*De trinitate*) 141, 149

『성도들의 예정』(*De praedestinatione sanctorum*) 447

『영과 문자』(*De spiritu et littera*) 8, 9, 14, 15, 17, 18, 23, 177

『요한 서간 강해』(*Tract. in ep. Ioannis*) 513

『은총과 자유재량』(*De gratia et lib. arb.*) 201

『이단』(*De haeresibus*) 175

『인간 의로움의 완성』(*De perfect. iust. hom.*) 24, 25, 209

『자유의지론』(*De libero arbitrio*) 207

『재론고』(*Retractationes*) 141

『주님의 산상 설교』(*De serm. Dom. in monte*) 64, 83, 106, 110, 111, 113

『창세기 문자적 해설』(*De genesi ad litteram*) 353, 389

『펠라기우스파와 켈레스티우스파 반박 회상록』(*Hypomnesticon contra Pel. et Cael.*) 217

『항구함의 은사』(*De dono perseverantia*) 229

『혜시키우스에게 보낸 서간』 41

『혼인과 욕망』(*De nuptiis et concupiscentia*) 385

『훈계와 은총』(*De correptione et gratia*) 153, 177, 217, 230

안셀무스

『악마론』(*De diabolo*) 341

크리소스토무스

『강론집』(*Homilia*) 29, 39

《성경 색인》

〈신약〉

갈라티아서 23, 49, 57, 61, 89, 97, 200, 201, 333, 489

로마서 5, 7, 13, 15, 19, 21, 37, 47, 49, 55, 61, 69, 87, 93, 153, 163, 173, 180, 181, 185, 187, 192, 211, 221, 223, 229, 491, 493

루카복음서 47, 63, 87, 99, 105, 107, 117, 125, 133, 397, 459, 499, 523

마르코복음서 19, 45, 63, 72, 73, 101

마태오복음서 19, 29, 39, 45, 47, 57, 59, 62, 63, 64, 67, 71, 75, 77, 87, 91, 99, 105, 111, 112, 117, 121, 123, 125, 131, 133, 171, 173, 181, 189, 209, 227, 483, 497, 511

묵시록 359

베드로 2서 263

사도행전 35, 37, 333, 371, 421

야고보서 95, 497

에페소서 89, 143, 199, 219, 245, 257, 263, 281, 347, 351, 355

요한 1서 81, 121, 129, 171, 377

요한복음서 5, 11, 21, 27, 32, 35, 37, 57, 67, 87, 89, 119, 133, 171, 173, 179, 191, 197, 219, 289, 325, 329, 337, 343, 389, 409, 441, 479, 485, 521

코린토 1서 21, 27, 33, 105, 187, 131, 139, 217, 219, 283, 307, 317, 355, 361, 471, 483, 489

코린토 2서 9, 15, 17, 61, 77, 87, 141, 179, 299, 357, 481

콜로새서 49, 61, 285

티모테오 1서 19, 175, 216, 363

티모테오 2서 477, 513

히브리서 7, 13, 31, 45, 47, 55, 65, 401

〈구약〉

다니엘서 305, 503

레위기 45, 65

민수기 393

사무엘 1서 335

시편 111, 141, 181, 195, 239, 251, 299, 301, 327, 337, 361, 381, 401, 407, 433, 441, 505, 527, 529

신명기 45, 77, 121, 239, 525
아모스서 335
애가 197
에제키엘서 71, 507, 525
역대기 2권 389
열왕기 1권 389
예레미야서 7, 195, 341, 461
욥기 359, 395, 459
이사야서 187, 413
잠언 111, 125, 189, 199, 335, 371, 397, 405, 515
즈카르야서 189, 192
지혜서 5, 225, 243, 253, 347, 355, 393
집회서 209, 217, 337, 357, 397
창세기 21, 239, 353, 355, 387
코헬렛 527
탈출기 524
호세아서 345

■ 지은이: 토마스 아퀴나스(S. Thomas Aquinas)

성 토마스 아퀴나스는 1224/5년 이탈리아 중남부의 귀족 가문에서 태어나 도미니코수도회에 입회하였고, 때 묻지 않은 '천사적' 순수함과 진리에 대한 지칠 줄 모르는 열정으로 13세기라는 역사상 드문 정치적·사상적 격변기를 헤쳐나갔다. 그는 아리스토텔레스의 대부분의 작품들과 복음서 및 바오로의 주요 서간들에 대해 주해서를 집필하였고, 『대이교도대전』과 『토론문제집』 등 중요한 저작들을 남겼다. 특히 그리스 철학의 제 학파와 아랍 세계의 선진 이슬람 문명 등 당대까지 유럽에 전해져 서로 충돌하던 다양한 사상들을 그리스도교 진리의 빛 속에서 웅장하게 체계적으로 종합한 『신학대전』(*Summa Theologiae*)은 인류 문화사적 걸작으로 꼽힌다. 그는 1274년 리옹공의회에 참석하러 가던 길에 중병을 얻어 포사노바에서 선종하였다.

1879년 교황 레오 13세는 회칙 『영원하신 아버지』를 통해 토마스의 사상을 가톨릭교회의 공식 학설로 공표하였다.

■ 옮긴이: 이재룡(李在龍)

이재룡 신부는 로마 우르바노 대학교 철학박사(1993)로서 가톨릭대학교에서 오래도록 중세철학과 인식론을 가르쳤고, 한국가톨릭철학회, 신학과사상학회, 한국중세철학회에서 활동하였으며, 2016년부터 한국성토마스연구소 책임자로서, 성 토마스 아퀴나스의 방대한 걸작인 『신학대전』 완간을 위해 분투 노력하고 있다.

주요 주요 역서로는 『신학대전 요약』(공역), 『철학여정』, 『토미스트 실재론과 인식비판』, 『토마스 아퀴나스의 인식론』, 『토마스 아퀴나스 수사』, 『신앙과 이성』, 『아퀴나스의 심리철학』, 『쉽게 쓴 토마스 아퀴나스의 철학』, 『토마스 아퀴나스와 급진적 아리스토텔레스주의』, 『성 보나벤투라』, 『신학자 토마스 아퀴나스』, 『전환기의 새로운 문화 모색』, 『스콜라철학에서의 개체화』(공역), 『존재해석』, 『인식론의 역사』, 『13세기 영혼 논쟁』, 『토마스 아퀴나스의 철학체계』(공역), 『자유인』, 『영혼에 관한 토론문제』(공역), 『성 토마스의 철학적 인간학』, 『신학사2: 스콜라학 시대』, 『인간과 자연』, 『신학대전 제18권: 도덕성의 원리』, 『안락의자용 토마스 아퀴나스』, 『신학대전 제20권: 쾌락』, 『신학대전 제22권: 습성』, 『신학사4: 현대』(공역) 『신학대전 제23권: 덕』, 『성 토마스 개념사전』(공역), 『아퀴나스의 윤리학』(공역) 등이 있다.

■ 진리의 협력자들

가르멜수도회(윤주현 신부) 가톨릭교리신학원(최승정 신부) 가톨릭출판사(홍성학 신부) 강윤희신부 †곽성명마티아 교리48기(김순진 요안나) 구요비주교 기쁜소식(전갑수 사장) 김경애유스타 김두라소화데레사 김명순소피아 김미라크레센시아 김미리파비올라 김미숙도미나 김복원요안나 김수남글라라 김영남신부 김영진신부 김영희글라라 김운장(대화제약 회장) 김운회주교 김웅태신부 김월자안젤라 김은주율리아나 김장이베로니카 김정렬사도요한 김정이아네스 김정임세실리아 김종국신부 김철련스테파노 김청자아가다 김항희마르타 김해영아나다시아 김혜경세레나 김혜경아네스 김효숙노엘라 김훈겸신부 김희중대주교 로사리오 성모의 도미니코수녀회(오하정 수녀) 마천동성당(장강택 신부) 목동성당(민병덕 신부) 문정동성당(이철호 신부) 박동균신부 박상수신부 박영규사도요한 박용선소화데레사 박정자소화데레사 박종호시몬 박찬윤신부 박표열정혜엘리사벳 박현숙글라라 방배4동성당(최동진 신부 - 이동익 신부) 방배동성당(안병철 신부) 배기현주교 배옥순시모니아 분당성마리아성당(윤종대 신부) 사랑의시튼수녀회(김영선 수녀) 상도동성당(곽성민 신부) 서명숙루치아 서인숙아네스 서초동성당(이찬일 신부) 서호숙데레사 세종로성당(박동균 신부) 성도미니코선교수녀회(안소근 수녀) 손삼석주교 손희송주교 송기인신부 송인섭안드레아 신수정비비안나 신옥현루시아 심상태몬시뇰 양정희루시아 여규태요셉 염수정추기경 오금동성당(박희원 신부) 오승원신부 원종철신부 위재숙아나다시아 유경촌주교 유덕희(경동제약 회장) 유식용(일도TCS 회장) 유영숙스콜라스티카 †윤정자님과 이경상신부 이계숙루시아 이동익신부 이동호신부 이문동성당(박동호 신부) 이민주신부 이명순토마스 이범현신부 이병호주교 이선용알베르토 이완숙미카엘라 이용훈주교 이윤하신부 †이정국미카엘 이정석요한 이종상요셉 이 진안드레아 이준영아우구스티노 이화주가브리엘라 이효재로마노 임경희미카엘라 잠원동성당(박항오 신부) 장석호모세 장우일레오 장춘복세바스티아나 장혜순카타리나 (재)신학과사상(백운철 신부) 전상순요안나 전상직(더맨 회장) 절두산순교성지성당(정연정 신부) 정달용신부 정미애율리안나 정순택대주교 정복신안나 정영숙(다빈치 회장) 정의채몬시뇰 정종휴암브로시오 †정진석추기경 조 광이냐시오 조규만주교 조신호델피노 조용주마리안나 조욱현신부 차상금이사벨 청담동성당(김민수 신부) 최명주율리아 최미묘분다 최학분에디타 하계동성당(김웅태 신부) 학교법인가톨릭학원(김영국 신부) 한무숙문학관(김호기 박사) 혜화동성당(홍기범 신부) 홍순자요셉피나 황예성세실리아

지금까지 출간된 분책(2021년 현재)

■ 제1권(I, qq.1-12), [하느님의 존재], 정의채 옮김, 1985, 3판 2014, 751쪽.
제1문 거룩한 가르침에 관하여. 제2문 신론 - 하느님이 존재하는가. 제3문 하느님의 단순성에 대하여. 제4문 하느님의 완전성에 대하여. 제5문 선 일반에 대하여. 제6문 하느님의 선성에 대하여. 제7문 하느님의 무한성에 대하여. 제8문 사물에 있어서의 하느님의 실재에 대하여. 제9문 하느님의 불변성에 대하여. 제10문 하느님의 영원성에 대하여. 제11문 하느님의 일체성(단일성)에 대하여. 제12문 하느님은 우리에게 어떻게 인식되는가에 대하여.

■ 제2권(I, qq.13-19), [하느님의 생명], 정의채 옮김, 1993, 2판 2014, 572쪽.
제13문 하느님의 명칭에 대하여. 제14문 하느님의 지식에 대하여. 제15문 이데아에 대하여. 제16문 진리에 대하여. 제17문 허위에 대하여. 제18문 하느님의 생명에 대하여. 제19문 하느님의 의지에 대하여.

■ 제3권(I, qq.20-30), [하느님의 작용과 위격], 정의채 옮김, 1994, 2판 2000, 495쪽.
제20문 하느님의 사랑에 대하여. 제21문 하느님의 정의와 자비에 대하여. 제22문 하느님의 섭리에 대하여. 제23문 예정에 대하여. 제24문 생명의 책에 대하여. 제25문 하느님의 능력에 대하여. 제26문 하느님의 지복에 대하여. 제27문 하느님의 위격들의 발출에 대하여. 제28문 하느님 안에서의 관계들에 대하여. 제29문 하느님의 위격들에 대하여. 제30문 하느님 안에서의 위격들의 복수성에 대하여.

■ 제4권(I, qq.31-38), [위격들의 구별], 정의채 옮김, 1997, 293쪽.
제31문 하느님 안에서 단일성 혹은 복잡성에 속하는 것들에 대하여. 제32문 하느님의 위격들의 인식에 대하여. 제33문 성부의 위격에 대하여. 제34문 성자의 위격에 대하여. 제35문 모습(혹은 모상)에 대하여. 제36문 성령의 위격에 대하여. 제37문 사랑이라는 성령의 명칭에 대하여. 제38문 은사라는 성령의 명칭에 대하여.

■ 제5권(I, qq.39-43), [위격들의 관계], 정의채 옮김, 1998, 345쪽.
제39문 본질과 비교된 위격들에 대하여. 제40문 관계들 내지는 고유성들과의 비교에 있어서의 위격들에 대하여. 제41문 인식 표징적(혹은 식별 표징적) 작용들과의 비교에 있어서의 위격들에 대하여. 제42문 하느님의 위격들 상호간의 동등성과 유사성에 대하여. 제43문 하느님의 위격들의 파견에 대하여.

■ 제6권(I, qq.44-49), [창조], 정의채 옮김, 1999, 339쪽.
제44문 피조물들의 하느님으로부터의 발출과 모든 유의 제1원인에 대하여. 제45문 사물들의 제1근원으로부터의 유출의 양태에 대하여. 제46문 창조된 사물들의 지속의 시작에 대하여. 제47문 사물들의 구별 일반에 대하여. 제48문 사물들의 구별에 대한 각론. 제49문 악의 원인에 대하여.

■ 제7권(I, qq.50-57), [천사], 윤종국 옮김, 정의채 감수, 2010, 379쪽.
제50문 천사의 실체 자체에 대하여. 제51문 천사와 물체의 비교에 대하여. 제52문 장소에 대한 천사의 비교에 대하여. 제53문 천사의 장소적 운동에 대하여. 제54문 천사의 인식 작용에 대하여. 제55문 천사의 인식 수단에 대하여. 제56문 비물질적 사물의 일부에서 얻는 천사의 인식에 대하여. 제57문 질료적 사물들의 성찰에 따른 천사의 인식에 대하여.

■ 제8권(I, 58-64), 천사의 활동, 강윤희 옮김, 2020, 368쪽.
제58문 천사의 인식 양태에 대하여. 제59문 천사의 의지에 대하여. 제60문 천사의 사랑 혹은 애정에 대하여. 제61문 천사가 본성적 존재로 창조되었음에 대하여. 제62문 천사가 은총과 영광의 상태로 완성됨에 대하여. 제63문 천사의 악의와 탓에 대하여 제64문 악령들의 형벌에 대하여.

■ 제9권(I, qq.65-74), [우주 창조], 김춘오 옮김, 정의채 감수, 2010, 424쪽.
제65문 물체적 피조물들의 창조 작업에 대하여. 제66문 구별에 대한 피조물의 질서에 대하여. 제67문 자체 안에서의 구별 작업에 대하여. 제68문 둘째 날의 작업에 대하여. 제69문 셋째 날의 작업에 대하여. 제70문 넷째 날에 대한 장식 작업에 대하여. 제71문 다섯째 날에 대하여. 제72문 여섯째 날에 대하여. 제73문 일곱째 날에 속한 어떤 것에 대하여. 제74문 공통적인 것들 안에서 모든 일곱 날에 대하여.

- 제10권(I, qq.75-78), [인간], 정의채 옮김, 2003, 383쪽.
  제75문 인간론: 영적 실체와 물체적 실체로 복합된 인간에 대하여. 제76문 혼의 신체와의 하나됨(합일)에 대하여. 제77문 혼의 능력 일반에 속하는 것들에 대하여. 제78문 혼의 개별적 능력들에 대하여.

- 제11권(I, qq.79-83), [인간 영혼의 능력], 정의채 옮김, 2003, 320쪽.
  제79문 지성적 능력들에 대하여. 제80문 욕구적 능력 일반에 대하여. 제81문 감성적 능력에 대하여. 제82문 의지에 대하여. 제83문 자유의사에 대하여.

- 제12권(I, qq.84-89), [인간의 지성], 정의채 옮김, 2013, 511쪽.
  제84문 신체와 결합된 영혼은 어떻게 자신보다 하위에 있는 물체적인 것들을 인식하는가. 제85문 지성 인식의 양태와 서열에 대하여. 제86문 우리 지성은 질료적 사물들에 있어 무엇을 인식하는가. 제87문 지성적 혼은 어떻게 자기 자신과 자기 안에 있는 것들을 인식하는가. 제88문 인간 혼은 어떻게 자기의 상위에 있는 것들을 인식하는가. 제89문 분리된 영혼의 인식에 대하여.

- 제13권(I, qq.90-102), [하느님의 모상으로 창조된 인간], 김율 옮김, 2008, 505쪽.
  제90문 인간 혼의 첫 산출에 대하여. 제91문 첫 인간의 신체의 산출에 대하여. 제92문 여자의 산출에 대하여. 제93문 인간의 산출 목적 또는 결말에 대하여. 제94문 첫 인간의 지성 상태와 조건에 대하여. 제95문 첫 인간의 의지에 관련된 사항들, 곧 은총과 정의에 대하여. 제96문 무죄의 상태에서 인간이 가지고 있던 지배권에 대하여. 제97문 첫 인간의 상태에서 개인의 보존. 제98문 종의 보존에 대하여. 제99문 태어났을 자손의 신체적 조건에 대하여. 제100문 태어났을 자손의 정의의 조건에 대하여. 제101문 태어났을 자손의 지식의 조건에 대하여. 제102문 인간의 거처, 곧 낙원에 대하여.

- 제14권(I, qq.103-114), [하느님의 통치], 이상섭 옮김, 2009, 607쪽.
  제103문 사물들의 통치 일반에 대하여. 제104문 하느님 통치의 특수한 결과들에 대하여. 제105문 하느님에 의한 피조물들의 변화에 대하여. 제106문 한 피조물은 다른 피조물들을 어떻게 움직이는가. 제107문 천사들의 말에 대하여. 제108문 위계와 질서에 따르는 천사들의 질서지움에 대하여. 제109문 악한 천사들의 질서지움에 대하여. 제110문 물체적 피조물들에 대한 천사들의 통할에 대하여. 제111문 인간들에 대한 천사들의 작용에 대하여. 제112문 천사들의 파견에 대하여. 제113문 선한 천사들의 보호에 대하여. 제114문 마귀들의 공격에 대하여.

■ 제15권(I, qq.115-119), [우주의 질서], 김정국 옮김, 2010, 307쪽.
제115문 물체적 피조물의 작용에 대하여. 제116문 숙명에 대하여. 제117문 인간의 작용과 관련된 것에 대하여. 제118문 혼과 관련한 인류의 번식에 대하여. 제119문 육체에 관련된 인류의 번식에 대하여.

■ 제16권(I-II, qq.1-5), [행복], 정의채 옮김, 2000, 417쪽.
제1문 인간의 궁극 목적에 대하여. 제2문 인간의 행복이 있는 것들에 대하여. 제3문 행복이란 무엇인가. 제4문 행복을 위해 요구되는 것들에 대하여. 제5문 행복에의 도달에 대하여.

■ 제17권(I-II, qq.6-17), 인간적 행위, 이상섭 옮김, 2019, xlviii-444쪽.
제6문 의지적인 것과 비의지적인 것에 대하여. 제7문 인간적 행위의 상황들에 대하여. 제8문 의지에 대하여, 의지는 무엇을 대상으로 갖는가? 제9문 의지의 동인에 대하여. 제10문 의지가 움직여지는 방식에 대하여. 제11문 향유라는 의지 작용에 대하여. 제12문 지향에 대하여. 제13문 수단과 관련된 의지의 작용인 선택에 대하여. 제14문 선택에 앞서는 숙고에 대하여. 제15문 수단과 관련된 의지 작용인 동의에 대하여. 제16문 수단과 관련된 의지의 작용인 사용에 대하여. 제17문 의지에 의해 명령된 작용에 대하여.

■ 제18권(I-II, 18021), 도덕성의 원리, 이재룡 옮김, 2019, lx-264쪽.
제18문 인간적 행위에서의 선성과 악성에 대하여. 제19문 의지의 내적 행위의 선성과 악성에 대하여. 제20문 인간의 외적 행위의 선성과 악성에 대하여. 제21문 인간적 행위의 귀결들과 그 선성 또는 악성에 대하여.

■ 제19권(I-II, 22-30), 정념, 김정국 옮김, 2020, I-270쪽.
제22문 영혼의 정념의 주체에 대하여. 제23문 정념 상호간의 차이에 대하여. 제24문 영혼의 정념들에 있어서 선과 악에 대하여. 제25문 정념들 상호간의 질서에 대하여. 제26문 사랑에 대하여. 제27문 사랑의 원인에 대하여. 제28문 사랑의 결과에 대하여. 제29문 미움에 대하여. 제30문 욕망에 대하여.

- 제20권(I-II, 31-39), 쾌락, 이재룡 옮김, 2020, lviii-236쪽.
  제31문 쾌락 그 자체에 대하여. 제32문 쾌락의 원인에 대하여. 제33문 쾌락의 결과에 대하여. 제34문 쾌락의 선성과 악성에 대하여. 제35문 고통 또는 슬픔 그 자체에 대하여. 제36문 슬픔 또는 고통의 원인에 대하여. 제37문 고통 또는 슬픔의 결과에 대하여. 제38문 슬픔 또는 고통의 결과에 대하여. 제39문 슬픔 또는 고통의 선성과 악성에 대하여.

- 제21권(I-II, 40-48), 두려움과 분노, 채이병 옮김, 2020, lxii-278쪽.
  제40문 분노적 정념들에 대하여. 먼저 희망과 절망에 대하여. 제41문 두려움 그 자체에 대하여. 제42문 두려움의 대상에 대하여. 제43문 두려움의 원인에 대하여. 제44문 두려움의 결과에 대하여. 제45문 담대함에 대하여. 제46문 분노 그 자체에 대하여. 제47문 분노를 일으키는 원인과 그 대처 수단에 대하여. 제48문 분노의 결과에 대하여.

- 제22권(I-II, 49-54), 습성, 이재룡 옮김, 2020, lviii-234쪽.
  제49문 습성의 실체 자체에 대하여. 제50문 습성의 주체에 대하여. 제51문 습성의 생성 원인에 대하여. 제52문 습성의 성장에 대하여. 제53문 습성의 소멸과 약화에 대하여. 제54문 습성의 구별에 대하여.

- 제23권(I-II, 55-67), 덕, 이재룡 옮김, 2020, lxxvi-558쪽.
  제55문 덕의 본질에 대하여. 제56문 덕의 주체에 대하여. 제57문 지성적 덕의 구별에 대하여. 제58문 도덕적 덕과 지성적 덕의 구별에 대하여. 제59문 도덕적 덕과 정념 사이의 구별에 대하여. 제60문 도덕적 덕들 상호간의 구별에 대하여. 제61문 추요덕에 대하여. 제62문 대신덕에 대하여. 제63문 덕의 원인에 대하여. 제64문 덕의 중용에 대하여. 제65문 덕들 사이의 상호 연관성에 다하여. 제66문 덕들의 동등성에 대하여. 제67문 후세에서의 덕의 지속에 대하여.

- 제24권(I-II, 68-70), 성령의 선물, 채이병 옮김, 2020, liv-152쪽.
  제68문 선물들에 대하여. 제69문 참행복에 대하여. 제70문 성령의 열매에 대하여.

- 제25권(I-II, 71-80), 죄, 안소근 옮김, 2020, I-452쪽.
  제71문 악습과 죄 자체에 대하여. 제72문 죄의 구별에 대하여. 제73문 죄들의 상호 비교에 대하여. 제74문 죄의 주체에 대하여. 제75문 죄의 일반적 원인에 대하여. 제76문 죄의 특수 원인에 대하여. 제77문 감각적 욕구 편에서 본 죄의 원인에 대하여. 제78문 죄의 원인인 악의에 대하여. 제79문 죄의 외부적 원인에 대하여(1): 하느님. 제80문 죄의 외부적 원인에 대하여(2): 악마

- 제26권(I-II, qq.81-85) 원죄, 정현석 옮김, 2021, lii-191쪽.
  제81문 인간 편에서의 원죄의 원인에 대하여. 제82문 원죄의 본질에 대하여. 제83문 원죄의 주체에 대하여. 제84문 어떤 죄가 죄의 원인이 된다는 점에서 죄의 원인에 대하여. 제85문 죄의 결과에 대하여.

- 제27권(I-II, qq.86-89) 죄의 결과, 윤주현 옮김, 2021, xlviii-164쪽.
  제86문 죄의 흠결에 대하여. 제87문 벌의 죄책에 대하여. 제88문 경죄와 사죄에 대하여. 제89문 경죄 자체에 대하여.

- 제28권(I-II, 90-97), 법, 이진남 옮김, 2020, I-289쪽.
  제90문 법의 본질에 대하여. 제91문 법의 종류에 대하여. 제92문 법의 효력에 대하여. 제93문 영원법에 대하여. 제94문 자연법에 대하여. 제95문 인정법에 대하여. 제96문 인정법의 효력에 대하여. 제97문 법의 개정에 관하여.

- 제29권(I-II, qq.98-105) 옛 법, 이경상 옮김, 2021, lxiv-608쪽.
  제98문 옛 법에 대하여. 제99문 옛 법의 규정들에 대하여. 제100문 옛 법의 도덕적 규정들에 대하여. 제101문 예식 규정들에 대하여. 제102문 예식 규정들의 원인에 대하여. 제103문 예식 규정들의 기한에 대하여. 제104문 사법 규정들에 대하여. 제105문 사법 규정들의 근거에 대하여.

- 제30권(I-II, qq.106-114) 새 법과 은총, 이재룡 옮김, 2021, lxxviii-570쪽.
  제106문 복음의 새 법에 대하여. 제107문 새 법과 옛 법의 비교에 대하여. 제108문 새 법의 내용에 대하여. 제109문 은총의 필요성에 대하여. 제110문 은총의 본질 대하여. 제111문 은총의 구분에 대하여. 제112문 은총의 원인에 대하여. 제113문 은총의 효과인 불경한 자의 의화에 대하여. 제114문 공로에 대하여.